LES

GRANDS ÉCRIVAINS
DE LA FRANCE

NOUVELLES ÉDITIONS

PUBLIÉES SOUS LA DIRECTION

DE M. AD. REGNIER

Membre de l'Institut

ŒUVRES
DE MALHERBE

TOME IV

PARIS. — IMPRIMERIE DE CH. LAHURE ET Cie
Rue de Fleurus, 9

OEUVRES
DE MALHERBE

RECUEILLIES ET ANNOTÉES

PAR M. L. LALANNE

ANCIEN ÉLÈVE DE L'ÉCOLE DES CHARTES

NOUVELLE ÉDITION

REVUE SUR LES AUTOGRAPHES, LES COPIES LES PLUS AUTHENTIQUES
ET LES PLUS ANCIENNES IMPRESSIONS

ET AUGMENTÉE

de notices, de variantes, de notes, d'un lexique des mots
et locutions remarquables, d'un portrait, d'un fac-simile, etc.

TOME QUATRIÈME

PARIS

LIBRAIRIE DE L. HACHETTE ET Cie

BOULEVARD SAINT-GERMAIN, N° 77

—

1862

PRÉFACE.

Le présent volume contient la fin des OEuvres de Malherbe, c'est-à-dire le reste de sa correspondance et son commentaire sur des Portes. Les lettres sont adressées à différents destinataires, dont quelques-uns nous sont demeurés inconnus. Elles sont au nombre de cent vingt. Aux quatre-vingt-dix-sept qui figurent dans les anciennes éditions, où elles sont réparties en trois livres, nous avons ajouté celles qui, dans ces dernières années, ont été publiées par M. Miller et par M. Hauréau, et quelques autres que nous avons tirées, soit d'anciens recueils imprimés, soit du manuscrit Baluze, tant de fois cité par nous. Les autographes contenus dans ce manuscrit et dans diverses collections publiques ou particulières nous ont fourni des variantes que nous avons soigneusement relevées.

Il nous a été impossible d'adopter un ordre bien régulier pour le classement de ces lettres, dont bien peu sont datées, et dont plus d'un quart ne portent pas de nom de destinataire. Nous nous sommes borné à réunir celles qui étaient adressées à la même personne (Racan, du Bouillon Malherbe, Colomby, Caliste, etc.), ou dont le sujet offrait de l'analogie. Telles sont, par exemple : les *Lettres de consolation*, exercice oratoire qui tient une grande place dans l'histoire littéraire de l'époque, et qui n'a jamais dû atteindre le but que l'auteur était censé se proposer. La lettre à la princesse de Conty sur la mort du chevalier de Guise peut être considérée, pour le fond et pour la forme, comme un modèle du genre.

Dans notre premier volume (p. XLVII) nous avons parlé des annotations dont Malherbe avait chargé les marges d'un exemplaire des OEuvres de des Portes (édition de 1609), exemplaire qui, après avoir appartenu à Balzac et au président Bouhier, se trouve aujourd'hui à la Bibliothèque impériale[1]. Il en existe à la bibliothèque de l'Arsenal deux copies faites sur les marges de deux exemplaires de la même édition de des Portes. Ces copies, que nous avons désignées par les lettres A et B, offrent avec l'original des différences parfois assez notables et que nous avons signalées. Ce sont tantôt des suppressions, tantôt des variantes, tantôt même des additions. Les suppressions et les variantes sont probablement le fait du copiste. Quant aux additions, elles proviennent peut-être d'un autre exemplaire pareillement annoté par Malherbe. Il serait encore possible qu'il les eût écrites sur des morceaux de papier détachés qui se seraient perdus plus tard.

1. Et non à la bibliothèque de l'Arsenal, comme nous l'avions dit par erreur.

PRÉFACE.

Quoi qu'il en soit, ces annotations, qui avaient été insérées en partie dans l'édition de Malherbe publiée par M. Parrelle, nous les donnons ici en entier avec les variantes et les additions fournies par les deux copies de l'Arsenal. Quiconque voudra étudier ce commentaire, véritable code grammatical et poétique, devra recourir à un exemplaire des OEuvres de des Portes, car il nous a été impossible de réimprimer en entier les pièces critiquées, bien qu'il y ait souvent des observations générales qui portent sur l'ensemble d'une pièce ou d'une strophe.

Il nous reste, en terminant, à adresser nos plus vifs et plus sincères remercîments aux deux collaborateurs que nous avons déjà nommés dans la préface de notre troisième volume. M. Lacombe a montré autant d'habileté que de sagacité dans la lecture d'autographes et de brouillons qui, avant lui, avaient été regardés comme indéchiffrables[1].

Le fils aîné de M. Regnier a apporté dans la collation des textes, dans la révision des épreuves, un soin et une intelligence dont je ne saurais trop ici lui témoigner ma gratitude. C'est lui qui, en outre, a bien voulu se charger de la confection de la *Table alphabétique et analytique* qui termine ce quatrième volume, et dont le public appréciera l'importance et l'utilité. Enfin c'est encore à lui, et le travail ne pouvait être placé en de meilleures

---

1. Nous devons aussi mentionner l'aide que nous avons trouvée pour la lecture de diverses pièces dans une transcription faite par M. Mabille, attaché au département des manuscrits de la Bibliothèque impériale, transcription dont il avait été chargé par M. l'administrateur général de la Bibliothèque, M. Taschereau, que nous prions d'agréer ici nos remercîments.

mains, qu'a été confiée la rédaction du *Lexique* qui doit accompagner notre édition, et qui à lui seul formera un volume.

On trouvera à la suite de cette préface des additions et des corrections qui ne manquent pas d'importance. Quelques-unes sont dues au savant bibliothécaire d'Aix, M. Rouard, que nous remercions sincèrement de ses obligeantes communications.

Lud. Lalanne.

ADDITIONS ET CORRECTIONS.

Malherbe, comme on a pu le voir dans notre premier volume, a écrit un certain nombre de pièces de vers destinées à figurer en tête d'ouvrages composés par ses amis. Dans ces dernières années on en a retrouvé plusieurs qui avaient échappé jusqu'alors aux éditeurs de Malherbe, et il est probable que l'on en retrouvera encore d'autres. En voici une qui a été donnée par M. P. Lacroix dans le *Bulletin du Bouquiniste* du 15 août 1863, et qui est placée en tête d'un volume in-8º intitulé : *Le Floriste françois, traittant de l'origine des Tulipes, de l'ordre qu'on doit observer pour les cultiver et planter*, etc., par le sieur de la Chesnée Monstereul, Caen, Éléazar Mangeant, 1654, in-8º.

A M. DE LA CHESNÉE,

Sur son livre intitulé *le Floriste françois*.

ÉPIGRAMME.

Tout est si beau dans ce recueil,
Qu'Adam relevant du cercueil,
Voyant ces merveilles paroître,
Douteroit s'il parle du lieu
Où la voix puissante de Dieu
Lui donna premièrement l'être.

Ces vers, signés *de Malherbe*, peuvent fort bien être de notre poëte. Toutefois il y a une petite difficulté que je ne sais comment résoudre. Malherbe cessa de vivre le 16 octobre 1628, et il serait assez singulier qu'il eût composé des vers pour un ouvrage qui ne parut que seize ans après sa mort.

———

M. Lambert, le savant conservateur de la bibliothèque de Carpentras, que nous avons eu déjà occasion de remercier de son obligeance, a bien voulu, sur notre demande, nous envoyer la copie de la pièce suivante, qui se trouve dans cette bibliothèque et fait partie des *Additions aux manuscrits de Peiresc*, n° 10, f°s 47 et 48.

Artalucio d'Alagonia ayant tenu le parti des Angevins aux guerres de Naples, fut contraint de quitter le pays et s'en venir en Provence, quand les Aragonois demeurèrent maîtres du royaume. Depuis qu'il fut en Provence, il fit plusieurs voyages à Rome et autres lieux voisins de Naples pour traiter avec ceux que le victorieux avoit mis en possession de son bien et voir d'en retirer quelque chose. En l'un de ces voyages, il arriva que voulant loger en une hôtellerie où il avoit accoutumé de loger, il lui fut dit que toutes les chambres étoient prises, hormis une où personne ne logeoit à cause d'un mauvais esprit duquel depuis quelque temps en çà elle étoit infestée. Il méprisa cette difficulté d'y loger. Comme il y fut entré, une ombre se présenta à lui et le suivit par toute la maison. Il ne dit mot de cette vision à ses gens. En soupant, elle se tenoit à table auprès de lui. Sur l'heure du coucher, étant au privé, elle le suit encore, et lors l'un des siens qui lui éclairoit l'ayant laissé seul, il dit à cette ombre : « Si tu as quelque chose à me dire, dis ce que tu voudras; sinon, va-t'en et me laisse. » L'ombre lui répondit qu'il étoit son hôte qui proditoirement et malheureusement avoit été tué et jeté dans le puits de la maison ; qu'il le prioit d'en faire tirer ses os et leur donner sépulture, afin qu'il pût aller à Dieu, n'y ayant plus que cela qui l'en empêchât. Artalucio le lui promit, et l'ombre disparut. Le lendemain Artalucio fait curer le puits, avec étonnement des voisins, qui pensoient qu'il y cherchât quelque trésor, et ayant treuvé les os d'un homme,

ADDITIONS ET CORRECTIONS.

il les fit inhumer solennellement en l'église et dire du bien pour le défunt, ayant séjourné là exprès tout le jour. Le soir venu, cette même ombre le vient retrouver. Il lui demande : « Que veux-tu plus de moi ? N'ai-je pas fait pour toi ce que tu desirois ? — Oui, répondit l'ombre, je vous en viens remercier et vous demander si je vous puis rendre quelque service. » Artalucio ayant un peu pensé, lui dit qu'il le prioit de l'avertir de sa mort trois jours auparavant ; ce que l'ombre lui promit. A quelques années de là, lors Artalucio étant au lit seul et un sien jeune fils, nommé Jehan, en un pavillon dans la même chambre, on vient sur la minuit frapper à la porte du château. Artalucio, qui avoit commandé à quelques-uns de ses sujets de se tenir prêts de grand matin pour venir à la chasse avec lui, pensa que ce fussent eux qui fussent si diligents. Il commanda donc à son fils de se lever et regarder par la fenêtre qui c'étoit qui frappoit à la porte. Son fils y regarde, et après avoir regardé de tous côtés sans voir personne, il se remet au lit. Il n'y eut pas été longtemps que l'on frappa derechef à la porte. Son père le fait lever la seconde fois ; mais il ne vit ni n'ouït personne non plus que la première. Il se recouche, et bientôt après on frappe à la porte pour la troisième fois, qui fut cause que le père se leva lui-même et sortit à la fenêtre. Or comme il demanda qui frappoit, il lui fut répondu : « Je suis votre hôte de N..., qui vous ai promis de vous avertir trois jours devant votre mort. L'heure en est venue ; je me viens acquitter de ma promesse. » Artalucio se remet au lit, appelle son fils, et commande qu'on lui apporte de la chandelle. Il passa le reste de la nuit à prier Dieu. Le jour venu, il envoya querir un ami qu'il avoit à la Tour-d'Aigues, pour lui communiquer ses affaires. A quoi et à prier Dieu ayant employé les trois jours qui lui restoient, il décéda, comme l'ombre lui avoit prédit.

Cette histoire m'a été récitée par le sieur de Merargues, qui étoit son fils et héritier au sixième degré.

« Cette pièce, nous écrit M. Lambert, occupe dans l'original trois pages d'une feuille qui paraît avoir été pliée et enfermée dans un paquet. Elle était probablement adressée à Peiresc et accompagnée d'une lettre qu'il ne m'a pas été possible de trouver. Au verso du feuillet 48 on lit cette note du baron de Rians : « Cette histoire est « écrite de la main de Monsieur de Malherbe. »

TOME I.

Page xxix, note 2, ligne 8, « dont il a plu au Roi de me gratifier, » *lisez :* « dont il a plu au Roi me gratifier. »

Page xxxvii, ligne 22, « Bovet, » *lisez :* « Covet » ou « Cauvet »

Page xlvii, lignes 17 et 18, « bibliothèque de l'Arsenal, » *lisez :* « Bibliothèque impériale. »

Page lvii, ligne 14, « Couvet, » *lisez :* « Covet » ou « Cauvet. »

Page 20. Suivant M. Allaire, qui a bien voulu nous envoyer sur quelques passages de notre édition des observations dont nous le remercions, la pièce V n'aurait pu être écrite avant l'année 1593. D'après l'Estoile, nous lui avons assigné la date approximative de 1591 à 1592.

Page 157, remontez d'un vers les chiffres de numérotage à partir du chiffre 20.

Page 178, ligne 8, mettez un point après les mots : « VERS FUNÈBRES. »

Page 332, ligne 11, « Malherbe de la Meausse, » *lisez :* « Malherbe de la Meauffe. »

Page 359, note 1, ligne 1, « le 20 octobre, » *lisez :* « le 28 octobre. »

Page 362, ligne 27, « compte, » *lisez :* « conte. »

Page 364, ligne 12, « décéda le 29, » *lisez :* « décéda le 24. »

TOME II.

Page 107, note 2, *lisez :* « Aussi ne faut-il exhorter personne à rechercher.... »

Page 302, note 1, à la fin, « qui vous a donné, » *lisez :* « à qui vous avez donné. »

Page 314, ligne dernière, les mots « de conjurateurs si désespérés » sont le texte de toutes les éditions que nous avons pu voir ; mais il faut évidemment lire : « de conjuration si désespérée. » Le latin est : *nunquam conjurabitur.*

ADDITIONS ET CORRECTIONS.

Page 318, note 1, on a renvoyé à la p. 416 du tome I, au lieu de renvoyer à la p. 438.

Page 348, note 2, on a renvoyé à la p. 236, au lieu de renvoyer à la p. 336.

Page 375, note 2, « chaise à porteur, » *lisez :* « chaise à porteurs. »

Page 387, ligne 8, aux mots : « et prenez une forme digne de Dieu, » ajoutez en note : « Ces mots traduisent cette citation que fait Sénèque :

.... *Et te quoque dignum*
Finge Deo.... » (*Énéide*, livre VIII, vers 364 et 365.)

Page 411, ligne 20, aux mots : « Quel Dieu? » ajoutez en note : « Sénèque cite ici Virgile :

Quis Deus incertum est, habitat Deus.
(*Énéide*, livre VIII, vers 352.)

Page 556, ligne 23, « paix, » *lisez :* « prix. »

Page 556, note 1, on a renvoyé à la p. 259, au lieu de renvoyer à la p. 269.

Page 651, note 2, « connues, » *lisez :* » connue. »

Page 717, ligne 14, au mot *pain*, ajoutez en note : « Au lieu de *force de pain*, qui est le texte des premières éditions, du Ryer (1659) donne la leçon plus vraisemblable : *forme de pain*. »

TOME III.

Page 10, note 12, « fille de Henri II, » *lisez :* « fille de Henri Ier. »

Page 13, note 2. Suivant M. Roux-Alpheran, la Touloubre aurait été aidé dans son livre par Gaillard-Lonjumeau, seigneur de Ventabren, et par L. C. M. d'Arnaud de Rousset.

Page 17, note 5, « p. 10 et 11, » *lisez :* « p. 11 et 12. »

Page 28, note 3, *lisez :* « Voyez plus loin, p. 81, note 2. »

Page 33, ligne 2, « M. d'Orléans, » *lisez :* « Monsieur d'Orléans, » comme à la ligne 6.

Page 36, note 1, ligne 3, supprimez les mots : « du parlement. »

Page 57, la note 9 doit se rapporter au marquis de Montlaur, nommé une ligne plus haut que le comte son frère. Dans cette note, au lieu de « comte, » *lisez :* « marquis. »

Page 60, note 8 : « conseiller à la cour des comptes, » *lisez :* « conseiller au parlement. » Quant à la date de 1604 que nous avons donnée comme étant celle de la résignation que M. de Calas fit de sa charge

ADDITIONS ET CORRECTIONS.

à Peiresc, elle serait fausse, suivant M. Rouard, et devrait être reculée de trois ans. Nous dirons seulement que nous l'avons tirée d'une lettre de Peiresc à Scaliger, datée du 25 février 1604, et dans laquelle on lit ce passage : « Voilà que M. de Callas, mon oncle, me fait résignation de son état de conseiller.... mesme que la cour a déjà vérifié mes lettres.... » (*Épistres françoises à Monsr J. J. de la Scala*, Harderwyck, 1624, p. 245.)

Page 70, note 3, et tome IV, p. 532, colonne 1, ligne 14, « chambre des comptes du parlement, » effacez les mots « du parlement. »

Page 88, note 3, « fille légitime, » *lisez :* « fille légitimée. »

Page 90, note 4, « Henri II, » *lisez :* « Charles IX. »

Page 144, note 3, on a renvoyé à la note 15 de la p. 127; *lisez :* « note 16. »

Page 255, note 1. « Henri du Faur, seigneur de Tarabel, devint premier président au parlement de Provence. » Nous avons pris ce renseignement dans Moréri (édit. de 1759, t. V, art. *Faur*, p. 53, col. 2). « Henri du Faur, y est-il dit, conseiller au parlement de Toulouse, puis maître des requêtes, conseiller d'État, nommé premier président du parlement de Provence, mort premier président du parlement de Pau. » M. Rouard nous a fait observer avec raison qu'il n'a jamais été premier président du parlement de Provence.

Page 297, ajoutez à la note 2 : « Une nouvelle édition de cette relation à peu près introuvable du P. Yves d'Évreux a été publiée à Paris cette année (1864), par M. Ferd. Denis, à la librairie Franck.

Page 366, note 3, ligne 2, après « de 1614 à 1627, » ajoutez : « suivant le *Gallia christiana*. »

Page 381, note 16. Voici le texte de l'inscription dont parle Malherbe et qui est aujourd'hui au musée d'Aix :

D.   M.
C. VERATI C. FIL. PAL. PATERN
EQVITIS ROM. FLAM. AVG.
C. VERATIVS THREPTION
FILIO PIISSIMO.

Page 407, ligne 21, Malherbe a écrit : « Notre-Dame-des-Lassez; » le vrai nom est : « Notre-Dame de la Seds. »

Page 423, note 2, « du duc de Guise, » *lisez :* « du chevalier de Guise. »

Page 467, note 10. Nous avons tiré cette liste des députés aux états généraux, du *Mercure françois*, qui a estropié quelques noms. Ainsi il faut lire *Matheon*, au lieu de *Mathaon*, et *Saboulin*, au lieu de *Sebolin*.

Page 542, note 2, « le 13 juillet, » *lisez :* « le 23 juillet. »

ADDITIONS ET CORRECTIONS.

Page 547, note 17, au lieu de : « Étienne du Puget, etc., évêque de Dardanie, » *lisez :* « Nicolas Coeffeteau, évêque de Dardanie. » — Aux mots : « dans notre quatrième volume, » *ajoutez :* « p. 87 et 88. »

Page 569, note 3, « Étienne Tomassin, » *lisez :* « Étienne de Thomassin. »

Même page, note 4, « Meynier, » *lisez :* « Maynier. »

TOME IV.

Page 46, note 4, on a renvoyé à la p. 553 du tome III, au lieu de renvoyer à la page 552.

Page 230, ligne 9 : « Monseigneur le Cardinal (a perdu) une cousine chérie. » Suivant une observation très-juste de M. Allaire, il ne peut être question ici, comme nous l'avons dit en note, d'une cousine de Richelieu, la lettre de Malherbe devant avoir été écrite avant la nomination de l'évêque de Luçon au cardinalat (5 septembre 1622).

ŒUVRES
DE MALHERBE.

LETTRES A DIVERS.

I. — A MADAME DE MALHERBE [1].

J'ai bien de la peine à vous écrire cette lettre, mon cher cœur, et je m'assure que vous n'en aurez pas moins à la lire. Imaginez-vous, mon âme, la plus triste et la plus pitoyable nouvelle que je saurois vous mander : vous l'entendrez par cette lettre. Ma chère fille et la vôtre,

---

LETTRE I. — 1. Jourdaine, la fille dont Malherbe pleure ici la mort, était née le 22 septembre 1591 et mourut de la peste en Normandie le 23 juin 1599, date qui, à un ou deux jours près, doit être celle de la lettre. Mme de Malherbe était alors en Provence. Nous croyons devoir réimprimer ici à sa place cette lettre touchante, que nous avons déjà donnée au tome I (voyez la *Notice*, p. xvi). Elle a été publiée pour la première fois par M. Hauréau, dans le *Bulletin des Comités historiques*, 1850, tome II, p. 145 et 146, d'après une copie du temps, conservée à la Bibliothèque impériale, dans un manuscrit que nous avons cité plusieurs fois (*Papiers Baluze*, n° 133, f°s 39 et 40). L'autographe, qui appartenait probablement au même manuscrit, a figuré le 16 avril 1846 (n° 292 du catalogue) dans une vente faite par M. Laverdet. — On peut voir à l'Appendice du tome I, p. 361 et 362, l'épitaphe composée par Malherbe pour sa fille.

notre belle Jordaine, n'est plus au monde. Je fonds en larmes en vous écrivant ces paroles ; mais il faut que je les écrive, et faut, mon cœur, que vous ayez l'amertume de les lire. Je possédois cette fille avec une perpétuelle crainte, et m'étoit avis, si j'étois une heure sans la voir, qu'il y avoit un siècle que je ne l'avois vue. Je suis, mon cœur, hors de cette appréhension ; mais j'en suis sorti d'une façon cruelle et digne de regrets, s'il en fut jamais une bien cruelle et bien regrettable. Je m'étois proposé de vous consoler ; mais comme le ferois-je, étant désolé comme je suis ? Recevez cet office d'un autre, mon cœur ; car de moi[2], je ne puis si peu me représenter cet objet et me ressouvenir que je n'ai plus ma très-chère fille, que je ne perde toutes les considérations qui me devroient donner quelque patience, et ne haïsse tout ce qui me peut diminuer ma douleur. J'ai aimé uniquement ma fille ; j'en veux aimer le regret uniquement. Le mal qui me l'a ôtée ne m'ôtera point le contentement que j'ai de m'en affliger. Mais que fais-je, ma chère âme ? je me devrois contenter de ne vous consoler point, sans vous donner, par ces discours si tristes et si mélancoliques, sujet de vous attrister davantage. A la nouveauté de cet accident, un de mes plus profonds ennuis, et qui donnoit à mon âme des atteintes plus vives et plus sensibles, c'étoit que vous n'étiez avec moi pour m'aider à pleurer à mon aise, sachant bien que vous seule, qui m'égaliez en intérêt, me pouviez égaler en affliction. Plût à Dieu, mon cher cœur, que cela eût été ! je serois relevé de cette peine de vous écrire de si déplorables nouvelles, et vous hors de ce premier étonnement qui faut[3] que les

---

2. *De moi*, pour moi. Nous avons remarqué plusieurs fois, dans les tomes précédents, cet emploi de la préposition *de*.

3. C'est-à-dire : qu'il faut.

âmes les plus roides et les plus dures sentent au premier assaut que leur donne cette douleur. Mais puisqu'il en faut sortir, et que vous différer davantage cette lamentable histoire, c'est différer votre résolution, je vous dirai que le dimanche[4]....

2. — A MONSIEUR L'ÉVÊQUE D'ÉVREUX[1].

Monsieur,

Il y a huit ou dix mois que je fus averti qu'au dernier voyage de Lyon[2], vous trouvant un soir au souper du Roi, sur un discours qui se présenta vous prîtes occasion de me nommer à Sa Majesté, et le fîtes avec des termes qui furent jugés de ceux qui les ouïrent ne pouvoir partir que d'une singulière et du tout extraordinaire affection en mon endroit[3]. Ce rapport, qui me fut fait premièrement par un gentilhomme de mes amis, me fut,

---

4. Le manuscrit s'arrête ici. — Le fragment suivant, dont une copie se trouve au folio 40 du manuscrit Baluze, faisait probablement partie de cette lettre : « Mon cœur, ma chère âme, je prie Dieu qu'il vous veuille consoler. Je crois que vous en aurez bien besoin. Souvenez-vous que quand notre fille eût vécu cent ans, il lui falloit toujours mourir. La mort, en nous ôtant tout, nous a apprins à ne la craindre plus. Aussi pour moi, je ne la crains plus qu'en une seule occasion. Si j'ai cette bonne fortune de mourir premier que vous, qui est tout le souhait que je fais à Dieu, je sais bien que je ne pleurerai jamais beaucoup. »

Lettre 2. — 1. Jacques Davy du Perron, évêque d'Évreux, puis archevêque de Sens, cardinal, homme d'État, mort en 1618. Il a laissé, outre ses œuvres politiques et de controverse, de nombreuses poésies. — Cette lettre a été publiée pour la première fois dans l'édition de 1630, p. 560; c'est la 2e du livre II.

2. C'est au mois de décembre 1600 que Henri IV alla épouser à Lyon Marie de Médicis.

3. Voyez au tome I la *Vie de Malherbe* par Racan, p. LXIV et LXV.

à n'en mentir point, une merveille si grande que je ne pense avoir jamais rien ouï de quoi je demeurasse plus étonné. Je n'ignorois pas combien le bien-faire est un doux exercice aux âmes généreuses, et savois bien qu'en la vôtre cette qualité se trouvoit aussi admirable qu'en nulle autre. Mais étant de si longue main accoutumé de vivre parmi les épines, que je ne pouvois tenir une rose que pour un songe ou pour un prodige, si je vous estimois capable de faire une notable courtoisie, je ne le pensois nullement être de la recevoir. Toutefois ce même avis m'ayant été confirmé par une infinité de personnes d'honneur, qui se disoient y avoir été présents, il faut que je le tienne pour véritable, et que contre ma coutume je me lâche à quelque vanité. Tout ce qu'il y a de beaux esprits au monde savent combien l'aiguillon de la gloire a la pointure douce, et les Stoïques mêmes n'écrivent contre elle que pour l'acquérir. C'est pourquoi, si je me réjouis d'avoir été loué d'une bouche que toutes les bouches du monde confessent ne pouvoir assez louer, je ne pense rien faire qui ait besoin d'être justifié. Tout ce qui me travaille et qui me trouble, c'est l'envie que j'avois de trouver des paroles de reconnoissance qui fussent aucunement proportionnées à l'obligation. Mais puisque ce m'est chose si difficile, et que d'ailleurs la dissimulation de ce qui s'est passé en un lieu si célèbre ne me peut être que malhonnête et mal assurée, je me résoudrai pour le meilleur expédient de recourir à votre même bonté, qui n'ayant point usé de sa courtoisie selon la petitesse de mon mérite, n'en exigera point aussi le remerciement selon la grandeur du bienfait. J'ai toujours tenu ma servitude une offrande si contemptible, qu'à quelque autel que je la porte, ce n'est jamais qu'avec honte, et d'une main tremblante. Vous pouvez estimer, Monsieur, ce que je dois faire en votre endroit, et en cette occasion. Telle qu'elle est, je la vous dédie avec la même dévotion et aux mêmes lois que les choses qui sont dédiées aux temples, c'est-à-dire pour ne l'en pouvoir jamais retirer qu'avec sacrilége. Si la fortune, par quelque voie digne de sa bizarrerie, me vouloit donner moyen de vous en rendre quelque preuve, ce seroit une gratification à laquelle je donnerois très-volontiers tout ce que j'en ai jamais reçu d'injure par le passé. Je suis ici accroché encore pour quelques jours à deux ou trois méchants procès, et n'attends que d'avoir trouvé quelque fil à ce labyrinthe, pour m'en retourner en nos quartiers. Ce ne sera pas sans vous aller baiser les mains, en quelque part que vous serez, et vous témoigner à quel prix je mets l'honneur de vos bonnes grâces. Continuez-les-moi, s'il vous plaît, Monsieur; et puisque mon impuissance me défend toute autre chose, contentez-vous que je prie Dieu, comme je fais de tout mon cœur, pour l'accroissement de vos prospérités.

D'Aix, ce 9ᵉ de novembre 1601.

3. — A MADAME LA PRINCESSE DOUAIRIÈRE [1].

MADAME,

Quand vous partîtes je n'eus point l'honneur de vous baiser les mains, et vous confirmer le vœu de ma servitude. Ce ne fut pas à faute ni de le desirer avec passion, ni de le rechercher avec diligence; mais il ne plut pas à

LETTRE 3. — 1. Charlotte-Catherine de la Trémouille, veuve, depuis 1588, de Henri Iᵉʳ, prince de Condé. A cette lettre, publiée dans l'édition de 1630, livre I, lettre 2, p. 476, était joint le sonnet que nous avons donné au tome I, p. 68 (pièce XVII), et qui, comme nous l'avons dit d'après Ménage, fut composé en 1605.

la fortune de me donner ce contentement. Je sais bien qu'aux choses de telle importance, qui est malheureux est coupable, et que la bonne intention ne justifie pas les mauvais succès. Voilà pourquoi, Madame, j'ai recours à votre miséricorde, et l'implore avec toute sorte de très-humbles submissions. Celle de Dieu, bien qu'elle soit infinie, veut que sa justice soit satisfaite. J'en veux croire le semblable de la vôtre, et pour satisfaction, ne pouvant mieux faire, je vous apporte l'offrande d'un chétif sonnet, que je fis tout aussitôt que je sus qu'au lieu de revenir par deçà, vous tourniez le visage vers la Provence. Il vous sera peut-être rendu trop tard; mais le principal est qu'il vous fasse croire que je mets la gloire de votre nom entre les plus dignes sujets où je me saurois jamais employer. Si j'ai cette grâce de vous, j'ai toute la félicité que je desire; car avec cela je ne douterai point d'arriver à la gloire d'être tenu de vous pour votre très-humble et très-obéissant serviteur.

4. — A MONSIEUR DE RACAN [1].

Monsieur,

Hier je reçus votre lettre du 27e du passé, et tout aussitôt je fis tenir à Mme de Termes [2] celle que vous lui écrivez. Je la lui eusse portée moi-même, mais j'avois quelque affaire que je ne pouvois remettre. Cependant je ne voulus pas différer de la lui faire bailler, afin qu'elle eût du

---

Lettre 4. — 1. Cette lettre a été imprimée pour la première fois dans l'édition de 1630, livre II, lettre 10, p. 575.

2. Catherine Chabot, veuve, depuis 1621, de César-Auguste de Saint-Lary, baron de Termes, frère de Roger de Bellegarde. Racan la recherchait alors en mariage. Voyez plus loin la lettre 8, p. 22 et 23.

temps d'y faire réponse, comme elle a promis de faire. Je crois bien que ce ne sera pas pour ce voyage, mais je la solliciterai pour l'autre, Dieu aidant. Vous m'avez fait un plaisir extrême de me mander la nouvelle de cet accident notable advenu à la Flèche. Il y a là de quoi entretenir la Reine. Mais, s'il vous plaît, vous m'en manderez plus de particularités. Je ne veux pas examiner l'affaire pour y penser comprendre quelque chose. Les livres n'en apprennent rien; et je m'assure que les Jésuites, que vous me dites être après, en savent aussi peu que les Cordeliers, qui n'y pensent point. Dieu s'est réservé beaucoup de secrets, desquels cettui-ci est infailliblement du nombre. Autrefois on a cru que les anges avoient desiré la compagnie des femmes, et vous pouvez penser que les femmes n'auroient pas refusé aux anges ce qu'elles accordent assez volontairement aux hommes. Toutefois l'Église a condamné cette opinion. Je m'en rapporte à ce qui en est. Je suis ébahi que cet invisible amoureux, qui qu'il soit, ne s'avisa d'aimer cette femme devant qu'elle fût mariée; sinon qu'il soit comme sont beaucoup d'hommes, qui n'aiment ni les filles ni les veuves, les unes comme trop difficiles, les autres comme trop aisées, et qu'il se soit voulu arrêter à l'amour d'une femme mariée, pour avoir le plaisir de planter des cornes, et faire en même temps plaisir à la femme et déplaisir au mari. Si ce n'est cela, on peut dire que c'étoit quelque esprit qui venoit à la Flèche en commission, ou passoit par la Flèche pour aller ailleurs, et que ayant trouvé cette commodité, il l'a voulu prendre en chemin faisant, au hasard d'être repris de ses supérieurs quand il sera de retour, pour s'être amusé par les chemins, comme ces laquais qu'on envoie au vin, et qui s'amusent à jouer à la mourre. Nous avons beau nous distiller l'esprit là-dessus, nous n'en saurons jamais rien. Il me semble que cela vaut bien la peine que vous y alliez faire un voyage.

Je suis bien en peine de cette période que vous n'avez su lire. Mais puisque vous vouliez deviner, vous deviez deviner toute autre chose que quelque prospérité pour moi. Vous savez bien que je ne suis pas homme à bonnes fortunes. Je serai bien aise que vous gardiez ma lettre, afin qu'à votre retour nous voyons que c'est, et que je me contente sur la doute où je suis de ce que ce peut être.

Je ne vous envoie point de vers. Ils sont faits et baillés, mais il y a défense[3] de les faire voir, par-dessus laquelle je ne veux passer que vous ne soyez ici. Il n'y a que sept stances de six vers[4], de la mesure de ce premier couplet que j'avois fait pour Montauban. Pour θφλ[5], je ne saurois que vous en mander. C'est une affaire qui, selon la coutume, fit un grand bruit à sa nouveauté. Depuis il ne s'en est presque point parlé. Ce qui m'en donne plus mauvaise opinion, c'est la condition des personnes à qui il a à faire. Pour moi, je pense vous avoir déjà écrit que je ne le tiens coupable de rien, que de n'avoir rien fait qui vaille au métier dont il se mêloit. S'il meurt pour

3. Il y a *défenses*, au pluriel, dans l'édition de 1630; mais le relatif *laquelle*, qui vient après, montre qu'il faut le singulier.

4. Cette pièce, composée de sept stances de six vers chacune, si elle a été publiée, ne peut être que celle qui commence par *C'est assez, mes desirs*. Voyez tome I, p. 295, pièce CVIII. — Sur Montauban, voyez tome III, p. 30, note 12.

5. Ces trois lettres grecques désignent Théophile Viaud, emprisonné alors comme coupable d'athéisme et d'autre chose encore, et qui ne recouvra sa liberté qu'au mois de septembre 1625, lorsqu'un arrêt du parlement le condamna à un bannissement perpétuel. Voyez sur toute cette affaire la longue et importante notice que M. Alleaume a placée en tête de son excellente édition des *OEuvres* de Théophile (Bibliothèque elzévirienne, 1856, 2 vol. in-12). Il est probable qu'ici, comme pour Beaumarchais dans la lettre suivante, c'est l'éditeur et non Malherbe qui a remplacé le nom propre par des caractères grecs.

cela, vous ne devez point avoir de peur : on ne vous prendra pas pour un de ses complices. Je vous envoie une lettre que M. de Boisrobert[6] m'a baillée pour vous faire tenir. C'est, à ce qu'il m'a dit, afin que vous leur fassiez tenir de vos pièces pour mettre en un recueil nouveau qu'ils vont faire[7]. Pour nouvelles, je ne vous puis dire sinon que les Reines sont ici depuis hier, et Monsieur deux jours auparavant. On croit que le Roi y sera mardi prochain. Il est allé faire encore un petit voyage de chasse devant que de se retirer. Ainsi voilà Saint-Germain abandonné pour cette année. Nous sommes ici sains comme ladres. Tout le monde s'en revient; faites-en de même. Adieu, Monsieur. Dieu veuille que j'aie mieux écrit cette lettre que la précédente! Au moins espéré-je que vous y lirez bien que je suis tout à fait votre serviteur très-humble et très-affectionné.

A Paris, ce 4ᵉ de novembre 1623.

Informez-vous quand commença la recherche de cet inconnu[8], et combien de temps après le mariage;

S'il couche avec elle, et ce que le mari fait cependant; ce qu'en dit la demoiselle, et si quand ils sont ensemble dans le lit, il ne parle point à elle, et ce qu'il lui dit;

Si elle est mélancolique, et si elle témoigne n'y prendre point de plaisir.

6. François le Métel de Bois-Robert, l'un des fondateurs de l'Académie française, mort en 1662. Voyez son *Historiette* dans Tallemant des Réaux, tome II, p. 383.

7. Probablement le *Recueil des plus beaux vers*, dont la première édition parut en 1626 et où le nom de Racan vient en effet après celui de Malherbe. Voyez tome I, *Notice bibliographique*, p. cxi, n° 15.

8. Ce post-scriptum se rapporte à *l'accident advenu à la Flèche*, dont il est parlé au commencement de la lettre.

Vous vous aviserez assez de vous-même de plusieurs questions curieuses qu'il y a moyen de faire à la femme. Mais cela vaut bien la peine d'y aller vous-même.

Sachez le nom de la demoiselle, et son surnom, etc.

---

5. — A MONSIEUR DE RACAN[1].

De Paris, ce 13° de décembre 1624.

MONSIEUR,

Il faut avouer que je fus paresseux la dernière fois que je vous écrivis. Quand j'envoyai ma lettre chez M. Royer[2], il avoit déjà envoyé son paquet au messager. Je vous en crie merci, et vous promets que cette faute ne m'arrivera plus. M. Royer n'avoit pas été si diligent à l'autre voyage; ce fut ce qui me trompa. Vous obligez grandement mon fils de vous souvenir de lui. Il y a fort longtemps que je l'ai envoyé en Normandie[3], où il passe son temps, à ce qu'il m'écrit, mieux qu'en lieu où il ait jamais été. Je l'ai tiré d'ici, il y a fort longtemps, pour le doute[4] que j'avois que ses parties ne lui eussent tendu quelque piége, comme certes j'ai découvert qu'ils avoient fait; mais j'eus bon nez, de quoi bien lui print, et à moi aussi. J'attends, avec un million de gentilshommes, un pardon général de tous les duels, dont le mariage de Madame sera le prétexte.

LETTRE 5. — 1. Cette lettre, déjà imprimée dans l'édition de 1630, livre II, lettre 11, p. 580, a été donnée d'après l'autographe, par M. Miller, dans la *Revue de Bibliographie analytique*, en mars 1841.

2. Peut-être le Royer, un ami de Racan et de Bois-Robert.

3. A cause du duel dont nous avons parlé dans la *Notice*, tome I, p. xxxvi et xxxvii.

4. Tel est le texte de M. Miller. Dans l'édition de 1630, on lit : « la doute, » ce qui pourrait bien être la bonne leçon.

Si l'affaire de M. de Beaumarchais[5] étoit en aussi beau chemin, il n'auroit que faire d'aller chercher sa sûreté en l'île de Noirmoustier, où l'on dit qu'il s'est retiré. Pour Théophile[6], il ne se dit rien de lui. Le pauvre[7] homme est en très-mauvais état. On m'avoit dit qu'on l'alloit juger ; mais à cette heure il ne s'en parle plus. Je ne crois pas que la mort ne lui fût plus douce que de vivre comme il fait. Soyez homme de bien à son exemple, et qu'il ne tienne pas à aller dévotement à la messe, que vous ne soyez appelé Monsieur par ceux de votre village. De nouvelles je n'en sais point, et qui plus est, je crois que je vous puis dire qu'il n'en est point. Si vous ne venez ici qu'au quinzième de janvier, vous êtes homme pour ne baiser pas les mains à Madame[8]. M. de la Ville-aux-Clercs est allé en Angleterre[9]. Il y a longtemps qu'il est parti, mais le mauvais temps l'a gardé de se mettre sur la mer plus tôt que dimanche dernier. Nous aurons bientôt après son

5. M. Miller donne ainsi le nom en toutes lettres. Dans l'édition de 1630 il est remplacé par un chiffre : « l'affaire de βμχ. » Beaumarchais, financier, beau-père du marquis de la Vieuville, à qui Malherbe venait d'adresser un sonnet (voyez tome I, p. 263, pièce xciv). Lorsqu'au mois d'octobre 1624 Louis XIII eut décrété la formation d'une chambre de justice, Beaumarchais, dit Richelieu dans ses *Mémoires*, « fut des premiers à se sauver dans l'île de Noirmoutier. Les charges contre lui furent si grandes qu'il fut enfin condamné à être pendu et étranglé, et fut exécuté en effigie. »
6. Ici encore l'édition de 1630 donne, au lieu du nom, le chiffre θφλ. Voyez la lettre précédente, p. 8, note 5.
7. Malherbe écrit *poure* (*povre*).
8. Madame (Henriette de France) ne partit de Paris, pour aller en Angleterre, que le 2 juin 1625.
9. Henri-Auguste de Loménie, seigneur de la Ville-aux-Clercs, comte de Brienne, mort en 1666, à soixante et onze ans, fils du secrétaire d'État Antoine de Loménie, et depuis secrétaire d'État lui-même, fut envoyé en Angleterre en 1624, pour achever de régler les articles du mariage de Madame avec le prince de Galles, depuis Charles Ier.

arrivée le duc de Bokinghan [10], qui viendra épouser Madame. Si vous voulez savoir des nouvelles des financiers, elles vont toujours de mal en pis. Quoi que l'on vous ait dit, il ne s'est jamais parlé de composition, et si le Roi est véritable, de quoi ni vous ni moi ne devons pas douter, il ne s'en parlera jamais [11]. Dieu garde les innocents d'oppression, et nous fait voir la justice des méchants. Et là-dessus je vous baise très-humblement les mains.

Votre très-humble serviteur,

MALHERBE.

Suscription : A Monsieur, Monsieur de Racan, gentilhomme ordinaire de la chambre du Roi.

---

6. — A MONSIEUR DE RACAN [1].

MONSIEUR,

Je tenois la plume quand j'ai reçu votre lettre du 8ᵉ de ce mois, et ne l'ai point quittée que je ne vous aie fait réponse. Voyez si je suis diligent, ou si je suis paresseux, lequel qu'il vous plaira. Vous m'avez ôté d'une grande peine où j'étois, pource que m'ayant écrit que vous partirez le lendemain des Rois pour venir ici, et ne vous y voyant point, je pensois que votre indisposition

---

10. Buckingham. Il arriva à Paris le 24 mai 1625. — Dans la lettre suivante Malherbe a écrit *Bouquinghan*.

11. Cette phrase a été tronquée dans l'édition de 1630, qui donne simplement : « .... de composition, et je crois qu'il ne s'en parlera jamais. » A la ligne suivante, la même édition porte : « et nous fasse voir, » pour : « et nous fait voir. »

LETTRE 6. — 1. Cette lettre a été imprimée dans l'édition de 1630, livre II, lettre 12, p. 582. Nous en avons revu le texte sur l'autographe, qui nous a été communiqué fort obligeamment par M. Boutron-Charlard.

seroit augmentée, et que votre malheureuse carcasse ne seroit plus en autre état que d'être jetée à la voirie. Je me réjouis que cela ne soit point, et que vous ayez encore de la santé assez pour boire, manger et dormir. Pour le reste, je sais que vous vous en passez bien. Vous seriez monstrueux, ou monstre tout à fait, si à l'âge de trente-cinq ans vous valiez mieux qu'à vingt et vingt-cinq ans[2]. Vous avez donc tort de vous souvenir d'Artenice[3]. La bonne dame ne songe point à vous ; ne songez point en elle. Je le vous dis en prose, et le vous dirai en vers, en quelque pièce que je voudrois bien faire, si je pouvois : j'y ferai tout mon effort.

Pour nouvelles, nous attendons aujourd'hui M. de la Ville-aux-Clercs, qui revient d'Angleterre chargé de pierreries, qui lui ont été données par le père et par le fils[4] ; pour le Saint-Esprit, vous savez bien qu'il ne le faut pas chercher parmi les huguenots. Vous savez l'entreprise faite par cet heureux homme, M. de Soubise, sur le port

2. Ces nombres sont en chiffres romains dans l'autographe : « xxxv ans.... xx et xxv ans. » — Je ne sais ce que Racan répondit à Malherbe à propos de ce passage, mais voici ce qu'il en écrivit à Balzac : « Je ne m'étonne point si N.... a été si osé que de censurer votre éloquence, puisque M. de Malherbe a eu l'effronterie de m'accuser de froideur, lui qui n'est plus que de glace, et de qui la dernière maîtresse est morte de vieillesse l'année du grand hiver (en 1608). Il a beau jeu à se vanter des merveilles de sa jeunesse, personne ne l'en peut démentir ; et pour moi, qui ne voudrois pas avoir donné ce qui m'en reste de la mienne pour les victoires du prince d'Orange ni pour la sagesse du cardinal de Richelieu, je serois bien marri d'être en état de lui pouvoir reprocher ce qu'il me reproche. » Œuvres complètes de Racan, par M. Tenant de Latour (Bibliothèque elzévirienne), tome I, p. 312.

3. *Arthénice*, Mme de Rambouillet. Voyez au tome I la *Vie de Malherbe* par Racan, p. LXXXVI et LXXXVII.

4. Jacques Ier, qui mourut le 6 avril suivant, et Charles, prince de Galles. — La fin de la phrase : « pour le Saint-Esprit, etc., » a été omise dans l'édition de 1630.

de Blavet[5]. Il y avoit envoyé deux vaisseaux, commandés par deux de leurs meilleurs corsaires[6], Gentillot et Fleury; mais ils y sont demeurés pris, eux et leurs vaisseaux. Je l'ai ouï de la propre bouche de la Reine mère du Roi. Nous aurons[7] dans la fin de ce mois le duc Bouquinghan, pour venir épouser Madame. Si vous voulez donc être des noces, il vous faut hâter. J'oubliois à vous dire que nous avons ici le prince Thomas[8], qui a épousé Mlle de Soissons qui étoit à Frontevaux. Elle s'appelle aujourd'hui la princesse de Carignan. Pour lui, il ne veut point changer de nom, et veut toujours être le prince Thomas. La Valteline est toute à nous; et s'il s'en faut quelque chose, ce n'est plus qu'un fort, qui n'est pas meilleur que les autres qui se sont rendus. Adieu, Monsieur : en voilà plus que vous n'en voulez. Les financiers, que j'oubliois, sont toujours persécutés et hors d'espérance de composition, et moi toujours votre très-humble serviteur,

MALHERBE.

De Paris, ce 18ᵉ de janvier 1625.

Même suscription qu'à la lettre précédente.

5. A la place où est maintenant Port-Louis. Le Blavet est une rivière de Bretagne, qui se jette dans la rade de Lorient.
6. C'est-à-dire deux des meilleurs corsaires des huguenots.
7. Au lieu de : « Nous aurons, » Malherbe avait d'abord écrit : « Nous attendons. »
8. Thomas-François de Savoie, prince de Carignan, marié le 10 octobre 1624 à Marie de Bourbon, fille de Charles comte de Soissons.

7. — A MONSIEUR DE RACAN[1].

MONSIEUR,

On me vient de rendre votre lettre du premier de ce mois. Vous voulez que je la doive à la fortune, et moi je la veux devoir à celui qui me l'a écrite. Vous êtes mon ami, elle mon ennemie. Jugez auquel des deux j'aime mieux avoir à faire. Il y a trop longtemps qu'elle et moi sommes mal ensemble, pour me soucier d'y être bien à l'avenir. Je sais que son pouvoir est aussi grand qu'il fut jamais, et que sa volonté n'est pas meilleure; mais pour le peu de temps qui me reste à vivre, que saurois-je craindre ni d'elle ni de personne? Qui me voudra nuire, qu'il se hâte; sinon il y a de l'apparence qu'il ne me trouvera pas au logis. Ce langage-là vous semblera peut-être bien hardi; mais tel qu'il est, il est pris dans le sens commun, contre lequel, la religion à part, vous savez qu'il n'y a orateur au monde qui me pût rien persuader. Vous m'obligez de me prier de vous aller voir, et si mes affaires m'en donnoient le loisir, je vous jure que je le ferois plus volontiers que vous ne le sauriez desirer. Mais les melons dont vous me faites fête, quelques[2] bons qu'ils soient, ne valent pas ceux de l'Épargne. J'ai le courage d'un philosophe pour les choses superflues; pour les nécessaires, je n'ai autre sentiment que d'un crocheteur. Il est aisé de se passer de confitures; mais de pain, il en faut avoir, ou mourir. Nous avons ici à faire à un superintendant[3],

---

LETTRE 7. — 1. Cette lettre est imprimée dans l'édition de 1630, livre II, lettre 13, p. 584. Elle avait déjà été publiée en 1627 dans le *Recueil de lettres nouvelles*, de Faret, p. 37.

2. Telle est l'orthographe des éditions de 1627 et de 1630. Voyez le *Corneille* de M. Marty-Laveaux, tome I, p. 205, note 3.

3. Michel de Marillac, mort en 1632.

dont je ne doute point que la probité ne soit hors de toute censure; mais la peur qu'il a de choir le fait aller si bellement, qu'il n'y a patience qui ne se lasse de le solliciter. Vous pouvez penser comme là-dessus feu M. le président Janin[4] et M. de Castille, son gendre, sont regrettés, non de moi seulement, mais de tous ceux qui sont en la peine où je suis. L'un est hors du monde, et l'autre hors des affaires : tellement que tout ce que je saurois dire d'eux ne peut être soupçonné de flatterie; mais il faut avouer que si les finances ont jamais été religieusement et judicieusement administrées, ç'a été entre les mains de ces deux grands personnages. Ils aimoient le bon ménage autant que nul autre; mais comme ils savoient qu'il y a des pensions ridiculement obtenues, qui ne peuvent être que ridiculement continuées, aussi reconnoissoient-ils qu'il y en a de si justes, que les ôter ce seroit décrier le jugement du prince, et pour peu de chose lui faire perdre l'affection de ses sujets, qui lui est plus nécessaire que son argent. Pour moi, je ne dispute de mérite avec personne, et crois que de tous ceux à qui le Roi fait du bien, il n'y en a pas un qui n'en soit plus digne que moi; mais si je n'ai autre avantage, pour le moins ai-je celui de n'être point venu à la cour demander si l'on avoit à faire de moi, comme la plupart de ceux qui y font aujourd'hui le plus de bruit. Il y a en ce mois où nous sommes justement vingt ans que le feu Roi m'envoya querir par M. des Yveteaux[5], me commanda de me tenir près de lui, et m'assura qu'il me feroit du bien. Je n'en nommerai point de petits témoins. La Reine mère du Roi, Mme la princesse de

---

4. Jeannin, mort en 1622. Il avait été chargé plusieurs fois de l'administration des finances. Voyez tome III, p. 85, note 10.

5. Voyez tome I, p. LXV, note 1.

Conty, Mme de Guise⁶ sa mère, M. le duc de Bellegarde, et généralement tous ceux qui alors étoient ordinaires au cabinet, savent cette vérité, et savent aussi qu'une infinité de fois il m'a dit que je ne me misse point en peine, et qu'il me donneroit tout sujet d'être content. A ce compte-là je ne crois pas que je ne doive en quelque façon être tiré hors du commun. Toutefois, pource que les choses ne vont pas toujours comme elles doivent, et que mon absence diminueroit encore le peu de soin que ma présence fait avoir de moi, je suis résolu de ne bouger d'ici que je n'aie porté mon affaire à son dernier point. Si après cela il me reste encore quelques jours de cette automne, je les vous donnerai de très-bon cœur. Pour l'hiver, je suis d'avis que nous le passions à Paris. C'est un lieu où toutes choses me rient : mon quartier, ma rue, ma chambre, mon voisinage m'y appellent, et m'y proposent un repos que je ne pense point trouver ailleurs. Quand j'étois jeune, le goût de la jeunesse m'y eût ramené ; mais à d'autres saisons d'autres pensées. Ce n'est plus à un homme de mon âge à chercher les plaisirs ; quand il les chercheroit, il ne les trouveroit pas. Il lui doit suffire de n'être point dans les incommodités.

Je finirois ici, mais je sais bien que vous ne serez point marri que je vous conte des nouvelles, sinon pour autre chose, au moins pour vous donner de quoi entretenir la petite noblesse qui vous viendra visiter. Ce que je sais, je le puise en la cour en ovale⁷, où la source n'est pas trop claire ; mais je vous dirai peu de chose dont je n'aie eu la confirmation au ca-

---

6. Marguerite de Bourbon-Vendôme, veuve de Henri de Lorraine, duc de Guise, tué à Blois, morte en 1633.
7. L'une des cours du château de Fontainebleau.

binet. La Valteline est toujours nôtre. C'est, à ce que l'on dit, la seule occasion de la venue de Monsieur le légat[8]; mais ses propositions ne plaisent pas. Elles sont trouvées trop partiales. Nous avons eu de ses bénédictions; je ne sais s'il aura des nôtres. Les Espagnols sont toujours devant Verrue[9]. C'est un lieu, à ce que disent ceux qui l'ont vu, qui vaut un peu mieux que Chaillot, mais qui n'a garde d'être si bon que Lagny. Cependant, jusques à cette heure, le duc de Feria[10] s'y est morfondu, en dépit même de la canicule. M. le maréchal de Créquy[11] s'est logé entre les assiégés et les assiégeants, où, selon sa coutume, son jugement et son courage font des merveilles. Si vous demandez le succès que j'en attends, je crois que les Espagnols auront vu les clochers et les cheminées de cette bicoque; mais pour les rues, il faudra qu'ils s'en rapportent à ce que la carte leur en apprendra. Je conseille à ces pauvres gens que s'ils prétendent à la monarchie universelle, comme on leur veut faire accroire, ou qu'ils aillent plus vite en besogne, ou qu'ils voient d'obtenir un sursoy[12] de la fin du monde, pour achever leur dessein plus à leur aise. Au train qu'ils vont, un terme de cinq ou six siècles ne leur fera point de mal. Encore ai-je peur que tandis qu'ils seront trois ans à prendre une autre Ostende[13], on ne leur prenne une autre Écluse[14] en quinze jours, et que de cette façon

8. Le cardinal E. Barberin.
9. *Verua*, ville du Piémont, sur le Pô. Elle était défendue contre les Espagnols par le prince de Piémont.
10. Laurent Suarez de Figueroa de Cordoue, duc de Feria, gouverneur du Milanais, mort en 1634.
11. Charles de Créquy, prince de Poix, maréchal de France, mort en 1638.
12. *Sursoy*, sursis.
13. Voyez tome I, p. 56, pièce XIII.
14. Petite place forte du Brabant méridional, sur la mer du

ils ne soient toujours à recommencer. La partie qui est aujourd'hui dressée contre eux leur va tailler de la besogne ; et si de la circonférence ils ne sont rappelés au centre, pour le moins sera-t-il malaisé que de cette secousse il ne leur tombe quelque plume de l'aile. Les huguenots ont ici leurs députés. Je ne sais si leur intention est aussi bonne que leur langage est honnête, mais au pis aller notre galimatias vaudra bien le leur. Quand ils obtiendront qu'on leur pardonne le passé, s'ils ont ce qu'ils desirent, ils auront plus qu'ils ne doivent espérer. Il me semble qu'après quatre-vingts ans il seroit temps que s'ils ne sont las de leur folie, ils le fussent de leur misère. La Reine mère a pris ses eaux. Son visage montre l'opération qu'elles ont faite. Il y a vingt-cinq ans que j'ai l'honneur de la connoître et d'en être connu, mais je ne la vis jamais en meilleur état qu'elle est aujourd'hui. Je ne sais à quelle cause je dois rapporter un effet si miraculeux, sinon que pour les biens extraordinaires qu'elle fait en la terre, elle est extraordinairement comblée des grâces du ciel. Au demeurant, on ne vit jamais témoignages d'affection réciproque comme ceux que nous voyons tous les jours entre le Roi et elle. Chacun sait comme les affaires qu'elle a eues l'ont endettée. Avec tout cela elle donne au Roi l'entretènement de six mille hommes de pied et six cents chevaux. Dieu fasse vivre cette grande reine ! Une des considérations dont je console ma vieillesse, c'est que je serai hors du monde quand elle en partira. M. le cardinal de Richelieu a été si mal, que j'ai été huit ou dix jours que je n'entrois jamais au château qu'avec appréhension d'ouïr cette funeste voix : « Le grand Pan est

---

Nord. Elle avait été prise par les Hollandais, le 19 août 1604, un mois avant qu'Ostende se rendît aux Espagnols.

mort[15]. » A cette heure, grâces à l'ange protecteur de la France, il est hors de péril, et les gens de bien hors de crainte. Il s'en est allé chercher quelque repos en sa maison de Limours; de là il faisoit compte d'aller à Forges[16] prendre des eaux; mais soit qu'il ait estimé n'en avoir plus de besoin, soit que, comme il est tout généreux et tout né à la gloire, il ait voulu, aux dépens même de sa santé, demeurer en un lieu où il pût continuer à Leurs Majestés l'assiduité de son service, il a rompu son voyage. Vous savez que mon humeur n'est ni de flatter, ni de mentir; mais je vous jure qu'il y a en cet homme quelque chose qui excède l'humanité, et que si notre vaisseau doit jamais vaincre les tempêtes, ce sera tandis que cette glorieuse main en tiendra le gouvernail. Les autres pilotes me diminuent la peur, cettui-ci me la fait ignorer. La sainte vie du Roi lui attire toutes sortes de bonnes fortunes; mais, à mon gré, la plus visible et la plus éminente est celle d'avoir en ses affaires l'assistance de cet incomparable prélat. Jusques ici, quand il nous a fallu bâtir de neuf, ou réparer quelque ruine, le plâtre seul a été mis en œuvre. Aujourd'hui nous ne voyons plus employer que du marbre; et comme les conseils sont judicieux et fidèles, les exécutions sont diligentes et magnanimes. Vous direz que l'honorant comme je fais, je devois lui en avoir donné quelque témoignage par mes écrits. Il est vrai. Mais vous savez aussi bien que moi qu'un esprit troublé n'est capable de rien faire qui soit net. Toutes

---

15. Allusion au sens du mot *Pan* en grec, « le tout, le grand tout; » et à cet endroit de Plutarque où il est raconté qu'une voix mystérieuse cria au pilote égyptien Thamus d'annoncer que le grand Pan était mort. Voyez le traité *de la Cessation des oracles*, chapitre XVII. Voyez aussi au tome VIII, p. 559, de l'édition de Sévigné qui fait partie de notre collection, la lettre du 28 mars 1689.

16. *Forges-les-Eaux*, en Normandie, à six lieues de Neufchâtel.

offrandes ne sont pas propres à un autel de la grandeur du sien[17]. J'ai quelques petites affaires d'où il faut que je sorte devant que d'entreprendre ce que je lui prépare. Jusques à ce que cela soit, j'aime mieux m'en taire, que de dire chose qui soit indigne de lui et de moi. Ç'a toujours été mon avis qu'on ne sauroit trop penser à ce qu'on ne sauroit assez bien faire. Adieu, Monsieur : je suis votre serviteur très-humble et très-affectionné.

A Fontainebleau, le 10e de septembre 1625.

---

8. — A MONSIEUR DE RACAN[1].

Monsieur,

Nous voilà revenus à Paris, il est temps de réveiller[2] ma paresse. Elle a dormi aussi longtemps que Endymion, ou guère ne s'en faut ; mais certainement si je ne vous ai fait réponse à deux lettres que j'ai reçues de vous, toute la faute n'en est pas à elle. J'étois à Fontainebleau, qui est un lieu d'où personne ne va chez vous ; et de les envoyer à Paris, pour de là les vous faire tenir, il n'y avoit pas d'apparence de persuader à un homme défiant comme je suis, que passant par tant de mains elles pussent, sans courir quelque fortune, arriver jusques aux vôtres. Ne soyez point en peine du paquet de mes lettres que vous avez fait venir : je l'ai reçu. Il y avoit deux

---

17. Malherbe avait déjà mis en vers cette pensée dans la troisième stance des *Larmes de Saint-Pierre*. Voyez tome I, p. 5, vers 15-18.

Lettre 8. — 1. Cette lettre, imprimée pour la première fois, et inexactement, dans l'édition de 1630, livre II, lettre 14, p. 592, a été collationnée par nous sur l'autographe.

2. Dans l'édition de 1630 on avait imprimé *renouveler*, au lieu de *réveiller*.

lettres dedans qui s'adressoient à vous : je les vous envoie. Cela justifiera peut-être ceux que vous accusiez. Elles[3] sont telles que je les ai reçues : elles n'ont bougé de dessus ma cheminée depuis que je les ai. Je les tenois là en vue, afin que me souvenir toujours de les vous envoyer. Mais de commodité, je n'en trouvois point, et crois qu'elles y seroient encore sans M. le chevalier du Bueil[4], qui print hier la peine de me venir voir, et me dit qu'il en seroit peut-être lui-même le porteur. Pour les lettres de Mme des Loges[5], n'en soyez point en peine. Je n'ai garde de les faire voir à personne, car je ne sais où elles sont. Je sais bien pourtant que je les ai serrées, mais la question est de savoir où. Nous les chercherons à votre venue. Pour la dame de Bourgogne[6], je ne lui écrirai point, puisque vous ne l'approuvez pas. Aussi n'en avois-je pas grande envie. Je ne prends pas plaisir de me donner de la peine[7] aux choses dont je n'espère ni plaisir ni profit. Si elle m'eût envoyé de la moutarde[8], son honnêteté eût excité la mienne. Mais elle n'a que faire de moi, ni de vous non plus, quoi que vous disent ses lettres. Elle écrit bien, mais ce qu'elle écrit ne vaut rien. Si elle venoit ici, vous seriez perdu, car elle se moqueroit de vous sur votre moustache; et s'en moquant

3. Ce passage, depuis : « Elles sont telles, » jusqu'à : « lui-même le porteur, » est imprimé ici pour la première fois.
4. Antoine de Bueil, cousin de Racan.
5. Marie Bruneau, dame des Loges, morte en 1641. Voyez sur elle l'*Historiette* de Tallemant des Réaux (tome III, p. 361).
6. Mme de Termes. Voyez plus haut la note 2 de la lettre 4, p. 6.
7. Dans l'édition de 1630 on avait ainsi corrigé ce commencement de phrase : « Je ne me donne pas volontiers de la peine. » Au lieu des mots : « ni plaisir ni profit, » Malherbe avait mis d'abord : « point de récompense. » Deux lignes plus loin, il a substitué *non plus* à *aussi peu*.
8. On sait que la moutarde de Dijon est renommée.

au lieu où elle est, votre déplaisir est moindre d'une chose que vous ne voyez pas. Je suis complaisant à l'accoutumée, c'est-à-dire incomplaisant tout à fait⁹. Mais je n'y saurois que faire. Il n'y a moyen que je force mon humeur : elle est bonne; je voudrois que la vôtre lui ressemblât. J'espère qu'à la fin vous deviendrez sage, et que vous direz comme moi :

> Quand je verrois Hélène au monde revenue,
> Pleine autant que jamais de charmes et d'appas,
> N'en étant point aimé, je ne l'aimerois pas¹⁰.

Je n'ai plus rien à vous dire. Si vous voulez que l'on mette quelque chose du vôtre dans le recueil de lettres que l'on va faire, dépêchez-vous¹¹. M. Faret m'avoit dit qu'il vous en vouloit écrire, et qu'il m'envoyeroit sa lettre pour la mettre en mon paquet; mais jusques à cette heure il n'en a rien fait. S'il me l'envoie devant qu'il soit clos, elle y sera¹²; sinon il faudra prendre une autre voie. De nouvelles, nous n'en avons point. On dit que nous avons été battus à la Valteline; mais comment, je n'en sais rien¹³. Je ne m'informe jamais des particularités d'une chose que je voudrois qui ne fût point du tout. J'aimerois autant un mari à qui on auroit dit que sa femme auroit chevauché¹⁴, qui voudroit savoir si ç'auroit été sous un poirier ou sous un pommier, sur le bord du

---

9. Les mots : « c'est-à-dire, etc., » ont été ajoutés après coup par Malherbe, au-dessus de la ligne.
10. Voyez p. 31, note 5.
11. C'est le volume dont Nicolas Faret (mort en 1646) fut l'éditeur et que nous avons cité plus haut, p. 15, note 1. Il contient neuf lettres de Malherbe.
12. Dans l'édition de 1630 : « elle y sera mise. »
13. Ce dernier membre de phrase : « mais comment, etc., » est en interligne.
14. Dans l'édition de 1630 : « que sa femme l'auroit fait cocu. »

lit ou dessus, quelle jupe elle avoit, comme étoit vêtu le galant. Des choses fâcheuses, ce n'est que trop d'en savoir le gros, sans en demander le menu. J'en ai fait ainsi de cette nouvelle. Nous en avions une autre, que le comte de Tilly avoit été défait par le roi de Danemark[15]. Celui qui avoit fait le conte avoit tué le père, le fils, le neveu. Je crois que s'il eût pû tuer tous ses descendants d'ici au jour du jugement, il les eût tués. Mais tout cela s'est treuvé sinon du tout faux, pour le moins en la plus grande partie. L'on dit qu'il s'est fait quelque léger combat, où il a perdu quatre ou cinq cents hommes, et le roi de Danemark deux ou trois cents. Tant y a que l'on tient qu'il a levé le siége de Nienbourg[16]. Dieu nous en donne davantage! Mes vœux ne s'arrêtent point là, car j'aime les Espagnols autant que jamais. La cour est à Saint-Germain. La Reine mère du Roi étoit allée à Monceaux, mais elle s'en ira de là à Saint-Germain. Qui croit qu'elle repassera par ici, qui croit que non. La[17] Reine se porte bien. L'on tient qu'elle s'en va aujourd'hui à Saint-Germain. Pour moi, je m'y en vais lundi ou mardi. Nous vous attendons à la Saint-Martin. C'est le vrai temps pour vous en revenir, car toutes les Majestés seront à Paris[18]. Vous m'avez dit que je vous avois écrit quelque lettre sur la mort de M. du Vair que vous ne trouviez pas mauvaise. Elle n'est point parmi celles qui ont été envoyées par deçà. Si vous la treuvez, en-

---

15. Christian IV avait été battu le 26 août à Lutter par Tilly et contraint de se retirer en Fionie.

16. Cette phrase est imprimée ici pour la première fois. — *Nienbourg* est une ville du Hanovre, sur le Weser, anciennement fortifiée.

17. Cette phrase et la suivante manquent aussi dans toutes les éditions antérieures.

18. Malherbe avait ajouté ici les mots : « à ce temps-là, » qu'il a ensuite biffés.

voyez-la-moi; car tout ce qu'on m'a envoyé ne vaut rien.

Votre serviteur très-humble et très-affectionné,

MALHERBE.

A Paris, ce 18ᵉ d'octobre 1625.

Suscription : A Monsieur, Monsieur de Racan, gentilhomme ordinaire de la chambre du Roi, à la Roche-au-Maine.

---

9. — A MONSIEUR DE RACAN[1].

MONSIEUR,

Vous êtes honnête homme de ne me demander qu'une lettre en quinze jours. Vous mesurez ma paresse à la vôtre, et faites bien. Elles sont toutes deux si excellentes, que s'il en falloit faire jugement je serois bien empêché à qui donner la pomme. Je ne vous remercie point de vos nouvelles. La quantité en est petite, et la qualité chétive. Si vous ne me voulez écrire rien de meilleur, ne m'écrivez point : je veux dire de nouvelles; car je serai toujours bien aise d'avoir de vos lettres. Mais je ne veux pas que vous y mettiez autre prix que celui de vous souvenir de moi. C'est assez pour me les faire recevoir, non pas d'aussi bon cœur que vous recevez celles d'Artenice (car cela n'étant pas possible, il n'est pas aussi à desirer), mais avec un contentement à qui nul autre que cettui-là ne peut faire comparaison. Je ne sais si vous lirez bien ma lettre; mais outre ma nonchalance ordinaire, j'y ajoute encore quelque chose d'extraordinaire, pour ne vous donner pas moins de peine à lire mes lettres que

LETTRE 9. — 1. Cette lettre a paru pour la première fois dans l'édition de 1630, livre II, lettre 15, p. 595.

j'en ai à lire les vôtres². Pour les ducs et pairs, j'humilie ma vanité; pour les autres, je demeure aussi grave qu'un Espagnol. Si nous continuons, vous et moi, je vois bien que nous arriverons à un point que vous ne pourrez non plus lire les miennes que moi les vôtres. Au demeurant, si je n'eusse connu votre écriture, je vous déclare que jamais je n'eusse cru, à voir votre lettre si bien formée, qu'elle fût venue de vous. Vous m'obligez de me desirer chez vous, et je vous jure que je m'y desire aussi. Mais ce n'est point pour vos pois ni pour vos fèves, c'est pour être avec vous. Je ne vous en mentirai point : je vous irois voir de bon cœur, mais je ne serois pas sitôt chez vous qu'il m'en faudroit revenir, et vous savez que je suis en un âge qui n'aime pas le travail³, ou plutôt qui n'en a pas besoin. M. Royer est en un lieu où il fera vos affaires. Dieu veuille que M. Bardin se trouve aussi disposé à faire les miennes! Je me réjouis furieusement d'avoir affaire à M. de Fiat⁴. Sous sa protection en second lieu (car pour le premier je le donne à Monseigneur le Cardinal), j'espère que si je n'ai tout ce que je desire, j'aurai tout ce que j'espère. Adieu, Monsieur. Je vous écris à bâtons rompus; lisez-le de même. Je ne m'en soucie pas, pourvu que vous m'aimiez, et me teniez toujours pour votre très-humble serviteur.

A Paris, ce 11ᵉ de juillet 1626.

2. Voyez la lettre 4, p. 8.
3. *Travail*, fatigue.
4. Antoine Coiffier, marquis d'Effiat, maréchal de France, surintendant des finances en 1626.

10. — A MONSIEUR DE RACAN[1].

Monsieur,

Puisque vous desirez que la cour soit à Paris, j'espère que bientôt vous aurez ce contentement. J'ai vu cette après-dînée une lettre de Mme la princesse de Conty à Madame sa mère, où elle leur mande qu'au quinzième de ce mois Leurs Majestés seront bien près de Paris, si elles n'y sont arrivées. Nous aurons à cette heure-là force nouvelles, et vous en aurez votre part. Jusque-là ne me demandez que ce que savent les crocheteurs. Le mariage de Monseigneur et de Madamoiselle de Montpensier fut arrêté il y a aujourd'hui huit jours[2]. Je crois qu'à cette heure l'affaire est faite. Toute la cour est pleine de joies ; mais elles ne sont pas toutes d'une mesure. Je crois qu'après celle de la mariée, qui sans doute est incomparable, il n'y en a point de plus grande que celle de la Reine mère. Cette princesse est si bonne que les vœux de tous les gens de bien sont que sa postérité soit en la race de nos rois tant que la France sera France, c'est-à-dire jusqu'à la fin du monde. Je sais bien que nous en aurons du côté du Roi ; car à quel propos nous imaginerions-nous une stérilité en un roi et en une reine, tous deux en la fleur de leur âge, bien faits, bien composés[3], qui s'aiment avec passion, et qui, puisque rien ne se fait sans la bénédic-

---

Lettre 10. — 1. Cette lettre, que nous croyons adressée à Racan, a paru pour la première fois, sans nom de destinataire, dans l'édition de 1630, livre I, lettre 24, p. 542. La date nous en est donnée par les événements qu'elle raconte et par la teneur de la lettre de Malherbe à du Bouillon, du 2 août 1626, lettre qui a une très-grande analogie avec celle-ci : voyez plus loin, p. 65.

2. Gaston, frère de Louis XIII, épousa Marie de Bourbon, duchesse de Montpensier, le 5 août 1626.

3. *Bien composés*, bien assortis.

tion de Dieu, doivent pour leur piété se la promettre autant que princes qui jamais aient porté cette couronne? La prudence humaine y a joué son personnage, c'est aux bons destins de la France à faire le demeurant. Je prends pour bon augure que Monseigneur ait fait faire sa demande par M. le président le Coigneux, son chancelier[4]. Le mot me plaît, et me fait espérer que l'on y travaillera comme il faut. Cette nouvelle est assez bonne pour tenir lieu d'une douzaine.

[1er août 1626.]

11. — A MONSIEUR DE RACAN[1].

Monsieur,

J'ai reçu votre lettre du 17e de ce mois. Elle m'a été, comme tout ce qui vient de vous, très-chère et très-agréable; mais étant amis au degré que nous le sommes, et vivant ensemble comme nous vivons, je ne saurois vous taire le déplaisir que vous me faites de continuer un dessein dont j'ai tant de fois essayé de vous dégoûter. Vous aimez une femme qui se moque de vous[2]. Si vous ne vous en apercevez, vous ne voyez pas ce que verroit le plus aveugle qui soit aux Quinze-Vingts; et si vous vous en apercevez, je ne crois pas qu'au préjudice de l'écrivain de Vaux vous ne prétendiez à vous faire

---

4. Jacques le Coigneux, président au mortier.

Lettre 11. — 1. Cette lettre, la 30e du livre I dans l'édition de 1630 (p. 550), a été publiée pour la première fois dans le recueil de Faret (1627), p. 87. Elle y est intitulée : *A un gentilhomme de ses amis. Il le dissuade de sa recherche.* On sait par Racan lui-même qu'elle lui était adressée. Voyez tome I, p. lxxxvii.

2. Racan, comme nous l'avons dit (p. 6), recherchait en mariage Mme de Termes, qui se remaria en 1635 au président Claude Vignier.

empereur des Petites-Maisons³. Il est malaisé que je n'aie dit devant vous ce que j'ai dit en toutes les bonnes compagnies de la cour, que je ne trouvois que deux belles choses au monde, les femmes et les roses, et deux bons morceaux, les femmes et les melons. C'est un sentiment que j'ai eu dès ma naissance, et qui jusques à cette heure est encore si puissant en mon âme, que je n'y pense jamais que je ne remercie la nature de les avoir faites, et mon ascendant⁴ de m'avoir donné la forte inclination que j'ai à les adorer. Vous pouvez bien penser qu'un homme qui tient ce langage ne trouve pas mauvais que vous soyez amoureux. Il le faut être, ou renoncer à tout ce qu'il y a de doux en la vie; mais il le faut être en lieu où le temps et la peine soient bien employés. On se noie en amour aussi bien qu'en une rivière. Il faut donc sonder le gué de l'un aussi bien que de l'autre, et n'éviter pas moins que le naufrage la domination de je ne sais quelles suffisantes, qui veulent faire les rieuses à nos dépens. Celle à qui vous en voulez est très-belle, très-sage, de très-bonne grâce, et de très-bonne maison. Elle a tout cela, je l'avoue; mais le meilleur y manque : elle ne vous aime point; et sans cette qualité, tout et rien ne valent pas mieux l'un que l'autre. Vous avez ouï dire qu'avec le temps et la paille les nèfles se mûrissent. C'est ce qui vous fait espérer que si vous n'êtes aimé à cette heure, vous le pourrez être quelque jour. Je vous ac-

3. On connaît sous le nom de *de Vaux* (pseudonyme qui cache, à ce qu'on croit, Adrien de Montluc, comte de Cramail) *les Jeux de l'inconnu*, 1630, in-8°. On attribue au même auteur : *l'Herti ou l'Universel*. L'Herti ou le Herty était un fou célèbre que Colletet dans une épigramme appelle *fou sérieux des Petites-Maisons*.

4. « *Ascendant*, en termes d'astrologie, est l'horoscope, ou le degré de l'équateur qui monte sur l'horizon au point de la naissance de quelqu'un, et qu'on croit avoir grand pouvoir sur sa vie et sur sa fortune. » (*Dictionnaire de Furetière*.)

corde que ce n'est pas une difficulté que vous ne puissiez vaincre; mais accordez-moi aussi que vous aurez bien de la peine à la combattre. En matière de choses futures, l'oui et le non trouvent des amis, qui parient les uns d'un côté et les autres de l'autre. En celle-ci, je m'assure que la pluralité sera pour la négative; et que vous-même, tout malmené que vous êtes de votre passion, si vous aviez gagé pour l'affirmative, vous tiendriez votre argent, sinon pour perdu, au moins pour bien égaré. La persévérance fait des miracles, il est vrai; mais ce n'est pas toujours ni partout. S'il y a des exemples de son pouvoir, il y en a de sa foiblesse. Et puis quand un homme auroit de la patience pour toute autre chose, seroit-il pas aussi lâche que la lâcheté même s'il en pouvoit avoir pour le mépris? L'indignation, à mon gré, n'est juste en occasion du monde comme en celle-ci. Quand une femme refuse ce qu'on lui demande, ce n'est pas qu'elle condamne la chose qui lui est demandée, c'est que le demandeur ne lui plaît pas. Je voudrois que vous eussiez entretenu l'homme qui vient du lieu où est votre prétendue maîtresse. Vous auriez appris qu'en un mois qu'il y a été, il ne s'est presque passé jour qu'il ne l'ait vue aux compagnies, parée et ajustée d'une façon qui ne montroit pas qu'elle eût envie de revenir au logis sans avoir fait un prisonnier. Vous prendrez peut-être la chose à votre avantage, et direz qu'elle ne le faisoit que pour se divertir des pensées mélancoliques où la plongeoit votre éloignement. Je vous en sais bon gré. Quand on se veut tromper, il ne se faut point tromper à demi. Vous êtes en possession de souffrir des rebuts, vous en avez fait l'apprentissage en plusieurs bonnes écoles; il est temps de faire votre chef-d'œuvre, et prendre vos lettres de maîtrise. Or sus, prenez-les, soyez dupe, et archidupe si bon vous semble; ce ne sera jamais avec mon approbation. Je vous regarderai faire, comme on regarde un ami se perdre, après qu'on a fait tout ce qu'on a pu pour le sauver. Je ne saurois nier que lorsque j'étois jeune, je n'aie eu les chaleurs de foie qu'ont les jeunes gens ; mais ce n'a jamais été jusques à pouvoir aimer une femme qui ne me rendît la pareille. Quand quelqu'une m'avoit donné dans la vue, je m'en allois à elle. Si elle m'attendoit, à la bonne heure. Si elle se reculoit, je la suivois cinq ou six pas, et quelquefois dix ou douze, selon l'opinion que j'avois de son mérite. Si elle continuoit de fuir, quelque mérite qu'elle eût, je la laissois aller ; et tout aussitôt le dépit prenant chez moi la place que l'amour y avoit tenue, ce que j'avois trouvé en elle de plus louable, c'étoit où je trouvois le plus à redire. Son teint, quelque naturel qu'il fût, me sembloit un masque de blanc et de rouge, ses discours une pure coquetterie, et généralement, avec une haine accommodée à mes sentiments, je démentois tout ce que l'affection s'étoit efforcée de me persuader en sa faveur. Voilà comme j'ai toujours vécu avec les femmes ;

> Et maintenant encore en cet âge penchant[5],
> Où mon peu de lumière est si près du couchant,
> Quand je verrois Hélène au monde revenue,
> En l'état glorieux où Pâris l'a connue,
> Faire à toute la terre adorer ses appas,
> N'en étant point aimé, je ne l'aimerois pas.
> Cette belle bergère, à qui les destinées
> Sembloient avoir gardé mes dernières années,
> Eut en perfection tous les rares trésors
> Qui parent un esprit, et font aimer un corps.
> Ce ne furent qu'attraits, ce ne furent que charmes ;
> Sitôt que je la vis, je lui rendis les armes,

5. Ces vers, dont trois se trouvent déjà, avec une variante, dans la lettre 8 (ci-dessus, p. 23), ont été faits pour Mme de Rambouillet. Voyez tome I, p. 264, pièce xcv.

Un objet si puissant ébranla ma raison,
Je voulus être sien, j'entrai dans sa prison,
Et de tout mon pouvoir essayai de lui plaire,
Tant que ma servitude espéra du salaire.
Mais comme j'aperçus l'infaillible danger
Où, si je poursuivois, je m'allois engager,
Le soin de mon salut m'ôta cette pensée,
J'eus honte de brûler pour une âme glacée ;
Et sans me travailler à lui faire pitié,
Restreignis mon amour aux termes d'amitié.

Vous savez trop bien que c'est que de vers pour ne connoître pas que ceux-là sont de ma façon. Si vous en goûtez la rime, goûtez-en encore mieux la raison. Il ne faut pas trouver étrange que les femmes, en une affaire où il leur va de l'honneur et de la vie, prennent du temps à se résoudre ; et même que par quelque résistance elles piquent un desir, qui sans doute se relâcheroit si à notre première semonce elles se rendoient avec une trop prompte et trop complaisante facilité. Leur retenue fondée sur quelqu'une de ces considérations est supportable ; mais quand elles nous fuient, ou par aversion qu'elles ont de nous, ou pource qu'un autre tient déjà ce que nous poursuivons, c'est là qu'un bon courage se doit roidir, et ne continuer pas un voyage où il est bien assuré qu'il ne feroit que se lasser. Heureux sont ceux qui voient clair en ces ténèbres ! Elles sont négligées de la plupart des hommes ; mais elles ne laissent pas de les faire choir dans de grands précipices. Je prétends en finesse moins qu'homme du monde ; mais sans vanité je puis dire que quand je me suis adressé à une femme, il ne m'est jamais arrivé de me tromper en la connoissance de son humeur. L'espérance seule m'a appelé. Quand elle m'a failli, on n'a point été en peine de me dire deux fois que je me sois retiré. Croyez-moi, faites-en de même, et après tant de mauvaises récoltes, soyez plus diligent à choisir le terroir où vous sèmerez. Vous avez aussi bien que moi une certaine nonchalance qui n'est pas propre aux choses de longue haleine. C'est assez que vous ayez été malheureux en Bretagne; ne le soyez point en Bourgogne. Je vous crie merci de vous persécuter comme je fais; mais je prends trop de part à vos intérêts pour en user d'autre façon. Ceux qui donnent des conseils indulgents à leurs amis, leur veulent plaire; ceux qui en donnent de libres, ont envie de leur profiter. Dieu veuille que vous avertissant de ne perdre point votre temps, je ne perde point le mien!

Je vous manderois volontiers des nouvelles pour vous ôter le goût de cette aigreur, mais je meurs de sommeil. Le Roi se porte bien, et use toujours des conseils de M. le cardinal de Richelieu. Cela se voit assez au bon état où sont les affaires. Si quelqu'un y trouve à redire, qu'il prenne de l'ellébore. Adieu, Monsieur. Quoi que je vous aye dit, je ne laisserai pas de faire tenir votre lettre. Ce sera produire un nouveau témoignage de votre honte; mais votre volonté soit faite. En récompense vous ferez, s'il vous plaît, la mienne, c'est-à-dire que vous me conserverez en vos bonnes grâces, et me tiendrez toujours pour votre très-humble serviteur.

---

12. — A MONSIEUR DE RACAN[1].

MONSIEUR,

Je vois bien que si les Muses vous ont fait passer pour un rêveur, Mars ne vous donnera pas meilleur bruit.

LETTRE 12. — 1. Cette lettre a été imprimée pour la première fois dans l'édition de 1630, livre II, lettre 16, p. 597. — Racan venait de se marier avec une demoiselle d'Anjou, nommée Catherine Dubois.

Vous n'en êtes encore qu'au collet de buffle², et déjà vous ne vous souvenez plus de vos amis. Vous pouvez penser ce que ce sera quand vous en serez à la cuirasse. Peut-être chercherez-vous une excuse en la nouveauté de votre mariage; et certes je sais bien que la cage d'hyménée n'est pas plus gracieuse que les autres, et que les oiseaux n'y entrent pas sans quelque étonnement pour les premiers jours. Mais de quelque cause que vienne votre silence, je ne suis pas assez complaisant pour ne vous en dire pas mon sentiment. Si ce sont les pensées de Mars qui vous occupent, la guerre³ ne sera pas si longue, Dieu aidant, que pour elle vous deviez tout à fait quitter les exercices de la paix. Si ce sont les soins d'hyménée, les rossignols ne sont muets que quand ils ont des petits, et je sais bien que vous n'en êtes pas encore là. Je vous jure que si jamais vous revenez sur Parnasse, je n'y aurai point de crédit, ou je vous y ferai fermer la porte; et si vous y entrez par surprise, ou autrement, vous n'y aurez que des feuilles de chou pour des feuilles de laurier. Pensez-y, et vous amendez. C'est assez raillé : parlons à cette heure à bon escient. Je veux, Monsieur, et vous en prie, que vous m'aimiez toujours, comme je vous assure que je suis toujours votre très-humble et très-affectionné serviteur.

A Paris, ce 13e de mai 1628.

2. « *Collet* ou *colletin de buffle* est une peau de buffle préparée qui fait une espèce de justaucorps sans manches. C'est un vêtement pour les cavaliers qui leur sert d'ornement et de défense. » (*Dictionnaire de Furetière*.)

3. Le Roi était retourné dès le 29 mars au siége de la Rochelle. La ville capitula le 28 octobre.

13. — A MONSIEUR DU BOUILLON MALHERBE[1].

Monsieur mon cousin,

Vous me confirmez toujours l'opinion que j'ai il y a longtemps, que vous m'aimez plus que je ne vaux. Si le fils ne paye ce que doit le père, vous courez fortune d'en être très-mal assigné. Je suis en un âge où il ne me faut plus prêter qu'en intention de perdre. Si vous voulez assurer votre dette, faites un héritier et la lui donnez. J'espère que quand vous le verrez[2], vous le trouverez digne d'une bonne fortune. Quant aux nouvelles, je ne vous en dirai qu'une, qui en vaudra une douzaine. C'est que le succès des affaires sera tel que je l'ai toujours prédit ; c'est-à-dire que nous aurons la paix. M. de Thou[3] en a donné cette espérance par la dépêche que l'on vient de recevoir de lui. Le Roi est obéi partout, et ne se trouve personne qui prête l'oreille à ce que l'on propose contre son service. C'est tout ce que je vous puis dire ; et aussi crois-je que c'est tout ce que vous voulez ouïr. Ainsi Dieu confonde toujours les desseins de ceux qui nous voudront troubler ! N'ayant plus guère de jours à vivre, je serai bien aise que le repos n'en soit point interrompu.

Lettre 13. — 1. Cousin par alliance de Malherbe. Voyez tome III, p. 589. Il mourut le 18 janvier 1650, à soixante-quatre ans. Son épitaphe, dans l'église Saint-Pierre à Caen, portait qu'il était chevalier, conseiller du Roi en ses conseils et premier président au bureau des finances en la généralité de Caen. — Cette lettre a paru pour la première fois dans l'édition de 1630, livre II, lettre 20, p. 622.

2. C'est-à-dire quand vous verrez mon fils.

3. Jacques-Auguste de Thou, le célèbre historien. — « Le 6 d'avril 1614, dit Richelieu, la Reine fit partir de Paris le duc de Ventadour, les présidents Jeannin et de Thou, les sieurs de Boissise et de Bullion, pour se rendre à Soissons auprès de Monsieur le Prince. » — Mais avant cette date on voit que de Thou avait été chargé déjà d'une négociation.

Adieu, Monsieur mon cousin : je vous baise bien humblement les mains, et vous supplie de m'aimer toujours comme votre plus humble et plus affectionné serviteur.

A Paris, ce 13e mars 1614.

---

14. — A MONSIEUR DU BOUILLON MALHERBE[1].

Monsieur mon cousin,

Il se faut laisser vaincre à vos courtoisies, à peine de recevoir un affront. Vous avez le premier intérêt en la gloire du nom de Malherbe : c'est à vous de faire le principal effort pour la relever. Il y faut de la fortune. Jusques ici elle nous a tellement abandonnés, qu'il y aura bien de la peine à nous la réconcilier. Je vous en laisse le travail, comme au plus capable de le faire. Mon âge me défend de rien entreprendre qui soit ni long ni difficile. C'est aux jeunes à planter des chênes ; les vieux comme moi ne doivent plus planter que du persil, des choux, des épinards, et autres telles denrées. Je voudrois bien vous écrire des nouvelles, mais cette semaine peneuse[2] les a étonnées. Je crois que et à Troie et au camp des Grecs[3] on ne fait que prier Dieu. C'est à lui qu'il faut recourir, et de lui qu'il faut attendre ce qui nous est propre. Hors de son aide tout est vain, tout est songe, ombre et fumée.

Lettre 14. — 1. Cette lettre a paru pour la première fois dans l'édition de 1630, livre II, lettre 21, p. 623. Elle y est entièrement conforme à l'autographe, que M. le marquis de Biencourt a eu l'obligeance de nous communiquer.

2. La semaine sainte ; en latin du moyen âge *septimana* ou *hebdomada pœnosa*. — Pâques, en 1614, tombait au 30 mars.

3. Allusion à la guerre des princes. Voyez tome III, p. 384 et suivantes.

Je le prie, Monsieur mon cousin, qu'il vous donne les prospérités que je vous desire, à la charge que vous continuerez d'aimer, et de bon cœur, celui qui de tout le sien est votre très-humble et très-affectionné serviteur.

A Paris, ce 29º de mars 1614.

Suscription : A Monsieur, Monsieur du Bouillon, procureur du Roi au bailliage de Caen.

---

15. — A MONSIEUR DU BOUILLON MALHERBE [1].

MONSIEUR MON COUSIN,

Je ne vaux pas le soin que vous avez de moi; mais je ne me plaindrai pas de vous pour cela. Je ne saurois trop souvent recevoir des témoignages d'une chose qui m'est si chère comme la continuation de votre amitié. Mon affection vous est plus assurée que je ne le vous saurois exprimer. Si je le pouvois faire, je m'y amuserois plus volontiers qu'à vous dire de nos nouvelles, les reconnoissant indignes d'être écrites, et sachant bien que celles des états [2], qui sont aujourd'hui les principales, vous sont mandées par des gens qui en sont mieux avertis que moi. Pour celles de la cour, je ne sais que vous dire, sinon que Mme de Longueville arriva hier. L'on attend Monsieur son fils au premier jour [3]. Je crois que nous

---

LETTRE 15. — 1. Cette lettre a été imprimée pour la première fois dans l'édition de 1630, livre II, lettre 22, p. 624.
2. Les états généraux. Voyez tome III, p. 472 et suivantes.
3. Henri d'Orléans, IIe du nom, duc de Longueville, né en 1595, mort en 1663. Il était fils de Catherine de Gonzague, femme de Henri d'Orléans, Ier du nom, duc de Longueville.

l'aurons pour gouverneur⁴, quoi que l'on vous die. Il n'y a pas d'apparence qu'il ne quittât un œuf pour un chapon, et je crois qu'il ne viendroit point, s'il n'avoit envie de contenter le desir de Leurs Majestés. Si cela est, je m'en réjouirai pour notre province, qui aura un si grand prince; sinon, il faudra en cela, comme en toute autre chose, vouloir ce que Dieu veut. Je ne vous dis rien de la paulette⁵. Qui croit qu'elle ira par terre; qui ne le croit pas. Je ne sais qu'en dire. Pour le moins aurons-nous quelque nombre de gentilshommes pour conseillers aux cours souveraines. Il faut attendre l'horloge qui nous sonnera quelle heure il est. Adieu, Monsieur mon cousin : je suis toujours votre très-humble et très-obéissant serviteur.

A Paris, ce 1ᵉʳ de décembre 1614.

---

16. — A MONSIEUR DU BOUILLON MALHERBE¹.

MONSIEUR MON COUSIN,

Je m'étonnois certainement d'être si longtemps sans avoir de vos nouvelles; mais je ne pensois pas que la cause en fût si triste comme elle est. Il faut louer Dieu, de quelque façon et en quelque temps qu'il dispose de nous ou des nôtres. Bien est-il malaisé de recevoir de si pe-

---

4. De Normandie. On vouloit lui faire céder au maréchal d'Ancre le gouvernement de Picardie. Voyez tome III, p. 481.
5. Droit annuel établi en 1604 sur les offices de judicature et de finance. Son nom venait du financier Paulet, qui en avait été l'inventeur et le premier fermier.

LETTRE 16. — 1. Cette lettre a été publiée pour la première fois dans l'édition de 1630, livre II, lettre 23, p. 625. Nous en avons revu le texte sur l'original autographe, qui nous a été communiqué par M. Gilbert.

sants coups², sans donner quelque signe de ressentiment; mais il en faut toujours revenir là, que c'est un passage nécessaire à tout ce qui vit au monde, et que si aujourd'hui nous perdons et pleurons, demain nous serons perdus et pleurés à notre tour. Je vous en dirois davantage; mais en semblables occasions les paroles ont plus d'ostentation que d'effet. Nous attendons ici les remontrances du parlement³ ; on tient que c'est pour demain. Si ces gens eussent rejeté le rétablissement de la paulette, ils donneroient⁴ meilleure opinion qu'ils ne font, et leur harangue seroit de meilleure odeur. Mais où sont ceux qui ne sont point sensibles à leur intérêt? Je ne sais si c'est au ciel; mais je sais bien qu'il n'y en eut jamais en terre, et qu'il ne faut pas espérer qu'il y en ait jamais. Les préparatifs des mariages⁵ se font avec hâte; l'on croit que l'on partira à la mi-juin. Je ne pense pas que ce soit précisément au quinzième, mais je tiens que ce ne sera pas bien long-temps après⁶. Adieu, Monsieur mon cousin : je suis votre très-humble et très-affectionné serviteur,

MALHERBE.

A Paris, ce 20ᵉ de mai 1615.

Suscription : A Monsieur, Monsieur du Bouillon, procureur du Roi au bailliage de Caen, à Caen.

2. Malherbe avait d'abord mis : « quelqu'un de ces coups. »
3. Voyez tome III, p. 497.
4. Après *donneroient* Malherbe avoit écrit au-dessus de la ligne : *d'eux*, qu'il a ensuite effacé.
5. Les mariages de Louis XIII avec Anne d'Autriche, et d'Élisabeth, sœur du Roi, avec le prince d'Espagne, qui fut depuis Philippe IV. Ils furent célébrés à Bordeaux, au mois de décembre 1615.
6. A la suite de ces mots il y a dans l'autographe une phrase biffée, que voici : « J'avois mis dans votre paquet une lettre pour mon cousin de Boutonvilliers. Je vous prie, Monsieur mon cousin, en retirer la réponse, et d'une autre que j'écrivois à Mlle de la Londe (?) touchant les nécessités de son mari. »

17. — A MONSIEUR DU BOUILLON MALHERBE[1].

Monsieur mon cousin,

J'ai reçu le Sénèque que m'a envoyé mon cousin de Boutonvilliers. Si j'eusse cru qu'il n'y eût eu que cela, je ne l'eusse pas demandé. Je ne laisse pas de vous en remercier, et lui aussi. C'est ma coutume de vous donner de la peine. La fortune, qui m'offre tant d'occasions de vous employer, m'en donnera, s'il lui plaît, quelqu'une de vous servir. Je vois bien que l'on vous baille de grandes alarmes en ce pays-là. Et certainement nous n'en sommes pas plus exempts que les autres; mais les faux bruits ne durent pas si longtemps ici qu'ils font aux provinces. Il y a en cette cour plusieurs personnes bien judicieuses, qui pensent comme vous qu'il seroit bon de différer le voyage[2]. Ce n'est pas mon opinion. Je crois que tout au contraire c'est de là, et non d'ailleurs, que dépend notre repos. L'événement décidera cette question. Je n'ose vous dire que l'on s'en va lundi, pource que ce partement a déjà eu tant de fausses assignations, que je crains que celle-ci ne soit pas plus véritable que les autres. Toutefois à la fin il en viendra une bonne, et si ce n'est lundi, ce sera bientôt après. Ce seroit une grande impuissance aux deux plus grands rois du monde, que trois ou quatre malcontents, sans hommes et sans argent, les empêchassent en un si juste dessein. Cela ne sera pas, mon cher cousin. On voudroit bien faire peur, mais il y a trop peu d'apparence. Pour moi, je n'ai fait jusques ici que me moquer de toutes ces levées de bouclier, et je ne vois rien qui me doive

---

Lettre 17. — 1. Cette lettre a paru pour la première fois dans l'édition de 1630, livre II, lettre 24, p. 627.

2. Le Roi, la Reine mère et Madame Élisabeth partirent le lundi 17 août. Voyez tome III, p. 518.

faire changer d'avis. Dieu conduise, s'il lui plaît, tout à bonne fin !

Votre serviteur très-humble et très-affectionné à jamais.

A Paris, ce 13° d'août 1615.

---

18. — A MONSIEUR DU BOUILLON MALHERBE[1].

Monsieur mon cousin,

J'ai ce matin reçu votre paquet, dans lequel étoient les mémoires que vous m'avez envoyés. Je les ai vus et courus par-dessus, sans y avoir rien trouvé qui puisse servir à l'ouvrage qui se fait. C'est pourquoi je les vous renvoie. Il n'est question que de trouver des choses générales, où toute la noblesse soit comprise, et faut que ce soient de vieux documents de trois ou quatre cents ans. Dans ces cahiers où sont les mémoires de notre noblesse, il [est] fait mention d'un livre de Navarre, héraut d'armes, et d'une histoire d'outre-mer. Si cela se pouvoit recouvrer, ce seroit une bonne affaire. Car, comme je vous ai déjà mandé, celui qui travaille à l'histoire de Normandie[2] n'y met rien du sien, mais ramasse avec tout ce qu'il a déjà d'imprimé sur ce sujet, tout ce qu'il peut trouver de livres écrits à la main. Et certainement c'est ce qui sera le meilleur, pource que s'il parloit des maisons ou personnes en particulier, il seroit suspect d'avoir donné

Lettre 18. — 1. Cette lettre a été publiée pour la première fois dans l'édition de 1630, livre II, lettre 25, p. 628. Nous l'avons collationnée sur un autographe conservé dans le manuscrit Baluze, f° 8, et en tête duquel on lit ces mots : « Sur l'ancienneté de sa maison. »

2. André du Chesne, qui, en 1619, publia le recueil intitulé : *Historiæ Normannorum scriptores antiqui*, in-folio.

quelque chose à son affection. De cette façon, ne faisant que mettre en lumière de vieux livres, ce qui y sera n'aura ni doute ni soupçon de faveur ou flatterie. Pour notre maison, vous n'avez que faire de vous en mettre en peine: il n'y a pas un livre où elle ne soit. Et tout exprès je ne veux en façon du monde voir celui qui fait le recueil, pour ne donner matière de croire qu'il y ait mis quelque chose à ma requête. Le livre que j'avois envoyé querir en Angleterre est venu, mais il est imparfait[3]. J'y renvoie pour avoir ce qui reste, et pour avoir aussi de leur main le catalogue de ceux qui ont suivi le duc Guillaume en Angleterre. Il ne faut pas douter que nous n'y soyons, aussi bien qu'aux mémoires qui s'en trouvent par deçà. Vous avez vu ce que dit de nous Camdenus[4]. Je lui ai fait écrire par un de ses amis, pour savoir de lui d'où il l'a tiré. Entre autres seigneuries très-grandes que perdit Payan Malherbe pour avoir appelé Louis fils de Philippe Auguste[5], il y met Bocton-Malherbe[6] en la comté de Kent, près de Lenham[7], qui a été si longtemps en cette maison qu'il en a retenu le nom. J'ai fait venir la carte d'Angleterre, où est ladite seigneurie de Bocton-Malherbe. J'espère que par la réponse de M. Camdenus nous apprendrons quelque chose de plus, dont vous aurez

3. *Imparfait,* incomplet.
4. Guillaume Camden, célèbre érudit anglais, né en 1551, mort en 1623. Voyez tome III, p. 5 et 6.
5. Louis VIII, qui avant la mort de son père fut appelé (1215) au trône d'Angleterre par une partie de la noblesse du pays, soulevée contre Jean sans Terre.
6. En anglais *Boughton-Malherbe.* Il y a encore dans le comté de Kent, et là où Malherbe le place, un petit village de ce nom. Il est à dix milles, ou quatre lieues, sud-est de Maidstone, et à soixante milles de Londres. On trouve dans le *Baronetage* une famille du nom de *Boughton*, mais aucune qui joigne à ce nom celui de Malherbe.
7. Petite ville située à quarante-cinq milles sud-est de Londres.

votre part tout aussitôt[8]. Je n'ai que faire de l'arbre de généalogie que feu mon père avoit dressé; car, comme je vous ai dit, il n'est point question de rien dire de nous en particulier, mais de faire généralement imprimer tout ce qui se trouvera de l'histoire de Normandie, où puisque nous nous trouvons, il faut louer Dieu, pource que si nous n'y étions, ce seroit en vain que nous desirerions ni espérerions de nous y faire ajouter. Adieu, Monsieur mon cousin : je suis votre serviteur très-humble et très-affectionné,

MALHERBE.

De Paris, ce 16e juin 1618.

19. — A MONSIEUR DU BOUILLON MALHERBE[1].

MONSIEUR MON COUSIN,

J'ai reçu votre lettre du 24e du passé, et avec elle celle de M. de Cagny. Ce n'a pas été sans m'étonner de ce que vous m'écrivez que par une de mes lettres je vous avois assuré que je tenois de lui-même ce que je vous mandois, qu'il avoit un livre de la noblesse de Normandie qui avoit passé avec le duc Guillaume. Je vous supplie, mon cousin, de revoir ma lettre[2], et vous trouverez que c'est chose dont je ne vous parlai jamais. M. de Cagny a grande raison de dire qu'il ne me connoissoit point, pource que c'est un homme que je n'ai point l'honneur d'avoir jamais vu. Un nommé

8. Les sept mots qui précèdent manquent dans l'édition de 1630 qui, deux lignes plus haut, donne : « Mons. de Camdenus, » et quatre lignes plus loin : « se trouve, » pour : « se trouvera. »

LETTRE 19. — 1. Cette lettre a été imprimée pour la première fois dans l'édition de 1630, livre II, lettre 26, p. 631.

2. Voyez la lettre précédente.

M. de Montchrestien³ est celui de qui je le tenois, et qui le m'a dit, non une fois ou deux, mais une douzaine. Depuis ma dernière lettre, nous avons recouvert⁴ deux rôles d'Angleterre, où nous sommes en l'un et en l'autre. Il y en a un qui est en rime, l'autre est en prose ; l'un imprimé et tiré d'un plus gros livre, et l'autre écrit à la main. Ç'a été M. Camdenus qui les a envoyés par deçà, sur ce que j'avois desiré savoir de lui d'où il avoit tiré ce qu'il avoit écrit de l'antiquité de notre maison. Il a signé le mémoire que je lui en avois fait envoyer *Guilelmus Camdenus rex armorum*, et y a encore ajouté quelques particularités sur le même sujet. Cela ne doit pas empêcher que nous ne gardions toujours curieusement notre arrêt ; car ce n'est pas tout que de prouver que la maison des Malherbes de Saint-Agnan est ancienne, il faut montrer comme nous en sommes sortis. Et là-dessus je vous dirai qu'il me souvient qu'autrefois un de mes oncles, religieux de Saint-Étienne, fit renouveler nos armoiries, qui sont au nombre de plusieurs autres en la bordure d'une salle, où l'on dit que le duc Guillaume fit mettre toutes celles des grands de son État qui l'avoient accompagné à sa conquête⁵. Je voudrois bien que cela se fût fait avec quelque forme de justice, et qu'il y eût assisté quelque officier qui en eût baillé acte, pource que de toutes les preuves que nous saurions avoir, celle-là est la plus claire et la plus illustre. Si cela ne se fit alors, il se pourroit faire à cette heure, en faisant rapporter par les anciens religieux comme ils ont de tout

---

3. Antoine Montchrestien, poëte, né à Falaise. Malherbe a raconté sa fin tragique, en 1621, dans une lettre à Peiresc. Voyez tome III, p. 556.

4. *Recouvert*, recouvré. Voyez tome II, p. 176 et 520.

5. Ceci est une fable. Les armoiries mises dans l'abbaye de Saint-Etienne de Caen ne remontaient pas au delà du quatorzième siècle.

temps vu lesdites armes en ladite salle, et qu'ils les avoient aussi vu rafraîchir, pour ôter le soupçon que l'on pourroit avoir, que ce fût chose faite à poste[6]. Je ne sais pas comme ma sœur de Malherbe porte patiemment que son aîné se soit fait jésuite[7]; mais pour moi j'estime si peu le monde, que je n'estime pas en quel habit nous fassions le peu de chemin que nous avons à y faire. Je voudrois qu'il y en eût encore un religieux et deux chevaliers de Malte, afin qu'il n'en demeurât qu'un qui fût un peu à son aise. J'attends toujours le retour de M. de Vignacourt[8], pour le prier de faire avec Monsieur le grand maître, son frère, qu'il donne à un de mes neveux une place de page chez lui, pource que par ce moyen il pourra être reçu chevalier dès à cette heure, là où sans cela il ne le pourroit être qu'à seize ans.

Pour nouvelles, il n'y a ici rien sur le tapis que l'affaire de Béarn[9]. M. de Montpouillan[10], fils de M. de la Force, gouverneur de ce pays-là, a eu commandement de se retirer de la cour : ce qu'il a fait avec beaucoup de larmes; mais le Roi veut être obéi de tous ses sujets. Aussi est-il bien raisonnable, et crois que ceux qui feront les fous s'en trouveront mal. Dieu nous garde la paix, comme je crois qu'il fera!

A Paris, ce 2ᵉ d'août 1618.

6. *A poste*, à dessein.
7. Voyez plus loin, p. 78, la lettre de Malherbe à sa sœur.
8. Adrien de Wignacourt, gentilhomme ordinaire de la chambre du Roi, frère d'Aloph de Wignacourt, grand maître de l'ordre de Malte, mort en 1622.
9. Les troubles qui agitaient le Béarn au sujet des biens de l'Église catholique dont les réformés s'étaient emparés autrefois et que la cour voulait les forcer à restituer.
10. Jacques de Caumont, seigneur de Montpouillan, sixième fils de Jacques Nompar de Caumont, duc de la Force et maréchal de France.

20. — A MONSIEUR DU BOUILLON MALHERBE[1].

MONSIEUR MON COUSIN,

Nous avons eu bien de la peine à avoir une chose qui ne vaut guère. Le rôle de M. de Cagny n'est pas ce que l'on cherche. Il faut des choses dont l'écriture soit si vieille que l'on ait de la peine à la lire. Et au reste, il est tout plein de gloses et de ratures, qui y ont été mises suivant l'intérêt de ceux à qui le livre a passé par les mains. La nouveauté ne s'en peut nier, pour la mention qu'il y fait de la reine Élisabeth, qui vivoit encore il n'y a que dix-huit ou vingt ans. Je le vous renvoie donc; aussi bien, comme je pense vous avoir écrit, M. Camden en a envoyé deux depuis un mois, desquels l'un est imprimé en Angleterre, et l'autre est une copie très-ancienne. Celui qui fait cette recherche est un Tourangeau qui a appointement du Roi pour y travailler[2]. Tout son labeur[3] n'est que de recueillir de vieux documents et les faire imprimer; car du sien il n'y met rien du tout. Vous n'y verrez rien du nôtre en particulier, que le nom de notre maison parmi les anciennes de France. Ce M. de Valles[4], dont vous parloit M. de Cagny en sa lettre, présenta, il y a environ un mois, une requête au conseil, pour faire quelque recherche des faux nobles. M. de Valetot Bailleul, maître des requêtes, lui fut baillé[5] pour commissaire. Il me dit

---

LETTRE 20. — 1. Cette lettre a été imprimée pour la première fois dans l'édition de 1630, livre II, lettre 27, p. 634. M. Aimé Dubois en possède l'original autographe, qu'il nous a permis très-obligeamment de collationner et qui nous a fourni diverses modifications et de notables additions.

2. André du Chesne. Voyez ci-dessus, p. 41, note 2.
3. On a substitué, dans l'édition de 1630, *travail à labeur*.
4. Receveur général à Caen. Voyez tome III, p. 553.
5. Malherbe avait d'abord écrit ces mots, qu'il a ensuite effacés : « fut rapporteur de. » *Lui* a été ajouté dans l'interligne.

que si je le voulois aller voir, il me montreroit les papiers qu'il avoit produits, où nous et nos armes étions au rang des plus anciens. Mais je ne m'en suis point mis en peine, pource que ce n'est point chose qui soit remise en doute[6]. Ceux qui s'imaginent que je prenne la peine de travailler au recueil qui se fait ne me connoissent guère bien. Premièrement, j'aime fort à ne rien faire ; secondement, je n'ai que faire de me travailler pour une noblesse reconnue partout comme la nôtre ; et tiercement, c'est une affaire où l'auteur ne peut gratifier personne, quand il le voudroit faire, pource qu'il ne fait que transcrire les rôles qu'il recouvre. Tout ce qu'il y peut mettre du sien, c'est de juger de l'antiquité des écritures, encore qu'il s'y trouve des marques qui la font assez paroître. Au demeurant, Monsieur mon cousin, votre cousin mon fils ne vous avoit pas écrit pour vous obliger à lui répondre, mais seulement pour vous témoigner ce qu'il vous étoit. Ce sont toujours nouvelles preuves de votre courtoisie. Il sera bien heureux, s'il peut assez vivre et assez heureusement, pour avoir une occasion de s'en ressentir. En quelque façon qu'il le puisse faire, ce ne sera jamais ni comme je desire, ni comme vous l'y obligez.

Je[7] ne veux pas oublier à vous dire que la semaine passée un qui se dit gardian des Cordeliers m'apporta une lettre de vous, qui étoit du dernier jour de juillet, si bien qu'elle a été sept semaines par les chemins. Je ne lui en dis rien, pource que je n'y prins garde qu'après qu'il fut parti ; mais je me suis empêché de lui bailler ma réponse, de peur qu'il n'en fît encore pis qu'il n'avoit fait de votre lettre.

Pour les nouvelles, nous n'en avons point. Le Roi est

6. Dans l'édition de 1630 : « qui soit mise en doute. »

7. Cet alinéa a été omis dans toutes les éditions antérieures à la nôtre.

allé à Villers-Cotterets, où il sera quelques jours, et de là s'en reviendra à Meaux, et de Meaux à Paris. Il y a ici un chaous [8] de la part du Grand Seigneur, qui a apporté une lettre de son maître, pour excuse du mauvais traitement fait à l'ambassadeur de France [9], il y a quelques jours [10]. Mais le Roi, qui avoit su sa venue, et qu'il avoit charge de passer en Hollande et en Angleterre, a cru que cette satisfaction, qui sembloit n'être faite qu'en chemin faisant, n'est pas suffisante, et a fait instance qu'il en vînt un exprès. Ce qui a été fait, et déjà il est à Marseille. Voilà, Monsieur mon cousin, comme nous sommes pauvres de nouvelles. Puisque cette stérilité vient du bon état où nous sommes, louons Dieu et le prions qu'il la nous entretienne.

Votre très-humble et très-affectionné serviteur,

MALHERBE [11].

A Paris, ce 27e de septembre 1618.

Suscription : A Monsieur, Monsieur du Bouillon, conseiller du Roi et son procureur au bailliage de Caen.

8. « *Chiaous*, dit le *Dictionnaire* de Trévoux, est un mot turc qui signifie envoyé. Vigenère et Méninski écrivent *chaou*. » — D'après le *Mercure* (année 1618, p. 285 et suivantes), qui donne le texte de la lettre du Sultan au Roi, le chaou dont il est ici question se nommait Vreju.

9. Achille de Harlay, baron de Sanci, ambassadeur à Constantinople, avait été emprisonné, avec un de ses secrétaires et son drogman, par ordre du grand vizir. Voyez Flassan, *Histoire de la diplomatie française* (1811), tome II, p. 326.

10. C'est-à-dire qui a apporté il y a quelques jours.

11. Au verso de la page qui se termine par la signature, on lit en tête, au-dessus de la suscription, le morceau suivant, que Malherbe a biffé par deux traits en croix : « Je vous supplie, Monsieur mon cousin, aussitôt que vous aurez l'argent de M. de la Puzandre (?), m'en donner avis, pource que je ne prendrois pas plaisir de le rece-

21. — A MONSIEUR DU BOUILLON MALHERBE[1].

Monsieur mon cousin,

Je dors devant que de vous écrire : regardez quelle lettre vous pouvez attendre de moi. Je me réjouis que ma procédure[2] vous plaise, de ne me charger plus de ménage en l'âge où je suis. Il y en a assez au monde qui en feroient de même, s'ils pensoient y avoir aussi bonne grâce que moi. Il y a ici un homme qui a une eau tellement amie de nature qu'elle remet ceux qui en usent en leur première force. J'attends l'événement d'un essai qu'il en fait sur une personne de ma connoissance, pour en user si elle réussit. J'en ai goûté cette après-dînée de la main d'une très-belle dame. Le goût en est tel que d'encre; la couleur très-belle et très-claire. Je vous en dirai davantage, si l'expérience me fait voir que ce soit chose qui le mérite. Elle a été proposée à Monsieur le garde des sceaux[3]. Le plus beau que j'y voie, c'est qu'il ne veut point d'argent si l'on ne guérit point. Je suis marri que ce cocu vous ait fâché. J'eusse plutôt attendu d'être mordu d'un agneau, ou becqué d'un pigeon, qu'offensé d'un cocu. Puisqu'on n'est pas assuré de ces gens-là, il n'y a personne de qui l'on ne doive soupçonner du péril. Le Roi revient demain pour voir ici, que je ne susse de quoi le rendre à la première demande. Je vous remercie du soin que vous avez eu de faire tenir ma lettre à Mlle de B. Je voudrois bien que l'on lui eût baillé Caen pour sa retraite. Le commerce des lettres eût été plus aisé pour les absents. Vous eussiez joui d'une belle et bien estimable compagne. Mais il faut vouloir ce que Dieu veut. Puisque ces oiseaux qui mangeoient vos pommes sont partis, c'est là le principal. »

Lettre 21. — 1. Cette lettre a été publiée pour la première fois dans l'édition de 1630, livre II, lettre 28, p. 637.

2. *Procédure*, procédé, manière d'agir.

3. Guillaume du Vair.

voir danser le ballet de la Reine, et lundi s'en retournera à Saint-Germain. M. de Roquelaure⁴ a envoyé ici un courrier pour se plaindre de M. du Maine⁵, qui lui assiége la Réolle. L'occasion est que M. du Maine ayant eu commandement du Roi de resserrer au château Trompette⁶ toute l'artillerie de son gouvernement, M. de Roquelaure n'a pas voulu bailler celle qu'il avoit à la Réolle, et M. du Maine s'est résolu à l'avoir, et y est allé avec du canon pour forcer la place. Les amis de M. de Roquelaure font quelque assemblée pour l'assister. Voilà où en est l'affaire, et tout cela ne veut rien dire. La paix pour cela ne laissera pas de continuer, si autre chose ne l'interrompt. Je vous supplie, Monsieur mon cousin, de me tenir toujours en vos bonnes grâces. C'est une requête que je vous fais souvent, mais aussi est-ce une chose que je desire de tout mon cœur. Adieu.

Ce 16ᵉ février 1619.

---

22. — A MONSIEUR DU BOUILLON MALHERBE¹.

Monsieur mon cousin,

Je ne pensois pas, quand je vous écrivis ma dernière lettre, que la réponse que vous m'y feriez dût être accompagnée d'une si pitoyable nouvelle comme celle que vous

---

4. Antoine de Roquelaure, maréchal de France, mort le 9 juin 1625.
5. Henri de Lorraine, duc de Mayenne et d'Aiguillon, tué au siége de Montauban en 1621.
6. A Bordeaux; le duc de Mayenne était gouverneur de la Guienne.
Lettre 22. — 1. Cette lettre a été publiée pour la première fois dans l'édition de 1630, livre II, lettre 37, p. 661.

me mandez[2]. Ce n'est pas que la fortune ne me soit toujours suspecte; mais étant notre vie exposée à autant de ses injures que nous avons de choses qui nous sont chères, il n'est pas possible de prévoir qui sera le premier endroit où nous en serons assaillis. Je dois bien croire, Monsieur mon cher cousin, et votre lettre me le fait paroître assez clairement, que vous êtes encore en un état où les consolations vous seroient des offenses. C'est pourquoi vous n'en recevrez point de moi. Vous avez perdu une des meilleures et des plus aimables femmes du monde. J'aurois mauvaise grâce de vous parler ou d'être insensible en cette infortune, ou de ne la sentir que légèrement. Non, non, mon cher cousin, satisfaites à votre devoir, satisfaites à votre bon naturel, et satisfaites encore à la pauvre défunte, qui sans doute ne peut être mieux assurée du plaisir que vous avez eu en sa compagnie que par les témoignages que vous rendrez du regret d'en être privé. Je vous donne certes un conseil bien extraordinaire; mais je le fais d'autant plus hardiment que je sais qu'il est selon votre humeur, et que vous savez qu'il est selon la mienne. J'en ai fait de même quand j'en ai eu les mêmes occasions. Dieu qui vous a envoyé cette affliction vous la récompensera, s'il lui plaît, par la conservation de ce qui vous reste. Je la vous souhaite, Monsieur mon cher cousin, et avec elle toutes sortes de nouvelles prospérités, comme celui qui est toujours votre très-humble et très-affectionné serviteur.

[Mars ou avril 1619.]

2. M. du Bouillon venait de perdre sa femme, Judith le Vallois, morte en couches à la fin de mars 1619. Il se remaria quelques années après.

23. — A MONSIEUR DU BOUILLON MALHERBE[1].

Monsieur mon cousin,

L'Aubigné[2] que je vous envoye[3] demeurera avec vous, s'il vous plaît. C'est en cette intention que je le vous ai envoyé. Nous parlerons des secondes noces de notre bon ami quand il sera ici. Vous me dites que s'il y passe, ce sera par considération. C'est une besogne où qui a de l'amour pense tout faire avec la raison. Quoi que c'en soit, et quoi qu'en disent les mauvaises langues, c'est une douce chose que la compagnie d'une femme. Et sur ce sujet, je dis un jour à la Reine mère du Roi un mot qui la fit rire : qu'il n'y avoit que deux belles choses au monde, les roses et les femmes ; et deux bons morceaux, les femmes et les melons. Mais, mon cousin, après tous les soins que nous aurons apportés à en faire une bonne élection, nous y pourrons[4] aussi tôt faire hasard que rencontre ; et quoi qui en arrive, il le faut attribuer à la fortune et non à notre jugement. Recommandez donc à Dieu notre ami, comme l'on[5] fait un homme qui se met sur la mer. Les succès de l'un et de l'autre ont mêmes espérances et mêmes craintes. Le mal que j'appréhende[6] le plus pour lui, c'est, comme je vous ai dit, le nombre des

---

Lettre 23. — 1. Cette lettre a été publiée pour la première fois dans l'édition de 1630, livre II, lettre 29, p. 639. Nous en avons comparé le texte à celui d'un autographe signé, conservé dans le manuscrit Baluze, f° 10.

2. Il s'agit des deux premiers tomes de l'*Histoire universelle* d'Agrippa d'Aubigné, dont le premier, bien que portant sur le titre la date de 1616, ne fut « achevé d'imprimer » que le dernier jour de mars 1618.

3. Var. (manuscrit Baluze) : que je vous ai envoyé.

4. Var. (*ibidem*) : pouvons.

5. Var. (*ibidem*) : notre parent, comme on, etc.

6. Var. (*ibidem*) : que j'y appréhende.

enfants. Les autres incommodités ont leurs remèdes, celle-ci n'en a du tout point. Pour ce que vous m'écrivez au bas de votre lettre touchant l'histoire d'Aubigné, vous avez en ce volume que je vous ai envoyé tout ce qu'il a fait imprimer. Je crois bien qu'il sera suivi d'un troisième. Mais il a si mal rencontré en ce commencement, que je crois qu'il y pensera de plus près à l'avenir. Vous pouvez juger comme il doit parler véritablement des affaires du Levant et du Midi[7], puisqu'en ce qui s'est fait auprès de lui, et par manière de dire à sa porte, il rencontre[8] si mal. Le meilleur que j'y voie, c'est que ses mensonges ne feront pas geler les vignes, et que les denrées seront à la halle au prix qu'elles ont accoutumé[9]. C'est de quoi il est question. Tout le reste, vanité, sottises et chimères. Adieu, Monsieur mon cousin : je suis toujours votre très-humble et très-affectionné serviteur,

MALHERBE.

A Paris, ce 14ᵉ de février 1620.

24. — A MONSIEUR DU BOUILLON MALHERBE[1].

MONSIEUR MON COUSIN,

Je ne me suis guère trompé en toutes ces levées de bouclier qui se sont faites depuis la mort du feu Roi ; mais certes en la dernière, je confesse que je n'y ai vu

---

7. A la fin de chacun des livres de son *Histoire*, d'Aubigné consacre plusieurs chapitres à l'exposé des affaires de l'Orient, du Midi, de l'Occident et du Septentrion.

8. VAR. (manuscrit Baluze) : il y rencontre.

9. Voyez au tome I la *Vie de Malherbe* par Racan, p. LXIX.

LETTRE 24. — 1. Cette lettre a été publiée pour la première fois dans l'édition de 1630, livre II, lettre 31, p. 643. Sa date nous est donnée par les faits qui y sont mentionnés.

goutte[2]. Il n'y avoit pas d'apparence qu'une montagne si grosse enfantât une si petite souris. Sept ou huit princes, et autant de ducs ou maréchaux de France, avec tant d'autres seigneurs couverts et découverts, avoir fait une partie, et l'avoir si mal jouée, cela nous apprend bien qu'il y a d'autres mains que celles des hommes qui font mouvoir les ressorts du monde. La force et la prudence sont de puissantes machines; mais si le destin n'est avec elles, une chènevotte et cela c'est tout un. Vos philosophes d'État ont bon temps de vous donner les appréhensions qu'ils vous donnent. Dormez, mon cher cousin, sûrement, et sur ma parole. S'il est question du présent, j'en sais, non pas autant qu'eux, mais autant que de bien plus huppés qu'ils ne sont. Si je ne suis du conseil, je vois des gens qui en sont, et qui, s'ils ne sont au lever et au coucher du Roi, ne laissent pas d'en savoir jusques aux moindres particularités. Et s'il faut méditer sur l'avenir, je crois que j'y vois aussi avant qu'ils sauroient faire, qui qu'ils soient; mais tous ces orages qu'ils se figurent sont pures visions. L'envie qu'ils ont de faire croire à ceux qui sont hors de la cour qu'ils ont grande part aux affaires, leur fait faire tous ces discours à perte de vue. Monsieur mon cousin, le texte est clair et net, tout le monde le voit et l'entend; pour les gloses, chacun les fait à sa fantaisie. Les affaires du Roi vont bien; et souvenez-vous qu'elles iront toujours bien, et que de plus de cinq ou six ans vous n'entendrez parler que d'obéissance, et de paix par conséquent. M. le cardinal de Guise a désarmé. M. du Maine, M. d'Épernon, et généralement tous en ont fait de même. Il n'y a plus personne armé, que le Roi seul. Si vous me demandez pourquoi, je crois que c'est pour

---

2. La guerre entre le Roi et la Reine mère, terminée le 13 août 1620 par le traité d'Angers.

Béarn³. C'est là, à mon avis, que le paquet s'adresse; mais ils ne seront si malavisés d'attendre le coup. M. de la Force, à qui l'on imputoit ce refus d'obéir, est en cour, avec les submissions telles qu'on sauroit les desirer. Jusques à cette heure les pauvres huguenots ont fait les mauvais, sur une opinion qu'ils avoient qu'on n'oseroit les fâcher; mais je ne leur conseille pas à l'avenir d'avoir cette présomption. Le Roi les fera jouir sans doute de ce qui leur a été accordé par les édits des feus rois; mais aussi il faudra qu'ils se contiennent dans les bornes qui leur sont prescrites. Le Roi est parti pour aller en Guienne⁴, mais les Reines n'y vont point; tellement que je ne crois pas que son voyage soit long, et ne pense pas que de quelque côté qu'il aille, il trouve, non pas de la résistance, mais du murmure. Mauregard⁵, le curé de Millemont⁶, et tous les autres faiseurs de prophéties mentent. Vos astrologues ne sont pas plus clairvoyants qu'eux. Il ne faut pas avoir peur de leurs almanachs plus que des autres. En voilà trop. Adieu, Monsieur mon cousin. Ne m'épargnez pas vos lettres, quoi que dient les crocheteurs de Guerin. Quand je serois ménager, ce que je ne suis pas, ce ne seroit pas en choses qui me sont chères comme vos lettres. Surtout aimez-moi toujours et me tenez toujours pour votre serviteur très-humble.

[1620.]

3. Voyez plus haut, lettre 19, p. 45, note 9.
4. Louis XIII quitta Paris le 7 juillet 1620 et n'y revint qu'à la fin d'octobre.
5. Mauregard, ou mieux Morgard, avait été condamné aux galères en février 1614 pour un almanach séditieux. Voyez les lettres de Malherbe à Peiresc, tome III, p. 368, note 7, et p. 385.
6. Dans la Beauce, arrondissement de Rambouillet (Seine-et-Oise).

25. — A MONSIEUR DU BOUILLON MALHERBE[1].

Monsieur mon cousin,

Je suis payé de la rescription[2] que vous avez pris la peine de m'envoyer. J'y avois hier envoyé mon valet ; il s'en étoit revenu avec un refus. J'y suis allé ce matin ; j'en ai rapporté ce que je demandois, et l'ai rapporté avec des courtoisies que j'estime avoir beaucoup ajouté à l'obligation. Il m'est alors souvenu d'un mot, que je pense être de Normandie : *Visage d'homme fait vertu ;* et encore d'un d'Italie, qui est meilleur : *Chi vuol, vadi ; chi non vuol, mandi*[3]. Gardez-vous bien, mais je vous en supplie à mains jointes, mon cher cousin, de penser que je doute en façon quelconque de votre amitié. J'en ai trop de preuves, et suis trop éloigné du vice d'ingratitude, pour reconnoître si mal ce que je vous dois. Je ne vous puis rien dire de l'affaire bénéficiale que Monsieur le garde des sceaux ne soit ici. Ce sera, Dieu aidant, pour la fin de cette semaine. Je vous avoue qu'en ces matières-là, comme en toutes, je suis parfaitement ignorant. Mais je pense n'avoir pu mieux faire que d'envoyer mot à mot l'extrait de votre lettre. Je suis toujours défiant aux choses que je n'entends point. Si vous vous êtes mal expliqué, ce sera à votre dam. Pour moi, je suis bien assez présomptueux pour en espérer du bien, si l'avis a été baillé comme il faut. Nous ne serons pas longtemps sans en savoir des nouvelles. Pour celles du monde, le Roi arriva samedi à onze heures du matin, après avoir mandé à la Reine qu'elle lui en-

---

Lettre 25. — 1. Cette lettre a paru pour la première fois dans l'édition de 1630, livre II, lettre 30, p. 641.

2. « *Rescription*, mandement que l'on donne à un fermier, à un débiteur, à un correspondant, pour payer une certaine somme au porteur du billet. » (*Dictionnaire de Trévoux.*)

3. « Si tu veux, va ; si tu ne veux pas, envoie. »

voyât ses carrosses à Étampes et sur le chemin, pour être ici lundi au soir. Sans mentir, mon cher cousin, nous avons un grand roi, qui a toutes les vertus des rois, et pas un seul de leurs vices. Aussi est-il de bon père et de bonne mère. Dieu nous le fasse vivre, et nous donne de sa race! Elle est bonne. Pour l'affaire de la Rochelle, je demandai à Mme la princesse de Conty ce qui en étoit. Elle me dit qu'elle croyoit qu'elle s'accommoderoit et que l'assemblée se séparoit[4]. Je fis la même question à M. le maréchal de Cadenet[5], qui me dit qu'il n'en savoit rien. Si vous me demandez ce que j'en crois, je pense que le Roi sera le maître, ou que la déclaration faite contre les pauvres députés aura lieu. Je serois marri qu'il y en eût quelqu'un de nos amis, et encore plus de nos parents. C'est une belle chose que de bien raisonner. Tout le monde ne le sait pas faire. Adieu, Monsieur mon cousin : je vous baise les mains, et vous rends mille grâces de tant de bons offices. Ne vous en lassez point. Vous les faites à l'homme du monde qui est de meilleur cœur votre serviteur très-humble et très-affectionné.

A Paris, ce 10ᵉ novembre 1620.

---

26. — A MONSIEUR DU BOUILLON MALHERBE[1].

MONSIEUR MON COUSIN,

Je suis bien aise que mes amis ayent fait bonne récep-

---

4. Malgré les défenses du Roi, qui avait déclaré criminels de lèse-majesté les députés huguenots qui se réuniraient à la Rochelle, leur assemblée s'ouvrit le 24 décembre 1620.

5. Honoré d'Albert, seigneur de Cadenet, duc de Chaulnes, pair et maréchal de France, frère du connétable de Luynes.

LETTRE 26. — 1. Cette lettre, publiée pour la première fois par

tion à mon livre ². J'en eusse envoyé davantage d'exemplaires, si je n'eusse eu peur d'avoir trop de juges en une mauvaise cause ; mais puisqu'ainsi est, pour contenter ceux qui vous ont fait des plaintes que je les ai oubliés, je vous en envoie encore six, que vous distribuerez comme il vous plaira³. Si je n'ai point nommé M.....⁴, ce n'a pas été faute d'affection. Au contraire, je n'ai parlé des trésoriers de l'Épargne⁵ que pour l'amour de lui, pource que véritablement je lui ai de très-grandes obligations ; mais ce qui est différé n'est pas perdu. Je le mettrai bientôt en quelque lieu où il ne sera pas moins en son lustre qu'il eût été ici. Pour le livre que vous m'avez envoyé, je vous jure que je l'ai trouvé très-bien fait, et je me trompe, ou il est de mon parentage, nom et armes. J'en baillerai les exemplaires à ceux à qui vous les envoyez⁶. Je vous

M. Hauréau, dans le *Bulletin des Comités historiques* (1850, tome II, p. 149), d'après un autographe conservé dans le manuscrit Baluze, f° 54, a été réimprimée par M. G. Mancel (*Lettres inédites de Malherbe*, p. 40).

2. Malherbe veut parler sans aucun doute de sa traduction du XXXIII⁰ livre de Tite Live, publiée à Paris, avec la date de 1621, in-8. Voyez au tome I la *Notice bibliographique*, p. xc.

3. Au lieu de *six, que*, etc., Malherbe avait d'abord écrit *quatre*, puis, après avoir corrigé *quatre* en *six*, il avait ajouté les mots suivants, qu'il a ensuite rayés : « deux qui seront, s'il vous plaît, pour mes cousins de Retot et de Maizet, et les deux autres pour M. de Janville et M. le Clerc, et deux pour M. des Ifs et pour M. de Saint-Christofle (?) le Porcher. »

4. Peut-être Morant, dont il est question dans les lettres à Peiresc. Voyez tome III, p. 25 et 26, note 2. Le nom a été effacé et il est entièrement illisible.

5. Dans la Dédicace de la traduction de Tite Live. Voyez tome I, p. 393.

6. Ici se trouvent dans le manuscrit les lignes suivantes qui sont biffées : « Si M. de Vernay* vient ici, je traiterai volontiers avec lui. Je

* Charles du Verney, qui avait épousé Louise de Malherbe, fille d'Éléazar de Malherbe, et par conséquent nièce du poëte. Il était lieutenant général des eaux et forêts au bailliage de Caen.

remercie bien humblement de tant de soin et de peine que je vous donne, et desire en pouvoir prendre quelque revanche; mais je ne sais si la fortune m'en donnera jamais le moyen, et bien que M. de Luynes m'ait promis des merveilles, je suis si malheureux que je n'ose rien espérer. Tout ce que j'aurai jamais de moyens ne sera pas employé selon mon souhait, si vous n'y recueillez quelque fruit de tant d'obligations que je vous ai. Adieu, Monsieur mon cher cousin : je suis toujours votre très-humble et très-affectionné serviteur,

MALHERBE.

A Paris, ce 10ᵉ de février 1621.

Je me souviendrai de l'affaire de la paulette; mais jusqu'à cette heure il n'y a rien de certain que je sache.

Suscription : A Monsieur, Monsieur du Bouillon, procureur du Roi au bailliage de Caen.

---

27. — A MONSIEUR DU BOUILLON MALHERBE[1].

MONSIEUR MON COUSIN,

Vous ne recevez jamais de mes lettres sans quelque

n'attends autre chose, tant j'ai de hâte d'avoir retiré de Normandie ce peu que j'y ai. Je crois que je ne manquerai point de marchands pour ma rente. Je loue fort votre dessein sur la terre de Saint-Agnan, et vous exhorte, mon cher cousin, de remettre en notre maison une terre qui y a été si longtemps, qu'elle porte notre nom et nous le sien*. J'ai reçu la rescription** que m'avoit faite M. de Vales, par M. de Vales lui-même. Il étoit ici depuis hier au soir. »

LETTRE 27. — 1. Cette lettre a paru pour la première fois dans l'édition de 1630, livre II, lettre 32, p. 646.

* Suivant M. G. Mancel, la terre de Saint-Agnan fut effectivement achetée (je ne dis pas rachetée) par la famille de M. de Bouillon.
** Voyez plus haut, lettre 25, p. 56, note 2.

importunité, et moi jamais des vôtres sans quelque faveur. Votre paquet me vient d'être rendu, et dedans le contrat de la constitution de rente que je desirois. Je vous ai déjà protesté que le nombre de vos bienfaits a épuisé mes remerciements. N'en attendez donc plus de moi. Je suis marri de ne vous pouvoir offrir quelque revanche; mais il faudroit être mieux avec la fortune que je ne suis, pour en attendre cette gratification. Elle en fera ce que bon lui semblera. Ma consolation est que, comme vous m'avez toujours aimé gratuitement, vous en ferez de même à l'avenir, et donnerez votre affection, non à l'espérance de quelque revanche, mais à la seule satisfaction de votre bonté. Je continue toujours en la volonté de faire venir mon fils par deçà; mais avec quel succès ce sera, il faudroit pour le deviner être plus clairvoyant que je ne suis. Dieu lui a donné des grâces dont ses amis peuvent espérer du service. Il y ajoutera, s'il lui plaît, celle de les employer avec quelque fruit.

Pour nos nouvelles, je m'assure que l'on vous aura conté le passage du prince de Galles[2]. Je crois que par cette impatience il a voulu témoigner à sa maîtresse la grandeur de son amour. Il vit recorder le ballet[3] de la Reine, et il vit celle qu'autrefois il a desirée pour femme[4]. Ce sera à lui, quand il aura vu celle d'Espagne, de juger

---

2. « Charles Ier, alors prince de Galles, passa inconnu par la France, dit Richelieu (année 1623), arriva à Paris au commencement de mars (le 3), vit danser le grand ballet de la Reine le 5, et poursuivant son voyage, arriva à Madrid le 17.... Le Roi fut si mal averti qu'il n'eut point d'avis de son passage par la France qu'il ne fût déjà près des frontières d'Espagne. » Il allait y traiter de son mariage avec la sœur d'Anne d'Autriche, Marie-Anne, qui fut mariée en 1631 à l'empereur Ferdinand.

3. Répéter le ballet.

4. Henriette de France, qu'il épousa en 1625.

s'il a perdu ou gagné. Quant à moi, mon cousin, je vous dirai sans cajolerie, que la nôtre est une des plus gentilles princesses qui soit au monde, et que je ne crois point qu'il y ait, non une personne de sa qualité, mais une demoiselle en France, de qui l'esprit ne perdît sa cause, s'il étoit mis en comparaison avec le sien. J'ai été ce matin à l'audience du milord Hay [5], de laquelle je n'ai rien entendu ; mais j'ai pris garde que le Roi lui a fait bon visage et à l'accueil et au congé. Le sujet de l'audience étoit l'excuse du prince de Galles en ce petit équipage, et ainsi déguisé comme il étoit. Nous attendons Monsieur le Prince cette semaine. Il y en a qui s'imaginent quelque nouveauté à sa venue ; pour moi, je ne suis pas de leur avis. On avoit grandement parlé d'un voyage de Picardie ; mais s'il n'est tout à fait rompu, il est pour le moins différé, au grand contentement de toute la cour, et de moi particulièrement, qui eusse eu la peine d'aller faire donner mon arrêt à Compiègne. Je ne baillerai point votre lettre à M. de Saint-Clair [6], que je ne voie qu'il en soit besoin, mais étant les choses comme elles sont, je pense que ce soit une œuvre superérogatoire. J'oubliois à vous dire qu'il y eut hier huit jours que le Roi envoya un courrier à Montpellier pour faire lâcher M. de Rohan, que M. de Valencé [7] avoit retenu. Je ne sais ce qu'il en sera. Tant y a que M. de Soubise est toujours ici, ce qui ne seroit pas si son frère avoit eu quelque mauvaise intention. Mais vous savez comme aux affaires d'État la défiance et la

5. « J'ai expédié Doncaster (*lord James Hay, vicomte de Doncaster, et peu après comte de Carlisle*) au roi de France, avec une petite lettre de ma main, voulant avoir pour lui cet égard de l'informer que mon fils traversoit incognito son royaume. » (*Lettre de Jacques I au prince de Galles et à Buckingham, du 8 mars* 1623.)
6. Maître des requêtes à Rouen. Voyez tome III, p. 558.
7. Achille d'Estampes Valençay, grand-croix de Malte, cardinal, mort en 1643.

sûreté vont l'une quant et l'autre. Monsieur mon cousin, je vous baise bien humblement les mains, comme votre très-humble et très-affectionné serviteur.

A Paris, ce 13ᵉ mars 1623.

28. — A MONSIEUR DU BOUILLON MALHERBE[1].

Monsieur mon cousin,

Il ne me souvient pas que j'aie reçu une seule de vos lettres sans y avoir fait réponse à l'heure même, sinon par le même messager, au moins par quelque autre qui partoit le même jour. Que s'il est advenu autrement, je vous prie de croire qu'il y a eu quelque empêchement que je n'ai pu éviter. Je suis assez religieux en ces choses-là. Si en toutes autres je l'étois autant, je pourrois passer pour un grand homme de bien. Je vous remercie des vers que vous m'avez envoyés. Il ne partira jamais rien de M. Patris[2] que je n'estime pour son mérite, et que je n'aime pour l'affection que je crois qu'il me porte. Je vous envoyerois en revanche ceux des ballets du Roi et de la Reine; mais il est trop tard pour les recouvrer, et certainement vous n'y trouveriez rien, à mon avis, qui vaille les desirer. S'ils ont quelque recommandation, c'est qu'ils sont faits à la cour, et pour Leurs Majestés. Vous trouverez en ce paquet un petit écrit, que vous lirez avec plus de merveille que vous ne feriez cette poésie de carême-prenant. L'histoire est assez particulièrement écrite. Ce qui y manque, c'est la punition du

---

Lettre 28. — 1. Cette lettre a paru pour la première fois dans l'édition de 1630, livre II, lettre 33, p. 649.
2. Pierre Patrix, poëte normand, né en 1583, mort en 1671.

calomniateur qui fut pendu il y a cinq où six jours à la Croix-du-Tiroir³. Et m'a-t-on dit que l'on avoit envoyé à Baye-sur-Baye⁴, pour prendre et amener ici un certain ecclésiastique, que l'on prétend avoir été instigateur de cette belle affaire. Pour ce que vous vous plaignez de ce que je vous avois écrit que ceux qui avoient branlé ne tomberoient pas⁵, je ne vous ai rien écrit en cela qui ne fût selon l'opinion générale de toute la cour. Entre plusieurs raisons que je vous en pourrois donner, j'en choisirai une, que je crois que vous jugerez avoir été suffisante pour me faire écrire ce que je vous ai écrit⁶. . . .
. . . .

Si je ne me lassois d'écrire, je vous en dirois bien davantage, pour vous faire connoître qu'il n'est pas possible que quelquefois on n'écrive des choses qui ne sont pas véritables. En voici une où il n'y a point de réponse. Il y eut samedi huit jours que le Roi étant venu voir la Reine sa mère, lui dit tout haut, et je l'ouïs avec beaucoup d'autres, qu'Alberstat⁷ avoit été pris par le pays, qui s'étoit élevé contre lui, l'avoit pris dans une maison assez foible, et l'avoit mené pieds et poings liés à l'Empereur. Cette nouvelle lui avoit été écrite par son ambassadeur qui réside à Bruxelles. Et cependant elle s'est trouvée si fausse que l'on tient que lui et le comte de Mansfeld seront ici dans

---

3. Il s'agit du fait raconté dans le livret suivant : *Arrest de mort executé en la personne de Jean Guillot, Lyonnois, architecte, duement convaincu de l'horrible calomnie par lui imposée à ceux de la Rochelle.... descrit par le sieur de Montmartin*, Paris, Saugrain, 1624, in-8°.
4. Bay-sur-Bay dans le département des Basses-Alpes, commune d'Entrevaux, arrondissement de Castellane.
5. Allusion à la disgrâce du chancelier Brûlart de Sillery et de son fils Puisieux.
6. Il y a ici une lacune dans l'imprimé.
7. Christian de Brunswick, évêque administrateur d'Alberstadt.

cinq ou six jours. Vous pouvez juger, si je vous avois écrit cette nouvelle-là, la tenant de la bouche du Roi, s'il y auroit eu de quoi m'accuser. En voilà trop, Monsieur mon cousin, pour ma justification, et même à l'endroit d'un juge qui m'aime comme vous faites. Nos nouvelles sont, que le milord Rich[8] est ici depuis le soir du ballet. Il ne vient pas, ce dit-on, de la part du roi d'Angleterre, mais seulement pour passer son temps en cette cour. Toutefois on croit qu'il vient pour sentir les volontés sur le mariage de Madame et du prince de Galles. Il y en a toujours qui veulent croire que le mariage d'Espagne se fera[9]. Pour moi, je persiste en ma première opinion, qu'il ne se fera point. La fin des états d'Angleterre nous en apprendra la vérité. Je suis las de vous écrire. C'est assez pour cette fois. Je vous envoie demi-douzaine de copies d'un sonnet que je donnai au Roi il y a cinq ou six jours[10]. Vous en donnerez, s'il vous plaît, une à M. d'Escageul, et l'autre à M. Patris. Des autres, vous en ferez ce que bon vous semblera. L'effet qu'il a eu, ç'a été cinq cents écus que le Roi m'a donnés par acquit patent, où j'ai été si favorablement traité, que M. de Champigny[11], qui l'a contrôlé, l'a voulu envoyer lui-même par M. des Noyers[12] son neveu, à Monsieur le garde des sceaux[13], qui tout aussitôt l'a scellé avec toutes sortes d'éloges, à ce que m'a dit M. des Noyers. Adieu, Monsieur mon cou-

---

8. Robert-Henri Rich, qui devint plus tard comte de Holland.

9. Le mariage projeté de l'infante Marie-Anne d'Autriche avec le prince de Galles. Voyez la lettre précédente, p. 60, fin de la note 2.

10. Voyez tome I, pièce xci, p. 260.

11. Jean Bochart de Champigny, alors contrôleur général des finances avec Marillac. Il devint ensuite premier président du parlement de Paris.

12. François Sublet, seigneur de Noyers, baron de Dangu, intendant des finances, puis secrétaire d'État, mort en 1645.

13. Étienne d'Aligre.

sin : je suis votre très-humble et très-affectionné serviteur.

A Paris, ce 28ᵉ février 1624.

---

29. — A MONSIEUR DU BOUILLON MALHERBE[1].

MONSIEUR MON COUSIN,

Ce que je fais à cette heure, je desirerois l'avoir fait dès hier; mais je n'avois point de nouvelles à vous mander, et étois allé pour en apprendre. Cela ne m'a pas réussi. Tout ce que je sais, c'est que Mme la princesse de Conty a écrit à Madame sa mère, qui m'a fait voir la lettre, que si Leurs Majestés ne sont à Paris le 15ᵉ de ce mois, elles n'en seront pas bien loin. Après cela ne me demandez que ce que savent les crocheteurs. Le mariage de Monseigneur et de Mademoiselle de Montpensier[2] est déjà une vieille nouvelle. Il fut arrêté il y eut hier huit jours. On en attend l'accomplissement au premier jour. La joie est par toute la cour, aux uns au cœur et au visage, aux autres au visage seulement. Celle de la Reine mère, après celle de la mariée, est, à mon avis, la plus grande et la plus véritable. Cette bonne princesse desire de voir perpétuer sa postérité en la race de nos rois, et certes son desir est légitime. Nous ne saurions enter de meilleure greffe que la sienne. Je crois que les vœux de tous les gens de bien ont le même but. Pour le mien, je sais bien que vous n'en doutez pas. Voilà tout ce que j'ai à vous dire là-dessus. Pour autres nouvelles, je vous envoie la

---

LETTRE 29. — 1. Cette lettre a paru pour la première fois dans l'édition de 1630, livre II, lettre 34, p. 652.
2. Voyez ci-dessus, p. 27, et la note 2.

harangue de Monsieur le garde des sceaux[3]. Vous y verrez de grandes marques de probité et d'éloquence. J'y loue tout, mais j'y admire cette comparaison des mines et des menées des factieux. Vous m'en direz votre goût. Adieu, Monsieur mon cousin : je suis votre très-humble et très-affectionné serviteur.

A Paris, ce 2ᵉ d'août 1626.

30. — A MONSIEUR DU BOUILLON MALHERBE[1].

Monsieur mon cousin,

Je ne sais sur quoi vous vous fondez pour ne croire pas que devant qu'il soit Pâques la Rochelle sera en l'obéissance du Roi. Je suis bien de contraire opinion : je ne crois pas qu'elle soit si longtemps sans se rendre. On y travaille par deux voies : l'une par la stecade[2] prétendue de Pompée Targon[3], de laquelle je n'ai pas grande espérance, comme aussi n'ont presque tous ceux qui en viennent; l'autre est par une digue ou chaussée que l'on tire du travers du port, depuis le fort Louis jusques au fort de Coreilles. Il y a huit ou dix jours qu'il y en avoit cent dix pas de fait. Vous pouvez penser que depuis la besogne est bien avancée. L'on tient qu'elle sera achevée pour tout le mois de janvier. On doit laisser au milieu la place d'un canal, qui sera rempli de vaisseaux maçonnés qui se font à Bordeaux. Il y a douze ou quinze jours que la

---

3. Michel de Marillac. Sa harangue à Messieurs du Parlement se trouve dans le *Mercure françois*, tome II, 2ᵉ partie, p. 7.

Lettre 30. — 1. Cette lettre a paru pour la première fois dans l'édition de 1630, livre II, lettre 35, p. 654.

2. L'estacade. — Sur tous les travaux du siége, voyez les *Mémoires de Richelieu*, années 1627 et 1628.

3. C'était un ingénieur italien.

Reine mère me dit (je dis à moi, pource que je le lui demandai) qu'il y en avoit déjà trente d'achevés. Je lui ouïs dire aussi lundi au soir que la digue étoit si bonne et si ferme, que la mer n'en avoit pas ébranlé la moindre pierre qui y fût. Les choses étant comme cela, je ne suis pas d'avis que vous gagiez ; et d'ailleurs, pour avoir mon portrait vous n'avez que faire de gageure[4]. La demande que vous m'en faites est trop obligeante pour ne la vous accorder pas. Je desire seulement que vous me donniez temps jusques à ce que nous soyons dans les chaleurs. Il est vrai que je n'ai jamais que mauvaise mine, mais en hiver je l'ai pire qu'en été. Je vous en ferai donc faire un ce mois de mai, et en ferai faire un autre pour me faire mettre en médaille, pour en tirer une cinquantaine, et de cette façon satisfaire à beaucoup de personnes qui me font la même prière que vous. Il y a une douzaine de mes parents ou de mes amis à Caen à qui j'en veux donner. Il m'en faut pour cette ville et pour Provence. Ce ne seroit jamais fait de m'amuser à me faire peindre. Je suis bien aise, Monsieur mon cousin, que mes lettres vous soient agréables. Vous en parlez selon mon goût, quand vous dites qu'en les lisant vous pensez m'ouïr deviser au coin de mon feu. C'est là, ou je me trompe, le style dont il faut écrire les lettres. J'espère, quand je me serai tiré de l'affaire où m'a mis la mort de votre cousin[5], en faire imprimer un volume entier, où je mettrai celles que vous m'avez envoyées, et avec elles celles que je vous écris tous les jours, que vous garderez, s'il vous plaît, pour y être mises quand je les aurai revues et habillées à la mode. Vous me garderez, s'il vous plaît, celles que vous avez reçues de moi depuis les

4. Voyez sur les portraits de Malherbe, tome I, p. cxxiv et suivantes.
5. Du fils de Malherbe.

premières, non pas toutes, mais celles où vous jugerez qu'il y aura de la matière pour faire quelque chose. Vous aurez dans quinze ou vingt jours, Dieu aidant, cent ou six vingts vers que je vois[6] envoyer au Roi[7]. Ils lui seront présentés par M. le cardinal de Richelieu, que vous croyez bien qui n'y sera pas oublié. Pour nos nouvelles, lundi Montagu[8] fut mis à la Bastille. Il vint par eau depuis Melun jusques au pré[9] de ce pavillon, qui est au bout du jeu de mail de l'Arsenac. Le marquis de Rotelin[10], qui le reçut et le livra à M. de Tremblay[11], m'a dit qu'il le trouva fort étonné. Je ne pense pas qu'il soit traité d'autre façon qu'en prisonnier de guerre. On dit que M. de Bullion[12] vient pour l'interroger. Il se peut faire qu'il est déjà venu. Les drapeaux pris sur les Anglois[13] furent hier apportés au Louvre aux deux Reines. On leur fit faire un tour dans la cour, et de là on les porta à Notre-Dame. Il y en a quarante-quatre. Ils ont été dix-neuf jours par les chemins. Le frère aîné de M. de Saint-Simon[14] en a été le conducteur, et de quatre petites pièces qui ont été prises sur les mêmes ennemis. Les drapeaux ont tous au bout d'en haut et au coin qui est vers le bois un morceau de taffetas blanc d'environ

6. *Vois*, vais.

7. C'est la pièce cm : *Donc un nouveau labeur.* Voyez tome I, p. 277.

8. Lord Montaigu, agent secret de l'Angleterre, et qui fut arrêté sur les terres du duc de Lorraine. Voyez les *Mémoires de Richelieu*, année 1627.

9. Il faut probablement lire « jusques *auprès.* »

10. Henri d'Orléans, marquis de Rothelin, mort en 1651.

11. Leclerc du Tremblay, gouverneur de la Bastille.

12. Claude de Bullion, surintendant des finances et ministre d'État sous Louis XIII, mort en 1640.

13. Lors de leur défaite dans l'île de Ré.

14. Charles, marquis de Saint-Simon, frère aîné de Claude, premier duc de Saint-Simon.

trois pieds en carré. En ce taffetas blanc il y a une croix rouge, qui touche à toutes les quatre faces de ce carré. Monsieur le Prince est devant Soyon[15] sur le Rhône, où il assiége Brison[16]. Les assiégés ont fait une sortie sur nous, où il est demeuré deux des leurs prisonniers, qui ont été pendus à l'heure même. Il étoit venu vers Monsieur le Prince deux députés de Privas, pour le prier de leur donner quelque temps pour disposer les choses à l'obéissance. Il leur en donna autant qu'il falloit pour aller et pour revenir, c'est-à-dire pour envoyer à Privas. La chose ne s'étant point faite, il fit aussitôt pendre les deux députés, qu'il avoit retenus pour cet effet. J'ai grande opinion du service que rendra ce prince au Roi en cette occasion. Dieu lui en fasse la grâce, et là et partout donne à Sa Majesté les prospérités que les gens de bien lui desirent! Adieu, Monsieur mon cousin. Excusez la hâte dont je vous écris. J'use avec vous librement et comme votre serviteur très-humble et très-affectionné.

A Paris, ce 22ᵉ décembre 1627.

---

31. — A MONSIEUR DU BOUILLON MALHERBE[1].

MONSIEUR MON COUSIN,

Je ne sais pas si je mentirai en mes prophéties, mais je sais bien que je ne mentirai pas au terme que je vous demande pour le pourtrait. Je suis bien près de la mort, mais je pense que trois ou quatre mois m'en feront la

15. Soyons, dans l'Ardèche, arrondissement de Tournon.
16. Brison, gentilhomme réformé, commandant dans le Vivarais, mort en 1628.
LETTRE 31. — 1. Cette lettre a été imprimée pour la première fois dans l'édition de 1630, livre II, lettre 36, p. 658. M. Boutron-Charlard en possède l'original, qu'il nous a permis de collationner.

raison. Pour les choses du monde, j'ai l'honneur d'être tous les jours au cabinet ; et à cette heure même je n'en fais que de venir, y ayant demeuré trois heures exprès pour apprendre quelque chose digne de vous être écrite[2]. Mais vous savez plus de nouvelles que moi. Le duc de Lorraine[3], qui a désarmé il y a trois semaines et plus, vous fait peur. Il en est de même de Monsieur de Savoie, qui a fait chanter le *Te Deum*, et fait faire des feux de joie à Turin pour la défaite des Anglois, et a envoyé ici vers Leurs Majestés un ambassadeur extraordinaire, pour s'en réjouir avec elles. Avec tout cela, je vois bien qu'on ne laisse pas de vous en faire de mauvais contes. Ne croyez point de léger[4], mon cousin ; et quand on vous dira quelque chose, considérez l'intérêt de celui qui la vous dit[5], et là-dessus raisonnez selon le sens commun. Vous trouverez qu'au lieu de corps, on ne vous présente que des fantômes. Je ne sais pas certes d'où vous avez appris cette prétendue intelligence sur la Fère ; mais je sais bien que c'est une chose si absurde, que quand je m'en suis voulu enquérir, si on ne m'eût connu on m'eût fait passer pour dupe. Le marquis de Nesle[6], qui en est gouverneur, étoit ce soir chez la Reine[7]. Je lui ai donné de quoi rire quand je lui ai demandé ce qui en étoit. On ne vous a pas mieux averti de ces douze vaisseaux, que nous avons eu bien de la peine à mettre ensemble depuis dix-huit mois. M. de Guise en a vingt-cinq ou vingt-six françois, et quelque trentaine d'Espagne. Je crois que puisque l'on n'en assemble point davantage, on ne juge

---

2. Dans l'édition de 1630 : « digne de vous écrire. »
3. Charles IV. — 4. *De léger*, légèrement.
5. Dans l'édition de 1630 : « qui la vous dira. »
6. René aux Épaules, dit de Laval, marquis de Nesle, chevalier des ordres du Roi, gouverneur de la Fère.
7. « La Reine mère. » (*Édition de* 1630.)

pas qu'il faille plus de dépense, et que cela suffira pour ranger la Rochelle à son devoir. L'Anglois s'attaquant au Roi est un petit gentilhomme de cinq cents livres de rente, qui s'attaque à un qui en a trente mille. Je ne sais, Monsieur mon cousin, si je vous ai dit qu'il n'y a que deux rois en l'Europe capables de mener du canon en campagne; si je ne le vous ai dit autrefois, je le vous dis à cette heure, car il est vrai. On ne compte que deux puissances en la chrétienté, la France et l'Espagne; pour les autres, ce sont leurs suivants, et rien plus. Quant aux grands qui fomentent la guerre, ne vous imaginez pas qu'il y en ait un si hardi de faire semblant d'y penser. S'ils se pouvoient tous accorder, c'est bien chose assurée qu'ils feroient du mal; mais ni en France, ni en lieu du monde, on ne voit jamais entre ces gens-là un consentement universel. Ils ne sont pas sitôt d'accord que leurs intérêts les séparent. Chacun a peur que son compagnon ne s'avantage[8] à ses dépens. Cela n'est point en France, c'est partout où il y a des hommes. Pour moi, je crois avec beaucoup de gens d'esprit que la huguenoterie court fortune par toute l'Europe d'être bien voisine de sa fin : toutes les apparences vont là. Il me semble qu'un peu de bon raisonnement vous doit faire rire quand on vous menace des Anglois. Ils sont venus avec cent ou six vingts vaisseaux nous surprendre, et nous attaquer en un lieu où nous ne pouvions aller[9]. Il n'est donc pas vraisemblable que venant[10] en terre ferme ils fassent mieux leurs affaires, étant bien certain qu'ils n'auront

---

8. L'édition de 1630 donne *s'avance*, au lieu de *s'avantage*, et au membre de phrase qui suit elle ajoute un mot : « Cela n'est point en France *seulement*. »

9. L'île de Ré.

10. Malherbe, selon la coutume de son temps, fait accorder le participe : « venans en terre ferme. »

pas sitôt pied à terre, qu'ils n'aient quinze ou vingt mille hommes sur les bras contre cinq ou six mille qu'ils pourront amener. Quant à moi, je les crains comme je crains ceux du Grand Caire. Voilà, Monsieur mon cousin, mes sentiments. La Reine mère du Roi attend pour dimanche ou lundi le lieutenant de ses gardes, qu'elle a envoyé vers le Roi. Il nous dira des nouvelles, et si elles sont importantes je vous en ferai part tout aussitôt. Il ne me souvient point de celui pour qui j'ai fait des vœux, dont vous êtes si étonné. Ce n'est pas ma coutume d'aimer ceux qui n'aiment point le Roi, et qui le servent mal à faute d'affection, ou à faute d'expérience. Ma mémoire est usée : si vous ne me ramentevez l'homme dont il est question, je ne le saurois deviner. Mais je suis trop long. Adieu, Monsieur mon cousin : je vous donne le bonsoir.

De Paris, ce 21ᵉ de janvier 1628.

32. — A MONSIEUR DE COLOMBY[1].

MONSIEUR MON COUSIN,

Vous me donnez tout à la fois deux très-grandes joies : l'une, de me faire savoir la bonne santé de vous et de vos affaires ; l'autre, de me promettre que nous aurons le bien de vous voir en ces quartiers. Je l'ai bien toujours ainsi espéré, même en cette saison, où l'excellence de toutes sortes de fruits montre l'avantage qu'a la Provence sur les plus beaux lieux de ce royaume. Mais j'ai tant

---

LETTRE 32. — 1. Cette lettre, écrite d'Aix en 1622, est la 38ᵉ du livre II dans l'édition de 1630 (p. 663). Elle a paru pour la première fois dans le recueil de Faret (édition de 1627, p. 28), où on lit en tête : « Il répond à une lettre qu'il lui avoit écrite. » Voyez sur Colomby, tome I, p. LXX, note 3.

d'expérience des intrigues de la fortune, et des difficultés inopinées qu'ordinairement elle fait naître aux choses que nous tenons les plus certaines, que je n'attends jamais qu'avec beaucoup de doute ce que j'ai desiré avec tant soit peu d'affection. Qu'on die ce qu'on voudra de la prudence humaine, je ne la veux pas exclure de l'entremise de nos affaires, quand ce ne seroit que de peur de trop autoriser la nonchalance ; mais pour ce qui est des événements, il faudroit d'autres exemples que ceux que j'ai vus jusqu'à cette heure, pour me faire croire qu'elle y ait aucune jurisdiction. Qui est heureux, ira aux Indes sur une claie ; qui est malheureux, quand il seroit dans le meilleur vaisseau du monde, il aura de la peine à traverser de Calais à Douvres, sans courir fortune de se noyer. J'étois venu ici pour y passer autant de temps que le Roi en mettroit à faire le tour de la Guienne et du Languedoc[2]. Je m'attendois d'y recevoir quelque contentement parmi les miens, et ne voyois rien qui fût capable de m'en empêcher. Cependant, deux jours après que j'y fus arrivé, je ne sais quel petit fripon d'officier fit une niche à mon fils, pour laquelle il a été contraint de garder la chambre, et moi privé du contentement que j'étois venu chercher à ma maison. Certes la cour est bien l'océan où se font les grandes tempêtes ; mais les provinces, comme petites mers, ont des agitations qui ne laissent pas voyager sans inquiétude. Mes amis me disent que c'est un juif à qui j'ai affaire, et que je ne dois pas trouver étrange que mon fils soit persécuté par ceux mêmes qui ont crucifié le fils de Dieu[3]. Ils disent vrai ; mais à quel propos cette consi-

2. On voit par ses lettres à Peiresc que Malherbe était en Provence dès le mois de mai 1622, et qu'il y resta jusque vers la fin de novembre. Voyez tome III, p. 568 et suivantes.
3. Au sujet de cette querelle, voyez au tome I la *Notice biographique*, p. xxxv.

dération? Un pauvre homme qui auroit été volé se consoleroit-il quand on lui diroit que celui qui a pris son argent est de la race des plus grands voleurs qui jamais aient mis le pied dans une forêt? Que m'importe qui m'ait frappé? Le coup que donne un juif est-il moins sensible que celui que donne un chrétien? Certes je me suis autrefois étonné de voir cette nation haïe et décriée comme elle est. Mon avis étoit qu'il falloit éplucher un homme en sa vie, et non pas en son origine, et qu'autant valoit-il avoir son extraction de Sériphe[4] que d'Athènes; mais j'apprends aujourd'hui que la voix du peuple est la voix de Dieu. Il est très-certain que jamais il ne fut une haine plus juste que celle que l'on porte à cette canaille. Nous ne faisons que leur rendre la pareille. Si tout ce que nous sommes de chrétiens n'avions qu'une tête, ils nous la couperoient avec plus de plaisir qu'ils ne pensent avoir de mérite à se couper le prépuce. Ceux qui les approchent de plus près ajoutent à leurs louanges qu'ils sentent je ne sais quoi de relent. Pour moi, qu'ils sentent si mal qu'ils voudront, c'est chose dont je n'ai que faire : j'en serai quitte pour n'en approcher point. Ce que j'y vois de meilleur pour moi, c'est que le moyen qu'a ce maroufle de me nuire n'est pas égal à sa volonté. Mais toujours aurai-je de la peine et de la dépense à démêler cet écheveau. Je vous en conterai l'histoire à notre première vue. Ce que je vous en écris pour cette heure, n'est que pour vous faire voir que je suis toujours en ma vieille opinion, que le monde n'est qu'une sottise, et que par conséquent l'homme dont vous me parlez a été un sot de le quitter si timidement comme il a fait. S'il eût regardé les choses

---

4. Petite île de la mer Égée, une des Cyclades, aujourd'hui *Serpho*. Voyez dans Plutarque (*Vie de Thémistocle*, chapitre XVIII) la réponse de Thémistocle à un Sériphien.

de la terre avec l'œil dont je les regarde, il eût pris le chemin du ciel avec plus de résolution. Mais comme je ne m'étonne pas de sa courte vie, pource que son visage bouffi et mal coloré ne la lui pouvoit[5] faire espérer plus longue, aussi eussé-je été bien trompé si un esprit de la taille du sien, quelque mal logé qu'il fût, n'eût eu de la peine à quitter son hôte. Peut-être, mon cher cousin, vous imaginerez-vous que je suis en mauvaise humeur. Nullement, je le vous jure; et si vous prenez la peine de venir jusques ici, comme je vous en conjure de tout mon cœur, vous me trouverez aussi disposé à rire que vous m'ayez jamais vu. Mais il n'y a point de discours où je me laisse emporter si volontiers, qu'à mépriser ce que les dupes estiment. Je suis très-marri du malheur de notre ami. S'il est galant homme, il voudra ce que Dieu veut, et se moquera aussi bien de sa mauvaise fortune que de celui qui en est l'auteur. Quand un homme a les choses nécessaires, si on lui ôte les superflues, on ne l'offense pas, on le décharge. Mais je crains que sa philosophie n'aille pas jusques à ce point. Pour Mansfeld[6], nous en avons ici de meilleures nouvelles que les vôtres. On m'écrit de Paris du 9e de ce mois qu'il est sur le point de se retirer. Il ne faut pas voir trop clair pour connoître que l'homme de la frontière[7] est de ceux qui l'ont attiré; mais il est en possession de réussir mal en tout ce qu'il entreprend. Voilà pourquoi si de cette nuée il sort pluie, grêle, ni autre sorte de mauvais temps, je veux que vous me teniez pour le plus ignorant astrologue qui jamais ait

---

5. Dans l'édition de 1630 et dans le recueil de Faret il y a *pouvoient*, au pluriel.

6. Il avait désolé la Lorraine et s'était avancé jusqu'aux frontières de Champagne.

7. Le maréchal de Bouillon, qui avait eu une entrevue avec Mansfeld. Voyez le *Mercure*, année 1622, p. 733.

regardé les étoiles. J'ai eu depuis quatre ou cinq jours des inhibitions du conseil pour ôter à ce parlement[8] la connoissance de ma brouillerie. Il me reste encore quelque information à faire pour évoquer : c'est à quoi je travaille. Cela fait, si le Roi s'en retourne, me voilà prêt à le suivre, et s'il demeure, prêt à demeurer auprès de lui. Je ne pense pas être plus heureux sous le fils que j'ai été sous le père; mais il n'importe. Le temps que j'ai à vivre est si peu de chose, que je ne dois pas faire difficulté de le hasarder. Je prie Dieu, Monsieur mon cousin, qu'il vous ait en sa puissante garde, et vous que vous me teniez toujours pour votre serviteur très-humble et très-affectionné,

MALHERBE.

[Aix, 1622.]

33. — A MONSIEUR DE COLOMBY[1].

A Paris, ce 5ᵉ de novembre [1627].

MONSIEUR MON TRÈS-CHER COUSIN,

J'oubliai la dernière fois que je vous écrivis de vous faire tenir la lettre de Mme Jouan, pour réponse à ce que vous me mandiez de l'argent qu'elle avoit reçu de vous. Elle me dit là-dessus assez de choses, mais il eût fallu faire un procès-verbal. J'ai mieux aimé qu'elle vous en ait écrit elle-même que de charger ma mémoire de si mauvaise marchandise. Vous lui en manderez votre volonté. Pour les nouvelles du monde, Saint-Bonnet[2] vint

---

8. Au parlement d'Aix.
LETTRE 33. — 1. Cette lettre a été publiée pour la première fois par M. Miller, d'après l'original autographe, dans la *Revue de Bibliographie* (mars 1841), avec la date fautive de 1624.
2. Jacques de Saint-Bonnet, frère du maréchal de Toiras.

mercredi dernier de l'armée, envoyé aux Reines de la part du Roi. Il leur écrit le passage des troupes qui ont été envoyées en l'île³, pour en dénicher les Anglois, sous la charge de M. le maréchal de Schomberg. Il y a six mille deux cents hommes de pied, deux cents chevaux, et environ sept ou huit cents volontaires à qui le Roi a baillé lui-même jusques à quatre ou cinq cents piques. Il n'est demeuré personne auprès de lui que M. de Souvray, le commandant son frère⁴, Saint-Simon et le vieux Saint-Michel⁵. Tout ce qui étoit près de Monsieur y est allé; Dieu les veuille tous conserver et M. Patris⁶ en particulier, comme mon meilleur et plus certain ami! Nos gens n'ont mené autre canon que ces douze ou quinze petites pièces venues de Hollande, que la Reine mère donna au Roi, il y a, ce me semble, trois ou quatre ans. On recommence à parler de la venue de l'armée⁷ d'Espagne; le Roi mande à la Reine qu'elle sera ici au premier jour. M. de Guise, par une lettre du 22ᵉ du passé, mande à Madame sa mère que d'heure à autre il attend l'armée espagnole, et que sitôt qu'elle sera venue, il espère qu'il fera quelque chose qui sera crié sur le pont Neuf. On fait prier par toutes les églises pour le succès. Je serai fort trompé s'il n'y a au refrain des Anglois : *sed non et venisse volent*⁸. Adieu, Monsieur mon cher cousin : vous ferez part de cette lettre à mon cousin du Bouillon. Quand il sera à Caen, je lui écrirai. Vous le prierez, s'il vous plaît, d'effectuer l'avance

3. De Ré.
4. Jacques de Souvré, grand prieur de France, frère de Gilles de Souvré, gouverneur de Louis XIII.
5. Probablement le Saint-Michel, gentilhomme ordinaire de la chambre du Roi, qui mourut en 1638.
6. Patrix était gentilhomme ordinaire de Monsieur.
7. L'armée navale.
8. « Et ils désireront de ne point être venus. » (*Énéide*, livre VI, vers 86.)

qu'il vous a promise des cinq cents livres de ma rente; mais vous le lui direz, s'il vous plaît, comme de votre part. J'apprends cette fois pour toutes à n'espérer jamais secours d'un teston du côté de Normandie. Je suis d'une humeur si aisée à obliger que l'on m'oblige même quand on ne m'oblige point. Celui à qui on prête doit; celui à qui on refuse ne doit rien : tellement que de quelque façon que le dé tombe, j'y trouve toujours ma chance. Je voudrois bien que Dieu me donnât quelque moyen de le servir, il verroit comme je suis franc, et le peu de cas que je fais de ce que les autres estiment beaucoup. Adieu encore un coup, Monsieur mon très-cher cousin : c'est votre très-humble et très-obligé serviteur,

MALHERBE.

Suscription : A Monsieur, Monsieur de Coulomby, conseiller du Roi en ses conseils d'État et privé.

34. — A SA SOEUR[1].

MADEMOISELLE MA SOEUR,

Le porteur de cette lettre me vient tout présentement d'avertir que mon neveu votre fils avoit été reçu aux jésuites[2]. Il est six heures du soir, et s'il n'étoit si tard j'irois le trouver, pour apprendre plus particulièrement ce qui en est. Je remettrai la chose à demain au matin, et vous donnerai avis de tout. Bien crois-je que de lui ôter

---

LETTRE 34. — 1. Cette lettre, dont nous n'avons point le texte complet, a été publiée pour la première fois dans l'édition de 1630, livre II, lettre 19, p. 619. — Malherbe avait trois sœurs, Jeanne, Marie et Louise, qui toutes laissèrent des enfants. Nous ignorons à laquelle des trois s'adresse cette lettre.

2. Voyez ci-dessus, p. 45.

une opinion de si longtemps enracinée en son esprit, ce ne sera pas chose sans difficulté; et pour vous parler encore plus librement, je crois qu'il sera du tout impossible. Il n'y a poix qui tienne comme ces imaginations mélancoliques. Je m'assure qu'il ne se peut rien dire là-dessus que vous ne lui ayez dit ou fait dire par tous ceux dont vous avez cru que les remontrances dussent être de quelque considération en son endroit. Mais ce que les pères ne peuvent faire, il ne faut pas que les mères ni les parents se le promettent. Il print la peine de me venir voir aussitôt qu'il fut arrivé en cette ville; et dès l'heure même je lui en touchai quelque chose, mais légèrement, pour l'opinion que j'avois qu'il n'y pensoit plus, et que vous ne l'eussiez pas envoyé ici, si vous ne l'eussiez cru du tout guéri de cette maladie. Je le verrai donc, et lui dirai ce qu'en même sujet je dirois à mon propre fils. Si c'est avec effet, à la bonne heure; sinon, il se faut résoudre à souffrir ce qui ne laissera pas d'être quand nous ferons tout ce que nous pourrons pour l'empêcher. Quelque habit que l'on porte en ce monde, et par quelque chemin que l'on y marche, on arrive toujours en même lieu. Cette vie est une pure sottise. Nous l'estimons trop, et de là vient cette folle coutume d'approuver et condamner les choses avec trop de passion. L'indifférence est un grand garant contre les bizarreries de la fortune. Si elle nous voyoit résolus à vouloir ce qu'elle veut, peut-être voudroit-elle plus souvent ce que nous voudrions. Vous direz que nous faisons bien aisément les philosophes aux choses qui ne nous touchent pas. Je vous jure, ma sœur, que n'ayant qu'un fils, je ne serois pas bien aise que cette fantaisie lui prît; mais quand cela seroit, je me payerois des mêmes raisons que je vous représente. La meilleure condition où il pouvoit arriver par le chemin où vous l'aviez mis, étoit d'être ou conseiller ou président en un parlement. Mais, ma sœur, quelle différence pensez-vous que je trouve entre ces gens-là et les jésuites? Nulle, je vous jure, puisque d'ici à cent ans mon neveu ne sera ni jésuite ni président. Et si vous voulez encore vous arrêter à la vanité, ne voyez-vous pas des jésuites aussi près des rois que tous ceux de qui vous estimez davantage la condition? Je sais bien qu'il est impossible de ne desirer à nos enfants une chose plutôt qu'une autre; mais je sais bien aussi qu'il n'y a que l'événement qui nous puisse apprendre si c'est leur bien ou leur mal que nous leur desirons. . . . .

---

35. — A UNE COUSINE[1].

Belle et chère cousine,

J'endure de vos belles paroles, parce qu'elles viennent de vous, que j'aime et que j'honore comme je dois; mais je ne les approuve pas, pource qu'elles s'adressent à moi, qui suis trop à vous pour être traité avec cette superfluité. Trêves de tout cela, s'il vous plaît, chère cousine : réservez votre bien-dire à quelque occasion où il vous sera plus nécessaire. Ce qui s'écrit avec vérité se doit écrire sans artifice. Je m'en vas vous en montrer l'exemple : s'il vous est agréable, vous le suivrez.

J'ai reçu votre lettre du 2e de ce mois ; ce ne m'a été rien de nouveau que votre homme fasse ce qu'il

---

Lettre 35. — 1. Cette lettre, publiée pour la première fois par M. Hauréau (*Bulletin des Comités historiques*, 1850, tome II, p. 148), d'après un brouillon conservé dans le manuscrit Baluze, f°s 52 et 53, a été collationnée par nous sur cet autographe. — Nous ignorons à quelle cousine elle est adressée.

fait; il ne me trompera point. Vous savez ce que je vous en ai toujours dit : j'y persiste. Nous verrons M. d'Estricy et moi de tirer de Mme de Longueville la lettre que vous desirez ; peut-être la voudra-t-elle bien faire, mais c'est à savoir si ce sera avec fruit. Je suis d'avis que pour nous donner sujet de lui faire cette requête, vous m'envoyiez une lettre pour elle, où vous ferez bien la piteuse. Ce sera là que votre éloquence ne sera point mal à propos ; car il faudra que pour donner du poids à ce qu'elle écrira, elle écrive de sa main ; et je sais bien que ce n'est pas chose à quoi cette sorte de gens se dispose trop facilement. Quand vous ferez des recommandations ou à M. de Beaumont ou à M. d'Estricy, faites vos compliments un peu plus cérémonieux, afin que je leur puisse montrer vos lettres, et que par votre honnêteté ils connoissent qu'ils n'ont point mal employé la volonté qu'ils ont témoignée[2]. Et quand même vous leur voudriez écrire un petit mot, je ne crois pas qu'il fût mal à propos pour vous. Hier, aussitôt que j'eus reçu votre lettre, je m'en allai moi-même porter celle de Mme de la Houssaye. Elle me doit demain bailler sa réponse ; mais vous ne l'aurez que par la première commodité, parce que j'aurois peur que le messager ne fût parti. C'est une bonne femme, et qui vous aime bien. Au demeurant, ma chère cousine, vous ne me faites mention d'avoir reçu que deux de mes lettres. Il y en a une troisième ; mais je crois que lorsque vous m'écrivîtes, vous ne l'aviez point encore reçue. Je suis résolu, pour n'y être point trompé, de tenir registre tant de la dépense que de la recette.

M. de Montbazon est en Bretagne, aux états, et d'où il ne reviendra pour le plus tôt qu'à la fin du mois prochain. M. de Mercœur y est avec lui. Je lui garderai votre

---

2. Il y avait d'abord *leur courtoisie*, qui a été biffé.

lettre pour son retour. Je vous baillerai encore un autre avis, que vous avez mis en votre lettre Mme de Longueville après M. de Montbazon ; mais cela m'a empêché de montrer votre lettre à M. d'Estricy. Il y a des personnes qui se piquent légèrement. Voilà pourquoi il est bon d'aviser à tout. Tassin, le messager, étant celui qui m'a rendu votre lettre, je vous prie que je sache si vous la lui avez fait bailler à Caen, ou s'il est passé par le lieu où vous êtes. Je vous ferai toujours tenir mes lettres par la même voie que jusqu'à cette heure, si vous ne le commandez autrement. La semaine qui entrera lundi ne se passera point que l'affaire de M. le Marié ne soit faite, si elle se doit faire. J'y ferai comme en chose qui me touche, ou pour mieux dire, comme en chose qui m'est recommandée de la personne du monde qui a le plus de pouvoir sur moi.

Adieu, belle et chère cousine : je vous prie de baiser bien humblement les mains à Monsieur mon cousin, votre oncle, et à M. de Ranville[3]. Ils verront ici tous deux que je suis leur très-humble serviteur.

36. — A UNE COUSINE[1].

CHÈRE COUSINE,

Ayant à vous témoigner le desir que j'ai et que j'aurai toute ma vie d'être conservé en votre mémoire, je me suis extrêmement réjoui que ce porteur m'ait offert la

3. Baillehache, sieur de Ranville.
LETTRE 36. — 1. Cette lettre a été publiée pour la première fois par M. Hauréau (*Bulletin des Comités historiques*, 1850, tome II, p. 149), d'après une copie qui fait partie du manuscrit Baluze (f° 3), sur laquelle nous l'avons revue.

commodité de m'y ramentevoir. Ceux qui sont heureux montrent leur affection par les effets; les malheureux comme moi sont réduits aux paroles. Louez-moi de vouloir beaucoup et me plaignez de ne pouvoir rien.

---

37. — A MONSIEUR DE TERMES[1].

Monsieur,

Je suis mieux avec la fortune que je ne pensois, puisque j'ai encore l'honneur que vous vous souvenez de moi. J'y serai comme je desire, quand je vous pourrai témoigner jusqu'où m'a touché le ressentiment d'une faveur aussi peu attendue que certes je reconnois que je l'ai peu méritée. La plainte que vous faites de mon silence mériteroit bien un remerciement extraordinaire. Mais ne savez-vous pas, Monsieur, qu'il ne faut rien chercher de bon chez ceux qui sont malheureux comme je suis, et que tout les fuit, jusqu'aux paroles mêmes qui ont de l'éclat? Contentez-vous qu'avec un langage sans ornement, comme l'affection est sans fard, je vous die que jusqu'à la mort, au delà de laquelle on ne peut rien promettre, les obligations que j'ai à Monseigneur[2] et à vous vivront en ma mémoire, et en mon cœur la dévotion qu'elles y ont produite de vous être, Monsieur, très-humble et très-fidèle serviteur.

A Paris, ce 13e avril 1613.

Lettre 37. — 1. César-Auguste de Saint-Lary, baron de Termes. Voyez tome I, p. 116, note. — Cette lettre a été imprimée pour la première fois dans l'édition de 1630, livre I, lettre 8, p. 516.

2 Roger de Bellegarde, grand écuyer de France, frere de M. de Termes.

38. — A MONSIEUR DE GRILLON[1].

Monsieur,

Vous vivez en la mémoire de tous ceux qui ont l'honneur de vous connoître ; il n'est pas raisonnable que vous soyez moins en la mienne, ayant des occasions si justes et si pertinentes comme j'ai de vous y conserver. Ces paroles vous témoigneront comme je l'ai fait jusqu'à cette heure, et comme je le veux continuer à l'avenir. Elles viennent de la cour, et par conséquent sont suspectes ; mais ayant à se présenter devant le plus grand et plus glorieux courage qui soit au monde, elles ont quitté l'artifice et l'hypocrisie, pour lui être d'autant plus agréables, qu'elles seront selon son humeur. Je ne vous entretiens point de ce que nous avons ici sur le tapis, pource que ce porteur a de quoi vous satisfaire de ce côté-là. Bien vous dirai-je que l'on va ici entamer des affaires[2] où sans doute l'on regrettera votre épée, comme la plus brave dont la France ait jamais fait peur à ses ennemis. Mais vous avez assez vécu pour autrui, il est temps de vivre pour vous. Faites-le, Monsieur, et Dieu veuille que ce soit aussi longtemps comme le desirent ceux qui savent votre mérite, et entre eux avec plus de passion que nul autre votre très-humble et très-affectionné serviteur.

Lettre 38. — 1. L. de Balbe de Berton de Grillon ou Crillon, le célèbre compagnon d'armes de Henri IV, mort en 1615. — Cette lettre a été publiée pour la première fois dans l'édition de 1630, livre I, lettre 15, p. 530.

2. La lettre n'étant point datée, nous ne savons à quelles affaires Malherbe fait allusion.

39. — A MADAME DE GUISE [1].

[9ᵉ juillet 1619 [2].]

Madame,

Je vous connois, comme fait tout le monde, pour la meilleure et la plus obligeante princesse qui fut jamais, et c'est de là que me vient la hardiesse que je prends de vous importuner pour le sieur du Chesne [3], présent porteur. Il s'est proposé de faire les histoires de toutes les provinces de France, et a déjà si bien réussi en celle qu'il a faite de la Normandie, qu'il a eu commandement du Roi de continuer son dessein. C'est, Madame, pourquoi, sur l'assurance qu'on lui a donnée qu'au lieu où vous êtes [4] il y a force chartres et vieux documents d'où il pourra tirer des mémoires, il s'est résolu d'y aller, et m'a prié de lui donner cette lettre pour avoir sujet de s'adresser à vous, et vous supplier très-humblement de vouloir, en cette occasion, l'assister de votre pouvoir. Je ferois tort à votre bonté, Madame, de ne vous croire pas capable de lui faire cette faveur, et refuser de joindre ma prière à la sienne. Je le fais donc avec toute la très-humble affection que je puis, et me promets que si pour être juste elle est bien reçue de vous, elle le sera encore de quelque

---

Lettre 39. — 1. Cette lettre a été publiée pour la première fois dans le tome I de la *Galerie française* (1821-1823, in-4°), d'après une copie, écrite de la main de Peiresc, qui se trouve au tome II, f° 29, de la correspondance de celui-ci, à la Bibliothèque impériale, copie que les éditeurs ont prise pour un autographe de Malherbe.

2. Peiresc a écrit au dos de la lettre cette date, et les mots suivants : « A Joire (*Jouarre*). A Madame de Guise, pour M. du Chesne. » Voyez tome III, p. 599, note 1.

3. André du Chesne. Voyez plus haut, lettre 18, p. 41, note 2.

4. Il y avait à Jouarre (voyez la note 2), village situé non loin de la Ferté-sous-Jouarre, une célèbre abbaye de bénédictines, dont était abbesse en ce moment Jeanne de Bourbon, qui avait pour coadjutrice Jeanne de Lorraine, fille de Mme de Guise.

chose davantage pour la considération que vous ferez, s'il vous plaît, Madame, qu'elle vient de votre très-humble et très-obéissant serviteur,

MALHERBE.

40. — A MONSIEUR LE MARÉCHAL DE BASSOMPIERRE [1].

Monsieur,

Il est vrai que la fortune a trop longtemps délibéré sur la récompense d'un mérite si grand et si manifeste comme le vôtre ; mais quoi que c'en soit, à la fin elle s'y est résolue ; et sans mentir, vos actions lui ayant de tout temps fait connoître qu'elle vous devoit des gratifications extraordinaires, les services qu'avec tant de périls [2] vous avez rendus au Roi en ce dernier trouble l'en ont si vivement sollicitée, qu'il falloit que sans plus de remise elle s'acquittât de cette dette, ou qu'ouvertement elle se déclarât ennemie de votre vertu. Je ne sais avec quelles paroles une joie qui est commune à toute la cour, voire à toute la France, vous aura été représentée par ceux qui vous auront fait ce compliment. Pour moi, je ne vois rien qui vous puisse mieux exprimer la mienne, que de vous dire que j'ai été aussi aise que vous soyez parvenu à un honneur que je vous avois toujours desiré, comme je le fus de

---

LETTRE 40. — 1. Cette lettre, la 6e du livre I de l'édition de 1630 (p. 508), a été imprimée pour la première fois dans le recueil de Faret, édition de 1627, p. 18. On lit en tête : « Il se réjouit avec lui de sa promotion à la charge de maréchal de France. » Bassompierre avait été élevé à cette dignité le 12 octobre 1622, le surlendemain de la paix de Montpellier.

2. VAR. (recueil de Faret) : qu'avec tant de soins, tant de travaux et tant de périls.

voir tomber nos idoles³ d'un lieu où je ne les avois jamais regardés⁴ qu'avec abomination. Je ne suis pas de si mauvaise humeur, que je permette aux sujets de se bander contre les volontés du Prince; mais aussi quand ceux qui sont aimés de lui mettent ses affaires en désordre, je suis trop peu fait à la complaisance, pour avouer qu'il soit ni raisonnable ni possible d'en recevoir du mal et de ne leur en souhaiter point. Une des principales marques de la bénédiction de Dieu sur le Roi et sur le royaume, c'est que la faveur se rencontre en des personnes qui de même soin que le pilote travaillent au salut du navire, et n'aient point de plus grand intérêt que celui de sa prospérité. Je vous ai toujours reconnu d'une inclination tellement portée à toutes choses grandes, que si cela doit jamais être, c'est de vous de qui nous en devons espérer le premier exemple. Dieu veuille que cela soit, et que le point où les autres terminent leur grandeur ne soit que le premier degré de la vôtre! à la charge toutefois, Monsieur, que vous me conserverez en vos bonnes grâces, et que toujours vous me ferez l'honneur de me tenir pour votre très-humble et très-obéissant serviteur.

---

41. — A MONSIEUR COEFFETEAU, ÉVÊQUE DE MARSEILLE¹.

Monsieur,

Je viens d'apprendre par une lettre que M. de Peiresc

---

3. Il y eut divers changements dans le conseil du Roi après la paix de Montpellier.
4. Il y a *regardés*, au masculin, dans l'édition de 1630 comme dans le recueil de Faret. Voyez le *Lexique*.
LETTRE 41. — 1. Nicolas Coeffeteau fut nommé évêque de Mar-

m'a écrite le don que le Roi vous a fait de l'évêché de Marseille. Voilà, grâces à Dieu, un grand démenti et une grande vergogne tout ensemble au galant homme qui disoit que l'on tenoit à la cour que vous en aviez assez. Je m'assure que non-seulement en votre diocèse, mais en toute la Provence, cette nouvelle sera reçue comme elle doit. Pour moi, outre la part que je prends en la joie commune, j'en ai une si particulière qu'elle va jusques au transport. Le moyen qu'ont les rois de se faire bien obéir, c'est de bien régner, et le bien régner, à mon avis, ne consiste en aucune chose tant qu'en la distribution des charges aux personnes de mérite. Je prie Dieu que le nôtre, qui a témoigné son bon goût en votre élection, le continue en votre promotion si avant, que comme vous êtes au comble de la doctrine et de la vertu, vous arriviez à celui de la dignité. Je fais cette prière de tout mon cœur ; mais, Monsieur, c'est à condition que vous m'aimerez toujours, et toujours me tiendrez pour votre serviteur très-humble et très-affectionné,

[1621.]
MALHERBE.

42. — A MONSIEUR L'ÉVÊQUE DE RIEZ[1].

MONSIEUR,

Je pensois, après l'affliction que m'a donnée la mort

---

seille en 1621 et mourut en 1623. — La lettre de Malherbe, la 5e du livre II de l'édition de 1630 (p. 568), parut pour la première fois en 1627, dans le recueil de Faret, p. 22. On trouve à la suite la réponse de Coeffeteau, datée de Metz, le 5 octobre 1621.

LETTRE 42. — 1. Cette lettre est la 4e du livre II (p. 567) dans l'édition de 1630, où elle a été imprimée pour la première fois. — Guillaume Aleaume, évêque de Riez (Basses-Alpes) de 1615 à la fin de 1621. Il était neveu de du Vair.

de M. de Termes[2], avoir au moins pour quelque temps ou paix ou trêve avec ma mauvaise fortune. Mais voici pour une seconde injure, non moins sensible que la première, la perte qu'avec vous, ou plutôt avec toute la France, j'ai faite de Monsieur le garde des sceaux[3]. Vous savez, Monsieur, combien ce grand personnage m'aimoit et m'estimoit au delà de mon mérite. Ce sera là-dessus, s'il vous plaît, que vous prendrez la mesure de la douleur que j'en ai eue, sans que je m'engage à un travail inutile de la vous représenter. M. de Peiresc, de qui je tiens cette pitoyable nouvelle, me l'a en même temps aucunement adoucie par ce qu'il m'écrit de la bonne volonté qu'en cette occasion le Roi a témoignée pour vous et pour M. Ribier[4]. Si à cela vous ajoutez l'honneur de me continuer la même bienveillance qu'il m'a portée, ce sera le comble de toute la consolation dont je suis capable en cet ennui. Je vous en supplie très-humblement, Monsieur, et de me croire toujours, ce que je suis et que je veux être toute ma vie, votre serviteur très-humble et très-affectionné.

Ce 15ᵉ d'août 1621.

---

43. — A MONSIEUR DE BALZAC[1].

MONSIEUR,

Vous avez raison de dire qu'il faut peu de chose pour

2. Voyez plus loin, p. 224, la lettre de consolation adressée par Malherbe à M. de Bellegarde.
3. Guillaume du Vair, qui mourut à Tonneins, le 3 août 1621, dix jours après le baron de Termes. C'était comme on l'a vu au tome III, un grand ami de Malherbe et de Peiresc.
4. Jacques Ribier, conseiller au parlement de Paris, puis conseiller d'État, avait épousé Françoise Aleaume, nièce du chancelier du Vair.
LETTRE 43. — 1. Cette lettre, la 17ᵉ du livre II dans l'édition

vous obliger. Il y faut certes si peu, que si je prétendois à votre succession, dès demain je présenterois requête pour vous faire bailler un curateur. C'est tout un ; quelque préjudiciable que soit cette humeur, elle est généreuse. Ne la changez point si vous me croyez. Quant à moi, qui ne veux rien au delà de ce qui m'appartient, je tourne les yeux de tous côtés pour trouver sur quoi est fondé l'honnête remerciement que vous me faites ; et après avoir tout examiné, je ne puis que deviner, si ce n'est[2] qu'il y a cinq où six semaines que me trouvant en un lieu où l'on mit vos ouvrages sur le tapis, je fus du côté des approbateurs. Ce fut chez Mme des Loges[3], de laquelle vous savez les qualités excellentes, et je crois qu'à la cour il y a peu de gens qui les ignorent. Le marquis d'Essideuil, le baron de Saint-Surin, M. de Racan et M. de Vaugelas y étoient[4]. Il y en avoit encore quelques autres, dont je ne sais point les noms ; mais ce qu'ils dirent me fit connoître ce qu'ils valoient. A ce compte-là vous m'accorderez bien que le lieu ne pouvoit être plus propre, ni la compagnie meilleure pour l'affaire dont il étoit question. Je vois bien que l'on vous a dit que je défendis votre cause. Il est vrai ; mais sans intention d'en mériter le gré que vous m'en savez. Je ne donnai rien à

de 1630 (p. 599), avait déjà été imprimée en 1627, dans le recueil de Faret, p. 51, et peut-être pas pour la première fois ; car Crosilles, dont il est question à la note 6, y fait allusion dans une lettre datée de septembre 1625. Elle avait dû au moins courir manuscrite. C'est une réponse à une lettre qui avait été publiée en juillet ou août 1625, sous le titre de : *Lettre du sieur de Balzac à Monsieur de Malherbe*; Paris, 11 pages in-8º.

2. C'est-à-dire : je ne puis rien deviner autre chose, si ce n'est....
3. VAR. (recueil de Faret) : Mme de Loges.
4. Charles de Talleyrand, marquis d'Exideuil, mort en 1645. — Le baron de Saint-Surin est peut-être celui qui fut tué en 1632 au siége de Maestricht. Il était de Saintonge. — Claude Favre de Vaugelas, le célèbre grammairien, mort en 1650.

notre amitié, je ne donnai rien à la complaisance ; je ne
fis que ce qui est[5] de mon inclination et de ma coutume :
je prins le parti de la vérité. Pour celui contre qui l'on
vous a mis si fort en colère[6], je ne sais quel rapport on
vous en a fait ; mais je vous jure qu'il parla de vous et de
vos écrits avec une modération si grande, qu'il sembloit
plutôt proposer des scrupules pour en avoir l'avis de la
compagnie, que pour dessein qu'il eût de nuire à votre
réputation. Toutefois prenons les choses d'un autre biais,
et posons le cas que son sentiment fût conforme à l'interprétation que vous en faites. Ne savez-vous pas que
la diversité des opinions est aussi naturelle que la différence des visages, et que vouloir que ce qui nous plaît
ou déplaît plaise ou déplaise à tout le monde, c'est
passer des limites où il semble que Dieu même ait commandé à sa toute-puissance[7] de s'arrêter ? Quelle absur-
dité seroit-ce, qu'aux jugements que font les cours souveraines de nos biens et de nos vies les avis fussent
libres, et qu'ils ne le fussent pas en des ouvrages dont
toute la recommandation est de s'exprimer avec quelque

5. VAR. (recueil de Faret) : je fis ce qui est.

6. L'abbé Jean-Baptiste de Crosilles, mort en 1651, probablement le même dont il est parlé au tome III, p. 553. Il écrivit
contre Balzac une réponse intitulée : *Lettre du sieur de Crosilles
contre Monsieur de Balzac, écrite à Monsieur le conte* (sic) *de Cramail*,
à Paris, 1625, 14 pages in-8°. Il en existe à la Bibliothèque Mazarine
un exemplaire avec des corrections manuscrites et probablement autographes, qui porte la date (aussi manuscrite) de Fontainebleau,
ce 25 septembre 1625. Cette réponse est postérieure à la lettre de
Malherbe, car on y lit cette phrase : « Monsieur de Malherbe, auquel
il (*Balzac*) adresse sa lettre afin de le joindre à lui, sans prévoir
que la plume de cette aigle mangera la sienne, reconnoît qu'il n'a
pu et dû honnêtement m'attaquer de la sorte. » Le nom de Crosilles, qui figure dans la première édition de la lettre de Balzac, a été
remplacé par celui de *Lysandre* dans l'édition des *OEuvres complètes*
de celui-ci, 1665 (2 vol. in-f°), tome I, p. 128.

7. VAR. (recueil de Faret, 1627) : à sa tou-puissance.

grâce, et tout le fruit de satisfaire à la curiosité de ceux qui n'ont rien de meilleur à s'entretenir? Je ne crois pas qu'il y ait de quoi m'accuser de présomption, quand je dirai qu'il faudroit qu'un homme vînt de l'autre monde[8] pour ne savoir pas qui je suis. Le siècle connoît mon nom, et le connoît pour un de ceux qui y ont quelque relief par-dessus le commun. Et néanmoins ne sais-je pas qu'il y a de certains chats-huants[9] à qui ma lumière donne des inquiétudes, et qui se trouvant en des lieux où la foiblesse de ceux qui les écoutent leur laisse tenir le haut du pavé, font avec je ne sais quelles froides grimaces tous leurs efforts pour m'ôter ce qu'il y a si longtemps que la voix publique m'a donné? Non, non : il est de l'applaudissement universel comme de la quadrature du cercle, du mouvement perpétuel, de la pierre philosophale, et telles autres chimères. Tout le monde le cherche et personne ne le trouve. Travaillons à l'acquérir tant qu'il nous sera possible; nous n'y réussirons non plus que les autres. Ceux qui ont dit que la neige est noire, ont laissé des successeurs, qui s'ils ne disent la même impertinence, en diront d'autres qui ne seront pas de meilleure mise. Il est des cervelles à fausse équerre[10], aussi bien que des bâtiments. Ce seroit une trop longue et trop forte besogne de vouloir réformer tout ce qui ne se trouveroit pas à notre gré. Tantôt nous aurions à répondre aux sottises d'un ignorant; tantôt il nous faudroit combattre la malice d'un envieux. Nous aurons plus tôt fait de nous moquer des uns et des autres. La plu-

---

8. Var. (recueil de Faret, 1627) : dès l'autre monde.

9. Le mot est écrit *chahuans* dans l'édition de Faret et dans celle de 1630. A la ligne suivante, ces deux éditions donnent *se trouvans*, avec accord.

10. Le mot est écrit *équierre* dans le recueil de Faret et dans l'édition de 1630.

ralité des voix est pour nous. S'il y a quelques extravagants qui veuillent faire bande à part, à la bonne heure. De toutes les dettes, la plus aisée à payer c'est le mépris. Nous ne ferons pour cela ni cession[11] ni banqueroute. Aimons ceux qui nous aiment ; pour les autres, si nous ne sommes à leur goût, il n'est pas raisonnable qu'ils soient au nôtre. Mais aussi en faut-il demeurer là. Il ne se trouvera que trop de gens qui n'ayant point de marque pour se faire connoître, voudroient avoir celle d'être nos ennemis. Gardons-nous bien de leur donner ce contentement. Écrive contre moi qui voudra ; si les colporteurs[12] du pont Neuf n'ont rien à vendre que les réponses que je ferai, ils peuvent bien prendre des crochets[13], ou se résoudre à mourir de faim. On pensera peut-être que je craigne les antagonistes. Non fais. Je me moque d'eux, et n'en excepte pas un, depuis le cèdre jusqu'à l'hysope ; mais je sais que juger est un métier que tout le monde ne sait pas faire : il y faut de la science et de la conscience, qui sont choses qui ne se rencontrent pas souvent en une même personne. La cause d'un ami est presque toujours bonne ; celle d'un ennemi presque toujours mauvaise. Il n'en fut jamais une si juste que celle de Ménélas contre le traître qui lui vola sa femme ; et cependant en l'entreprise que fit la Grèce pour avoir la réparation de cette injure, les affections des Dieux furent tellement partagées, que parmi eux le ravisseur ne trouva pas moins de protection que le mari. Qui plus est, quand il fut question du combat d'Hector et d'Achille, qui devoit décider l'affaire, Jupiter lui-même, tout père des Dieux qu'il est, fut si peu résolu du parti

---

11. C'est-à-dire cession de nos biens.
12. Dans l'édition de 1630 : « colleporteurs ; » dans le recueil de Faret (1627) : « contreporteurs. »
13. Var. (recueil de Faret) : les crochets.

qu'il devoit prendre, que sans vouloir rien prononcer de lui-même, il se fit apporter des balances, pesa les vies de l'un et de l'autre, et en remit l'issue à ce qu'il plairoit à la destinée en ordonner[14]. Après un exemple où nous voyons ceux qui doivent tonner sur les injustices en faire eux-mêmes de si remarquables, pensez, je vous prie, ce que doit espérer celui qui est exposé au jugement des ignorants, dont, grâces à Dieu, nous avons ici un nombre [15].

Je suis marri que je n'en puis avoir meilleure opinion; mais leur voyant tous les jours faire cas de je ne sais quels écrits qui devant les jurés du métier ne passent que pour des pois pilés de l'hôtel de Bourgogne, je ne crois pas qu'il y ait chose ni si mauvaise qui ne leur puisse plaire, ni si bonne dont ils n'osent faire les dégoûtés. C'est trop demeuré[16] sur un si maigre sujet. Il en faut sortir, et répondre à ce que vous me dites de notre ami [17]. Vous l'obligez de le défendre; il en a bon besoin. Du côté des *Bergeries*, son cas va le mieux du monde; mais certes, pour ce qui est des bergères, il ne sauroit aller pis. Cette affaire veut une sorte de soins dont sa nonchalance n'est pas capable. S'il attaque une place, il y va d'une façon qui fait croire que s'il l'avoit prise, il en seroit bien empêché; et s'il la prend, il la garde si peu, qu'il faut croire qu'une femme a été bien surprise quand

---

14. Voyez l'*Iliade*, livre XXII, vers 209 et suivants.

15. La phrase n'est pas achevée dans l'édition de 1630, où on a laissé du blanc après le mot *nombre*. Dans le recueil de Faret, *nombre* est suivi des mots grecs οὐκ ψάμαθός τε κόνις τε, qui n'offrant pas ici de sens, ont été omis par les éditeurs qui sont venus après. C'est la fin d'un vers de l'*Iliade* (livre IX, vers 385), qu'on doit rétablir ainsi : ὅσα ψάμαθός τε κόνις τε, c'est-à-dire « un nombre aussi considérable que celui des grains de sable et de poussière. »

16. Dans le recueil de Faret : « C'est trop demeurer. »

17. Racan, dont les *Bergeries* parurent à Paris, 1625, in-8º.

elle a rompu son jeûne pour un si misérable morceau.
Vous dites que vous lui ressemblez; mais à qui le persuaderez-vous?

Peut-être à quelque juif, mais non pas à Malherbe [18].
Vous n'êtes pas à mon avis si rude joueur que cet assommeur de monstres [19], qui en une nuit vit les cinquante filles de son hôte [20]; mais à beaucoup moins que cela on ne laisse pas de passer pour bon compagnon. Vous ferez le discret tant qu'il vous plaira; le mot qui vous est échappé, « que les femmes sont la plus belle moitié du monde, » n'est pas d'un homme qui n'ait que faire d'elles. Je vois bien que c'est : vous voulez assurer les maris, afin que n'ayant point de soupçon de vous, ils vous laissent faire vos recherches en toute liberté. Cela s'appelle être habile homme, et tendre ses piéges comme il faut. Continuez. Je serai bien aise que vous soyez heureux, à la charge que vous aurez pitié de ceux qui ne peuvent l'être. J'ai fait ce que fait le reste des hommes. J'ai desiré la longue vie, et vous voyez où la longue vie m'a réduit. Je ne suis pas enterré, mais ceux qui le sont ne sont pas plus morts que je suis. Je n'ai, grâces à Dieu, de quoi murmurer contre la constitution que la nature m'avoit donnée. Elle étoit si bonne, qu'en l'âge de soixante et dix ans je ne sais que c'est d'une seule des incommodités dont les hommes sont ordinairement assaillis en la vieillesse. Et si c'étoit être bien que de n'être point mal, il se voit peu de per-

18. C'est la traduction libre de ce passage d'Horace (*Satire* v du livre I, vers 100 et 101) :

    . . . . *Credat Judæus Apella,*
  Non ego.

19. Hercule.

20. Thespius, roi des Thespiens, suivant Diodore de Sicile (livre IV, chapitre XXIX); Thestius, suivant Pausanias (livre IX, chapitre XXVII). C'est à la lettre de Balzac que Malherbe emprunte sa comparaison.

sonnes à qui je dusse porter envie. Mais quoi? pource que je ne suis point mal, serois-je si peu judicieux que je me fisse accroire que je suis bien? Je ne sais quel est le sentiment des autres; mais je ne me contente pas à si bon marché. L'indolence [21] est le souhait de ceux que la goutte, la gravelle, la pierre, ou quelque semblable indisposition, mettent une fois le mois à la torture. Le mien ne s'arrête point à la privation de la douleur, il va aux délices; et non pas à toutes (car je ne confonds point l'or avec le cuivre), mais à celles que nous font goûter les femmes en la douceur incomparable de leur communication. Toutes choses à la vérité sont admirables en elles; et Dieu, qui s'est repenti d'avoir fait l'homme, ne s'est jamais repenti d'avoir fait la femme. Mais ce que j'en estime le plus, c'est que de tout ce que nous possédons, elles sont seules qui prennent plaisir d'être possédées. Allons-nous vers elles, elles font aussitôt la moitié du chemin. Leur disons-nous : « Mon cœur, » elles nous répondent : « Mon âme. » Leur demandons-nous un baiser, elles se collent sur notre bouche. Leur tendons-nous les bras, les voilà pendues à notre col. Que si nous les voulons voir avec plus de privauté, y a-t-il péril ni si grand ni si présent où elles ne se précipitent pour satisfaire à notre desir? Si après cela il y a malheur égal à celui de ne pouvoir plus avoir de part en leurs bonnes grâces, je vous en fais juge, et m'assure que vous aurez de la peine à me condamner. Mais il ne faudroit guère continuer ce discours pour me porter à quelque désespoir. Brisons là; aussi bien ma lettre est déjà trop longue. Si vous la trouvez telle, vous en pardonnerez la faute au plaisir que j'ai pris de m'entretenir avec vous; et de là jugerez, s'il vous plaît, Monsieur, combien en quelque bonne occa-

---

21. *L'indolence*, l'absence de douleur.

sion il me sera doux de vous témoigner que je suis et veux toujours être votre serviteur très-humble et très-affectionné,

MALHERBE.

44. — A MONSIEUR FARET[1].

MONSIEUR,

Mes lettres sont de laides femmes. Si avec cela elles sont mal vêtues, il n'y a point de doute qu'elles ne fassent peur. Pensez-y. Elles partent de chez moi, je le sais bien ; mais toujours est-ce vous qui les devez faire paroître. Vous retrancherez, s'il vous plaît, aux deux dernières que je vous ai envoyées, ce que vous jugez qui peut choquer les personnages de question. Toutefois je serois bien aise de ne rien changer en mon grec[2], non plus qu'en mon françois. Cela me donneroit une nouvelle peine, et j'aime bien à ne rien faire. C'est à vous autres qui avec la vigueur de l'esprit avez encore celle du corps de travailler et de suer. Pour moi, je suis désormais en un âge qui ne demande que le repos. Je vous renvoie votre commencement de la suite de l'*Histoire romaine* de feu Monsieur de Marseille[3]. A mon avis, il eut bon goût de prendre un si bon second. Et quoique son choix me plût d'abord, je l'approuve encore plus maintenant que j'ai vu ce que vous

---

LETTRE 44. — 1. Cette lettre, non encore réunie aux œuvres de Malherbe, se trouve dans l'édition de 1634 du recueil de Faret, p. 621, avec ce titre : « Il lui recommande les lettres qu'il lui avoit promises pour ce recueil, et lui donne conseil de son dessein d'écrire l'histoire. » Elle ne figure plus dans l'édition de 1639.

2. Voyez la lettre 46, p. 104 et 109.

3. L'*Histoire romaine* de N. Coeffeteau (voyez plus haut, p. 87, lettre 41, note 1) avait paru en 1621. Elle fut réimprimée en 1628.

avez fait, que lorsqu'il nous en parla chez lui, à M. de Vaugelas et à moi. Du moins n'a-t-il pas eu la malice qu'eut Auguste à désigner Tibère son successeur, pour faire regretter son gouvernement. Cependant je demeure toujours dans ma première opinion, qu'ayant à vous embarquer à une longue besogne, vous devriez plutôt vous embarquer à notre histoire, qui jusqu'ici a été si malheureusement traitée; vous en retireriez et plus de gloire et plus de profit. Vous savez ce que je vous en dis dès le commencement que vous m'en demandâtes mon avis. Je ne me mêle guère des affaires d'autrui, mais les vôtres ne me sauroient être indifférentes. Je retournerai demain matin à Paris pour aller solliciter ma pension. Il y faut des soins qui me tuent, et je n'ai pas besoin de travail. J'ai pourtant reçu ici un si bon visage de Monseigneur le Cardinal que cela me console. Si vous prenez la peine de passer à mon logis, ce ne sera, s'il vous plaît, que l'après-dînée. J'aime bien à voir vos ouvrages, mais je n'aime pas moins à vous voir vous-même. Adieu : je suis toujours, Monsieur, votre très-humble et très-affectionné serviteur,

MALHERBE.

A Chaliot (*Chaillot*), ce 14e décembre 1625.

45. — A MONSIEUR L'ÉVÊQUE DE MENDE[1].

MONSIEUR,

La civilité a aussi bien ses inconvénients que le reste des choses du monde; et pour le moins a-t-elle celle-

---

LETTRE 45. — 1. Daniel de la Mothe du Plessis Houdancourt, qui fut évêque de Mende du 19 février 1625 au 5 mars 1628. — Cette

ci², qu'elle attire les importunités. Si vous en doutez, mon impudence le vous va faire connoître. Il plut à Monseigneur le Cardinal, il y a quelques jours, de me promettre qu'aussitôt que M. de Fiat³ seroit de retour, il me feroit payer de ma pension, et y ajouta encore qu'il me vouloit faire mes petites affaires. Ce témoignage de sa bonté fut grand, comme véritablement il n'y a rien de petit en lui; mais ce qui le rendit plus glorieux, fut qu'il prévint ma requête, et ne voulut pas que j'eusse la peine de lui demander une chose dont il pût connoître que j'eusse besoin. Aujourd'hui que M. de Fiat est arrivé, il est question de me ramentevoir à Monseigneur le Cardinal, afin qu'il se souvienne, tant de l'assistance qu'il m'a offerte en cette occasion, que de celle qu'il m'a promise en l'office de trésorier de France, dont il a plu au Roi me gratifier⁴. C'est chose que vous pouvez faire, et je prends la hardiesse, Monsieur, de vous prier de me vouloir faire ce bon office, et de l'accompagner de quelque parole de recommandation sur l'une et l'autre de ces affaires. La monnoie dont les petits payent les bienfaits des grands, c'est la gloire. J'espère que de ce côté-là on ne m'accusera jamais d'ingratitude. Je suis en un âge où il est vraisemblable que les Muses, qui sont femmes, ne font pas

lettre a été publiée pour la première fois dans l'édition de 1630, livre II, lettre 3, p. 563. D'après les faits qui y sont contenus, elle ne peut être antérieure à 1626, et il nous semble très-probable qu'elle est de cette année.

2. Tel est le texte de l'édition de 1630 et de beaucoup de celles qui l'ont suivie. Les éditeurs modernes ont changé *celle-ci* en *celui-ci*. Ce féminin est probablement une inadvertance de Malherbe ou une faute typographique. Remarquons toutefois que les Italiens ont, outre le masculin *inconveniente*, le féminin *inconvenienza*, en latin du moyen âge *inconvenientia, inconventia*.

3. D'Effiat, nommé surintendant des finances en 1626, comme nous l'avons dit plus haut, p. 26, note 4.

4. Voyez au tome I la *Notice biographique*, p. XXIX.

grand compte de moi, et que pour le mieux elles ne me bailleront que quelque brin de lavande, quelque tulipe, ou quelque autre de ces chétives fleurs, qui ne sont bonnes que pour le chapeau d'un nouveau marié de Clamart ou de Vaugirard. Mais quand je les conjurerai au nom de ce demi-dieu, je m'assure qu'elles n'ont point de jardin qui ne me soit ouvert, et qu'il n'y a œillets ni roses qu'elles-mêmes ne prennent la peine de me cueillir. Elles sont retirées dans des solitudes, il est vrai; mais c'est sur des montagnes si hautes, que sans être au monde elles ne laissent pas de savoir tout ce qui s'y fait; et parce qu'elles savent bien que nous sommes en un siècle où il n'y a point d'appui pour elles que celui de cet adorable prélat, elles ne sont pas si malavisées que de refuser un protecteur qui leur est si nécessaire. Je fus dernièrement trouver un homme pour quelque petite affaire, et je crois que sans offenser sa conscience, il lui étoit aisé de me satisfaire. La peur que j'ai d'être refusé me fait toujours prendre garde de ne jamais rien demander qui ne soit raisonnable; et d'ailleurs j'avois quelque sujet de croire que cet homme aimât les vers. Je le trouvai toutefois si peu courtois, et si fort résolu de ne me point gratifier, que je m'en revins avec un déplaisir de lui avoir jamais rien demandé, et avec une protestation de ne lui demander jamais rien. Je suis encore en cette même opinion. La nécessité est forte, mais à ce que je vois elle ne l'est pas assez pour me faire faire une seconde prière à un homme à qui la première n'a de rien servi. Il me pouvoit faire du bien; je lui pouvois donner des louanges. Il me semble que ce qu'il eût eu de moi valoit bien ce que j'eusse reçu de lui. Puisqu'il ne l'a pas voulu, il le faut laisser là. Me voilà déchargé d'une grand'peine. Aussi bien suis-je fort aise de n'avoir autre objet que celui de ce grand cardinal. C'est un sujet où il n'y a que trop de matière. Ma fortune est un monstre, qui ne mourra jamais, ou mourra de la main de cet Hercule. C'est à lui seul, et de lui seul que je veux parler. Pour vous, Monsieur, en la peine que vous prendrez de le faire souvenir de moi, vous aurez ce déplaisir d'avoir obligé un homme incapable de toute revanche; mais vous le consolerez, s'il vous plaît, du contentement de vous être acquis un très-humble et très-affectionné serviteur[5].

---

46. — A MONSIEUR DE MENTIN[1].

MONSIEUR,

Quand je serois retenu à prier tous les hommes du monde, il seroit impossible que je le fusse en votre en-

---

5. Le manuscrit Baluze (f° 47) contient la première ébauche d'une partie de cette lettre : « Tous ceux qui vous rient au nez ne vous aiment pas; j'en parle par expérience. Il me pouvoit faire quelque bien, et je lui pouvois donner de la gloire *. Je crois que la revanche eût bien valu l'obligation. Puisqu'il ne l'a pas voulu, il faut avoir patience.

« Pour moi, j'ai en opinion que ma fortune est un monstre qui ne mourra jamais ou mourra de la main de cet Hercule. Vous prendrez là-dessus la mesure du desir que j'ai de faire quelque ouvrage qui lui soit agréable **. Un autre moins généreux que vous s'exempteroit *** d'obliger un homme incapable comme je suis de toute revanche, mais vous vous consolerez (ou contenterez?), s'il vous plaît, du contentement de vous être acquis.... »

LETTRE 46. — 1. Cette lettre a paru pour la première fois en 1627, dans le recueil de Faret, p. 66; c'est la 18e du livre II dans l'édi-

---

* Au-dessus de cette phrase, on lit dans l'interligne : « J'ai pu vous servir comme je croyois et avec quelque apparence que vous.... »
** Malherbe avait d'abord écrit : « quelque ouvrage qui lui plaise. »
*** Ces mots : « Un autre, etc., » sont écrits au-dessus de ceux-ci, qui ont été rayés : « Vous aurez ainsi une nouvelle occasion.... »

droit. Je connois votre courtoisie, et la connois si généreuse, que je penserois lui avoir donné de quoi se plaindre, si je lui avois fait perdre une occasion de m'obliger. L'affaire où j'ai besoin de votre assistance n'est pas une affaire nouvelle. Il y aura bientôt trois ans que vous vous employâtes à me faire avoir pour mon fils un office de conseiller au parlement de Provence. Le traité qui s'en fit alors fut interrompu par une brouillerie qui lui survint[2]. Il est aujourd'hui question de le renouer, et s'il est possible, de le conduire à sa perfection. Vous vous émerveillerez qu'ayant autrefois si peu estimé la longue robe, je sois à cette heure si affectionné à la rechercher. Il est vrai qu'en mes premières années j'y ai eu une très-grande répugnance; mais soit qu'avec plus de temps j'aie eu plus de loisir de considérer les choses du monde, soit que la vieillesse ait de meilleures pensées que la jeunesse, il s'en faut beaucoup que je n'en parle comme je faisois en ce temps-là. Je suis bien toujours d'avis que l'épée est la vraie profession du gentilhomme; mais que la robe fasse préjudice à la noblesse, je ne vois pas que cette opinion soit si universelle comme elle a été par le passé. Tous les siècles n'ont pas un même goût : nos pères ont approuvé des choses que nous condamnons, et en ont

---

tion de 1630 (p. 607). Dans ces deux éditions comme dans toutes les autres, je crois, elle est datée de 1616, et avait ainsi soulevé une difficulté. On se demandait comment, Marc-Antoine, fils de Malherbe, étant né en 1600, et ayant par conséquent treize ans en 1613, et seize ans en 1616, il avait pu être question pour lui à ces deux époques d'une charge de conseiller; mais le poëte parle du traité de Monçon avec l'Espagne, qui est de 1626, de la reconstruction de la Sorbonne, qui est de 1626 au plus tôt, et d'une affaire de son fils, qui est de 1624. La lettre doit donc, à ce que nous croyons, être datée de 1626, ou mieux de 1627. — M. de Mentin appartenait à une famille noble du comté Venaissin, et suivant le recueil de Faret c'est à Avignon que Malherbe lui adresse sa lettre.

2. Voyez au tome I la *Notice biographique*, p. xxxv et xxxvi.

condamné que nous approuvons. Il est vrai que par la voie des armes on arrive à des dignités bien relevées ; mais la montée en est si pénible, que pour y parvenir il faut que la fortune, contre sa coutume, aide extraordinairement à la vertu. Il n'en est pas de même aux offices des cours de parlement : toute la peine est de commencer. Depuis qu'une fois on y a mis le pied, on peut dire qu'on a fait la principale partie du chemin. Ce ne sont pas charges qui portent un homme dans les nues ; mais elles le mettent assez haut pour en voir beaucoup d'autres au-dessous de soi. On me dira que les gentilshommes qui les prennent deviennent compagnons de plusieurs qui ne le sont pas. Je l'accorde, mais quel remède ? Ne vaut-il pas mieux pour eux qu'ils deviennent leurs compagnons, que s'ils demeuroient leurs inférieurs ? La plus auguste compagnie qui soit au monde est sans doute celle des cardinaux ; et cependant parmi des princes de Bourbon, d'Autriche, de Médicis et autres maisons souveraines de l'Europe, n'avons-nous pas vu le cardinal d'Ossat[3], qui tout excellent personnage qu'il étoit, avoit une extraction si pauvre et si basse, que jusques à cette heure elle est demeurée inconnue, quelque diligence qu'on ait apportée à la chercher ? Le parlement de Paris entre ses conseillers en a eu un de la maison de Foix[4]. Après cela, je ne crois pas qu'il y ait gentilhomme qui ne

---

3. Le cardinal Arnaud d'Ossat, né en 1536, mort en 1604, dans le diocèse d'Auch. « Il y a lieu de croire, dit M. Foisset aîné dans la *Biographie universelle*, que son père, mort en Espagne dans la misère, exerçait la profession de vétérinaire. Cette opinion du moins concilie la tradition commune, suivant laquelle d'Ossat devait le jour à un maréchal ferrant, et le témoignage de Dupleix, qui le dit issu d'un opérateur de campagne. »

4. Paul de Foix, conseiller d'État, archevêque de Toulouse, conseiller d'honneur au parlement, mort ambassadeur à Rome en 1584. Il était fils de Jean de Foix, comte de Carmain.

se rendît ridicule s'il en faisoit le dégoûté. Pour moi, je confesse librement que je suis très-marri de n'avoir été sage quand je le devois et pouvois être, mais le regret en est hors de saison. J'ai fait la faute en ma personne; je la veux réparer en la personne de mon fils. Quand je l'aurai mis où je le veux mettre, il sera en la compagnie de plusieurs gentilshommes très-gentilshommes, et dans un parlement où la justice est aussi religieusement administrée et le Roi aussi fidèlement servi qu'en nul autre de ce royaume. De là, s'il est galant homme, il est de condition pour arriver aux premières charges de la profession. S'il le fait, à la bonne heure; sinon, toujours sera-t-il en lieu où il aura moyen de bienfaire à ses amis, et empêchera ses ennemis de lui faire mal. Je vois bien, Monsieur, que je vous entretiens de mes nigeries[5] avec beaucoup de privauté; mais étant père aussi bien que moi, je ne doute point que vous ne lisiez ma lettre avec le sentiment dont je la vous écris. Si vous voulez que je vous parle des affaires publiques, j'en suis content; aussi bien sont-elles en si bon état, que si mon affection ne me trompe, le vieux mot εὑρήκαμεν, συγχαίρωμεν[6] ne fut jamais dit si à propos comme nous le pouvons dire aujourd'hui. Réjouissons-nous, perdons la mémoire des misères passées; nous avons trouvé ce que nous cherchions, ou pour mieux dire, nous avons trouvé ce qu'il n'y avoit point d'apparence de chercher. Nos maladies, que chacun estimoit incurables, ont trouvé leur Esculape en notre incomparable cardinal. Il nous a mis hors du lit; il s'en va nous rendre notre santé parfaite, et après

---

5. *Nigeries*, niaiseries, bagatelles.

6. « Nous avons trouvé, réjouissons-nous ensemble. » C'est sans doute une allusion aux versets 6 et 9 du chapitre xv de l'Évangile de saint Luc : Συγχαίρητέ μοι, ὅτι εὗρον, « Réjouissez-vous avec moi, parce que j'ai trouvé.... »

la santé un teint plus frais, et une vigueur plus forte qu'en siècle qui nous ait jamais précédés. La chose semble malaisée, et l'est à la vérité; mais puisqu'il l'entreprend, il le fera. L'esprit, le jugement et le courage ne furent jamais en homme au degré qu'ils sont en lui. Pour ce qui est de l'intérêt, il n'en connoît point d'autre que celui du public. Il s'y attache avec une passion, si je l'ose dire, tellement déréglée, que le préjudice visible qu'il fait à sa constitution extrêmement délicate, n'est pas capable de l'en séparer. Il s'y restreint comme dans une ligne écliptique[7], et ses pas ne savent point d'autre chemin. Voit-il quelque chose utile au service du Roi, il y va sans regarder ni d'un côté ni d'autre. Les empêchements le sollicitent, les résistances le piquent, et rien qu'on lui propose ne le divertit[8]. Il n'y a pas longtemps que nous avons eu des ministres qui avoient du nom dans le monde; mais combien de fois, contre l'opinion commune, ai-je dit avec ma franchise accoutumée, que je ne les trouvois que fort médiocres, et que s'ils avoient de la probité, ils n'avoient du tout point de suffisance, ou s'ils avoient de la suffisance, ils n'avoient du tout point de probité! Prenons garde à leur administration, et jugeons des ouvriers selon les œuvres. Ne trouverons-nous pas que de leur temps, ou les factieux n'ont jamais été choqués, ou s'ils l'ont été, ç'a été si lâchement, qu'à la fin du compte la désobéissance s'est trouvée montée[9] au plus haut point de l'insolence, et l'autorité du Roi descendue au plus bas du mépris? Il semble qu'il ne se puisse rien dire de plus honteux. Si fait : les perfidies et les rébellions avoient des récompenses, et Dieu sait si après cela

7. C'est-à-dire comme le soleil dans son orbite.
8. *Ne le divertit*, ne le détourne.
9. Dans le recueil de Faret, les deux participes sont ainsi au féminin; dans l'édition de 1630, il y a : « s'est trouvé montée. »

il falloit douter qu'elles n'eussent des imitateurs. Qui sait mieux que vous, ou plutôt qui ne sait point que par leur connivence nous avons eu des gouverneurs qui ont régné dans les provinces, et si absolument régné, que le nom du Roi n'y étoit connu qu'autant que pour le dessein qu'ils avoient il leur étoit nécessaire de s'en couvrir? Cependant ces grands conseillers pensoient avoir bien rencontré quand ils avoient dit que « c'étoit assez gagner que de gagner temps[10]. » Misérables! qui ne s'apercevoient pas que ce qu'ils appeloient gagner temps étoit véritablement le perdre, et nous réduire à des extrémités d'où il étoit à craindre que le temps ne pût jamais nous retirer. Jugez si en cette dernière brouillerie il se pouvoit rien desirer de mieux que ce qui s'y est fait, et si sans sortir de la modération requise en une affaire si épineuse, la dignité royale n'a pas été remise en un point où ceux que l'on ne peut empêcher de la haïr, seront pour le moins empêchés de l'offenser. Vous voyez bien qu'il y auroit là-dessus beaucoup de choses à dire; mais à mon gré la plus courte mention de nos folies est la meilleure; et puis pour louer cet admirable prélat, on ne sauroit manquer de matière; il ne faut avoir soin que de la forme. La seule paix qu'il a faite avec l'Espagnol[11] est une action qui jusques ici n'a jamais eu d'exemple, et qui peut-être n'en aura jamais à l'avenir. Je fais cas de l'avantage que nous y avons eu pour nous et pour nos alliés; mais ce que j'en estime le plus, c'est que la chose s'est faite si secrètement et si promptement, que la première nouvelle que nous en avons eue a été la publication. Où en serions-nous, à votre avis, si l'on eût suivi

10. Var. (recueil de Faret) : que c'étoit gagner assez que de gagner temps.

11. Var. (*ibidem*) : avec l'Espagne. — La paix signée à Monçon (Aragon) avec l'Espagne, au sujet de la Valteline, le 5 mars 1626.

les longueurs tant pratiquées autrefois par ceux qui manioient les affaires, et tant célébrées par je ne sais quels discoureurs, qui ne parlent jamais avec plus d'assurance que quand ils parlent de ce qu'ils n'entendent point? Qu'eût-ce été autre chose que donner loisir aux intéressés dedans et dehors le royaume de ruiner l'affaire, et par l'interposition de leurs difficultés nous retirer du port où la dextérité de ce judicieux pilote nous a si heureusement fait arriver?

Au demeurant, on se tromperoit de s'imaginer qu'en bien faisant il eût devant les yeux autre chose que la gloire. Comme elle est le seul aiguillon qui l'excite, aussi est-elle la seule récompense qu'il se propose. Il est vrai que le Roi lui commettant ses affaires, lui fit expédier un brevet de vingt mille écus de pension; mais il est vrai aussi qu'il ne l'accepta qu'avec protestation de ne s'en servir jamais, et ne le garder que pour un témoignage d'avoir eu quelque part en la bienveillance de Sa Majesté. Vous ne doutez point qu'entre ceux qui ont l'honneur de lui appartenir, il n'y en ait assez que leur mérite peut faire prétendre aux principales charges de cette cour; et cependant quand le Roi leur en veut faire quelque gratification extraordinaire, ne le voyons-nous pas y résister avec une modestie si opiniâtre, qu'à moins que d'un commandement exprès que Sa Majesté lui fasse, il n'est pas possible qu'il y apporte son consentement? Les inclinations d'un bon naturel sont en lui aussi fortes qu'en nul autre, et par conséquent il ne faut pas croire que l'établissement des siens lui déplaise; mais il craint qu'il ne soit soupçonné de chercher en leur fortune ce qu'il ne veut devoir qu'à sa vertu. La dépense qu'il fait aujourd'hui pour rebâtir la Sorbonne[12] de fond en comble, qui

---

12. Le devis des bâtiments proposé à la Faculté assemblée le

ne s'éloignera guère de cent mille écus, est assez considérable pour n'être pas oubliée entre les marques de sa générosité ; mais ce que je vous vais dire est bien autre chose. Comme après avoir jeté les yeux sur tous les défauts de la France, il a reconnu qu'il ne s'y pouvoit remédier que par le rétablissement du commerce, il s'est résolu, sous l'autorité du Roi, d'y travailler à bon escient, et par l'entretènement d'un suffisant nombre de vaisseaux rendre les armes de Sa Majesté redoutables aux lieux où le nom de ses prédécesseurs a bien à peine été connu [13]. Toute la difficulté qui s'y est trouvée, c'est qu'ayant été jugé que pour l'exécution de ce dessein il étoit nécessaire que le gouvernement du Havre fût entre ses mains [14], et le Roi le lui ayant voulu acheter, il n'a jamais été possible de le lui faire prendre qu'en lui permettant de le récompenser de son propre argent. Il avoit à sept ou huit lieues de cette ville une maison embellie de toutes les diversités propres au soulagement d'un esprit que les affaires ont accablé [15] ; il a oublié le plaisir qu'il en recevoit, ou plutôt le besoin qu'il en avoit, pour se ré-

20 juin 1626 fut approuvé le 30 juillet suivant par Richelieu, qui était proviseur de la Sorbonne. La première pierre de la grande salle fut posée par l'archevêque de Rouen en 1627, et celle de l'église le fut en 1635 par le Cardinal.

13. Var. (recueil de Faret) : bien à peine a été connu. — La charge de grand maître, chef et surintendant de la navigation et du commerce de France, fut créée pour Richelieu par un édit du mois d'octobre 1626. Le 12 mars de l'année suivante, les lettres patentes en furent présentées au parlement, où Richelieu prêta serment six jours après.

14. Les provisions de lieutenant général du Havre accordées à Richelieu sont du 18 octobre 1626. La même année le Cardinal acheta pour deux cent quarante-cinq mille livres la terre de Graville, située près de cette ville.

15. Le château de Limours, près de Montlhéry. Richelieu le vendit (au Roi, à ce que nous croyons) vers le milieu de l'année 1627, et à la même époque Limours et Montlhéry furent donnés en supplément d'apanage au duc d'Orléans.

soudre à la vendre, et en a employé les deniers à l'achat de cette place. Tout ce que le Roi a pu obtenir de lui, ç'a été que lorsque les coffres de son Épargne seront mieux fournis qu'ils ne sont, il ne refusera pas que par quelque bienfait Sa Majesté ne lui témoigne la satisfaction qu'elle a de son service. Ce mépris qu'il fait de soi, et de tout ce qui le touche, comme s'il ne connoissoit point d'autre santé ni d'autre maladie que la santé ou la maladie de l'État, fait craindre à tous les gens de bien que sa vie ne soit pas assez longue pour voir le fruit de ce qu'il plante; et d'ailleurs on voit bien que ce qu'il laissera d'imparfait, ne sauroit jamais être achevé par homme qui tienne sa place. Mais quoi? il le fait, pource qu'il le faut faire. L'espace d'entre le Rhin et les Pyrénées ne lui semble pas un champ assez grand pour les fleurs de lis. Il veut qu'elles occupent les deux bords de la mer Méditerranée[16], et que de là elles portent leur odeur aux dernières contrées de l'Orient. Mesurez à l'étendue de ses desseins l'étendue de son courage. Quant à moi, plus je considère des actions si miraculeuses, moins je sais quelle opinion je dois avoir de leur auteur. D'un côté, je vois que son corps a la foiblesse de ceux qui ἀρούρας καρπὸν ἔδουσιν[17]; mais de l'autre, je trouve en son esprit une force qui ne peut être que τῶν ὀλύμπια δώματ' ἐχόντων[18]. Tel qu'il est, et quoi qu'il soit, nous ne le perdrons jamais que nous ne soyons en danger d'être perdus. Le Roi, qui le voit mal voulu de tous ceux qui aiment le désordre (et vous savez qu'ils ne sont pas en petit nombre), a désiré qu'il ait quel-

16. Le Roussillon appartenait encore à l'Espagne. Il fut conquis par la France en 1642, avant la mort de Richelieu.

17. « Qui se nourrissent du fruit des champs. » C'est, avec le changement de ἀρούρης en ἀρούρας, un hémistiche de l'*Iliade* (livre VI, vers 142).

18. « De ceux qui habitent les demeures de l'Olympe. » Voyez l'*Iliade*, livre I, vers 18.

ques soldats pour le garder[19]. C'est chose que tout autre
eût demandée avec passion ; et néanmoins vous ne sauriez[20]
croire la peine qu'il a eue à y condescendre. Une seule
raison l'y a obligé. Il avoit tout plein de parents qui
pour le soin qu'ils avoient de sa conservation ne le vouloient jamais abandonner. Cette assiduité ne pouvant
continuer sans que leurs affaires domestiques en fussent
incommodées, il leur en a par ce moyen ôté le prétexte,
et leur a fait trouver bon qu'ils se retirassent en leurs
maisons. Quoi que c'en soit, s'il n'a été assez hardi pour
contredire en cela tout à fait à la volonté du Roi, il a été
assez généreux pour n'y consentir qu'à la condition d'entretenir ces soldats à ses dépens. Nous avons lu vous et
moi assez d'exemples de courages que leurs qualités émi-
nentes ont élevés au-dessus du commun ; mais qu'en matière de mépriser l'argent, un particulier ait eu si souvent
son roi pour antagoniste, et que toujours il en soit demeuré victorieux, c'est une louange que je ne vois point
que jusques ici les plus hardis historiens aient donnée à
ceux mêmes qu'ils ont flattés le plus impudemment. Sa
Majesté, au soin qu'elle a eu de le garantir des méchants, a encore ajouté celui de le délivrer des impor-
tuns ; et pour cet effet a mis auprès de lui un gentilhomme, avec charge expresse de faire indifféremment
fermer la porte à ceux qui pour leurs affaires le vien-
dront persécuter. Voilà certes une bonté de maître,
digne de l'affection du serviteur. Dieu nous conserve l'un
et l'autre ! Je ne crois pas qu'il y ait homme de bien en
France qui ne fasse le même souhait. Pour moi, il y a
longtemps que je sais que vous êtes l'un de ses adora-

19. Le Roi donna des gardes à Richelieu, en 1626, après la conspi-
ration du maréchal d'Ornano.
20. Var. (recueil de Faret, 1627) : vous ne saurez.

teurs. Le séjour qu'il a fait en Avignon[21] vous donna l'honneur de le connoître, sa vertu vous en imprima la révérence; je m'assure que ce qu'il a fait depuis ne vous aura point changé le goût. C'est pourquoi j'ai été bien aise de me décharger avec vous des pensées que j'avois sur un si agréable sujet. J'ai été un peu long, mais quand on est couché sur des fleurs, il y a de la peine à se lever. Adieu, Monsieur : tenez-moi pour votre serviteur très-humble et très-affectionné,

MALHERBE.

A Saint-Germain-en-Laye, le 14e d'octobre [1627].

---

47. — A MONSIEUR DE PATRIS[1].

MONSIEUR,

M. de Villemontée[2] vient d'envoyer la lettre que je vous fais tenir par ce porteur. Je crois qu'il vous écrit tout ce qu'il y a de nouveau. Pour moi, je ne sais rien. Le Roi est à Saint-Germain, les Reines ici et Monsieur avec elles[3]. Il s'en doit aller jeudi trouver le Roi. Les affaires du monde sont calmes; les miennes le seront quelque jour, s'il plaît à Dieu. Souvenez-vous, s'il vous plaît,

---

21. Le cardinal de Richelieu, qui avait été exilé à Avignon au mois d'avril 1618, y resta jusqu'à la fin de février de l'année suivante.

LETTRE 47. — 1. Cette lettre a été publiée pour la première fois par M. Hauréau, dans le *Bulletin des Comités historiques*, 1850, tome II, p. 153 et 154, d'après une copie conservée dans le manuscrit Baluze, f° 55, et qui a pour titre : « Lettre de M. de Malherbe à M. de Patris, gentilhomme ordinaire de Monseigneur. »

2. Probablement François de Villemontée, maître des requêtes en 1626, et qui mourut évêque de Saint-Malo en 1670.

3. La première édition donne : « aux Illes, » au lieu de : « avec elles. »

de celle dont je vous ai parlé. Je suis bien malheureux, mais je ne le pense pas être jusqu'à ce point-là que je ne trouve un ami qui m'aide à me dépouiller[4]. Quand cela seroit, je ferai passer ma rente par décret, et par ce moyen couperai chemin aux craintes imaginaires que l'on me met en avant. Il faut dire la vérité : que ce n'est point sans cause que notre nation est décriée de vouloir trop faire la sage. Ces défiances sont justes aux choses douteuses ; mais un Normand ne pense pas être bien fin, s'il ne forme des difficultés en une affaire où il n'y en a point. Le texte a beau être clair, il y veut des gloses, et Dieu sait quelles. Mon cousin de Coulomby sera bientôt par delà. Il s'est offert à me pleiger[5]. Je gage que sous ombre de quelques cinq ou six mille francs qu'il peut devoir, ils lui voudront faire accroire qu'il n'est pas recevable ; mais, grâces à Dieu, il n'en est pas réduit là. Nous n'avons point encore de premier président : mon opinion est que ce sera le président d'Osambray[6]. C'est de quoi je ne me soucie guère : je me soucie bien plus, Monsieur, d'être conservé en vos bonnes grâces comme votre très-humble et très-affectionné serviteur,

MALHERBE.

A Paris, ce 30ᵉ de mars 1627.

48. — A MADAME DE TERMES[1].

MADAME,

J'ai vu depuis huit ou dix jours une lettre, où vous me

---

4. Voyez plus haut, lettre 33, p. 77 et 78. — 5. *Pleiger*, cautionner.
6. Jérôme de Hacqueville, seigneur d'Ons-en-Bray.

LETTRE 48. — 1. Cette lettre a été publiée pour la première fois dans l'édition de 1630, livre I, lettre 9, p. 517.

faites l'honneur de vous souvenir de moi. Je vous jure que cette faveur, aussi peu attendue que méritée, m'a tellement surpris qu'elle m'a quasi persuadé de faire plutôt semblant de ne l'avoir point reçue, qu'en le confessant ne vous remercier pas, ni selon mon devoir, ni selon ma volonté. Quoi que c'en soit, Madame, si j'ai failli d'avoir délibéré là-dessus, je le répare en me rangeant du côté de la bonne foi. Celui qui m'a mis en cet état de gloire est M. de Racan, qui est ici pour demander à Mme de Bellegarde congé de se marier avec une fille d'Anjou, que l'on dit être assez riche[2]. Cela lui étant accordé, comme je crois qu'il sera sans beaucoup de peine, il fait compte de s'en retourner : tellement que si quelqu'un de ses amis des lieux où vous êtes a envie de danser à ses noces, il est temps qu'il se prépare. Pour l'épithalame, il ne lui coûtera rien. Il fera ses écritures lui-même. Après cela, adieu les Muses : il aura bien à monter ailleurs que sur Parnasse. On se promet force ballets à ce carême-prenant ; mais, Madame, vous n'y serez point, et par conséquent la Bourgogne aura quelque chose de plus que la cour, au jugement de tous ceux qui ont le goût bon et particulièrement de votre très-humble et très-obéissant serviteur.

[1628.]

49. — A L'ARCHEVÊQUE D'AIX[1].

Monsieur,

Quelque remerciement que je vous fasse, je ne le sau-

---

2. Racan se maria en 1628 : voyez plus haut, lettre 12, p. 33, note 1. Il était cousin germain de Mme de Bellegarde, qui lui laissa son bien.

Lettre 49. — 1. Cette lettre a été publiée pour la première fois par

rois faire si grand qu'il ne fût bien au-dessous[2] de l'obligation que je vous ai. C'est pourquoi je ne ferai point un effort qui me seroit inutile. La nécessité excuse ceux qui font ce qu'ils ne doivent pas, et l'impossibilité ceux qui ne font point ce qu'ils doivent. C'est en celle-ci que je prendrai ma garantie. Et d'ailleurs M. d'Astruc[3], qui, à mon très-grand regret[4], par la cessation du conseil des parties, s'en retourne en Provence, vous témoignera là-dessus mon sentiment bien mieux que je ne le vous saurois écrire. Je serois injuste, Monsieur, de desirer de vous que vous fussiez contre Cauvet[5]. Le goût en l'élection des amis doit être libre comme en celle des viandes. C'est

M. Hauréau, dans le *Bulletin des Comités historiques*, 1850, tome II, p. 155 et 156. Le manuscrit Baluze, f°s 57 et 58, contient deux autographes, dont l'un paraît être une première ébauche, et l'autre, que nous suivons, la minute corrigée et à peu près définitive de la lettre. — Alphonse-Louis du Plessis de Richelieu, frère du cardinal, fut archevêque d'Aix de 1626 à 1629.

2. Dans le premier brouillon (f° 57) : « .... que je vous fisse, je ne le vous saurois faire si grand qu'il ne fût beaucoup au-dessous, etc. »

3. Avocat au parlement d'Aix, que Malherbe avait chargé de son procès contre les meurtriers de son fils. On trouvera plus loin un fragment d'une lettre de Malherbe à M. d'Astruc.

4. Les mots : « à mon très-grand regret, » manquent dans le premier brouillon, qui, à la ligne suivante, donne : « vous expliquera, » au lieu de : « vous témoignera. »

5. *Cauvet* ou *Covet* (et non *Bovet*, comme une faute typographique nous l'a fait dire au tome I, p. xxxvii), conseiller au parlement d'Aix, père du baron de Bormes, et beau-père de Piles, les meurtriers du fils de Malherbe : voyez ci-après la lettre 60, p. 130. — Dans le brouillon du f° 57, Malherbe avait voulu remplacer le nom de *Cauvet* par les mots *vos amis*, qu'il a ensuite biffés. Quant à la phrase qui suit, il l'avait rédigée tour à tour de diverses façons : « La liberté que nous avons de choisir les (le choix que nous faisons de) viandes dans un festin, nous la devons avoir de choisir les amis dans la société ; » et : « Comme nous choisissons les viandes en un festin, ainsi choisissons-nous (nous le faisons de) nos amis. »

une fantaisie qui ne reçoit point de conseil et encore moins de contrainte[6]. Mais aussi ne penserois-je pas bien juger de vos bonnes inclinations[7], si je craignois de vous supplier, comme je fais, Monsieur, très-humblement, de n'être point contraire aux affligés. Vous voyez jusques à quel point et en quel âge nous le sommes[8]. Après cela il n'y a plus rien à dire. Je n'oserois vous promettre le payement d'une si grande dette. Pour avoir cette hardiesse, il faudroit être appuyé d'une fortune meilleure que la mienne. Toutefois étant le temps fertile, comme il est, de toute sorte[9] d'accidents, ce ne seroit pas chose trop miraculeuse qu'il en produisît quelqu'un où vous connussiez que m'avoir fait plaisir, c'est l'avoir fait à un homme qui n'étoit pas indigne de le recevoir[10]. Pour le moins, Monsieur, aurez-vous cette satisfaction en vous-même de m'avoir accordé ce qu'un homme de votre conscience et tenant la place que vous tenez auroit de la peine à me refuser. L'Église, qui abhorre le sang, doit par conséquent abhorrer les sanguinaires; et je me trompe, ou, à prendre les choses du bon biais, ce seroit aimer le

6. Cette phrase est ainsi dans le premier brouillon (f° 57) : « Les goûts ni en l'un ni en l'autre ne reçoivent pas de conseil et encore moins de contrainte. » Au-dessous du mot *contrainte*, il y a *commandement*, biffé. Dans la seconde minute on lit cette phrase, effacée : « Il ne reçoit pas conseil ni en l'un ni en l'autre. »

7. Dans le premier brouillon : « de votre bon naturel, » et deux lignes plus bas : « contre les affligés. »

8. A la suite de ces mots, la première ébauche (f° 57) n'a pas la phrase : « Après cela, etc.; » mais celle que voici : « Les longs voyages sont toujours incommodes, mais il s'en faut beaucoup qu'ils ne le soient en été comme en hiver. »

9. Au lieu de « toute sorte, » Malherbe avait d'abord mis, dans le premier brouillon, *diversité*, et à la ligne suivante, dans les deux minutes, il y a *extraordinaire*, effacé, et remplacé par *miraculeuse*.

10. Dans ses deux minutes, Malherbe avait commencé par écrire « d'en recevoir; » puis, dans la seconde, il a substitué *de le* à *d'en*.

sang que de favoriser l'impunité de ceux qui le répandent, et surtout de l'abominable façon dont ceux à qui j'ai à faire ont répandu celui de mon pauvre fils. Mais je ne suis pas théologien [11] : voilà pourquoi je ne vous en dirai pas davantage. Il me suffira de vous faire une autre très-humble prière : c'est, Monsieur, que je sois en votre esprit comme y doit être votre très-humble et très-obéissant serviteur.

A Paris, ce 2ᵉ de janvier 1628.

50. — AU ROI [1].

Sire,

Les bons sujets sont à l'endroit de leur prince comme les bons serviteurs [2] à l'endroit de leurs maîtresses. Ils

11. La suite est ainsi rédigée dans le premier brouillon : « J'en ai trop dit. (*Dans le second sont ces mots biffés* : « Je n'en ai que trop dit. ») Il me suffira, Monsieur, si je suis en votre esprit pour celui que je suis et que vous m'avez obligé d'être tant que je vivrai. »

Lettre 50. — 1. Cette lettre, la 1ʳᵉ du livre I dans l'édition de 1630 (p. 475), a été réimprimée dans l'édition de 1634 (p. 1) du *Recueil de lettres nouvelles*, édité par Faret. En tête on lit le résumé suivant : « Il (*Malherbe*) envoie à Sa Majesté des vers qu'il avoit faits sur le sujet de la descente des Anglois en l'île de Ré. » Ainsi elle a été adressée à Louis XIII, et elle accompagnait l'ode : *Donc un nouveau labeur....* (voyez tome I, p. 277, pièce CIII). Il existe dans le manuscrit Baluze : 1º (fº 1) une copie conforme au texte imprimé; 2º (fº 49) une minute autographe, dont voici le texte : « Les vrais serviteurs aiment tout ce que leurs maîtresses aiment, veulent ce qu'elle veut (*sic*), sentent ses douleurs et ses joies, et généralement accommodent tous les mouvements de leur esprit à ceux de sa passion. Mais puisque Dieu vous a donné un rang où vous ne pouvez espérer des récompenses que de lui-même, ce sera, si vous plaît, de sa bonté seule que vous attendrez celle de vos bienfaits. »

2. Dans la minute : « les vrais serviteurs, » et à la ligne suivante : « ce qu'elle aime..., ce qu'elle veut. » — Au dos d'un autographe

aiment ce qu'il aime, veulent ce qu'il veut, sentent ses douleurs et ses joies, et généralement accommodent tous les mouvements de leur esprit à ceux de sa passion. Pour témoigner à Votre Majesté que je suis de ce nombre, je lui envoie des vers que j'ai faits en l'occasion qui se présente. Si je la pouvois servir de ma vie, je la supplie très-humblement de croire que je l'y contribuerois du même cœur que je fais ce malheureux petit ouvrage. Elle m'a fait cet honneur de me dire qu'elle vouloit que je me tinsse auprès d'elle, et que je m'assurasse qu'elle me feroit du bien. Je serois indigne de cet excès de faveur, si je me laissois devancer à homme du monde en l'affection d'être éternellement, Sire, votre très-humble, très-obéissant et très-fidèle sujet et serviteur.

[1628.]

51. — A MONSEIGNEUR LE CARDINAL DE RICHELIEU [1].

Monseigneur,

Je n'ai pas eu sitôt le dessein de vous écrire, que toutes sortes de pensées ne se soient venues[2] offrir à moi pour être employées en un si agréable sujet. Le nombre m'en a bien plu, mais ce n'a pas été jusques à les recevoir toutes, de peur que les lire ne vous fût une importunité. Je me suis restreint aux moins artificielles, comme

qui est au *British Museum* (voyez plus loin, p. 148), Malherbe a écrit cette variante des premiers mots de cette lettre : « Les bons sujets (*au-dessus :* serviteurs) sont en l'endroit de leurs maîtresses comme.... »

Lettre 51. — 1. Cette lettre, publiée pour la première fois dans l'édition de 1630, livre II, lettre 1, p. 558, a été écrite en 1628 et avant le 15 mars, puisqu'à cette époque Richelieu remercia Malherbe de sa pièce de vers (voyez tome I, p. l, et p. 277, pièce CIII).

2. L'édition de 1630 a *venu*, sans accord.

à celles qui expriment mieux la franchise de mon naturel, et par conséquent vous feront voir plus clairement la sincérité de mon affection. Pour les autres, je les réserve à m'en servir en quelque occasion où il y aura plus à travailler. Mon premier autel est celui du Roi; vous le voulez bien comme cela, Monseigneur. Le vôtre est le second. Je ne vous dis rien que je ne die en toutes les compagnies où je me trouve, et que je n'écrive à tous ceux à qui j'écris dans les provinces. Je vous envoie des vers que j'ai faits pour Sa Majesté, où j'ai fait quelque mention de vous, petite à la vérité, autant pour votre mérite comme pour mon desir. Mais par cet ouvrage, Monseigneur, vous jugerez de quoi je suis capable. J'ai deux grands ennemis : l'extrémité de ma vieillesse, et le malheur de ma constellation. Pour le premier, il est sans remède; pour le second, toute mon espérance est en votre protection. Je la vous demande, Monseigneur, et me la promets, sur la seule assurance qu'il vous a plu de m'en donner. Je vous mets en tête un grand monstre, quand je vous propose ma mauvaise fortune, mais aussi êtes-vous un grand Hercule[3]. Vous avez vaincu celle de la France, vous viendrez bien à bout de la mienne. Contre celle-là il vous a fallu employer des soins et des veilles, qui ont mis votre santé en danger; contre celle-ci, vous n'avez qu'à lui faire paroître que les traverses qu'elle me donne ne vous plaisent pas. Le moindre signe que vous lui montrerez de votre courroux la mettra en désordre, et lui fera desirer de se réconcilier avec moi. Je vous en supplie très-humblement, Monseigneur, et de croire que si jusques à cette heure je n'ai rien fait qui vous y oblige, ce n'a été qu'à faute d'être en état de ne pouvoir penser qu'à vous. Votre gloire n'est pas un objet où il ne faille que la moitié d'un

---

3. Voyez plus haut, lettre 45, p. 101.

esprit. Tout ce que notre siècle en a de meilleurs, il ne faut pas qu'ils pensent d'y réussir que fort médiocrement. Pour le mien, l'opinion commune lui donne bien quelque rang parmi ceux qui ne sont pas des pires ; mais je ne serai point satisfait de lui, qu'il ne vous ait donné, Monseigneur, quelque extraordinaire preuve que je suis extraordinairement votre très-humble et très-obéissant serviteur.

[1628].

52. — A MONSIEUR ***[1].

Monsieur,

Je n'use pas de votre courtoisie, j'en abuse : ma consolation est qu'en cette hardiesse, vous voyez la bonne opinion que j'ai de vous, puisque je vous tiens infatigable au plus glorieux exercice qu'ait un bon naturel, qui est de faire plaisir[2]. On m'écrit de Provence que mes parties[3] se vantent d'avoir eu leur rémission. Je n'en crois rien, pource que je sais que si cela étoit, vous en eussiez mandé quelque chose par deçà[4]. Mais quand il se-

Lettre 52. — 1. Cette lettre a été publiée pour la première fois par M. Hauréau, dans le *Bulletin des Comités historiques*, 1850, tome II, p. 156 et 157, d'après un brouillon autographe du manuscrit Baluze, f° 59. Ce brouillon porte au dos, de la main de Malherbe, la note suivante : « A M. le .... (?), le 24ᵉ septembre 1628. » Le nom du destinataire est douteux ; on peut lire à la rigueur : *le Long*, mais non *le Gros*, comme l'a fait M. Hauréau. C'est la dernière lettre que l'on connaisse de Malherbe, qui mourut trois semaines après.

2. Malherbe avait mis d'abord : « infatigable en l'un des plus agréables exercices d'un bon naturel, qui est de faire plaisir a ceux qui en ont un juste besoin. » A la fin de la phrase suivante, il a substitué *rémission* à *grâce*.

3. Les meurtriers de son fils.

4. Après *par deçà*, la minute porte les mots, biffés : « à M. Icart. » A la ligne suivante, *guère* a remplacé *pas beaucoup*.

roit vrai, je ne m'en mets guère en peine. Ce n'est pas là que je les attends. La pierre qui les fera chopper et choir, s'il plaît à Dieu, ce sera l'entérinement[5]. Nous en verrons l'ébattement à cette Saint-Martin, ou bientôt après. Je vous supplie bien humblement, Monsieur, s'ils l'ont présentée, ou s'ils la présentent, de prendre la peine de m'en faire avoir une copie pour me préparer à la combattre. Ils[6] habilleront ce fantôme comme ils voudront; je le déshabillerai en moins que de tourner la tête (?) : ils ne feront que perdre la peine et la dépense qu'ils y mettront. Ils n'ont pas trouvé leur compte à la Jarne[7], je ne pense pas; ils le trouveront encore moins à Toulouse. Peut-être s'imaginent-ils que mon âge me fera craindre les incommodités d'un si long voyage. Ils se trompent : la même cause qui m'a fait mépriser l'été me fera mépriser l'hiver. Les fortes affections[8] ne trouvent rien qui les arrête : celle que j'ai en cette circonstance (?) est du nombre, et avec elle, Monsieur, celle de vous témoigner[9] combien je suis votre très-humble....

[Le 24ᵉ septembre 1628.]

5. L'entérinement au parlement des lettres de rémission.
6. A partir d'ici, le brouillon est plein de surcharges et de ratures et la lecture présente des difficultés de tout genre : par exemple, un membre de phrase assez important est écrit, sans signe de renvoi, au bas de la page. Nous croyons cependant avoir réussi à déchiffrer, dans son ordre véritable, la rédaction à laquelle Malherbe a dû s'arrêter.
7. Voyez tome I, p. XLI.
8. La première rédaction était : « Ils s'imaginent peut-être que mon âge m'empêchera.... Ce qui m'a fait mépriser les chaleurs de l'été, me fera mépriser les froideurs de l'hiver. Les grandes affections, etc. »
9. Après *témoigner* sont les mots biffés que voici : « Monsieur, combien les faveurs que vous me faites m'obligent à être toute ma vie [votre, etc.]. »

53. — A MONSIEUR ***[1].

Monsieur,

Je vois bien qu'à force de m'aimer vous me persuaderez que je vaux quelque chose. Pour faire monter ma gloire à son dernier point, il ne resteroit que d'avoir quelque moyen de vous servir; mais ce sera quand je serai plus heureux que je ne suis. J'en attendrai l'occasion pour l'embrasser à son arrivée comme je ferois une belle maîtresse, si j'étois encore en l'âge de vingt ans. Quant à l'avis dont vous voulez que je participe, c'est une faveur que je ne saurois jamais reconnoître. Je[2] vous prie de croire que ce qui dépendra, et de moi, et de tous ceux à qui la fausse opinion de mon mérite peut avoir donné quelque envie de me gratifier, y sera employé avec toutes sortes de soin et d'affection. Vous savez le train des affaires, et quelles résistances l'on y trouve. C'est à nous de prendre garde que celles que nous aurons[3] à combattre ne soient point invincibles, et aussi que si nous importunons nos amis, ce soit pour chose qui en vaille la peine. Ce seroit pour se désespérer, de s'être rompu les dents à casser une noix véreuse[4]. Quand vous me manderez ce

---

Lettre 53. — 1. Cette lettre a été imprimée pour la première fois dans l'édition de 1630, livre I, lettre 26, p. 545. Elle est peut-être adressée à l'un des amis que Malherbe avait laissés en Provence, comme M. de la Ceppède, M. du Vair, M. du Périer. Nous en avons comparé le texte à celui d'une copie, incomplète çà et là, qui est conservée dans le manuscrit Baluze, f° 6. — L'affaire mentionnée dans la lettre est probablement cette concession de terrains à Toulon dont nous avons parlé au tome I, *Notice biographique*, p. xxvi.

2. Cette phrase manque dans la copie.

3. La copie porte : « à prendre garde que celles que nous avons ; » et aux deux lignes suivantes : « et de n'importuner nos amis que pour causes qui en vaillent la peine. »

4. La copie ajoute : « ou quelque os qui n'auroit point de moelle. »

que c'est, vous me manderez aussi comme vous desirez que je m'y conduise. Je serai bien aise que ce soit le plus tôt qu'il se pourra. J'ai toujours cru que la plus sûre et plus prompte voie d'avoir des nouvelles en choses de conséquence, étoit celle des messagers ordinaires[5], en mettant au-dessus du paquet quelque douceur, qui par leur intérêt excite leur fidélité. Si vous êtes de mon opinion, nous nous servirons de cet expédient; sinon, vous me prescrirez celui que vous jugerez être le plus à propos. Pour cette fois je mettrai ma lettre entre les mains du gentilhomme qui m'a fait tenir la vôtre. Je ne vous envoie point de vers, pource que je n'en ai point fait de nouveaux. Ceux que j'avois commencés pour la Reine sont encore sur le métier[6]. Ma paresse est telle que vous la connoissez; et outre cela la fortune lui baille toujours quelque divertissement, qui ne sauroit être si petit que je n'y trouve une excuse fort raisonnable de me reposer. Quand ils seront faits, je vous jure que le premier hors de la cour qui les aura, ce sera vous, comme celui de qui je veux honorer et estimer l'amitié autant que de personne qui m'y ait jamais obligé. Je ne vous écris point de nouvelles, pource qu'il n'en est point et que d'ailleurs cette lettre demeurant peut-être longtemps par les chemins vous feroit rire de celles que vous recevriez hors de saison[7]. Adieu donc, Monsieur : je vous baise bien humblement les mains, et vous supplie

---

5. Dans la copie, qui omet les phrases suivantes, depuis : « Si vous êtes, » jusqu'à : « qui m'y ait jamais obligé, » ce commencement de phrase est ainsi rédigé : « La plus sûre et plus prompte voie d'avoir des nouvelles est celle des messagers ordinaires. »

6. Et ils y sont restés, s'il s'agit de la pièce LXIV, tome I, p. 209, qui est bien adressée à la Reine et qui n'a ni commencement ni fin.

7. La copie donne ici de plus cette phrase : « Je vous en dirai une qui en vaut une douzaine, [qui] est qu'un tel est ressuscité en la personne d'un tel. »

que vous ne vous lassiez point d'aimer celui qui ne se lassera jamais d'être votre serviteur très-humble et très-affectionné.

A Paris, ce 29ᵉ de mars 1613.

---

54. — A MONSIEUR ***[1].

Monsieur,

Vous n'avez jamais faute de belles paroles ; mais certainement en la lettre que vous m'avez fait l'honneur de m'écrire il y en a un excès si grand, que je ne crois point avoir de plus honnête moyen d'y répondre, que de me taire. Si votre intention a été de faire paroître votre éloquence, je le supporte, et comme intéressé en tout ce qui touche votre gloire, je me réjouis de la voir reluire en vos discours aussi bien qu'en vos actions. Mais si vous l'avez fait pour augmenter le pouvoir que vous avez sur moi, vous me permettrez de me plaindre que vous ayez cru qu'il ne fût pas encore en sa perfection. Ce que je vous étois à la cour, je le vous suis en Bourgogne, et le vous serai partout où la fortune me donnera les occasions et les moyens de le vous témoigner. Je suis bien marri que je n'ai de quoi me revancher des nouvelles que vous avez pris la peine de m'écrire, pour vous convier à me continuer la même faveur ; mais vous savez bien que nous sommes en un lieu qui ne porte guère de cette sorte de fruits. Cette noblesse a été sur le point de se brouiller en la tenue des états[2]. Si les choses fussent passées plus

---

Lettre 54. — 1. Cette lettre a été publiée pour la première fois dans l'édition de 1630, livre I, lettre 20, p. 536.

2. Les états généraux, ouverts au mois d'octobre 1614, furent

avant, nous eussions eu recours à l'eau enchantée dont vous m'écrivez; mais, Dieu merci, il n'en a point été de besoin. Aussi bien crois-je qu'il n'en demeurera point de reste, et qu'en si belle et si grande compagnie où elle fut portée, s'il y en eût eu non pas une fiole, mais un muid, il se fût trouvé à qui en bailler. J'ai honte, Monsieur, de ce mauvais entretien, mais sans cela je n'aurois de quoi remplir ma lettre; car de vous dire que je suis votre très-humble et très-affectionné serviteur, c'est trop souvent répéter une même chose. Je ne voudrois pas vivre une heure, si je ne croyois que vous en fussiez assuré.

55. — A MONSIEUR *** [1].

Monsieur,

J'avois pensé de nettoyer tout à fait cet ouvrage, mais j'ai eu peur de le rendre inconnu à son auteur. Je me suis

clos le 24 mars de l'année suivante. Il s'éleva une grave querelle entre les chambres de la noblesse et du tiers état à propos de coups de bâton donnés par un député noble du haut Limousin au lieutenant d'Uzerche, député du tiers état du bas Limousin.

Lettre 55. — 1. Cette lettre inédite, qui m'a été signalée par M. Halphen, est conservée en original à la Bibliothèque impériale, dans la collection Dupuy, n° 659, f° 301. Elle est placée au verso du dernier feuillet d'un écrit intitulé: *Harangue faicte au parlement de Provence sur la presentation des lettres de survivance au gouvernement dudit pays pour Messire François de Lorraine, prince de Joinville*, et plus bas: *corrigée par M. de Malherbe*. Cet écrit, qui occupe les feuillets 286 à 301, est en effet couvert de corrections de la main de Malherbe. La harangue est évidemment celle qui a été imprimée à Paris en 1616, in-12, sous le même titre que plus haut, avec cette addition: *par Scipion du Perier, avocat audit parlement*. L'auteur était fils de François du Périer, dont il a été déjà question (tome I, p. 38, pièce XI), et acquit une grande réputation, comme avocat, à Aix. Il mourut en 1666; il devait donc être fort

donc contenté d'en ôter ce qu'il y avoit de plus apparent. Tant y a que c'est un gentil garçon et qui un jour fera quelque chose de bon. Je vous donne le bon soir. Un² petit dévoiement m'a empêché de vous voir aujourd'hui. Ce sera, Dieu aidant, pour demain.

[1616.]

56. — A MONSIEUR ***[1].

Monsieur,

Je voudrois bien que celui qui m'a rendu votre lettre fût venu par deçà pour un meilleur sujet que celui qui l'y a amené. Mais nous sommes tous en la juridiction de la fortune. Elle nous baille le vent en proue et en poupe comme il lui plaît. Tant y a qu'elle ne peut rien sur moi, qu'elle ne puisse sur tout le monde. Monsieur le Prince s'est réjoui cinq ou six mois de la grossesse de Madame sa femme, et voilà qu'elle se déchargea hier de deux enfants morts[2]. Après les personnes de cette classe-là, je serois mal avisé si je pensois que tout me dût venir à souhait. Il faut souffrir ce qu'on ne peut éviter. Parmi ce déplaisir, ce ne m'est pas une petite satisfaction de me voir toujours et en votre mémoire et en vos bonnes grâces. Je vous supplie, Monsieur, comme de la chose du monde que je desire le plus, que j'y sois conservé, et que vous

---

jeune en 1616, et c'est probablement à son père que Malherbe écrivit cette lettre.

2. Au lieu de *Un*, Malherbe avait d'abord écrit *Mon*.

Lettre 56. — 1. Cette lettre a été imprimée pour la première fois dans l'édition de 1630, livre I, lettre 29, p. 549.

2. Pendant la prison de son mari, la princesse de Condé accoucha de deux enfants morts, le 22 décembre 1617. Voyez tome I, p. lxvi et lxvii.

croyiez que de tous ceux qui vous honorent je suis et serai toute ma vie le plus votre serviteur.

[23e décembre 1617.]

---

57. — A MONSIEUR ***[1].

Monsieur,

Il y a deux mois que je reçus de vous une lettre la plus honnête et la plus obligeante qui fut jamais écrite. Certes un si visible témoignage de votre amitié me toucha comme il devoit; mais pour en parler franchement et selon ma coutume, ce ne fut point sans quelque déplaisir mêlé parmi la joie. Je m'y vis engagé à une contestation de belles paroles avec vous, et Dieu sait quelle envie je pouvois avoir d'un combat où j'étois assuré d'être vaincu. C'est en cette considération, Monsieur, que je vous ai fait si longtemps attendre ma réponse, n'ayant pu qu'avec peine me résoudre à la honte de rendre en plomb et en cuivre ce que j'avois reçu en or et en argent. A la fin, le sentiment de mon devoir étant demeuré le maître, je me hasarde à vous faire ce très-humble remerciement. Votre courtoisie, toute portée aux excès, fera s'il vous plaît cettui-ci, de l'estimer non par ce qu'il vaut, mais par l'affection dont il vous est offert. Je voudrois bien, pour lui donner de la recommandation, l'accompagner de quelques nouvelles; mais tout ce que nous avons aujourd'hui sur le tapis n'est que la réformation faite en l'assemblée de Rouen et l'affaire de Verceil[2]. Pour la réformation,

Lettre 57. — 1. Cette lettre est la 19e du livre I dans l'édition de 1630, où elle a paru pour la première fois (p. 535).

2. Il se tint à Rouen, en 1617, une assemblée des notables, qui dura du 4 au 26 décembre 1617, à la suite de laquelle la *paulette*

ceux mêmes qui ont eu part à la faire, vous en parleront plus pertinemment que moi ; et pour Verceil, vous en êtes plus près que nous ne sommes, et par conséquent plus diligemment avertis. Tout ce que je vous puis dire, c'est que nous allons à mon avis entrer en un siècle où les mérites seront et plus considérables et plus considérés qu'ils ne furent jamais. Bien est-il vrai que les années passées ne nous permettront pas d'en voir autre chose que le commencement ; mais au moins aurons-nous cette satisfaction, que nous laisserons notre postérité hors des brouilleries et désordres où vous et moi avons passé la meilleure partie de nos jours. Dieu nous en fasse la grâce ! et vous, Monsieur, faites-moi celle de m'aimer toujours, comme celui qui toujours veut être votre très-humble et très-obéissant serviteur.

Ce 5e février 1618, à Paris.

58. — A MONSIEUR ***[1].

Monsieur,

Je suis le plus retenu que je puis à vous importuner, mais vous savez que dans toute délibération grande et petite, la nécessité est une raison après quoi il n'y a point de réplique[2]. Il y a environ trois ans qu'il vous plut me faire

---

fut abolie. — Verceil, pris par les Espagnols en 1617, fut rendu par eux, sur les menaces du Roi, au mois de juin 1618.

Lettre 58. — 1. Comme Malherbe obtint la cession des terrains dont il parle par un brevet du 30 juin 1617, cette lettre doit être de l'année 1620. Elle a été publiée pour la première fois par M. Hauréau, dans le *Bulletin des Comités historiques*, 1850, tome II, p. 146, d'après une minute autographe du manuscrit Baluze, f° 48.

2. Entre les lignes sont ces mots effacés : « Mais ce n'est pas la

expédier un don de quelque nombre de places de maisons à bâtir dans l'enceinte du port de Toulon³. Il fut oublié d'y employer⁴ le droit de lods et ventes⁵, qui est, à mon avis, ce que l'on appelle directe. Je vous supplie très-humblement, Monsieur, pour couper chemin à ceux qui m'y voudroient troubler, de me vouloir faire la gratification entière⁶, et en la déclaration qui vous en sera présentée, me témoigner que vous voulez que je continue de faire état de votre protection, comme⁷ je continue, Monsieur, et continuerai toute ma vie d'être votre très-humble et très-affectionné serviteur.

59. — A MONSIEUR ***[1].

MONSIEUR,

Je suis à demi glorieux que la fortune m'ait fait rece-

---

coutume que, où la nécessité commande, ce que le respect conseille soit écouté. »

3. Voyez tome I, p. XXVI.

4. Malherbe avait d'abord écrit : « d'y employer dans les lettres, » puis il a effacé les trois derniers mots.

5. Droit en argent dû, pour la vente d'un héritage, au seigneur dont on relevait immédiatement. Le mot *directe*, que Malherbe paraît appliquer ici à ce droit, s'employait proprement pour désigner la seigneurie même de laquelle l'héritage relevait immédiatement.

6. Les mots : « m'y voudroient troubler, etc., » sont écrits dans l'interligne, au-dessus de ceux-ci, qui ont été biffés : « (à ceux) qui la pourroient demander, (de vouloir) achever l'œuvre que vous avez commencée. » A la ligne suivante, après le participe *présentée*, Malherbe a effacé : « de ma part. »

7. Ce mot est précédé de ceux-ci, qui ont été également effacés : « je continue toujours, avec plus d'affection même que j'ai eue jusqu'à cette heure. »

LETTRE 59. — 1. Cette lettre a paru d'abord dans l'édition de 1630, livre I, lettre 25, p. 544.

voir quelque commandement de vous. Je le serai tout à fait quand elle m'aura donné le moyen de vous témoigner mon affection. Le jour même que votre paquet me fut rendu, il me survint quelque affaire qui m'empêcha de pouvoir bailler votre lettre à Monsieur le garde des sceaux². Je priai M. de Peiresc de faire cet office : ce qu'il fit selon sa courtoisie accoutumée. La réponse qu'il en eut, et que j'en eus moi-même lorsque je lui en parlai, fut telle que je l'avois attendue, et que véritablement elle se devoit attendre de lui. Je sais bien qu'il est malaisé d'avoir du desir sans avoir aussi de la peur : ce sont deux passions qui ne vont guère l'une sans l'autre. Mais vous deviez penser que Monsieur le prince de Piémont³ avoit à démêler une fusée qui le touchoit de plus près que celle de ses voisins, et que quand votre partie eût eu de l'indiscrétion assez pour l'en importuner, ce prince avoit trop de jugement pour vouloir hasarder son crédit en une chose dont le succès lui étoit si mal assuré. Tant y a que je ne suis pas d'avis que cette appréhension vous empêche de dormir. Je ne saurois m'imaginer que vous soyez choqué de ce côté-là ; et quand vous le seriez, je ne vois pas que ce puisse être jusques à vous faire choir. Tout ce que vous pouvez espérer d'un homme sur qui vous avez un pouvoir absolu, espérez-le de moi, s'il vous plaît, non en cette occasion seulement, mais en toutes. Je le vous jure, et le jure encore à cette dame avec laquelle cette affaire vous est commune, et vous prie tous deux de croire que je suis de tout mon cœur votre très-humble et très-affectionné serviteur.

2. Probablement du Vair.
3. Victor-Amédée, qui succéda en 1630 à son père Charles-Emmanuel.

60. — A MONSIEUR ***[1].

Monsieur,

Quand vous ne m'eussiez pas écrit votre sentiment sur la mort de mon pauvre fils, je n'eusse pas laissé de le croire tel que votre lettre me l'a témoigné. Ceux qui ont le goût que vous avez se feroient tort de n'aimer pas ce qui est aimable, et je puis dire qu'il l'étoit à aussi haut point que nul autre de son âge et de sa qualité. Le témoignage qu'en a donné M. de Guise au Roi, aux Reines et à toute la cour devant sa mort, et depuis en ma présence et en mon absence, me fait croire que j'en puis parler de cette façon. L'amitié de votre maison est la plus ancienne et la plus particulière que j'aie contractée en Provence. Monsieur votre père l'a entretenue avec tant de bons offices que je n'en dois pas moins attendre de vous. Je sais bien que les exemples n'imposent point de nécessité; mais vraisemblablement ils donnent quelque disposition. Ce que vous faites pour moi, vous le faites pour un ami inutile; mais aimer gratuitement, c'est aimer généreusement. Je suis ici, avec beaucoup d'autres, attendant que le conseil des parties soit établi en quelque lieu, pour y continuer la poursuite contre nos assassins et les mettre le plus avant que je pourrai dans le chemin de Grève. On m'a dit que Cauvet[2] est allé à Rome. Si c'est pour des pardons, il s'abuse. Ceux dont il a besoin ne se prennent pas en ce lieu-là. Qu'il aille où il voudra: j'espère lui faire voir qu'il

---

Lettre 60. — 1. Cette lettre a été publiée pour la première fois, d'après un manuscrit du dix-septième siècle appartenant à M. le marquis d'Albertas, par M. Roux-Alphéran, dans ses *Recherches biographiques sur Malherbe*, 1840, in-8º, p. 62. Pour la date approximative de la lettre, voyez au tome I, p. xxxix. Le fils de Malherbe, comme nous l'avons dit plus d'une fois, fut tué le 13 juillet 1627.

2. Voyez plus haut, lettre 49, p. 114, note 5, et ci-après, p. 132.

y a d'autres gens que les rois qui ont les mains longues. Les Espagnols ont ce proverbe, que celui qui menace ne frappe jamais bien³. Je n'y saurai que faire. Ma colère est trop juste pour ne lui laisser pas ses coudées franches. Si le corbeau qui nous a donné cet œuf vient par deçà, comme quelques-uns le disent, nous le verrons. Pour moi, je n'y vois rien qui l'y puisse amener, que la vanité de faire voir à la cour et au conseil que la Provence a son Timon⁴ aussi bien que la Grèce. Si c'est là son dessein, je n'y ai rien à dire. Encore lui avouerai-je que le Provençal a de quoi l'enchérir par-dessus le Grec. Tout ce que je demande, c'est qu'on nous baille un parlement. Les assassins disent qu'ils ne veulent point de Grenoble. De ce côté-là nous sommes d'accord. Je me doute qu'ils voudroient Paris, mais je ne le veux pas. Le judaïsme⁵ s'est étendu jusque sur la Seine. Il seroit à souhaiter qu'il fût demeuré sur le Jourdain, et que cette canaille ne fût point mêlée comme elle est parmi les gens de bien. Il n'y a remède. Ma cause est bonne : je combattrai partout et vaincrai partout avec l'aide de Dieu, fût-ce dans Jérusalem et devant les douze lignées d'Israël. Vous en verrez l'issue, Monsieur, et quelque jour vous vous en réjouirez avec votre, etc.

[1627.]

3. Le savant bibliothécaire de l'Institut, M. le docteur Roulin, à qui nous avons communiqué ce passage, nous a indiqué deux proverbes espagnols qui, pour le sens, se rapprochent de ce que dit ici Malherbe : *Perro ladrador, nunca buen mordedor*, « chien aboyeur n'est jamais bon mordeur; » et *mas son los amenazados que los acuchillados*, « il y a plus de menacés que de balafrés. »
4. Le héros du dialogue de Lucien qui porte ce nom.
5. Voyez au tome I la *Notice biographique*, p. xxxv.

61. — A MONSIEUR ***¹.

Monsieur,

Je ne sais quand je pourrai avoir l'honneur de voir Monseigneur le Cardinal. C'est pourquoi ayant jeté les yeux sur tous ceux par qui je lui pouvois faire savoir la vérité de l'assassinat de mon pauvre fils, je n'en ai point trouvé de qui, par toutes sortes de raisons, je dusse plus apparemment espérer ce bon office que de vous. Monseigneur l'archevêque d'Aix, par un goût particulier, aime le conseiller Cauvet, père de Bormes et beau-père de Piles, qui est l'assassin². Je ne puis deviner pourquoi, sinon parce qu'il veut aimer sans compétiteur ; mais tant y a qu'il l'aime et lui donne contre moi de l'assistance en tout ce qui dépend de lui, jusques à avoir défendu à son grand vicaire³ de donner un monitoire qui lui est demandé⁴, et prier Monseigneur le vice-légat d'Avignon de m'en faire le même refus⁵. Je pris dernièrement la hardiesse de m'en plaindre à Monseigneur le Cardinal, qui me promit de lui en écrire. Je crains de lui être importun, en lui

---

Lettre 61. — 1. Cette lettre a été publiée pour la première fois par M. Hauréau, dans le *Bulletin des Comités historiques*, 1850, tome II, p. 154 et 155, d'après une minute du manuscrit Baluze, f⁰ 56.

2. Voyez au tome I la *Notice biographique*, p. xxxvii, et ci-dessus, p. 114 et 130. — Malherbe avait d'abord écrit : « le conseiller Cauvet, père de l'un des assassins et beau-père de l'autre. J'ai dit par un goût particulier, parce qu'il.... s'assure qu'en cette amitié (?) il n'aura point de compétiteur, n'y ayant homme du monde qui ne regarde cet homme avec mépris. Tant y a, etc. »

3. Les mots : « jusques à avoir défendu à son grand vicaire, » sont écrits dans l'interligne, au-dessus de cette phrase, biffée : « J'en ai parlé à Monseigneur, qui m'a promis de lui en écrire. »

4. *Qui lui est demandé* est écrit au-dessus de ces mots, effacés : « pour faire parler ceux qui savent la vérité. »

5. *De m'en faire le même refus* a été substitué à *de n'en faire bailler point aussi*.

allant demander cette lettre. Je vous supplie, Monsieur[6], par la haine que tous les gens de bien doivent au mal[7], et par l'opinion que j'ai d'être auprès de vous en quelque estime, de la vouloir solliciter pour moi, et la mettre entre les mains de quelqu'un qui me la rende fidèlement. Toute la méchanceté d'un homme n'est pas de[8] commettre les crimes; il y en a une bonne partie à les protéger. C'est ce qui me fait étonner que Monseigneur d'Aix veuille témoigner[9] de l'affection à un maroufle comme Fortia, et méprise sa réputation. J'espère que l'avertissement que lui en fera Monseigneur lui ouvrira la vue, et lui donnera de meilleures pensées[10]. Les bonnes natures comme la vôtre savent que c'est de ces sentiments. Cela m'excusera de cette importunité, et vous acquerra une obligation que j'aurai (?) d'être toute ma vie votre, etc., etc.

[1627 ou 1628.]

6. Il y avait d'abord : « Je vous supplie, Monsieur, comme homme. »

7. *Au mal* a été substitué à *aux crimes;* à la ligne suivante, *d'être* à *que je suis;* deux lignes plus loin, *de quelqu'un* à *de ce porteur.*

8. Ce *de* a remplacé *à.*

9. Au lieu de ce commencement de phrase, Malherbe avait mis d'abord : « Je ne sais pourquoi.... (Monseigneur d'Aix) peut bien donner quelques témoignages de son amitié à Cauvet et à Piles, mais il ne faut pas que ce soit avec intérêt de sa réputation, et témoigner, etc. »

10. Après ces mots venait cette apostrophe directe au Cardinal, qui a été effacée : « Monseigneur le Cardinal, je tiendrai ce bienfait de vous, comme celui qui, etc. »

62. — A MONSEIGNEUR ***[1].

Monseigneur,

Ce seroit une contestation bien inégale, que des paroles d'un pauvre gentilhomme comme je suis, avec les effets d'un prince tel que vous êtes, renommé par la voix générale de tout le monde. Voilà pourquoi, Monseigneur, je ne m'étendrai point à vous représenter avec quel déplaisir je me sens indigne de cet excès de courtoisie dont le beau présent qu'il vous a plu me faire m'est un témoignage manifeste. Tout ce que raisonnablement[2] je puis demander à ma fortune, c'est qu'elle me conserve l'honneur qu'elle m'a fait recevoir d'être l'un des objets de votre bienveillance. Je sais bien que ce ne lui sera pas un petit ouvrage, vu la petitesse de mon mérite; mais, Monseigneur, vous y contribuerez, s'il vous plaît, votre bonté, par l'intercession de laquelle ayant déjà obtenu tant de faveurs, je me promets encore celle d'être reconnu[3] de vous pour votre très-humble et très-affectionné serviteur.

---

63. — A MONSIEUR ***[1].

Monsieur,

C'est le crime des grands seigneurs et des belles

Lettre 62. — 1. Cette lettre est la 4ᵉ du livre I dans l'édition de 1630 (p. 506), où elle parut pour la première fois. Nous en avons comparé le texte à un autographe du manuscrit Baluze, f⁰ 3.

2. Dans le manuscrit : *honnêtement;* et, à la ligne suivante, *est,* pour *c'est.*

3. Dans le manuscrit : « d'être toujours reconnu. »

Lettre 63. — 1. Cette lettre a paru pour la première fois dans l'édition de 1630, livre I, lettre 23, p. 540.

dames de ne se travailler guère pour la conservation des amitiés. La facilité d'acquérir ce qu'ils n'ont point, leur persuade aisément de faire peu de cas de ce qu'ils ont. Je ne suis, Dieu merci, ni l'un ni l'autre. Voilà pourquoi vous offensez la nôtre, si vous ne croyez que je l'honore comme votre mérite m'y oblige. Il est vrai que je ne vous ai point écrit; mais vous savez qu'il eût fallu et faudroit encore faire tourner le sas² pour avoir de vos nouvelles. Assez de gens vous témoigneront avec quel soin je me suis efforcé d'en apprendre; mais ne trouvant personne qui en fût mieux informé que moi, je me suis résolu de perdre mon temps en quelque autre besogne, et ignorer avec patience ce que je ne pouvois rechercher plus avant qu'avec trop de curiosité. Si vous aviez d'aussi pertinentes raisons de votre silence comme j'ai du mien, vous n'eussiez pas pris tant de peine de vous justifier à mes dépens. Vous avez écrit en assez de lieux, pour juger que vraisemblablement je puis avoir vu quelqu'une de vos lettres, et que par conséquent, si j'étois plus hargneux que je ne suis, j'aurois de quoi gronder à bon escient. Mais il ne faut pas traiter ses amis à toute rigueur. C'est beaucoup de jeter les yeux sur leurs fautes; ce seroit trop de les y arrêter; et puis la joie de voir que je suis conservé en votre mémoire, vaut bien que je vous quitte l'appréhension que vous m'avez donnée d'en être effacé. Je le fais de bon cœur, et vous conjure de me tenir la promesse que vous me faites de continuer à m'aimer. C'est à cette condition que je continuerai à être toute ma vie votre très-humble serviteur. Je suis trop vain pour rendre mes affections gratuites, et vous trop

2. « On dit *faire tourner le sas* (*le tamis*), pour dire : faire une espèce de sortilége avec un sas, par le moyen duquel on prétend découvrir l'auteur d'un larcin (*ou de toute autre chose*). » (*Dictionnaire de l'Académie de* 1694.)

honnête pour les demander à meilleur marché. Vous ne me dites rien de votre retour. Si c'est qu'il ne doive être de longtemps, vous avez fait sagement de ne gâter point les douceurs de votre lettre par le mélange de cette amertume; mais aussi, si c'est le contraire, vous n'obligez guère ceux qui vous desirent, de leur épargner la consolation de vous attendre. Adieu, Monsieur : je vous baise les mains.

64. — A MONSIEUR ***[1].

Monsieur,

Je ne pensois répondre à votre première lettre, que le gentilhomme qui me l'avoit rendue ne s'en retournât en vos quartiers. Mais sans mentir, la seconde me serre le bouton de trop près, pour me dispenser de prendre un si long délai. Vous avez une inclination si naturelle à la courtoisie, et la confirmez tellement par la fréquentation de Monsieur votre beau-père, qui en est une source inépuisable, que les indignes mêmes en ressentent la superfluité. Je suis de ce nombre, Monsieur; mais au moins ne suis-je pas de ceux que le désespoir de payer la dette précipite à la méconnoissance de leur obligation. Il vient quelquefois de si bonnes années, que les terres les plus stériles récompensent par une bonne cueillette ceux qui prennent la peine de les cultiver. Il en sera de même, s'il plaît à Dieu, de ma mauvaise fortune à vous rendre l'honneur que vous me faites de m'aimer. En cette espérance je vous supplie, Monsieur, de me le continuer, comme à votre serviteur très-humble et très-affectionné.

Lettre 64. — 1. Cette lettre a été publiée pour la première fois dans l'édition de 1630, livre I, lettre 21, p. 538.

65. — A MONSIEUR ***[1].

Monsieur,

Je pensois, quand j'ai reçu votre lettre, avoir rencontré quelque sujet de vous témoigner ce que je vous suis; mais cette joie ne m'a pas été longue, pource que l'affaire dont vous m'écrivez a été résolue il y a trois jours. C'est avec un extrême regret que je suis privé d'un bien que j'avois impatiemment attendu et passionnément desiré; mais il faut souffrir cette injure de la fortune. Ce n'est pas la première, mais c'est bien l'une des plus cuisantes. Elle ne m'obligera jamais de faveur qui me soit plus chère, que de me donner de quoi vous témoigner que je suis, Monsieur, votre très-humble et très-affectionné parent et serviteur.

66. — A MONSIEUR ***[1].

Monsieur,

S'il n'y a point de bienfaits[2] qui nous obligent davantage que ceux que nous recevons sans les avoir mérités, je ne crois point qu'en celui qu'en ces dernières occasions il vous a plu me faire, il se puisse trouver des paroles capables de vous remercier. Et sans mentir, cette considé-

---

Lettre 65. — 1. Cette lettre est la 28ᵉ du livre I dans l'édition de 1630, où elle a paru pour la première fois (p. 548).

Lettre 66. — 1. Cette lettre, dont nous avons comparé le texte à une ancienne copie qui se trouve au manuscrit Baluze (fº 7), a été publiée pour la première fois dans l'édition de 1630, livre II, lettre 6, p. 569.

2. Dans le manuscrit : « Il n'y a point de bienfaits, » pour : « S'il n'y a point de bienfaits; » et au lieu de la troisième et de la quatrième ligne : « je ne crois point, etc., » on ne lit que ce peu de mots : « je n'ai point de paroles assez capables de, etc. »

ration m'a tenu quelques jours en opinion de me taire, et d'attendre que par les effets je vous pusse donner quelque assuré témoignage de ma très-humble servitude[3]. Mais craignant que cependant que la fortune me différoit ce contentement, vous ne prinssiez quelque mauvaise impression de mon silence, je me suis résolu de le rompre, et d'éviter plutôt le soupçon d'ingratitude que le blâme d'indiscrétion. Excusez, Monsieur, cette hardiesse, et vous souvenez que si les sentiments[4] des faveurs doivent être proportionnés au lieu d'où elles viennent, il n'est pas possible qu'il y ait ni respect ni sagesse qui puissent faire dissimuler celles qui viennent de vous. Je sais bien, Monsieur, que depuis quelques jours on a voulu par de mauvais offices me rendre indigne de l'honneur de votre bienveillance; mais ce n'est pas chose nouvelle que l'innocence soit travaillée par la calomnie. Je[5] loue Dieu que votre beau jugement a vu clair au travers de ces nuées[6], et le prie, avec les vœux les plus religieux que je fis et que je ferai jamais, qu'il me fasse naître quelque sujet où par le mépris que je ferai de ma propre vie pour acquérir vos bonnes grâces, vous connoissiez avec quelle passion je voudrois être capable d'y parvenir.

3. Le manuscrit offre la variante que voici : « .... témoignage du ressentiment que j'en ai. » A la fin de la ligne suivante, il donne *différeroit*, pour *différoit*.

4. Dans le manuscrit : « et vous ressouvenez que si les ressentiments, etc. »

5. A partir d'ici, la copie a des lacunes; il y a beaucoup de mots enlevés.

6. Le manuscrit porte *nuages*.

67. — A MONSIEUR ***[1].

Monsieur,

Toutes les fois que j'ai desiré quelque chose, j'en ai eu le si mauvais succès que je m'étois résolu de ne desirer jamais rien ; mais il n'y a remède. Je ferai encore cet essai de ma fortune, quand ce ne seroit que pour vous vérifier ce qui se dit communément, que l'espérance est le dernier habit dont il se faut dépouiller. Si je suis trompé, ce ne sera pas sans excuses, puisque ce sera sur la promesse que vous m'avez faite[2] de la faveur de Monsieur le garde des sceaux et de la vôtre. Il n'y a guère d'apparence que l'on travaille aux pensions. Je vous ai vu si prompt et si franc à m'offrir cet offre[3] que je n'oserois être cérémonieux à vous en requérir. Si à cette occasion il vous faut dire quelque chose à mon avantage, je ne crois point que ma vanité soit déraisonnable de vous assurer que vous n'en rougirez point ; et pour le moins aurez-vous travaillé pour un des hommes du monde qui a le plus d'envie de vous témoigner qu'il est et sera tant qu'il vivra, etc.

68. — A MONSIEUR ***[1].

Monsieur,

L'une des choses du monde que je fais le plus mal

Lettre 67. — 1. Cette lettre a été publiée pour la première fois par M. Hauréau, dans le *Bulletin des Comités historiques*, 1850, tome II, p. 146 et 147, d'après une copie conservée au manuscrit Baluze, f° 51.
2. La copie porte *fait*, sans accord.
3. Voyez le *Corneille* de M. Marty-Laveaux, tome VI, p. 61, note 1.
Lettre 68. — 1. Cette lettre a été publiée pour la première fois

volontiers, c'est d'importuner ceux à qui je ne puis faire service. Mais que ferois-je en cette occasion? Une pauvre damoiselle affligée a besoin de votre protection et me supplie de vous la demander pour elle. Serois-je si dur et si mal gracieux de lui refuser cet office? Je ne saurois, Monsieur, et même ayant la connoissance que j'ai de votre courtoisie, qui saura bien considérer le mouvement que j'ai en cette prière. Combien il[2] est malaisé de n'être point ému en l'affliction d'une parente[3] comme elle m'est! Je ne vous dis rien du fait, car vous le savez assez. Il me suffit de vous assurer que les obligations qu'elle vous aura me toucheront comme si elles étoient faites à moi-même, et me rendront satisfait des offres qu'il vous a plu me faire de votre amitié, laquelle ne me sauroit être témoignée en meilleur sujet. Je vous en conjure, Monsieur, et vous supplie de vouloir me tenir en vos bonnes grâces, comme votre, etc.

69. — A LA COMTESSE DE ***[1].

Vous ne m'eussiez que trop obligé, belle Comtesse, de me témoigner simplement l'honneur que vous me faites de vous souvenir de moi, sans y ajouter des honnêtetés qui m'ôtent le moyen, non pas de reconnoître cette faveur, mais de vous en remercier. Soyez, Madame, plus retenue en vos courtoisies, et ne les faites pas telles qu'elles apportent de la honte à celui qui les reçoit. Votre

---

par M. Hauréau, dans le *Bulletin des Comités historiques*, 1850, tome II, p. 147, d'après une copie qui est au manuscrit Baluze, f° 50.
 2. La copie porte : « que combien il m'est, » et *m'est* a été biffé.
 3. Peut-être celle à qui est adressée la lettre 35 (p. 80).
 Lettre 69. — 1. Cette lettre a paru pour la première fois dans l'édition de 1630, livre II, lettre 9, p. 574.

lettre me fut rendue à Paris vendredi dernier. A cette heure je suis à Fontainebleau parmi les préparatifs des noces de M. de Vendôme[2], qui tiennent toute la cour en rumeur. Il ne se parle que de courre la bague, danser et faire telles autres galanteries. Demain se doit faire le dernier acte de la comédie. Samedi, si la résolution ne change, nous nous en retournerons à Paris. Ce sera là que le repos me rendra plus capable de vous écrire avec le soin que vous desirez. Je vois ici remuer trop de choses pour y avoir l'esprit arrêté. Les rivières qui vont vite font tourner la tête à ceux qui les regardent. Il m'en prend de même parmi ces brouilleries. J'ai fait tenir vos lettres à l'homme. Depuis j'ai eu une des siennes; mais il ne m'en parle point : ce sera peut-être par la première. Je ne doute point qu'il ne soit toujours votre serviteur : c'est une affection qu'il ne sauroit nier à votre mérite. Pour moi, je le suis et le serai toute ma vie avec passion : croyez-le, Madame, et en récompense faites-moi l'honneur que je sois en vos bonnes grâces. Je vous baille du cuivre et vous demande de l'or; mais c'est ainsi que ceux de ma fortune traitent avec les personnes de la vôtre.

De Fontainebleau, ce 6ᵉ de juillet 1609.

70. — A MADAME ***[1].

Je voudrois, Madame, qu'il me fût aussi aisé de reconnoître l'honneur que vous me faites, comme d'avoir ma

2. César, duc de Vendôme, fils naturel de Henri IV et de Gabrielle d'Estrées, épousa le 7 juillet 1609 Françoise de Lorraine, duchesse de Mercœur. Voyez tome III, p. 92 et suivantes.

Lettre 70. — 1. Cette lettre a été imprimée pour la première fois dans l'édition de 1630, livre II, lettre 7, p. 570.

raison de ce que vous m'écrivez. L'un est trop peu de chose pour m'en mettre en peine que lorsque nous serons sur le lieu ; mais pour l'autre, il faut que je confesse que quand j'y penserois toute ma vie, je ne m'y saurois jamais donner une satisfaction si grande, qu'il ne me demeurât toujours quelque regret d'avoir fait beaucoup moins que je n'aurois desiré. Ce qui me console, c'est qu'obligeant des personnes du tout incapables de revanche, vous montrez bien que vous ne vous souciez guère d'en recevoir. Il reste, Madame, que pour faire la grâce accomplie, vous m'accordiez la très-humble requête que je vous fais de ne parler à personne de cette affaire, comme de ma part je suis résolu, non pas de la dissimuler seulement, mais presque de l'ignorer jusques à ce que l'heure de l'exécution soit venue. J'ai toujours ouï dire que le secret étoit l'âme de l'amour ; mais je trouve qu'il ne l'est pas moins de la haine, et qu'il l'est généralement de toutes les entreprises où l'on se résout de contenter sa passion. Vous ne devez point douter que je ne vous eusse fait part de nos nouvelles, si j'eusse su où adresser mes lettres. Mais je n'ai pas tant de peur en ne vous écrivant point, comme en vous écrivant témérairement. Je m'assure, Madame, que vous connoissez que mon excuse est légitime, et que pour cela vous ne laisserez pas de vous assurer de ma très-humble servitude. Vous y avez fait un nœud sur lequel j'aurai continuellement les yeux, jusques à ce que j'en sois diverti[2] par quelque objet plus agréable, qui ne sauroit être autre que la belle main qui l'a composé. Je crois bien, Madame, qu'alors vous me permettrez de laisser la contemplation de l'ouvrage, pour adorer l'ouvrière, et la baiser avec le respect et la révérence que je dois. Ce ne sera pas sans

---

2. *Diverti*, détourné, distrait.

vous en demander la licence. A mesure que l'affection
croît, aussi fait la discrétion et l'humilité. Nous n'avons
ici rien qui vaille que vous le sachiez; car on ne parle
que de chasse, et vous savez que ce n'est pas mon goût,
comme je sais bien que ce n'est pas le vôtre.

---

71. — A MADAME ***[1].

Madame,

Je ne saurois recevoir qu'avec une gloire extrême les
témoignages qu'il vous plaît me donner de la continuation de vos bonnes grâces. J'ai dit gloire, pource que le
contentement simple n'est pas une parole qui exprime
assez un si agréable ressentiment. Je loue Dieu que jusques ici mes actions ont eu cette bonne fortune d'avoir
touché le but que je leur ai proposé, qui est de vous être
agréables. J'espère qu'elles auront le même succès à l'a-
venir. Je vous remercie très-humblement, Madame, de la
grâce que vous me faites de me donner de vos nouvelles,
et me réjouis que vous ayez si bien passé le temps à Monceaux. Pour le mariage du gentilhomme et de la demoiselle, puisqu'il en est si content, il n'y auroit point d'apparence de s'en fâcher. S'il eût été curieux, il y a à la
cour assez de personnes qui avoient moyen de lui apprendre beaucoup de choses. Mais, à mon avis, il a fait
en habile homme, de ne chercher point ce que peut-être
il eût été marri d'avoir trouvé. C'est un grand malheur
que le scandale qui est arrivé chez la dame de derrière
l'hôtel de Guise. Il n'y a ici personne qui veuille avouer

Lettre 71. — 1. Cette lettre a été imprimée pour la première
fois dans l'édition de 1630, livre II, lettre 8, p. 572.

d'y avoir de l'intérêt. Ce n'est pas toujours bien fait de s'arrêter aux dépositions qui se font à la torture, et principalement quand ceux à qui on la donne sont délicats, comme il est croyable qu'est cette pauvre servante qui a si vilainement gâté la réputation de sa maîtresse. Je suis contraint, Madame, de vous entretenir sur les mêmes sujets dont vous avez pris la peine de m'écrire, pource que je n'ai rien à vous dire des affaires de cette province. Les peuples y jouissent, comme partout ailleurs, du repos que le Roi leur a acquis par sa valeur, et qu'il leur conserve par sa justice. Quant à mon particulier, Madame, je suis si glorieux d'avoir pour maîtresse la première beauté du monde, que bien à peine par le sacrifice propre de ma vie je serai satisfait au desir que j'ai de lui faire paroître combien je suis, etc.

72. — A MADAME ***[1].

Madame,

Je suis très-marri qu'en m'écrivant que vous me desiriez employer, vous ne m'avez pas écrit en quoi. Vous

---

Lettre 72. — 1. Cette lettre a paru pour la première fois dans l'édition de 1630, livre I, lettre 27, p. 547. Il en existe au manuscrit Baluze, f° 49, une minute autographe, que M. Hauréau a publiée dans le *Bulletin des Comités historiques* (1850, tome II, p. 147 et 148), en la rattachant à notre lettre 68 : « L'une des choses du monde, etc. » (ci-dessus, p. 139). Cette minute est incomplète; elle commence ainsi : « Vous usez trop de cérémonies (*ici deux mots biffés :* « pour m'employer ») en mon endroit, et ne connoissez comme je sers volontiers mes amis. L'affection avec laquelle j'embrasserai votre affaire, vous témoignera que vous y deviez aller avec plus de liberté. Je n'ai point l'honneur de vous connoître, mais la recommandation que m'en fait M. me seront (*sic*) des sollicitcurs assez diligents, etc. » Pour tout ce qui suit, la minute est semblable à notre texte; elle donne seule-

usez de trop de cérémonies en mon endroit, et ne connoissez pas comme je sers volontiers ceux qui me font cet honneur de m'en estimer digne, quand la fortune m'en donne le moyen. L'affection avec laquelle j'embrasserai votre affaire, mais que je sache² ce que c'est, vous témoignera que vous y deviez aller avec plus de liberté. Je n'ai point l'honneur de vous connoître, mais celui que généralement je porte à tout votre sexe, et l'opinion particulière que me donne de votre mérite la recommandation que m'en fait Madame votre bonne amie, me seront des solliciteurs assez diligents pour me faire apporter en ce qui sera de votre contentement tout ce qui sera de mon pouvoir. Je regretterai extrêmement le défaut que peut-être mon peu de moyen vous y fera trouver; mais au moins y verrez-vous, s'il plaît à Dieu, assez clair pour me donner la qualité de votre très-humble serviteur.

73. — A MADAME ***[1].

Madame,

C'est assez de me recevoir au nombre de vos très-humbles serviteurs, sans me le dire avec des paroles si honnêtes et si obligeantes qu'elles font honte à toutes celles dont je pourrois vous remercier. Mais je vois bien que c'est : une courtoisie qui eût eu quelque défaut ne vous eût pas semblé digne de vous, qui êtes la perfection

---

ment, à la fin de la lettre, *crédit*, au lieu de *moyen*; et avant d'écrire : « s'il plaît à Dieu, » Malherbe avait mis d'abord : « s'il vous plaît, » puis il a effacé *vous*.

2. Pourvu que je sache, mais il faut que je sache.

Lettre 73. — 1. Cette lettre est la 18e du livre I dans l'édition de 1630, où elle a paru pour la première fois (p. 533).

même. Je sais bien, Madame, que ma fortune ne sauroit jamais être capable du ressentiment que je vous en voudrois témoigner; mais pour cela je ne laisserai pas de vous supplier très-humblement de m'en continuer l'honneur. Si je ne puis mieux, pour le moins les recevrai-je comme celles des Dieux, avec adoration. Je viens d'apprendre la nouvelle gratification que la Reine vous a faite. J'en loue Dieu de tout mon cœur, et le prie que Leurs Majestés ne soient jamais lasses de vous continuer les effets de leur bienveillance, que je ne le sois de vous les souhaiter. M. de la Mole[2] vous dira tout ce que nous avons de nouveau par deçà. Je garderai ce reste de page pour vous baiser très-humblement les mains, et vous répéter, Madame, que je suis votre très-humble serviteur.

74. — A MADAME *** [1].

Madame,

De quelques belles paroles que vous ayez accompagné[2] l'excuse de votre silence, je ne la saurois prendre que pour une accusation du mien. Aussi est-ce la vérité qu'ayant en vos bonnes grâces la part qu'il vous a plu m'y donner, je devois montrer quelque sorte de soin à me conserver une si chère[3] acquisition. Mais d'un côté

2. Probablement celui dont il a été question plusieurs fois au tome III; voyez particulièrement p. 235, note 1.

Lettre 74. — 1. Cette lettre a paru pour la première fois dans l'édition de 1630, livre I, lettre 13, p. 527. Il y en a, au manuscrit Baluze, f°s 4 et 5, une minute autographe et une copie, auxquelles nous avons comparé le texte donné par l'édition de 1630.

2. On lit dans la copie : « De quelques paroles; » dans la minute autographe, « accompagniez » a été corrigé en « ayez accompagné. »

3. Après *si chère*, la minute autographe porte les mots : « et si

un peu de vaine gloire me persuadant que c'étoit faire tort à une grande affection de lui donner[4] de petits témoignages, et de l'autre croyant qu'après les protestations que je vous en avois faites de bouche, celles des lettres ne pouvoient être que superflues, je n'y voulois plus rien ajouter que la preuve de quelque très-humble service, dont j'attendois que la fortune me fît naître l'occasion. A cette heure, Madame, que votre courtoisie, excessive comme le reste de vos mérites, m'a délivré[5] de ces scrupules, je suivrai le chemin que vous m'avez ouvert. Ce sera bien certes avec quelque honte que vous m'ayez prévenu, et qu'il ait fallu que de nouvelles honnêtetés m'aient amené à un devoir auquel je n'étois que trop obligé par les précédentes. Mais puisque vous avez toutes autres sortes d'avantages sur moi, je ne refuserai point que vous ayez encore cettui-ci, et sans rien contester avec vous, me contenterai de disputer à tous ceux qu'avec moi vous honorez de votre amitié, la gloire d'en avoir le plus de ressentiment. Ce sera un combat où si les bons succès suivent les bonnes causes, je ne douterai non plus de la victoire, que vous, s'il vous plaît, Madame, du pouvoir absolu que vous avez et aurez éternellement sur votre très-humble serviteur.

glorieuse, » biffés. Deux lignes plus loin, *une grande* a été substitué à *mon*.

4. Dans la copie : « que de lui donner. »

5. Dans la minute, la lettre est écrite au nom d'une femme. Il y a *délivrée*, au féminin; plus loin, *prévenue, amenée, obligée;* à l'avant-dernière phrase, *toutes celles*, pour *tous ceux;* et tout à la fin, *servante*, au lieu de *serviteur*.

75. — A MADAME ***[1].

MADAME,

Jugez s'il vous plaît de la passion que vous avez donnée à M. de Saint-Jeran[2], par les remèdes extraordinaires qu'il y emploie. Il a su l'honneur que vous me faites de m'aimer, et là-dessus s'est imaginé qu'il pouvoit tirer quelque avantage de ce que je vous écrirois[3] en sa faveur. Je n'ai rien oublié pour lui faire connoître combien il y a peu d'apparence que les prières d'une personne inutile comme je suis à votre service vous doivent être considérables. Mais n'ayant que répondre aux reproches qu'il me fait, que de tous les témoignages qui lui ont été donnés de votre mérite, le mien est celui qui l'a touché plus sensiblement, et que par conséquent, comme je suis la principale cause de son mal, je dois contribuer ce que je puis à lui en procurer la guérison, il a fallu que ma discrétion se soit laissé vaincre, et que j'aie eu plus d'égard à ce que son affection desire, qu'à ce que ma recommandation lui doit faire espérer. Je lui ferois tort, et à vous aussi, de vous parler de ses qualités. Sa réputation vous les a de tout temps assez fait connoître, et je m'assure qu'au dernier voyage qu'il a fait vers vous, sa personne ne peut que vous en avoir[4]

LETTRE 75. — 1. Cette lettre est la 14ᵉ du livre I (p. 528) dans l'édition de 1630. Nous l'avons revue sur un autographe conservé au *British Museum* (*additional manuscripts*, n° 22046). Elle est probablement adressée à Mme de Termes, devenue veuve en 1621.

2. Jean-François de la Guiche, seigneur de Saint-Géran, maréchal de France, mort en 1632; sa première femme était morte en 1614. L'autographe ne donne pas ce nom propre, mais simplement : « à M. »

3. Dans l'autographe : « je vous en écrirois. »

4. Dans l'autographe : « sa présence ne vous peut que vous en avoir, etc. » Deux lignes plus loin : « qu'en ce nombre infini; » cinq lignes après, *étoit*, pour *est*.

augmenté l'opinion. Tout ce que j'ai à vous dire, c'est qu'au nombre infini de ceux qui sans doute font la même recherche⁵, si vous réservez l'honneur de vos bonnes grâces à celui qui les desire avec plus d'affection, je ne pense point qu'il y en ait qui plus que lui se doive justement promettre la gloire d'y parvenir. Il a trouvé que ce que je lui ai dit de vous est véritable ; j'espère que vous en ferez de même en ce que je vous témoigne de lui⁶. Je prends trop d'intérêt en ce qui vous touche, pour vous rien déguiser en une affaire où il y va du vôtre comme en celle-ci. Vous recevrez donc, Madame, ma bonne volonté, et pour une des plus grandes satisfactions que je puisse avoir de ma fortune, m'accorderez l'honneur⁷ de me tenir toujours pour votre très-humble et très-affectionné serviteur.

---

76. — A MADAME ***[1].

Madame,

J'ai eu cette consolation en mes ennuis, qu'une infinité de personnes ont pris la peine de me témoigner le déplaisir qu'ils[2] en ont eu. Mais sans mentir, Madame, soit

---

5. La recherche en mariage de Mme de Termes.

6. L'autographe donne : « j'espère que vous ne me trouverez pas mentir en ce que je vous ai témoigné de lui. »

7. Dans l'autographe : « Vous recevrez donc, s'il vous plaît, Madame, ma bonne volonté, et pour une des plus grandes satisfactions, m'accorderez l'amitié, etc. »

Lettre 76. — 1. Cette lettre a paru pour la première fois dans l'édition de 1630, livre I, lettre 5, p. 507. Elle est peut-être écrite à la princesse de Conti, et au sujet de la mort du fils de Malherbe.

2. *Ils* est le texte de l'édition de 1630. Nous avons déjà vu plus haut (p. 4) le masculin employé ainsi après le nom *personnes*, et une autre fois (p. 10) après le nom *parties*. C'est un accord avec l'idée plutôt qu'avec le mot.

que la qualité relevée de ceux qui font le bien donne de la vanité à ceux qui le reçoivent, soit que l'inclination naturelle que vous avez à la courtoisie vous fasse avoir quelque grâce particulière en la distribution de vos faveurs, il faut avouer que rien ne m'a jamais touché comme la superfluité d'honneur qu'il vous a plu me faire en cette occasion. Il n'est point de paroles pour en faire le remerciement; aussi n'en chercherai-je point. Je me contenterai de vous dire, que cet effet de votre bonté a fait rougir mon affection par la connoissance de son défaut. Elle avoit cru être en un point où rien ne se pouvoit ajouter, et ce dernier accroissement lui a fait paroître le contraire. C'est, Madame, que la gloire de perfection est, à la honte du reste du monde, réservée à votre mérite. Je brûle d'impatience de l'aller adorer. Aussi sera-ce le premier devoir que je rendrai tout aussi tôt que je serai hors de ma brouillerie. Pour le moins, Madame, par ce petit témoignage vous connoîtrez ce qui est très-véritable et que je vous jure devant Dieu, que vous êtes la princesse du monde à qui avec plus de passion je suis et serai éternellement très-humble et très-fidèle serviteur.

77. — A CALISTE[1].

Je me jette à vos pieds, Madame, pour vous crier

Lettre 77. — 1. Les vingt-huit lettres qui suivent (77-104) forment, avec une lettre à Rodanthe (ci-après, p. 190), le livre III de l'édition de 1630, où un certain nombre, entre autres les trois premières, ne portent pas de nom de destinataire. Elles sont adressées à la même personne, à Caliste, autrement dit la vicomtesse d'Auchy, mentionnée souvent dans le tome I : voyez particulièrement p. LXXXVI et p. 128. — La lettre 77 a paru pour la première fois dans l'édi-

merci d'une témérité que je m'en vois² commettre, la
plus impudente et la plus outrecuidée qui se puisse imaginer. Vous vous émerveillerez sans doute de quelle nature peut être ce crime dont je demande l'absolution
avant que de l'avoir commis³. C'est, Madame, que je vous
veux offrir de passer le reste de mes jours en votre service, et vous protester que si vous me faites cette faveur⁴
de le trouver bon, je la recevrai comme la plus particulière obligation dont jamais la fortune ait moyen de me
gratifier. Cette volonté me naquit en l'âme la première
fois que j'eus l'honneur de vous voir ; mais sans mentir,
je la combattis de tant de raisons, qu'elle eut honte de paroître, et demeura comme assoupie jusques à cette heure,
que par deux ou trois semblables occasions qui se sont
offertes de me rencontrer en votre présence elle s'est tellement réveillée, que je suis contraint de la déclarer moi-
même, pour empêcher que le desir de se produire ne la
précipitât à quelque indiscrétion⁵. Je n'ignore pas, Madame, combien l'offrande est indigne de l'autel⁶ ; mais
telle qu'elle est, je la vous apporte avec un esprit entièrement purgé de toutes les affections précédentes, et tout
à fait hors de soupçon d'en recevoir jamais d'autres à
l'avenir. Je le ferai, ma reine, je le ferai, ma chère

tion de 1630, livre III, lettre 1, p. 669. Nous en avons comparé le
texte à une copie non autographe conservée dans le manuscrit Baluze, fº 36.

2. *Vois*, vais. Voyez plus haut, p. 68, note 6. — « M'en » n'est
pas dans la copie.

3. Var. (manuscrit Baluze) : .... ce crime que devant que l'a-
voir fait, j'en demande l'absolution.

4. Var. (*ibidem*) : si vous me faites la grâce.

5. Dans la copie, cette fin de phrase est ainsi rédigée : « .... en
votre présence je l'ai tellement réveillée, que je suis contraint de la
vous déclarer moi-même, pour empêcher quelque mauvais effet à
quoi l'indiscrétion la pourroit précipiter. »

6. Voyez plus haut, p. 118, ligne 5.

déesse; je le jure[7] par le desir que j'ai d'acquérir vos bonnes grâces. Vous pouvez penser si c'est un serment que je me propose de violer. Croyez-le donc, ma chère déesse, et trouvez bon qu'en toute humilité je baise vos belles mains.

78. — A CALISTE[1].

Il y a, ma reine, trois ou quatre heures que vous êtes partie; mais c'est au compte des cadrans et des horloges. Au mien, il y a mille ans et mille siècles[2] que je suis hors d'avec vous. Voilà pourquoi je ne crois pas que je puisse trop tôt commencer à vous écrire. Les douceurs de votre divine conversation sont perdues; il faut voir, non de me les remplacer en quelque chose, puisqu'il n'y a rien au monde qui les vaille, mais de trouver en quelque remède la consolation d'en être privé. Le mal est que les paroles, qui n'avoient ni juge ni témoin que vous-même, étoient libres, et que les lettres, que la fortune peut faire choir en[3] mains étrangères, seroient véritablement indiscrètes, si elles ne taisoient quelque chose de ce que la passion leur voudroit faire exprimer. Je vous dirois volontiers que vous êtes la chose du monde que j'aime et que j'adore le plus (et certainement il ne se dit jamais rien de plus vé-

---

7. La copie présente encore ici quelques petites différences « .... avec un esprit purgé de, etc. .... et si hors de soupçon, etc. .... Je le fais, ma reine; je le jure, etc. »

Lettre 78. — 1. Cette lettre est la 2ᵉ du livre III dans l'édition de 1630 (p. 670). Nous en avons revu le texte sur un autographe appartenant à M. Chambry, qui nous l'a communiqué avec beaucoup d'obligeance.

2. Dans l'autographe : « mil ans et mille siècles. »

3. Après avoir écrit *en*, Malherbe l'a corrigé en *ès* dans l'autographe, où, avant *étrangères*, il y a *d'autrui*, effacé.

ritable); mais puisqu'il y a des considérations qui prescrivent des bornes à ma hardiesse, il me suffira de vous jurer que je ne connois rien au monde qui soit aimable et adorable comme vous. En cette opinion j'ai chargé ma mémoire de la conservation de vos incomparables mérites, comme du plus précieux et agréable [4] dépôt que je lui baillai jamais en garde. Ne doutez point qu'elle ne fasse son devoir de m'en entretenir. De ce peu que je dis, votre bel esprit s'imaginera, si lui plaît, ce que je ne dis point. Je vous en supplie très-humblement, et de treuver bon que je baise vos très-belles mains avec toute sorte de submission [5] et de respect. Adieu, ma reine : je vous donne ce nom, comme celui que je crois mieux exprimer le pouvoir absolu que vous avez sur votre très-humble, très-fidèle, et très-obéissant serviteur.

79. — A CALISTE[1].

Je vous jure, Madame, que si je croyois ma passion, vous auriez plus de lettres de moi qu'il n'y a d'heures que vous êtes partie. Je vois bien que de trouver de la recommandation aux effets, c'est chose que malaisément je puis espérer de ma fortune. Voilà pourquoi je la cherche aux paroles. La discrétion m'y résiste, et par la considération de vos mérites me retient le plus qu'elle peut de vous importuner; mais enfin je laisse vaincre le parti qui m'est le plus agréable, qui est de vous écrire, et me

4. L'édition de 1630 donne : « du plus précieux et du plus agréable. »
5. Dans l'autographe : *sumission*.
Lettre 79. — 1. Cette lettre est la 3e du livre III (p. 672) dans l'édition de 1630. Nous l'avons comparée à une copie non autographe qui est au manuscrit Baluze, f° 36.

fais croire que votre bonté ne s'offensera point[2] de voir en la véhémence de mon affection combien est extrême le pouvoir que vous avez acquis sur moi. Je ne vous eus pas sitôt fait le vœu de ma servitude, que je défendis à mes yeux de se tourner jamais ailleurs qu'à l'admiration de vos beautés, à mon cœur de rien imaginer que l'obéissance de vos commandements, et à ma bouche de respirer autre chose que la gloire de votre nom. Ils y sont tous disposés, avec une volonté qu'il n'est pas possible de vous exprimer[3]. Témoignez-leur, ma reine, le plaisir que vous y prenez, et par les transports de joie que me donne votre présence, mesurez les ressentiments de douleur que me cause votre éloignement. Commandez à vos belles mains de me consoler de quelque ouvrage de leur façon. J'attends cette faveur, ma belle déesse, et vous baise les pieds.

80. — A CALISTE[1].

A ce coup vous êtes obéie, Madame; Dieu veuille que vous soyez satisfaite! Je ne vous saurois nier que je n'aie

---

2. Au lieu de : « ne s'offensera point, » la copie porte : « ne sera point marrie. »

3. Dans la copie : « qu'il n'est pas possible d'exprimer. » Deux lignes plus loin, *la* est ajouté, dans l'interligne, devant *douleur*.

Lettre 80. — 1. Cette lettre, la 4ᵉ du livre III dans l'édition de 1630 (p. 673), avait été publiée antérieurement dans un recueil que nous n'avons vu indiqué ni dans les *Biographies* Michaud et Didot, ni dans le *Manuel du libraire*, et qui est intitulé : *Lettres amoureuses et morales des beaux esprits de ce temps.... reveues*, etc., par F. de Rosset. La plus ancienne édition que nous ayons pu nous procurer est la *quatrième*, qui est de 1618, in-8º; nous avons vu en outre la *cinquième*, de 1620; et deux de 1625, réellement différentes l'une de l'autre, la *sixième* et la *septième*. C'est sur l'édition de 1618 que nous avons relevé les variantes; notre lettre 80 y figure au fº 355,

eu de la peine à me résoudre; mais enfin toutes les considérations que j'opposois à votre commandement sont aujourd'hui si absolument vaincues[2], que si ma conscience ne m'assuroit, je douterois de quelque tache à mon innocence, de m'être imaginé que mes actions pussent être justes, sinon en tant qu'elles seroient conformes à votre volonté. Car, à n'en point mentir[3], avec quelle apparence vous promettriez-vous que je voulusse exposer ma vie pour vous servir, si j'avois craint de hasarder une lettre pour vous complaire? Il faut, s'il vous plaît, Madame, que comme au scrupule que je faisois de vous écrire j'ai quitté le parti de la raison pour prendre celui de votre desir, tout de même, si d'aventure vous avez pris quelque mauvaise impression de ma longueur, vous en fassiez l'interprétation à mon avantage, et considériez que si votre autorité n'y fût expressément intervenue, la hardiesse que je prends étoit infailliblement un crime qui ne se pouvoit expier que de mon sang. Votre bonté, qui non moins que le reste de vos divines qualités a fait naître en moi cette passion pour le contentement de votre curiosité, daignera la faire vivre[4] pour la gloire de votre nom ; et acceptant comme quelque meilleure offrande le vœu que je fais de n'avoir jamais occupation si chère que les

---

avec ce titre : *M. de M. à Caliste, du huictiesme de mars 1606.* Nous la trouvons aussi, moins les premières lignes (voyez la note 2), dans un autre recueil, publié par Puget de la Serre, 1624, in-8°, sous ce titre : *le Bouquet des plus belles fleurs de l'éloquence, cueilly dans le jardin des sieurs du Perron, Coiffeteau, du Vair, Bertaud, Durphé, Malerbe*, etc. De ce second ouvrage nous n'avons pu employer pour la collation du texte qu'une édition de 1638.

2. C'est au mot *vaincues* que la lettre commence dans le recueil de la Serre (p. 122). Par une incroyable confusion, elle a été substituée à partir de cet endroit à la fin de la lettre à Mme de Montlaur : voyez plus loin, p. 193, note 8.

3. VAR. (recueil de Rosset) : à n'en mentir point.

4. VAR. (recueil de la Serre) : la faire vaincre.

bénédictions et louanges de votre incomparable mérite, vous croirez que du même cœur, et de la même submission que je vous rends cet hommage, j'apporterois à vos pieds toutes les couronnes du monde, si la fortune me les avoit mises sur la tête. En l'espérance que j'ai que vous ne douterez point de cette vérité, j'oserai, Madame, vous baiser très-humblement les mains, pourvu que j'en obtienne votre congé; car et en cette occasion et en toutes[5], je vous jure qu'à jamais[6] mon esprit ne pensera chose avec mon consentement, que je ne croie pouvoir faire avec votre bonne grâce.

Le 8e de mars 1606.

81. — A CALISTE [1].

Je me doute qu'à la fin vous n'aurez pas moins de peine à m'ôter la hardiesse de vous écrire, que vous en avez eu à me la donner. Il n'y a remède : je suis trop en colère pour dissimuler mon déplaisir. C'est m'avoir fait perdre un siècle de félicités, que de m'avoir retranché une heure de votre présence. Je ne trouve pas étrange que la fortune me traverse. Il n'appartient qu'à ceux qui ont accoutumé d'en recevoir des faveurs, de se plaindre de ses injures. Mais si ainsi est qu'elle me veuille continuer les témoignages de sa haine, pourquoi ne le peut-elle faire en quelque autre occasion qu'en celle-ci? Et puis, qu'est-ce que je n'en dois appréhender au progrès

---

5. Var. (recueil de la Serre) : car en cette occasion et en toutes.
6. Var. (recueil de Rosset) : je vous jure que jamais.

Lettre 81. — 1. Cette lettre, la 5e du livre III dans l'édition de 1630 (p. 675), avait paru antérieurement dans le *Bouquet des plus belles fleurs de l'éloquence*, de la Serre, p. 124, et dans les *Lettres amoureuses et morales* de Rosset, fo 356.

de mon affection, si bien à peine elle a eu le loisir de la laisser naître pour commencer à la travailler? Voulez-vous bien faire, Madame? Soyez plus soigneuse de mon salut que je ne suis moi-même. Otez à mon imprudence la protection de votre bon naturel, et l'abandonnez à votre rigueur. Ne nourrissez point de monstres; ils vivent trop quand ils vivent un jour entier. J'appelle ainsi ma passion, pource qu'il n'est pas possible que selon nature elle fût en si peu de temps arrivée à la grandeur où elle est. L'expérience des fortunes passées me fait trembler en la considération de l'avenir; et prévois bien qu'ayant perdu la carte autant de fois que je me suis embarqué sur cette mer, il ne faut pas qu'étant aujourd'hui les causes plus grandes, je m'en promette de moindres effets[2]. Mais que fais-je, Madame? J'ai besoin de votre miséricorde, et je sollicite votre cruauté. Ce sont déjà des fruits de mon imagination gâtée. Je serai plus sage de vous laisser faire, et me préparer à recevoir avec action de grâces tout ce qu'il vous plaira m'ordonner. Je révoque donc la prière que je vous viens de faire, et vous en fais une autre : c'est que vous croyiez que ces indiscrétions, quelques[3] téméraires qu'elles soient, partent de l'âme la plus obéissante et la plus humiliée à qui jamais vous ayez permis l'honneur de vous adorer.

Le 10e de mars 1606.

82. — A CALISTE[1].

Il semble, Madame, que j'ai quelque sujet de me

2. Var. (recueil de la Serre) : des moindres effets.
3. Voyez plus haut, p. 15, note 2.
Lettre 82. — 1. Cette lettre, la 6e du livre III dans l'édition de

plaindre de votre injustice. Je dis qu'il le semble, pource qu'ayant fait résoudre mes volontés à s'humilier éternellement sous les vôtres, je ne saurois plus tourner les yeux sur vous, que pour vous regarder avec admiration ; ni sur vos actions, que pour en parler avec révérence. L'injustice que je veux dire, c'est que vous avez fait naître ma passion, vous êtes, au moins en apparence, bien aise qu'elle continue, et cependant vous ne voulez rien contribuer à l'entretenir : comme si vous n'aviez desiré son être, que pour avoir le plaisir d'en voir la ruine. Vous pouvez bien juger que l'honneur qu'elle a d'être créature de votre bonté, me la fait avoir assez chère pour ne lui rien dénier de ce qui dépend de moi. Mais en quel long espace de temps pourrois-je avec toute ma sollicitude la fortifier à beaucoup près de ce que vous feriez en un moment, si vous lui daigniez montrer le moindre trait de votre bienveillance, ou seulement témoigner en quelque chose la diminution de votre froideur ? Je ne doute point, Madame, que me permettant comme vous faites la douceur inestimable de votre communication, en laquelle sans mentir je vois des grâces que je ne trouve point ailleurs, vous ne m'obligiez bien au delà des moyens que j'ai de m'en rendre digne ; et vous proteste que cette confession me part tellement du cœur, qu'autant de lettres que je forme sur ce papier, autant de gouttes de sang me rougissent le visage, pour la honte que j'ai de produire à votre belle vue une témérité que je ne saurois cacher dans des ténèbres assez obscures. Mais que faudroit-il espérer de l'état du monde, si la providence infinie qui le gouverne, et dont vous êtes l'un des plus admirables ouvrages, mesuroit ses libéralités à nos mérites ?

1630 (p. 677), avait paru antérieurement dans les recueils de la Serre (p. 126) et de Rosset (f° 357).

Cette diligence à rechercher exactement de la proportion entre les bienfaits[2] et ceux qui les reçoivent, est certainement indigne d'une belle âme comme la vôtre. Toutefois, Madame, vous en userez comme il vous plaira. S'il faut que je fasse naufrage, j'ai de l'obligation à ma fortune de me le préparer dans un océan si glorieux. Je m'en remets entièrement à votre discrétion. Vous savez comme je suis vôtre : cela me fait croire que vous reconnoissant intéressée en ma perte, ce ne seroit point sans regret que vous y apporteriez du consentement.

Le 12ᵉ de mars 1606.

83. — A CALISTE[1].

JE sais bien, Madame, que de quelque côté que se tournent vos affections, la raison veut que les miennes les accompagnent; et que si je ne me réjouis de vos joies, si je ne m'attriste de vos ennuis, et si généralement je ne conforme toutes mes pensées aux vôtres, il faut que je renonce au glorieux titre de votre très-humble serviteur. Toutefois, pource qu'aux lois du respect sont comprises celles de la fidélité, et que le même devoir qui m'oblige à vous rendre obéissance, veut que tant qu'il me sera possible je procure votre bien et votre repos, je ne crois point vous offenser, Madame, si en l'occasion qui se pré-

---

2. VAR. (recueils de Rosset et de la Serre) : à rechercher exactement la proportion d'entre les bienfaits.

LETTRE 83. — 1. Cette lettre, la 7ᵉ du livre III (p. 679) dans l'édition de 1630, où elle n'est point datée, avait paru antérieurement dans le recueil de Rosset (fº 358), où elle porte la date du 20 mars 1606, et dans le recueil de la Serre (p. 129).

sente, desirant soulager votre douleur et ne le pouvant faire d'autre façon, je me dispense de vous dire[2] que le sujet n'en est peut-être ni si grand ni si juste comme votre bel esprit semble se l'imaginer. Il est bien certain que de tous les troubles de l'âme, le plus excusable et le mieux séant à la nature, c'est le déplaisir que nous avons d'être privés des personnes qui nous sont chères; mais il est clair aussi que si nous n'apportions du choix à discerner celles que nous devons plaindre, ce seroit nous exposer tellement aux injures de la fortune, et lui donner tant de prise sur nous, qu'il ne se passeroit heure que nous n'eussions quelque nouvelle matière de nous affliger. Ce n'est pas à moi, Madame, de m'informer si celle que vous regrettez avoit du mérite; car ici, comme ailleurs, votre jugement sera la règle[3] du mien; mais quand elle auroit été, non parfaite, mais la perfection même, l'honneur qu'elle reçoit que vous parlez d'elle après sa mort, et conservez son nom en votre mémoire, c'est-à-dire au plus digne lieu qui soit au monde, ne lui est-ce pas une félicité qui surpasse de bien loin tout ce qu'elle pouvoit jamais espérer ni desirer? Vous êtes, Madame, le principal ornement de notre siècle. C'est pourquoi prenant part en son intérêt[4], et y ajoutant encore le mien, je penserois faire un crime assez grand pour m'ôter à jamais l'espérance de votre miséricorde, si je ne vous suppliois et conjurois par tout ce qui est capable d'émouvoir une âme généreuse, de vouloir avoir soin de vous-même, sinon pour la gloire de votre beauté, au moins pour le contentement de ceux qui comme moi la regardent avec

2. C'est-à-dire : je prends la liberté de vous dire. Voyez le *Corneille* de M. Marty-Laveaux, tome I, p. 208, note 2. — Dans le recueil de la Serre, il y a *dispose*, au lieu de *dispense*.

3. VAR. (recueil de la Serre) : sert à la règle.

4. VAR. (*ibidem*) : prenant part à son intérêt.

merveille. Croyez-moi, Madame, ôtez ce fâcheux objet à votre imagination, et n'en recevez plus de semblables à l'avenir. Donnez des témoignages de votre bon naturel, mais que ce ne soit pas à votre préjudice; et vous souvenez qu'il n'y a personne à qui plus raisonnablement vous deviez de la pitié, qu'à ceux qui en sont dignes par le mauvais traitement que leur fait votre froideur. Je serois indiscret si j'en disois davantage. Je vous donne le bon soir, Madame, et m'encline[5] à vos pieds pour les baiser en toute humilité, si vous me faites la grâce de me le permettre.

[20ᵉ mars 1606.]

84. — A CALISTE[1].

A la fin cette belle main, cette main incomparable, cette main à qui mon imagination ne peut donner de qualités qui satisfassent ni à son mérite ni à la passion que j'ai de l'adorer ; cette main plutôt perfection que parfaite, plutôt miracle que miraculeuse, a daigné prendre la peine non-seulement de m'écrire, mais de m'écrire que ma très-humble servitude lui est agréable[2]. C'est à ce coup, Madame, que par le glorieux effet de votre bonté je me puis à bon escient réconcilier avec la fortune, et que si jusques à cette heure j'ai murmuré contre elle, j'ai de quoi lui pardonner avec les injures passées toutes celles qu'elle me sauroit faire à l'avenir. Je ne doute

---

5. Il y a *encline* dans nos trois éditions.

Lettre 84. — 1. Cette lettre, la 8ᵉ du livre III (p. 681) dans l'édition de 1630, avait paru antérieurement dans les recueils de Rosset (fᵒ 360) et de la Serre (p. 131).

2. Les deux recueils de Rosset et de la Serre ont ici cette phrase de plus : « Elle a voulu qu'après tant de sujets de me plaindre, j'en eusse quelqu'un de me consoler. »

point que vous ne vous étonniez de la confusion dont je vous écris; mais comme voudriez-vous qu'une âme en désordre comme la mienne pût donner de l'ordre à ses paroles? Trouvez bon, s'il vous plaît, Madame, que je vous fasse paroître, comme je puis, ce que je ne vous saurois celer qu'avec ingratitude; et ne vous persuadez pas que mon contentement, quelque extrême qu'il soit, ni en cette occasion, ni en aucune autre, ait assez de violence pour me faire sortir du respect que je vous ai juré. Je ne suis pas de ceux qui ne craignent le ciel que quand il tonne. Quelque grande que soit la bonace, il me souvient toujours de révérer le lieu d'où vient la tempête. Et puis, comme il est difficile que pour la mauvaise opinion que j'ai de moi je puisse rien interpréter à mon avantage, que sais-je si vous m'avez point fait cette faveur pour être le contre-poids de quelque douleur extraordinaire dont vos rigueurs se préparent à m'affliger? Il en sera ce que vous ordonnerez, Madame : je ne veux ni mal penser de votre bon naturel, ni mal augurer de ma bonne fortune; mais en quelque façon qu'il vous plaise disposer de moi, pour le moins aurai-je toujours en ces belles lettres un objet pour fortifier ma patience contre toute sorte d'accidents, et me confirmer en l'affection que j'ai de rapporter toutes mes actions à votre gloire. Je baiserai quand il me plaira l'ouvrage, en mémoire de la belle ouvrière qui l'a produit. J'en baiserai le cachet, la cire, la soie[3] et le papier; et n'y aura si petit caractère[4] en toute cette divine écriture, à qui je ne donne quelque louange et quelque bénédiction particulière. Mais je ne m'aperçois pas que je retourne au transport d'où je voulois sortir, et que par cette indiscrétion avec laquelle

3. Le ruban de soie qui enveloppait la lettre fermée et sur lequel on appliquait le cachet de cire. — *La cire* manque dans Rosset.

4. Van. (recueils de Rosset et de la Serre) : et n'y aura petit caractère.

je vous représente ma joie, je pourrois faire en sorte que vous ne m'en donneriez jamais d'autre. Je finis donc, Madame, et vous supplie très-humblement de croire que puisque vous me faites l'honneur d'approuver ma résolution d'être votre très-humble et très-affectionné[5] serviteur, il n'y a condition au monde si périlleuse avec laquelle je ne sois prêt de le mériter.

Le 3e avril 1606.

85. — A CALISTE[1].

JE ne me suis jamais promis, Madame, de recevoir de grands témoignages de votre bienveillance. L'inégalité de votre mérite et du mien ne part point de ma mémoire[2], et par conséquent il n'y a guère d'apparence que je me doive donner cette vanité. Mais sans mentir, je ne crois pas qu'il se pût faire des lettres si froides comme vos dernières. Telles qu'elles sont, l'honneur qu'elles ont d'être vôtres leur est une si chère et si glorieuse recommandation, qu'il n'y a respect au monde auquel je n'aimasse mieux faillir qu'à celui que je leur dois. Je leur ai fait le même accueil qu'aux premières. Je les ai lues et relues, et admirant la diligence dont vous avez su éviter les paroles qui me pouvoient donner du contentement, je n'ai pas laissé de révérer toujours ces belles mains[3], qui n'ont point dédaigné de me gratifier

5. VAR. (recueils de Rosset et de la Serre) : et très-fidèle.
LETTRE 85. — 1. Cette lettre, la 9e du livre III (p. 684) dans l'édition de 1630, avait paru antérieurement dans les recueils de Rosset (fo 361) et de la Serre (p. 134).
2. VAR. (recueils de Rosset et de la Serre) : .... et du mien est un objet qui ne part point de la mémoire.
3. VAR. (*ibidem*) : .... et relues avec admiration de la diligence.... mais toujours avec adoration de ces belles mains.

de leur ouvrage. Je sais bien, Madame, que vous me pouviez écrire quelque chose de plus agréable ; mais quand vous ne m'écririez du tout point, et que l'impatience me voudroit emporter à quelque murmure, ne me dois-je pas souvenir que nous sommes vous et moi[4] en des extrémités si éloignées, qu'autre que le même esprit que l'ordre du monde fait présider sur les passions et en exciter les mouvements n'est capable de les approcher ? Non, non, Madame, soyez froide, soyez rigoureuse, soyez cruelle : mon affection pour cela ne sortira point de son assiette. Elle est en un port où les vents ne lui peuvent nuire, de quelque côté qu'ils soufflent. Je vous reprocherai bien toujours que vous l'avez fait naître, pour vous convier à ne lui faire pas le mauvais traitement que votre humeur vous conseillera ; mais mon indiscrétion ne passera jamais plus outre. Vivez heureuse, Madame. C'est le premier vœu de votre très-humble et très-fidèle serviteur.

Le 16e avril 1606.

86. — A CALISTE[1].

Il n'y a, Madame, que les mauvais sujets qui mettent en avant leurs priviléges quand il est question du service de leur souverain[2]. C'est pourquoi, quelque dispense[3] que

4. Var. (recueil de la Serre) : que vous et moi sommes.

Lettre 86. — 1. Cette lettre a paru d'abord dans les recueils de Rosset (f° 362) et de la Serre (p. 136). C'est la 10e du livre III (p. 685) dans l'édition de 1630.

2. Les deux recueils donnent ici de plus : « Je ne suis point de ce nombre. »

3. *Dispense*, autorisation, droit, privilége. Voyez plus haut, p. 160, note 2.

me semble donner le lieu de ma naissance, je ne l'emploie jamais contre l'autorité absolue que vous avez sur mes volontés. La fortune me tient ici parmi de petites affaires que ma condition me[4] peut faire estimer grandes; toutefois ce ne sont point chaînes capables de me retenir, puisque vous me faites l'honneur de m'appeler. Toute la grâce, Madame, qu'en cette occasion je desire obtenir de vous, c'est que, puisque pour être fraîchement arrivée[5] vous êtes encore occupée aux compliments de ceux qui vous viennent visiter, et que sans doute il vous faut perdre cinq ou six jours en ces importunités, vous me donniez le même terme de vous aller trouver, et vous assuriez que ni en ce commandement, ni en aucun autre dont vous me daigniez honorer, il n'y aura jamais considération qui me puisse réduire à la nécessité de vous désobéir.

Le 15e de juin 1606.

87. — A CALISTE[1].

Ce n'est point ici la réponse des vôtres[2], c'est la confession du plus grand et plus extraordinaire transport où se trouva jamais une âme touchée de la malheureuse passion à laquelle vous m'avez assujetti. Vous êtes toujours belle, toujours incomparable, et toujours digne de l'envie de votre sexe et de l'admiration du nôtre;

4. *Me* manque dans le recueil de la Serre.
5. Var. (recueils de Rosset et de la Serre) : pour être si fraîchement arrivée.

Lettre 87. — 1. Cette lettre, la 11e du livre III dans l'édition de 1630 (p. 686), avait déjà figuré dans les recueils de Rosset (f° 363) et de la Serre (p. 137).

2. Var. (recueils de Rosset et de la Serre) : de votre lettre.

mais, Madame, soit que mon affection s'augmente, soit que mon jugement s'éclaircisse, vous m'avez semblé ce soir avoir quelque chose au delà de l'ordinaire, et vous surpasser vous-même autant que vous surpassiez les autres auparavant. Jugez, s'il vous plaît, avec quelles imaginations, quelles ardeurs et quels ravissements je suis revenu au logis. Je ne sais point, Madame[3], ni flatter ni mentir; mais je ne crois pas que vous ayant vue de cette façon, je ne me puisse glorifier d'avoir vu la beauté même assise en son trône, et le sceptre en la main, donnant impérieusement ses lois aux courages les plus outrecuidés, et attachant des chaînes aux esprits les plus opiniâtres en la conservation de leur liberté. Que voulez-vous, Madame, que je vous die davantage? Quand vous seriez servie de tous les rois de la terre, vous ne le seriez jamais comme vous méritez. Je crois bien que la recherche que je fais d'une chose où je tiens le reste du monde indigne de parvenir, est une condemnation de ma témérité; mais je ne saurois que faire[4] : ce dernier coup est trop sensible pour le pouvoir dissimuler; et puis vous savez bien que je ne prends point de hardiesse à quoi votre bonté ne m'ait convié par une infinité de commandements. Quand vous révoquerez cette grâce, je ne suis pas si mal avisé que je ne sache bien taire ce que vous ne voudrez point ouïr. Bon soir, Madame : Dieu vous donne meilleure nuit que celle qui m'est préparée ! Jusques ici je m'étois vanté de ne savoir que c'est d'inquiétude[5], mais je vois bien que je suis sur le point de l'apprendre à bon escient.

Le 4ᵉ de février 1607.

3. Var. (recueils de Rosset et de la Serre) : Je ne sais, Madame.
4. Var. (ibidem) : mais je n'y saurois que faire.
5. Var. (ibidem) : que c'est que d'inquiétudes.

88. — A CALISTE[1].

Sans mentir, Madame, je pensois que ma dernière lettre m'eût si bien justifié de ce que j'avois été si long-temps sans vous écrire[2], qu'infailliblement je dusse obtenir de vous une déclaration de mon innocence. Toutefois, puisque vous avez trouvé plus à propos de me pardonner que de m'absoudre, ce m'est tout un de quelle sorte vous me fassiez paroître les effets de votre bonté. Vous avez le choix de me traiter comme bon vous semble, et moi la nécessité d'approuver tout ce que vous m'ordonnerez[3]. Je reçois donc, non avec satisfaction seulement, mais avec gloire, la grâce que me fait paroître[4] votre miséricorde, et vous en remercie comme d'une faveur dont l'éloquence même ne sauroit exprimer le ressentiment. Mais pour cela, Madame, je ne laisse pas de me plaindre que vous révoquiez ma fidélité en doute, et que de peur de me trop obliger, comme vous dites, vous offensiez vos belles qualités, en ne les croyant pas capables de conserver aussi bien que d'acquérir. Je me suis toujours soumis, et me veux éternellement soumettre à la censure de votre jugement ; mais quand vous direz quelque chose où vos louanges auront de l'intérêt, vous me permettrez, s'il vous plaît, de vous contredire, et me dispenserez[5] que pour vous j'ose murmurer contre vous-même. Vous avez des froideurs incroyables, des

---

Lettre 88. — 1. Cette lettre a paru dans les recueils de Rosset (f° 364) et de la Serre (p. 139), avant de figurer dans l'édition de 1630 (p. 688), où elle est la 12ᵉ du livre III.

2. Var. (recueil de la Serre) : de ce que j'avois été si longtemps à vous écrire.

3. Var. (recueils de Rosset et de la Serre) : m'ordonnez.

4. *Paroître* manque dans les deux recueils, et, à la ligne suivante, *en* et *comme* dans celui de la Serre.

5. *Me dispenserez*, me permettrez. Voyez p. 160, note 2, et p. 164.

injustices extraordinaires, des rigueurs⁶ qu'un qui ne vous respecteroit pas comme je fais appelleroit des cruautés; mais avec tout cela serois-je bien si mal avisé, qu'ayant eu le goût de cette douceur incomparable qui est en votre communication, je pusse transporter ailleurs l'affection que je vous ai vouée, et faire comme ces intelligences que l'on dit être descendues au monde pour essayer les plaisirs des hommes, et chercher aux vaines délices de la terre quelque chose de plus doux qu'aux félicités incomparables du ciel? Non, non, Madame : fiez-vous comme vous devez de votre mérite, et vous ne vous défierez point de ma constance. Les beautés vulgaires peuvent avec apparence craindre d'être vulgairement aimées; les vôtres sont hors de ce rang, et par conséquent hors de ce danger. Il est malaisé que le courage du monde le plus lâche ne dispute sa liberté devant que de la rendre; mais quand elle est perdue en de si belles mains comme les vôtres, n'y a-t-il pas plus de raison de se repentir de l'avoir trop gardée, que de faire des efforts inutiles pour la recouvrer? Je ne continue point davantage ce discours, pource qu'il me faudroit dire des choses auxquelles votre modestie vous feroit fermer les oreilles. Je m'en vois⁷ faire place à quelque objet qui vous sera plus agréable que mes importunités. Bon soir, Madame : trouvez bon qu'au moins en imagination je me prosterne à vos pieds pour les baiser; et puisque votre humeur est portée aux vanités, comme je pense vous avoir ouï dire, souvenez-vous que vous ne sauriez jamais rien aimer de si grand comme l'affection inviolable que j'ai de vous être toute ma vie très-humble et très-fidèle serviteur.

Le 8ᵉ février 1607.

6. Var. (recueils de Rosset et de la Serre) : et des rigueurs.
7. Il y a *vois* (pour *vais*) dans nos trois éditions. Voyez p. 68, note 6.

89. — A CALISTE[1].

Il y a tantôt six semaines, Madame, que j'attends de vous la réponse d'une lettre. Je m'en voudrois plaindre, et penserois le pouvoir faire avec quelque prétexte ; mais sans mentir, depuis ce malheureux accident dont la mémoire me tient en continuelle frayeur, je me suis proposé de vous rendre mes actions si nettes, que plutôt votre miséricorde ait sujet de me blâmer de peu de courage, que votre justice de me punir de trop de liberté. Il me suffit d'avoir vu une fois vos beaux yeux et votre belle bouche éclairer et tonner contre moi : c'est un spectacle où je ne veux jamais retourner. Toute sorte de vents me doivent être suspects, après m'être vu si près de faire naufrage. Je ne puis nier, Madame, que je ne tienne vos lettres entre les choses du monde qui me sont les plus chères ; mais si je murmure de ce que je n'en reçois point, n'est-ce pas pour faire croire que j'en suis digne[2], et par conséquent retomber au crime de présomption que vous me venez de pardonner ? et enfin, que sais-je si vous importunant de m'écrire, je ne vous sollicite point de m'ôter ce peu qui me reste d'espérance, et ruiner tout à fait des imaginations qui me sont si précieuses, que si je les avois perdues je serois content de ne vivre pas une heure après ? N'ai-je pas assez de témoignages du peu d'inclination que vous avez en mon endroit, sans vous presser de m'en donner davantage ? Depuis quand ne seriez-vous plus rigoureuse, plus cruelle, plus inexorable ? ou, pour comprendre tout en un mot,

---

Lettre 89. — 1. Cette lettre, la 13ᵉ du livre III dans l'édition de 1630 (p. 691), avait paru antérieurement dans les recueils de Rosset (fᵒ 365) et de la Serre (p. 142).

2. Var. (recueils de Rosset et de la Serre) : .... croire que j'ai quelque opinion d'en être digne.

depuis quand ne seriez-vous plus vous-même, pour vous laisser persuader à m'écrire³ quelque chose de plus agréable et plus obligeant que ce que vous m'avez écrit par le passé? Mais que fais-je, Madame? Je ne m'aperçois pas que pendant que je vous confirme le respect que je vous porte, je diminue vos louanges, en me figurant que vous soyez quelque rocher insensible, et ôtant du nombre de vos divines qualités celle d'être pitoyable, qui est sans difficulté la plus haute et la plus excellente dont une âme généreuse se puisse glorifier. Je sais bien que selon votre coutume vous direz que vous ne pouvez vous assurer de moi que sur des paroles. Je suis d'accord avec vous de mon peu de mérite, et du peu de pouvoir que j'ai de vous servir; mais si crois-je bien que quelque défaut que vous trouviez en ma fortune, vous n'en soupçonnez point en mon affection; et avec cette vanité, Madame, j'oserai vous supplier très-humblement de trouver bon que me laissant aller à ce que la passion me conseille, je vous demande trois ou quatre lignes de votre belle main. Je ne vous parle point de me rien écrire qui me plaise. Écrivez-moi ce qu'il vous plaira⁴; pourvu que vous m'écriviez, il me suffit. Si les simples froideurs ne vous contentent, ajoutez-y des glaces; j'adorerai sans exception tout ce qui viendra de votre part. Mais surtout, Madame, ne faites jamais cette injure à ma discrétion, de croire que si je recherche de vous quelque preuve de votre bienveillance, ce soit pour autre occasion que pour me continuer le désir que j'ai de publier votre gloire, et m'exciter à ce labeur par quelque sorte d'obligation. Tout votre sexe voit avec envie admirer vos perfections; il faut qu'avec rage il oye réciter vos louanges. Ce me seroit un regret perpétuel d'a-

3. Var. (recueil de la Serre) : persuader de m'écrire.
4. Var. (*ibidem*) : ce qui vous plaira.

voir été privé⁵ d'un si digne sujet comme le beau nom de Caliste ; mais aussi ne crois-je point qu'ayant cette magnanime ambition que vous avez, vous n'eussiez quelque jour un déplaisir extrême de n'avoir employé la volonté que me donnent vos mérites de vous servir en une si louable occasion. Adieu, Madame : jouissez des félicités que vous souhaite votre très-humble et très-fidèle serviteur, et⁶ il ne vous restera guère de vœux à faire.

Le 9ᵉ avril 1607.

90. — A CALISTE[1].

Je ne sais, Madame, quel jugement vous faites de moi. Il est certain[2] que si je suis téméraire à m'imprimer des affections, je suis assez retenu quand il est question de les découvrir. C'est infirmité que de commettre des fautes, aveuglement que de ne les connoître pas, mais prendre plaisir d'en faire montre, c'est, à mon avis, de toutes les présomptions la plus impertinente et la moins excusable qui se puisse imaginer. Tournez vos yeux sur vous et sur moi, c'est-à-dire sur les deux plus inégaux et plus différents objets qui soient au monde. Regardez-vous d'un côté, pleine de toutes les grâces admirables que par une glorieuse émulation la nature et la fortune peuvent donner à votre sexe, et de l'autre voyez-moi dénué de toutes les qualités dont le nôtre peut tirer quelque recommandation : vous me confesserez que les difficultés

5. Var. (recueils de Rosset et de la Serre) : d'être privé.
6. *Et* manque dans les deux recueils.
Lettre 90. — 1. Cette lettre, la 14ᵉ du livre III dans l'édition de 1630 (p. 694), avait paru antérieurement dans les recueils de Rosset (f° 367) et de la Serre (p. 146).
2. Var. (recueils de Rosset et de la Serre) : mais il est certain.

que je fais de vous écrire sont si justes, qu'elles ne le sauroient être davantage, et que ce que vous blâmez en moi comme longueur et paresse, y doit être loué comme respect et discrétion. Toutefois, Madame, puisque par le commandement qu'il vous plaît me faire je me trouve réduit de l'élection à la nécessité, et qu'il semble qu'avec le contentement de me voir souffrir vous affectiez celui de m'ouïr plaindre, je recommencerai pour le désir de vous complaire ce que j'avois discontinué pour la crainte de vous importuner. C'est un labeur dont jusques à cette heure j'ai recueilli si peu de fruit, et dont j'ai encore si peu de sujet de m'en promettre à l'avenir, que si j'avois quelque soin de moi-même, ou je me reposerois du tout, ou je ferois quelque poursuite qui auroit plus de proportion à ma foiblesse. Mais ayant toujours mis l'acquisition de vos bonnes grâces au nombre des choses qui se doivent rechercher avec des efforts et des patiences extraordinaires, je suis content de m'opiniâtrer contre le mauvais succès, et me persuader que c'est être extrêmement sage[3], que d'être parfaitement furieux pour une si digne passion. Voici, donc, Madame, une confirmation des assurances que je vous ai toujours données de mon obéissance. Ce n'est rien ; mais c'est assez, puisque c'est ce que vous avez demandé[4]. Si quelque jour, sollicitée par votre bonté, vous permettiez à l'affection que vous portez à l'ouvrage de s'étendre jusques à l'ouvrier, ce me seroit une félicité qui passeroit les vœux les plus grands et les plus outrecuidés que j'oserois jamais faire. Mais il n'en sera rien : c'est votre vanité d'être cruelle, comme c'est la mienne[5] d'être constant. Vous serez toujours ce que vous

---

3. Var. (recueils de Rosset et de la Serre) : les mauvais succès.... parfaitement sage.
4. Var. (recueil de la Serre) : ce que vous demandez.
5. Var. (recueils de Rosset et de la Serre) : comme la mienne.

êtes, dure et inexorable à me maltraiter, et moi toujours ce que je suis, ferme et invariable en la résolution de vous bien servir. Bon soir, Madame : je vous baise très-humblement les pieds; s'il y avoit quelque chose au-dessous, ce seroit mon ambition de m'y abaisser.

Le 7ᵉ août 1607.

91. — A CALISTE[1].

S'IL est vrai que la miséricorde de Dieu puisse être tellement offensée, qu'il se trouve des péchés dont elle ne donne jamais de grâce, et que néanmoins ceux qui en parlent nous la figurent[2] infinie et incompréhensible, je ne sais, Madame, quelle assez digne qualité je puis attribuer à la vôtre, après avoir obtenu la rémission d'un acte le plus lâche, le plus déloyal, et pour dire en un mot, le plus irrémissible qu'il soit possible de s'imaginer[3]. Il est bien certain que si à la témérité de l'avoir commis je voulois ajouter l'impudence de le vouloir défendre[4], j'aurois pour moi[5] cette excuse commune à tout le monde, que l'amour est une maladie furieuse, et que par conséquent la raison et lui sont incompatibles. Mais avec quelle assurance entreprendrois-je de persuader à un jugement clair et net comme le vôtre, qu'une bonne cause produise de mauvais effets, et qu'il sorte des in-

LETTRE 91. — 1. Cette lettre, la 15ᵉ du livre III (p. 696) dans l'édition de 1630, avait été publiée antérieurement dans les recueils de Rosset (fᵒ 368) et de la Serre (p. 149).
2. VAR. (recueil de la Serre) : dont elle ne donne jamais grâce, et que néanmoins ceux qui en parlent la figurent.
3. Malherbe, dans un accès de jalousie, avait souffleté la vicomtesse d'Auchy. Voyez Tallemant, édition P. Paris, tome I, p. 301.
4. VAR. (recueils de Rosset et de la Serre) : l'impudence de le défendre.
5. VAR. (recueil de la Serre) : j'ai pour moi.

jures et des offenses d'une passion qui ne conseille jamais que l'obéissance et le respect? Non, non, Madame : l'esprit par qui je fus porté à cette rébellion contre vous, fut celui même qui dès le commencement du monde sollicita les anges de se révolter contre leur créateur. Par la même voie qu'il leur fit perdre les félicités du ciel, il se figura qu'il me priveroit de celles de votre bonne grâce; et l'eût fait, si avec une clémence vraiment admirable vous ne l'eussiez empêché d'y parvenir. Vous ne fûtes pas sitôt en colère, que vous en sortîtes, et retournant à votre douceur accoutumée, fîtes voir combien il est malaisé que nous demeurions longtemps en un état qui ne convient point à notre naturel. Ce qui reste, Madame, pour l'accomplissement d'une action si généreuse, c'est que par l'oubli vous terminiez ce que vous avez commencé par le pardon ; et que pour jamais imposant silence à votre justice, vous me fassiez connoître qu'à bon escient vous desirez que les choses soient aux termes où elles étoient auparavant. J'ai failli, Madame, et failli si extraordinairement, que si j'avois trahi mon roi, vendu mon pays, et généralement violé toutes sortes de lois divines et humaines, je ne penserois pas être coupable comme je suis. Mais avec tout cela, si vos beaux yeux, à qui tout est pénétrable, prennent la peine de regarder au fond de mon cœur, ils y verront les caractères de ma fidèle servitude aussi clairs et aussi visibles que le premier jour qu'ils y furent gravés ; ils y trouveront votre image si saine et si entière, qu'ils la jugeront avoir été plutôt approfondie qu'effacée par mes violences; et finalement ils vous rapporteront avec vérité que vous n'avez jamais régné sur mes actions[6] absolument et souverainement comme vous y régnez aujourd'hui. Ces considérations,

---

6. Var. (recueils de Rosset et de la Serre) : sur mes affections.

Madame, n'étant point si foibles, que de soi-même elles ne puissent vaincre toutes celles du parti contraire, jugez ce qu'elles feront si vous les fortifiez de votre assistance, et les favorisez de la protection de votre bonté. Faites-le, Madame, faites-le, miracle unique du monde. Otez à mon âme ce qui lui est demeuré du désordre où ce malheureux mouvement l'a réduite. Rayez cette histoire abominable du nombre des choses avenues. Et si mon crime a consumé[7] tout ce que jusques ici mes services me pouvoient avoir acquis de mérites[8], trouvez bon que malgré lui je puisse espérer quelque récompense de ceux que je me propose de vous continuer à l'avenir. Je vous en conjure, ma reine, je vous en conjure, ma chère déesse, avec toute sorte de très-humbles submissions; et vous supplie à mains jointes de me rendre la permission de baiser les vôtres, si ce n'est pour m'obliger, au moins pour avec leur attouchement me purifier la bouche de tant de blasphèmes, et la préparer aux bénédictions qu'éternellement je veux donner à la gloire de votre nom.

Le 10e septembre 1607.

92. — A CALISTE[1].

QUELQUE discrétion que je vous aie promise, si faut-il, ma reine, que vous me permettiez de me transporter en la joie que m'ont donnée vos lettres. Je les ai lues, et baisées autant de fois qu'il y a de moments qu'elles m'ont été rendues. Je les lis et les baise encore à toute heure, avec regret qu'elles n'ont du sentiment et des paroles,

7. VAR. (recueil de la Serre) : consommé.
8. VAR. (recueils de Rosset et de la Serre) : de mérite.
LETTRE 92. — 1. Cette lettre est la 16e du livre III dans l'édition de 1630 (p. 700).

pour vous solliciter quelque jour à me rendre ce qu'elles auront reçu de moi. Je ne sais, ma chère déesse, si je sors des bornes du respect; mais je sais bien qu'il s'en faut beaucoup que je n'aille jusques où ma passion me veut mener. Les affections foibles et dissimulées vont retenues en leur langage ; les fortes et véritables parlent hardiment. Voilà pourquoi, ma chère déesse, je ne crains point de vous offenser en prenant quelque liberté. Vous le trouverez bon, s'il vous plaît, ma reine, et prendrez plaisir de vous voir autant aimée comme vous êtes aimable, c'est-à-dire infiniment et démesurément. J'ai appris que vous allez faire un voyage aux bains. C'étoit, ce me semble, ici[2] votre chemin. Toutefois, puisque vous dépendez de la compagnie où vous êtes, il faut avoir patience et digérer cet ennui avec les autres. J'avois commencé des vers quand vous partîtes d'ici, pour vous témoigner le déplaisir que j'en avois. Je suis après de les achever[3], et les vous envoyerai tout aussitôt, avec le plus bel air du monde, qui y est déjà fait. Je ne sais pas quel moyen la fortune me donnera de vous servir; mais je sais bien que si je vis, votre beau nom sera l'un des plus glorieux qui ait jamais été jusques à cette heure, ni qui soit jamais à l'avenir en la mémoire des hommes. Assurez-vous-en, ma reine, et soyez un peu plus diligente à me donner de vos nouvelles, puisque vous avez une voie si assurée de m'en faire tenir. Je conjure vos belles mains de ne s'offenser point de prendre cette peine, et votre bel esprit d'y mettre quelque chose que je prenne plaisir de lire. Adieu, ma reine : je vous baise les pieds.

Le 24ᵉ mai 1608.

2. Malherbe était alors à Paris.
3. Ce sont probablement les vers : *Laisse-moi, raison importune.* Voyez tome I, pièce xxx, p. 130.

93. — A CALISTE[1].

Si la fâcheuse compagnie où vous étiez vous eût quittée, comme vous me l'aviez fait espérer, je n'eusse pas été si malheureux que vous fussiez partie sans que j'eusse eu l'honneur de vous voir, et d'ouïr peut-être de votre belle bouche quelques paroles qui eussent soulagé l'ennui que j'avois de vous voir en aller. Mais puisque cela n'a pu être, je satisferai à l'un par cette lettre, et vous, s'il vous plaît, à l'autre par votre réponse. Ma mémoire s'est tellement remplie de l'imagination de vos incomparables beautés, qu'il n'y a point de moyen que d'autres objets y trouvent place. Je vous supplierois volontiers, ma belle princesse, de commander à la vôtre de faire le semblable pour moi; mais il y auroit de la présomption à ma requête. Je laisserai faire à votre bonté, qui vous conseillera peut-être plus que je n'oserois vous demander. Bien vous dirai-je que vous n'avez jamais obligé personne qui avec plus de discrétion reçoive cette grâce, et toutes celles que la continuation de ma très-humble servitude se promet de mériter à l'avenir. Souvenez-vous, Madame, du lieu où je me donnai à vous, et le prenez pour un augure indubitable que je serai vôtre jusques au terme que l'on prescrit aux choses du monde les plus durables, c'est-à-dire jusques à la mort. Adieu, ma reine. Je ne fus jamais transporté comme je suis; aussi faut-il confesser que je n'en eus jamais tant de sujet. Je me prosterne à vos pieds, et les adore, avec un regret extrême de ne pouvoir faire quelque chose qui plus manifestement vous témoigne que je suis votre très-humble et très-fidèle serviteur.

Lettre 93. — 1. Cette lettre est la 17e du livre III de l'édition de 1630 (p. 701).

94. — A CALISTE[1].

Je ne faisois plus compte de vous écrire tant que nous serions ici, parce que l'on nous promet que sur la fin de la semaine qui vient, nous nous en retournerons à Paris. Mais ayant appris d'un homme qu'il vous avoit laissée malade, cette nouvelle, sans mentir, m'a si vivement touché, qu'il a fallu que j'aie suivie le conseil que m'a donné mon impatience d'envoyer ce porteur exprès pour en apprendre la vérité. Vous savez, Madame, de quelles chaînes je suis ici attaché; mais elles ne sont point si fortes que quand une considération juste comme celle de votre service me commandera d'en partir, je ne rompe avec la violence ce qu'avec la dextérité je ne pourrai délier. Je laisse disputer aux philosophes qui est le souverain bien de l'homme. Vous êtes le mien, Madame, et le serez tant que mon affection vous sera agréable. Il y aura demain quinze jours que le Roi me fit force belles promesses. Je ne sais ce qui en réussira; mais je vous jure que tout le fruit que j'en veux recueillir, c'est[2] de pouvoir avec plus de moyen vous faire paroître que je vous suis quelque chose que ne vous sont point ceux qui veulent que vous les croyiez vos serviteurs. Mon malheur est que les fausses passions s'expriment avec le même langage que les véritables. Mais la ressemblance d'un verre et d'un diamant n'est pas si grande que votre beau jugement n'en fasse la différence, pourvu qu'il lui plaise prendre la peine de s'y employer. Je suis marri que je ne puis satisfaire au désir que vous avez d'avoir des nouvelles de cette cour;

Lettre 94. — 1. Cette lettre est la 18e du livre III (p. 703) dans l'édition de 1630. Nous en avons comparé le texte à celui d'une copie, çà et là incomplète, conservée dans le manuscrit Baluze, f°s 12 et 13.

2. Var. (manuscrit Baluze): .... que je voudrois recueillir d'une grande fortune, ce seroit.

mais quelque diligence que je fasse de m'en informer, et de me trouver aux lieux où elles s'apprennent, je ne vois rien que j'estime digne de vous. Ce que je vous puis mander de meilleur, c'est que le Roi est délivré de ses gouttes, et que par conséquent nous ne serons plus guère ici. Je faux de dire guère, parce que toutes les heures me seront des années ; mais je le dis selon le cours du soleil, et non selon la véhémence de ma passion. Je vous envoie des vers qui vous en donneront quelque témoignage. Si vous les jugez dignes d'être gardés, vous commanderez à vos belles mains[3] de les enregistrer, et me permettrez de les baiser avec le respect et la révérence que j'ai accoutumé. Je prie Dieu qu'il me fasse ouïr de votre santé ce que j'en desire. Si vous me voulez mander quelle est la disposition de Caliste à l'endroit de celui que vous savez, pourvu que ce soit chose qui le puisse réjouir, vous m'obligerez infiniment.

95. — A CALISTE[1].

Il y a, Madame, assez de peine à ne vous point voir, sans y ajouter celle de n'avoir point de vos nouvelles. Aussi n'eussé-je pas tant différé de les rechercher, et vous continuer les assurances de mon éternelle servitude, si ce n'est que l'on nous faisoit espérer que le lendemain des fêtes[2] nous nous en retournerions à Paris. A cette heure que la résolution est prise de demeurer encore dix ou

3. Dans la copie, la fin de la lettre, à partir d'ici, est réduite à ce peu de mots : « de m'écrire souvent, et vous n'oublierez.... »

Lettre 95. — 1. Cette lettre est la 19ᵉ du livre III (p. 705) dans l'édition de 1630. Nous en avons comparé le texte à une copie, fort incomplète, conservée au manuscrit Baluze, f⁰ 14.

2. Les mots : « le lendemain des fêtes, » et à la fin de la phrase : « à Paris, » manquent dans la copie.

douze jours en ce malheureux lieu³ (je parle selon le compte ordinaire, car selon le mien ce seront dix ou douze siècles⁴), il est temps, Madame, de vous faire connoître de quelle âme je veux religieusement obéir au commandement qu'il vous a plu me faire⁵ de me souvenir de vous. Cette lettre vous en va porter le témoignage⁶, qui vous sera confirmé par les vers qui l'accompagnent. Je les commençai samedi au soir, et les achevai le lendemain à la même heure. La journée où je les fis, qui étoit la Pentecôte, me feroit volontiers dire que cette diligence extraordinaire fut un miracle que le Saint-Esprit voulut que je fisse à la gloire de votre nom. Mais je sais bien que vous aimez mieux mériter des louanges, que les recevoir ; et puis en des effets dont l'amour peut être cause, je me ferois tort de la rechercher ailleurs. Vous jugerez qui sera le meilleur de ces ouvrages. Pour moi, je donne ma voix à celui qui aura la vôtre, étant bien raisonnable que puisque je les ai faits pour vous plaire, je fasse plus d'honneur à celui qui aura plus près approché de mon intention. Nos goûts ne s'accordent pas toujours en prose, je ne sais ce qu'ils feront en rime. Tant y a, Madame, que si vous n'y trouvez autre chose, au moins y reconnoîtrez-vous que les esprits mélancoliques reçoivent au centre ce qui ne touche les autres qu'en l'extérieur⁷. J'attends ce que vous m'ordonnerez sur le voyage de Normandie, auquel je suis résolu. Demain, Dieu aidant, je présenterai au Roi ce que je vous envoie, et vous

3. Fontainebleau. C'est dans des termes analogues que Malherbe en parle dans ses lettres à Peiresc.
4. Voyez plus haut, lettre 78, p. 152.
5. Dans la copie : « au commandement que vous m'avez fait. »
6. Ce qui suit, jusqu'à : « en rime, » manque dans la copie, qui n'a pas non plus les quatre phrases qui précèdent « Adieu, Madame, » ni dans la phrase d'après les mots « et rebaise. »
7. Dans la copie : « en la superficie. »

avertirai aussitôt de ce qui en sera succédé ; ou si vous me mandez que vous soyez prête à partir, je vous en irai moi-même porter des nouvelles. Je ne sais point de celles du monde, parce que jusques à cette heure je n'ai eu loisir de voir personne. J'espère être savant devant que je parte ; pour le moins il ne tiendra pas à bien étudier. Adieu, Madame. Je baise et rebaise vos très-belles mains, et vous supplie très-humblement de croire que quand tout ce qu'il y a d'hommes au monde auroient conjuré de vous servir, il n'y en aura jamais un qui le fasse avec plus d'affection. Vous m'avez dit assez de fois que vous n'êtes point ingrate : regardez à quoi cela vous oblige.

---

96. — A CALISTE[1].

Il faut dire la vérité, Madame, qu'il est malaisé de se révolter contre une beauté comme la vôtre, et que quand nous en sommes venus à ce désordre, il est encore plus malaisé que tôt ou tard une meilleure pensée ne nous rappelle à notre devoir. Quels extraordinaires murmures, ou plutôt quels prodigieux blasphèmes ne m'avoit fait faire le déplaisir de vos inégalités? Avec quelles imprécations n'avois-je protesté de mourir de mille morts, plutôt que de me remettre sur une mer où la navigation fût accompagnée de tant de périls? Et cependant, Madame, me voici à vos pieds, si humilié, qu'il ne fut jamais rien de pénitent comme je suis, et si amoureux, que l'étant au delà de toute mesure, je ne le crois pas être à beaucoup près de ce qui est dû à vos incomparables qualités. Je ne sais certes de quels yeux je vous

---

Lettre 96. — 1. Cette lettre est la 20ᵉ du livre III (p. 707) dans l'édition de 1630.

regarde ; mais il est très-vrai que d'un jour à l'autre je trouve en vos perfections un progrès tellement avantageux, que si hier vous m'étiez miraculeuse, aujourd'hui vous m'êtes divine, demain vous me serez déesse. Et à ce compte-là, qui doute qu'à la fin, pour vous nommer selon mon sentiment et selon votre mérite, les paroles ne défaillent à mon imagination ? Considérez, s'il vous plaît, Madame, en la satisfaction que je vous fais, combien les colères de ceux qui aiment sont ridicules. Moquez-vous des miennes, et les effacez en votre esprit, comme sont effacées au mien les pensées qui m'avoient porté à ce désespoir. Je vous demande cette grâce les genoux en terre, et vous supplie très-humblement, Madame, de croire que le desir de vivre ne me durera qu'autant que vous conserverez l'affection inviolable que vous m'avez fait l'honneur de me promettre.

Le 23e juin 1616.

97. — A CALISTE[1].

Il est certain, Madame, qu'en cette malheureuse absence je ne fais rien si volontiers que de vous écrire ; et toutefois je vous jure que ce n'est jamais ni sans quelque scrupule, ni sans le sentiment de quelque déplaisir. La raison est que toutes mes pensées étant au dernier point de la mélancolie, il est mal aisé que mes paroles, tenant de leur qualité, n'aient en leur continuation quelque chose dont votre bel esprit ne demeure pas satisfait. Mais, Madame, que ferois-je sans cette consolation ? Les passions ne sont pas toutes sous mêmes lois. La mienne,

---

Lettre 97. — 1. Cette lettre est la 21e du livre III (p. 709) dans l'édition de 1630.

qui vient d'un sujet aussi élevé au-dessus des autres que le ciel est élevé au-dessus de la terre, doit avoir quelque extraordinaire liberté. Vous savez ce que me fait souffrir la tyrannie de la fortune, et jugez bien que ce seroit pour me désespérer, que d'être hors de votre présence et de votre mémoire tout ensemble. Voilà pourquoi, Madame, vous excuserez, s'il vous plaît, le soin que j'ai de m'y ramentevoir, et vous assurerez que comme vous êtes d'un mérite dont l'exemple ne se peut trouver que parmi les anges, je n'ai autre desir que de vous témoigner une fidélité à qui nulle autre ne puisse faire comparaison.

98. — A CALISTE[1].

J'ai beau me travailler, Madame, et beau tourner mes imaginations de côté et d'autre, pour trouver quelque soulagement en mes ennuis, je ne vois rien qui ne les aigrisse au lieu de les adoucir. Je sais bien qu'en la contemplation que mon âme fait incessamment de vos incomparables mérites, elle jouit des mêmes félicités dont elle jouira un jour au ciel; mais elle se reconnoît si obligée à mes yeux, et par conséquent elle prend telle part en leur intérêt, que tant qu'ils seront affligés, il est impossible qu'elle veuille goûter aucune consolation. La fin de ma misère ne peut venir d'ailleurs que de mon retour auprès de vous, qui est chose dont je vois le terme si éloigné, que tant s'en faut qu'en la tempête où je suis j'appréhende le naufrage, au contraire je pense avoir toutes les occasions du monde de le desirer. Ayez-en pitié, Madame, et croyez qu'aux mauvais traitements

---

LETTRE 98. — 1. Cette lettre est la 22ᵉ du livre III (p. 710) dans l'édition de 1630.

que me fera la fortune, s'il y a chose qui me les puisse rendre supportables, ce sera de vous les voir considérer avec quelque déplaisir.

99. — A CALISTE[1].

Je ne sais ce que je suis, je ne sais ce que je fais, Madame, et encore moins sais-je ce que je vous dois dire, tant mon âme est en désordre par ce malheureux éloignement. Je suis ici en un lieu où tout m'afflige, et où bien à peine je me pense trouver moi-même, puisque je ne vous y trouve point. Aussi est-ce par vous et pour vous seule, Madame, que mes yeux s'ouvrent et se ferment. Pour toutes autres choses, quelques[2] présentes qu'elles me soient, et en quelque façon qu'elles m'importent, ou je ne les vois du tout point, ou si je les vois, c'est avec tant de nonchalance, que sans mentir, s'il falloit que j'en rendisse compte, je n'en saurois parler autrement que comme de visions qui de nuit me seroient apparues, et se seroient évanouies aussitôt que le jour seroit arrivé. Ces paroles, Madame, sont pures vérités; mais mon esprit, qui se ressent de ma mauvaise humeur, me les fait dire avec le peu de grâce que vous y voyez. Madame, mon espérance est que les ennuis que je souffre vous feront supporter mes défauts; et pour le moins connoîtrez-vous en ma diligence, qu'il ne fut jamais passion si forte comme celle que j'ai d'être conservé en votre mémoire.

Lettre 99. — 1. Cette lettre est la 23ᵉ du livre III (p. 711) dans l'édition de 1630.

2. Voyez ci-dessus, p. 15, note 2; et p. 146, le commencement de la lettre 74.

100. — A CALISTE[1].

Je veux croire, Madame, que le temps soit un remède à quelques douleurs; mais qu'il les guérisse toutes, le progrès que d'un jour à l'autre je vois faire aux miennes m'empêche bien d'accorder à son pouvoir cette infinité d'étendue qui lui est attribuée ordinairement. Mes afflictions, aussitôt qu'elles naquirent, me semblèrent extrêmes; et toutefois quelle comparaison y a-t-il de ce qu'elles sont à cette heure à ce qu'elles étoient en leur commencement? Non, non, Madame, l'espérance peut bien avoir des flatteries et des impostures pour les autres; mais pour moi, la mort est la seule fin que vraisemblablement je dois proposer à mes ennuis. Je contribue tout ce que je puis pour y parvenir; c'est à la fortune à faire le reste. Puisqu'elle m'a ôté de votre présence, quand elle m'ôtera du monde la dernière injure sera moindre que la première. Je sais bien, Madame, les frayeurs ordinaires qui sont appréhendées en ce passage; mais je vous jure que le seul regret que j'y porterai, sera celui de ne vous avoir par quelque effet signalé fait connoître que vous aurez perdu le plus fidèle et le plus affectionné serviteur à qui jamais l'amour ait donné de la passion.

---

101. — A CALISTE[1].

Je continue de souffrir, Madame; c'est pourquoi vous ne devez attendre que je cesse de me plaindre. Mon

---

Lettre 100. — 1. Cette lettre est la 24ᵉ du livre III (p. 712) dans l'édition de 1630.

Lettre 101. — 1. Cette lettre est la 25ᵉ du livre III (p. 713) dans l'édition de 1630, dont le texte est identique de tout point avec celui d'une copie conservée dans le manuscrit Baluze, fº 15.

malheur iroit jusques au désespoir, si à la contrainte que j'ai de cacher mon mal à tout le monde, il me falloit ajouter celle de ne vous en oser entretenir. Ce n'est pas sans un déplaisir extrême que je vous tiens des discours si mal agréables; mais en ce pitoyable moment que je fus séparé de vous, ou pour mieux dire que je fus arraché à moi-même, la tristesse s'étant emparée de mon esprit, s'y est tellement fortifiée, et s'y fortifie encore d'un jour à l'autre avec tant d'opiniâtreté, qu'à moindre condition que de vous revoir il ne faut pas que j'espère de l'en pouvoir faire sortir. Je sais bien, Madame, que votre modestie est incomparable, et que comme telle elle ne juge pas bien équitablement de la divinité de votre mérite; mais pour cela je ne crois pas que vous ne m'accordiez qu'en vous perdant je dois avoir perdu l'envie de vivre. Oui, Madame, je l'ai perdue, et si jamais je la recouvre autrement que par le recouvrement de votre adorable présence, je me condamne à la privation éternelle de l'honneur que vous me faites de me tenir pour votre très-humble serviteur. C'est bien la plus cruelle imprécation que je me saurois faire; mais vu la disposition que je sens en mon âme, c'est celle dont je pense avoir moins d'occasion d'appréhender l'événement.

102. — A CALISTE[1].

Enfin, Madame, me voici au malheureux point que j'ai si longtemps appréhendé. L'heure de partir est ve-

Lettre 102. — 1. Cette lettre est la 26ᵉ du livre III (p. 714) dans l'édition de 1630. Le manuscrit Baluze (fᵒˢ 16 et 17) en renferme deux copies, dont l'une, celle du fᵒ 17, est entièrement conforme au texte de 1630. Celle du fᵒ 16 offre quelques dif-

nue, heure véritablement infortunée² en toutes ses circonstances, mais où rien ne me trouble comme la nécessité de cacher mon déplaisir. Le sentiment me demande des larmes et des plaintes; les considérations ne me permettent ni l'un ni l'autre. Que ferai-je, Madame, en ce désordre? de quelle imagination combattrai-je une douleur si juste? et quel exemple suivrai-je en un malheur où je ne vois personne qui m'ait précédé³? Je sais bien qu'aux accidents qui n'ont point de remède, le conseil ordinaire est de prendre patience. Mais pourquoi soumettrai-je aux règles de la terre une affection qui si manifestement a sa naissance dans le ciel? Non, non, Madame, je ne ferai point cette injure⁴, ni à la grandeur inestimable de votre mérite, ni à l'excès incomparable de ma passion, de chercher à me consoler en ce que je souffrirai pour vous, ni en cette occasion ni en aucune autre. La fortune me traitera selon son humeur; je ne capitulerai point avec elle pour demeurer en votre obéissance. Je suis sous vos lois; j'y vivrai à telles conditions qu'il lui plaira, et mourrai dans la résolution de n'être jamais autre que votre⁵ serviteur très-humble, très-fidèle et très-affectionné. Si vous me faites cette grâce de le croire, comme je vous en supplie, Madame, les genoux en terre, vous donnerez à mon esprit une satisfaction qu'il ne veut ni ne peut⁶ espérer d'ailleurs.

férences; elle porte en tête cette note : « Lettre de M. de Malherbe que me donna Mad. »

2. Var. (copie f° 16) : L'heure de partir est venue, véritablement infortunée pour moi, etc.

3. Var. (ibidem) : et quel exemple me proposerai-je.... qui m'ait jamais précédé.

4. Var. (ibidem) : cette honte.

5. Var. (ibidem) : dans la résolution d'être votre, etc.

6. Var. (ibidem) : qu'il ne peut ni ne veut.

103. — A CALISTE[1].

Si je ne fais jamais autre faute que celle dont votre dernière lettre m'accuse, je ne crois pas que je sois jamais en peine d'implorer votre miséricorde. J'ai certes été quelques jours sans vous écrire, Madame; mais l'homme par qui j'avois accoutumé de vous faire tenir mes lettres n'étant pas en vos quartiers, vous jugez bien que sans nous exposer aux inconvénients qui en semblables occasions n'arrivent que trop souvent, je ne pouvois tenter une autre commodité. Aux choses où il ne va que de mon intérêt, je me commets volontiers à la fortune; en celles où il va de votre honneur, si la sûreté même ne m'est suspecte, je ne pense pas être assez considéré[2]. Mon affection, Madame, est montée à son dernier point. Il est temps que vous en ayez pitié. Si à cette heure que l'absence de votre fâcheux[3] vous en donne le moyen, vous ne vous y résolvez, il n'y a plus de salut pour moi. Je vous envoie ce courrier en diligence, avec charge de me revenir trouver sur le chemin. Renvoyez-le-moi instruit de votre volonté. Mon avis seroit que je vous visse avant que l'on ait su que je suis[4] dans le pays. Toutefois en ceci, comme partout ailleurs, prenez l'autorité de commander, et ne me laissez pour ma part que la gloire d'obéir. Vous êtes ma félicité seule, il est raisonnable que vous soyez ma seule loi.

Lettre 103. — 1. Cette lettre est la 27e du livre III (p. 715) dans l'édition de 1630. Nous en avons comparé le texte à une copie conservée dans le manuscrit Baluze, f° 18.

2. *Considéré*, prudent, le contraire d'*inconsidéré*.

3. Probablement le vicomte d'Auchy. Voyez tome I, p. 128, la notice de la pièce xxix.

4. Var. (copie du manuscrit Baluze) : que je sois.

104. — A CALISTE[1].

Madame,

Si c'est être aux bonnes grâces d'un homme que d'en être parfaitement estimée et honorée, vous avez raison de croire que vous êtes véritablement aux miennes, car je vous jure qu'il y a peu de femmes que j'estime ni que j'honore comme vous. Je dirois qu'il n'y en a du tout point, si vous m'écriviez une seconde lettre aussi obligeante que la première. Je laisse cela à votre discrétion : je n'ose demander ce que je ne mérite point. Si j'eusse pu aussi sûrement vous donner de mes nouvelles que vous me pouvez donner des vôtres, vous n'auriez pas l'avantage de m'avoir prévenu. Je brûlois d'envie de vous faire savoir le déplaisir que me donnoit votre absence, et l'impatience avec laquelle j'attendois votre retour. Mais comme l'eussé-je fait? Il est vrai que je ne suis plus homme à scandale; mais n'importe : je ne veux pas me mettre à la merci des rieurs. Vous avez fait une œuvre de supererogation de me parler de ceux de votre compagnie. J'en fais cas, mais sans les mettre en notre rang ni vous au leur. Fasse ses vendanges qui voudra, les miennes sont faites; et si bien faites, que le grapage même n'y est pas demeuré[2]. Les déplaisirs que j'en ai sont infinis, mais le plus cuisant de tous, c'est, Madame, celui de ne vous pouvoir témoigner que je suis, avec un cœur aussi vert que le reste est sec, votre très-humble et très-affectionné serviteur.

Lettre 104. — 1. Cette lettre est la 28e du livre III (p. 717) dans l'édition de 1630, dont le texte est entièrement conforme à celui d'une copie conservée dans le manuscrit Baluze, f° 19.

2. C'est-à-dire qu'il n'y est même pas resté de quoi grappiller.

105. — A RODANTHE[1].

Il est bien certain, Madame, que de quelque prix que soit une offrande, il faut pour la rendre agréable l'accompagner d'une révérence proportionnée à la qualité de celui qui la doit recevoir. Nous pouvons bien entrer aux maisons des particuliers avec une contenance haute et relevée, mais quand il est question d'aller aux temples, la raison veut que par quelque apparence de crainte nous fassions voir que nous ressentons la majesté de celui à qui nous allons nous adresser. Les choses sacrées ne se traitent point sans cérémonie, que par ceux qui les considèrent sans religion. Je vous dis ceci, Madame, pour vous rendre compte de ce que depuis l'honneur que vous m'avez fait de me permettre de vous écrire, j'ai été quelques jours sans y satisfaire. Dieu sait si j'en avois envie, et si ma passion m'en sollicitoit continuellement. Mais étant cette action la première que je fais venant à votre service, j'ai voulu que la discrétion que j'y apporterois vous fût un gage de celle que vous en devez espérer à l'avenir. A cette heure que je me suis délivré de ce scrupule, et que par ma timidité vous avez pu remarquer le respect que je porte à vos inestimables mérites, voici, Madame, toutes mes affections, toutes mes volontés, et toutes mes pensées que j'apporte à vos pieds, avec autant de regret de les avoir jamais engagées ailleurs, comme de satisfaction et de gloire de les avoir[2] aujourd'hui réduites en un lieu où je n'ai différé de prétendre qu'autant que j'ai désespéré d'y parvenir. Je sais bien que la condition de celui

---

Lettre 105. — 1. Cette lettre, la 29ᵉ du livre III dans l'édition de 1630 (p. 718), avait paru d'abord dans le recueil de Rosset (fº 370), où elle est sans nom d'auteur. — Rodanthe, c'est Mme de Rambouillet. Voyez tome I, p. LXXXVI.

2. Var. (recueil de Rosset) : de les voir.

qui les offre n'est pas telle qu'elle leur puisse donner beaucoup de relief; mais ce leur sera un sujet de chercher avec plus de soin leur recommandation en elles-mêmes, et de récompenser par la fidélité le défaut qu'on leur peut imputer d'ailleurs. Il me suffit, Madame, que vous les accueilliez avec cette bonté dont vous leur avez donné la hardiesse de se présenter à vous. Mes services ne m'obtiendront jamais si petite part en vos bonnes grâces, que je ne la préfère à toutes les faveurs que je saurois avoir de la fortune; et vous jure que si l'acquisition m'en étoit réservée au dernier jour de ma vie, il n'y a rien à la mort de si effroyable que ma résolution ne méprisât pour vous témoigner avec quelle impatience je desire d'y arriver. Croyez-le, Madame, et trouvez bon que j'ose baiser vos très-belles mains, avec une humilité que véritablement je puis dire n'avoir jamais été en personne à qui vous ayez donné cette permission.

106. — A MADAME LA MARQUISE DE MONTLAUR[1].

Madame,

Vous eussiez eu plus tôt de mes lettres, si j'eusse cru que plus tôt vous eussiez été capable de les lire; mais cer-

LETTRE 106. — 1. Cette lettre, la 11ᵉ du livre I dans l'édition de 1630 (p. 521), avait paru antérieurement dans les recueils de Rosset (f° 149) et de la Serre (p. 119). Il en existe une copie dans le manuscrit 3927 du fonds français à la Bibliothèque impériale, f° 22. A la suite (f° 23) se trouve une réponse écrite par du Vair au nom de la marquise de Montlaur. Celle-ci avait perdu son mari, Philippe d'Agoult, marquis de Montlaur, en janvier 1608, ce qui nous donne la date de la lettre. Voyez tome III, p. 7, note 4, et p. 57. — Dans les recueils de Rosset et de la Serre le titre est : « Consolation du sieur de Malerbe à Madame la marquise de Montlort sur la mort de son mari. »

tainement jusques ici je vous estimois si justement occupée à regretter votre perte, que je faisois conscience de vous interrompre, et pensois que sans vous priver d'un contentement extrême, je ne pouvois essayer de diminuer votre douleur. A cette heure que vous avez eu quelque loisir[2] de resserrer le débordement de vos larmes, et recueillir vos esprits dissipés en la nouveauté de cet accident, il est temps que par un témoignage de compatir avec vous, j'évite la mauvaise opinion que vous pourroit donner mon silence, et vous fasse voir que si quelques-uns m'ont précédé en la diligence de plaindre votre affliction, pour le moins ne m'ont-ils point surpassé en la vérité de la ressentir. Il faut avouer, Madame, que ce me seroit un labeur fort agréable, de pouvoir faire quelque chose pour votre consolation. Votre mal en a besoin, vos qualités y convient tous ceux qui vous connoissent, et l'affection particulière que je vous ai vouée semble me le commander. Ce qui m'en empêche, c'est que je ne crois point[3] qu'aux plus belles paroles du monde il y ait assez de persuasion pour adoucir une nécessité si amère, comme celle où vous êtes aujourd'hui réduite de ne voir jamais ce qu'autrefois vous avez vu avec tant de plaisir. Je sais bien qu'en pareilles occasions une des raisons principales que l'on nous propose, c'est la condition bienheureuse de ceux pour qui nous sommes affligés. Mais serois-je si mauvais estimateur, ou de votre mérite, ou de l'amour que feu Monsieur le marquis vous a portée, que je pusse douter qu'au milieu même de la béatitude éternelle il ne tourne[4] les yeux vers la terre, et qu'avec quelque soupir il ne témoigne que les joies du

---

2. Var. (manuscrit) : le loisir.
3. Var. (*ibidem*) : je ne vois point.
4. Var. (*ibidem*) : il ne retourne.

ciel ne lui sont point si chères, qu'il ne lui souvienne⁵ toujours de la gloire qu'il a eue de vous posséder? Je ne veux pas nier qu'en la compagnie où il est à cette heure, les délices qu'il goûte soient infinies⁶; mais je sais bien, Madame, qu'il en avoit d'incomparables en la vôtre. C'est pourquoi de vouloir que vous soulagiez votre malheur par la considération de sa félicité, je n'y vois point d'apparence, et de vous dire qu'en ce qui est ordonné par des lois irrévocables, le seul expédient est de se disposer à les souffrir, je vous estime trop par-dessus le commun pour vous tenir des langages si vulgaires. J'ai perdu assez de choses qui peut-être ne m'ont été ôtées que pour me châtier d'une fâcheuse inclination que j'ai d'aimer avec trop de violence; mais toutes les remontrances qu'on m'a su faire ne m'ayant⁷ jamais de rien servi, je serois injuste d'exiger de vous une résolution que je n'ai pu obtenir de moi-même. Le temps, qui termine toutes choses, a été mon remède; et sans doute, Madame, il sera le vôtre, quelque effort que votre obstination fasse de l'en empêcher. La procédure en est lente, mais le succès en est infaillible. Contribuez-y ce qui dépend de vous. Je n'entends pas que vous oubliiez votre mari. Les obligations que vous avez à toute sa maison me sont trop connues pour vous donner un si mauvais conseil, et vous trop sage pour le recevoir. Ce que je veux, c'est que vous défendiez à votre mémoire les objets qui ne le vous peuvent ramentevoir⁸ qu'avec ennui. L'humeur mélancolique s'attache volontiers aux imaginations qui l'entrêtiennent. Quand il vous en viendra de sem-

5. Var. (manuscrit) : qu'il ne se souvienne.
6. Var. (recueils de Rosset et de la Serre) : ne soient infinies.
7. L'édition de la Serre donne *ayant;* les autres : *ayans.*
8. A partir de ce mot, le recueil de la Serre donne, moins les quatre premières lignes, la lettre 80. Voyez p. 155, note 2.

blables, rejetez-les, et ne recevez que celles qui vous exciteront[9] à vous divertir. Surtout, Madame, voyez de tirer ce profit de votre dommage, que la fortune qui vous a surprise vous treuve mieux préparée à l'avenir. Vous êtes jeune, et par conséquent, ayant à vivre longtemps, il est vraisemblable que ce combat n'est pas le dernier que vous aurez avec elle. Faites-lui sentir que si elle a eu de l'avantage sur vous, elle ne le doit pas tant à sa force qu'à votre nonchalance, et que lorsque vous serez sur vos gardes, elle n'en voudra pas à vous[10] si facilement. Considérez en votre malheur ce que vous avez toujours négligé en celui des autres, que le verre n'est point si fragile comme ce qu'il y a de plus ferme en la prospérité des hommes; et que tous ces noms d'ombre, songe, vent et fumée, que nous donnons ordinairement à cette misérable vie, sont encore de trop glorieux titres, et des comparaisons trop élevées pour exprimer son infirmité. Ce n'est point chose qu'il vous faille représenter avec un long discours, vous étant la vertu si naturelle comme elle est; et même ayant devant vous l'exemple de Madame la Comtesse[11], qui est le meilleur que je vous saurois proposer. L'inconvénient lui est commun avec vous; mais l'expérience qu'elle a des choses du monde lui a donné, sinon plus de courage, au moins plus d'instruction de surmonter les adversités. Elle est demeurée si droite parmi une infinité de chutes et de ruines qu'elle a vues en ce malheureux siècle, que sans lui faire injure on ne sauroit douter qu'elle ne résiste à cette infortune aussi victorieusement qu'à toutes celles qui l'ont assaillie par le passé. C'est là que je vous remets, et à l'assistance

9. Var. (manuscrit) : appelleront.
10. Le manuscrit a la leçon, peut-être préférable : « n'en viendra pas à bout; » et sept lignes plus loin, *relevées*, pour *élevées*.
11. La mère du marquis de Montlaur. Voyez tome III, p. 7, note 2.

de Dieu, en laquelle[12] il n'y a rien qu'une belle âme comme la vôtre ne doive espérer. Je l'implore pour vous de tout mon cœur, et vous supplie, Madame, que je sois toujours conservé en l'honneur de vos bonnes grâces, comme votre très-humble serviteur.

[Janvier ou février 1608.]

---

107. — A MADAME LA PRINCESSE DE CONTY [1].

MADAME,

Ne pouvant aller à Saint-Germain sitôt que je desirois[2], pour une affaire qui m'est survenue, et cependant ne voulant pas faillir à ce que je dois, je m'informe continuellement de votre santé. Les obligations que je vous ai me la rendent chère; et d'ailleurs le mauvais état où je vous ai vue partir[3], pour la nouvelle que vous veniez de recevoir de la mort de Monsieur le chevalier votre frère[4], me fait craindre que le temps, quelque bon médecin qu'il soit, n'ait de la peine à vous y donner du soulagement. Ce

12. VAR. (manuscrit et Rosset) : de laquelle.
LETTRE 107. — 1. Cette lettre, la 3e du livre I (p. 477) dans l'édition de 1630, avait été, comme nous l'avons dit au tome I, p. xc, 5, imprimée en 1614. Elle reparut ensuite dans les recueils de Rosset (f° 307) et de la Serre (p. 87), où elle est intitulée : « Lettre de consolation à Madame la princesse de Conty sur la mort de Monseigneur le cheualier de Guyse, son frère, par Monsieur de Malherbe. »
2. VAR. (édit. de 1614 et recueils de Rosset et de la Serre) : que je desirerois.
3. Dans les quatre éditions il y a *vu*, sans accord.
4. François-Alexandre Paris, chevalier de Guise, frère de la princesse de Conti, avait été tué le 1er juin 1614 au château des Baux, près d'Arles, par l'explosion d'une pièce de canon à laquelle il avait voulu mettre le feu lui-même. Voyez tome III, p. 433 et la note 4.

que j'en apprends, c'est qu'à Saint-Germain vous soupirez comme vous soupiriez⁵ à Paris ; qu'à toute sorte d'objets vous recommencez vos plaintes ; que les consolations ne sont pas mieux reçues de vous que de coutume ; et finalement que vous êtes bien peu différente de ce que vous étiez le premier jour que ce pitoyable message vous fut apporté⁶. Je sais bien, Madame, que pour condamner vos larmes, il faudroit ignorer le plus juste ressentiment qui soit en la nature. Les autres passions ont leurs bornes étroites, et ne sauroient si peu s'étendre qu'elles ne soient hors de la bienséance. Celle d'aimer est alors extrêmement louable, quand elle est extrêmement violente ; et sans mentir, si jusques ici⁷ vous eussiez moins fait que ce que je vous ai vu faire, je me fusse permis de diminuer quelque chose de l'opinion que j'ai de votre bon naturel ; mais aujourd'hui que de l'amour d'un frère vous semblez passer à la haine de vous-même, et faites appréhender à vos serviteurs quelque mauvaise issue de cette obstination à vous affliger, je ne puis que pour l'intérêt de la vertu, dont vous êtes presque le seul appui en cette cour, je ne vous supplie très-humblement de trouver bon que je quitte la complaisance, pour me courroucer à votre douleur⁸, et vous faire voir que sans honte vous ne pouvez céder à un ennemi qui n'ayant autre force que celle que lui donne votre foiblesse, indubitablement cessera de vous poursuivre aussitôt que vous aurez cessé de reculer. Que pensez-vous faire, Madame ? Où est allée cette crainte de Dieu qui si exactement vous a toujours fait conformer à ses volontés ? En quelles ténèbres s'est ensevelie cette lumière d'esprit dont

---

5. Var. (recueil de la Serre) : comme vous soupirez.
6. Var. (*ibidem*) : vous fut rapporté.
7. Var. (édit. de 1614) : jusqu'ici.
   A votre douleur, c'est-à-dire contre votre douleur.

vous êtes renommée entre les premières princesses de la terre? Auriez-vous été si nonchalante en la considération du cours du monde, que vous n'eussiez pas reconnu que l'instabilité des choses humaines y fait tous les jours quelque nouveau trouble; et que pour y trouver une vie qui n'ait jamais eu de traverse, il la faut chercher[9] parmi celles qui n'ont duré que du matin jusques au soir? Vous avez l'honneur d'approcher la Reine de si près, et lui rendez une assiduité si grande en tous lieux et à toutes heures, qu'il n'y a personne qui la connoisse comme vous faites. Vous voyez que sa piété envers Dieu ne peut être plus grande, sa bonté envers les hommes plus générale, ni sa conduite aux affaires plus diligente. C'est chose que toutes les bouches publient, que toutes les plumes écrivent, et que sans être méchant jusqu'à la rage ou stupide jusqu'à la brutalité[10], il est impossible de contredire. Et néanmoins fut-il jamais des ennuis sensibles comme ceux que le malheur a donnés et donne continuellement à son incomparable vertu? Je laisse à part la mort du feu Roi, en la perte duquel, si une main plus forte que celle des hommes ne l'eût visiblement soutenue, elle avoit de quoi ne se ressouvenir jamais qu'avec larmes du contentement de l'avoir possédé. Je ne dis rien non plus de celle de feu Monseigneur[11], prince dont l'inclination aux choses sérieuses excédant la mesure de son âge, faisoit croire que les interprétations de ces feux du ciel que nous vîmes à Fontainebleau sur le point de sa naissance[12], tant fussent-elles avantageuses, ne l'étoient point assez pour témoigner ce qu'il falloit

---

9. Var. (recueil de la Serre) : .... de traverse, se la faut chercher.
10. Var. (*ibidem*) : jusques à la brutalité.
11. Le second fils de Henri IV, mort en 1611. — Voyez au tome I, p. 189-191, les pièces LIV et LV.
12. Voyez tome III, p. 33.

espérer de sa grandeur. Je parle seulement de ces brouilleries monstrueuses que lui font tous les jours ceux mêmes à qui ses libéralités ont donné plus d'occasion de la servir. Considérez-les, Madame, et depuis le premier jour de sa régence (lequel avec tout ce qu'il y a de gens de bien en ce royaume, je n'appelle jamais autrement que le jour de la résurrection de l'État) comptez, si vous pouvez, toutes les persécutions que jusqu'à cette heure elle a souffertes, il sera malaisé qu'après un si grand exemple vous ne supportiez patiemment que de tant d'adversités dont la vie est pleine, il y en ait quelqu'une qui soit parvenue jusques à vous. Vous me direz qu'en toute autre affliction que celle où vous êtes, vous eussiez eu moins de peine à vous commander[13]; je n'en sais rien, Madame : il vous est demeuré assez de personnes, de qui, si vous les aviez perdues, je ne doute point que vous ne fissiez les mêmes regrets et ne tinssiez le même langage. Mais prenons le cas que cela soit, et que de tous les ennuis dont vous pouviez[14] être touchée, cettui-ci tienne véritablement le premier lieu. Avec quelle apparence, Madame, exigeriez-vous ou cette submission ou cette civilité de la fortune, qu'ayant à vous ôter quelque chose, elle voulût savoir de vous ce qu'il vous déplairoit le moins[15] d'avoir perdu? Est-ce une courtoisie qu'il faille attendre d'un ennemi, et[16] d'un ennemi sans miséricorde[17] comme elle est, qu'ayant tiré l'épée pour vous frapper, il vous demande en quel endroit vous avez envie

13. Var. (édit. de 1614) : vous eussiez eu plus de pouvoir sur vous.
14. Var. (recueil de la Serre) : dont vous pouvez.
15. Var. (édit. de 1614 et recueils de Rosset et de la Serre) : ce qu'il vous déplairoit moins.
16. Le recueil de la Serre omet *et*.
17. Var. (édit. de 1614) : et d'un ennemi irréconciliable.

de recevoir le coup? Ne savez-vous pas que c'est à elle à choisir de nous et du nôtre ce que bon lui semble, et à nous de nous résoudre qu'à la première occasion[18] ou nous serons emportés nous-mêmes, ou nous lui verrons emporter le demeurant? Je vous accorde que la mort de Mons. votre frère est une perte inestimable. Je ne la restreins ni à vous ni aux vôtres. Le Roi et la Reine, que j'ai vus en votre chambre[19] le pleurer avec vous, et qui ont fait l'honneur à Mons. votre aîné[20] de lui aller rendre le même office jusque chez lui[21], vous ont assez témoigné de quelle affection ils participent à votre douleur. Toute la cour, voire toute la France, en a fait de même. Et certes ce jeune prince, qui en la beauté du corps n'étoit surmonté de personne, ajoutoit à cet ornement une douceur d'esprit, une générosité de courage et une pureté de conscience, qui ne démentoient[22] point l'opinion qu'on a toujours eue, que votre maison est si grande qu'elle ne peut rien produire de petit. Mais quoi, Madame? puisqu'il étoit homme, falloit-il pas qu'il souffrît ce qu'ont souffert tous les hommes qui devant lui sont venus au monde, et que souffriront infailliblement tous ceux que les siècles futurs y verront venir après lui? Il le falloit, Madame. Nous avons beau être distingués en la condition de vivre, nous sommes tous égaux en la nécessité de mourir. C'est une loi qui ne reçoit ni dispense ni privilège. Naissons dans la splendeur des palais ou dans l'obscurité des cabanes, sur le drap d'or ou sur le fumier,

---

18. Var. (recueil de la Serre) : que la première occasion.

19. Var. (*ibidem*) : dans votre chambre. — Toutes nos éditions donnent *vu*, sans accord. Voyez plus haut, p. 195, note 3.

20. Charles de Lorraine, duc de Guise.

21. Var. (édit. de 1614) : et qui pour le même sujet ont fait l'honneur à Mons. votre aîné de le visiter jusque chez lui.

22. Le verbe est au singulier dans le texte de la Serre.

parmi les tapisseries ou parmi les araignées, nous en sommes aussi peu exempts d'une façon que d'autre. Oui, mais il pouvoit vivre quatre-vingts ans, et il est demeuré au deçà de vingt-six. Voulez-vous, Madame, être satisfaite sur cette plainte? Souvenez-vous de quelle horloge son heure a été sonnée. N'a-ce pas été de celle qui, faite quant et les siècles [23] par l'auteur des siècles mêmes, gouverne le soleil, comme le soleil gouverne les nôtres, et d'une souveraineté absolue assigne le commencement et la fin à tout ce qui est d'un bout à l'autre de l'univers?. De ce côté-là, Madame, comme il ne faut point espérer de grâce, aussi ne faut-il point craindre d'injustice. Mons. votre frère n'a pas vécu ce qu'il pouvoit vivre, je l'avoue; mais il a vécu ce qu'il devoit; et si celui qui lui prêta la vie étoit comptable de ses actions, il vous feroit voir que lorsqu'il la lui a redemandée, ç'a été sans lui faire perdre une minute du temps qu'il lui avoit baillé pour la posséder. Je ne m'arrête pas là, Madame : je veux de cette considération vous faire passer à une autre. Que savez-vous si pour la rétribution de ses dévotions extraordinaires, cette providence éternelle, qui toujours est disposée au bien de ses créatures, ne lui a point voulu ôter le loisir de faire chose qui pût gâter la réputation que son intégrité lui avoit acquise, et diminuer [24] les contentements que sa prospérité vous avoit donnés? Il est certain que les vertus et les vices s'accompagnent en nos mœurs, comme font les joies et les ennuis en nos aventures. Que savez-vous donc si lorsqu'il est mort, les vertus et les joies de sa vie n'étoient point consumées, et si ce n'a point été lui faire grâce que de lui retrancher des

23. *Quant et les siècles*, en même temps que les siècles, avec les siècles.

24. Le mot *diminuer* manque dans l'édition de 1614.

jours qu'il ne pouvoit passer qu'entre des vices et des
ennuis? Ses inclinations étoient véritablement portées
au bien ; mais quels pernicieux conseillers sont-ce que la
chaleur d'un âge où les passions sont furieuses, la hardiesse d'une condition à qui tout semble être permis, et
la communication des compagnies fâcheuses, que dans le
monde il est aussi mal aisé de ne voir point, comme les
voyant[25] il est impossible d'en éviter l'imitation? La
constitution du corps n'est jamais si forte qu'à la fin,
parmi ceux qui sont malades[26], on ne devienne malade,
ni les ressorts de l'âme si fermes qu'on ne se corrompe
quand on est longtemps parmi ceux qui sont corrompus[27]. Et puis, seroit-ce une bonne conséquence : Il eût
toujours été homme de bien, il eût donc toujours été heureux ; il n'eût jamais fait de mal, il ne lui en fût donc
jamais arrivé? La fortune use impérieusement de ses affections. Elle suit qui bon lui semble, mais elle ne s'attache à personne ; et si elle aime, ce n'est jamais qu'avec
liberté de haïr quand il lui plaira[28]. Trop de gens l'ont
accusée de légèreté, trop de preuves l'en ont convaincue
et l'en convainquent tous les jours, pour en avoir autre
opinion. Pouviez-vous, Madame[29], voir tant de traits de
son inconstance à l'endroit des autres, sans l'appré-

25. VAR. (recueil de la Serre) : que dans le monde il est malaisé
de ne voir point, comme le voyant, etc.

26. VAR. (édit. de 1614) : parmi les malades.

27. VAR. (*ibidem*) : qu'on ne se corrompe quand on est longtemps
parmi la corruption ; — (recueil de la Serre) : qu'on ne se corrompe parmi ceux qui sont corrompus.

28. VAR. (recueil de la Serre) : quand il lui plaît. — Dans l'édition
de 1614, la fin de la phrase : « et si elle aime, etc., » est remplacée
par ces mots : « Si elle avoit aimé quelque temps Mons. votre frère,
quelle caution aviez-vous qu'elle ne le haïroit point à l'avenir ? »

29. L'édition de 1614 omet ici le mot *Madame* ; deux, puis encore
treize lignes plus loin, le recueil de la Serre donne *Monseigneur*, en
toutes lettres.

hender en ce qui touchoit Mons. votre frère[30], et vous représenter que tout ainsi qu'en mourant de bonne heure il vous a donné de quoi murmurer de la brièveté de sa vie, il pouvoit en mourant plus tard vous donner occasion de vous ennuyer de sa longueur? Je sais bien que la belle saison des fleurs est la promesse d'une grande récolte ; mais combien de fois est-il arrivé que tantôt une fortune de grêle[31], tantôt un ravage de pluies, tantôt un excès de sécheresse, et tantôt quelque autre mauvaise disposition de l'air, ne nous[32] a laissés[33] cueillir pour des fruits que des feuilles, et de la paille pour des épis[34]? Mons. votre frère pouvoit, comme chevalier de Malte, désoler toute la côte de Barbarie, ruiner Arger[35], brûler Tunis et Bizerte[36], rompre le commerce de Constantinople en Alexandrie, resserrer les galères du Turc au delà du Bosphore, et donner la souveraineté des mers du Levant à l'étendard de sa religion[37]. Il pouvoit aussi, comme lieutenant général d'une armée royale, mettre pied à terre en la Syrie, redresser les croix de Lorraine en la Palestine[38], porter les fleurs de lis[39] aux dernières contrées des Indes, et se couronner de palmes plus hautes et plus glorieuses que ne furent jamais celles de ses pré-

30. VAR. (édit. de 1614) : sans l'appréhender au sien.
31. VAR. (*ibidem*) : que tantôt une grêle.
32. VAR. (recueil de la Serre) : vous.
33. Toutes nos éditions donnent *laissé*, sans accord. Voyez ci-dessus, p. 199, note 19.
34. L'orthographe de ce mot est *espiz* dans l'édition de 1614 et dans le recueil de Rosset ; *espics* dans le recueil de la Serre, et *épics* dans l'édition de 1630.
35. *Arger*, Alger. Le recueil de la Serre donne *Alger*.
36. Ville de la régence de Tunis, fameuse autrefois par la piraterie de ses habitants. Son port était un des meilleurs de l'Afrique.
37. *De sa religion*, c'est-à-dire de l'ordre de Malte.
38. Voyez au tome I, p. 25, la note du vers 60.
39. VAR. (édit. de 1614) : étendre la domination des fleurdelis (sic).

décesseurs. Certes en cela il n'y avoit rien d'impossible ou plutôt rien qui avec beaucoup de vraisemblance ne se pût espérer de lui. Mais, Madame, voyons le revers de la médaille. Ne pouvoit-il pas arriver que par quelqu'un de ces inconvénients qui mettent les terreurs paniques dans les armées, la sienne se seroit mise en fuite, et que sans avoir part à la faute, il auroit eu part au déshonneur? Ne pouvoit-il pas tomber aux mains des Turcs, et se voir, selon leur coutume, confiné dans la tour de la mer Noire[40], ou, plus cruellement encore, être mis en quelque autre prison, d'où tout l'or du monde n'eût pas été suffisant de le racheter[41]? Ces nouvelles, Madame, vous eussent été des afflictions insupportables; mais en voici encore une qui n'est pas moindre. Se pouvoit-il pas faire qu'étant sensible comme il étoit aux aiguillons de l'honneur, et chatouillé de la réputation de deux combats, qui lui étoient aussi glorieusement succédés[42] que généreusement il les avoit entrepris, il en eût essayé un troisième, où témoignant le même courage, il n'eût pas trouvé le même événement? Avec quel déplaisir, ou plutôt avec quel désespoir l'eussiez-vous vu rapporter alors, sinon mort, au moins estropié pour le reste de sa vie, et peut-être ayant au lieu le plus éminent de son visage les marques de son malheur et de l'avantage de son ennemi? Sortons, Madame, de la considération de ces inconvénients, et tournons les yeux sur une infinité de maladies, qui le pouvoient réduire en tel état, que pour son repos vous eussiez été obligée de faire contre sa vie

40. Le château des Sept-Tours, à Constantinople.
41. L'édition de 1630 donne seule : « de le racheter; » les trois autres ont : « à le racheter. »
42. Les deux duels où il avait tué successivement le baron de Luz et son fils en janvier 1613. Voyez les lettres à Peiresc en date des 5 et 8 janvier et du 1er février 1613, tome III, p. 267, 271 et 286.

les mêmes vœux qu'auroit su faire un qui l'auroit haï mortellement. Je sais bien que sa bonne complexion lui pouvoit faire espérer une grande santé; mais combien voyons-nous de maux si étranges, que nous ne savons ni qu'imaginer pour en trouver la cause, ni qu'employer pour en avoir la guérison! Feu Mons. le cardinal de Lorraine du titre de Sainte-Agathe[43], frère de Mons. de Lorraine qui est aujourd'hui, fut d'une température[44] où il n'y avoit rien à desirer. Sa façon de vivre ne pouvoit être ni meilleure ni plus réglée qu'elle étoit; et cependant quelles gênes, je ne dis pas des communes, mais de celles qui font frémir les bourreaux mêmes, ne seroient préférables à ce qu'il souffrit depuis le vingt et neuvième[45] an de son âge, que ses douleurs commencèrent, jusques au[46] quarantième, que leur continuation le porta dans le tombeau? Cette maladie fut durant onze ans l'exercice de tous les médecins, non pas de l'Europe, mais du monde. Des remèdes ordinaires on vint aux extraordinaires. L'Église pria pour lui, et comme pour un très-grand prince, et comme pour un très-digne prélat[47]. Enfin, après n'avoir rien oublié de tout[48] ce qui se peut[49] essayer, ce que l'on avança fut que trois ans devant qu'il mourût, ses tourments, avec quelque diminution bien légère, aboutirent à une débilité de toutes les parties de son corps, si grande

43. Charles de Lorraine, évêque de Metz et de Strasbourg, nommé cardinal en 1589, mort en 1607. Il était frère de Henri le Bon, duc de Lorraine, mort en 1624.
44. *Température*, tempérament, constitution.
45. Le recueil de la Serre donne : *vingt-neuvième ;* et l'édition de 1614 : *vingtneuvième*, en un seul mot.
46. Var. (recueil de la Serre) : jusqu'au.
47. Var. (édit. de 1614) : et comme pour un prince, et comme pour un prélat.
48. Le mot *tout* manque dans l'édition de 1614 et dans les deux recueils.
49. Var. (édit. de 1614 et recueil de Rosset) : put.

et si universelle, que des fonctions de la vie il ne lui demeura que celle de voir et de parler. Vous en savez l'histoire, pource qu'elle est de votre maison, et nous la savons tous, pource qu'elle est de notre siècle. Repassez-la, Madame, devant vos yeux, et vous m'avouerez que si vous eussiez vu Mons. votre frère en aussi mauvais termes, vous n'eussiez guère moins donné que votre vie, et qu'il eût perdu la sienne dans le berceau. Toutefois, Madame, soyons tout à fait indulgents à votre desir, et nous figurons que par un bonheur digne d'être mis entre les prodiges, sa santé aussi bien que sa fortune fût perpétuellement demeurée au meilleur état où vous la pouviez souhaiter : ne savez-vous pas qu'il est du cours de notre vie, comme de celui de l'année, où les premiers mois ont le soleil presque sans point de nuages, et les derniers des nuages presque sans point de soleil? Pensez-vous que vous l'eussiez toujours vu tel qu'il étoit, ou quand avec Mons. votre mari en la place Royale[50], habillé selon le dessein dont vous-même aviez pris la peine de faire l'invention, et regardé non moins pour la bonne grâce et la justesse de ses courses que pour l'éclat et la magnificence de son entrée[51], il faisoit douter s'il n'étoit point l'astre même duquel il se disoit le chevalier? ou quand, en la compagnie de Mons. votre aîné, conduisant les ambassadeurs d'Espagne à l'audience des mariages[52], plein de bonne mine, et plus brillant que les pierreries dont il étoit couvert, il attiroit à soi les bénédictions de tout ce que nous étions à la galerie, et obligeoit ceux mêmes qui le voyoient avec envie de parler de lui avec admiration?

50. Voyez au tome I, p. 197, la notice de la pièce LVIII.
51. Var.(édit. de 1614) : et non moins regardé pour la bonne grâce et justesse de ses courses que pour l'éclat et magnificence de son entrée.
52. Des mariages projetés de Louis XIII et de sa sœur. Voyez ci-dessus, p 39, note 5.

Non, non, Madame, la vie des hommes a sa lie aussi bien que le vin. Le vivre et le vieillir[53] sont choses si conjointes, que l'imagination même a de la peine à les séparer. Celui qui a tout créé a tout enfermé dans le cercle des âges, afin que rien ne soit exempt de leur jurisdiction. L'éternité n'est qu'au ciel : en la terre tout se change, tout s'altère, non d'année en année, de mois en mois, ni de semaine en semaine, mais de jour en jour, d'heure en heure, et de moment en moment. Nous ne sommes plus ce que nous étions hier ; nous ne serons pas demain ce que nous sommes aujourd'hui ; et déjà, Madame, je ne suis plus celui que j'étois quand je me suis mis à vous écrire cette lettre[54]. Les années gâtent les marbres ; elles ne pouvoient donc pas épargner Mons. votre frère. Il falloit qu'il cessât d'être ce qu'il étoit, de pouvoir faire ce qu'il avoit fait, et que par conséquent il renonçât au bal, aux ballets, aux faveurs des dames, aux combats de barrière, aux courses de bague, et généralement à tous ces passe-temps où la galanterie oblige les jeunes gens de s'occuper. Je sais bien qu'il eût toujours ouï rendre de grands témoignages à son mérite, et qu'autant de fois[55] qu'il eût été question de faire quelque semblable partie, on eût fait mention de lui comme d'un prince à qui autrefois les plus accomplis avoient quitté le premier lieu. Mais jugez, s'il vous plaît, Madame, à quels termes[56] est réduit un homme, quand pour avoir de la gloire il est renvoyé à la mémoire des années passées, et que tout vivant qu'il est, il oit parler de lui de même

---

53. Var. (recueil de la Serre) : Le vivre et vieillir.
54. Var. (édit. de 1614) : et déjà, Madame, vous n'êtes plus celle que vous étiez quand vous avez commencé de lire ma lettre. — La phrase suivante manque dans le recueil de la Serre.
55. Var. (recueil de la Serre) : et qu'en tant de fois.
56. Var. (édit. de 1614) : à quel point.

façon que s'il étoit mort. Avec quelle douleur est-il croyable que Mons. votre frère se fût vu n'être plus que spectateur des choses dont il avoit été la meilleure et principale part? Et vous-même, Madame, quand vous l'eussiez vu dépouillé par la vieillesse des ornements que la jeunesse lui avoit donnés, vous fussiez-vous empêchée de retrancher quelque chose, sinon de votre affection, au moins du contentement que vous aviez pris à le regarder? Prenez la peine, Madame, de vous entretenir sur ce que je vous dis, et[57] vous ne treuverez pas qu'en ce retranchement de jours il ait été si mal traité que vous le vous figurez. Il est mort jeune; mais il est mort heureux. Ses amis ne l'ont guère possédé; mais sa mort est la seule douleur qu'ils ont jamais eue pour l'amour de lui. Il a peu joui des douceurs du monde; mais il n'en a pas goûté les amertumes. Il n'y a fait guère[58] de chemin; mais il n'y a marché que sur des fleurs. Ce que la vie a de raboteux, d'âpre et de piquant, étoit en ce reste d'années qu'il n'a point vues. Que si au genre de mort vous treuvez de quoi murmurer, comme je crois que vous faites, que s'en faut-il que cette plainte ne soit aussi délicate que les précédentes? Je parle avec liberté, Madame[59], mais je pense le pouvoir faire, pource que je parle avec affection. Ne savez-vous pas que la plupart des choses du monde, ayant deux visages, sont trouvées ou bonnes ou mauvaises selon qu'elles sont considérées? Et si vous le savez, pourquoi ne regardez-vous celle-ci du côté qu'elle vous peut donner du contentement? Que ne dites-vous, comme il est très-véritable, que Mons. votre frère, ayant

57. La conjonction *et* manque dans le recueil de la Serre, qui donne ensuite, ainsi que le recueil de Rosset et l'édition de 1614, *trouverez*, pour *treuverez*.
58. VAR. (recueils de Rosset et de la Serre) : il n'y a guère fait.
59. *Madame* manque dans l'édition de 1614.

à mourir, a été bienheureux de rencontrer une mort qui l'ait exempté d'être cinq ou six semaines, ou peut-être cinq ou six mois dans un lit, à souffrir, outre la rigueur de son mal, l'importunité des remèdes que l'on eût inutilement essayés pour le guérir? Il a eu quatre heures pour nettoyer son âme des souillures de la terre, et les a si dignement employées, que sans faire injure à cette bonté miséricordieuse qui n'est jamais déniée aux repentances véritables[60], il n'est pas possible que nous doutions qu'il ne possède aujourd'hui les félicités du ciel. Quel loisir lui eussiez-vous désiré davantage? Lui pouvoit-il mieux arriver que de ne souffrir guère[61] ce qu'il avoit à souffrir nécessairement? Je pense, Madame, vous avoir conté qu'à l'entrée que douze ou quinze jours auparavant il avoit faite[62] en une petite ville[63] (et crois[64] que c'étoit celle même où par un excès de joie il fut reçu d'une compagnie de femmes en habit d'amazones), ayant mis pied à terre à la porte de son logis, et s'y étant arrêté pour voir repasser l'infanterie qui étoit venue au-devant de lui, comme quelques-uns de ce nombre infini de noblesse qui ne l'abandonnoit jamais le priassent de se retirer, de peur des inconvénients que le plus souvent on voit arriver en semblables occasions[65], il leur répondit en riant qu'ils ne s'en missent point en peine, et qu'il falloit un coup de canon pour le tuer. Que vous semble de cela, Madame? Pouvez-vous lui être si bonne sœur comme vous êtes, et

60. Var. (édit. de 1614) : à cette bonté miséricordieuse de laquelle Dieu regarde les pénitences véritables.
61. Var. (recueil de la Serre) : que ne souffrir guère.
62. Var. (*ibidem*) : qu'en l'entrée douze ou quinze jours auparavant qu'il avoit faite.
63. La ville de Manosque. Voyez tome III, p. 423.
64. Var. (édit. de 1614 et recueils de Rosset et de la Serre) : et je crois.
65. Var. (recueil de la Serre) : à telles et semblables occasions.

lui souhaiter une autre fin que celle qu'il a déclaré lui-même lui être la plus agréable? Je ne sais pas le jugement que vous en pouvez faire; mais quant à moi, puisque par la sagesse infinie de notre reine, vraiment bonne, vraiment grande, et vraiment adorable, il est impossible à nos factieux de ressusciter la guerre, et que pour cette raison Mons. votre frère ne pouvoit mourir en aucune de ces occasions[66] recherchées par ceux de son courage et de sa profession, je ne puis prendre ce qui lui est arrivé que pour une gratification de la fortune, qui le traitant selon son humeur, a voulu qu'au milieu même de la paix il y eût en sa mort quelque image de guerre, et se conformant encore à ce qu'il avoit dit, que des armes communes[67] n'étoient pas capables de lui ôter la vie, a choisi celles qu'il avoit approuvées, et que véritablement, comme les plus furieuses, elle a crues[68] les plus propres à témoigner l'estime qu'elle faisoit de sa valeur. Mais prenons le cas qu'il se fût noyé dans une rivière, qu'un cheval se fût abattu sous lui et lui eût rompu le col, que la chute d'une maison l'eût accablé, ou que par quelque autre accident vous en eussiez été privée : n'eussiez-vous pas toujours dit ce que vous dites, et toujours pleuré comme vous pleurez ? Je n'en doute point, Madame. En quelque verre qu'on[69] vous eût baillé ce breuvage, vous ne pouviez que lui faire mauvaise mine. Otons donc ce prétexte à votre douleur, et voyons si elle en a de plus considérables. Elle est trop ingénieuse et trop diligente pour laisser en arrière quelque raison dont elle se pense justifier. Vous n'avez point vu mourir Mons. votre frère. Je m'assure que cette circon-

66. Var. (recueil de la Serre) : actions.
67. Var. (*ibidem*) : que les armes communes.
68. Toutes les éditions ont *cru*, et p. 210, ligne 5, *vu*, sans accord.
69. Var. (édit. de 1614 et recueils de Rosset et de la Serre) : que l'on.

stance est de celles où vous croyez avoir quelque sujet de vous arrêter. Mais, Madame, quand en cela vous eussiez été servie selon votre souhait, que vous en pouvoit-il réussir, ni pour votre soulagement, ni pour le sien? Vous l'eussiez vu nager dans le sang, il vous eût vue noyer en larmes; et qui doute que la présence des objets faisant son effet ordinaire ne lui eût accru le sentiment de sa douleur, et à vous celui de votre affliction? Mais il eût pris plaisir de mourir entre les siens. Eh quoi? Madame, n'estimez-vous rien qu'il soit mort aux bras d'une troupe de gentilshommes, qui en cet accident furent bien à peine empêchés de se précipiter eux-mêmes, et s'ajouter aux exemples de ceux qui n'ont point voulu garder leurs vies après avoir perdu celle de leurs amis? Il n'est pas croyable, Madame, comme avec cet art de charmer les esprits, qui certainement est fatal[70] à votre maison, il avoit universellement acquis les volontés de toute cette province. Je vous ai fait voir les lettres que M. du Vair et M. de la Cépède m'en ont écrites, où l'expression du regret qu'ils en ont est si claire que l'on ne peut douter de leur affection; et d'ailleurs, l'un étant premier président au parlement et l'autre ayant la même charge en la cour des comptes, vous pouvez bien juger que ce goût leur est commun avec une infinité de bons serviteurs du Roi, dont leurs compagnies sont aussi remplies que nulle autre qui soit en ce royaume. Cela me gardera de vous en produire d'autres témoignages. Et puis, comme sauriez-vous ignorer chose qui touche Mons. votre frère, vous qui, selon la coutume de ceux qui aiment, ne tenez point de temps mieux employé que celui que vous donnez à vous en faire entretenir? Ne savez-vous pas que le lendemain que son corps fut arrivé à Arles[71], le peuple

---

70. *Fatal*, c'est-à-dire donné par le destin.
71. Var. (édit. de 1614): en Arles.

criant et gémissant d'une façon qu'il sembloit après l'avoir perdu ne vouloir plus rien sauver, arracha les clous de sa bière, décousit le drap où il étoit enseveli, et ne trouvant aucun changement en son visage, en fit faire un pourtrait[72], qui a été mis en leur maison de ville, pour être à ceux qui vivent un avertissement de ne se lasser jamais de le plaindre, et à leur postérité une exhortation comme héréditaire d'en garder la mémoire éternellement? Ne savez-vous pas que cette même ville et celle d'Aix ayant[73] disputé l'honneur de lui donner sépulture, la résolution que l'on a prise d'en laisser le corps aux uns et envoyer le cœur aux autres, a été le seul expédient qui les a pu mettre d'accord? Vous le savez, Madame, et par conséquent, ne pouvant douter qu'en un lieu où il étoit si chèrement et si passionnément aimé, il ne soit mort aussi content que dans l'hôtel de Guise, vous avez de quoi en être satisfaite, et moi de quoi cesser d'en contester avec vous. Je crois qu'il ne me reste plus que l'assemblement que vous faites de l'intérêt du Roi et de la Reine[74] avec le vôtre. Vous prévoyez, ce vous semble, des occasions où les gens de bien seront nécessaires : tellement qu'après avoir pleuré pour vous la perte d'un frère, vous pleurez pour Leurs Majestés celle d'un serviteur que sa fidélité, son bras et son courage leur faisoient estimer l'une des plus fermes défenses de leur État. Ce n'est pas d'aujourd'hui, Madame, que je reconnois comme vous aimez la Reine. Je sais qu'en vos propos ordinaires, et aux lettres où vous parlez d'elle, vous ne l'appelez jamais autrement que votre bonne maîtresse; et qui plus est, je vous ai ouï dire plusieurs fois que

---

72. Le recueil de la Serre donne seul *portrait* (*portraict*).
73. Dans toutes les éditions : *ayans*.
74. Var. (édit. de 1614) : de l'intérêt de Leurs Majestés. — Trois lignes plus loin, cette édition remplace *Leurs Majestés* par *elles*.

si elle étoit morte, vous ne voudriez pas vivre une heure après. C'est pourquoi je ne m'étonne pas que vous soyez en peine de son repos. Nous avons tous cette coutume, que le salut des choses qui nous sont chères[75] n'est jamais si assuré que nous n'y soupçonnions quelque danger; et certainement c'est là que la peur a bonne grâce, si elle peut jamais l'avoir en quelque part. Mais, Madame, à regarder les choses, non selon ce qu'elles semblent en apparence, mais selon ce qu'elles sont en effet, combien s'en faut-il que nous ne soyons si mal qu'on nous le veut persuader? Il se peut faire que nos derniers feux ont laissé quelque chaleur en leurs cendres. Mais qu'y a-t-il en cela qui soit digne des alarmes que nous prenons? Quelle doute pouvons-nous faire que la Reine, qui les a éteints, ne les empêche de se rallumer? Si nous étions aux premiers jours de son administration, la nouveauté nous en pourroit être suspecte; mais aujourd'hui qu'elle a vu les affaires aux formes les plus extravagantes qu'elles puissent être, et que si victorieusement elle nous a mis hors du bourbier où notre fureur nous avoit précipités, à quel propos cette appréhension? Comme ses yeux sont les plus beaux du monde, ils sont aussi les plus clairvoyants. Il n'y a nuage qui les offusque, artifice qui les trompe, ni charme qui les éblouisse. Tant qu'ils veilleront pour nous, assaille-nous qui voudra[76], le passé nous doit assurer[77] de l'avenir. Au pis aller, il ne faut plus que trois ou quatre ans au Roi pour faire le monde sage et châtier ceux qui ne le seront pas. Toutes grandes qualités ont en lui de très-grands commencements. C'est un jeune lion qui aura bientôt de la force aux ongles; et alors malheur aux oppresseurs de son peuple et aux contempteurs de

---

75. Var. (recueil de la Serre) : qui nous sont si chères.
76. Var. (*ibidem*) : nous assaille qui voudra.
77. Var. (édit. de 1614) : le passé m'assure.

son autorité! Attendons-en le terme avec patience : nous y touchons du bout du doigt. Que si nous sommes si malheureux qu'entre ci et ce temps-là nous ne puissions compatir avec le repos, et que nos mauvaises humeurs fassent renaître quelque désordre, l'honneur qu'en ces dernières occasions la Reine a fait[78] à Mons. votre aîné de le désigner lieutenant général en l'armée du Roi, ne vous est-ce pas une obligation de croire avec elle qu'il n'y a rien que l'on ne se doive promettre de sa valeur? Ce n'est pas un prince du rang du commun. Tous ceux qui sont de sa qualité ne sont pas de son mérite. La nourriture qu'il a prise dans les périls de la guerre, où Mons. votre père le mena si jeune qu'il a presque aussitôt su combattre que marcher, et sans mettre en compte ses autres actions, aussi infinies comme elles sont infiniment glorieuses, la seule reprise de Marseille, qu'il ôta aux séditieux le jour même qu'ils la devoient bailler aux étrangers[79], sont des considérations assez fortes pour autoriser toute la bonne opinion qu'on sauroit avoir de lui. Ne lui faites pas cette injure de croire que si nous avons des monstres, il nous faille une autre épée que la sienne pour les exterminer. Ne désobligez ni lui ni Mess. vos deux autres frères[80], avec des plaintes qui leur fassent croire que vous préférez ce que vous avez perdu à ce qui vous est demeuré. La diminution de leur nombre n'a rien diminué de leur grandeur. Ils sont ce qu'ils étoient, et peuvent ce qu'ils pouvoient auparavant. Consolez-vous en eux et avec eux. La nature est satisfaite; il est temps que la raison soit écoutée. Les hommes, qui ne sont que vers de terre, ou pour mieux dire, qui ne sont rien, s'offensent

78. Var. (édit. de 1614) : la Reine fait.
79. Voyez au tome I, p. 23, la pièce vi.
80. Louis de Lorraine, cardinal de Guise, et Claude, prince de Joinville et duc de Chevreuse.

quand on murmure contre eux. Ils veulent que leurs actions soient réputées irrépréhensibles, et le veulent si absolument qu'il se faut résoudre ou d'approuver tout ce qu'ils font, ou de les avoir pour ennemis. Je vous laisse à penser, Madame, comme Dieu peut trouver bon que nous le soumettions à notre censure. Vous avez toujours eu peur de lui déplaire : ne soyez point dissemblable à vous-même en cette occasion. S'il fait des choses contre notre goût, il n'en fait point qui ne soient pour notre bien. Je sais qu'il n'est pas raisonnable de vouloir venir à compte avec lui. Sa qualité d'arbitre souverain de nos biens et de nos vies y résiste; et vous savez trop bien ce qui lui est dû pour écouter cette proposition. Mais quand cela seroit, et que je vous représenterois qu'il vous a fait naître des maisons de Lorraine et de Clèves[81], toutes deux si renommées, qu'il n'y a coin de la terre qui n'en connoisse la gloire, et toutes deux si grandes, que l'Europe n'a point de rois[82] à qui l'une ou l'autre ne vous fasse appartenir; quand de votre naissance venant à votre personne, je vous ferois prendre garde aux grâces de corps et d'esprit qu'il vous a données, si miraculeuses, qu'il y a de quoi vous faire plus que ce que vous êtes d'extraction; et qu'à cela j'assemblerois l'honneur qu'il vous fait d'être aimée d'une reine qui porte la première couronne du monde, et reine si accomplie en toute sorte de mérites que ses vertus ne la font point régner plus sagement, que ses beautés la font régner de bonne grâce : quelle si mauvaise estimation sauriez-vous faire de la moindre de ces obligations, que vous n'y soyez plus que récompensée, non-seulement de la perte que vous avez faite de Mons.

81. La duchesse de Guise, mère de la princesse de Conti, était Catherine de Clèves.
82. Var. (recueil de la Serre) : point de roi.

votre frère, mais de tout ce que la fortune vous sauroit jamais ôter à l'avenir? Je sais bien que la privation des choses nous étant amère selon que la possession[83] nous en a été douce, il est malaisé que sans des regrets incomparables il vous ressouvienne des soins dont Mons. votre frère a continuellement obligé votre affection; mais puisque l'espérance de revoir ceux que nous aimons est la consolation de leur éloignement, pourquoi ne peut-elle être employée en cette absence, comme en toutes celles qui autrefois l'avoient séparé de vous? Il n'y a point d'apparence qu'il doive revenir au monde; mais y en a-t-il que vous ne deviez point aller au ciel? On y va, Madame, par le chemin que vous prenez. La piété l'y a mené, la piété vous y mènera. Ce sera là qu'un jour avec lui vous aurez en la source même les plaisirs que vous n'avez ici que dans les ruisseaux. Ce sera là que les étoiles que vous avez sur la tête seront à vos pieds; là que vous verrez passer les nuées, fondre les orages, gronder les tonnerres au-dessous de vous; et alors, Madame, si parmi les glorieux objets dont vous serez environnée, il vous peut souvenir des choses du monde, avec quel mépris regarderez-vous ou ce morceau de terre dont les hommes font tant de régions[84], ou cette goutte

83. VAR. (recueil de la Serre) : la passion.
84. Dans une ode sur la mort de M. de Termes (1621), Racan a mis ainsi en vers ces pensées de son maître :

> Il voit ce que l'Olympe a de plus merveilleux;
> Il y voit à ses pieds ces flambeaux orgueilleux
> Qui tournent à leur gré la Fortune et sa roue,
> Et voit comme fourmis marcher nos légions
> Dans ce petit amas de poussière et de boue
> Dont notre vanité fait tant de régions.

— Le commencement de la phrase de Malherbe est le développement de ce vers de Virgile, le 57e de la Ve églogue :

Sub pedibusque videt nubes et sidera Daphnis.

d'eau qu'ils divisent en si grand nombre de mers[85] ! Quelle risée ferez-vous de les voir tantôt empêchés après les nécessités d'un corps auquel ils n'ont pas sitôt baillé une chose qu'il leur en demande une autre, et tantôt inquiétés de la foiblesse d'un esprit qui tous les jours les met en peine de se délivrer par un second vœu de ce qu'ils ont obtenu par le premier ! Prévenez, s'il est possible, ces généreuses pensées. Commencez à parler du monde comme vous en parlerez quand vous en serez sortie. Reconnoissez-le pour un lieu où jusques à ce que vous ayez tout perdu, vous perdrez tous les jours quelque chose; et de ces méditations faites un préjugé à votre belle âme, qu'ayant eu son origine du ciel, elle est de celles qui auront quelque jour la grâce d'y retourner. Il y a environ deux ans que faisant office de bonne parente au roi et à la reine d'Angleterre, vous les consolâtes de la mort du prince de Galles[86] avec une lettre où je puis dire avoir vu des conceptions et des paroles que je ne vis jamais ailleurs. Tournez aujourd'hui vos armes[87] contre vous-même, et vous commandez en la mort d'un frère ce que vous avez exigé d'un père et d'une mère en la perte d'un fils. Toute la France a les yeux tournés sur vous, pour y voir le combat d'une douleur infiniment sensible et d'un courage extrêmement relevé. Les vœux des spectateurs sont différents comme sont leurs passions. Soyez du côté de ceux qui vous desirent la victoire. Ce que notre infortune a de plus cuisant, c'est la joie qu'en reçoivent nos

85. Voyez au tome I la traduction de la préface des *Questions naturelles* de Sénèque, p. 471.

86. La mère de Marie Stuart et par conséquent l'aïeule de Jacques Ier d'Angleterre, était Marie de Lorraine, fille de Claude de Lorraine, duc de Guise, bisaïeul de la princesse de Conti, mort en 1550. — Henri, fils aîné de Jacques Ier et prince de Galles, était mort en 1612, à dix-neuf ans.

87. Var. (recueil de la Serre) : les armes.

ennemis. Les vôtres ont eu le plaisir de voir chanceler votre constance ; faites qu'ils aient le déplaisir de la voir demeurer debout. Enfin, Madame, si vous ne voulez avoir soin de vous-même, ne privez pas Madame votre mère de ce que vous lui devez[88]. Tant que vos larmes couleront, il est impossible que les siennes s'arrêtent. Vous n'ignorez pas qu'à prendre les choses comme la nature les a rangées, son affection n'aille devant la vôtre. Donnez-lui l'exemple[89] de se résoudre. Toute la cour, qui adore sa bonté, vous en supplie par ma bouche, et vous supplie aussi de vous souvenir qu'étant votre compagnie et la sienne la plus agréable relâche que prenne la Reine en cette infinité de travaux dont nous la persécutons, il est à craindre que si vous continuez en l'état où vous êtes, elle n'en reçoive pas le contentement accoutumé. Il n'y a rien de si contagieux que la tristesse, ni que plus facilement la communication fasse passer d'un esprit à l'autre. Prenez-y garde, Madame. Le plus louable soin que nous pouvons avoir, c'est de contribuer ce qui dépend de nous à la conservation d'un si précieux trésor. Recueillons-y nos vœux, rassemblons-y nos affections, et oublions tout pour son service, comme nous la voyons s'oublier soi-même pour notre salut. Je veux croire que quand vous fermeriez[90] l'oreille à toutes les raisons du monde, vous l'ouvririez[91] à ce qui est de sa considération ; et qu'après avoir été conjurée par une chose qui vous est si chère[92] comme elle est, et qui peut sur vous ce qu'elle y peut, vous ne sauriez plus rien ouïr qui ne vous soit importun. Ce sera donc ici que je finirai ma lettre. Je m'y suis plus

88. VAR. (édit. de 1614) : de celui que vous lui devez.
89. VAR. (recueil de la Serre) : donnez-lui exemple.
90. VAR. (*ibidem*) : vous fermerez.
91. VAR. (édit. de 1614 et recueil de la Serre) : vous l'ouvrirez.
92. VAR. (recueil de la Serre) : qui vous est chère.

étendu que je ne pensois; mais votre divertissement [93] en sera plus long, et vous y connoîtrez [94] mieux la fin que je m'y suis proposée [95], qui est, Madame, de vous témoigner que je suis et veux être toute ma vie votre très-humble et très-affectionné serviteur.

A Paris, ce 29ᵉ juillet [96] 1614.

108. — A MONSIEUR ***[1].

MONSIEUR,

Tant que votre douleur a été nouvelle, étant si raisonnable comme elle étoit, il y eût eu [2] de l'injustice de vous empêcher de rendre à la nature ce que les plus insensibles n'ont pas le pouvoir de lui refuser; mais certainement à cette heure que le temps vous doit avoir mis hors de ces termes, il n'y a point d'apparence que vous ne vous serviez de votre sagesse accoutumée, et ne preniez en vous ce que vous donneriez à ceux qu'un pareil accident auroit affligés. Tout ce que nous possédons est périssable, et nous-mêmes le sommes encore plus que tout ce que

---

93. *Votre divertissement*, c'est-à-dire la diversion faite à votre douleur.

94. VAR. (édit. de 1614 et recueils de Rosset et de la Serre) : reconnoîtrez.

95. VAR. (*ibidem*) : que je me suis proposée.

96. VAR. (édit. de 1614) : 29ᵉ juin. Dans cette édition, la lettre est signée : *Malherbe*. Elle est sans date dans les deux recueils de Rosset et de la Serre.

LETTRE 108. — 1. Cette lettre, dont nous avons comparé le texte à une copie conservée dans le manuscrit Baluze, fᵒ 1, est la 22ᵉ du livre I (p. 539) dans l'édition de 1630.

2. La copie donne simplement : « il y avoit. »

nous possédons. Réveillez-vous, Monsieur, en la considération du flux et reflux des choses du monde, et n'attendez point d'ailleurs ce que de si notables exemples vous doivent avoir appris de sa vanité. Il n'y a pas bien³ longtemps que vous vîtes le Louvre troublé du plus effroyable accident que le malheur y pouvoit faire naître; aujourd'hui le ballet de Madame⁴ s'y prépare avec une magnificence à qui l'on croit qu'il ne se vit jamais rien de pareil. S'il plaît à Dieu, il en sera de même de votre maison. Réservez-vous à cette vicissitude, et la méritez en vous conformant à la volonté de celui qui ne fait jamais rien que pour notre salut. C'est de sa grâce que vous en doit venir la résolution. Je la lui demande pour vous avec une affection aussi véritable que celle dont je suis, Monsieur, votre très-humble et très-obligé serviteur.

[1615.]

109. — A MONSIEUR DE TERMES¹.

Monsieur,

Je viens d'apprendre la perte que vous avez faite de Monsieur votre fils; et celui même qui m'en a donné la nou-

3. Le mot *bien* manque dans la copie.
4. Cette phrase nous donne la date de l'année où la lettre a été écrite : le ballet de Madame eut lieu le 19 mars 1615. — Voyez au tome I, p. 228, la notice de la pièce LXXII.
LETTRE 109. — 1. Cette lettre, la 7ᵉ du livre I dans l'édition de 1630 (p. 510), avait été publiée antérieurement dans le recueil de Faret (édition de 1627), p. 1. — Le fils aîné de M. de Termes, *N.* de Saint-Lary, mourut jeune, en 1621, et précéda de bien peu son père, car celui-ci fut tué le 23 juillet de la même année au siége de Clérac. La lettre de Malherbe, puisqu'elle fait allusion à la mort de Philippe III, arrivée le 31 mars précédent, n'a pu être écrite au plus tôt qu'au mois d'avril.

velle m'a donné cette vanité, que de tous ceux qui en cette occasion vous consoleront, il croit que je suis celui que vous écouterez le plus volontiers, et qui aura le plus de pouvoir sur votre esprit. Je sais bien, Monsieur, qu'il n'y a si mauvais père qui sans quelque regret puisse être privé du plus mauvais fils qui soit au monde. C'est pourquoi ayant toujours reconnu en vous un parfaitement bon naturel, et en Monsieur votre fils des qualités parfaitement aimables, je ne veux pas nier qu'en la nouveauté de cet accident vous ne fussiez extrêmement insensible, si votre ennui demeuroit dans la médiocrité. Les amitiés que les opinions nous impriment commencent légèrement, et finissent de même. Un foible soupçon les ébranle, une petite offense les ruine. Celles qui ont leur naissance dans les sentiments de la nature, s'attachent en nous avec des racines si profondes, qu'il n'y a qu'une violence prodigieuse qui soit capable de les en arracher. Mais après tout, Monsieur, quand vous vous serez abandonné au désespoir, et que pour complaire à votre douleur vous aurez désobligé tous ceux qui vous prient de la diminuer, doutez-vous que le temps n'obtienne de vous ce que vous n'aurez pas voulu accorder à la raison? Vous avez beaucoup perdu, je l'avoue. Ce seroit un compliment injurieux de vouloir, pour faire cesser vos plaintes, calomnier celui[2] pour qui vous les faites[3]. Mais avec quel prétexte pouviez-vous espérer de ne le perdre jamais? J'ai bien certes ouï parler de quelques personnes, voire de quelques races, à qui Dieu a donné des priviléges extraordinaires; mais de celui de ne mourir pas, je suis encore à en voir le premier exemple. Remettez-vous devant les yeux toutes les maisons que vous connoissez : en trouverez-vous une où vous

2. Var. (recueil de Faret) : calomnier le mérite de celui, etc.
3. Malherbe a mis en vers la même idée. Voyez tome I, pièce xi, p. 39, vers 9-12.

n'ayez vu des larmes⁴ pour le même sujet qui est aujourd'hui la cause des vôtres? Laissons là les conditions privées. S'il y a quelque chose de grand au monde, vous m'accorderez qu'il est au Louvre. Et cependant, sans nous souvenir des choses passées, n'y voyez-vous pas aujourd'hui notre très-bonne et très-belle reine en deuil pour la mort du roi son père⁵, père de qui chacun sait qu'elle étoit incomparablement aimée, et roi qui ne tenoit guère moins que la quatrième partie du monde en l'étendue de ses États? Non, non, la mort n'est ennemie ni d'un peuple, ni d'une famille; elle est ennemie du genre humain; et comme sa nécessité n'a point de remède, sa rigueur n'a point aussi d'exception. Autant de fois que nous voyons les portes de nos voisins tendues de noir, autant de fois sommes-nous avertis que les nôtres auront le même parement au premier jour. Je sais bien que vous direz que c'est l'ordre de la nature⁶, que le père meure premier que le fils. Il est vrai qu'il n'y a père ni mère qui ne tienne le même langage; mais à quel propos voudroit-on que la mort suivît les affections de la nature, elle qui fait profession de n'être au monde que pour la ruiner? Les années sont toutes de douze mois : c'est une borne où toujours elles arrivent, et qu'elles n'outre-passent jamais. Il n'en est pas de même de nos vies : leur durée est courte ou longue, comme il plaît à celui qui nous les donne. Tantôt il arrache le fruit en sa verdeur, tantôt il en attend la maturité, tantôt il le laisse pourrir sur l'arbre; mais quoi qu'il fasse, les créatures doivent cette submission à leur créateur, de croire qu'il ne fait rien que justement. Il n'offense ni ceux qu'il prend jeunes, ni ceux qu'il laisse devenir vieux. De demander pourquoi il fait les

---

4. Var. (recueil de Faret) : une qui n'aye eu des larmes.
5. Philippe III, roi d'Espagne, père d'Anne d'Autriche.
6. Var. (recueil de Faret) : l'ordre de nature.

choses avec cette diversité, c'est une question dont peut-être nous serons éclaircis quand nous serons en lieu où la lumière sera plus grande. Pour cette heure, nous sommes dans les ténèbres[7], qui nous rendent nos curiosités inutiles. Il y a des sondes pour les abîmes de la mer ; il n'y en a point pour les secrets de Dieu. Croyez-moi, Monsieur, ôtez-vous ce trouble de l'esprit. Il n'y sauroit continuer qu'à la diminution de votre honneur. Vous avez satisfait à la mémoire du fils que vous avez perdu ; pensez à ceux qui vous sont demeurés. Ils sont branches de la même souche, et vous donnent les mêmes espérances : ayez-en le même soin, et vivez pour leur donner le même secours. Je vous en conjure par cette charité qui est la cause de votre ennui, et vous en conjure encore par l'affection extrême que vous avez toujours portée à Madame votre femme[8]. Vous lui devez toute sorte de bons exemples ; donnez-lui celui de se conformer à la volonté de Dieu, et craignez que vous voyant si opiniâtre à vous affliger, elle, qui est d'un sexe où il semble que la tendresse de cœur soit une louange, ne se porte à des extrémités qui ajoutent un second malheur à celui qui vous est arrivé. Finalement, Monsieur, souvenez-vous que vous avez un frère[9], que non-seulement notre cour, mais toutes les cours étrangères prennent pour un patron de vertu. Vous lui avez des obligations aussi grandes que vous les sauriez desirer d'un père. Portez-lui ce respect de croire que quoi que la fortune vous ôte, vous aurez toujours assez tant qu'elle vous le conservera. Si à ces considérations, qui sans doute sont essentielles, vous en voulez ajouter de glorieuses, représentez-vous l'honneur que vous fait le Roi de se servir de vous aux principales charges de son

---

7. Var. (recueil de Faret) : dans des ténèbres.
8. Voyez plus haut, p. 6, lettre 4, note 2.
9. Roger de Bellegarde.

armée, et par cet emploi croyez être obligé à ne connoître point d'intérêt dont vous deviez être touché comme du sien. Vous le voyez en l'âge de dix-neuf ans sur le point de terminer une affaire si épineuse [10], que jusques à présent un homme eût semblé avoir faute de sens commun qui eût seulement parlé de la commencer. Vous avez part à ses travaux, ayez-en aux joies que sa prospérité donne aux gens de bien, et vous préparez aux conquêtes qu'indubitablement il va faire, les plus grandes et les plus importantes à cette couronne que jamais ait faites aucun de ses prédécesseurs. Vous avez toujours tellement aimé la gloire, que quand la France a été sans brouilleries vous êtes allé chercher la guerre en Hollande, au Piémont, et généralement partout où vous l'avez pensé trouver. Ne faites point qu'on vous demande ce qu'est devenu votre courage en cette occasion. Les[11] victoires[12] que nous avons sur nos ennemis ne sont jamais tellement nôtres, que nous n'en devions une partie à la fortune, ou à l'assistance qui nous est donnée d'ailleurs. Celles qui légitimement nous appartiennent, et desquelles personne ne prend part avec nous, sont celles que nous avons sur nos passions, quand en dépit d'elles nous gardons nos âmes en leur assiette, ou les y remettons bientôt après que le trouble les en a fait sortir. Je ne suis pas si malavisé que de vous penser dire des choses que vous ne sachiez mieux que moi ; mais l'inclination que vous avez toujours eue à m'estimer plus que je ne vaux, et me vouloir plus de bien que je n'en mérite, m'obligeant à vous rendre toutes sortes de devoirs, j'ai pensé que sans une ingratitude manifeste je ne pouvois ne

10. La guerre contre les réformés, terminée en 1622 par la paix de Montpellier.
11. Cette phrase et la suivante sont un souvenir de Cicéron. Voyez les chapitres II et III du Discours *pro Marcello*.
12. Var. (recueil de Faret) : Des victoires.

contribuer quelque chose au soulagement de votre affliction. Si j'y réussis, j'aurai touché le but que je me propose; sinon, je vous aurai pour le moins fait voir combien vos bonnes grâces me sont chères, et combien je desire, Monsieur, que vous continuiez de m'aimer et de me tenir pour votre très-humble et très-obligé [13] serviteur.

110. — A MONSIEUR DE BELLEGARDE[1].

Monsieur,

Ceux qui n'auront imaginé entre vous et M. de Termes autre amitié que celle que met ordinairement la nature entre deux frères, se seront précipités à vous consoler de la perte que vous en avez faite[2] ; et pour y avoir été les plus diligents, présumeront y avoir été les plus affectionnés. Quant à moi, qui depuis tant d'années que je suis continuellement à la cour, ai toujours eu les yeux sur vous comme sur deux des objets que j'y ai trouvés les plus considérables, et par conséquent[3] ai eu du loisir assez de remarquer en vous un soin de père à lui procurer du

---

13. Var. (recueil de Faret) : et très-obéissant.

Lettre 110. — 1. Cette lettre, qui n'a pu être écrite avant le mois d'août 1621 (voyez tome III, p. 542), a été publiée pour la première fois par M. Hauréau, dans le *Bulletin des Comités historiques*, 1850, tome II, p. 151 et 152. Nous l'avons revue sur deux minutes autographes, qui se complètent l'une l'autre (voyez ci-après les notes 18 et 26); elles se trouvent aux f°s 62 et 63 du manuscrit Baluze. — Tout au commencement de la lettre et dans le deuxième alinéa le papier de la première minute est maintenant déchiré çà et là, et il y a plusieurs mots enlevés.

2. Voyez la note 1 de la lettre précédente.

3. Ce qui précède, depuis : « ai toujours eu, » jusqu'à : « et par conséquent, » n'a pas été imprimé jusqu'ici. C'est une addition que Malherbe a faite entre les lignes.

bien⁴, en lui une soumission de fils à vous rendre de l'honneur, et en tous deux une conjonction de volonté digne de meilleures âmes que celles de notre siècle, j'ai eu de la peine à croire qu'en tout ce que l'on vous sauroit dire, il y eût de quoi arrêter des larmes qu'une affection forte comme la vôtre et un mérite relevé comme le sien vous conseilleroient de⁵ faire couler éternellement. A cette pensée, j'en ajoutois une autre, que quand bien ceux qui vous consolent, auroient été assez heureux pour obtenir quelque chose de vous selon leur intention, il se faut assurer qu'au premier de tant de lamentables objets qui vous environnent, toutes leurs raisons sortiroient de votre mémoire, et qu'ils demeureroient avec le déplaisir du médecin qui voit rengréger⁶ une maladie dont il a trop hardiment espéré la guérison. Vous oyez⁷ Mme de Termes crier les hauts cris, appeler le défunt, vous appeler, se nommer la plus désolée femme qui soit au monde, et renonçant au respect et à la bienséance, donner des témoignages d'une âme la plus troublée et la plus en désordre à qui jamais semblable inconvénient soit arrivé. Vous voyez auprès d'elle Messieurs vos petits neveux⁸, qui tantôt passant

4. Bellegarde s'était démis en sa faveur de sa charge de grand écuyer.
5. *Vous conseilleroient de* a été substitué à *vouloient*, biffé.
6. *Rengréger*, s'aggraver. — On voit par les diverses additions et ratures que Malherbe avait eu l'intention de rédiger autrement cette phrase, à peu près de cette façon : « .... que quand bien j'aurois été assez heureux pour obtenir quelque chose de vous selon mon intention, je ne devois pas douter qu'au premier de tant de lamentables objets qui vous environnent, toutes mes raisons ne sortissent de votre mémoire et ne me demeurassent avec le déplaisir (*autre variante :* et qu'il ne me demeurât le déplaisir) des médecins qui voient rengréger une maladie dont ils ont, etc. »
7. Il y avait d'abord : « Vous orrez, » et au commencement de la phrase suivante : « Vous verrez. »
8. Suivant le P. Anselme, le baron de Termes laissa en mourant

le temps à quelque gentillesse de la portée de⁹ leur âge, se font estimer d'autant plus misérables qu'ils ont moins de connoissance de leur infortune, et tantôt vous regardant avec une tristesse imitée sur le visage de leur mère, semblent vous dire : « Monsieur, nous avons été vos neveux, à cette heure nous serons vos enfants. » A cela, Monsieur, que peut moins faire la tendresse de vos sentiments, que monter au plus haut point où un bon naturel la puisse mettre; votre douleur, que s'opiniâtrer contre les résistances; et votre esprit, que rejeter tout ce qu'il aura goûté de remontrances[10], comme vous rejetteriez une poison que vous auriez avalée sans y penser?

Voilà, Monsieur, les considérations qui jusqu'ici m'ont empêché de vous écrire[11], et tellement empêché que si je n'eusse craint de faire mal interpréter mon silence, la résolution de me taire étoit infailliblement celle que j'eusse embrassée le plus volontiers.

Aujourd'hui que par ma longueur j'ai fait connoître ma modestie en une entreprise si difficile, et mon étonnement en un accident si déplorable, je veux contribuer à ce triste compliment ce que vous pouvez espérer de ma foiblesse[12], avec cette espérance que si je n'en retire autre

---

un fils, mort jeune, et une fille, Marie-Anne de Saint-Lary, qui épousa Jean-Antoine de Pardaillan de Gondrin, marquis de Montespan, puis duc de Bellegarde, fils d'une sœur de M. de Termes et de Roger de Bellegarde.

9. « De la portée de » a remplacé « convenable à ; » et plus loin les présents *font*, *ont*, *semblent*, ont été substitués aux futurs *feront*, *auront*, *sembleront*.

10. La première rédaction était : « .... goûté de mes paroles. »

11. Malherbe a écrit dans l'interligne ces mots, qu'il a biffés : « m'ont fermé la bouche. » A la fin de l'alinéa, après *résolution*, il a encore effacé ceux-ci : « de ne vous écrire peut-être.... où je me trouvois le plus disposé. »

12. A la suite de *foiblesse*, on lit ces mots effacés : « et sans me soucier de la gloire de bien dire, acquérir celle de participer à votre

chose, pour le moins éviterai-je le blâme de ne sentir pas votre douleur. Il est certain que des raisons dont nous nous servons [13] en la consolation, celle dont l'usage est le plus ordinaire, c'est d'essayer de trouver quelque défaut en la chose qui est regrettée, pour, en la faisant moins estimer à celui qui l'a perdue, lui faire porter plus patiemment le déplaisir qu'il a d'en être privé [14]. Et certes, encore que la gloire [15] ait toujours été la plus forte passion de M. de Termes, et que ce soit pour elle qu'après tant de périls qu'il a cherchés, il a finalement rencontré celui qui lui a coûté la vie, je ne dois point douter [16] qu'il ne fût très-aise que par la diminution de ses louanges, on pût diminuer votre affliction [17]. Mais [18] quand tout ce qu'il y a de calomniateurs au monde s'accorderoient à faire la censure de sa vie, où prendroient-ils le sujet de leur médisance, qu'ils ne se rendissent ridicules et ne fissent tourner à leur honte ce qu'ils auroient imaginé contre sa réputation? S'il faut considérer ses mœurs, n'étoient-elles pas tellement formées sur les vôtres, et par cette seule raison tellement

douleur; » puis encore quelques essais informes, comme : « aussi véritablement que nul autre que vous et Monsieur votre frère m'ayant véritablement obligé ; » et « avec autant de sentiment que vos bienfaits.... »

13. Ici est le mot *ordinairement*, biffé ; et après *ordinaire*, à la ligne suivante, il y a cette addition, également biffée : « et le succès le plus assuré. »

14. Malherbe avait déjà mis en vers cette pensée dans ses stances à du Périer. Voyez tome I, p. 39, pièce xi, vers 11 et 12.

15. Après *la gloire*, Malherbe a effacé dans l'interligne ces mots : « du prince, seul but de ses actions ; » et cette autre variante : « que (M. de Termes) se soit proposée en ses actions. »

16. « Je ne dois point douter » a remplacé « je ne doute point. »

17. Malherbe avait mis d'abord : « diminuer quelque chose de votre affliction. »

18. Ici commence la seconde minute. Elle diffère peu de la première, dans la partie qui leur est commune. Voyez plus bas la note 26.

hors de reproche, qu'il est impossible que jamais, à la cour, on se propose ni une émulation qui apporte plus de gloire [19], ni un exemple qui soit imité plus difficilement? S'il est question de son courage, qui est-ce qui est si peu du monde qui ne sache que depuis le siége de Rouen [20], où fut le commencement de ses armes, jusques à ce lieu abominable où fut [21] la fin de ses jours, il ne s'est passé occasion [22] grande ni petite, en laquelle, pour le service du Roi, qui est toujours le parti des gens de bien, il n'ait été des premiers à se mettre dans le péril, et des derniers à s'en retirer? Qui n'a point ouï parler de ce fameux duel [23] où, devant Amiens [24], à la vue de la France et de l'Espagne, n'ayant pas encore dix-sept ans, il tua un des principaux [25] capitaines des assiégés, qui étoit venu faire un défi à ceux de notre armée [26], et par cette preuve, précédée et suivie d'une infinité d'autres, obligea le maréchal de Biron à souhaiter qu'il fût son frère, et le feu Roi, qui en avoit été spectateur, à dire une chose que depuis il a souvent répétée [27], que s'il avoit à se battre en duel, il ne voudroit

19. « Qui apporte plus de gloire » a été substitué à « plus glorieuse. »

20. En 1591 et 1592. — 21. Dans la seconde minute: « où a été. »

22. « Il ne s'est passé occasion » a été substitué à : « il ne s'est fait entreprise. »

23. Malherbe avoit d'abord voulu mettre : « réciter ce fameux duel. »

24. En 1597, au siége d'Amiens par Henri IV.

25. Dans la seconde minute *principaux* a remplacé *meilleurs*.

26. C'est ici que finit la première minute ; le reste de la lettre est imprimé d'après la seconde.

27. Malherbe avoit écrit d'abord : « que depuis nous lui avons tous ouï répéter assez souvent ; » et dans la phrase suivante : « qu'autant de fois que nos diverses querelles domestiques nous ont donné quelque relâche, autant de fois il est allé chercher la guerre (*autre variante :* de l'occupation) hors du royaume. » Un peu plus loin, il semble qu'il ait voulu mettre successivement : « (les intérêts de la France) en la guerre des étrangers ; » puis : « aux querelles des étran-

avoir autre que Termes pour son second? Qui est-ce qui ne sait point qu'autant de fois que nos brouilleries domestiques ont eu quelque relâche, autant de fois il est allé tirer l'épée hors du royaume, et soutenir les intérêts de la France et même des étrangers? Qui ne sait point avec quels mérites [28] il s'est fait connoître en Hollande à M. le comte Maurice [29], et en Piémont à Monsieur de Savoie, avec le maréchal de Lesdiguières, comme si, par une gratification particulière [30], la fortune l'eût tout exprès voulu mener en des lieux où ses actions, qui étoient glorieuses en toutes autres circonstances, le fussent encore en celle d'être faites aux yeux de [31] trois des capitaines de notre siècle à qui ceux du passé peuvent moins faire de comparaison?........

Outre les deux minutes de la consolation au duc de Bellegarde, dont nous avons parlé dans la note 1 (p. 224), le manuscrit Baluze contient deux brouillons qui paraissent avoir été écrits avant ces minutes, et en être de premières ébauches. L'un, qui se trouve aux f⁰ˢ 45 et 46, et qui diffère entièrement de l'autre, n'est encore qu'un simple projet, une sorte de matière de lettre. Il commence ainsi : « Monsieur, d'un côté la connoissance que j'ai de votre vertu, de votre expérience en la vanité du monde, les retraites que je vous ai vu si souvent faire avec ce bon père religieux des Chartreux, me font croire que vous n'avez point de besoin de consolation. D'ailleurs je sais combien vous aimiez Monsieur votre frère et combien il étoit aimable : cela me fait penser que vous avez besoin de consolation. » Après ce début viennent des notes jetées sur le

gers. » Enfin, en tête de la phrase qui vient après, sont encore ces mots effacés : « N'a-t-il pas fait la guerre de Hollande auprè.... »

28. Il y avoit d'abord : « qui ne sait point les actions; » et un peu après on trouve ces mots biffés : « Ne l'a-t-il pas faite en.... auprès de.... »

29. Maurice de Nassau.

30. *Particulière* est écrit dans l'interligne, au-dessus de *extraordinaire*, qui n'est point effacé.

31. « Aux yeux de » a remplacé « en la présence de. »

papier, sans suite ou du moins sans liaison, des extraits, soit latins, soit traduits ou simplement résumés, des *Consolations* de Sénèque *à Helvia* et *à Marcia*. Suivent des exemples : « Si ceux qui perdent des personnes chères sont misérables, qui est-ce qui est heureux ? La Reine* a perdu son mari, son fils, Monsieur d'Orléans, outre tout plein de grands princes de sa maison. La Reine ** est encore en deuil de la mort de son père. M. de Nevers a perdu sa femme ; Madame la douairière perdit, il y a cinq ans, Monsieur le chevalier son fils ; Monseigneur le Cardinal, une cousine (?) chérie ; Mme de Fresnes a perdu son mari, il y a six ans ; Mme la duchesse de Soissons son mari ***. Pensez quelle consolation ce vous doit être, [quelle] plainte vous devez faire d'être en une condition où vous voyez tout ce qu'il y a de plus relevé. Vous me direz que le temps les a consolés ; il vous consolera aussi, soyez plutôt de ce nombre-là que de ceux qui se désespèrent. La fortune est le maître de ceux qui n'en ont point ; nous fait pleurer quand elle veut ; nous ôte tout ce que nous avons ; abaisse les hauteurs ; diminue les grandeurs, et tout cela en un moment. » A ce morceau succèdent encore des pensées détachées et comme un sommaire moitié français, moitié latin, d'idées à développer.

Le second brouillon, qui est aux f°s 60 et 61 du manuscrit, se rapproche déjà beaucoup plus, pour la pensée, de notre lettre 110. Bien moins informe que le précédent, il l'est pourtant trop encore, en maint endroit, pour que nous songions à le donner en entier. Voici les passages dont la rédaction nous a paru le plus avancée : « Monsieur, ceux qui ne connoissoient ni combien vous aimiez Monsieur votre frère, ni combien il étoit aimable, auront quelque excuse, s'ils vous ont consolé de la perte que vous avez faite, à la nouveauté de votre douleur. Attendez donc, Monsieur, de ma misérable condition tous les services qu'elle sera capable de vous rendre ; celui-ci ne l'en attendez point, s'il vous plaît, et me croyez moi-même si confus, que si

---

* La Reine mère, Marie de Médicis. Cet exemple, que Malherbe ne fait qu'indiquer ici, est longuement développé dans la lettre à la princesse de Conty : voyez ci-dessus, p. 197 et 198.

** Anne d'Autriche, fille de Philippe III, roi d'Espagne. Voyez la fin de la note 1 de la lettre 109, p. 219.

*** Charles de Gonzague, duc de Nevers, mari de Catherine de Lorraine, morte en 1618. — La duchesse douairière de Guise, mère du chevalier de Guise, tué en 1614, non pas cinq ans, mais sept ans avant la mort de M. de Termes. — Anne de Beauvillier, veuve depuis 1610 de Pierre Forget, sieur de Fresnes, secrétaire d'État. — Anne de Montafié, veuve depuis 1612 de Charles de Bourbon, comte de Soissons. — Nous ignorons de quelle cousine de Richelieu Malherbe veut parler.

j'entreprenois cet ouvrage, je ne saurois par quel biais(?) j'aurois à le commencer. Je ne doute pas que la douceur des paroles n'ait un grand pouvoir sur notre esprit, mais je ne l'étends pas jusqu'à nous ôter les sentiments véritables qui sont grands, comme je sais bien qu'est le vôtre en cette occasion. Tant s'en faut que je blâme les larmes comme réservées aux dames. J'ai toujours vu que ceux qui ont le courage le plus fier ont les affections les plus tendres, et j'appelle inhumanité de ne s'émouvoir point en la perte des choses qui nous sont chères. Il n'est rien si aisé que de dire qu'il se faut résoudre, [qu'il] se faut conformer à la volonté de Dieu, qu'il faut laisser les larmes pour les femmes, mais après tous ces beaux discours, je vois que tout le monde pleure quand il est privé [de] quelque chose qu'il avoit, et que pas l'on ne s'en résout. Conservez-vous pour ces petits qu'il vous a laissés. Vous leur êtes nécessaire : leur fortune avoit deux appuis ; elle n'a plus que le vôtre. Vous êtes oncle et père pour eux, comme vous avez été père et frère pour le mort. Ces objets au commencement vous troubleront, et peut-être avez-vous de la peine à les voir sans quelque frémissement ; la constance et le temps vous y affermiront.... Que la fortune aime les hommes tant qu'il lui plaira, elle ne sauroit rendre une personne qu'elle a ôtée. Il falloit ou qu'il vous perdît, ou que vous le perdissiez : le sort l'a touché, et lui épargne une grande douleur pour la vous faire sentir. Je loue la constance, mais je ne veux pas qu'elle passe jusques à l'inhumanité.... En quelque lieu que la fortune nous mette, haut ou bas, elle ne nous met jamais en lieu qu'elle ne nous puisse avoir quand elle voudra. Il est de nous comme des oiseaux, qui ne savent mettre leur nid en lieu où leurs petits ne courent fortune, le bas des serpents, le haut des aigles. Ceux qui condamnent les larmes aux autres sont ceux qui en épandent le plus en leurs intérêts. Je vois assez de gens qui les condamnent au mal des autres, mais nul au sien propre. Une des principales forces qu'a la persuasion, c'est quand nous croyons que ceux qui nous donnent un avis le prendroient pour eux s'ils étoient en notre place. Mais qui est-ce qui ne sait bien que ceux qui nous crient qu'il se faut résoudre et qu'il se faut conformer à la volonté de Dieu, ne feroient rien moins en leur propre cause que ce qu'ils conseillent en la cause d'autrui?... Condamne les larmes qui voudra, mais je sais bien que personne ne les retiendra quand vous aurez perdu une personne qui vous est chère. Je les loue.... comme marques de la plus agréable passion qui soit entre les hommes. Les remontrances qui nous sont faites contre notre sentiment ne sont jamais bien reçues. Il n'est rien si aisé que de persuader des choses qui sont selon notre sentiment. Voilà pourquoi les conseils qu'on nous donne d'avoir patience en nos afflictions, étant répugnants à la nature, sont rejetés de tout le monde.... Si pour pleurer, il faut avoir égard au prix des choses perdues, quand aurez-vous trop (?)

pleuré un frère du mérite de celui que vous avez perdu ? Je ne me représente point les voyages qu'il a faits en Hollande, en Savoie, ni tout ce bien (?) qu'il fit à Amiens en la présence de toute l'armée et du feu Roi même, où partout il a si glorieusement fait qu'il a donné un exemple de valeur à toute la France. Je veux en une seule louange comprendre toutes celles que je pourrois lui donner. C'est que j'ai ouï dire au feu Roi que s'il avoit à se battre en duel, il ne voudroit point d'autre second que Termes. Seroit-il possible que je susse tout cela et que je fusse si effronté de vous dire qu'il ne le faut pas pleurer, ou que, en deux ou trois jours, vous l'eussiez suffisamment pleuré ? Non, non, Monsieur, ne prenez point la mesure de vos larmes là-dessus.... »

III. — A MONSIEUR *** [1].

Monsieur,

Il est certain que de tous ceux qui tâcheront de vous donner quelque consolation au malheur qui vous est arrivé, il y en aura peu qui ne le fassent plutôt par une louable coutume que par une connoissance véritable de votre affliction. On ne parle guère bien des choses, que quand on en parle par expérience. J'ai fait autrefois une perte semblable à celle que vous venez de faire. C'est pourquoi, Monsieur, prenant sur le sentiment que j'en eus alors, la mesure de celui que vous avez à cette heure, je ne vois pas que sans vous faire un déplaisir extrême, il soit possible de rien condamner en l'extrémité de votre douleur. Si elle n'étoit ce qu'elle est, elle ne seroit pas ce qu'elle doit être. Les rois veillent pour tout le monde

---

Lettre III. — 1. Cette lettre, la 10ᵉ du livre I (p. 518) dans l'édition de 1630, avait été publiée en 1627 dans le recueil de Faret (p. 13), où elle porte l'intitulé suivant : « Damasippe console Cléophante de la mort du Roi son maître. » — Comme on le voit d'après son contenu, elle a été écrite (nous ignorons à qui) à l'occasion de la mort de Jacques Iᵉʳ, roi d'Angleterre, arrivée le 6 avril 1625, quelques semaines avant la célébration du mariage de son fils Charles Iᵉʳ avec Henriette de France.

quand ils vivent, et par cette raison, quand ils meurent, tout le monde est tenu de les regretter; mais en cette concurrence de personnes affligées, qui doute que ceux à qui durant leur vie ils ont fait des gratifications particulières, ne soient en leur mort obligés de se montrer les plus affligés, et s'estimer vaincus si quelqu'un est arrivé jusques à ce point de les avoir égalés? Je ferai donc, Monsieur, tout au rebours des autres de qui vous recevrez le même compliment, et vous avouerai que sans être incomparablement touché de la privation d'un si grand et si bon maître comme étoit le vôtre, vous ne pouvez satisfaire à l'honneur de l'avoir possédé. Tout ce que j'ai à vous dire, et que vous pouvez ouïr sans vous faire tort, c'est, Monsieur, que vous considériez la foiblesse des choses du monde que nous admirons comme les plus fortes, et que sans en chercher d'autres exemples, vous la considériez en celui même que vous avez aujourd'hui devant les yeux. Les deux premiers royaumes du monde, à l'envi l'un de l'autre, se préparoient aux solennités d'un mariage qu'ils venoient de contracter. Notre joie et la vôtre disputoient à qui seroit la plus ingénieuse à trouver des magnificences convenables à la majesté du sujet; et voici que lorsque nous estimions que la fortune fût toute nôtre, elle a fait voir qu'elle ne l'étoit pas tant qu'elle voulût rien changer aux règles ordinaires de son instabilité. Jugez, Monsieur, par cet accident quelle fumée c'est que la gloire du monde, et le peu de sujet que nous avons d'en faire état. Je ne doute pas que de toutes les méditations que vous pouvez faire pour votre soulagement, celle-ci ne soit la plus utile. Je ne vous en proposerai donc point d'autre. Seulement ajouterai-je que votre vertu n'étant ni moins connue ni moins aimée du fils qu'elle a été du père, vous devez vous assurer à l'avenir de la continuation des mêmes faveurs que vous avez eues par le passé. Je prie

Dieu, Monsieur, de tout mon cœur qu'il vous en fasse la grâce, et à moi celle de vous témoigner toute l'affection qui se peut espérer et desirer de votre très-humble et très-affectionné serviteur[2].

---

112. — POUR CALISTE, A UN PRÉSIDENT[1].

Monsieur,

Il est très-certain que les choses les plus desirées sont celles qui succèdent le moins[2]. Je le dis, pource qu'à mon retour de Normandie, étant allée à Rouen, plus avec passion d'avoir le bien de vous y voir, que pour nécessité d'aucune affaire qui m'y appelât, mon malheur voulut que je fusse privée du contentement que je pensois en recueillir. Je crois bien, Monsieur, que vos gens vous auront fait savoir que sitôt que je fus arrivée j'envoyai chez vous pour y apprendre de vos nouvelles, mais qu'ils ne vous auront pas su dire le regret que j'eus de ne vous y avoir point trouvé[3]. C'est pourquoi je me suis résolue de vous en donner le témoignage par cette lettre, et par elle-même vous faire connoître le soin que j'ai de me conserver, sinon par services[4], au moins par compliments,

---

2. Var. (Faret) : et desirer, Monsieur, de votre serviteur, etc.
Lettre 112. — 1. Cette lettre est la 16ᵉ du livre I (p. 531) dans l'édition de 1630. Nous en avons revu le texte sur un brouillon autographe, que M. Michel Chasles a bien voulu mettre à notre disposition.
2. Dans le brouillon autographe : « que les choses les plus desirées succèdent le moins. »
3. Cette phrase est ainsi dans l'autographe : « L'on vous aura pu dire que je fis ce que je pus pour apprendre de vos nouvelles, mais on ne vous aura pas pu ni su dire le regret que j'eus, et que j'ai encore de cette heure, de ne vous y avoir pas trouvé. »
4. Dans le brouillon autographe : « sinon par mes services. »

la part que si libéralement vous m'avez promise en vos bonnes grâces. Ce sont deux choses que malaisément les paroles seront capables de vous représenter[5]. Toutefois, puisqu'à faute de mieux[6] je suis contrainte de les employer, vous me ferez, s'il vous plaît, cet honneur de les en croire, et vous assurer, Monsieur, qu'entre celles que votre bienveillance a par le passé jamais obligées, et qu'elle obligera jamais à l'avenir, il n'y en a pas une à qui[7] je ne me fasse avec raison céder la gloire d'être votre bien humble et affectionnée servante.

---

113. — POUR CALISTE, A UN QUI LUI AVOIT ÉCRIT[1].

Monsieur,

Je vois bien que ce que l'on dit est véritable, que le refus irrite les affections, et qu'avec le temps il nous rend passionnés des choses que du commencement nous avons tenues pour indifférentes. La première fois que vous m'avez priée de vous écrire, je ne doute point que vous ne l'ayez fait par manière de discours plutôt que pour autre dessein. Mais comme vous avez connu que je n'y étois nullement disposée, il se peut faire que vous vous êtes piqué de ma résistance, et avez pensé qu'il y alloit du vôtre de n'obtenir point ce que vous avez montré de desirer. A quelque fin que vous l'ayez fait, je suis con-

---

5. Malherbe avait mis d'abord : « vous peuvent représenter. »
6. Le brouillon donne : « puisque faute de mieux ; » et à la ligne suivante : « sy vous plaist. »
7. Dans le brouillon : « par qui, » et un peu plus loin : « votre très-humble.... »
Lettre 113. — 1. Cette lettre est la 17e du livre I (p. 532) dans l'édition de 1630.

tente de vous donner cette satisfaction, à la charge que j'en recevrai une autre de vous, qui sera que je n'en oye jamais plus parler. Ce seroit me diminuer de la bonne opinion que vous me voulez donner de vous. Résolvez-vous-y, croyez-moi ; et si vous voulez être du nombre de ceux qui m'honorent de leur amitié, ne me pressez point d'une chose qui est aussi éloignée de ma constance, comme elle est peu convenable à mon humeur.

114. — POUR ASTÉRIE,
A MONSIEUR LE CARDINAL DE JOYEUSE [1].

Monsieur,

Parmi une infinité de choses qui me sont extrêmement sensibles en mon affliction, ce n'est pas sans mentir une des moindres que le voyage que j'ai fait en cette ville ne vous ait pas été agréable, et que j'aie été si malheureuse que ce que j'ai fait pour la seule considération du salut de ma vie, votre bonté se soit laissée [2] aller à l'interpréter d'autre façon. J'eusse cru, Monsieur, que vous remettant devant les yeux l'état misérable où vous me trouvâtes au Havre, et les mouvements précipités que vous reconnûtes aux personnes à qui j'ai affaire, vous m'eussiez accusée de témérité si je n'eusse cherché toutes sortes de moyens pour me tirer de cette misère. Toutefois, Monsieur, puisque vous avez été d'autre opinion, je sais

---

Lettre 114. — 1. Cette lettre est la 12e du livre I (p. 525) dans l'édition de 1630. — François, cardinal duc de Joyeuse, archevêque de Narbonne, puis de Rouen, mort doyen des cardinaux le 23 août 1615, à cinquante-trois ans. J'ignore quelle est la femme désignée ici par le pseudonyme d'Astérie.

2. Il y a *laissé*, sans accord, dans l'édition de 1630, comme toujours quand le participe est suivi d'un infinitif.

si bien l'honneur que votre qualité mérite, et celui que vos bienfaits ordinaires m'obligent de vous rendre, qu'au lieu de justifier une action que vous condamnez, je penserai qu'en cela, comme en toutes choses, vous voyez plus clair que je ne fais, et me contenterai de vous supplier très-humblement de me pardonner ce que peu de personnes eussent refusé de faire en semblable occasion. Ce n'est pas chose nouvelle, qu'aux plus fermes esprits du monde la peur fasse naître de mauvais conseils. Tant y a que si les aigreurs s'adoucissent, nous serons en part où mieux qu'ailleurs nous aurons moyen de conduire les choses à une réconciliation. Quant à moi, Monsieur, par le consentement que j'y apporterai, je rendrai toujours preuve de mon innocence, et du très-humble respect que je veux rendre à vos commandements. Vous vous en assurerez, s'il vous plaît, et me continuerez l'honneur de vos bonnes grâces, qui me tiendront toujours lieu du plus cher et plus précieux trésor qu'il me soit possible d'acquérir.

115. — A MONSIEUR ***, AU NOM D'UNE DAME[1].

MONSIEUR,

De tous les compliments que nous semblons obligés de rendre les uns aux autres, je n'en crois point de superflu comme celui de la consolation. Ce n'est pas que j'ignore l'effet des belles paroles, mais de penser que sans l'entremise du temps, en la jurisdiction duquel sont la plupart des troubles de l'âme, elles aient de quoi guérir une dou-

LETTRE 115. — 1. Cette lettre est inédite. Nous l'avons trouvée dans le volume II (f° 217) du registre XLI des manuscrits de Peiresc à la Bibliothèque de Carpentras. Au haut de la page on lit ces mots écrits de la main de Peiresc : *Malerbe au nom d'une dame, pour consolation.*

leur comme la vôtre, c'est à mon avis leur attribuer une puissance qu'elles n'ont jamais eue, et qu'elles n'auront jamais sur une personne de votre naturel. Ceux qui feignent de se consoler avec ce remède s'étoient consolés eux-mêmes devant qu'ils fussent consolés d'ailleurs. Je ne tenterai donc point une chose qui me seroit inutile. Il me suffira de vous faire voir que je suis du nombre de ceux qui prennent part à votre affliction, non par bienséance comme peut-être une infinité de ceux qui vous ont rendu le même témoignage, mais par une inclination particulière que j'ai toujours eue et que j'aurai toujours d'honorer votre vertu. Je vous devois la réponse d'une lettre que j'eusse bien desiré vous payer en autre occasion, mais celui qui m'a donné ce triste sujet m'en offrira quelque jour un plus agréable. S'il a cette fois exercé sa justice sur vous, une autre fois il y déploiera sa bénédiction. Quoi qu'il fasse, notre devoir est de l'interpréter à sa gloire, et en ses châtiments même n'imaginer que des affections vraiment paternelles à l'endroit de ses créatures. Mais j'avois dit que je n'oserois entreprendre de vous consoler, et cependant il me semble que je me laisse emporter à la coutume. C'est assez, Monsieur : j'aurois peur d'être trouvée importune en voulant sembler officieuse. S'il vous plaît de prendre la peine de méditer là-dessus ce que vous fournit votre beau jugement et que vous apprend l'expérience que vous avez du flux et du reflux de cette mer, ce sera plus que vous n'en sauriez lire, non pas dans ma lettre, mais dans les livres de tous les philosophes du monde. Je prie Dieu, Monsieur, qu'il vous fasse la grâce de vous conformer à sa volonté et vous conjure de me tenir toujours pour votre, etc.

116. — A MONSIEUR *** [1].

Monsieur,

Je suis bien aise d'avoir souvent de vos lettres, mais d'un autre côté, j'ai peur que par cette diligence extraordinaire, vous ne perdiez le glorieux titre de nonchalant [2], qui vous a fait mettre autant que votre poésie entre les noms illustres du siècle. En quelque chose qu'on excelle, il n'importe, pourvu qu'on soit hors du commun. Si on montre au doigt ceux qui sont extrêmement vaillants, aussi fait-on ceux qui sont extrêmement lâches [3]; aux compagnies des femmes, les femmes très-belles sont regardées, mais aussi sont les très-laides [4]. Le nom d'Achille est connu, aussi est celui de Thersite [5]. Je vous fais toujours la guerre, mais vous l'endurerez comme un écolier de son maître. Je pensois que nous nous reverrions avec la cour; mais nous avons la cour et ne vous avons pas. Il n'importe, nous nous en passerons. Souvenez-vous que Messieurs les Destins ont eu soin de vous, et que vous avez voulu vous ruiner, mais ils n'y ont pas

Lettre 116. — 1. Ce fragment inédit se trouve au f° 66 du manuscrit Baluze. Racan était sans aucun doute le destinataire.

2. Malherbe avait mis d'abord : « le glorieux titre que vous avez acquis du plus nonchalant homme qui fut jamais. »

3. Première rédaction, biffée en partie : « C'est une grande louange d'être extrêmement vaillant, mais ce n'est pas une petite marque d'être extrêmement lâche. » Au-dessous du mot *lâche*, il y a *poltron*, effacé.

4. Malherbe, sans biffer cette phrase, l'a refaite ainsi au bas de la lettre : « Une très-laide femme en la compagnie est regardée comme une très-belle : ce n'est pas avec mêmes sentiments, mais toujours est-elle regardée. »

5. Le commencement de cette phrase est effacé. Malherbe se réservait sans doute de la refaire. Le mot *autrement*, écrit dans l'interligne, au-dessous des mots « est connu, » indique dans quel sens il l'aurait modifiée.

consenti. Vous m'entendez bien sans que je m'explique davantage. Si vous avez perdu un ami, vous en avez recouvert un autre. Louez Dieu.... si vous me croyez. Le temps ne sauroit être plus propre aux gens de votre mérite qu'il est aujourd'hui[6]. Vos melons sont bons, mais ceux de l'Épargne valent mieux. Nous avons M. de Marillac[7] pour garde des sceaux, M. de Fiat[8] pour superintendant des finances. Après cela les Muses n'ont plus que desirer[9]. Pour Monseigneur le Cardinal[10], je n'en parle point, et la raison est que je ne le mets pas au rang des hommes. Je vous jure que si nous étions encore au temps où la pluralité des Dieux était crue, je penserois qu'il....

117. — A MADAME ***[1].

Que d'importunités vous sont préparées, Madame, et que ma passion, si vous la laissez faire[2], va donner d'exercice à votre bonté! La liberté que je prends est très-grande, je l'avoue; mais en quelle sagesse trouve-

6. Il y a dans ces dernières lignes des mots rayés. Nous les avons conservés, à défaut de ceux que Malherbe comptait y substituer. La comparaison qui suit se retrouve dans notre lettre 7, adressée à Racan: voyez ci-dessus, p. 15.

7. Voyez ci-dessus, p. 15 et la note 3.

8. Voyez p. 26 et la note 4.

9. Au-dessus des mots : « Après cela, etc., » on lit dans l'interligne : « Je ne crois pas qu'il y ait rien à dire ni même à desirer. » Suit une phrase dont le commencement est resté indéchiffrable pour nous et qui finit par : « .... la nomination à ces charges; je ne crois pas qu'elles (*les Muses*) n'eussent eu le même goût qu'a eu le Roi. »

10. Le cardinal de Richelieu.

Lettre 117. — 1. Ce fragment inédit est conservé dans le manuscrit Baluze, f° 64.

2. Malherbe avait d'abord écrit ces mots, qu'il a biffés : « si vous prenez la peine de lire mes lettres. »

rois-je de quoi résister à une affection³ si juste et si démesurée comme la mienne. Je sors d'une lumière où mes contentements m'ont fait croire que j'étois dans les félicités du ciel, et entre dans des ténèbres où mes désespoirs me sont une image véritable de tout ce que les enfers ont de supplices⁴. Jugez, s'il vous plaît, Madame, par qui cette mutation pourroit être dissimulée que par une âme à qui la nature auroit dénié toute sorte de sentiment⁵.... Je vous supplie très-humblement, Madame, de lui en pardonner la hardiesse, et de croire que c'est par cette seule grâce que vous pouvez rendre l'envie de vivre à celui à qui donne ce malheureux éloignement tant de justes occasions de vouloir mourir⁶.

---

118. — A MONSIEUR D'ASTRUC¹.

.... Pour l'affaire de mon fils, je vous jure que je ne partirai pas qu'elle ne soit faite. La dernière fois que j'en

---

3. Avant le mot *affection*, la minute porte la syllabe *pas*, effacée, comme si Malherbe avait d'abord voulu écrire : *passion*.
4. Variante du manuscrit, biffée par l'auteur : « figurent (*pour* me sont) une image véritable de ce qu'il y a de plus triste dans les enfers. »
5. La partie du brouillon qui suit ces mots est tellement informe et pleine de tâtonnements qu'on n'en peut guère tirer que des lambeaux d'idées et de phrases, comme : « Il suffit que mes yeux soient privés du plus glorieux et plus adorable objet qui soit sur la terre; » — « je loue Dieu que mon âme est hors de sa souffrance; » — « je ne suis pas si mal avec mon âme que je lui veuille empêcher l'honneur d'être tous les jours et à toutes heures à vous baiser les pieds et vous rendre quelques témoignages de sa fidélité. »
6. Malherbe avait tenté cette autre rédaction : « à qui tant de mauvaise fortune et d'amour donne tant, etc. »
LETTRE 118. — 1. Nous publions ce fragment inédit d'après un autographe conservé dans la collection de feu M. le marquis de Villeneuve-Trans, et qui porte cette indication : « Il demande des nou-

parlai à M. le président de Chivry², il a dit que je ne m'en misse point en peine, et qu'il la pousseroit³ jusques au bout, pour me mettre dans la compagnie où je desirois être. Je n'ai plus rien à vous dire, sinon vous supplier d'assister mon fils de vos bons conseils, et lui faire connoître qu'il ne sauroit mieux fâcher ses ennemis qu'en se comportant sagement. Cela est si clair qu'il n'y faut point beaucoup de paroles; et c'est en quoi plus qu'en nulle autre chose vous pouvez obliger votre très-humble et très-affectionné serviteur,

MALHERBE.

A Paris, ce 13ᵉ octobre 1625.

Suscription : A Monsieur, Monsieur d'Astruc, à Aix⁴.

---

119. — A MONSIEUR *** ¹.

MONSIEUR²,

Je vous devrois avoir fait dès hier la réponse que je

velles du voyage de Monsieur le conseiller Milletot et dit ce qu'il faut (?) faire pour sortir après tout de tant (?) d'affaires. » — Cette fin de lettre est écrite au recto d'un demi-feuillet dont la partie supérieure a été enlevée. Au-dessus de notre première ligne, on lit à gauche les mots : «.... de ce côté-là; » et à droite : « J'entends de.... » — Sur M. d'Astruc, voyez plus haut, p. 114, note 3.

2. Probablement Charles Duret, sieur de Chevry, président à la chambre des comptes, mort en 1636.

3. Au-dessus de la ligne sont ces mots biffés : « (et qu'il) porteroit cette aff[aire]. »

4. Au verso, à côté de l'adresse, on lit : «.... Mad. la Porte. Je la vous renvoyerai par la première voie que j'estimerai sûre. »

LETTRE 119. — 1. Cette pièce inédite, qui se trouve au manuscrit Baluze, fᵒ 46, est le brouillon d'une lettre adressée sans doute à M. du Bouillon : voyez plus haut, lettre 29, p. 65. Elle a aussi quelque analogie avec une lettre à Racan : voyez lettre 10, p. 27.

2. Malherbe a biffé après *Monsieur* les mots : *mon cousin.* A la place

vous fais à cette heure; mais je ne voulois pas vous écrire sans quelques nouvelles. Elles sont toujours agréables aux esprits curieux comme le vôtre, mais au siècle où nous sommes, une lettre sans nouvelles, de quelque ami qu'elle vienne, n'est pas très-bien reçue. J'en ai cherché toute cette après-dînée, et n'ai pas perdu ma peine, puisque j'en ai appris une des meilleures que vous sauriez desirer. Mme de Guise m'a fait voir une lettre où Madame la princesse sa fille lui mande[3] que le mariage de Monseigneur et de Mademoiselle de Montpensier est consommé[4]. Il n'est plus question d'accordailles ni de fiançailles.... A cette heure c'en est fait, toute la cour est pleine de joies[5]; elles ne sont pas toutes d'une mesure: il y en a de grandes, et de petites, de vraies, de feintes. Tant y a que le bien du Roi y est. Pour moi, je crois qu'après celle de la mariée[6], qui sans doute est incomparable, il n'y en a point de pareille à celle de la Reine mère, et véritablement cette princesse est si bonne que

de : *Je vous devrois*, etc., il avoit écrit cette phrase : « Ce que je fais à cette heure, je devois l'avoir fait dès hier, » puis il l'a effacée, pour garder sa première rédaction. Un peu plus loin, aux mots : « vous écrire sans, etc., » il avait substitué ceux-ci : « vous répondre sans me faire accompagner de quelques nouvelles, » qu'il a aussi raturés en partie. Dans la phrase suivante : « curieux comme vous êtes » a été effacé pour faire place à : « curieux comme le vôtre. »

3. Au lieu de cette phrase, Malherbe avait écrit d'abord : « une lettre de Mme la princesse de Conty, par laquelle elle lui mande, etc. »

4. Après « consommé, » Malherbe a effacé : « jeudi dernier. Dieu sait si cela m'a touché. Nous l'avons longtemps attendu. » Il semble avoir voulu développer cette dernière idée; mais parmi les mots écrits dans les interlignes, nous en avons trouvé trop d'indéchiffrables pour qu'il nous ait été possible de reconstituer la phrase.

5. Ici encore, entre les lignes, se trouvent des mots que nous n'avons pu déchiffrer, et d'autres qui pour nous restent douteux et sans suite.

6. Au-dessous de cette phrase on lit ces mots, qui indiquent un retour à une idée déjà exprimée: « Qui n'a point de joie au cœur, néanmoins de la feindre au visage. » Voyez p. 65.

les vœux de tous ceux qui la connoissent⁷ sont que sa postérité soit perpétuée en la race de nos rois. Je sais fort bien que nous en aurons du côté du Roi, car à quel propos nous imaginerions-nous une stérilité en un roi et une reine tous deux en la fleur de leur âge, et tous deux d'une constitution excellente, qui s'aiment avec passion, et qui, si la bonne vie attire la bénédiction⁸ de Dieu, se la doivent promettre aussi grande que les meilleurs souverains qui jamais aient porté cette couronne? Mais, comme dit le proverbe, il faut bien avoir deux cordes à son arc. La prudence humaine y a joué son rôle; c'est aux bons destins de la France à faire le demeurant. Je prends pour bon augure que Monseigneur avoit fait faire sa demande par le président le Congneux, son chancelier. Le nom me plaît et me fait espérer qu'on y travaillera comme il faut, et qu'au bout de l'an la France⁹ aura un Dauphin....

120. — A MONSEIGNEUR ***[1].

MONSEIGNEUR,

De quelques artifices qu'aient usé mes parties[2] pour

---

[7]. Les mots : « les vœux de tous ceux qui la connoissent, » et plusieurs autres dans les cinq ou six lignes qui suivent, ont été biffés par Malherbe, qui se proposait évidemment de retoucher tout cet endroit.

[8]. Les mots : « si la bonne vie, etc., » ont été substitués à ceux-ci : « puisque rien ne se fait sans (la bénédiction de Dieu). » A la ligne suivante, après *doivent*, sont ces mots biffés : « par leur douceur et leur piété. »

[9]. *La France* a remplacé *la Reine*, que Malherbe avait mis d'abord.

LETTRE 120. — [1]. Nous donnons ce fragment inédit d'après un brouillon conservé au manuscrit Baluze, f° 65. Le *Monseigneur* est peut-être le chancelier.

[2]. Après *parties*, ces mots-ci ont été biffés : « et ceux qui ont

déguiser l'assassinat commis en la personne de mon fils, je n'ai rien voulu dire[3] que je n'eusse de quoi dissiper les ténèbres dont ils obscurcissent la vérité. A cette heure que je sais comme la chose s'est passée[4], je me viens, Monseigneur, jeter à vos pieds[5] pour vous demander justice d'une[6].... perfide, non pas nouvelle, car le monde ne valut jamais rien et les hommes des autres siècles n'ont pas été meilleurs que ceux de celui-ci, mais telle sans mentir[7] qu'il est malaisé d'en imaginer une plus noire. Les informations disent ce qui en est[8] ; il me suffira, Monseigneur, de vous faire jeter les yeux sur l'impudence de ces barbares qui[9] à la demande d'une grâce choisissent. . . . . les parlements à leur fantaisie. Ils se fient aux recommandations qu'ils vous font faire[10], et moi, Monseigneur, la réputation que

parlé pour elles. » Au-dessous, dans l'interligne, sont quelques autres mots, que nous n'avons pu déchiffrer.

3. Au-dessous de *dire*, il y a *répondre*, non effacé. Pour la fin de la phrase, Malherbe a tenté diverses rédactions : « De quoi montrer la vérité.... de quoi faire sortir.... dissiper les ténèbres de nos observations. »

4. Cette rédaction, adoptée d'abord par Malherbe, puis biffée, pour faire place à des tâtonnements : *J'ai.... Je sais quel....* a été reprise et maintenue.

5. Au-dessus des mots : « jeter à vos pieds, » Malherbe a écrit : « implorer votre justice. »

6. Ici plusieurs mots que nous n'avons pu lire. Il y avait d'abord *lâcheté*, que Malherbe a effacé.

7. *Sans mentir* a été ajouté après coup.

8. Première rédaction : « .... témoignent la vérité ; je me passerai volontiers de vous en parler, » avec cette variante pour la dernière partie de la phrase : « je n'ai que faire d'en rien dire. »

9. Malherbe avait écrit d'abord : « qui devoient s'arrêter à la demande d'une rémission. » Nous donnons sa seconde rédaction, bien qu'elle ne fût pas définitive à son gré; car il a biffé les mots : *grace*, et : *les parlements*. — Après *choisissent*, il y a quelques mots douteux; nous lirions, si le sens le permettait : « c'est sur leur adresse. »

10. Première rédaction : « Ils se fient en leurs amis »

vous avez en la place où vous êtes est la seule espérance. . . .[11] : vous ne savez que c'est que de la connivence aux crimes, ni de la complaisance aux sollicitations. Après cela, je ne vois pas que j'ai rien à[12] souhaiter. Si je parlois davantage, vous m'estimeriez moins affligé que je ne suis; je ne vous dois(?) dire autre chose. Mon affaire n'est pas de si petite considération que je ne l'entremette(?) au nombre de celles qui sont connues de la postérité[13]. Je veux croire que vous ne dédaignerez point la gloire de l'avoir protégée. C'est, Monseigneur, de quoi je vous conjure au nom de Dieu, et par la véritable affection que vous eût jamais offerte votre[14]....

11. Ce membre de phrase incomplet se dégage assez malaisément de plusieurs essais de rédaction, biffés, soit dans les lignes, soit dans les interlignes; des mots indéchiffrables, pour nous, augmentaient encore la difficulté; parmi les mots raturés on lit : « Je me fie en votre intégrité, la réputation que vous avez.... connue par les plus grands exemples qu'un homme (?).... vous donnez.... une personne(?) étant en la place, etc. »

12. Au-dessous de : « que j'ai (*il avait d'abord mis* j'aie) rien à, » il y a : « que je doive rien. »

13. Première rédaction inachevée et biffée : « de celles dont la mention. »

14. Au bas de la page il y a quelques lignes dont nous n'avons déchiffré que les premiers mots : « Comme la carte blanche vous est baillée. »

FRAGMENTS.

Les fragments qui suivent se trouvent au f° 37 du manuscrit Baluze. Ils ont été probablement composés à l'occasion du seul combat a la barrière qui ait eu lieu sous Henri IV, et qui se fit à Paris le 25 février 1605. Malherbe a écrit pour cette fête des vers que nous avons donnés dans notre premier volume (pièce XVI, p. 65), et où l'on retrouve quelques-unes des pensées qu'il a mises ici en prose.

Sans doute, chevaliers, ou vous êtes mal informés des affaires du monde, ou vous cherchez de la réputation à bon marché. Durant dix ou douze ans que notre roi parmi toute sorte de périls a continuellement exposé sa vie pour le salut de sa couronne, il n'a jamais ouï parler ni de vous ni de votre service. A cette heure que ses victoires, les plus glorieuses que le soleil ait jamais vues, l'ont rendu non-seulement paisible possesseur de la France, mais arbitre si absolu de toute l'Europe qu'il n'y a prince qui sans perdre sa vie et son État osât se qualifier son ennemi, vous lui venez offrir vos épées avec des vanités insupportables. Vous pouvez penser le jugement que cette procédure nous fait faire de votre courage, et comme elle nous dispose à croire ce que vous nous contez de vos miracles faits en Asie. Toutefois parce que nous sommes d'une nation qui ne refuse jamais de donner des témoignages de sa courtoisie, nous ne laisserons pas pour cela de recevoir votre défi; s'il n'y a de la gloire de vous combattre comme braves, il y aura du plaisir à vous châtier comme téméraires. Pour le moins vous ôterons-nous l'opinion que vous avez apportée d'être nécessaires à notre roi, et vous ferons voir que notre valeur ne diffère de lui donner l'empire de toute la terre qu'autant que sa bonté le retient de le desirer.

Nous allons ordinairement au bout du monde chercher des occasions de faire paroître notre valeur : vous pouvez penser comme vous nous obligez de les nous apporter jusque chez nous ; ce n'est pas que nous croyons que votre courage soit tel que vous le publiez ; mais s'il n'y a de la gloire à vous combattre comme braves, il y aura du plaisir[1] à vous châtier comme téméraires. C'est en cette considération que nous recevons votre défi ; pour le moins vous ôterons-nous l'opinion que vous avez apportée d'être nécessaires à notre roi, et vous ferons voir que nos épées ne tardent de lui donner l'empire de toute la terre qu'autant que sa bonté le retient de le desirer.

1. Au-dessus de *plaisir*, il y a *mérite*, dans l'interligne.

FIN DES LETTRES A DIVERS.

COMMENTAIRE SUR DES PORTES.

DIANE.

PREMIÈRES AMOURS.

LIVRE PREMIER.

SONNET I.

Je vous offre ces vers qu'Amour m'a fait écrire,
De vos yeux, ses flambeaux, ardemment agité.

Agité est mis d'une façon qu'il semble se rapporter à l'Amour.

Non pour sacrer ma peine à l'immortalité,
Car à si haut loyer ma jeunesse n'aspire.

C'est, etc....

Et puis je n'écris pas pour gloire en acquérir,
Ains plutôt je m'écrie au mal qui me transporte,
Ainsi qu'un patient qui languit sans mourir.

Il ne dit rien de nouveau, car il vient de dire que ce qu'il en fait n'est *point pour sacrer sa peine à l'immortalité, c'est.... Et puis,* voilà un sens nouveau. — *Ains plutôt* me semble mal parlé; on dit : *mais plutôt;* et puis un vers commence par *Ains* et l'autre par *Ainsi,* ce n'est pas avec beaucoup de grâce.

SONNET II.

Le penser qui m'enchante....
Jusqu'au troisième ciel m'alloit haut élevant ;
Et comme je tâchai de voler plus avant,
Amour, qui m'aperçoit, contre moi se courrouce,
Et choisit de vos yeux la flamme heureuse et douce,
Pour m'empêcher l'entrée et se mettre au devant.

Imagination bourrue, s'il en fut jamais.

Je ne pus passer outre, étonné de la flamme
Qui de ses chauds rayons brûla toute mon âme,
Qui m'éblouit la vue, et me fit trébucher.

Superflu.

SONNET III.

Ma bouche, incessamment *aux cris d'amour* ouverte,
N'ose plaindre le mal qui mes sens *va troublant*.

Sa bouche, toujours ouverte aux cris, ne s'ose plaindre; il n'y a guère apparence. — *Qui trouble*.

Amants qui vous plaignez *de votre ardent vouloir*,
D'aimer en lieu trop haut, de n'oser vous douloir.

Cela s'appelle qu'il veut rimer.

SONNET IV.

Le jour que je fus né, l'impitoyable archer,
Amour, à qui le ciel rend humble obéissance,
Se trouva sur le point de ma triste naissance.

Trois substantifs précédés de trois adjectifs finissent ces trois vers : avec quelle grâce, le lecteur le jugera.

Suivez-le tout partout, ne l'abandonnez point,
Et faites que toujours il soit de votre bande.

Puisqu'il avoit dit : *suivez-le*, il devoit dire : *soyez de sa bande*; on est de la bande de ceux qu'on suit.

SONNET V.

Déjà la petite herbe, au gré du doux Zéphire,
Navré de son amour, branle tout doucement.

Zéphire amoureux de l'herbe, fable nouvelle.

Le ciel rit, l'air est chaud, le *vent mollet* soupire.

Superflu, car il le vient de dire au premier couplet.

Je veux suivre l'Amour, et *seront mes alarmes*
Les courroux, les soupirs, les pleurs et les regards.

Cela ne veut rien dire.

SONNET VI.

O grand démon volant, arrête la meurtrière
Qui fuit devant mes pas, car pour moi je ne puis,
Ma course est trop tardive............

Le premier vers achève son sens à la moitié du segond, le segond à la moitié du troisième.

Si tu es juste, Amour, tu me dois délier,
Ou par un juste effort *cette dure plier*.

Note [1].

SONNET VII.

J'invoque le Sommeil pour guérir mes pensées;

---

[1]. Le mot : *note*, ou en latin *nota*, est une forme de critique que nous rencontrerons très-souvent, une manière d'appeler l'attention du lecteur sur un mot, un passage à blâmer.

Mais il fuit de mes yeux, et n'y veut demeurer.
Vous l'appelez, il s'enfuit. Comme voulez-vous qu'il demeure là où il n'est pas?

SONNET VIII.

Ce sonnet ne vaut rien, et tous ceux qui lui ressembleront ne vaudront pas davantage : c'est un pâté de chevilles.

Si la foi plus certaine en une âme non feinte.

N'en, nu, n'a.

Une pâle couleur de lis et d'amour teinte.

Il veut représenter le *tinctus viola pallor amantium*[1]; mais il n'y donne ni près ni loin. On ne dit pas : *une couleur de lis et d'amour*, mais : *de lis et d'œillets;* ou bien : *de colère et d'amour :* en sorte que la fleur soit avec la fleur, et la passion avec la passion.

SONNET IX.

Dès le jour que mon âme, amoureuse insensée,
Se rendant à vos yeux, les fit rois de mon cœur.

Dès, il falloit dire *depuis;* mais ce discours voudroit plus de papier qu'il n'y en a ici.

O beauté, dont les traits sont si victorieux,
Apprenez par ma mort les efforts de vos yeux,
Et voyez désormais à qui vous faites guerre!

Que veut dire cette conclusion[2]?

SONNET X.

Car toujours plus au vif *sa rigueur me tenaille.*

Bourre.

Je suis en même temps tout de flamme *et de glace*....
. . . . Quel amour, quelle paix
D'un chaos si confus débrouillera la *masse?*

Glace et *masse*, c'est une longue rimée avec une briève.

SONNET XII.

Vallon, ce dieu tyran, qui me fait endurer
Tant de vivantes morts *qu'immortel* je supporte.

Superflu.

Console-toi, vallon, comme je me console :
« Encore est-ce un *confort* à l'homme malheureux,
« D'avoir un compagnon *au malheur qui l'affole!* »

Bourre.

---

1. Voyez Horace, ode x du livre III, vers 14.
2. La copie B de la bibliothèque de l'Arsenal ajoute, au sujet de *vous faites guerre :* « *la*, oublié. »

SONNET XIII.

Durant les *grand's* chaleurs, j'ai vu *cent mille fois.*

Grandes; il pouvoit dire : *aux chaleurs de juillet.*— *Cent mille fois :* ces phrases numérales sont vraies chevilles, si l'antithèse, ou quelque autre chose, ne leur donne grâce.

SONNET XIV.

Je souffre un mal présent, j'en doute encore *un pire....*
Et plus je vais avant, plus ma douleur s'*empire.*

Pire et *empire :* mal rimé.

SONNET XV.

Amour gaigea son arc, et la chaste déesse
Qui commande aux forêts, sa divine beauté;
Ma maîtresse gaigea sa fière cruauté, etc.

Bourre excellente, prise de l'italien, où elle ne vaut non plus qu'en françois.

Qui me fait *consommer* en mortelle tristesse.

Consumer.

SONNET XVI.

Ayant (brûlé d'amour) gémi, crié, pleuré.

Ce *brûlé* étant si près d'*ayant* semble en être gouverné.

J'invoquai tant la mort qu'une âpre maladie
S'offre à me délivrer du martyre enduré.

S'offrit.

Mais vous, belle tyranne, aux Nérons comparable.

Tira noz nez, paroles mal rangées.

SONNET XVII.

Puis des malheurs qui sont prédestinés,
Le seul remède *aux cœurs déterminés,*
C'est de n'avoir espérance ni crainte.

Superflu.

SONNET XVIII.

Ni la rigueur d'un triste éloignement
Me sortiront de son obéissance.

Il faut dire : « ne me sortiront ; » et puis, *sortir,* en signification active, ne plaît pas à tout le monde.

SONNET XIX.

Las! que me sert de voir ces belles plaines
Pleines de fruits, d'arbrisseaux et de fleurs?

A quel propos ces arbrisseaux parmi les fruits et les fleurs?

Et l'argent vif des bruyantes fontaines?

C'est autant d'eau pour reverdir mes *paines*,
D'huile à ma braise, *à mes larmes d'humeurs.*

Peines. — « Ces fruits et ces fleurs sont autant d'humeurs à mes larmes. » Juge de cette belle conception.

Comme celui qui la fièvre soutient.

Il faut dire : « j'ai la fièvre, » et non pas : « je soutiens la fièvre. »

SONNET XX.

Ce n'est point feu : j'eusse éteint toute flamme.

Tein, tou, te.

CHANSON I.

Hélas ! a-t-il mauvais regard ?
De cent mille traits qu'il m'adresse,
Il ne me frappe en nulle part
Qu'au cœur. . . . .

Il y a bien différence d'avoir mauvais regard et d'avoir mauvaise vue. Qui a mauvaise vue a de mauvais yeux, mais qui a mauvais regard les a bons, et par dépit ou par quelque autre raison il en regarde de travers.

S'il eût ouï tant de regrets, etc.

Ce couplet est imparfait et emprunte son sens du suivant.

SONNET XXI.

Ces deux beaux yeux, ma gloire et mon pouvoir.

Qu'est-ce à dire : « les yeux de ma maîtresse sont mon pouvoir ? »

De deux soleils *un éclipse* ordinaire.

Éclipse est féminin et jamais masculin, devant tous les barbiers de France[1].

SONNET XXII.

Mon cœur, qui, comme moi, point ne vous laissera, etc.

Cœur qui com.

Plutôt d'un trait doré Vénus vous blessera.

Il prend ici la mère pour le fils : Vénus n'a point ces deux sortes de flèches attribuées à l'Amour.

Vu que même en brûlant assez *fier* il sera.

Fier, en cette signification de *joyeux,* est peu reçu hors de Normandie.

SONNET XXIV.

Et sens Amour perçant *et remuant*
Mon cœur sanglant de sa griffe pointue.

A quel propos ?

Le mal est grand, mais pire est le remède.

Bonne conclusion.

---

1. Dans la copie B de l'Arsenal : « devant tous les barbiers du monde. »

SONNET XXV.

Ce même trait *dont vous m'aviez touché.*
Superflu.

Bref, mon esprit *ardent d'affections.*
Cela ne vaut rien, même en plurier.

A tout le moins, vous me devez aimer,
Pour le respect de votre image sainte.
Froid.

SONNET XXVI.

Mon Dieu, mon Dieu! que j'aime ses beaux yeux,
Dont l'un m'est doux, l'autre plein de rudesse!

Je ne me puis imaginer comme une femme a un œil doux et l'autre rigoureux. D'avoir les yeux tantôt doux[1] et tantôt rigoureux, cela se peut, mais non le reste.

SONNET XXVII.

Elle pleuroit. . . . .
Et tellement l'air de cris remplissoit,
Que la mort même à pleurer eût *contrainte.*
Elle oublié.

Et dans mon âme engravoit sa *complainte.*
Plainte meilleur que *complainte.*

Les Vents émus retenoient leurs haleines.

Excellente sottise. Si les Vents en étoient émus, comme retenoient-ils leurs haleines? S'il veut dire que les Vents, qui étoient émus auparavant, s'apaisoient, il le faut exprimer d'autre façon.

SONNET XXVIII.

Je ne me plains que tout me désespère,
Ni que le temps cède à ma loyauté.
Mal exprimé.

Jeune Dédale, aux périls téméraire.

Je crois qu'il veut dire *Icare* par *le jeune Dédale;* mais cela ne se peut défendre, vu que le succès de Dédale et d'Icare, en même dessein, furent différents (sic), car Dédale ne fut pas téméraire.

SONNET XXIX.

Si c'est aimer que porter bas la vue,
Que parler bas, que soupirer souvent, etc.

Parler bas est une belle marque d'aimer! toutes les autres marques qu'il met ici ne sont guère moins impertinentes.

---

1. Nous mettons *doux* par conjecture. Il y a *cruels* dans l'original et dans les deux copies.

Qu'il n'est prison, ni torture, ni flamme
Qui mes tourments me sût faire avouer.

« Il n'y a point de tourment qui me pût faire avouer mes tourments. » Il devoit dire *mon amour*, ou quelque autre chose.

SONNET XXX.

Si chaud desir m'aiguillonne et me presse.

Mauvais nominatif.

SONNET XXXI.

Que de fleurs, que d'œillets, que de roses vermeilles!

L'espèce est mal exprimée après le genre.

SONNET XXXII.

Marchands, qui recherchez tout le rivage more
Du froid Septentrion....

« Rechercher le rivage more du Septentrion. » Je ne sais ce qu'il veut dire, sinon aller du Septentrion au Midi; mais je le devine par discrétion[1], car il ne dit rien moins que cela.

Et par quelle richesse elle a su m'attiser.

Attiser par richesse un homme est un langage de l'autre monde.

SONNET XXXIII.

Et n'est vrai que le ciel cache plus de merveille.

Mal exprimé.

Éperdue, étonnée, et longtemps demeurer....

Un participe et un infinitif assemblés par une copulative ont mauvaise grâce.

SONNET XXXIV.

Je me suis vu muer....
En cerf, qui porte au flanc une flèche sanglante, etc.

Si cette imagination n'est bourrue, il n'y en eut, et n'y en aura jamais.

SONNET XXXV.

Qui me rend en aimant *triste et désespéré*.

Ces épithètes sont mal conjoints.

Et mon cœur cessera d'idolâtrer vos yeux.

Mauvaise césure.

SONNET XXXVI.

Que supporte mon cœur *dévot à ton* service.

Ta, ton.

Prête-moi seulement cette œillade divine, etc.

Mauvaise imagination.

---

1. C'est l'italien *per discrezione*, « par discernement, par conjecture. »

SONNET XXXVII.

Qui te donne pouvoir de nous faire la guerre ?
Les divers mouvements d'espérance et de peur.

Néant. Comme est-ce que la peur donneroit pouvoir à l'Amour de nous faire la guerre ?

Crains-tu pas le pouvoir des ans et de la mort ?
Cette dernière demande est absurde. Aussi est tout le sonnet.

SONNET XXXVIII.

. . . . Or quelle autre prison
Pouvoit plus dignement captiver ma raison, etc. ?
Froid jusques à la glace.

SONNET XXXIX.

Me *paiera-lon* toujours d'une vaine mensonge ?

Aux troisièmes personnes du futur singulier, on ajoute un *t* devant ces mots *on*, *il* et *elle*, comme *que fera-t-on, que fera-t-il, que fera-t-elle ?* Voilà pourquoi il devoit dire : *me paiera-t-on*. Ce *t* s'ajoute aussi après les troisièmes personnes de l'indicatif singulier, comme *que pense-t-il, que pense-t-elle, que pense-t-on ?* etc. Je crois qu'il a dit *lon* et non *ton* pour éviter la rudesse de *ton tou*.

SONNET XL.

Et maudire l'aspect *sous lequel* je fus né.
Nota.

Sans relâche il me presse, et me suit obstiné.

Je n'approuve point ces participes ou adjectifs pour adverbes. Il eût mieux dit *obstinément*.

SONNET XLI.

Jugez de l'impertinence de ce sonnet : *S'il est vrai que la mer soit sans fermeté, d'où vient qu'étant forcé à changer de terre, je ne guérisse point de ma vive pointure ?*

D'où vient que tout me fâche et me déplaise tant ?

D'où vient que cela vous déplaise ? est mal parlé. Il faut dire : *d'où vient que cela vous déplaît ?*

CHANSON II.

Épargnes en quelque étincelle.
Nota.

SONNET XLII.

Fuyant *tout entretien*, je pense à mon martyre.
Tou, ten, tre, tien.

Et pense oyant les vents en leur caverne bruire,
Aux vents de mes soupirs et sanglots furieux, etc.

Ridicule imagination. Les vents le font penser à ses soupirs ; il y auroit bien plus d'apparence de dire que ses soupirs lui font souvenir des vents, et ainsi du reste.

SONNET XLIII.

Je veux bâtir un temple à ma chaste déesse....
Mon œil sera la lampe, et la flamme immortelle,
Qui m'ard incessamment, servira de chandelle ;
Mon corps sera l'autel, et mes soupirs les vœux.
Par mille et mille vers je chanterai l'office, etc.

S'il y a rien au monde de ridicule, c'est cette imagination : « son œil sera la lampe, et la flamme la chandelle ! »

SONNET XLIV.

Laissant à ton départ mon âme désolée.

Ta, ton.

O Dieux, permettez-moi que toujours je sommeille.

Sommeiller est mal ici ; car c'est avoir envie de dormir, ou être assailli du sommeil. Il devoit dire : *que je dorme.*

SONNET XLV.

Je me travaille assez pour ne faire apparoir
La douleur qui me rend si triste et si débile.

Je n'aime pas cette façon de parler : « je me travaille pour ne faire apparoir. » Je dirois : « Je me travaille pour empêcher ma douleur de paroître » ou : « pour cacher ma douleur. »

Je *baillonne* mesmaux, je contrains mon vouloir.

Drôlerie.

SONNET XLVI.

Quand j'approche de vous, et que je prends l'audace.

Note : *quand* et *que.*

Je le fais : toutefois je n'en suis mieux traité.

Mauvais vers.

SONNET XLVII.

Hélas ! un trait mortel sans relâche m'entame.

Sans relâche se dit aux choses qui ont continuation ; or *entamer* n'en a point, et se fait tout d'un coup : ainsi *entamer sans relâche* est mal dit.

SONNET XLVIII.

Les premiers jours qu'Amour range sous sa puissance.

Césure mauvaise.

Il se baigne en liesse *et en* félicité;
Les Jeux, la Mignardise et la *douce Beauté*, etc.

Hors de propos.

SONNET XLIX.

Mauvais au quatrième degré.

Tant de pleurs dedans moi ne sauroient trouver place,
C'est une eau que je fais de tout ce que j'amasse
De vos perfections, etc.

Sottise.

Mon amour sert de feu, mon cœur sert de fourneau;
Le vent de mes soupirs nourrit sa véhémence.

Mauvaise imagination.

SONNET L.

Hélas! de plus en plus, etc.

Ce premier quatrain n'est point du sujet du reste du sonnet.

O mort! si c'est le ciel qui te *fasse* avancer.

Note.

SONNET LI.

A ton objet mon œil se rasserène....
Et ne connois ni tristesse ni paine.

Rasserène n'a point de diphthongue en sa pénultième; *peine* en a une.

Tu es tout d'or, pour montrer la grandeur
De mon amour épuré par la flamme.

Sotte comparaison.

Du Lydien l'anneau tant renommé,
S'il étoit mien, ne seroit mieux aimé.

Mal exprimé.

SONNET LII.

La France n'a rien vu qu'un *hiver soucieux.*

Soucieux hiver, excellent épithète, ce disent ceux qui se moquent.

En l'été plus ardent être battus du vent.

Rime au milieu.

SONNET LIII.

Cette unique beauté *qui l'esprit m'a ravi.*

Note.

A mes yeux languissants il fait voir tout exprès
Les vulgaires beautés, etc.

Grande invention : à quel propos attribue-t-il cet effet à l'amour ? nous n'avons que faire d'amour pour voir des femmes vulgaires ni autres.

SONNET LIV.

Tu vois comme il t'en prend : ton heur s'est envolé.

Mal parlé ; on ne dit pas : *il s'est en allé,* ni *il s'est envolé,* mais *il s'en est allé, il s'en est envolé.*

Tu demeures captif ; ton bien est mis en cendre.

Que veut-il dire que le bien de son cœur est mis en cendre ?

SONNET LVI.

Si la pitié trouve en vous quelque place,...
D'un doux regard, *qui respire merci,*
De vos courroux tempérez la menace.

« Si vous avez quelque pitié, ne soyez plus en colère, » voilà bien imaginé. Il devoit dire : « Récompensez tant de services, » ou quelque autre chose. Je ne trouve pas grand goût à faire *respirer les regards.*

Des suppliants *Némésis* a souci.

Je n'eusse point usé de ce mot : il a du pédant.

L'ardent amour qu'en mon cœur j'ai reçu.

L'amour qu'en mon cœur j'ai reçu, mal exprimé.

SONNET LVII.

Et pour languir toujours que je meure à l'instant !

Trop court.

Hé ! qui fait suivre Amour, si ce n'est pour autant
Qu'on pense en recueillir quelque faveur *certaine ?*

Ce *certaine* est superflu ; si vous en cueillez[1] quelque faveur, elle est toujours certaine.

SONNET LVIII.

Et des astres jumeaux, sourds à tous mes *propos.*

Mal, *propos* pour *prières.*

Avoient juré ma mort sans espérance aucune.

Mal parlé : « mes ennemis ont juré ma mort sans espérance. »

Mais durant ce danger un écueil je trouvai
Qui brisa ma nacelle..........

Si ce sonnet eût été dans *la nacelle qui se brisa,* il eût été au fond de la mer aussi bien qu'ici.

SONNET LIX.

Et que *mieux* je vous sers, *plus* je suis languissant.

Nota.

SONNET LX.

Aussi, mes yeux, s'étoit (*sic*) trop entrepris.

C'étoit.

---

1. Dans la copie B de l'Arsenal : « recueillez. »

Comment? déjà vous en faisiez coutume
De vous mirer au feu qui vous allume.

Façon de parler plébée [1].

SONNET LXI.

Madame, après la mort *qui les beautés efface.*

Fut-il jamais rien impertinent comme cette cheville? Il devoit dire *de laquelle personne n'échappe.* A quel propos peut dire un homme : *quand la mort qui les beautés efface m'aura mis au tombeau?* car comme il parle d'elle, il parle aussi de lui.

Mais pourvu que *Minos* nous loge en même place.

Ce mot seroit mieux ailleurs.

Et quand tous les damnés se voudront émouvoir
Pour empêcher ma gloire, ils n'auront le pouvoir.

A quel propos voudroient-ils empêcher sa gloire? Les damnés n'ont pas charge de tourmenter les autres.

SONNET LXII.

Et la seule douleur qui *vainc* ma patience.

Selon les règles on peut dire : *je vain, tu vains, il vaint* (sic); mais l'usage ne s'y accorde pas.

SONNET LXIII.

Tout ce sonnet est, ce me semble, pris de Pétrarque; mais il n'en fut jamais de si impertinent.

L'onde c'est ton orgueil, le marteau mon tourment, etc.

Pédanterie.

SONNET LXIV.

De même, en mes douleurs j'avois pris espérance.

Mes, men, mes.

J'obéis au destin, etc.

Froid.

SONNET LXV.

Tout ce sonnet ne vaut rien du tout.

De cette amitié *neuve* en mon sang allumée.

Mal, pour *nouvelle.*

. . . . O Dieu! quelle amitié,
Qui comme une fureur me poursuit sans pitié
Et *qui* du désespoir les desirs fait renaître!

Il ne falloit point de *qui*; et puis qu'est-ce qu'une fureur qui fait naître les desirs du désespoir?

---

1. *Plébée*, plébéienne, vulgaire.

DIANE, LIVRE I.

.... L'amitié n'est jamais
Du prince à son sujet, de l'esclave à son maître.

Étrange philosophie.

SONNET LXVI.

J'ai suivi par long temps est mal parlé.

.... Comme amour m'affoloit.

Ma, mour, ma.

SONNET LXVII.

J'accompare Madame au serpent furieux.

Excellente sottise. Ce sonnet est pris mot à mot de l'italien, mais il n'en vaut pas mieux.

De chacun de ces chefs sept autres nouveaux sortent.

De chacun de ces chefs il en sort sept : ce sont donc quarante-neuf ; et il n'en compte que sept. Tout ce sonnet est ridicule, et ne vaut pas la peine de l'examiner.

SONNET LXVIII.

Ma nef passe au détroit d'une mer courroucée,
Toute comble d'oubli. . . . .
Elle a pour chaque rame une longue pensée.

Vice de la métaphore trop continuée.

.... Détendent le cordage
Retors des propres mains d'Ignorance et d'Erreur.

Pédanterie.

PLAINTE I.

Je veux guarir et mon mal je lui cèle.
De chaud cristal elle arrose sa face,
Voyant ma peine, et *s'enquiert de ma mort.*

Que veut dire cela ?

Car ce seroit de ma mort l'accuser,
Bien qu'elle en soit innocemment coupable.

Je ne vous entends point.

Ce n'est plus vous qui m'orrez lamenter.

Note.

Ce seul espoir *adoucist (sic)* mon angoisse.

Adoucit. — Il dit que son seul espoir, c'est que son mal étant si véhément, ne durera point, et en la stance suivante il dit que toute sa gloire est qu'il mourra sans avoir révélé son feu.

C'est que je meurs divinement brûlé.

Que veut dire ce *divinement ?* Je n'ai jamais ouï parler de brûler divinement.

COMPLAINTE I.

Et plus cruel l'amour *dans mon sang hébergé.*
En mes veines logé.

La nuit propre aux soucis fait que mieux je les *sente.*

Mal parlé; il faut dire : « cela fait que je sens mon mal, » et non : « que je sente mon mal. »

Que je suis agité d'orage et de tempête, etc.

Mauvaise imagination : « je suis agité d'orage et de tempête, » etc. Ce n'est pas l'orage ni la tempête qui donne de bonnes espérances.

Et comme le poisson trop goulu se va prendre,
Voulant prendre l'appât du pêcheur *plus rusé.*

Il ne falloit point ici de comparaison, mais dire simplement *rusé.*

Dont le plus grand des Dieux n'eût su *libre* échapper.

Libre est superflu et mal.

Vaincu je me rendis, ne pouvant mesurer
Comme je me perdois, et que pour ma souffrance
Je ne trouverois rien qui me fît espérer.

Galimatias royal.

Mais c'est un trop grand mal de *languir misérable.*

Mal.

Et n'espérer ni paix ni trêve à son malheur.

Foible vers à cause de la césure.

Ne m'eût touché qu'un bras, je l'eusse séparé.

Il eût mieux dit : « je l'aurois séparé, » à cause de *se, sé.*

. . . . C'est donc peine perdue
D'espérer que le temps m'y trouve allégement.

Cette conséquence n'est pas à propos. Il ne doit pas rendre raison pourquoi le temps ne le peut alléger, mais répondre à ce qu'il a dit, que *si le mal n'étoit qu'en une partie, il l'auroit séparée.*

SONNET LXIX.

Puisqu'on veut que l'image en mon cœur si bien peinte
S'efface *avec le temps* contre ma volonté.

Cet *avec le temps* n'est pas ce qu'il devoit dire, ni aussi *contre ma volonté.* Il devoit dire simplement *s'efface* ou quelque autre telle chose.

. . . . O divine beauté,
Qui reteniez mon âme *heureusement contrainte.*

Mal exprimé.

En moi toute autre ardeur désormais *soit éteinte.*

Té, tain, te.

Adieu flambeaux et traits, adieu captivité.

Adieu captivité se doit dire par un homme qui est content de partir. Il y a ici assez d'autres impertinences; mais cela seroit ennuyeux.

DIANE, LIVRE I.

DIALOGUE.

Par ces yeux où si fier tu siez en majesté.

Je n'aime point cette façon de parler : *il sied, tu siez*, etc.; il faut dire : *tu te siez, il se sied, je me sié*, etc.

Tes pleurs, ta contenance et la triste langueur
Qui se *list* (sic) sur ton front, contraindront sa rigueur.

Lit. — Il n'est pas question de contraindre sa rigueur ; il est question de lui pouvoir dire adieu.

Bien donc, puisqu'il te plaît, je m'en *vais* la trouver.

Nota.

Mais je me veux armer, afin de n'éprouver.

Rime au milieu du vers.

N'écrivant un seul vers qui n'ait pour argument....
Sa vertu, ses beautés, sa fortune et sa gloire.

Chevilles. — Tout ce qui suit jusques à la fin est une pure drôlerie.

Pense que mon cœur trouble est ému tout ainsi
D'ennui, de désespoir, de tempête et d'orage.

Il falloit que tout fût ou propre ou figuré, et non moitié propre, comme sont *ennuis* et *désespoirs*, et moitié figuré, comme *tempête* et *orage*.

PLAINTE II. — Absence.

Il ne faut plus que j'aie aucune attente
De voir *jamais d'objet* qui me contente.

Note.

L'œil de la cour, son printemps *gracieux*.

Cheville.

Mon cœur aux maux plus sensible *et vivant*.

Superflu.

COMPLAINTE II. — Absence.

Puisque le ciel cruel trop ferme en mes malheurs.

Men, mé, ma.

Puisque j'éprouve *tant de divers* changements.

Mauvais vers.

J'erre seul, tout pensif, ignorant qui je suis.

J'eusse dit : *ne sachant qui je suis*, pour éviter qu'on ne lise : *ignorant que je suis*[1].

---

1. Malherbe a écrit de plus au bas de la page : « J'eusse dit : *ne sachant*, ou bien : *et ne sais* ; car *ignorant* se peut prendre pour participe, et dire *ignorant que je suis*, comme *malavise que je suis*. Il est vrai qu'il dit *ignorant qui je suis*, et non *que je suis* ; mais aisément on prend l'un pour l'autre. »

> O Dieu! s'il est ainsi, comme je crois qu'il est,
> Que j'estime ma peine un repos agréable!
> Que mon souci m'est doux!. . . . . . .

Belle conception : « S'il est ainsi, que j'estime ma peine un repos! mon souci m'est doux, » etc.

COMPLAINTE III. — D'absence.

> Or' que je suis absent des beaux yeux de Madame.

Mal, pour *à cette heure*. — Toute cette pièce est une sottise. Je crois qu'il la fit étant encore écolier.

> Celle qu'il changea d'ourse en luisante planète,
> *Et sert* aux mariniers de guide en leur chemin.

Où est le nominatif à qui se doit rapporter *sert* ?

> Où Madame *toujours toujours dure en sa gloire*.

Quelle façon de parler : *il dure en sa gloire !*

> Mais ma déesse seule est mon astre *prospère*.

Cheville.

> C'est tout ainsi de moi. . . . .

Il faut dire : *il en est ainsi de moi*.

> *Et* quand aucune fois sa clairté se retire.

Mal commencé par *et*.

> *De dessus* moi. . . . .

Note.

> Mais je perds seulement mes pas et *mon étude*.

Il devoit avoir dit qu'il étudioit; mais il n'en a dit mot.

> Si je suis par les champs, *je reçois fâcherie*, etc.

Drôlerie.

> Car sa belle verdeur accroît ma *doléance*.

Mal, pour *douleur*.

CHANT D'AMOUR.

> Puisqu'un amour céleste est roi de ma poitrine.

Pauvre royaume!

> En parlant de beauté, la beauté qui m'allume
> Vienne seule à ce coup mon courage émouvoir.

Qu'est-ce à dire : *la beauté qui m'allume vienne émouvoir mon courage ?* Puisqu'elle vous allume, que voulez-vous qu'elle fasse davantage ?

> Aussi les déités. . . . .
> N'ont rien qui soit égal à leur divin pouvoir.

Le divin pouvoir des déités.

> C'est un grand dieu qu'Amour. . . . . . .
> De lui-même parfait, à lui-même admirable,

> Sage, bon, connoissant, et le premier des Dieux.

Bourre.

> Brûle enfer, la marine, et la terre, et les cieux.

Puisqu'il a dit *la* marine, *la* terre et *les* cieux, il devoit dire: *brûle l'enfer*, et cela est sans doute.

> Se ravit *bienheureuse* en voyant sa présence.

Cheville.

> Que l'air, la mer, la terre et la belle lumière,
> Mêlés confusément faisoient un pesant corps.

Il ne s'exprime pas.

> Car en entretenant ce qui est en essence
> Fait que ce qui a fin, n'est *jamais finissant*.

Il fait. — *N'est finissant*, mal, pour : *ne finit jamais*.

> Conservants leur espèce, attirés du plaisir.

Ces deux participes ont mauvaise grâce.

> Ont fait les déités, se sont *élus* des rois.

Froid. — Pour bien parler, il falloit dire : *se sont élu des rois*. Si l'action fût retournée à l'élisant, il eût fallu dire: *ils se sont élus*, comme *ils se sont blessés, ils se sont chauffés*, etc. Mais puisque l'action va hors de l'élisant, il falloit dire: *se sont élu*. Il faudroit ici un long discours.

> Tout rit par où tu *passe*, et ta vue. . . . . .

Passes.

> La grâce, quand tu *marche*, est toujours au-devant.

Marches.

> La volupté mignarde en chantant t'environne.

Tan, *ten*.

> Tu te prends, courageux, aux plus rudes gendarmes,
> Et souvent au milieu des combats et des armes.

Cette rime ne vaut rien.

> Bien que tu sois *premier* de la bande céleste.

Le *premier*.

> Tu es plaisant et beau, tu as le corps agile,
> Prompt, allègre et dispos, *à se courber facile*.

Sottise.

> Tu bannis les frayeurs des plus lâches courages,
> Rendant l'homme craintif, hautain, et généreux.

Il semble qu'il fasse devenir l'homme craintif et hautain, ce qui est impertinent. Il se faut autrement expliquer.

> Si jamais que de toi je n'ai rien voulu dire.

Transposition cruelle.

> Et si ton feu divin m'a toujours allumé.

Je garderois cet *allumé* pour les flambeaux, cierges, etc.

> Et qui ne suive point le trac accoutumé.

Tra, ca, cou.

PROCÈS CONTRE AMOUR AU SIÉGE DE LA RAISON.

> Que s'il n'eût eu le cœur d'une *fère* sauvage.

Ce mot se trouve assez en Ronsard, mais ni là ni ici il ne vaut rien.

> Puis confus et tremblant, avec la *contenance*
> D'un pauvre criminel prêt d'ouïr sa *sentence*.

Contenance et *sentence* riment comme un four et un moulin.

> Je le fis convenir............
> Là je me présentai............
> Parlant à la raison, je me suis plaint ainsi.

« Je me présentai.... et me suis plaint. » *Je me suis plaint* ne s'accorde pas avec *je le fis convenir*, ni avec *là je me présentai*.

> Qui nous ramène au ciel, lieu *dont* tu es sortie.

Pour *d'où*. On ne dit point : « *dont* venez-vous? » ni : « *dont* sortez-vous? » mais *d'où?*

> Masquant de deux beaux yeux sa cruelle entreprise.

Qu'est-ce à dire?

> Il se montroit à moi sur tout autre amiable.

Quand on dit : *il me faisoit caresse sur tout autre*, il semble qu'on die qu'*il me faisoit caresse plus que nul autre ne m'en faisoit*.

> Mais il ne dura guère en cette *douce* sorte.

Je ne donnerois pas volontiers d'épithète à *sorte*, hormis *bonne* : comme : *il est savant de bonne sorte*, c'est-à-dire *médiocrement*. J'aimerois mieux dire *de mauvaise façon* que *de mauvaise sorte;* toutefois je ne blâme point *mauvaise sorte*.

> Et fit....................
> De mon cœur son fourneau, ses charbons de mes veines,
> Mes poumons ses soufflets, de mes yeux ses fontaines.

Drôlerie.

> M'abandonna soudain de frayeur tout *surpris*....
> Qui ne m'ont rien laissé depuis que je fus *pris*.

Simple et composé.

> Je portai bas les yeux, le visage et le front.

Nota.

> Je mourus dedans moi, pensant trouver ma vie
> Au cœur de la beauté qui me l'avoit ravie;
> Mais *depuis* je n'ai pu, dont j'ai souffert la mort,
> Et si je semble vif, las! ne t'en *émerveille;*
> Le tyran fait en moi cette étrange *merveille*.

Chimère extravagante : « il mourut dedans lui, pensant trouver sa

vie en sa maîtresse, mais depuis il ne put, dont il est mort. » —
Depuis est superflu. — *Conjugata*[1].

Il me fait voir assez d'autres faits admirables.
Mauvaise césure.

Brûlant mon triste cœur sans qu'il soit *consommé*.
Consumé.

Et fait que ma couleur en plus pâle se change.
Quel langage : *ma couleur se change en plus pâle !*

Et ne conclus devant qu'être bien avertie.
Mauvaise césure.

J'ai purgé son esprit par ma divine flamme,
L'enlevant jusqu'au ciel, et remplissant son âme.
J'ai purgé son esprit, remplissant son âme. Qu'est-ce à dire ?

J'ai repurgé son cœur d'affections serviles.
Il vient de dire qu'il a purgé son esprit ; à cette heure il dit qu'il a repurgé son cœur. Au lieu de ce *repurgé*, j'eusse dit ou *nettoyé* ou *dépouillé*.

Cruels bourreaux de ceux qui font la cour aux rois.
Huit monosyllabes de suite, et mauvaise césure.

Ayant des os, des nerfs, des *poumons* et du sang.
Veines. — On ne dit point qu'un homme ait des *poumons* ; et ne m'allègue pas qu'il y a plusieurs lobes au poumon, car tu serois un sot.

Car je les ai rendus serfs de leurs prisonnières,
Et leur ai fait aimer de simples chambrières.
Ce n'étoit pas une simple chambrière que Cassandre ; c'étoit une grande princesse, encore même qu'elle fût prisonnière.

Où *cestuy* qui se plaint. . . . .
Note.

. . . . Clartés admirables
Que tu as vu là-haut. . . . .
Vues.

Si c'est une prison, *prisonnière est mon âme.*
Transposition dure.

Voilà l'ardent fourneau dont il est *consommé.*
Consumé.

Mais qui à l'homme ingrat fait quelque *bénéfice.*
Plaisir.

Puis nous *tûmes* tous deux. . . . .
Nous nous tûmes.

1. *Conjugata* s'applique aux rimes *émerveille, merveille.* L'expression *conjugata verba* signifie dans Cicéron (*Topiques*, chapitres III et IX) : « mots de même famille, de même origine. »

De Raison, qui vers nous son regard adressa.
Ce vers est suspendu en la moitié de l'hémistiche.

CHANSON III.

    L'autre me succe le sang,
    Et l'autre, *qui se mutine,*
    De traits me pique le flanc.

Cheville. Pourquoi n'en a-t-il pu autant dire de celui qui lui succe le sang ? N'étoit-il pas aussi mutiné que celui qui lui pique le flanc ?

    Laissant mon âme comblée
    De feux, d'horreur et de cris.

Qu'est-ce qu'une âme comblée de cris ?

    Ne font qu'*enaigrir* ma plaie.

Enaigrir une plaie ne se dit point.

    En vain je répands des larmes,
    Pour les penser émouvoir ;
    Et n'y puis venir par armes,
    Car ils ont trop de pouvoir.

Il rend raison pourquoi il n'y peut venir par armes, pource, dit-il, qu'ils ont trop de pouvoir. Il devoit aussi rendre raison pourquoi il n'y peut rien par les larmes.

    Puis ils ont intelligence
    A mon cœur qui s'est rendu.

C'est mal parlé, *avoir intelligence à quelqu'un ;* il faut dire : *avec quelqu'un.*

COMPLAINTE IV.

    Si donc vous le savez et qu'*ayez* connoissance.

Vous oublié.

    Que vous plaignez ma peine, *et qu'en avez* pitié.

Et en avez étoit comme il falloit dire ; mais il a mieux aimé laisser le *vous*[1] que de faire une cacophonie : il devoit éviter l'un et l'autre.

    Vous pouvez bien juger mon amour être extrême.

Trex, tré.

    Et que je suis constant, étant désespéré.

Tan, té, tant.

    Les herbes que l'on voit au printemps *desirable.*

Inutile.

    Et croître en cruautés, mieux j'irai vous servant.

Mal.

    De vous donc je ne puis justement me *complaindre.*

Composé pour le simple, mal.

---

1. Il y a *le vous* dans l'original et dans la copie B de l'Arsenal ; la copie A donne : *le vers.* Ne faut-il pas lire : *le que ?*

Qu'aimant vos yeux divins, je dois *aimer ma mort*.
Mal.

Et lorsque la raison me remontre *au contraire*.
Le contraire.

Change en bénin aspect mon astre rigoureux.

Quel langage est-ce là, *changer un astre en aspect ?* Je crois qu'il a intention de dire quelque chose de bon ; mais il faut deviner.

CHANSON IV.

L'Amour est de l'intelligence des huguenots : la preuve c'est qu'ils surprennent des villes, et l'Amour fait mourir des Portes; l'un d'eux se propose des biens, l'autre des honneurs : le bien et les honneurs que des Portes desire, c'est d'être toujours amoureux. Voilà une intelligence d'Amour et des huguenots fort bien prouvée !

L'Amour qui loge en ma poitrine,
Qui mes sens divise et mutine,
Et les fait bander contre moi

Divise : ses sens, pour se bander contre lui, ne se devoient pas diviser, mais unir.

J'ai ma foi première laissée
Et la loi des bons pères vieux :
Or' pour toute déité sainte
J'adore. . . . .

Mal exprimé; car cet *or'*, qui signifie *à cette heure*, vouloit qu'il eût dit auparavant : *autrefois j'ai fait*, etc. Ce n'est pas changer de pensée que d'avoir laissé sa première foi, et adorer une maîtresse; tant s'en faut : pour faire le dernier, il faut faire le premier.

PLAINTE III.

Que l'unique beauté qui notre âme a ravie.

Tra, ma, ra.

Ouy, mais le grand péril suit la grande entreprise.

Note ici *ouy* d'une syllabe, et ailleurs il le fait de deux. Je trouve plus raisonnable qu'il soit de deux, comme en *réjouy, évanouy, ouy*, qui signifie *audivi*, etc. Toutefois l'usage doit être le maître.

Encore on se contente en cet éloignement.

Ten, ten.

Mais après le retour trouver sa place prise....
Est-il pas plus heureux qui garde sa franchise ?

Sans construction.

CONTR'AMOUR.

Qui s'est fait *si longtemps vainqueur* de mon courage.

Mal dit : *il s'est fait longtemps vainqueur*; on est *longtemps maître*, ou *roi*, ou *possesseur* de quelque chose, mais non *longtemps vainqueur*.

> Ma raison s'est rendue à la fin la *maîtresse*,
> Et pour me faire voir ma faute, et la *finesse* [1]
> De ce traître enchanteur, m'a débandé les yeux :
> Ce qui fait qu'à part moi *je rougisse* de honte.

Rougisse est mal ici; il devoit dire : *je rougis*.

> Et regrette en pleurant ma jeunesse passée,
> Maudissant le pipeur qui m'a tant abusé.

En pleurant, maudissant : un gérondif et un participe mal ensemble.

> Que mon cœur, que ma voix, que mon esprit se change,
> Au lieu de tant d'écrits sacrés à sa louange, etc.

Qu'est-ce qu'il veut dire : *que mon cœur, que ma voix, que mon esprit se change, au lieu des écrits*, etc.? Je crois qu'il veut dire qu'au lieu des écrits qu'il a faits à sa louange, il veut désormais lui dire des injures et des outrages.

(Stances 5, 6 et 7.) Toutes ces trois stances sont une pure pédanterie prise de Bembo.

> Amour, que dis-je amour? . . . .
> Appétit déréglé. . . . .
> Racine de malheur . . . .
> Nid de déception, peste contagieuse,
> Entretenu d'espoir, de crainte et de desir.

A qui se réfère *entretenu?*

> *Sitôt* que notre esprit s'abandonne à te suivre,
> Hélas! presque *aussitôt nous délaissons* de vivre....
> Nous changeons *à l'instant* notre forme première.

A l'instant est superflu, puisqu'il avoit dit *aussitôt;* et puis ayant dit *sitôt*, pourquoi dit-il *aussitôt?*

> Tu rechanges nos cœurs de cent sortes diverses,
> Bouillants et refroidis, craintifs et généreux.

Je ne dirois pas : *tu rechanges nos cœurs bouillants et refroidis;* mais bien : *tu rechanges nos cœurs de cent sortes diverses; tu les fais tantôt chauds, tantôt froids*, etc.

> Mais afin que la peine en nous venant reprendre.

Quel langage : *ma peine me reprend!* On dit bien : *mon mal, ma douleur, ma fièvre m'a repris*, et autres semblables; mais non *ma peine*.

> Honte, le seul loyer des travaux que j'ai pris.

Cheville.

> Et pensant de mes faits l'étrange frénésie.

Je pense la frénésie de mes faits. Je ne sais si c'est allemand ou anglois, mais je sais bien que ce n'est pas françois.

---

1. Au sujet des rimes *maîtresse, finesse*, il y a de plus dans la copie B de l'Arsenal cette critique, que nous avons déjà vue plus haut : *brève, longue*.

Et combien de bon cœur ai-je maudit ma vie,
Me forgeant sans raison un *mécontentement!*
Mécontentement n'est pas assez fort pour *maudire sa vie.*

Qu'il compte du printemps la richesse *amassée.*
Cheville.

Le pauvre prisonnier dedans sa prison close
Clôt quelquefois les yeux. . . . .
Close, clôt, trop près l'un de l'autre.

Le poignant aiguillon d'*une rage* insensée.
Il devoit dire *de cette rage,* ou quelque autre chose qui plus expressément signifiât *l'amour;* car *une rage* est trop général.

. . . . La frayeur solitaire
Et le silence coi rentament sa misère.
Drôlerie.

L'un çà, l'autre delà, chacun à qui mieux mieux.
Deçà et *delà* se doivent opposer, comme *çà* et *là.* Qui *deçà*, qui *delà*, pouvoit passer.

Noyant toute espérance au torrent de ses yeux
Bourre.

Car au premier *sommeil* les songes l'épouvantent.
Il devoit dire : *au premier somme.*

L'esprit tremble et frémit *de la frayeur horrible.*
Sottise.

Et les yeux jamais clos ne cessent de pleurer.
Il devoit dire : *qui ne sont jamais clos. Jamais* sans une autre négative n'est pas bien.

Qu'aux misérables lieux où ta dextre commande,
Toujours teinte de sang, d'ire et de cruauté.
Hors-d'œuvre.

L'autre accuse des yeux, l'autre a l'âme insensée
Pour des cheveux trop beaux . . . .
Suspendu.

L'un se plaint d'aimer bas, l'autre d'aimer *trop haut.*
Puisqu'il n'avoit point dit *trop bas,* il ne devoit point dire *trop haut.*

. . . . Si je veux entreprendre
De ce bourreau cruel les rigueurs faire entendre.
Il faut dire : *il a entrepris de faire,* et non : *il a entrepris faire.*

Rigueurs qui chacun jour se font assez sentir.
Cheville.

Je prends congé d'Amour et de ses *feux cuisants.*
Foible.

Plaintes, pleurs et regrets, je vous donne la fuite.

Donner la fuite n'est pas bien ici; et puis il dit qu'il prend congé d'eux; c'est donc lui qui s'en va.

Bienheureuse raison.................
Je t'appends en ce lieu ma robe dépouillée. . . .
Ayant à l'avenir devers toi mon recours.

Cheville.

RIMES TIERCES.

Et de mes cris ne se fasse que rire.

Il devoit dire : *et que de mes pleurs elle ne fasse,* etc.

Que de l'aimer je rougisse de honte. . . .
En lui voyant d'un valet *faire conte.*

Plébée.

Que mon teint pâle et mon visage blême.

Visage blême est superflu après avoir dit *le teint pâle.*

Bref, que le ciel contre moi conjuré
Pour mon salut ma mort même retarde.

Mal exprimé. Il veut dire : *qu'il retarde sa mort, afin que vivant plus longtemps, il souffre aussi davantage.*

,...... La sagette meurtrière
Ne me peut plus désormais entamer.

Blesser.

........Et que je sois vengé
De ce cristal qui maintenant la trompe.

Cette imagination ne vaut rien : il n'est pas question de se venger du miroir; et puis, si elle est belle, le miroir ne la trompe pas; et si elle est laide, quel besoin est-il de lui souhaiter qu'elle le devienne?

Et ses soupirs pour *heureux payement.*

Nota.

VOEU AU DÉDAIN.

Puisque par ton secours mon brasier est éteint.

Té, teint.

........Dont mon cœur fut atteint.

Ta, teint.

Et ne changerai plus de pensers si souvent.

Foible.

LIVRE SECOND.

SONNET I.

Amour, *trie* et *choisis* les plus beaux de ces vers.

L'un ou l'autre est superflu.

C'est dessous ton *beau* nom qu'ils vont par l'univers.
Foible; il n'y falloit point d'épithète.

Ils sont nés de ta flamme et des tourments divers
Dont tu me fis présent quand je vins à ta suite.
Il devoit dire : *que j'ai soufferts à ta suite.*

Ma prise et ta victoire au vrai s'y voit décrite.
Ces deux substantifs vouloient un participe plurier.

DIALOGUE I. — SONNET II.

Je vais trouver les yeux qui *sain me peuvent rendre.*
Transposition fâcheuse.

Ces yeux d'un seul regard te réduiront en cendre :
Ce sont tes ennemis, *l'iront-ils secourant?*
Ce n'est pas ce qu'il doit dire.

Tu t'abuses toi-même *ou tu me porte' envie.*
Ou me portes.

SONNET III.

Si je plains mes douleurs, il se plaint hautement.
Mal.

Si je montre la plaie en ma poitrine enclose.
Je montre une plaie enclose en la poitrine, ne vaut rien.

Pour rendre mon desir et ma peine éternelle.
Éternelle se rapporte à la peine; que deviendra le desir?

SONNET IV.

Las ! *trop injuste Amour,* veux-tu jamais cesser?
Mauvais vocatif.

Ai-je un seul lieu sur moi qui te reste à percer ?
Suis-je pas *tout couvert des traits* de ta vengeance ?
Encore que cet interrogant vaille une affirmation, toutefois il falloit ici une affirmation simple.

Échappé du péril, j'entre en plus grand danger.
Il devoit dire : *je tombe en un plus grand;* sans dire : *échappé d'un péril, j'entre en danger.*

Que je suis *prest* du port....
Près.

Tu repousses ma nef et la fais submerger.
Froid.

SONNET V.

Tu retiens doucement ces beaux yeux rigoureux,
Dont il faut qu'à regret *sans cœur* je me retire.
Les yeux dont je me retire est mal parlé. *Dont* ne signifie pas *a quibus,* mais *de quibus* ou *quorum,* comme *les yeux dont je vous ai parlé.* — Ce

sans cœur est une bonne cheville. Au reste ayant dit : *tu retiens les yeux qu'il faut que je laisse*, et : *reçois les biens dont je suis desireux*, il devoit dire quelque chose de semblable quand il parle des trésors.

>Car hé! que sais-je moi, si l'Amour par cautelle
>S'est point ainsi lui-même en livre transformé
>Pour lui baiser le sein et coucher avec elle?

Bon!

SONNET VI.

>Privé des doux regards qui *mon âme ont ravie.*

Nota.

>. . . . . Mais c'est mourant d'envie
>De voir *nourrir* mes maux qui jamais ne sont las!

Mourir.

>Aussi bien puis-je vivre. . . . .
>Je ne vis point; si fais, car *s'il n'étoit ainsi,*
>Sentirois-je étant mort tant d'amoureux souci?

Superflu. *Je vis, car étant mort, sentirois-je tant d'amoureux souci?*

PLAINTE I.

>De ces beaux yeux, *aux rayons si nuisants.*

Mal; car il semble qu'ils soient *nuisants aux rayons.*

>Car je m'emporte et je me dois laisser;
>Partant du pied, du penser je retourne.

L'un ou l'autre n'y doit pas être; car puisqu'il revient du penser, il est au logis, et par conséquent ne s'est pas emporté.

>Jugez, amants, *si je dois* espérer.

Nota.

>Je ne vois rien qu'objets qui me déplaisent, etc.

Drôleries.

>Enflammant l'air d'*amoureuse* clairté.

Cet épithète[1] est mal ici.

>Quand le soleil loin de nous se départ.

Il ne faut pas dire *il part*, ni *se départ*, ni *départ loin de nous*, mais *il s'en va loin de nous.* On part du lieu où l'on est: *il part d'auprès de moi, d'auprès de sa maitresse*, etc.

>Je sais mon mal et le connois assez.

Nota.

>Soit que Phébus *environne* la terre,
>Soit que la nuit mette fin à son cours.

Mal, car il l'*environne* toujours.

>L'un *veut troubler* l'espoir dont je me flatte,
>L'autre combat ma constance et ma foi,

---

1. La copie A de l'Arsenal fait généralement *épithète* du féminin.

DIANE, LIVRE II.

L'autre soutient que je ne suis plus moi.
Trouble, comme *combat* et *soutient*. — Mal conçu.
   L'autre me dit qu'*en vain je m'encourage.*
Froid.

SONNET VII.

  Madame, Amour, Fortune, et tous les éléments.
Ma, da, ma, mou.
  Sans plus, le doux sommeil de leurs fers me retire.
Étrange imagination : le sommeil le retire des fers du feu, de l'air, de l'eau et de la terre.
  O songe, ange divin. . . . .
Gean, ge.
  Et ne *sens* pas *souvent* ton doux *allégement.*
Note. — Rime au milieu.

SONNET VIII.

  Le feu qui m'*ard* le cœur servira de clairté.
Tout le verbe *ardre* est hors d'usage. Il n'y a que le participe *ardant* qui vaille rien.

SONNET IX. — Réponse par Passerat.

Cette réponse est aussi impertinente que le sonnet auquel elle est faite ; il y a quelque goût aux six lignes dernières.

SONNET X.

  Que sur la beauté même *on voit* quelque avantage.
J'eusse dit : *on y voit*, et non : *on voit*.
  Les Amours lui servoient : l'un brassoit les couleurs,
   L'autre les détrempoit en l'argent de mes pleurs.
Détremper en de l'argent est mal dit. Je ne veux pas m'arrêter à disputer si *l'argent de mes pleurs* est bien dit ; il me suffit de dire qu'on ne détrempe point dans de l'argent.

SONNET XI.

  Il en durera moins s'il est plus *violant.*
Violent.

SONNET XII.

  Et fait toujours des cœurs sa victoire et son prix.
Faire sa victoire de quelque chose n'est pas bien dit. On dit *faire butin, faire conquête*, et non *faire victoire*. — *Faire son prix* ne vaut pas mieux.

SONNET XIII.

  Je sais qu'*ell'* ont des yeux, les autres damoiselles
   Pour rendre en regardant maint et maint amoureux.
Elles. — *Maint et maint* est gascon. Et puis quand il a dit : *pour rendre*

maint amoureux, j'attendois qu'il dût dire : *pour rendre maint amoureux malade;* car *amoureux* est souvent pris pour substantif, comme *un amoureux transi, un amoureux abusé, un amoureux infortuné.*

SONNET XIV.

Je maudis mon *offense*, *honteux* et repentant.
Il se doit aspirer.
Et trop tard pour mon bien je cherche à m'en dédire.

Qu'est-ce à dire : *je cherche à me dédire de mon offense ?* et d'ailleurs il devoit dire : *je maudis mon offense et cherche*, etc., et non pas : *et je cherche*.

PRIÈRE AU SOMMEIL.

Cette pièce est des meilleures ; et si, il y a des impertinences.

Que tu chasses le Soin mordant,
Hôte importun de ma pensée.

Qu'est-ce à dire : *le Soin est hôte de ma pensée ?*

Douceur dont la peine est noyée.

Cheville.

Si tu peux, selon ton desir,
Combler un homme de plaisir.

Il ne doit demander autre chose que repos et allégement, et non du plaisir. Il confond deux imaginations : celui qui ne peut dormir comme lui doit demander à dormir ; celui qui dort peut demander des songes plaisants.

Le bien de la voir tous les jours
Autrefois étoit le secours
De mes nuits alors trop heureuses.

Les nuits heureuses n'avoient point besoin de secours ; cela eût été bon, si elles eussent été malheureuses.

Je t'ai donné ma liberté,
Mon cœur, ma vie, *et ma lumière*.

A quel propos : *je t'ai donné ma lumière ?* Pour la liberté, le cœur, et la vie, passe.

SONNET XV.

Yeux qui guidez mon âme en l'amoureux voyage....
C'est vous qui fournissez de traits victorieux
Amour, le juste archer. . . . .
C'est vous qui me rendez content en mon servage ;
C'est vous qui m'enseignez le beau chemin des cieux.

Nota.

Vous êtes le soleil qui me donnez le jour,
Et je suis le phénix qui se brûle alentour,
Puis quand je suis brûlé, je renais de ma cendre.

Rien qui vaille.

SONNET XVI.

Et l'accuse, en pleurant, *comme une criminelle*,
De vol, d'ingratitude............

Cheville.

Mais fais tant, *qu'elle et moi* nous demeurions d'accord.
Note.

SONNET XVII.

Si vous voulez que ma douleur finisse,
Et que mon cœur, qui vous est destiné,
Soit de son mal doucement guerdonné,
Et que mon âme............

Copulative sur copulative, mal ici.

L'heure et le point qu'à vous je me *donné (sic)*.
Nota.

Et que l'ennui qui me suit *obstiné*, etc.

Pour *obstinément*. — Cette phrase ne me plaît pas.

Qu'*un doux Oui* du cœur et de la bouche.
Note.

CHANSON I.

Beaux yeux, mon seul *confort*.

Ce mot est fâcheux ; j'use de ses composés *réconfort* et *déconfort*.

Il ne faut qu'*un Oui* mêlé, etc.
Nota.

Quand j'étois moins brûlant, tu m'étois plus humaine.

J'eusse dit : *vous m'étiez plus humaine*, puisque partout il avoit parlé par *vous*. Au dernier couplet, il parle à elle en tierce personne, qui ne me plaît pas non plus.

CHANSON II.

Je ne veux jamais plus penser
De voir *un jour*....

Superflu. On ne dit pas : *je n'espère jamais de voir un jour*, ou : *d'être un jour*. Dans *jamais* sont compris tous les jours que l'on sauroit dire.

S'il rend toute chose effacée.

Rend effacée, mal.

Si ma foi vous fait différer.

Il s'exprime mal ; il veut dire : *si vous attendez d'avoir plus de preuves de ma foi*.

Hélas ! aimai-je *ardantement ?*

Ardemment, meilleur.

Il sort de ma bouche des flammes.

Ridicule.

SONNET XVIII.

Les propos plus communs qu'il vous plaît m'affermer.

Affermer des propos à quelqu'un, mal, pour tenir.

Changeant mon amour forte en commune amitié,
A savoir si l'on peut m'accuser d'inconstance.

Froid.

SONNET XX.

Plus pour aigrir mon mal que le rendre adouci.

Mal, pour *adoucir*.

Que je ne trouve en vous. . . . .

Ven, vous.

J'ai soin de mon salut dont vous n'avez souci.

Il devoit prendre une autre phrase; car *j'ai soin de ce dont vous n'avez souci* est mal parlé. Les latins appellent ordinairement cette faute *copia affectata*, faire l'abondant où il n'en est point de besoin; mais ici elle est de nécessité plutôt que d'affectation.

SONNET XXI.

Si jamais plus *votre beauté m'allume.*

Mal parlé.

. . . . Toujours saigne la plaie
Qu'elle me fit à ses pieds étendu.

Mal, car *me* est datif. — C'est bien dit : *il me frappa à ses pieds étendu*, pource que *me* est accusatif ; c'est bien dit aussi en datif : *il bailla l'aumône à un pauvre à ses pieds étendu ;* mais *il me bailla l'aumône à ses pieds étendu* ne vaut rien ; il se faut mieux expliquer.

Toujours le tout *se suit* de sa partie.

Mal parlé ; il falloit dire : *tient de sa partie.*

SONNET XXII.

Tous ces brasiers je plonge *en Léthés* bien avant.

Latinerie.

SONNET XXIII.

Mon teint pâle *et* ma voix, mon œil pleurant sans cesse
N'ont su dompter un cœur qui se disoit forcé.

Cette copulative *et* n'est pas en sa place ; il la falloit mettre devant *œil ;* et davantage, il falloit un épithète à la voix ; car outre que le teint et l'œil ont chacun le sien, il n'y a point d'apparence de dire que sa voix n'a su dompter sa maîtresse.

SONNET XXIV.

Je ne suis point jaloux *ni ne le* veux point être.

Note.

Qui ma flamme a nourrie et l'a *faite* ainsi croître.

Il faut dire : *fait* et non *faite ;* on ne dit pas : *je l'ai faite venir.*

. . . . Je promets
Qu'aux serments et aux pleurs je ne croirai jamais, etc.

Froid.

SONNET XXV.

Quand il retourne en Cypre, orgueilleux de ta gloire.

Pourquoi *ta gloire ?*

Main dont le *blanc éclat obscurcist* (sic) *toute ivoire.*

Obscurcit. — *Ivoire* est masculin.

SONNET XXVI.

Mais que vous servira cette fleur de beauté ?

De quoi vous servira ? car il ne falloit point de *mais.*

Si sans être cueillie, elle devient *fennée.*

Nota.

SONNET XXVII.

Si vous m'aimez,
Et si le trait d'Amour comme moi vous entame :
Donc ainsi comme moi vous sentez, etc.

Mal et superflu, et *donc* aussi.

Aux esprits et au cœur cent fourneaux allumés.

Note.

Hé! pourquoi souffrez-vous que soyons consumés,
Servants de nourriture à l'amoureuse flamme ?

Quelle extravagance! ils sont consumés, servant de nourriture au feu d'amour ; ce feu d'amour ne peut donc durer longtemps.

N'est-ce une grand' rigueur, si vous pouvez, Madame ?

Pas. — Il devoit dire : *et ne le faites pas.*

Mais de nous en sortir *seule avez* la puissance.

Vous.

SONNET XXVIII.

L'*accès* qui m'affoiblit perdroit sa violence,
Et sans plus dépiter je bénirois les cieux.

Ce n'est pas un *accès.*

Où de tant de beauté mon œil eut jouissance
Que le seul souvenir chasse au loin ma souffrance.

Le seul souvenir, de quoi ?

O si l'on m'eût permis, etc.

Drôlerie.

SONGE.

De me plaindre *à hauts cris.* . . . .

Mal.

> Ouvrant ce beau coral qui les baisers attire,
> *Me dit* ce doux propos.

Elle oublié.

> Voulant baiser ses yeux, hélas! moi malheureux.

Rimé à demi-vers.

> Mais le songe passé, je trouve au réveiller
> Que ma joie étoit fausse, et mon mal véritable.

Ces deux dernières lignes ne sont pas ici à propos ; car après avoir dit qu'il ne dormoit plus et qu'il tenoit seulement les yeux fermés pour faire continuer la douceur d'un songe qui lui avoit plu, il n'étoit plus à propos de dire : *mais le songe passé;* car il ne songeoit pas lorsqu'il feignoit de sommeiller ; et lorsqu'il feignoit de sommeiller et tenoit les yeux fermés, ne savoit-il pas bien que sa joie étoit fausse?

RIMES TIERCES.

> Las! quand mon âme est plus fort tourmentée,
> C'est quand je suis *joyeux* en apparence,
> Couvrant mon deuil d'une joie empruntée ;
> Et *toutefois* avec sa violence
> Bien que ma peine en ma face soit peinte,
> Aucun pourtant n'en a la connoissance.

Il eût bien fait de mettre ici un comparatif et dire : « c'est quand je suis plus joyeux. » — *Je couvre mon deuil d'une joie empruntée, et toutefois on n'en a point de connoissance :* jugez si ce *toutefois* est à propos. Il n'y a point de difficulté qu'après avoir dit : *je couvre mon deuil d'une joie empruntée,* ce *toutefois* fait attendre quelque chose qui arrive contre son dessein ; comme : *et toutefois ma douleur est si violente qu'elle ne laisse pas de paroître au travers de ma dissimulation ;* et puis, que veut dire : *et toutefois aucun pourtant n'en a la connoissance?*

> C'est un grand mal et qui ne se peut *dire*,
> Que d'être serf d'une dame volage,
> Qui sans repos la nouveauté *desire*.

L'un et l'autre est rimé ci-devant, ligne quatrième et sixième.

> Celle qui m'est plus chère que la vie
> Est (ô regret!) durement affligée.

Vent.

> D'un *faux jaloux* plein de haine et d'envie.

Plébée.

> Et ce qui rend mon âme plus chargée.

Mal parlé : *cela rend mon âme chargée.*

> Sans que je puisse en la rendant vengée
> Venger ma mort, et lui donner remède.

Mal aussi : *rendant vengée;* et puis que veut dire : *je ne puis en la rendant vengée venger ma mort?* Galimatias pur.

DIANE, LIVRE II.

COMPLAINTE I.

> La terre naguères glacée
> Est ores de vert tapissée....
> L'air est *encore* amoureux d'elle.

Que veut dire cet *encore*? Est-ce que son amour dure encore, et n'est point encore passée; ou bien s'il veut dire : « il y a davantage que tout cela, qui est que l'air est amoureux de la terre[1]? »

> Or' on voit d'une tiède haleine
> Zéphire émouvoir par la plaine
> Mollement les blés verdoyants.

Mal conçu.

(Stances 9 et 10.) Ce couplet (*O belle jeunesse*, etc.) est excellent, et celui qui suit aussi (*Reine des fleurs*, etc.).

> Partout où *tes* grâces arrivent.

Tou, tou, té.

> . . . . Sa rage accoisée
> Au doux *léniment* d'une paix.

Langage de médecins; encore je crois qu'ils disent *liniment*.

> Mais quoi qui gaigne l'avantage.

Je dirois *quoi qui arrive*[2], et *quoi qui avienne*; non *quoi qui m'en prie, quoi qui m'en parle*; mais *qui que m'en prie*, ou *qui que m'en parle*, ou *quiconque m'en parle*, etc., ou *qui que ce soit qui m'en parle*, etc.

> Non, non, sous le ciel de la lune
> Tout va comme il plaît à Fortune....
> S'il y a quelque Providence,
> Au ciel elle a sa résidence.

Il ne devoit point ici parler du ciel à cause de ce qu'il dit puis après : *Au ciel elle a sa résidence.*

> Afin qu'en dépit de l'envie
> Je pusse voler à ma vie
> Et au lieu qui clôt mes esprits.

Quel langage!

> Tu n'as autels ni sacrifices;
> Mais si tes dards me sont propices,
> Mourant, je loûrai ta bonté.

Mal conçu : *tu n'as point d'autels ni de sacrifices, mais si tu m'aides, je te louerai.* Il devoit dire plus que *louer*, car il y a bien loin de *louer* à faire des autels et sacrifier : « tu n'as manteau, pourpoint, ni chausses; mais si tu me veux aider, je te donnerai un bouton ou une aiguillette! »

---

1. Dans la copie B de l'Arsenal, au vers 17, *Philomène* a été corrigé, à la marge, en *Philomèle (Filomelle)*.
2. Dans la copie A de l'Arsenal : *quoi qu'arrive*, et à la fin de la phrase : *qui que soit qui m'en parle.*

SONNET XXIX.

Plus une place est chèrement tenue.

Qu'est-ce à dire : *tenir une place chèrement?*

SONNET XXX.

Ce sonnet est, à mon goût, un des plus nets de ce livre.

Le gouverneur d'un fort, vigilant et fidèle.

Fidèle est ici hors de sa place : il n'est question que de vigilance; et puis, vous diriez que le fort est vigilant et fidèle.

Jamais d'un long *sommeil* n'assoupit ses esprits.

Somme, non *sommeil.*

Et craint toujours qu'on ait sur sa place entrepris.

Mauvaise césure. — Dis : *qu'on n'ait.*

SONNET XXXI.

Et comment fait le ciel, de mon aise envieux,
Que sans vous, ma douleur, tant d'angoisses je sente?

Il n'y a pas grand miracle qu'un amant soit triste en l'absence de sa dame.

SONNET XXXII.

Une déesse, hélas ! . . . .
Me poursuit, me tourmente et mon âme malsaine
Par cent et cent fureurs *elle* fait outrager.

Elle superflu.

Et portant sous le bras ma débile espérance,
Troublé je me submerge en la mer de mes pleurs.

Étrange imagination, prise de l'italien, et sotte partout.

SONNET XXXIII.

Il ne faut pas penser que la douleur profonde.

Cet épithète *profonde* n'est guère bien là.

Tant la crainte en mon cœur d'un pied ferme se fonde.

Quelle phrase : *tant la crainte se fonde en mon cœur !*

Que tout ce qui la voit soit privé de la vue,
Ou pour ne *les* voir point que je perde les yeux.

Les, de qui est-il relatif?

DE LA JALOUSIE.

Amour à petit feu fait consommer mon âme.

Sottise.

Et me poursuit si fort que j'en suis insensé.

Note en ce premier demi-vers *sui, si,* et en l'autre demi-vers *sui, sin, sen, sé.*

Las! quand quelque faveur en aimant me contente.
Mal exprimé.

Ce mal ne se guarit par jus ni par racines,
Ains nous fait sans mourir souffrir mille trépas.
Froid. — Les racines ont-elles pas du jus comme les herbes?

Faute que tu ne chasse' une infernale peste.
Chasses.

C'est un hiver qui *dure* en la verte saison.
Règne.

C'est durant ton printemps une bise bien forte.
Il devoit ici dire quelque autre chose que *durant ton printemps*, puisqu'il venoit de dire *en la verte saison*.

Mon cœur en est saisi, mon âme et mon courage.
Chevilles.

Elle donne les lois à mon entendement.
Je dirois : *elle donne la loi;* mais il a voulu éviter la rencontre de *loi à.*

Elle trouble mes sens d'une guerre éternelle.
A quel propos *éternelle?* Il devoit dire *continuelle.*

. . . . A ceux qui s'en approchent
Pour regarder ses yeux qui mille amours décochent.
Cheville.

Et si n'endure pas mes tourments inhumains.
Cheville.

Car il est (*s'ai-je peur*) jaloux de la lumière.
Plébée.

Je voudrois que le ciel l'eût *fait devenir telle.*
Note.

Mais ce seroit en vain que *j'en prirois* les Dieux.
Note.

Tous ceux que je rencontre en quelque part que *j'erre*,
Sont autant d'ennemis qui me livrent la guerre :
S'ils sont vêtus de noir, je crois *soudainement*
Que c'est pour faire voir à la beauté que j'aime, etc.
J'aille. — Le quatrième vers doit commencer le sens, ce que je dis, non pour le reprendre, mais pour le remarquer.

Car en mer et en femme il ne faut avoir foi.
Je n'aime pas cette phrase : *avoir foi en femme*, pour *se fier.*

Et de son sang tout chaud *oignez* ma plaie ouverte.
Oignez est un mot sale; et outre cela, qu'est-ce qu'il veut dire par *ma plaie ouverte?*

SONNET XXXIV.

Le soleil ténébreux, l'air *sans mutation.*
Foible.

Je croirai que la femme, et n'en serai blâmé,
Entre tout ce qui est, ou fut jamais formé,
Est de la plus changeante et plus fausse nature.

Quelle façon de parler : *la femme est de la plus fausse nature, entre tout ce qui fut jamais!*

SONNET XXXV.

......Quand vos yeux d'inconstance privés.

Vos yeux privés d'inconstance est ridicule.

....Quand d'un même cachet nos cœurs étoient gravés,
Ayants perdu devant toutes marques passées.
Quels destins rigoureux, quel horrible méfait
Rend un si ferme nœud soudainement *défait?*

Mal exprimé; et outre cela, il faut dire : *quel destin rend*, etc.; et puis *rend défait* est mal.

SONNET XXXVI.

Ma vie à un enfer peut être comparée :
J'ai pour mes trois Fureurs maints soucis violents....
Mes pleurs ont fait un Styx, et mes soupirs brûlants
Du bouillant Phlégéthon l'ardeur démesurée, etc.

Cette allégorie est trop continuée.

Ma bouche est un Cerbère à toute heure aboyant.
Note.

L'infernale vallée en fumée ondoyant
Ressemble à mon esprit si comblé de tristesse.

Ridicule encore. Quelles sottises!

La justice de Dieu tourmente les damnés,
Et je suis tourmenté d'une injuste déesse.

Froid.

SONNET XXXVII.

Mais aussi mon esprit n'est pas si peu rusé.

Mon esprit est rusé, au lieu de dire : *je suis rusé*, mal.

Je ne serai jamais importun, si je puis.

Mauvaise césure.

STANCE.

Vous m'avez fait jeter au plus vif de la flamme.

Il falloit dire simplement : *au feu* ou *dans la flamme*, sans dire *le plus vif.*

SONNET XXXVIII.

Ce sonnet est bien bon.

DIANE, LIVRE II.

Ne fera long chemin avant que se lasser.
Ne fera pas long chemin.

SONNET XXXIX.

Car qui laisse sa dame. . . . .
N'a point de sentiment pour souffrir de la paine (*sic*) :
Ce n'est plus rien de lui qu'une semblance vaine
Qu'un corps qui ne sent rien. . . . .

*Qui laisse sa dame, n'a point de sentiment pour souffrir de la peine :
ce n'est qu'un corps qui ne sent rien.*

Erre de place en place où son desir le *maine*.

On dit mène, *et non* maine.

SONNET XL.

Et me laisse éperdu, dolent et soucieux.
Froid.

Mes yeux, hélas ! mes yeux, sources de mon dommage.

*Mal : sources de mon dommage. Sources de pleurs se peut dire,
mais non l'autre.*

Je ne veux pas pourtant en chemin demeurer,
Car du feu de mon cœur je ferai ma lumière.

Impertinente pensée, s'il en fut jamais.

CHANSON III.

Huguenots qui courez la France,
De grâce faites-moi vengeance
D'une aussi mauvaise que vous.

Celle-ci ne vaut pas mieux[1].

Liez ses mains de chaînes fortes,
Las ! *qui* m'ont volé ma raison.

Qui est un peu loin de son antécédent.

L'ayant *navrée* en mille sortes.

Ma raison navrée ne me semble pas fort bon. Pour blessée, *je le supporterois.*

Mais j'ai peur que l'ennemi blême, etc.

Nota.

SONNET XLI.

Toutefois je vous aime et me tiens fortuné
Qu'avec tant de cordons je sois emprisonné ;
Car toute liberté commence à me déplaire.

C'est mal raisonné de dire : j'aime ma prison, car ma liberté me déplaît.

---

1. On lit de plus ici dans la copie B de l'Arsenal : « Et pourquoi veut-il que les huguenots lui en fassent vengeance ? Voilà bien ratiociné : *huguenots, ma maîtresse est mauvaise comme vous : vous êtes donc obliges à me venger d'elle.* Bourre. »

Et le cœur plus dévot qui fut oncq en servage.

Le cœur plus dévot; il faut dire : *le cœur le plus dévot.* Si la comparaison étoit devant le comparé, il faudroit dire : *le plus dévot cœur.* Règle infaillible.

SONNET XLII.

Qu'en ce temps la constance en peu d'amants se treuve.

Mauvais vers.

Le temps même *en passant* rendra notre amour neuve, etc.

Il s'exprime mal.

Et ne garderons rien que nous nous *voulions* taire.

Impertinent ; et puis il faut dire *veuillions*, pour dire *velimus. Voulions* signifie *volebamus.*

Nous n'aurons en deux corps qu'un esprit seulement ;
Car l'amour si commune est comme un diamant
Qui demeure sans prix ès mains du populaire.

Voilà un *car* aussi hors de propos qu'il en fut jamais ; et si, la comparaison ne vaut pas un potiron.

STANCES I.

Alors qu'il vit vos yeux, de passer *n'eut* pouvoir.

Il oublié.

Ou que votre œil luisant lui fournît de lumière.

Lui fournit de lumière est mal parlé. On ne dit pas : *il lui fournit d'argent,* mais : *il lui fournit de l'argent;* ainsi devoit-il dire : *lui fournit de la lumière,* ou bien : *le fournit de lumière.* J'ai parlé ailleurs de cette construction de *fournir;* ici la faute est sans excuse.

Voilà donc comme Amour *du depuis* nous fait vivre.

Note *du depuis,* pour *depuis.*

SONNET XLIII.

Contre votre rigueur je veux, belle meurtrière....
Car des eaux de mes pleurs la source est éternelle.

Bourre excellente, s'il en fut jamais.

SONNET XLIV.

Car Philène a bouché ses oreilles *de cire.*

Superflu, car le sens étoit parfait sans cela ; et puis, il est mis en un lieu où il semble que les oreilles soient de cire.

Et des charmes trompeurs ne l'ont point amusé.

Nota.

SONNET XLV.

Je rebelle mon cœur du grand roi des Amours.

Je ne sais si *se rebeller de quelqu'un* est bien dit ; je ne le crois pas ; et puis il dit : *rebelle mon cœur du roi des Amours.*

DIANE, LIVRE II.

> La raison aussitôt s'avance à mon secours....
> Libre alors je maudis sa méchante nature.

Sa est mis d'une façon qu'il semble se référer à la raison.

CHANSON IV.

> Celui que le ciel tout-puissant....
> Mais bien que son œil vigoureux
> M'ait rendu chaud et généreux.

L'œil du ciel m'a rendu chaud et généreux; c'est mal exprimé : *l'influence des astres.*

> Et moi je montre *mon lien*,
> Heureuse marque de *mon bien.*

Mal rimé, une syllabe sur deux.

> O vous, furieux de soucis,
> Sans repos troublés et transis
> Pour renverser une police,
> Avants l'univers travaillé,
> Le prix qui vous sera baillé
> N'est rien auprès de mon service.

Qu'est-ce à dire *furieux de soucis*, ni *transis pour renverser une police* ? — Mal conçu.

> Ce bel œil qui donne le jour,
> Alors qu'il chasse à son retour
> La Nuit marchant en robe noire....

S'il eût parlé de l'arrivée de la Nuit, il pouvoit dire : *marchant en robe noire*; mais à quel propos le Soleil chasse la Nuit marchant en robe noire? Cela est impertinent. Qui marche? est-ce la Nuit ou le Soleil?

> Ne voit rien par tout l'univers
> Égal au dieu de ma victoire.

Qu'est-ce que *le dieu de sa victoire* ?

> A chose si sainte et propice.

A quel propos *propice* ?

> *Rien mieux* je ne saurois penser.

Il faut dire : *rien de mieux.*

SONNET XLVI.

> .... De la mort du Christ on faisoit *souvenance.*
> Je soupirai. . . . .
> O Seigneur, qui des cieux en terre es descendu....

Mal, pour *mémoire*; on ne dit pas *souvenance de quelqu'un*, mais *mémoire*. — Ceci n'a point de liaison. Il devoit dire : *je disois (ô Seigneur!)*, ou *disois-je*, ou quelque autre telle chose.

SONNET XLVII.

Mon mortel ennemi par eux a eu passage.

A par eux eu passage.

. . . . Et se campe en mon cœur,
Dont il ne partira.

Dont est ici mal, pour *d'où*.

SONNET XLVIII.

Vous et moi pour *nos maux* damnés aux plus bas lieux.

Nos maux est mal dit, pour *nos péchés*. Il devoit dire: *les maux que nous avons faits.*

N'aura point de douleur qui me puisse être fière.

La douleur m'est fière, mal.

Si lors vous vous plaisez encore en mes *traverses*.

Appelez-vous les peines des damnés des *traverses?* vous y savez finesse. *Traverser* quelqu'un, c'est l'empêcher de faire quelque affaire, ou de parvenir à quelque chose. Puisqu'il ne vouloit que rimer, il pouvoit dire aussi à propos : *Si lors vous vous plaisez à voir des chausses perses* [1].

Mais puisque nous avons failli diversement,
Vous par inimitié, moi trop fort vous aimant,
J'ai peur qu'on nous sépare en deux chambres diverses.

Bouffonnerie.

SONNET XLIX.

Me tenant misérable en fièvre continue
Qui trouble mon cerveau. . . . . . .

Ce n'est pas bien dit : *je suis en fièvre qui me trouble*, etc. Il devoit dire : *en une fièvre*. On ne dit pas : « je suis en peine qui me travaille fort, » mais : « en une peine qui me travaille, etc. »

Ma langue ardant sans cesse est sèche devenue.

San, ces, sest, sè.

C'est que tes coups sont vains contre une froide lame.

A quel propos peut-on dire : *je suis une froide lame?* J'ai bien ouï dire, en bouffonnant : *c'est une chaude lame;* mais *froide*, jamais. S'il prend *lame* pour *tombe*, à quel propos ce qui suit? a-t-on jamais vu *tombe* qui eût *cœur, mouvement, esprit* ni *âme?*

Il faut contre Madame adresser ta furie :
Blesse mon cœur qu'elle a ; je mourrai tout soudain.

Chimères.

[AU SOMMEIL.]

. . . . Que les *troublements*.

Nota.

---

1. Par une méprise étrange, la copie A de l'Arsenal donne *chaises percées*, pour *chausses perses*.

SONNET L.

Pris de l'italien, où il a aussi mauvaise grâce qu'ici.

SONNET LI.

Cette humeur qui m'aveugle et me bande les yeux, etc.
Note. — Bander les yeux à un homme après l'avoir aveuglé, ce n'est pas lui faire grand mal; et puis *l'humeur me bande les yeux* ne vaut guère de bon argent.

Non, *ce n'est* pour mon bien. . . . .
Point.
. . . . Mais c'est quelqu'un des Dieux
Jaloux du paradis qui *bien-heuroit* ma vue. . . .
Qui m'a donné ce mal, *de mon aise envieux*.

Superflu visiblement et lourdement : *c'est quelqu'un des Dieux, jaloux de mon contentement, qui m'a donné ce mal, de mon aise envieux*.

SONNET LII.

Languissant *désolé*, couvert d'*obscurité*.
Rime au milieu du vers.

Languissant désolé, couvert d'obscurité,
Vivant du seul espoir de revoir la clairté
Qui fait fleurir mes jours, etc.

L'ἀσύνδετον[1] n'est point ici à propos.

SONNET LIII.

Mes esprits abattus sont-ils si fort coupables?
L'esprit peut bien être coupable; mais non les esprits.

Mon cœur, mon œil, mon teint blessé, cavé, défait,
De traits, de pleurs, d'ennuis. . . . .
Pourroient faire avouer aux damnés misérables
Que de mes passions l'enfer n'est qu'un pourtrait.

Drôlerie.

Le vautour de Tityc est la peine où je dure.
Je dure ne se dit guère de cette façon.

Tenaillé d'un desir qui me ronge et me *poind*.
Qu'est-ce à dire : *un desir me poind?*

SONNET LIV.

Pour rendre mon espoir languissant et séché.
Rendre séché ne vaut rien.

---

1. *Disjonction*, absence de conjonction, défaut de liaison.

Et que toujours le ciel à mes cris soit bouché.
Je ne dirai pas : *le ciel est bouché à mes cris.*

SONNET LV.

Puisqu'il vous plaît, Madame, et *qu'avez* tant d'envie.
Vous oublié.

Que je cesse d'aimer, d'adorer et d'avoir
Au cœur votre portrait. . . . .

Suspension très-mauvaise. — *Que je cesse d'aimer et d'adorer,* quoi? *votre portrait.* Cela est impertinent. Il devoit dire : *de vous aimer, de vous adorer et d'avoir votre portrait au cœur.*

Vos rigueurs, vos dédains, les douleurs de ma vie,
En vain eussent pensé ma constance émouvoir.

Mes douleurs, c'est mal dit : *les douleurs de ma vie n'émeuvent point ma constance.*

Puisque ma servitude et ma foi vous offense.
Offensent.

SONNET LVI.

Tant d'amour, tant de foi dont vos lettres sont pleines,
Tant de feu, *que le temps n'a rendu moins vivant*....
Ne sont que des chansons. . . . .

Ceci n'est pas bien exprimé; car si le temps n'a rendu le feu de sa dame moins vivant, de quoi se plaint-il ? Il veut dire : *que vous me juriez que le temps ne rendroit jamais moins vivant;* mais il ne le dit pas.

D'en taxer la fortune et les empêchements,
C'est une foible excuse, etc.
Foible.

SONNET LVII.

Depuis qu'à vos beaux yeux mon esprit s'est rendu.
Mal.

Mon âge et mon labeur j'ai si mal *dépendu.*
Nota.

. . . . Pensers *fallacieux.*
Mauvais mot.

J'appens à *Némésis,* pour acquitter mes vœux.
Mal ici.

SONNET LVIII.

Afin que plus dévot il puisse, *en arrivant*
La nouvelle *Diane,* adorer sa lumière.
Faute de langage excellente.

Donc, ô belle Diane, hélas! assurez-moi
Si pour vous adorer seule ainsi que je doi

De toute vieille erreur j'ai purgé mon courage.

Il devoit dire : *assurez-moi si le succès en sera bon*. Il faut avouer que voilà une faute la plus lourde que cet auteur ait jamais faite. — Il est pris de l'italien, mais il n'en vaut pas mieux.

SONNET LIX.

. . . . Hé ! comment se *peut* faire ?

Il oublié.

Mon cœur, nouveau captif, en est tout étonné.

Tou, té, ton.

. . . . Et mon œil téméraire,
De vous voir pour son mal ne se sauroit distraire.

Il veut dire que, pour son mal, il ne se sauroit distraire de vous voir ; mais il a mis ce *pour son mal* en un lieu où il peut aussi bien se joindre à *de vous voir* comme à *distraire* ; comme s'il disoit qu'il ne se sauroit empêcher de la voir pour son mal.

Mais que ma liberté dût être retenue
Par une main si tendre, encore toute nue,
Ce miracle est à moi seulement advenu.

Ridicule. Pourquoi êtes-vous seul à qui une belle main ait donné de l'amour ? et d'ailleurs, si elle eût été dans un gant, comme l'eussiez-vous trouvée belle ?

SONNET LX.

Ceux qui *voyent* comment ce mal me met au bas.

Voyent se prononce en une syllabe ; voilà pourquoi il ne faut pas le mettre dans le vers.

Ceux qui voyent comment ce mal me met au bas,
Comme il revient soudains, n'attendent qu'un trépas, etc.

Demi-vers mal fini.

SONNET LXI.

. . . . . De tout objet mon œil *se désallie ;*
Et toi guerrière main de ma prise embellie.

La rime l'a conduit à cette imagination, qui est impertinente si jamais il en fut.

Beautés, grâces, discours, qui m'allez transformant,
Las ! connoissez-vous point comme je vous adore ?

Froid.

DIALOGUE II.

Vu que vous n'étiez plus qu'aux pleurs accoutumés.

Mauvaise césure.

Et qu'elle est attentive à tout bruit qui se fait.

Ta, ten, ti.

Est-ce Amour, ô mes pieds, qui vous prête ses ailes,

Vu que les jours passés vous ne pouviez marcher?

Il devoit dire : *comment? aujourd'hui vous volez ou vous allez si vite que vous semblez avoir des ailes? d'où vient cela? vu que les jours passés*, etc.; car en la réponse qu'il fait, il montre que c'est l'Amour qui lui prête ses ailes.

SONNET LXII.

N'ont jamais vu de *serf* si fidèle que moi.

J'eusse dit *amant*. Ce mot de *serf*, s'il n'a quelque construction, ne réussit guère ; *serve* est plus recevable.

Je tiens des simples corps dont constante est la loi.

Il ne faut pas être si savant en parlant aux dames. Il en a fait de même ailleurs, en parlant de la forme idéale, et en assez d'autres lieux.

Vous serez le premier et dernier de mes vœux.

On ne dit pas : *vous êtes le premier et dernier*, si bien que *le premier et le dernier*. — Tout étoit assez passable jusqu'aux deux derniers vers.

CHANSON V.

Premier cet enfant passager
Jura. . . . .

Premier jura, mal, pour *il jura le premier*.

Jura de jamais ne loger
En esprit ou en fantasie
Autant d'un mortel que d'un dieu.

Bourre.

Vos douces beautés et ma foi
Sont du tout *exempts* de la loi.

Vos beautés sont exempts. S'il y avoit eu avec *beautés* quelque mot masculin, il y eût eu à douter; mais ici la faute est sans réplique, car *foi* et *beauté* sont tous deux de féminin genre. C'est comme s'il disoit : *Jeanne et Catherine sont morts*.

Puissions-nous vivre ainsi toujours,
Maîtresse, heureux en nos amours!

Ce mot de *maîtresse*, en vocatif, ne me plaît pas sans *ma, sa, ta*, ou quelque autre chose de semblable. Les garçons de boutique appellent ainsi la femme de leur maître.

SONNET LXIII.

Comme l'or en la flamme, aux maux elle s'affine.

Maux, maux.

Elle arrête mon cœur (*sa fidélité*) à clous de diamant;
Et *pour tout artifice* elle fait qu'en aimant
Je me serve d'amour et de persévérance.

Mal exprimé.

DIANE, LIVRE II.

Aussi l'amour en moi n'est point par accident.
Pédanterie en parlant aux femmes.
Il est de ma nature et ma propre substance.
Mal, si *substance* est nominatif, et pis, s'il est génitif, car en ce cas il devoit répéter *de*.

SONNET LXIV.

Sur le tombeau sacré d'un que j'ai tant aimé.
Rime au milieu du vers est vice.

J'assure et vais jurant. . . . .
Aller jurant, pour *jurer*, mal.

Et que le temps léger, au change accoutumé.
Le temps est accoutumé au change ne vaut rien. — Cette copulative (*et*) ne doit pas commencer un couplet.

SONNET LXV.

Et connois que ma vue étoit fort égarée,
Quand de moindre clairté *ne pouvoit* s'étranger.
Elle oublié.
Cette fin (*la fin du sonnet*) est sans jugement; car accusant celle qu'il quitte d'inconstance, il fait croire à celle à qui il se range, que si la première eût voulu, elle avoit le moyen de l'arrêter. Il devoit dire qu'il avoit reconnu la différence de leurs mérites, et qu'il est revenu à celle où il en avoit le plus reconnu.

CHANSON VI.

Pour bien voir quelle est ma foi,
Regardez-moi dans votre âme;
C'est comme j'en fais, Madame.
Dans la mienne je vous vois.

Bourre.

Si vous pensez me changer,
Ce miroir me le rapporte:
Voyez donc de même sorte
En vous, si je suis léger.

Bourre encore.

SONNET LXVI.

Pourvu que vous croyiez que ma foi soit certaine,
Et que pour bien aimer je sois prisé *de tous*.
Vent.

SONNET LXVII.

Quand j'admire, *étonné*, votre beauté parfaite.
Sottise.

Beaux yeux, qui *rendez serfs*. . . . .
Mauvais mot, en ce lieu.

SONNET LXVIII.

> Non, j'atteste en jurant votre effort nompareil
> Et vos douces fiertés, que, etc.

Voilà un beau témoin que l'effort nompareil des yeux de sa dame.

SONNET LXVIII.

> On verra défaillir tous les astres aux cieux,
> Les poissons à la mer, le sable à son rivage,
> Au soleil ses rayons *bannisseurs* de l'ombrage,
> La verdure et les fleurs au printemps gracieux.

Les astres, la mer, le rivage, le soleil n'ont point d'épithète. Il n'en falloit point à *printemps*.

> Que tout soit conjuré *pour de vous* me distraire.

Rude.

SONNET LXIX.

> Si j'aime autre que vous, que l'honnête pensée,
> Qu'Amour loge en mon cœur, s'en puisse départir !

Plaisante imprécation.

> Si j'aime autre que vous, Amour, tyran des Dieux,
> *Les feux croisse* en mon âme, et les pleurs en mes yeux !

Mauvaise transposition.

SONNET LXX.

Ce sonnet est une bourre pure du commencement jusqu'à la fin.

> Mon œil se change en source et mon *âme en flambeau.*

Pourquoi ?

> Et je mourrois heureux, si j'avois assurance
> Que mon cœur si fidèle eût vos yeux pour tombeau.

Chimère.

SONNET LXXI.

> Pour avoir offensé d'erreur trop excusable.

J'ai offensé de grande erreur, est mal parlé.

> . . . . Ne doit être reprise.

Tre, re, pri.

SONNET LXXII.

> Ha ! je mourrai plutôt, et ma dextre indomptée
> Fléchira par mon sang le ciel traître et jaloux.

Si vous vous tuez, qu'avez-vous à faire de fléchir le ciel? Il devoit dire : *contentera* ou *assouvira*, et non : *fléchira*.

> A tout ce qu'elle veut (*sa maîtresse*) mon âme est trop contrainte.

Mon âme est contrainte à ce que vous voulez : est-ce allemand ou anglois ?

> Tiens, reprends tes papiers (*tes lettres*) et ton amitié feinte,
> Et me rends mon repos, ma franchise et mon cœur.

Bon.

SONNET LXXIII.

Aux plus rudes assauts d'une âpre maladie,
Encor que mon esprit soit foible et languissant,
Privé du doux objet qui l'alloit nourrissant,
Sa chaleur toutefois n'est en rien attiédie.

Galimatias excellent.

Par un *portail* secret au secours s'avançant.

Qu'est-ce que *portail?* est-ce porte ou guichet? ni l'un ni l'autre; mais cette voûte qui est sur la porte par dehors.

SONNET LXXIV.

Si l'amour de ma foi rend votre amour craintive.

Qu'est-ce?

Par le temps à la fin soit éteint ou gelé.

Té, tein, tou.

Je goûte, en vous oyant, même ravissement;
Je tremble, en vous voyant, d'aise et d'étonnement.

Du même étonnement eût été mieux.

De votre seul regard ma blessure s'allége;
Jamais autre que vous constant ne me rendra :
Je suis serf de Diane, et qui me retiendra
Doit être *châtiée* ainsi que sacrilége.

Mal rimé. — Quand on dit : *qui me retiendra*, il faut dire : *sera châtié*. Que si on veut dire : *sera châtiée*, comme ici, il faut dire : *celle qui me retiendra*.

SONNET LXXV.

Vous viendrez en la main (*ô mes vers!*) et retiendrez les yeux
Qui retiennent ma vie en l'amoureuse flamme.

Qui retiennent se rapporte aux yeux, mais il n'y a rien qui se rapporte à la main.

Car *s'elle* peut brûler. . . . .

Si.

C'est d'alléger ma peine et *la (sa maîtresse)* rendre propice.

La semble se rapporter à ma peine.

STANCES II.

Belle et fière déesse à qui je suis voué,
Dont le premier regard rendit Amour mon maître.

Il falloit ici une copulative, *et*. — *Mour, mon, mai.*

Afin qu'à son honneur votre honneur fût loué.

Louer l'honneur de quelqu'un est mal parlé.

Comme dans un miroir on voit toutes les Grâces
Au clair de votre teint; et le *vainqueur des Dieux*, etc.

Il semble qu'il veuille dire : *comme l'on voit les Grâces dans un mi-*

roir, et il veut dire : *on voit les Grâces en votre teint, comme dans un miroir.* — Il devoit dire : *Amour*, sans phrase. — *Au clair de votre teint*, sottise. Ces adjectifs pour substantifs ne sont pas tous indifféremment recevables.

 Et sans vous ses brandons seroient changés en glaces.

Mal; il devoit dire : *ne seroient que des glaces.*

 Car bien que mon esprit ait céleste origine,
 Il se tient bienheureux d'être à vous asservi.

Mal, car *avoir céleste origine* est commun à tous les esprits. Il devoit dire : *bien que j'aie un courage qui ne fait cas de rien*, ou quelque chose semblable.

 Aussi tous les tourments des cœurs *plus misérables.*

Les.

 . . . . Et qu'il est malaisé
 Que de rien *si certain* l'homme donne assurance,
 Puisque l'ordre varie. . . . .

Pourquoi *de rien si certain?* Il devoit dire : *certain*, simplement, et non *si certain;* et puis que veut-il dire : *puisque l'ordre varie?* Quel ordre? Voilà un beau discours : « pource que l'ordre varie, il ne se peut donner assurance de rien si certain. »

 La lumière au soleil, au plomb la *gravité.*

Mal, *gravité* pour *pesanteur.*

 Car devant que le temps nos deux cœurs *désassemble*,
 Un sujet recevra deux contraires *ensemble.*

Mal rimé ; et puis cette impossibilité n'est point poétique.

SONNET LXXVI.

 Dressant à mes desirs maint trophée honorable.

Je n'entends point que c'est que de *dresser un trophée à ses desirs.*

 S'il y eut onc amant heureux et misérable,
 Fâché, content, jaloux, bien et mal caressé.

Jaloux est là hors d'œuvre, car tous les autres : *heureux, fâché,* ont leur contraire, et cettui-ci non.

LES AMOURS D'HIPPOLYTE[1].

SONNET I.

 O bienheureux malheur plein de tant d'avantage,
 Qu'il *rende* le vaincu des ans victorieux.

Dis : *rend.*

1. Madeleine de l'Aubespine. (*Note de Malherbe.*)

Il (*Icare*) mourut poursuivant une haute aventure.
Ce vers est inutile.

Le ciel fut son desir, la mer sa sépulture.
Est-il plus beau dessein, ou plus riche tombeau?

Ce dernier vers ne parle que du dessein, qui étoit le ciel, du tombeau, qui fut la mer; mais il laisse le meurtrier, qui étoit le soleil.

SONNET II.

Et quand l'encre me faut, je me sers de mes pleurs.
Niaiserie imitée de l'italien.

SONNET III.

Ex Sannazaro, lib. 2. *Epigrammaton, ex pagina* 186 [1].

Égale obéissance à tous deux *j'ai* juré.
J'ai jurée.

SONNET IV.

Et voyez que mon mal a de vous origine.
Il dit trop peu.

SONNET V.

Et de m'en délivrer je ne prends point d'envie.
On ne dit pas bien : *je prends envie de faire cela*, mais *il me prend envie.*

SONNET VI.

Mon Dieu! que de clairtés *honoroient sa présence!*
Très-mal expliqué.

Je voyois bien mon mal, mais mon œil desireux.
Mon, mal, mais, mon.

Hélas! flambeau jaloux de ma félicité,
N'approche point d'ici, porte ailleurs ta clairté;
Sans toi, cet œil divin rend la salle assez claire.
Froid.

SONNET VII.

Chassa l'aigre douleur qui *tant* me faisoit plaindre.
Foible.

Voyant votre bel œil *qui les Dieux peut contraindre.*
Lâche.

Oh! que ce feu nouveau dont je suis consumé
Est plus ardent que l'autre en mon sang allumé!

Eh quoi? le feu nouveau n'est-il pas allumé en son sang comme le premier?

---

1. Le poëme *de Amore fugitivo*, dont le sonnet III est une imitation, se trouve à la p. 186 dans les deux éditions de Lyon 1536 et de Rouen 1607.

Bien qu'il ne luise point, que sa flamme est cruelle!
Flamme est mal ici, car comme peut-on imaginer qu'il ne luise point, et qu'il ait de la flamme?

.... La *renchute* est mortelle.
Nota.

SONNET VIII.

Dieu qui fais de mon cœur ta victime *sanglante*.
Superflu et mal.

Et si dedans le feu tes louanges je chante.
Ge, je, chan.

Si rien me fait pâlir, c'est, hélas! seulement
Que mon feu soit connu par mon embrasement.

Il devoit dire : *la peur* ou *la crainte* ou *quelque chose de semblable* autrement la construction ne vaut guère.

SONNET IX.

Par la mort seulement il peut être laissé.
Mal.

Si je meurs en chemin, je serai hors de peine,
Et par mon haut desir *j'honore* mon trépas.
J'honorerai, comme *je serai.*

Il faut continuer, quoi que j'en doive attendre :
Ce fut témérité de l oser entreprendre ;
Ce seroit lâcheté de ne poursuivre pas.
Bon.

SONNET X.

Si tu veux, *courageux*, éprouver ta vertu.
Vent.

SONNET XI.

Cesse, ô trop foible esprit. ....
Tant plus je vais avant, plus j'ai de connoissance
Du pouvoir de vos yeux. ....

Au premier couplet, il s'adresse à son esprit, et au segond à sa maîtresse, sans changer de vocatif.

SONNET XII.

Celui qui n'a point vu le printemps gracieux....
Remplissant l'air d'odeurs, les herbes de rosée,
Les cœurs d'affections, et de larmes les yeux.

Pourquoi les yeux de larmes? ce n'est nullement un effet du printemps.

Celui qui n'a point vu par un temps furieux

LES AMOURS D'HIPPOLYTE.

    La tourmente *cesser* et la mer *apaisée*.

Il devoit y avoir deux infinitifs ou deux participes, et non un infinitif : *cesser*, et un participe : *apaisée*.

    S'il s'arrête à la voir pour une saison *neuve*.
Nouvelle.

    . . . . Il pourroit faire épreuve
    De glaçons, de tempête et de mille trépas.

Quel langage est cela : *faire épreuve de glaçons et de tempête ?*

SONNET XIII.

    Amour, c'est une dame, *et non toi qui m'arrête*.
Note.

    Puis prends pour m'asservir cet arc tant redouté,
    Qui de Jupiter même *accoise la tempête*.

Mal exprimé ce qu'il veut dire.

    Si je t'obéissois et t'ai craint paravant,
    C'étoit pour l'amour d'elle. On endure souvent
    D'un mauvais serviteur, pour l'honneur de son maître.

Hors de propos.

SONNET XV.

    Que l'honneur saint marche à votre côté,
    Grande, admirable, aux vertus adonnée.

Non construit.

    Peut rendre, hélas ! votre honneur surmonté.

Rendre surmonté, très-mal. C'est mal dit : *rendre surmonté* ; et très-mal : *surmonter l'honneur*.

    On ne saura que vous ayez été,
    Ni que le ciel vous ait tant fortunée.

Mal, très-mal. Il devoit dire : *tant s'en faut que l'on sache que vous ayez été belle ; on ne saura pas que vous ayez été.*

    Si vous voulez *immortelle durer*.
Mal parlé.

SONNET XVII.

    Je ne m'en fâche point : je me plains seulement
    Que mon œil n'est plus clair pour voir votre visage....
    Je serois bienheureux, voyant incessamment
    La divine beauté qui me tient en servage.

Voici une étrange imagination : *je me plains que mon œil n'est plus clair pour vous voir, je serois bienheureux de vous voir incessamment*, etc. Ce sont choses bien différentes de voir bien clair et de voir incessamment ; car on peut bien voir toujours et ne voir pas clair, et voir bien clair et ne voir pas incessamment.

Soit privé de tout point d'honneur et de *liesse.*
Vieil.

SONNET XVIII.

Mirez-vous dessus moi. . . . .

Que veut-il dire : *mirez-vous dessus moi ?* Se mire-t-on sur un miroir ? J'ai bien ouï dire : *se mirer en un miroir, en de l'eau,* ou quelque autre chose semblable, mais *se mirer dessus* m'est nouveau.

Narcisse devint fleur d'avoir vu sa figure.
Craignez doncques, Madame, un semblable danger :
Non de devenir fleur, mais de vous voir changer,
Par votre œil de Méduse, en quelque roche dure.

Froid.

STANCES I.

Il s'excuse de sa hardiesse d'aimer en lieu si haut.

Mon *triste* désespoir, ma perte *et mon dommage.*
Superflu : après avoir dit *perte, dommage* est inutile.

Quelquefois de furie, il (*le Désespoir*) fait brèche en mon âme ;
Mais presque au même instant *votre beauté, Madame,*
Accourant au secours, l'engarde de passer.

Cheville.

Je voudrois bien pourtant, etc.

Ce dernier couplet n'est pas rimé comme les précédents.

ÉLÉGIE I.

Encore qu'il y ait grande inégalité entre sa dame et lui, il est résolu de poursuivre et de mourir en la recherche.

La mort d'horreur couverte et de sang toute teinte.
Tou, te, tein, te.

Moi qui ai tant de fois ma vaillance éprouvée.

Cette phrase étant bien considérée n'est guère légitime : *j'ai éprouvé* pour *j'ai fait preuve.* On dit bien passivement : *j'ai éprouvé sa mauvaise volonté ;* mais activement : *j'ai éprouvé ma mauvaise volonté,* pour dire : *je l'ai fait connoître,* cela ne se peut en façon quelconque. Ce qui le peut parer, c'est qu'il peut dire qu'il entend par *j'ai éprouvé ma vaillance : j'ai vu des preuves de ma vaillance, je l'ai reconnue par les essais que j'en ai faits.*

Appelle qui voudra Phaéthon misérable
D'avoir trop entrepris, je l'estime louable.

Cette suspension est fâcheuse ; on ne sait s'il dit que Phaéthon est misérable d'avoir trop entrepris, ou s'il l'en estime louable.

Poursuivant courageux une chose honorée.

Qu'est-ce qu'il appelle une chose honorée ?

LES AMOURS D'HIPPOLYTE.

Moi qui devers le ciel mon vol ose dresser,
Voyage audacieux, mais rien ne me retire.
Cheville mal fichée.

COMPLAINTE I.

D'aimer, homme mortel, une divinité.
Et quoi donc? homme divin ou *céleste?*

Pour le moins en souffrant la douleur qui m'offense
Et *qui blesse mon cœur*. . . . .

Cheville. — La douleur n'offense point ; elle afflige, tourmente, trouble, etc. Une injure, une mauvaise parole offense, ou quelque autre chose semblable.

Car sitôt qu'on saura la perte de ma vie,
Chacun craignant son mal, loin de vous se tiendra,
Et vous accusera quand il se souviendra
Que vous m'aurez tué, pour vous avoir servie.
Drôlerie.

Ayez de votre honneur, et non de moi, pitié.
La transposition de ce vers le rend rude.

PRIÈRE.

. . . . . . Écoute la prière
D'un de tes *serfs*. . . . . .

Mal.

Las ! s'il est vrai, *comme j'ai connoissance*.
Mal exprimé.

Que je retourne en ton obéissance,
Et derechef tu me veuilles ravir.

Et pis encore; qu'est-ce à dire : *s'il est vrai que tu me veuilles ravir ?* et puis la netteté du langage vouloit qu'il dît : *Et que derechef*, etc.

L'homme mortel doit obéir aux Dieux.
Qu'est-ce à dire : *l'homme mortel ?*

Ici je jure à ta déité sainte.
Déité sainte n'est guère meilleur.

Qu'à tout jamais je veux persévérer,
Ton prêtre saint, qui t'offre en sacrifice
Mon cœur brûlé. . . . .
Mal lié.

Si j'ai lavé tes ailes de mes pleurs.
Niaiserie.

Si mes soupirs entretiennent ta flamme,
Et si tu fais des cheveux de Madame
Les forts liens qui retiennent les cœurs,

> Chasse, ô grand Dieu, cette crainte nouvelle.

A quel propos? Quel mérite peut-il avoir en ceci?

> Qui me poursuit, qui me serre et me gèle.

Trop.

> Et qui me fait tant de peurs recevoir.

Recevoir des peurs n'est pas guère bien dit [1].

> Fais l'un des deux : ou lui donne la chasse
> Loin de mon cœur, ou lui quitte la place;
> Vous ne pouvez ensemble demeurer.

(*Il s'agit du Désespoir et de l'Amour.*) Si l'Amour s'en va, comme est-il possible que le Désespoir demeure?

CHANSON I.

> Douce Liberté désirée,
> Déesse, où t'es-tu retirée?...
> Hélas! de moi ne te détourne.

Jugez comme il parle bien à propos : il ne sait où est sa liberté, et lui dit qu'elle ne se détourne point de lui.

> Un soin caché dans mon courage
> Se lit sur mon triste visage.

S'il se lit au visage, il est mal caché.

> Le repos, les jeux, la liesse,
> *Le peu de soin d'une jeunesse*,
> Et tous les plaisirs m'ont laissé.

Mal exprimé. Il devoit dire : *la gaie humeur*, ou quelque chose de semblable. Quand on dit : *le peu de soin de cet homme-là*, on ne sait si c'est le peu de soin qu'il a, ou le peu de soin qu'on a de lui.

> Un port céleste, une lumière,
> Un esprit de gloire animé,
> Hauts discours, divines pensées,
> Sont les sorciers qui m'ont charmé.

Que veut dire cette *lumière* ainsi mise absolument, sans dire ou *d'yeux* ou *d'esprit*? Et puis après avoir dit : *un esprit de gloire animé*, il ne falloit pas dire : *hauts discours*; mais : *de hauts discours*; car quel langage est-ce que : *hauts discours sont les sorciers qui m'ont charmé; beaux yeux sont les charmes qui m'ont pris*?

FANTAISIE.

> Mais ce divin soleil m'*ard* plus cruellement.

Obsoletum [2].

> *Plus* je me trouve loin de sa lumière claire.

Nota. *Claire* est ici une cheville, s'il en fut jamais.

---

1. Tel est le texte de l'original et des deux copies.
2. « Tombe en désuétude, » et, par extension, « vulgaire, banal. »

Toutefois si notre âge, heureux par sa présence,
Ne pouvoit, sans mon mal, voir ses yeux *clairement*.

Superflu, car il n'est point question de voir clairement ou obscurément, mais simplement de voir.

SONNET XX.

Du temps que je vivois *seul* roi de mon desir.

Superflu.

Et que mon âme libre erroit à son plaisir.

Brerroit.

Je verse de mes yeux une *angoisseuse pluie*.

Qu'est-ce?

Si je lis, si j'écris, si je parle ou me tais,
Votre œil me fait la guerre. . . . . . .
Bref, je vous aime tant que je ne m'aime pas.

Je voudrois qu'il me fît entendre cette conclusion : *quoi que je fasse, votre œil me fait la guerre; bref, je vous aime tant que je ne m'aime pas*.

SONNET XXI.

Après qu'ils m'ont blessé d'une plaie *inhumaine*.

Mal avec *plaie*.

.... Défait ses ennemis étendus sur la plaine,
Par le camp des vaincus superbe il se promaine (*sic*).

Il faut dire *promène* ou *pourmène*; et par ainsi mal rimé.

SONNET XXII.

. . . . Mais plutôt quatre nuits
Sans clairté, sans liesse, à mon mal ordonnées.

Quatre nuits ordonnées à son mal, que veut-il dire?

Qu'ai-je dit quatre nuits? mais plutôt quatre années....
Ou quatre mille morts que souffrir je ne puis.

Comme ne peut-il souffrir quatre nuits qui sont passées?

On voit perdre le lustre à toute autre beauté.

Tra, tou, tau, tre.

Car je vous reconnois pour *soleil* de mon âme!

Froid[1].

CHANSON II.

Et si bien purgé ma *poitrine*.

Ce mot de *poitrine* n'est guère bon en vers; mais il est encore pire en la compagnie de *purger* où il le met ici.

---

1. *Le* oublié. (Copie B de *l'Arsenal*.)

> *La gloire de mon seul penser*
> *Fait que* rien ne peut m'offenser :
> Rigueur, prison, gêne *et* martyre.
> J'aime mieux un de mes tourments
> Que les plus chers contentements.

Ce n'est pas ce qu'il veut dire ; il veut dire : *la seule gloire de mon penser*. — Il faut dire : *ni. Il n'est venu ici personne, homme ni femme.* Quelle ignorance seroit-ce de dire : *homme et femme !*

> Plutôt juillet sera glacé
> Et l'hiver de fleurs tapissé.

Il devoit dire : *décembre de fleurs tapissé*, pour opposer mois à mois, et non un mois à une saison.

SONNET XXIII.

> Las ! que puis-je avoir fait, ô *moi* pauvre insensé !
> J'eusse laissé ce *moi* au logis.

Et qu'il croisse en rigueur, plus je lui suis fidèle.
Nota.

> Mais ses traits rigoureux donnent tous à mon cœur.

Ce dernier vers est hors d'œuvre ; car puisque sa maîtresse est peinte dans lui, il faut que ce soit dans son cœur. Ainsi il dit : *Amour, pour blesser ma maîtresse, qu'il voit peinte en mon cœur, il y tire ; mais tous ses traits donnent à mon cœur.* Jugez si c'est de la fine bourre.

SONNET XXIV.

> A mes plus vrais amis *je tais ma volonté*.

Mal exprimé.

> Je feins d'être content, de rire et de me plaire,
> *Montrant moins de douleur plus je suis tourmenté*.

Nota.

SONNET XXV.

> Que mon âme aux enfers ou aux cieux s'achemine :
> Jamais en mon esprit, tant que *serai* vivant, etc.

Si son âme est aux enfers, il ne sera plus vivant [1].

SONNET XXVI [2].

> Qu'une beauté t'ait jamais pu forcer.

Té, té.

> Espoinçonné de l'amoureuse rage.

S'il a mis ceci pour de l'allemand, je ne sais ; mais ce n'est pas

---

1. *Je* oublié. (*Copie* B *de l'Arsenal.*)
2. Ce sonnet a été fait pour une scarpoulette sur qui sa maîtresse se plaisoit d'aller. (*Ibidem.*) — Il paraît que Malherbe ignorait cette circonstance lorsqu'il a écrit sa troisième note sur le sonnet XXVI.

LES AMOURS D'HIPPOLYTE.

françois. *Sa beauté m'a pu forcer, espoinçonné de l'amoureuse rage :* cette élégance m'est barbare.

> Ores qu'*en l'air* elle s'ose hausser,
> Tu la prendrois, arrêtant son voyage.

Je ne sais où elle pouvoit aller; car de se mettre en un bateau, ce n'est pas se hausser en l'air; aussi n'est monter en carrosse.

> *Jà* n'est besoin que vous montiez aux cieux.

Jà est un mot vieil et qui ne s'use qu'entre les paysans.

SONNET XXVII.

> . . . . *M'ard* et me va glaçant.

M'ard en est de même.

> Amour, etc. . . . .
> Ores bas, ores haut, *jouet de la tempête*,
> Il va comme il lui plaît ma navire élançant.

Qui est-ce qui est *jouet de la tempête ?*

> Je pense être échappé, quand je suis périssant.

Je suis périssant, pour *je péris.*

SONNET XXVIII.

> Mais moi qui vous adore, et qui seuls vous réclame,
> Beaux yeux. . . . .

Mal construit.

> Puis quand *verrez* mon âme....

Faute du pronom.

SONNET XXIX.

> . . . . Malheur qui m'offense.

Un *malheur qui m'offense,* néant.

> Si froide est la gelée, et le feu dévorant.

Il falloit dire *chaud*, et non *dévorant*.

> Or la cause d'Amour n'est que peine et *martyre*.

Superflu.

> Si donc cent mille ennuis en nos cœurs il retire,
> S'en faut-il étonner? . . . .

Belle imagination : « si la cause d'amour n'est que martyre, se faut-il étonner s'il retire mille ennuis en notre cœur? »

CHANSON III.

> Ce m'est plaisir de mourir en langueur.

Il devoit dire : *mourir*, simplement.

> . . . . Vos yeux cruels et doux

> Par trop d'amour m'ôtent la connoissance.

Il semble que *par trop d'amour* se rapporte aux yeux de sa maîtresse.

> Car me *hayant*............

Haïssant [1].

CHANSON IV.

> L'Afrique de chaudes *areines*....
> Que pour vous j'endure de peines.

Arènes, et pour ce mal rimé avec *peines*.

> Le mal que votre œil *nous* apporte.

Il devoit dire : *m'apporte*, comme il vient de dire : *j'endure*, et comme après il dit : *mes amoureux ennuis*.

> Ce jour me fut bien malheureux,
> Que je vis vos yeux rigoureux,
> Quand les miens, etc.

C'est mal parlé : *ce jour me fut malheureux, que je vis vos yeux rigoureux, quand les miens,* etc.

> Quand les miens, nouveaux tributaires,
> Rendirent mes sens et mon cœur
> Aux chaînes de votre rigueur
> Depuis liés comme forçaires.

Aux chaînes est mal placé, car il semble se rapporter à *rendirent*, et il se rapporte à *liés*.

> Ainsi la mort, qui tout détruit,
> Chasse après celui qui la fuit.

Chasser après un lièvre est mal dit. On dit *chasser* ou *courir un lièvre*.

> Le jour que je fus asservi.

Il devoit dire : *je vous fus asservi.*

> Mais (ô chétif!) je ne vis pas
> *Mon mal* peint en votre visage.

Foible.

> Je ne pus voir les passions
> Sortants (*sic*) des rais de votre vue.

Galimatias.

> Eu égard à votre mérite.

Langage de palais.

> A peur que trop tôt je finisse.

Note.

> Et (*l'Amour*) fait comme un bourreau *cruel*
> Qui donne à boire au *criminel*,
> Pour le réserver au supplice.
> *Ainsi* pour plus me tourmenter, etc.

Mal rimé. — Un bourreau ne donne point à boire au criminel pour

---

1. De plus, dans la copie B de l'Arsenal, *hayez* est corrigé en *haïssez*.

le réserver au supplice. S'il en demande au supplice, ou en y allant, on lui en baille. — *L'Amour fait comme le bourreau,* etc. Il ne falloit point dire : *ainsi;* mais simplement réciter ce que l'Amour faisoit de semblable à ce que fait le bourreau S'il eût dit : *comme le bourreau,* etc., il pouvoit dire : *ainsi l'Amour,* etc.

>Mon cœur qui souloit paravant
>Voler léger comme le vent
>Au gré de mille *damoiselles.*

Ce mot n'est pas bien ici.

>Je suis contraint de murmurer,
>Invoquant la mort inhumaine, etc.

Il devoit dire : *je suis contraint d'invoquer,* vu ce qui suit.

LE COURS DE L'AN.

Toute cette pièce ne vaut rien depuis un bout jusqu'à l'autre.

>Si du porteur d'Europe aux Jumeaux il arrive,
>Et sortant du printemps il *croisse* les chaleurs.

Il devoit dire : *il accroît;* encore eussé-je mieux aimé qu'il eût laissé *il.* On ne dit point : *s'il fasse cela,* mais : *s'il fait cela.* Ainsi il faut dire : *s'il croît,* et non : *s'il croisse.*

>Moissonnant tout joyeux les épis *blonds-dorés.*

Ridicule.

>Dont la mère Cérès *va couronnant* sa tête.

Cérès se couronne donc en se promenant! C'est une façon bien nouvelle.

>Autour du *Zodiac* le soleil se promeine.

Zodiaque.

ÉLÉGIE II.

Elle a beau être cruelle, il est résolu de l'aimer jusqu'à la mort, s'y étant préparé dès le commencement de son amour.

>Ayez le cœur d'un tigre ou d'une ourse *cruelle.*

Il avoit dit : *d'un tigre,* simplement ; il devoit dire : *d'un ours.*

>Envenimez ma plaie, et *durez inhumaine.*

Durer inhumaine, quel langage, pour *demeurer inhumaine!*

>Cesse de *poursuivir* le chemin commencé.

Note ce mot normand.

>Et que j'osai penser la superbe entreprise
>De vous offrir mon cœur. . . . .

Suspendu.

>J'aurois juste raison d'accuser sa promesse.

De qui est cette promesse? Je n'y vois goutte.

Chasse au loin tout plaisir, n'espère plus de vivre,
Bannis-toi de toi-même, et triste désormais, etc.

Après avoir dit : *n'espère plus de vivre*, il ne devoit plus dire ni : *bannis-toi de toi-même*, ni ce qui vient après ; car après qu'on ne vit plus, il n'est plus question de vivre triste ni joyeux.

Et n'attends pas de vous un plus doux *payement*
Que mourir *sans pitié* servant fidèlement.

Ce *sans pitié* n'est pas bien clair.

SONNET XXXI.

Quand le soleil doré laisse notre hémisphère,
Tournant ailleurs le cours de ses chevaux ailés,
S'il paroît peu souvent, si les jours sont gelés, etc.

Quand le soleil laisse notre hémisphère, les jours ne peuvent être gelés, et ne peut-on dire qu'il paroisse peu souvent, car il est nuit. Il devoit dire : *quand il s'éloigne de notre tropique.*

SONNET XXXII.

Las ! je n'éteins par mes pleurs ruisselants
De ces beaux yeux une seule étincelle.

A quel propos, avec ses pleurs, éteindre le feu qui est dans les yeux de sa dame ? Il pouvoit dire : *du feu qu'il a au cœur.*

SONNET XXXIII.

Et de la mort qu'absent d'elle je porte.

Je porte la mort ne se dit point.

ÉLÉGIE III.

Jamais foible vaisseau deçà delà porté
Par les fiers Aquilons ne fut tant agité.

Par les fiers Aquilons est en lieu que l'on ne sait s'il se rapporte à *porté* ou à *agité*.

Un débat après l'autre en l'esprit lui revient.

Qu'est-ce à dire : *un débat lui revient en l'esprit ?*

Chaude fièvre d'amour inhumaine et *contraire*.

Que veut dire *contraire*, après avoir dit *inhumaine ?*

Sans yeux je vois ma perte, et sans langue je crie.

Sottise imitée de Pétrarque.

Or' je suis plein d'amour *et or'* je n'aime pas.

Or' et or' est hors d'usage.

Qu'aimant je me veux mal de ce que je vous aime.

Il devoit dire : *qu'aimant, je me veux mal de ce que j'aime;* ou : *que vous aimant, je me veux mal de ce que je vous aime.*

Il faut, en m'efforçant, cette pointe arracher.

Quel langage : *il faut, en m'efforçant, faire ceci ou cela !*

LES AMOURS D'HIPPOLYTE.

J'embrase ma fureur, la pensant *rendre éteinte*.

Mal, pour *éteindre*.

Mais si je perds mon temps sous l'amoureuse loi.

Il s'explique mal; qu'est-ce à dire : *perdre son temps sous une loi?*

Sachant ne pouvoir rendre autrement captivé.

Rendre captivé, pour *captiver*, mal.

Et que d'une aile prompte, au travail continue.

Continu au travail est mal dit; il faut dire : *assidu.*

Car si l'aigle regarde un soleil plein de flamme,
Je soutiens fermement les deux yeux de Madame.

Impertinences.

Et qui d'*ombreuse* nuit ne sont jamais noircis.

Sottise.

Ah! qu'Amour m'a fait tort! . . . .

Il faut dire : *qu'Amour m'a fait de tort!* On diroit bien : *qu'Amour m'a fait grand tort!* mais *que* se rapporte à *grand*, comme qui diroit : *combien grand*. On dit : *que vous avez de tort!* et non : *que vous avez tort!*

L'expérience apprend. En ce commencement, etc.

Rime au milieu du vers.

Or je sais reconnoître Amour pour mon vainqueur,
Comme on vit en aimant sans esprit et sans cœur.

Ces phrases différentes sont mal jointes. Il devoit répéter : *je sais*, et dire : *je sais comme en aimant on peut vivre sans cœur.*

Je sais brûler de loin et geler auprès d'elle.

Sottise.

Chercher mon ennemie et craindre à la trouver.

Craindre à trouver est une phrase dont je ferois scrupule; je dirois : *de trouver*. Toutefois je ne condamne pas *craindre à* [1].

Leurs mots *entrerompus*, leur prompte méfiance.

Je dirai plutôt *interrompus* que *entrerompus*, et *interrompre* que *entrerompre*.

S'égare au *labyrinth* de diverses erreurs.

Labyrinthe.

SONNET XXXIV.

De mon cœur tout *sanglant*. . . . . . .

A quel propos *sanglant?*

Et que mes vers plaintifs, courriers de son mérite.

Qu'est-ce à dire : *courrier de son mérite?* J'ai bien ouï parler d'un

---

1. Malherbe a écrit, par erreur évidemment : « Toutefois je ne condamne pas *à craindre*. » La faute est corrigée dans la copie B de l'Arsenal.

courrier d'Espagne ou du roi d'Espagne; mais *courrier d'une chose*, cela ne fut jamais dit que par un ignorant. Quand même on parle d'une nouvelle, on dit : *le courrier qui a apporté une telle nouvelle*, et non *le courrier de telle nouvelle*.

SONNET XXXV.

L'âme en feu, l'œil en pleurs, le cœur plein de tristesse,
Et la bouche en regrets. . . . .

L'âme en feu, l'œil en pleurs, sont bonnes constructions; mais il n'y a point d'apparence de dire qu'un homme s'en est allé *la bouche en regrets*.

SONNET XXXVI.

Drôlerie italienne.

O pensers trop pensés, qui rebellez mon âme.

Je dirois : *qui faites rebeller mon âme.*

SONNET XXXVII.

Néron, fusil de meurtre et de flamme et de rage.

Que veut dire *fusil de flamme?*

Se rit. . . . .
Et chante en regardant le feu victorieux,
Laissant de sa rigueur à jamais témoignage.

Il est ambigu à qui est rapporté *laissant*, si c'est à Néron, ou au feu. Si c'est au feu, il devoit dire : *qui laisse*[1]; si c'est à Néron, est-ce rigueur que de brûler une ville?

SONNET XXXVIII.

Et la mort aussitôt leur tristesse eût bannie.

La mort ne bannit pas la tristesse, elle la finit.

. . . . Cette mort trop cruelle,
Voyant dedans mon cœur votre image si belle,
Se retire étonnée. . . . .
O destin rigoureux d'un amant misérable!
En peinture et de loin vous m'êtes favorable;
Mais vraie et près de vous, vous me donnez la mort.

La mort ne le tue point pource qu'elle lui voit le pourtrait de sa dame au cœur. Ainsi, à son compte, elle lui est favorable de loin; et comme pourroit-elle être plus près que dans son cœur? Cette imagination est imaginaire, s'il en fut jamais; car de dire qu'il ne l'a dans le cœur que lorsqu'il en est absent, c'est une faute plus grande que la première.

---

1. Dans la copie B de l'Arsenal : « Il est ambigu à qui se rapporte *laissant*, si c'est à Néron ou au feu. Je crois que c'est au feu, et pour ce il devoit dire : *qui laisse*. » La suite de la phrase manque. Dans l'original, on voit, à la différence de l'écriture et de l'encre, que cette suite avait été ajoutée après coup par Malherbe.

SONNET XXXIX.

Voilà comme un bel œil de deux sortes m'offense,
Me blessant à la mort, et puis en m'empêchant
Que je ne puis montrer ma mortelle souffrance.

Bonne conclusion.

SONNET XL.

Je ne sais qu'il m'advint. . . . .

Mal, car il faut dire : *je ne sais ce qui m'avint*. Le peuple dit bien : *je ne sais qui m'avint*, mais *qu'il m'avint* ne se dit point.

Et pour mieux y penser, chassai le souvenir
De toute autre beauté que devant j'avois vue.

Froid.

SONNET XLI.

Emporté tout ainsi de ma haute pensée.

Té, tou, tain.

Mais, hélas! je n'ai pas le bouclier renommé....
Par *lequel* sans danger il pût voir la Gorgone.

Note.

Un trait de ses regards me transforme en rocher.

Sept *rr*.

SONNET XLII.

O *ret subtil* d'Amour. . . . .

Note qu'ici l'épithète étoit mieux devant qu'après.

Maintenant sans pitié ton secours me délaisse.

Votre secours m'abandonne est bon, mais *m'abandonne sans pitié* ne vaut guère d'argent.

Ce fut toi qui me fis follement hasarder, etc.

Note.

Mais je t'appelle en vain. On ne console pas
Avec *peu d'espérance* une douleur mortelle.

A quel propos ce *peu d'espérance?* Il avoit invoqué toute l'espérance, et non pas une partie.

SONNET XLIII.

Tant d'outrageux propos, de courroux et d'orage,
Que le ciel rigoureux dessus moi fait pleuvoir.

Remarque ceci, lecteur : ce n'est pas bien dit, *tant d'outrageux propos que le ciel fait pleuvoir sur moi*. Si l'on me dit que *tant d'outrageux propos* est dit absolument, et ne s'étend point jusques à *pleuvoir*, je réponds qu'il ne se peut, pource que *tant* étant rapporté comme il est ἀπὸ κοινοῦ[1] à *propos, courroux* et *orage*, tout cela n'est qu'une

---

1. « D'une manière commune, à la fois. » Voyez plus loin, p. 340, et p. 396 note 3.

seule construction. S'il vouloit détacher *tant d'outrageux propos* d'avec le *courroux* et l'*orage*, il devoit répéter *tant*, et dire : *tant d'outrageux propos, tant de courroux et d'orage*, etc.

Sont autant d'aiguillons qui poignent mon vouloir.

Que veut dire : *poignent mon vouloir ?* Je ne sais pas si c'est anglois ou allemand, mais je sais bien que ce n'est pas françois.

Je n'ai de mon amour aucun fruit espéré.

Je n'ai aucun fruit espéré. Cet *espéré* est en un lieu où il rend le sens ambigu. Ces transpositions sont évitables [1] quand elles font le langage rude ou le sens douteux.

SONNET XLIV.

Avoir pour *toute guide* un desir téméraire.

Nota.

SONNET XLV.

A pas lents et tardifs tout seul je me *promeine....*
Les endroits non frayés d'aucune trace *humaine.*

Pourmène, sans diphthongue, et non *pourmeine* : ainsi mal rimé.

Je n'ai que ce *rempart* pour défendre ma peine.

Il devoit dire : *moyen* ou *invention*; et puis *défendre ma peine* est équivoque.

Il n'y a désormais ni rivière ni bois,
Plaine, mont ou rocher. . . . . . .

Puisqu'il n'y a *ni rivière ni bois*, je dirois : « plaine, mont *ni* rocher. »

Qu'Amour ne me découvre et me vienne trouver.

Note.

SONNET XLVI.

Apre et sauvage cœur, trop fière volonté,
Dessous une douce, humble, angélique figure.

Italianisme sans grâce.

Vous n'aurez grand honneur de m'avoir surmonté.

On ne dit pas : *vous n'aurez grand honneur*, mais : *vous n'aurez pas grand honneur*. Quelle apparence de dire à une fière volonté, qu'elle n'aura pas grand honneur de l'avoir surmonté?

SONNET XLVII.

. . . . Hé Dieu! suis-je si tendre
Que je n'y puis durer (*au lit*)?

Il faut dire : *puisse*. On dit : « êtes-vous si foible ou si délicat que vous ne puissiez souffrir? » et non : « que vous ne pouvez souffrir. »

---

1. Dans la copie B de l'Arsenal : « sont fâcheuses. »

LES AMOURS D'HIPPOLYTE.

Que la nuit m'importune et m'est *dure et contraire!*
Moellon [1].

SONNET XLVIII.

O vent qui fais mouvoir cette divine plante,
Te jouant, amoureux, parmi *ses blanches fleurs*.

Sale. Chacun sait assez que je veux dire.

Champs, prés, bois, vent, canaux, et vous sauvages lieux,
Faites-lui voir pour moi l'aigreur de mon martyre.

Cela ne veut rien dire.

CHANSON V.

Et clôt, de peur d'être *benine*,
L'oreille au son de mes douleurs.

Je serois d'avis de bannir ce mot de l'écriture ; il l'est du langage.
— Quel son ont les douleurs? je ne les ouïs jamais tinter ni carillonner.

Mais je l'adore en me *hayant*.

Je dirai : *haïssant*. Outre cela, vous ne savez si c'est lui qui se hait, ou s'il veut dire qu'elle le hait, au lieu qu'il l'adore.

Ainsi qu'au clair d'une chandelle.

Mal, pour la *clairté*. J'eusse dit : *ainsi qu'autour*.

STANCES II.

J'aime trop mieux *être vu* téméraire.

Le *videor* des Latins signifie quelquefois *sembler*, mais cela n'est pas en françois. Toutefois on le peut prendre ici pour sa signification naturelle.

Un *seul* sentier n'est clos à la vertu.

Aucun sentier n'eût pas été trop bon, mais meilleur que *un seul sentier*.

SONNET L.

Elle qui fait trophée et d'Amour et de Mars.

Qu'est-ce à dire : *faire trophée de quelqu'un ?*

Apprendre à Jupiter, le grand dieu du tonnerre,
Comme il peut être doux, même en nous foudroyant.

Cela ne peut être. Je ne suis pas d'avis que Jupiter vienne à son école pour recevoir une si mauvaise leçon.

SONNET LI.

Contre les marbres durs, cavés *finablement*.

Dis *finalement*, et jamais *finablement*. Il se forme de *final* et *finale*.

---

1. Malherbe écrit *mouellon*. C'est aussi l'orthographe de la copie A de l'Arsenal. Le mot manque dans la copie B.

Les Aquilons mutins soufflants horriblement
Tombent le chêne vieux. . . . .

Tomber quelqu'un, mal parlé.

SONNET LII.

Si ne m'en plains-je point, et le trouve agréable.

Pour bien parler, il faut dire : *je ne m'en plains point, je le trouve agréable*, et non copulative.

Vous ne croyez, Madame, à mon pâle visage.

Ma, da, ma.

STANCES III.

Quand *au premier* (c'est-à-dire : *pour la première fois*)....

Je ne goûte pas cette phrase : *au premier.*

Sur le midi plus de chaleurs épandre,
Les vents cesser, etc.

Le vent s'élève ordinairement sur le midi. — Imagination bourrue[1].

SONNET LIII.

Qu'une humeur *choleriq'* ces tempêtes me donne.

Il faut dire *colérique*.

Qui fait par sa rigueur qu'avant l'âge je meurs.

Je je.

Las ! je n'ai point de fiel ; car je voudrois donner
Cent baisers, en mourant, à ma belle adversaire,
Pour montrer que *ma mort je sais bien pardonner.*

Belle conclusion. Toutefois j'eusse dit : *je lui voudrois donner*, et non : *je voudrois donner à ma belle adversaire*, vu qu'il venoit d'en parler. — Cette transposition est dure.

SONNET LIV.

S'il n'y a rien si froid'ne si glacé que celle
Qui me fait par ses yeux sans pitié *consommer*,
D'où peut-elle en nos cœurs tant de flammes semer,
Vu que le sien est pris d'une glace éternelle?

Consumer. — Le sens de ce premier quatrain devoit finir au troisième vers. Le quatrième est cheville.

Comme on voit un caillou refrappé maintes fois
Par force avec du fer, *servir d'amorce au bois.*

Mal.

SONNET LV.

. . . . Mais la faute première,
Et l'ennui que par vous je sois serf devenu,

---

1. Cette derniere critique se rapporte à toute la seconde moitié de la pièce.

LES AMOURS D'HIPPOLYTE.

Rend votre ardent desir, etc.

Vois ici deux nominatifs à un seul verbe.

C'est trop tard, pauvres yeux, c'est trop tard attendu.

Tro, tar, ta, ten.

SONNET LVI.

Ayant trois ans entiers *toute* Rome asservie,
L'invincible César. . . . .

Suspect de cheville.

Quelques vaillants Romains, à servir mal appris,
Tranchèrent par le fer son empire et sa vie.
Amour depuis trois ans ma franchise a ravie....
Et mes lâches pensers n'ont encore entrepris
D'exécuter un meurtre où l'honneur les convie.

Voici une ratiocination étrange : « De vaillants Romains se sont défaits d'un tyran, et mes lâches pensers n'osent faire de même. » — Il falloit conclure par le sens du second quatrain [1].

Quand le triumvirat tramoit ses factions,
Rome ne vit jamais tant de proscriptions.

Les proscriptions ne se firent pas quand le triumvirat tramoit ses factions.

SONNET LVII.

Les ombres vont, et font maint et maint tour,
Aimants encor leur dépouille laissée.

Il faut user du gérondif *aimant*; car usant du participe, il faudroit le décliner et dire *aimantes*, qui ne seroit pas bien.

SONNET LVIII.

Et sans fléchir si longtemps enduré.

Fléchir n'exprime pas ce qu'il veut dire.

. . . . Je ne fais que songer
Que je dois faire. . . . .

Note [2].

COMPLAINTE II.

Quelle manie est égale à ma rage?

Ga, la, ma, ra.

Je ne saurois ni crier ni pleurer,
Pressé du deuil qui *grossist (sic)* mon courage.

Grossit. — Nous disons bien *avoir le cœur gros*, quand l'on nous

---

1. Le second quatrain finit à : « l'honneur les convie. »
2. On lit ici de plus dans la copie B de l'Arsenal :

.... Qu'en la privant d'un *qui est* tout à elle.

Froid.

a fait quelque chose qui nous a déplu; mais du *courage*, j'en douterois.

    Mon œil aussi larme à larme répand.
Lar, ma, lar.

    Versa sur moi ce qu'il avoit *de pire*.
Note.

    Qui pour ma peine *oubliront* leur souffrance.
Note.

    Hâtons la mort. . . . .
Mal exprimé.

    Mais tout ainsi que mes jours ont été
    Couverts d'ennuis, d'horreur, d'obscurité,
    Soit mon trépas horrible et détestable.
Froide conclusion.

SONNET LIX.

    Et qui fait que tu as tant de force en nos cœurs.
Ce vers est mal divisé.

    C'est le douzième jour que cet œil courroucé
    Entre mille dangers sans clairté m'a laissé,
    N'ayant pour me guider que ma flamme immortelle.
Froid.

    De grâce, en ma faveur, Amour, va la blesser;
    Ou si tu la crains trop et ne me veux laisser,
    Tire de mon cœur même et frappe la cruelle.
Étrange imagination.

SONNET LX.

    Si les pleurs que j'épands. . . . .
    N'ont pouvoir d'amollir un cœur de diamant,
    Et ne font de pitié pâlir son beau visage.
Le beau visage d'un cœur de diamant. J'eusse dit : *son cœur de diamant*, bien qu'il n'eût point parlé d'elle.

SONNET LXI[1].

    Encor ce doux loyer que j'avois acheté
    Par tant de passions et de peine immortelle.
La peine se peut appeler *immortelle* pour le regard de l'avenir, mais non pour le passé; et d'ailleurs une peine immortelle ne vaut guère de bon argent.

    Trois fois m'est empêché. . . . .

---

1. En regard des quatre premiers et des six derniers vers de ce sonnet, Malherbe a écrit : *bon*; et en regard du second quatrain : *mal*.

Trois fois m'est empêché, mal. Il devoit dire : *m'a été empêché*. Mais s'il a parlé trois fois à elle, comme a-t-il été empêché ?

SONNET LXII.

Pour tant d'ennuis divers. . . . .
Pour avoir conjuré des premiers à ma mort....
Je ne demande pas que *m'accordiez* la paix.
Cela ne veut rien dire. — *Vous*[1].

Que vous soyez plus doux, *que jetiez* moins de flammes.
Vous[1].

SONNET LXIII.

Il ne vaut du tout rien.

En vain la voulant voir sur les pieds je me dresse ;
Car *mon foible regard assez ne s'avançoit.*
Ce n'est pas ce qu'il veut dire.

SONNET LXIV.

Je tremble tout et suis aventureux.
Que veut dire cela ?

Comme *au chaos* tout se mêloit ensemble,
Ainsi cet œil cent contraires assemble
Dans le chaos de mon entendement.
Il devoit ajouter quelque chose qui s'opposât à *mon entendement*.

SONNET LXV.

Toujours foible et pesante en terre est arrestée.
Ten, terrest, tarrest.

Cette ombre de beauté, qui vous fait renommer,
Quand vous seriez au ciel, se verroit transformer
En la beauté parfaite et d'essence éternelle.
Ceci est sans jugement, n'en déplaise à l'italien d'où il est pris.

SONNET LXVII.

C'est qu'en dépit du ciel, de Fortune et d'Envie.
En dépit d'Envie n'est pas bien dit. Il faut dire : *de l'Envie;* pour *Fortune*, passe.

Les courroux, la rigueur, le temps et la distance,
Serviront de rempart pour garder ma constance.
Mal imaginé. Il suffisoit dire[2] qu'ils ne pourront rien contre ma constance.

1. Dans la copie B de l'Arsenal : « *Vous*, oublié. »
2. Dans la copie B de l'Arsenal : « Il suffisoit de dire. »

STANCES IV.

Il aime mieux servir une maîtresse qui le maltraite avec tout le monde, qu'une qui l'aime et en fasse de même aux autres.

> Et demeure cruelle au son de mes douleurs.

Sottise; les douleurs ne sonnent point.

> Qui aime en plus d'un lieu, ne sauroit bien aimer.
> D'une seule lumière en la nuit allumée
> L'ombre entière se fait, qui se perd consumée,
> Par les rayons épars des flambeaux d'alentour.

Je ne vous entends point.

> J'accompare une dame en cent lieux embrasée
> Au miroir qui reçoit toute image opposée,
> Et n'en retient pourtant aucune impression :
> *Ainsi* dans son esprit de légère nature,
> Ce qu'elle voit lui plaît, elle en prend la figure.
> Mais le perdant des yeux, le perd d'affection.

Similitude mal rendue. A quel propos *ainsi*? Il devoit dire : *je compare une dame en cent lieux embrasée à un miroir; toutes les images qu'on lui présente, il les reçoit sans en retenir l'impression : elle en fait de même*, etc.

> N'adorer qu'une chose, etc.

Cette dernière stance dément la première[1], à faute de bien imaginer.

SONNET LXVIII.

> Les sanglots continus, l'ardeur, l'impatience,
> Dont jamais votre cœur ne put être touché....
> Ne me pouvoient *sortir* de votre obéissance.

Il devoit s'expliquer plus nettement. Qu'est-ce à dire : « l'impatience dont votre cœur n'a pu être touché? » Et puis que veut-il dire : « l'ardeur ne m'a pu sortir de votre obéissance? » L'ardeur y engage; elle n'en délivre pas. — Note *sortir* actif.

> Et ces longues froideurs qui *mon âge ont séché*.

Note.

> Mais enfin les dédains l'un sur l'autre amassés
> M'ont si bien garanti des martyres passés,
> Qu'à peine il me souvient de vous avoir aimée.

Mal.

SONNET LXIX.

> Comme un nouveau géant que l'orgueil va touchant.

Rime au milieu du vers[2].

---

1. Dans la copie B de l'Arsenal : « dément la précédente. »
2. La copie B a simplement, ici et deux lignes plus loin : « Rime au milieu. »

LES AMOURS D'HIPPOLYTE.

Je vous estime heureux, Titans audacieux.

Rime au milieu du vers.

Bien qu'enfin vous *fussiez* le triomphe des Dieux,
Votre orgueilleux desir cessa quand et la vie.

Fussiez est mal pour *fûtes*. *Fussiez* s'entend d'une chose douteuse ; *fûtes*, d'une certaine.

SONNET LXX.

Souci chaud et glacé, que la crainte a fait naître,
Et qui craignant plus fort, deviens plus violent.

Je ne vous entends point.

Puisqu'en si peu de *temps tu t'es* rendu mon maître....
Va, retourne au Cocyte, et me laisse dolent.

Ten, tu, té. — Voilà une plaisante raison de le renvoyer au Cocyte : *puisque tu t'es sitôt rendu mon maître, retourne-t'en.* Il ne l'eût donc pas renvoyé, s'il eût été plus long à faire sa besogne.

A quel propos ces neuf, dix et onze lignes ? Pourquoi, après avoir dit à ce souci qu'il le quitte, fait-il le maréchal des logis pour lui bailler[1] son département ? Pourquoi aussi lui baille-t-il de la tablature ? Quand le souci l'aura quitté, que chault à des Portes de ce qu'il deviendra ?

Va-t'en, tout ton venin. . . . .

Ten, tou, ton.

SONNET LXXI.

Épouvantable Nuit, qui tes cheveux noircis
Couvres du voile obscur des ténèbres humides, etc.

Galimatias.

. . . . Ta teste est couronnée.

Ta, test, test.

SONNET LXXII.

Quand je vois flamboyer cette heureuse planète....
Si faut-il que de crainte à trembler je me mette.
Car ainsi comme on voit la fatale comète, etc.

Mauvaise imagination.

Mais (ô moi désolé !) j'en suis hors du danger,
J'ai tant et tant de maux que plus je ne dois craindre.

Il y a treize mots en ces deux derniers vers[2], de quoi il y en a douze monosyllabes.

---

1. Dans la copie B de l'Arsenal : « et lui baille ; » à la ligne suivante, dans les copies A et B : « Quand il l'aura quitté. »
2. Tel est le texte de l'original et de la copie B de l'Arsenal. Dans la copie A on a corrigé *ces deux derniers vers* en *ce dernier vers*. La remarque en effet s'applique au dernier vers seulement, et non pas aux deux derniers vers, qui, réunis, ont vingt-trois mots, dont vingt monosyllabes.

SONNET LXXIII.

Ainsi durant les maux que j'ai *tant* supportés.
Superflu.

Mais si ne peut sa gloire être tant rabaissée
Qu'un arc, une colonne, un portail glorieux
N'échappent la fureur du feu victorieux....
Mon cœur inviolable est toujours demeuré, etc.

Oui ; mais quel rapport y a-t-il d'une colonne ou d'un arc en une ville, et de votre cœur dans vous ? Cet arc et cette colonne ne sont pas la cent millième partie de la ville, et votre cœur en vous est une partie principale. « Le feu d'amour lui a brûlé les mains, les pieds, le nez, et les oreilles ; mais son cœur est demeuré entier. »

SONNET LXXIV.

Celle qui de mon mal ne prend point de souci.

Cette phrase eût été meilleure, affirmative particulière ; car il y avoit un monde d'autres dames que sa maîtresse, qui ne se soucioient guère de son mal. Quand on dit : *la dame qui n'est point allée ce soir au Louvre,* on présuppose que toutes les autres y sont allées.

SONNET LXXV.

Et que chacun *jouist.* . . . .
Jouit.

Et ces songes volants comme un nuage épais,
Qui des ondes d'oubli vont lavant nos pensées ?

« Un nuage épais de songes volants lave ses pensées des ondes d'oubli : » que veut dire cela ?

Et j'*ards* toujours. . . . .
Mauvais mot.

SONNET LXXVI.

J'en eusse fait autant : il fit fort sagement.
Tau, tan, ti.

Car auprès de vos yeux pleins de douces rudesses.
Il ne falloit point parler de rudesses ; il ne falloit parler que de beautés.

. . . . . . O bien que *je n'espère !*
Il falloit dire : *point.*

Rien ne me plaît que vous, pour vous je veux mourir.
Mal fini.

SONNET LXXVII.

Tempérez seulement ces rayons *élancés.*

Si *élancés* fût demeuré au bout de la plume, il y eût été aussi bien qu'ici.

Mais ne les baissez pas (*les yeux*); car mon mal *continue*,
Et mon espoir défaut, quand vous les abaissez.

Il falloit dire quelque chose de plus que *continue*.

(*Yeux*) Doux, cruels, humbles, fiers, gais et trempés de larmes....
Non, ne vous cachez point, mais ne me tuez pas.

Ce n'est que galimatias tout pur que ces six derniers vers.

SONNET LXXVIII.

Ravi de mon penser, si hautement je vole,
Que je compte un à un les astres radieux.

Cette imagination ne vaut rien.

O ma seule déesse, hélas! *s'il est ainsi*,
Regardez-moi toujours d'un œil plein de merci.

A quel propos?

SONNET LXXIX.

Le tyran des Hébreux transporté de furie,
Ne fit jadis meurtrir tant d'enfants innocents,
Que je tue en maillot de pensers languissants.

Imagination bestiale, prise d'Angelo Costanzo, mot à mot.

Se sauve à la beauté qui domine mes *sens*,
Et là tout assuré rit des maux que je *sens*.

Cette rime ne vaut rien.

Or' en ses chauds regards ce penser se formant,
Or' en ses doux propos mon esprit va charmant.

Voyez l'excellence de cette bourre! *Ce penser ores se formant, ores va charmant son esprit :* quelle construction! Il veut, à mon avis, dire : ce penser se formant, tantôt en ses chauds regards, tantôt en ses doux propos, me va charmant; mais il dit : « tantôt en ses chauds regards ce penser se formant, tantôt il va charmant mon esprit en ses doux propos. » Où il a appris cette construction, je ne sais. Et puis, quand ce penser, de peur d'être tué parmi les autres, s'est sauvé, étoit-il pas formé? Si les oisons nous pouvoient dire ce qu'ils pensent, ils imagineroient bien mieux.

SONNET LXXX.

Ces neuf premiers vers (*du sonnet*) ont été faits à coup de poing.

Au ciel d'astres semé *les mortels regardant*.

Transposition dure.

Prisent or' cette étoile, et or' cette autre encore.

Drôlerie.

SONNET LXXXI.

Mari, frère, valets ne sauroient l'empêcher
Que jusqu'à votre lit *ne se vienne approcher*,
Vous voit, vous entretient, vous estime admirable.

Elle oublié; et puis quel langage : *je me viens approcher*, pour *je m'approche!* Il ne faut point approcher de son lit pour l'estimer adorable; et puis, comme il a dit: *vienne*, il falloit nécessairement dire: *vous voie, vous entretienne*, et à cela il n'y a excuse quelconque.

SONNET LXXXII.

Amour, choisis mon cœur pour butte à tous tes traits.
Ta, tou, té, trais, cacophonie.
Et bâtis ta fournaise. . . . .
Ti, ta, autre.
D'un œil doux, d'un beau front, d'une gorge ivoirine.
Donne congé à *ivoirin, ovin, marbrin*, et autres telles drôleries.
O propos, qui sonnez toujours en mes oreilles.
Mauvaise césure.

SONNET LXXXIII.

Propos brûlants, voix dolente et plaintive,
Votre faveur à ce coup m'a déçu.
« Propos brûlants et voix dolente, votre faveur m'a déçu. » Je voudrois [savoir[1]] comme il entend *votre faveur*, vu qu'ils ne lui ont de rien servi.

Propre à montrer combien ma peine est *vive*.
Vive est ici mal à mon gré.

SONNET LXXXIV.

Pour me tuer sans l'avoir offensée.
Je n'approuve pas cette façon de parler: « il l'a tué, sans l'avoir offensé. » Je dirois: « il l'a tué, sans en avoir été offensé. »
Ne fis-je voir le deuil qui m'entama?
Mal.
Que ne lut-elle au moins sur mon visage
Mes passions, me voyant tout transi?
Ceci est fort mal. Puisqu'elle vous voyoit tout transi, elle lisoit bien vos passions. Il veut dire: « Pourquoi ne me vit-elle tout transi? » mais il le dit fort ambigument.

SONNET LXXXV.

Mes sens de trop d'amour sont si fort insensés.
Insensé de trop d'amour est dit généralement, et il falloit qu'il fût particulier, comme quand il a dit: *votre vue, vos cheveux, vers vous*, etc. Il pouvoit dire: *mes sens de votre amour sont si fort insensés;* et puis, *mes sens sont insensés*, ne me plaît guère.

Bien qu'aux déserts glacés pour jamais je m'habite.
Nota.

---

1. Ce mot manque dans l'original et dans la copie A de l'Arsenal. La copie B n'a point cette remarque.

LES AMOURS D'HIPPOLYTE.

Sera près de mon cœur, *s'elle* est loin de mes yeux.

S'elle, mal, pour *si elle*.

SONNET LXXXVI.

J'ai choisi pour séjour ces campagnes glacées.

Choisi, mal ; car il devoit dire quelque chose qui montrât que c'est par force et non par élection.

Fais qu'avec moins d'ardeur *je desire à la voir*.

Desire à la voir, mal. On ne dit pas : *je desire à faire cela* [1].

Ou ne fais plus longtemps mon esprit égarer,
Ou tempère mon mal, qu'il se puisse endurer.

Il a dit ceci, quand il dit : « Fais qu'avec moins d'ardeur je desire la voir. »

SONNET LXXXVII.

Je ne puis, malheureux, *de remède éprouver*.

Transposition très-dure.

Mon soleil luit ailleurs, quand plus fort il m'enflamme, etc.

Il a renversé cette proposition, car il veut dire : « mon soleil m'enflamme plus fort, quand il luit ailleurs. » — Il devoit finir à l'onzième vers. Les trois derniers n'ont rien de concluant.

SONNET LXXXVIII.

Je veux jurer ces vers. . . . .
C'est qu'à votre beauté sans plus je fais hommage.

Ce n'est pas bien dit : *je veux jurer ces vers ; c'est que, sans plus, je fais hommage à votre beauté*.

Qui peut lire en mon cœur *si traître est mon langage*.

Transposition rude. Il semble qu'il veuille dire : « tant mon langage est traître. »

Si j'ai jusques ici volagement erré.

Rude.

Devers vous seulement mes pensers sont dressés, etc.

Froid.

TOMBEAU D'AMOUR

Ci-gît l'aveugle Amour, sa puissance est éteinte.

Té, tein, te.

Enfin le pauvre enfant s'est laissé décevoir,
Après avoir cent fois *tâché brûler* Madame.

Tâché de brûler ; et puis à quel propos : « enfin Amour s'est laissé décevoir, après avoir tâché de brûler Madame ? »

---

1. Malherbe a de plus écrit en marge cette remarque, qui manque dans la copie B : « *desirer à voir* n'est pas à mon gré. » La copie A omet les mots : « *desire à la voir*, mal. »

CHANSON VII.

Que pour plus m'affoiblir vous m'alliez outrageant,
Ainsi qu'un fier tyran ses sujets va chargeant, etc.

Conception ridicule.

Mais fâché que de moi ne *serez* plus servie.

Vous deest [1].

C'est le *poignant* regret qui m'oppresse et m'entame.

Ce regret m'oppresse est aussi bien dit que *ce regret m'entame* ; et puis jugez encore comme cet épithète convient bien à *oppresser*. Pour *oppresser*, il falloit *pesant* [2].

Savoir après ma mort que deviendra mon âme.

Conception impie.

. . . . Elle est tant obstinée,
Que cette *vieille* erreur ne *veut* point délaisser.

Elle. — Nota.

Et dit, pour tout *confort*. . . . .

Ce mot est fâcheux.

CHANSON VIII.

Ces yeux qui vous ont *vu* si belle.

Nota [3].

Après tant de douces merveilles,
Ravissants l'esprit bienheureux....
Les puissent plus *rendre charmées ?*

Pour *ravissantes*. — A quel propos *l'esprit bienheureux ?* il devoit au moins dire : *mon esprit.* — *Rendre charmées*, pour *charmer*, est mal.

Peu à peu je me reconsole.

Simple meilleur ici que le composé. — Cette chanson est courte de quatre lignes.

CHANSON IX.

Qui m'a coûté si chèrement.

Il faut dire : *cela me coûte bien cher*, et non pas : *bien chèrement*.

Puisque ne *voyez* mon martyre.

Vous oublié.

Afin que *soyez* sans pitié.

Vous oublié.

---

1. C'est-à-dire : *vous* manque. Dans la copie B de l'Arsenal : « *Vous*, oublié. »
2. Malherbe avait d'abord écrit : « .... convient bien à *oppresser* ni à *entamer* ; pour *oppresser*, il falloit *pesant*, et pour *entamer*, *tranchant*. » C'est là le texte de la copie B.
3. Au mot *nota* la copie B ajoute : *vue*.

> Que *n'auriez* tant de cruauté.

Et ici encore.

> Je me plains d'avoir trop de vue.

Ce n'est pas le trop ou le peu de vue qui nous fait voir du contentement.

> Puisqu'on guarit par son contraire,
> Tout l'espoir que je puis avoir
> Est de sortir de ma misère,
> Lorsque je cesserai de voir.

Sottise. Qu'est-ce qu'il veut dire : *guérit par son contraire ? Cesser de voir* lui est-il contraire ? — Toute cette chanson est niaise, et la suivante aussi.

CHANSON X.

> Mon amour est d'une autre sorte....
> Elle renaît de son trépas.

Cela ne veut rien dire.

> Perdant elle acquiert la victoire.

Ni cela aussi.

> *Moi* seul de moi-même adversaire, etc.

Nota.

> Et ne fuis rien tant que mon bien.

S'il y a quelque césure en ce vers, elle est sans doute en la quatrième syllabe. Voilà pourquoi il se faut garder d'y rimer, comme fait ici des Portes.

> Si j'aimois à l'accoutumée, etc.

Sottise, et ce qui s'ensuit aussi.

> Sitôt qu'une autre amour commence,
> Elle apparoît, *chacun le pense.*

Mal, pour *chacun s'en aperçoit* ou *chacun la découvre.*

CHANSON XI.

> Qu'un jeune amant garde sa flamme.

Qu'est-ce à dire : *qu'il garde sa flamme ?* Il devoit dire : « que véritablement il soit atteint, ou que véritablement il brûle. »

> De ses faveurs elle se vante.

Des faveurs qu'elle fait ou qu'elle reçoit ?

> Et son âme est plus inconstante,
> Qu'un flot deçà delà porté.

Froid.

> L'amour est foible à sa naissance.

Mal imaginé.

> Ils brûlent (*les grands*) comme on les allume,
> L'œil d'autrui les fait émouvoir.

Mal exprimé.

> *Fureur* guide leur entreprise.

La *fureur*.

> Puis ne *font* cas après la prise.

Ils oublié.

> De ces *muguets* pleins d'apparence.

Ce mot est bas et plébée ; il peut avoir lieu aux satires et comédies.

> Celui qui garde en sa pensée
> Une amour de loin commencée.

Il s'explique mal.

> Qui cache au dedans son martyre,
> Que la peur d'aimer ne retire.

Ce *d'aimer* est en lieu que l'on ne sait s'il se rapporte à *la peur* ou à *ne retire*.

CHANSON XII.

> Pouvoir *ardre* en plus chaude flamme.

Ne vaut rien ; ce mot est hors d'usage.

> Mais *croissants* en vous chacun jour
> Les grâces qui vous font si belle.

Croissants; il faut dire *croissant* gérondif, car s'il le met pour participe, il faudroit dire *croissantes*.

STANCES V.

Il dit que son amour croît tous les jours et même en absence.

> La mort et ma douleur sont sans comparaison.

Mal ; il veut dire que sa douleur est trop grande pour la comparer avec la mort ; mais il ne le dit pas.

> En la mort seulement se corrompt la matière,
> Qui tient des éléments....

Suspendu.

> . . . . Et sa part immortelle,
> Que *plus chère je tiens*. . . . .

Rude.

> *L'intellect*, la raison, tu les *laisse* à Madame.

Note.

> Qu'*en pleurant* je m'étonne *accablé de souffrance*.

Cheville ; il eût mieux dit : *que souvent je m'étonne*, mais toujours cet *accablé de souffrance* est fort cheville.

Le plus rude en amour, c'est le dernier assaut.
A quel propos?
Comme on voit bien souvent une eau foible et débile,
Qui du cœur d'un rocher goutte à goutte distile.

Mauvaise rime: *distile* a la pénultième longue, et *débile* l'a courte; et puis *foible* et *débile* est une même chose.

Par l'*accroist* d'un torrent plus fière et plus hautaine.

J'ai bien lu et ouï dire *surcroist*, mais jamais *accroist*, pour *accroissement*.

Tous ces autres soucis, bourreaux de nos esprits.

Rime au milieu du vers.

Et tant de vains honneurs. . . . .
Comme trop bas pour moi, *j'avois* tous à mépris.

Mal construit. — *M'étoient*[1].

Elle brûle mon cœur d'*une flamme éternelle*.

A quel propos *éternelle*? « Elle vient de le vaincre, et le brûle d'une flamme éternelle. » Je trouve bon qu'on die en futur : *ma flamme sera éternelle;* mais je sens une flamme éternelle, *cui nisi bardo placeat*[2]?

Qu'Amour dedans mon sang ses sagettes ait teintes.

San, sé, sa.

A peine il apparoît (*l'astre de ma vie*) lors que *je* suis privé.

J'en.

Et l'œil ma seule guide en l'amoureux voyage,
Peu fidèle, me laisse au plus fâcheux passage :
Las! dès le point du jour mon soir est arrivé.

Mal joint au précédent.

Mais pour la bien pleurer, c'est trop peu que deux yeux.

Il n'est plus question de dire que c'est trop peu que deux yeux; il faut parler de deux torrents. Voyez comme cette conception est plaisante : *mes yeux, devenez torrents;* mais c'est *trop peu que deux yeux*. Il devoit dire : *mais c'est trop peu de deux torrents, devenez deux mers;* car à moins de deux mers, une douleur grande comme la mienne ne se[3] sauroit dignement pleurer.

STANCES SUR LES AMOURS DE MONSIEUR DES PORTES[4].

Faisant recacher ceux qui déjà paroissoient.

Très-mauvaise césure.

---

1. Dans la copie B : « Dites : *m'étoient.* »
2. « A qui cela plairait-il, sinon à un butor? »
3. Le mot *se* manque dans la copie A, et *dignement* dans la copie B.
4. Ces stances sont du cardinal du Perron.

CLÉONICE,

DERNIÈRES AMOURS DE PHILIPPE DES PORTES.

SONNET I.

Ce sonnet est mot à mot traduit de l'italien, mais il n'y vaut pas mieux qu'en françois.

Qu'il sème au cours des eaux sa peine et son *émoi*.

Mauvais mot.

Et qu'en le bien servant *des rigueurs il pourchasse*.

Mal exprimé. Il veut dire : « qu'en bien servant, il soit payé d'ingratitude et de rigueur; » mais il ne le dit pas, car il y a bien différence d'être payé de rigueurs ou de les pourchasser.

Qu'il ait l'âme hautaine et qu'une belle audace
L'affranchisse du peuple et le retire à soi, etc.

Hors de propos, car ce ne sont pas imprécations comme le reste.

SONNET II.

J'ai dit à mon desir : « Pense à te bien guider, etc. »

Puisqu'il dit : *il ne m'écouta point*; et encore après : *je vis le ciel*, etc., il devoit dire *je dis*, en aoriste, et non *j'ai dit*, en prétérit.

Il ne m'écouta point, mais jeune et volontaire....
Je le vis *traversé de flamme ardente et claire*.

Drôlerie.

Ce sonnet est bourru, si jamais il en fut. Il fait allusion à la fable de Phaéthon et de ses sœurs changées en peupliers; mais à quelle fin et à quel propos ? je ne sais.

SONNET III.

Parmi ses blonds cheveux erroient les *Amourettes*....
Sur les lis de son sein voletoient les avettes,
Contre les regardants *décochants* leurs rigueurs.

Qui a jamais vu *les Amourettes* en ce sens? *Amours* et *Amoureaux*, bon; mais *Amourettes* est inexcusable, comme *les avettes voletant sur les lis de son sein*. — Il faut dire : *décochant* en gérondif; autrement il faudroit dire : *décochantes*, ce qui ne vaudroit rien.

Sitôt que *m'apparut ce chef-d'œuvre* des cieux.

Mauvaise transposition.

. . . . Je *refermai* les yeux.

Fermai, meilleur.

CLÉONICE.

SONNET IV.

De place qui ne soit de chardons hérissée.

Mauvais vers.

Ne verrai-je jamais que la nuit soit passée?...
Ah! que dis-je une nuit? tout un siècle est passé,
Depuis que son bel œil sans clairté m'a laissé.

Il n'a point parlé qu'une nuit soit passée ; il a bien dit : *ne verrai-je jamais que la nuit soit passée?* mais il y a bien différence de l'un à l'autre.

Non le soleil du ciel, mais *cil* de ma pensée.

Mauvais mot et hors d'usage.

Non, *qu'on ne parle plus* de saisons ni d'années.

Il devoit dire : *qu'on ne me parle plus.*

Je laisse au philosophe et aux gens de loisir
A mesurer le temps par mois et par journées;
Je compte, quant à moi, le temps par le desir.

Bonne conclusion.

SONNET V.

De n'aimer que vous-même est en votre pouvoir.

Mal parlé; il devoit dire : *n'aimer rien que vous-même*, etc., ou bien : *il est en votre pouvoir de n'aimer rien que vous.*
(*En marge des trois derniers vers du sonnet :*) Froid.

SONNET VI.

Et ne perd aussitôt *le cœur, l'âme et l'audace.*

Chevilles.

On doute de ces deux la meilleure aventure,
De *cil* qui pour les voir (*les yeux de sa maîtresse*) à la mort [s'aventure,
Ou qui, ne les voyant, évite son trépas.

Phrase extravagante. — *Cil* ne vaut rien. — *De cil qui s'aventure à la mort ou qui évite son trépas*, cette division est mal faite. Il devoit répéter *cil* ou *celui*, car on dit : « il n'y a point de différence de celui qui tient et de celui qui écorche. » Ainsi faut-il répéter *celui*; car qui diroit : *autant fait celui qui fait et qui fait faire*, ce seroit mal parlé.

SONNET VII.

Et que tous mes desirs *aynt* (*sic*) de vous origine.

Ayent monosyllabe.

Comme un qui va de nuit, *je choppois tous les pas.*

J'eusse dit : *à tous les pas.*

Qu'on n'en peut approcher seulement du penser.

Rime au milieu vicieuse.

SONNET VIII.

Sans qui rien ici-bas ne peut être naissant.

Mal parlé, *être naissant*, pour *naître*.

Mon soleil, qui sur l'autre a beaucoup d'avantage,
De mes yeux à mon cœur fait ainsi (*comme l'autre*) son voyage.

Excellente bourre.

SONNET IX.

J'en accuse le ciel *plutôt que* vous blâmer.

Note.

La faute en est d'Amour qui me fait vous aimer.

ᶠ Mal parlé; il faut dire : *la faute en est à l'Amour*, et non : *de l'Amour*. Bien dit-on : *c'est la faute d'Amour*. Il a bien dit en la quatrième ligne de ce même sonnet : « la faute en est à lui. » Voyez ci-après, p. 353, au sonnet de Ronsard. Il pouvoit dire : *c'est la faute d'Amour*.

SONNET X.

Trois fois les Xanthiens au feu de leur *patrie*,
Se *sont ensevelis* avec la liberté ;
Et le vaillant Caton d'un esprit indompté,
Afin de mourir libre, *est* cruel à sa *vie*.
L'épouse de Syphax, du malheur poursuivie,
Fuit, en s'empoisonnant, le triomphe apprêté....
Mourut l'Égyptienne, etc....

Excellemment mauvais. — Rime mauvaise. — Temps présent et passé confondus.

Il faut, il faut mourir, *je suis trop attendant*.

Mal.

Si ce n'est en Caton, ma liberté gardant,
Soit comme Cléopatre, après l'avoir perdue.

Que sont devenus les Xanthiens et l'épouse de Syphax ?

SONNET XI.

En ce premier quatrain (*du sonnet*) il y a trente-cinq monosyllabes; encore y en peut-on compter trente-six, car *vie* devant *est* est monosyllabe.

Le vainqueur des vaincus maint *trophée élevoit*....
Bien que je sois vaincu, j'élève en divers lieux
Maint trophée immortel pour vous rendre honorée.

Si cette conclusion n'est froide, la glace ne l'est pas.

SONNET XII.

Ce sonnet est confus. Tantôt il semble l'avoir fait le jour même dont il parle; tantôt il parle comme d'un jour passé il y a déjà quelque temps.

CLÉONICE.

Mille extrêmes faveurs ont *bien-heuré* ma foi.
Je donne congé [1] à ce verbe *bien-heurer*.

Son *propos* me chassoit, ses yeux me rappeloient.
Je n'approuve pas : *son propos*. Il n'a pas dit : *ses propos*, de peur de la rime qui se fût trouvée au milieu du vers : *chassoient* et *rappeloient*. Il n'est guère mieux au sonnet suivant, ligne dixième.

Dieu ! que j'aime ses yeux et que je hais sa bouche !
Bon.

SONNET XIII.

Un orgueil plein d'attraits, une honnête rigueur,
En silence un parler qui découvre le cœur.
Drôlerie.

Dessous des cheveux blonds une mûre sagesse.
Mal exprimé et sans grâce; il devoit dire : *en des ans verts une mûre*, etc.

Au vers 8, Malherbe a corrigé *guarist* en *guarit*.

SONNET XIV.

C'est un pourtrait vivant, etc.
J'eusse laissé : « C'est, etc. »

Je me plais en ma faute, *et plus* je me sens pris,
Et plus je tiens ma vie heureusement sujette.
Nota.

. . . . Et que je suis heureux
. . . . de n'être amoureux
De rien tant que des yeux dont j'ai l'âme blessée !
Voyez quelle sotte conception : *que je suis heureux de n'aimer rien tant que celle que j'aime !*

Et le mal qui me tue est vie à ma pensée.
Oisonnerie étrange.

SONNET XV.

Aux célestes beautés mon âme accoutumée.
Cette transposition ne vaut du tout rien.

Le jour dont si souvent j'aime à me souvenir....
Tu rompis *tant* de nœuds qui m'avoient su lier, etc.
Voilà une conclusion excellente : *le jour que tu me retins à ton service, tu me fis oublier tant d'autres beautés !* — Je lui voudrois demander à quoi est bon ce *tant*.

. . . . Mon âme et ma mémoire.
Mé, ma, mé, moi.

---

1. Dans la copie B : « J'ai donné congé. »

SONNET XVI.

Ce sonnet et le suivant sont bien traduits; mais surtout le suivant est très-bien.

La faute est toute à moi....

Test, tou, ta.

SONNET XVII.

Plusieurs ont traduit ce sonnet; mais cette traduction est, à mon gré, la meilleure de celles que j'ai vues [1].

STANCES I.

Ha! ce sont des regards clairs d'ardentes lumières.

Vent.

Sont-ce dards ou regards. . . . . ?
Sont-ce charmes ou chants. . . . . ?
Ce m'est grand reconfort qu'un si beau trait m'enferre,
Et qu'en si blonds cheveux je sois emprisonné.

Puisqu'il parloit ici de traits, il devoit aussi parler de chants, et non de cheveux.

Mais j'aime *ores* mes fers....

Hors d'usage.

Et son œil qui, *si clair*, cède au vôtre plus beau.

Cheville; et même c'est le contraire de ce qu'il devoit dire. Car quelle apparence y a-t-il d'argumenter de cette façon : *le soleil, qui n'est pas si beau comme vous, regarde le souci comme le sapin; vous en devez donc faire de même.* Pour être bon dialecticien, il eût fallu dire : *le soleil, qui est plus beau que vous, le fait bien, vous le pouvez donc bien faire.* Mais cette comparaison eût offensé sa maîtresse : voilà pourquoi il n'en devoit du tout point faire. Il devoit dire simplement : *vous êtes ce qu'est le soleil, faites ce qu'il fait.*

J'en voudrois *mille et mille*, afin de *pouvoir mieux*
Recevoir, etc.

Vers mal fini.

Accoutumé d'enfance aux plus *cruels* alarmes.

Alarmes est féminin, et sans réplique.

Me fit sucer des feux, des soupirs et des larmes.

Pour les larmes, bon; mais de sucer des feux et des soupirs, il n'y a guère d'apparence.

---

[1]. La copie B a de plus les notes suivantes sur le sonnet XVII :

Le ciel, qui sans pareille entre nous vous a *faite*....
Quand plus que je ne montre on vous trouve *parfaite.*

Simple, composé.

Lorsque *j'entreprendrai* vos louanges *chanter.*

De oublié.

CLÉONICE.

Un seul cri ne m'échappe aux plus fortes *langueurs*.
Il devoit dire *douleurs*.

Chacun n'a pas mes yeux, bien qu'il vous trouve belle.
Ceci pipe le monde, et ce n'est rien qui vaille.

ÉPIGRAMME.

Privé du bel astre amoureux, etc.

Bon.

SONNET XVIII.

Cette belle ennemie et d'Amour et de moi....
A pour soldats choisis, et pour riche équipage,
L'Honneur, la Chasteté, la Constance, et la Foi.

Voilà des soldats bien choisis et un équipage bien riche! Je voudrois qu'il me dît qui sont les soldats, et qui est l'équipage. Il n'y a rien de sot si ceci ne l'est.

Un seul mauvais penser n'a place auprès *de soi*.

D'elle. — Le Roi est aux Tuileries; la Reine est auprès *de soi* : quel enfant feroit cette faute?

La vertu toute vive est peinte en son visage.

Tu, tou, te.

Ses yeux sont deux soleils de beauté si parfaite,
Que *d'Amour et de Mars* la lance et la sagette,
N'ont point tant de pouvoir contre une liberté.

Mal allégué.

Cette belle déesse, ah! non-seulement *belle*,
Ains *Bellone* et guerrière, ainsi m'a surmonté.

Excellente paronomasie *scilicet*[1].

SONNET XIX.

Faites tant que je puisse en vous tenir les yeux.

Mauvais vers. Je dirois : *tenir les yeux sur quelqu'un*, et non : *en quelqu'un*.

Durant que je m'essaye a vous pourtraire *vive*.

Cheville.

Sinon je ne puis dire en chantant vos beautés,
Fors que je vis des feux, etc.

Je dirois aussi plutôt : *je ne puis dire sinon*, que : *je ne puis dire fors*.

1. *Paronomasie*, dans le sens de *paronomase*, figure qui consiste à employer des mots qui se ressemblent par le son et différent par le sens. — *Scilicet*, « sans doute, » ironiquement.

SONNET XX.

A la beauté du ciel votre beauté j'égale.

Quel moyen de comparer la beauté de sa maîtresse à celle du ciel ? Aussi voyez comme il s'en acquitte bien.

Ont leur mouvement d'elle et leur *forme idéale*.

Mot d'école, qui ne se doit dire en choses d'amour.

SONNET XXI.

Le temps léger s'enfuit sans m'en apercevoir,
Quand celle à qui je suis mes angoisses console :
Il n'est vieil ni boiteux ; c'est un enfant qui vole,
Au moins quand quelque bien vient mon mal décevoir.

Je dirois : *sans que je m'en aperçoive*. Bien dirois-je : *je me suis blessé sans m'en apercevoir ?* — Ce vers (*le dernier*) est superflu, car le segond suffisoit ; il ne devoit dire autre chose que la vitesse du temps à s'enfuir.

M'ôtant toute clairté, toute âme, et tout pouvoir.

Tan, tou, te, té, tou, ta, en même vers.

Et pourquoi votre cours s'est-il tant avancé ?

Ti, tan, ta.

SONNET XXII.

Aux trésors qu'à bon droit surtout je *vay* prisant.

Voys[1].

Bien que vous le portiez *presque* en vous déplaisant.

A quel propos ce *presque ?*

Le noir s'évanouit ou change de figure.

Figure n'est pas bien là pour *couleur*.

Et que *toute blancheur* auprès n'est qu'un ombrage.

Il eût mieux dit *lumière*.

SONNET XXIII.

Poinds (*points*) d'un sale desir. . . . . . .

Mauvais mot.

Ceux que trop d'avarice, etc.
Et qui cherchent la mort au rivage étranger,
Chacun, à qui mieux mieux, pour la nef décharger,
Jette au milieu des eaux sa plus chère richesse.

Jette devoit être ici en plurier, à cause qu'il faut un verbe du nombre du nominatif, qui est *ceux* et non *chacun*. *Jette* ne vaut rien.

(*Sur les derniers vers du sonnet :*) Ceci ne conclut point.

---

1. C'est ainsi que Malherbe écrit d'ordinaire le présent du verbe *aller*. Voyez par exemple ci-dessus, p. 68.

CLÉONICE.

SONNET XXIV.

Voyant le beau soleil si clair et radieux,
Qui couvre et qui détruit toute grande lumière....
Je ne me puis tenir de le dire envieux.

Cette imagination ne me plaît pas.

SONNET XXV.

Tout ce sonnet ne vaut rien.

    Qui veut fermer l'entrée aux peu chastes pensées.

Rime au milieu du vers.

SONNET XXVI.

    Je vois mille clairtés et mille choses belles,
    Mais c'est tout par vos yeux, les miens ne sauroient voir :
    Votre esprit tout divin me rend plus de savoir.

Galimatias excellent.

    Vous me *rendez gelé* dans les flammes cruelles;
    Ainsi comme il vous plaît vous me faites mouvoir.

Nota.

SONNET XXVII.

    Les combats renommés, les victoires hautaines
    Des dieux de votre sang vous croyez surpasser.

Transposition rude.

    . . . . *Esclavant* mon penser.

Mauvais mot.

    Finira ma souffrance et *vous fera cesser*
    De tirer pour tribut de mes yeux des fontaines.

Étrange façon de parler.

SONNET XXVIII.

    Que je n'aime ma peine *et que je ne l'embrasse.*

Cheville.

    Ma foi d'autre côté pure et sainte à jamais.

Il n'étoit plus question de parler de la foi. Il en avoit assez dit au
3 et 4ᵉ vers (*Ma foi fait en mon cœur*, etc.).

SONNET XXIX.

    Pour croître leur puissance *ayent* débat à toute heure.

Note.

    Ayent débat éternel avec l'eau que je pleure.

Note.

    Leur querelleux discord ne fait pas que je meure.

Un *querelleux discord* me plaît aussi peu qu'une *discordante querelle*.

. . . . On verra sans remède
L'air flambant, l'eau tarie, et la terre brûler.

Il devoit dire : *l'air flamber, l'eau tarir*, puisqu'il a dit : *et la terre brûler*.

SONNET XXX.

Voyant l'âge qui glisse à la nuit disposé.

Qu'est-ce à dire : *l'âge disposé à la nuit?*

Songe à faire retraite *ains* (avant) que le jour lui faille.

Vieil mot, qui ne vaut rien.

Plus je touche à la nuit, plus j'éloigne le port,
Et moins j'ai de vigueur, plus Amour me travaille.

Note.

SONNET XXXI.

Ce bras qui m'a tiré tant de traits amoureux....
Est ouvert par le fer *d'un barbier* rigoureux.

Sale.

Et que *n'ayez* souci de me voir malheureux.

Vous oublié.

Dois-je espérer qu'un jour la pitié vous surmonte,
Et qu'avecques mes pleurs je vous puisse émouvoir,
Vous qui de votre sang faites si peu de conte?

Bonne conclusion.

SONNET XXXII.

D'où vient que vos rayons soyent souvent si contraires?

Mal exprimé. Diriez-vous : *vous avez des humeurs contraires*, pour dire : *vous avez tantôt une bonne humeur et tantôt une mauvaise?*

SONNET XXXIII.

Et par *maints* grands labeurs gagnez. . . .

Note.

D'où vient que je sois seul suivant ce qui m'offense?

Sois, seul, sui.

D'où vient qu'*en le sachant*, je n'y fais résistance,
Mais *que* de mon bon gré *je* le vais procurant.

Il devoit dire : *le sachant*, et non *en le sachant*. — (*Que* et *je*) superflus.

D'où me vient tant de glace et de brûlants trépas?

Il devoit dire : *d'où viennent*, à cause de *brûlants trépas*.

STANCES II.

M'offusque les esprits, et *les aille bandant.*

Bander les esprits est mal parlé, en cette signification, car il semble que *bander les esprits*, ce soit leur faire faire un effort; et davantage, il devoit dire : *et les bande*, comme il a dit : *les offusque*.

> *Soit que devant mes yeux sans cesse elle revienne....*
> *Ou soit que de mes pleurs elle se fasse belle,*
> *Je lui trouve toujours quelque beauté nouvelle.*

Cela ne peut pas être cause d'y trouver toujours quelque beauté nouvelle.

> *Soit que son jeune cœur ne puisse être adouci,*
> *Soit qu'aux pleurs et aux cris il devienne endurci.*

Soit qu'aux pleurs, etc. Cette ligne ne diffère point en sens de la précédente. Or *soit* ne se doit mettre qu'en choses différentes, ou pour le moins diverses. Toutefois il se peut excuser, parce que le premier vers veut dire : *soit que pour être trop jeune, elle ne sache encore que c'est que d'amour;* mais il ne s'est pas bien expliqué, pource que *jeune* semble un épithète oisif.

> Ou soit que comme femme elle *hait* qui l'adore.

Haïsse, comme le reste.

> Le feu sera pesant, la terre aura sa place.

Ra, sa, pla.

SONNET XXXIV.

> Pour alléger mon esprit languissant,
> Qu'amour *tenaille* à secrètes atteintes.

Impropre.

> . . . . Car j'étois impuissant
> Pour résister à deux déités *saintes*.

Beaucoup ont donné cet épithète à la déité; mais je doute s'il se doit faire, car quelles déités sont profanes?

> Eussent rendu *tout brave obéissant*.

Nota.

CHANSON I.

Cette chanson est extravagante. Elle n'a que deux couplets, dont l'un est d'une façon, et l'autre d'une autre : si bien qu'à chacun il faudroit un air particulier.

SONNET XXXV.

> N'avoit tant d'hameçons pour les âmes *attraire*.

Attraire est un mauvais mot.

Ces six derniers vers (*du sonnet*) ne se rapportent nullement aux huit premiers.

SONNET XXXVI.

> Je vous vois contre moi *la haine entretenir*.

Mal, pour *haïr*.

> Changeant de naturel, m'aimerez-vous, Madame?

Ces vocatifs sont mal à la fin des vers de cette mesure.

Et puis, j'aime trop mieux vous aimer sans espoir, etc.
Car l'amant est toujours plus divin que l'aimée.

Voilà un chétif *car*.

SONNET XXXVII.

Trouvant la place vide et sans nulle pensée.

Cette imagination est saugrenue, si jamais il en fut. — *Une place sans pensée* ne se peut dire. Je sais bien que la place dont il parle, c'est le cœur; mais tout ce qui convient au signifié ne convient pas toujours au signifiant.

Peut-être afin qu'un jour, quand ma dépouille entière
Sera réduite en cendre, et faute de matière
S'amortira d'un coup mon triste embrasement, etc.

Il faut dire : *et que faute de*, etc.

SONNET XXXVIII.

Assez je me tiendrois en mes maux guerdonné.

Dure transposition.

SONNET XXXIX.

Il y a ici de quoi faire un bon sonnet.

Et que le bien du tout *impossible d'avoir.*

Faute de grammaire. On dit bien : *c'est chose qu'il est impossible d'avoir;* mais on dit : *c'est chose impossible à avoir, à faire, à prendre,* etc.; et non : *c'est chose impossible de faire,* pour dire : *il est impossible de faire.* Dis : *c'est un bien qu'il est impossible d'avoir,* mais ne dis pas : *c'est un bien impossible d'avoir.*

Rien, *sinon des tourments,* je n'attends recevoir.

Note.

STANCES III.

Et pour voir que trop haut mes desirs sont portés,
Ayants l'aile tardive et foible et *mal cirée.*

Quand elle seroit cirée le mieux du monde, ne se fondroit-elle pas? C'est un inconvénient qui suit la matière et non la forme.

Pour voir qu'à vos soleils leurs cerceaux se défont.

Ce *pour voir* est sans liaison, vu que devant il y a : *et pour voir.*

Et tu ne le vis pas à l'heure infortunée....
Mais surprise et ravie, et d'amour affolée, etc.

Cette période ne vaut rien.

SONNET XL.

Sentez-vous plus qu'*hier* de douleurs et de peines?

Hier, dissyllabe.

Et *qu'ayez à la fin* favorables les cieux.

Et qu'enfin vous ayez.

CLÉONICE.

SONNET XLI.

Je pars non point de vous, mais de moi seulement,
Car je laisse mon âme, afin qu'elle vous suive.

C'est lui qui s'en va, et non sa maîtresse; ainsi ne devoit-il pas dire : *je vous laisse mon âme, afin qu'elle vous suive.*

Je ne vous laisse point à ce *département.*

Il faut dire : *partement.*

Bien que vous présumiez n'être jamais captive.

Galimatias ou cheville.

Car je vous porte au cœur si belle et si naïve,
Que *n'avez* rien en vous qui n'y soit vivement.

Il faut dire : *vous n'avez rien.*

Au huitième vers, il dit qu'il emporte toute sa maîtresse ; et au dixième, il dit qu'il n'en emporte qu'une partie. S'il emporte sa maîtresse, à quel propos dit-il qu'il lui laisse son âme ? Tout ce sonnet ne vaut pas un potiron.

Et que vous ne *vueillez* (sic) avec vous la tenir.

Pas, et de plus il faut dire *veuilliez.*

DIALOGUE

Qu'Amour en mon esprit viendra représenter.

Dra, re, pré.

....Trouvants au lieu du jour de bien petits flambeaux.
Trompez-vous et croyez de ces lumières claires
Que c'est le beau soleil qui vous peut consoler.
On ne se trompe point en choses si contraires.

Un petit feu n'est pas contraire à un grand. Les étoiles ne sont pas contraires au soleil ; elles sont différentes du soleil.

SONNET XLII.

. . . . Las ! cruel, tu te tais.

Tu, te, tais.

. . . . En fontaine *champêtre.*

A quel propos *champêtre?* Il souhaite d'être aux champs : *une fontaine champêtre;* quelles autres fontaines y a-t-il dans les champs que champêtres ?

Plus souvent éclairé des yeux qui m'ont tué.

Rime à demi-vers.

SONNET XLIII.

Qui si loin de mon cœur toujours le *consommez.*

Consumez.

Roses que le soleil ne peut *rendre séchées.*

Mal, pour *sécher*

Filets d'or, chers liens de mes affections,
Et vous beautés du ciel, grâces, perfections.

Qui sont ces beautés du ciel? C'est mal parlé : *yeux, teint, cheveux, et vous, beautés du ciel.* Les yeux, le teint et les cheveux sont-ils pas beautés du ciel?

Hélas! pour tout jamais me serez vous *cachées?*

Il falloit *cachés*, vu que cela se réfère ἀπὸ κοινοῦ[1] à *filets d'or, clairs miroirs de mon âme,* etc.

SONNET XLIV.

Mais, ah Dieu! que le temps légèrement s'envole, etc.

Tout ceci est mal, à propos des quatre premiers vers.

SONNET XLV.

Quel malheureux destin ma fortune dispose?

Je n'approuve pas *dispose ma fortune;* je dirois : *dispose de ma fortune.*

Quel bandeau ténébreux rend ma paupière close?

Rendre clos, mal parlé.

Des fortes mains d'Hercul' veux-je arracher la *masse.*

Lis : *massue.*

SONNET XLVI.

On lisoit en ses yeux une paix éternelle.

Éternelle ne fut jamais si mal en lieu du monde qu'il est ici : « en ce moment qu'il la vit, il lui vit une paix éternelle dans les yeux. »

Mes travaux endurés, ma liberté nouvelle,
Mes desseins, mes serments, rien ne me secourut.

Mal, et mal exprimé.

Depuis je n'ai vécu que comme elle a voulu.

Rime au milieu du vers.

SONNET XLVII.

. . . . . . Hé! comment finiront ces *clameurs?*

Hors d'usage.

SONNET XLVIII.

Mes esprits seulement n'oseroient s'y tenir.

Mal en plurier[2].

SONNET XLIX.

Ce sonnet est mal mis en ses dernières amours, car il dit que la barbe ne faisoit que lui poindre.

---

1. « En commun. » Voyez plus haut, p. 311, et plus loin, p. 296, note 3.
2. Au sujet du sonnet XLVIII, on lit de plus dans la copie B de l'Arsenal :
. . . . Afin qu'il le *conforte.*
Réconforte, bon.

CLÉONICE.

    De mille feux ardents je me sentis presser.

Mal exprimé.

    Alors vint mon été, qui, *las!* encore dure.

Cheville.

    Et crois que de tout point il eût séché mon âme,
    N'étoit qu'incessamment je tempère sa flamme
    Des vents de mes soupirs et des eaux de mes pleurs.

Ridicule.

SONNET L.

    Je porte plus au cœur d'amours et de tourments.

Il faut dire : *je porte au cœur plus d'amours,* ou bien : *je porte plus d'amours au cœur.* Cette transposition est rude.

    Qu'on ne voit dans le ciel de luisantes images,
    D'eaux en mer, d'herbe aux prés, de sablons aux rivages,
    Qu'un siècle n'a de jours, qu'un jour n'a de moments.

Ceci est trop peu, au regard des précédents.

    Ma bouche n'ouvre pas moins de gémissements.

Ma bouche ouvre des gémissements, est mal parlé.

    Entre tant de sujets, de vaincus, de rebelles,
    Qu'Amour a fait gêner en ses chartres cruelles,
    Je suis le plus *maudit* et le plus languissant.

Mal.

    Aux autres d'espérance il donne nourriture,
    Et de pur désespoir il me va repaissant.

Froid.

SONNET LI.

    Sans qu'ainsi je m'élance à ma mort toute ouverte.

Tou, tou.

    S'elle étoit sans rigueur, ce ne seroit plus elle.

Si ne se mange jamais, et faut dire : *si elle.*

SONNET LII.

    Vous serez par les Dieux en astre transformée,
    Haineux, rouge de sang, etc.

Tre, tran. — Et puis que veut dire *un astre haineux?* car *haineux* ne se dit point simplement, mais *mon haineux, son haineux,* etc.

SONNET LIII.

    Et votre cruauté ne *s'est vue amortie.*

Note.

    Au moins pour le loyer de m'avoir *outragé.*

Trop peu, pour ce qu'il veut dire.

La soif de me tuer s'éteindra dans votre âme.
Soif de tuer, mal parlé [1].

SONNET LIV.

Ces pleurs tirés du cœur, je t'offre en sacrifice.
Je n'ai jamais ouï parler de bailler des pleurs en sacrifice.

Passe-moi de ton dard *d'un à l'autre côté*.
Il faut dire : *d'un côté à l'autre*.

Mais si mon ardent cri ne te peut échauffer.
Ce n'est pas la coutume que les cris échauffent ceux à qui l'on crie.

De sa grâce divine et *de sa forme éteinte*.
Sottise.

POUR UN MAL D'YEUX.

L'aveugle enfant *dont* ma peine est venue.
D'où.

Car sa faveur ne leur avoit *donnée*
Tant de clairtés, etc.
Voilà pas qui est galant : « cette femme-là m'a *donnée* des chemises ; cette lingère m'a *faite* des coiffes ! »

O ciel clément, *si juste est ma prière*,
Guaris sa vue, etc.
Cette transposition de *juste* est mauvaise ; car il veut dire : *si ma prière est juste*, et il semble qu'il dit : *tant juste elle est*.

SONNET LV.

La beauté de notre âge, *à nulle autre égalée*.
Nota.

. . . . Du mal qu'elle soutient.
Mal parlé : *soutenir du mal*, pour *avoir du mal*.
(*A propos des derniers vers du sonnet, Malherbe dit :*) « Il eût bien aussi bien fait de ne s'expliquer point. »

STANCES IV. (*Sa maîtresse est malade.*)

La beauté qui me blesse. . . . .
Mal exprimé.

Pour le moins tant de jours qu'au lit elle sera
Nonchalante de soi, ma frayeur cessera.
Car ceux qui *me font crainte*, etc.
Il est mal placé ; et puis on dit : *il me fait peur*, et non : *il me fait crainte*.

---

1. On lit de plus dans la copie B de l'Arsenal :
   Mais ce qui plus rendroit ma douleur consolée.
Rendre consolée, pour *consoler*.

CLÉONICE.

  Eh bien! elle mourra; m'en faut-il tourmenter?
  Rien de mieux en ce temps je ne puis souhaiter;
    Car *s'elle* m'est ravie,...
    Sa mort sera ma vie.
 Je n'aurai plus l'esprit de fureur embrasé, etc.

Il se réjouit de ce qu'elle mourra, pource que sa mort le fera vivre, et n'aura plus de sujet de pleurer; et puis, tout aussitôt il dit : « je me tuerai dès qu'elle sera morte. » Cette imagination ne se peut défendre en façon du monde. Et pour bien faire, immédiatement après le couplet qui commence : *Je n'aurai plus l'esprit*, il devoit venir à celui qui se commence : *O mort, hâte-toi donc*, etc.

    Et la nuit solitaire
 Ne m'*orra* tant de fois les *hauts* cieux blasphémer.

Nota.

  Car ma vie à l'instant de regret finira,
  Ou par glaive *ou* poison du corps se bannira
    Mon âme infortunée.

Ce premier *ou* se rapporte à *finira* et *bannira*; le second se rapporte à *glaive* et *poison;* cela brouille le sens et a mauvaise grâce : *Ou par ma propre main du corps se bannira.*

  Car de tant de *muguets* qui l'aiment feintement,
  Je suis sûr que pas un, fors que moi seulement.

Il est donc du nombre des muguets qui aiment feintement.

  Las! en parlant ainsi, je sens soudainement
  Un spasme, une foiblesse, un morne étonnement....
  Puis en moi revenu. . . . .
    De ces mots je m'outrage :
 « O méchant que je suis, ingrat et malheureux! etc. »

Il devoit continuer et dire : *O méchant que je suis*, etc.; sans dire : *je dis ainsi*.

    O ma belle homicide!

Homicide ne se doit point mettre avec un pronom possessif.

  O Dieux qui d'ici-bas les destins gouvernez,
  Et *qui* des suppliants les malheurs détournez.

Superflu.

  Soleil, tu aideras à cet autre soleil
    Qui éclaire en mon âme.

Froid. L'ayant prié, il lui falloit promettre quelque récompense, et il lui dit : « si tu aides à Madame, tu aideras au soleil de mon âme. »

SONNET LVI.

 Je suis par votre éclipse en ténèbres réduit.

Bre, ré.

SONNET LVII.

Je sème au vent mes cris, sans espoir je gémis.

Rime au milieu du vers. — *Je, gé.*

Mes yeux trop desireux, *ce* sont mes ennemis.

Nota. — Cette façon de parler ne me plaît pas. Il y auroit un grand discours à faire là-dessus, car il a confondu le sujet et l'attribut.

Ma nef sans *gouvernal*. . . . .

Je dirois *gouvernail*.

Je devins papillon à ses yeux me brûlant,
Je vécus salemandre en feu si violant,
Et fus caméléon à l'air de son visage.

Froid et ridicule.

SONNET LIX.

Puisqu'il semble à mon âme en cent chaînes étreinte.

Étreinte en chaînes est mal parlé; il faut dire : « étreinte de chaînes. »

. . . . Et mes jours plus luisants,
Ce sont tristes horreurs. . . . .

Il pouvoit dire : *sont funestes horreurs*.

SONNET LX.

Et le pouvoir tyran d'un œil trop rigoureux.

Le pouvoir tyran est ici mal mis pour *tyrannie*.

Amour, au lieu du cœur qui t'estoit immolé.

T'estoitim, té, toi, tim.

SONNET LXI.

Puisqu'avec le dédain ma constance est forcée.

Que voulez-vous dire?

Et mes yeux pour jamais à pleurer condamnés.

Il devoit dire : « et que mes yeux sont pour jamais, etc.; » ou bien : « Puisque je vois ma foi, etc. Et mes yeux pour jamais condamnés à pleurer. »

Je te sacre, ô Vulcain, ces vers infortunés,
Cette main malheureuse, et cette âme insensée :
Venge-moi de moi-même, et ta flamme élancée
Fasse que promptement *ils soient exterminés*.

Il ne devoit parler que de l'âme et non des vers. — Il devoit dire : *elles soient exterminées; la main* et *l'âme* sont toutes deux féminines.

. . . . Quant à l'âme amoureuse.

A l'amamou.

Laisses en faire Amour. . . . .

Nota.

SONNET LXII.

La beauté qui si douce à présent vous inspire, etc.
Galimatias.

L'hiver de votre teint les fleurettes perdra.
Quo me vertam nescio[1].

Cet orgueil dédaigneux qui *vous fait ne m'aimer.*
Cette phrase ne doit jamais être négative. Il devoit dire : « qui vous fait me haïr, me mépriser, etc. »

De revivre en mes vers *chauds d'amoureux desirs.*
Cheville.

SONNET LXIII.

Cent fois tout courroucé de voir que mes écrits, etc.
Belle phrase.

Aux destins de son maitre il doit estre compris.
Tri, doi, tes, tre.

J'en veux brûler l'histoire, et suivre un autre style.
Il devoit dire : *prendre un autre sujet.*

Il suffit que sans eux je sois seul *consommé.*
Consumé.

SONNET LXV.

Et des livres d'amour faire *ma seule étude.*
Étude, pour un lieu où l'on étudie, est féminin ; *étude,* pour le travail d'étudier, est masculin. Qui fait au contraire, n'y entend rien.

. . . . Que la plume est trop rude.
Tror, ru.

SONNET LXVI.

Beaux yeux, par qui l'Amour entretient sa puissance,
Qui vous juge mortels *se va trop abusant :*
Si vous étiez mortels, votre éclair si luisant
Ne me rendroit pas dieu par sa douce influence.
Bel argument.

Car ce qui vient du ciel ne peut faire nuisance.
Et le foudre, quoi ?

Voilà comme *en l'esprit* de vous *je vais pensant.*
Penser en l'esprit, aller pensant.

SONNET LXVII.

Et puis d'un petit bruit bassement lui contez.
Conter d'un bruit.

---

1. « Je ne sais où me tourner. » Malherbe veut dire : « On ne sait si les mots *de votre teint* dépendent *d'hiver* ou *de fleurettes.* »

Vous lui direz ainsi : « Notre esprit enflammé
Sort du feu de vos yeux dans un cœur allumé;
Il est vôtre, Madame, et rien ne peut l'éteindre. »

Vôtre, à qui se rapporte-t-il? Si au feu qui sort de vos yeux, que veut-il dire? Si au cœur, est-ce bien dit : *éteindre un cœur allumé?* tout aussi bien comme *éteindre une maison allumée.*

SONNET LXVIII.

Que d'agréables feux, que de douceurs amères.

Il devoit dire : *que d'amertumes douces*, puisqu'il avoit dit *des feux agréables.*

Je me vante entre tous l'amant *plus fortuné.*

Dis : *le plus fortuné.* Encore est-ce mal dit : *plus fortuné entre tous;* il faut dire : *de tous.*

SONNET LXIX.

Quand je vois vos beautés admirables de tous.

Admirable de quelqu'un ne se peut excuser. On dit : *admirable à quelqu'un, à tout le monde.*

CHANSON III.

Ouvrez mon cœur que vous avez,
Et mes vœux plus ne recevez
Si dedans vous n'êtes empreinte.
Mais pour y graver autre image
Le trait d'Amour n'est assez fort.

Je ne sais à quoi est bon ce *mais.*

Non, il n'en est point sur la terre
Qui garde en l'esprit tant de foi.

Façon de parler impertinente : *garder de la foi en l'esprit*, pour : *être fidèle.*

SONNET LXX.

Ma foi comme mon mal en tous temps est durable.

Me mon mal.

Mais des ailes d'Amour mon bien est emplumé.
Galimatias.

Ne sachant que je veux, je sais que je desire.
Galimatias.

SONNET LXXI.

Se fâcher des propos d'un amant courroucé,
A qui l'accès du mal fait tenir *ce langage*,
Et prendre garde à lui, comme s'il étoit sage,
Montre que votre esprit d'amour n'est point blessé.

Quel *langage?* Puisqu'il dit : *votre esprit*, il devoit dire au premier vers : *vous fâcher*, etc.

Vous mettez sans pitié le feu dans mon ulcère,
Et contre un furieux *vous* entrez en courroux.

Superflu.

SONNET LXXII.

Las! je n'aime que vous, ni ne le saurois *faire*....
Comme votre rigueur fut prompte à me *défaire*.

Simple et composé.

SONNET LXXIII.

.... Pour garder ma raison, pour avoir l'âme *saine*,
Si comme une bacchante Amour ne me *pourmène*, etc.

Mal rimé.

Je veux ne trouver rien si plaisant que ma peine.

J'eusse dit : *je ne veux rien trouver*, etc. *Je ne veux rien dire, je ne veux rien manger*, et non : *je veux ne dire rien, je veux ne manger rien.*

SONNET LXXIV.

L'œil et le port des ours est témoin de leur rage :
Le contraire en vous seule a trahi mon repos.

Mal exprimé.

SONNET LXXV.

Autrefois mes travaux tu *rendois soulagés*.

Rendre soulagé, mal, pour *soulager*.

Mais hélas! ta faveur s'est de moi départie.

La, ta, fa.

La douleur et l'ennui de cent pointes *félonnes*.

Félonnes, mauvais épithète.

Et d'un voile éternel *mes yeux tienne fermés*.

Transposition fort rude.

SONNET LXXVI. — Absence.

Quel horrible péché me fait haïr des cieux?

Je dirois plutôt : *haïr aux cieux*; et de fait, on dit : « vous me l'avez fait haïr; » or qui doute que *me* ne soit datif, comme : *vous me donnez*, etc. On dit : *cette action l'a fait haïr au Roi; cela l'a fait haïr à tous ceux qui l'aimoient.*

Après m'avoir purgé de toute amour volage,
Après avoir marqué mon cœur de votre image,
Comme étant trop à vous, vous l'avez rejeté.

« Après avoir marqué mon cœur, etc., vous l'avez rejeté. » Mais après m'avoir purgé de toute amour volage, qu'avez-vous fait? Ce *vous l'avez rejeté* ne se rapporte qu'au cœur, et par ainsi le reste est sans construction, et le neuvième vers (*Après m'avoir purgé*, etc.) inutile.

SONNET LXXVIII.

Et lorsque par raison je tâche à la dompter.
Ta cha la.

Poignante, âpre, importune et *fière* souvenance.
Fière est superflu et mauvais.

SONNET LXXIX.

Que souvent de raison il m'ôte tout usage.
Te, tou, tu.

Doit-on *avoir égard à un homme* insensé,
Quand durant sa *folie il* fait quelque *dommage?*
Mal parlé.

SONNET LXXX.

Derechef toutefois, ô (*mon espoir*) pipeur effronté,
Tu penses rendre *encor* mon esprit enchanté.
Vous voulez derechef faire encore cela, c'est mal parlé.

Prends donc une autre adresse, ou *l'ardente chaleur*
De mes justes soupirs te brûlera les ailes.
Ridicule.

SONNET LXXXI.

Songe au cours de ce monde et à son inconstance,
Qui fait qu'*un même état ne se peut assurer.*
Mal exprimé.

Après l'orage épais le temps clair fait *retour*....
Et le désespéré s'éjouit à son *tour.*
Simple et composé.

SONNET LXXXII.

Soleil sans fin tournant, qui le jour nous dépars,
Puis *qui* nous fais la nuit. . . . .
Puis qui; ce *qui* est superflu. Il devoit dire : *qui fais le jour, puis la nuit, et puis ramènes la nuit;* et non : *puis qui.*

Par la commune loi de l'*antique* nature.
Froid. Cet épithète ne vaut rien; il n'y en a point de moderne.

SONNET LXXXIII.

Et cette ferme foi qu'est-elle devenue,
Qui vous faisoit partout saintement révérer?
Ce relatif est trop loin.

SONNET LXXXIV.

Et que son cœur *tout mien* s'est ailleurs diverti.
Qui fut (tout mien).

CLÉONICE. 349

Et que des eaux d'oubli je fasse mon breuvage.

Il s'exprime mal.

Il faut vaincre en fuyant, ainsi que fait le Parthe.

C'est l'opinion de tous les auteurs que les Parthes vainquent en fuyant; mais il n'est rien si ridicule. On peut bien en fuyant tuer quelques-uns des poursuivants; mais de vaincre, il est inimaginable.

SONNET LXXXV.

Ce sonnet ne veut rien dire, et tous ceux qui seront composés de pièces rapportées, comme cettui-ci, ne vaudront non plus que lui.

SONNET LXXXVI.

O sagesse ignorante, ô malade raison, etc.

Drôlerie.

Mer qui pour notre mort *nourris* mainte Serene....
Hiver qui *se déguise* en nouvelle saison.

Puisqu'il a dit : *mer qui nourris*, en segonde personne, il devoit dire aussi : *hiver qui te déguises*.

SONNET LXXXVII.

La cour, qui m'a tant plu, ne m'est rien qu'un désert.

A quel propos ce vers?

Et plus tant de vapeur n'écume en mes esprits.

Cette façon d'exprimer la chaleur du sang ou la gaillardise de la jeunesse n'est pas bien.

SONNET LXXXVIII.

L'un nous veut étonner par sa langue mauvaise,...
L'autre ombrageux s'offense, et si ne sait de quoi;
L'autre est assez content, pourvu qu'il nous déplaise.

Chevilles.

Qui de deux cœurs unis empêche l'*entrevue*....
Le penser aux amants sert de langue et de *vue*.

Simple et composé.

SONNET LXXXIX.

Jamais d'un si grand coup âme ne fut atteinte.

Ta, tein, te.

. . . . Quelle course *des ans*.

Note.

SONNET XC.

Mais qu'on veuille en vivant de moi me séparer,
M'ôter ma propre forme. . . . .

Ce langage ne se doit tenir à une femme.

Et l'heure de ma fin sera l'heure première
Que de quelque repos çà bas j'aurai goûté.
Sans pointe, ce *çà bas* veut dire appeler Robinette.

SONNET XCI.

D'une secrète trame à mon dam commencée.

Crè, te, tra, ma, mon; ces syllabes se trouvent ainsi rangées au segond vers avec un son fort rude. Il eût mieux dit : *d'une trame segrète.*

Mais pourra-t-elle bien perdre le souvenir, etc.
Cette crainte en mon cœur ne se peut maintenir.

Mal exprimé ce qu'il veut dire.

SONNET XCII.

L'outrage du malheur se peut-il endurer
Que si cruellement nous arrache d'ensemble?

Je crois qu'il faut *qui.*

SONNET XCIII.

Quel martyre assez fort, quelle gêne inconnue
Est égale au tourment d'un cœur bien allumé?

Mal parlé : *quel martyre assez fort,* etc. Il ne falloit point d'*assez : quel martyre est égal,* etc. Et puis, *quel martyre et quelle gêne est égale,* est-ce bien dit ?

De tranchantes douleurs l'esprit est entamé.

T'est, ten, ta.

C'est un chaos nouveau, mêlant confusément
Avec mille glaçons le plus chaud élément.

Je ne voudrois point appeler le feu le plus chaud élément; les autres ne sont pas chauds.

SONNET XCIV.

Si l'outrageuse loi d'un *injuste hyméné* (sic).

Mal.

De vous m'ôte la part moins parfaite et moins belle.

Mal.

. . . . La partie immortelle.

Ti, im.

L'âme à qui mes écrits *tant de gloire ont donné.*

Note [1].

---

[1]. On lit de plus dans la copie B de l'Arsenal : « *donné,* pour *donnée.* »

CLÉONICE.

ODE.

J'ai l'œil *cave*, et pâle le teint.

Note.

Maint sillon replisse mon front.

Il eût mieux dit : *me plisse le front.*

Propre à mon âge *et ma* tristesse.

Et à ma, etc.

Arrière espoir conçu de *vant* (sic),
Qui servois d'attiser ma flamme.

Vent. — *Attiser une flamme* ne me plaît pas; *attiser le feu,* bon. Et puis le vent n'attise point ; il pouvoit dire : *d'accroître ma flamme.*

Un doux importun souvenir....
Garde que je ne puis tenir
Contre Amour de place assurée.

Mal exprimé.

Mon cœur s'ouvrit *par le milieu,*
Alors qu'au partir de ce *lieu.*

Milieu et *lieu* riment comme font *mijour* et *jour*, *michemin* et *chemin, minuit* et *nuit,* etc.

Fasse le ciel ce qu'il voudra,
Ce jour au cœur me reviendra.

Cela ne veut rien dire. Il devoit dire : *éternellement, tant que je vivrai,* ou quelque autre chose semblable.

ÉLÉGIE DE BERTAUD SUR LES DERNIÈRES AMOURS DE DES PORTES[1].

. . . . Le reblessoit encor.

Ou *re* ou *encor* sont superflus. On dit : « il me l'a redit, » et non : « il me l'a redit encore. »

De sa profane main *ses* mystères ne touche.

Ces.

De peur que s'irritant, encontre son offense, etc.

Ceci est loin de sa place.

Ce dieu ne le foudroie *en faisant* la vengeance.

En faisant, très-mal ; car on dit : *en allant, en dansant, en dinant,* etc.; et là *en* n'est autre chose que la marque du gérondif; mais ici ce mot *en* signifie *de lui : faisant la vengeance de ce contempteur.*

Dedans le sanctuaire à son nom consacré.

Un sanctuaire consacré ne me plaît pas.

Ils apprendront d'aimer et feront du grand mont,
Du neigeux mont Riphée, un mont Gibel second.

Hors de propos.

1. Les remarques relatives à cette *Élégie* manquent toutes dans la copie B.

    Et l'*heur* d'un nouveau sceptre à son sceptre ajouter :
    Ainsi sans coup férir ou perdre une *sagette*, etc.

Hors d'usage. Je n'en voudrois user qu'en bouffonnerie.

    Toi, *quiconque sois-tu*. . . . .

Il faut dire : *quiconque tu sois*.

    Si c'est quelque plaisir à l'ambitieuse *âme*,
    Telle comme l'on dit qu'est celle de la *femme*.

Mauvaise rime.

    Que le vaillant guerrier *qui vainquoit aux tournois*.

Superflu.

    Mais ne te flatte point ni toi ni les doigts mêmes, etc.

Nota.

    . . . . Que *dolente* éplorée.

Trop.

    Tes soleils éclairant mes ténèbres chassées.

Mal. Comment les éclairent-ils si elles sont chassées? Il faut ici noter qu'*éclairer quelqu'un* est proprement prendre garde à ses actions; *éclairer à quelqu'un*, c'est lui fournir de la clairté.

    Il n'en sortira rien de mortel *ni d'humain :*
    Seconde seulement du doux vent de ta grâce,
    Et d'un peu de faveur le vol de mon audace.

Superflu.

    Je ne chanterai plus : non, *libre*, je confesse, etc.

Mal, pour *librement*.

    Et qui même pourroient *les rochers* allumer.

J'eusse dit : *les glaçons*.

    Mais celui qui *vouloit pousser* ton nom aux cieux.

Foible. C'est un vice quand en un vers alexandrin, comme est celui-ci, le verbe gouvernant est à la fin de la première moitié du vers, et le verbe gouverné commence l'autre moitié : comme ici, où *vouloit* est gouvernant et *pousser* gouverné.

    . . . . Se *complaignant* d'amour.

Dis : *se plaignant;* on ne dit jamais : *se complaindre de quelqu'un*.

    . . . . Nous devançant *d'une trop longue espace*.

Masculin.

    Ils *voisinent* le but, nous devenons de glace,
    Nous sentons notre force adonc à terre choir.

Mauvais vers.

    Ne te *va surpassant*. . . . .

Mal, pour *surpasse*.

CLÉONICE.

Vaincra le droit plus foible et *d'éloquence nu.*
Un droit *nu d'éloquence* est mal. Un *langage nu d'éloquence* seroit plus passable.

Nos neveux qui sauront combien ta dame passe, etc.
Comme le sauront-ils?

Diront en t'excusant : « Cettui-ci fut un jour, etc. »
Je dirois : *cettui-ci fut autrefois.* Au futur je dirois : *cettui-ci sera un jour, je vous verrai un jour,* etc.
Ce dernier vers (*le dernier de la pièce*) est superflu, et ne s'accorde nullement à celui qui le précède.

SONNET DE RONSARD EN FAVEUR DE CLÉONICE.

Ce sonnet n'a rien de bon que les trois derniers vers.

La faute n'est de moi, mais de l'âme transie.
Dis : *la faute n'est à moi,* et non : *de moi.* On dit : *c'est la faute d'un tel,* et *la faute en est à un tel; c'est ma faute,* et *la faute en est à moi.* Vois ci-devant, p. 330, sonnet IXe.

ÉLÉGIES.

LIVRE PREMIER.

ÉLÉGIE I.

Il se trouve surpris d'une nouvelle amour, proteste qu'il n'en espère rien et que ce lui est assez de gloire de souffrir pour un si haut et si digne sujet.

A cheval et à *pied en* bataille rangée.
Cacophonie : *pié en bataille;* car de dire *piét,* comme les Gascons, il n'y a point d'apparence.

Et que quand il voudroit *autre fois* me reprendre.
Il devoit dire : *une autre fois,* et non simplement : *autre fois.* On ne dit pas : *je vous verrai autre fois,* mais : *je vous verrai une autre fois.* Au temps passé, on dit *autrefois,* comme : *autrefois je l'ai vu; autrefois j'ai été son ami,* etc.

. . . . Et m'a percé le cœur
D'un *trait envenimé de soucis et de peur.*
Impertinence.

Et faut qu'en *voyant bien* mon malheur préparé.
Mauvaise césure.

Donc, hélas! si je fauls, vous osant *adorer*,
C'est une loi fatale : Amour me fait *errer*.

Mal rimé.

Amour qui me transporte *avec tant de puissance.*

Mal.

On dit qu'un vieux Romain. . . . .
Pour ne manquer de foi, quittant femme et maison
Et ses enfants pleurants, revint en sa prison,
Bien qu'il fût assuré qu'une mort très-cruelle
Seroit l'injuste prix d'un acte si fidelle.

Mal exprimé, car il devoit dire davantage qu'il ne dit.

Je fais un magasin de soucis et de peines.

Note.

Ne voulant demeurer sans être tourmenté.

Il a déjà dit la même chose en la page précédente (*Que je ne crains rien tant que d'être sans tourment.*)

C'est pourquoi de tourments je suis si desireux,
Vu que sans mes tourments je serois malheureux.

Inutile.

Car puisque mes douleurs je ne vous puis payer.

Il ne sait ce qu'il dit.

Que je prenne de vous ce bien qui me tourmente.

Mal.

Qu'étant *de vous vaincu*, je m'estime vainqueur.

A quoi cette transposition?

Me souvenant sans plus du vol de ma pensée.

Il ne s'explique pas assez.

ÉLÉGIE II.

. . . . Longue pour mes malheurs,
Et courte pour pleurer mes cruelles douleurs.

Cette imagination semble quelque chose pour l'opposition de *longue* et *courte;* mais elle ne vaut du tout rien. Que veut dire : *ma vie est trop courte pour pleurer mes douleurs? Ma vie est trop courte pour pleurer ma faute,* bon.

Et nous en avertit, afin d'y prévenir.

Prévenir à quelque chose est parlé [1] allemand; il faut dire : *prévenir quelque chose.*

Bref, je vous redoutois, *ains que* vous avoir vue.

Devant que.

---

1. Dans les deux copies de l'Arsenal, il y a *parler*, au lieu de *parlé*.

ÉLÉGIES, LIVRE I.

> Que le ciel vous aimoit et vous favorisoit.

Rime au milieu.

> Encore eut-il pitié de ma fatalité.

Qu'est-ce que veut dire : *il eut pitié de ma fatalité?*

> *Soit pour ne voir* le point de ma perte prochaine,
> *Ou qu'il portât* le deuil de ma mort inhumaine.

Disjonction mal accommodée.

> .... Je ne pris garde à ce mauvais présage :
> Toutefois par trois fois je voulus retourner.

S'il voulut retourner, il y print garde.

> Et mon mal à la fin. . . . .

Malala.

> . . . . *Car* je ne pus distraire
> Mes yeux de vos regards, mes yeux me trahissoient;
> *Car* volontairement vers vous ils s'adressoient.

Remarquez deux périodes qui se touchent et sont commencées par *car*.

> Car celant la douleur. . . . .

Lan, la.

> Par la mort seulement pourroit être arraché.

Trarra.

> Sinon de *blasphémer la fortune* contraire.

Blasphémer la fortune ne me plaît pas. Je dirai : « blasphémer contre la fortune. » Les Grecs disent : βλασφημεῖν περί, ou κατά τινος, ou εἴς τινα[1].

> Je me tiens à l'écart *pour rêver solitaire.*

Rude.

ÉLÉGIE III. — Impatience en absence.

> Il rend, en le touchant, mon *ulcère* incurable.

Ma blessure étoit plus honnête.

> *Souvent* un vain espoir, qui m'abuse *toujours*,
> Fait semblant en mon mal de me donner secours.

Souvent et *toujours* ne vont guère bien ensemble.

> Hâtez-vous de passer, c'est trop *tard* arrêté.

Tard est superflu.

> Mais, las! qu'en sais-je rien ? . . . .

Rien est superflu ; je n'en userois pas ici.

> Ainsi ce jour passoit et la nuit avancée,
> *Ains* que le beau soleil sa course eût commencée.

Mal, pour *avant*. Au reste je n'entends du tout point ce qu'il veut

1. Malherbe a écrit : κατὰ τινὸς, εἰς τίνα.

dire, s'il ne dit : *la nuit avancée*, pour : *la nuit étant avancée*, ce qui ne vaut rien.

>De chardons épineux mon lit se hérissoit,
> Qui me poignoient partout *quand j'y faisois demeure.*

Superflu et ridicule.

>Or sus, lève-toi donc (*Aurore*); *rends* le jour *éclairci*,
>Si tu vois tes amours, je n'en suis pas ainsi.

Excellent, sinon *rendre éclairci*, qui ne me plaît pas.

>Las! le jour finit bien, et la nuit nourricière
>Des soucis épineux, éteignit sa lumière.

Suspension fâcheuse.

>Car l'espoir ne sert rien *qu'à mes maux empirer.*

Transposition rude.

>Voulant jusqu'à la mort votre serf demeurer.

Bas et plébée.

ÉLÉGIE IV.

Durant son absence, on lui avoit fait de mauvais offices envers sa maîtresse, et lui avoit-on dit qu'il lui faisoit des infidélités. Il s'en excuse [1].

>De ceux qui sont jaloux de ma chère prison,
> Qui m'en portent envie, et *qui* se font accroire, etc.

Superflu.

>Mais, las! que ma créance est follement trompée!

Créance follement trompée ne me plaît pas. J'eusse dit : « est bien trompée, » ou : « étrangement trompée. »

>Et ce clair jugement, si ferme auparavant,
>Douteux et chancelant, se tourne au premier vent.

Rime au milieu du vers.

>Que j'aime en mille lieux, *volagement constant*,
>Et selon les objets *je me* change à l'instant.

Superflu.

>Quel est de votre chef l'or *prime et délié.*

Je n'approuve pas cet épithète à *cheveux.*

>Les efforts de vos yeux, archers de la sagette, etc.

Qu'est-ce à dire : *archers d'une sagette?* Il devoit dire : *qui ont tiré la flèche.*

>La vertu du coral de vos lèvres *pourprettes,*
>Et les soupirs témoins des flammèches secrettes
>Qui vous cuisent dedans. . . . .

(*Pourprettes*) Sot. — Les soupirs sont ici mal à propos parmi les beautés.

---

1. Dans la copie B de l'Arsenal : « Il s'en purge. »

ÉLÉGIES, LIVRE I.

Vous diriez à par (*sic*) vous que je ne puis changer,
Quoi que je veuille faire, et que quand l'inconstance, etc.
Suspendu.

Impossible est qu'après *quelque* autre me commande.
Impossible est, mal, pour *il est impossible*. — *Une* seroit meilleur (que *quelque*).

Voilà quelle est ma vie, etc.
Sans propos, car il n'en a point parlé.

Les saintes lois d'Amour, *qui les cœurs connoît bien*.
Rude.

Nous prenons bien plaisir à voir une peinture,
Et l'azur émaillé de la belle verdure, etc.
Pourquoi donc sottement, ferions-nous moins de conte
D'une jeune beauté qui tout printemps surmonte?
Cette défense est impertinente, surtout quand il dit ci-après : *Qui sait par un clin d'œil faire vivre et mourir*.

Qui sait par un clin d'œil faire vivre et mourir.
Très-mal imaginé.

Et prenant vos rigueurs pour sujet de ma voix.
Il devoit dire : *sujet de mes plaintes*. La voix est l'instrument dont l'on fait les plaintes ; mais ici l'instrument ne se peut prendre pour l'action. On dit : *le sujet de mon voyage*, et non : *le sujet de mes pieds*, encore que les pieds soient l'instrument du voyage.

Écartent çà et là les *brouillars* (*sic*) amassés.
Nota.

Ainçois que vous mettiez en égale balance.
Ainçois ne vaut du tout rien, et si je ne sais à quelle fin il le met ici.

Ce que j'ai fait *paroir* de courage et de foi.
Nota.

Depuis que je fais joug sous la puissante loi
De vos fières beautés. . . . .
Suspendu.

D'une part vos rigueurs. . . . .
. . . . puis en l'autre partie.
Puis ayant dit *d'une part*, il devoit dire *de l'autre*, et non *en l'autre partie*, et à tout événement il devoit dire : *en l'autre part*.

Vous connoîtrez alors, etc.
Voilà bien imaginé. « Mettez en balance d'une part vos rigueurs et ma souffrance, et de l'autre mettez les faux propos et la foi des rapporteurs, vous connoîtrez si jamais j'ai fait chose qui vous doive offenser. »

ÉLÉGIE V.

Faites-moi tant d'honneur que de le recevoir, etc.

Il offre ses yeux, son sang, son cœur, ses esprits et son âme, et puis il dit : « recevez-le, Madame, comme vôtre, qu'il est. » N'est-ce pas triomphé [1]?

Je vous veuille enchérir mon amoureux souci,
Ajoutant aux douleurs, etc.

Phrase espagnole, et outre cela, *ajoutant*, sans dire quoi, ne me plaît guère en ce lieu.

Et si vous en doutez, pour le commencement
Ignorez si mon mal est foible ou véhément.

Galimatias.

Me fasse *plus constant* les tourments endurer.

Mal : adjectif en la place d'un adverbe.

. . . Et le cœur inhumain d'une bête cruelle.
Or en vous connoissant si divine et si belle, etc.

Quand on finit un sens, il le faut finir à la deuxième rime, et non pas faire que des deux rimes l'une achève un sens, et l'autre en commence un autre.

. . . . La cruauté,
S'accompagneroit mal de *si chère* beauté.

Mal ici.

Quand la loi du destin, qui depuis ma naissance
Forte me tyrannise, *et quand* votre rigueur
Empêcheroient le bien que *dessert* ma langueur,
Et quand pour le loyer de mon amour extrême,
Et quand pour vous chérir cent fois plus que moi-même, etc.

(*Dessert*) Hors d'usage. — *Et que*. — Ce *quand pour vous* segond ne vaut rien.

Car je tiens cet honneur pour *un si grand loyer*.

Mal exprimé.

Voilà comment, Madame, etc. . . . .

Mal tiré de ce qui précède.

Loi qui comme Mézence *horrible en cruauté*, etc.

Lequel est-ce? Mézence ou la loi?

Si la loi (*du mariage*) vous retient, vous n'avez pas raison;
Car l'amour et la loi *sont sans comparaison*.
Amour est un *démon* de divine nature.

Vous parlez en oison. — C'est un vice quand après avoir rimé un vers, on finit le demi-vers suivant en la même rime, comme ici *démon* après *comparaison*.

---

1. Dans la copie A : *triompher*. La remarque manque dans la copie B.

ÉLÉGIES, LIVRE I.

Car il faut qu'au plus grand toujours le petit *cède*,
Et la loi des amours toutes les lois *excède*.

Simple et composé.

C'est vous priver d'un bien *où vous aurez regret*.

Note.

Nous devons mieux aimer, plus d'amour on nous porte.

Note. Je ne crois pas que ce soit bien dit : *nous devons mieux aimer, plus d'amour on nous porte*.

Et si vivement *poingt* (sic) de ma grand' passion.

Être poingt de passion est un étrange langage.

Adjurant vos beaux yeux de ne s'en offenser.

Adjurer quelqu'un de faire quelque chose est mal parlé; il faut dire : *conjurer*.

ÉLÉGIE VI.

Il n'a point de *poumons*, ni de sang, ni de veines.

Vous diriez qu'un homme a trois ou quatre douzaines de poumons. Il a fait cette faute encore ailleurs; car ici on la pourroit imputer à l'impression, et lire *poumon*.

(*Moi*) Qui ne suis point conçu des flots de la marine,
Animé d'un beau sang, etc.

Mal parlé : *moi qui ne suis point conçu de la marine, animé d'un beau sang*. Il devoit dire : *mais animé d'un beau sang*, etc.

Je sois *diversement heureux et malheureux*.

Mal.

Et quand de m'en soustraire il *m'en prendra l'envie*.

Il falloit dire : *il m'en prendra envie*. Il a voulu éviter la cacophonie, et a fait un solécisme [1].

Se rassemble au sujet d'où *ruissellent* mes flammes.

S'engendrent.

Et que j'ai bien le cœur d'*atteindre* en si haut lieu.

Mal; car il veut dire *aspirer*. Il devoit dire : *de tendre en si haut lieu*.

Et que mille pensers me livrent la bataille, etc.
Quelqu'un de ces pensers contre moi conjuré
Me dresse l'escarmouche. . . . .

« Mille pensers lui livrent la bataille; puis, quand il est retiré, un de ces pensers lui dresse l'escarmouche. »

---

1. A cette remarque, qui est à la marge, Malherbe a plus tard ajouté celle-ci, d'une autre encre, au bas de la page : « Mal parlé aussi : *quand il me prendra l'envie de m'en distraire*; il faut dire *envie*, et non *l'envie*. On dit bien : *si l'envie m'en prend*; mais il faut dire : *s'il m'en prend envie*, et non : *l'envie*. »

> Coulants de *larges* pleurs m'arrosent le visage.

La langue latine se sert de cet épithète : *largi fletus*[1]; mais la françoise, non.

> Est-ce pas bien aimer que de ne rien penser
> Qu'en ce bel œil meurtrier qui me fait trépasser.

Rime à demi-vers.

> Plus mon chemin s'éloigne, et me trouve en arrière.

C'est le but qui s'éloigne. Le chemin se peut bien *allonger*, mais non *éloigner*. Ce qui s'allonge devient plus long; ce qui s'éloigne se recule de nous.

> Que le ciel me transmue *en pierre ou en rocher*.

Choisissez, mais n'en prenez qu'un.

> Aussi bien *s'il advient*, ma douleur excessive
> Ne souffrira jamais qu'une heure après je vive.

S'il avient semble bien, mais il eût mieux dit : *si cela avient;* car quand on dit : *s'il avient*, on attend un *que;* comme : *s'il avient que le Roi aille à Fontainebleau, que le Roi vienne à Paris*, etc.

> Aux pays étrangers quelque lieu séparé,
> Sauvage, inhabité. . . . .

Mauvais son, et faut éviter cette faute de rimer le demi-vers ensuivant sur la fin du précédent.

ÉLÉGIE VII. — Pour Henri III, lors Monsieur.

On ne peut vivre sans amour. Il loue les beautés de sa dame, parle des ennuis qu'il a eus en son absence, puis se réjouit de son retour.

> Qu'ils demeurent toujours inséparablement.

Ils demeurent inséparablement est mal parlé; il devoit dire : *ils demeurent inséparables*, ou : *ils sont joints inséparablement*, ou bien : *ils demeurent ensemble inséparablement*.

> Et voilà ce qui fait que l'amour que je porte
> A vos beautés, Madame, est *si constante et forte*.

Pour bien parler, il devoit dire : *si constante et si forte*. On dit : *il est si bon et si beau*, et non pas : *il est si bon et beau*.

> Aussi pour dire vrai, *mon amour j'ai fondée*.

Nota.

> Qui font *en même point* vivre et mourir *ensemble*.

L'un ou l'autre semble superflu.

> L'œil éperdu s'égare. . . . .

Après *être éperdu, s'égarer*, cela semble mal dit.

---

[1]. *Largi fletus*, « pleurs abondants. »

> Qu'il vienne voir vos yeux. . . . .
> Qu'il vienne voir après l'or de vos tresses blondes....
> Qu'il vienne voir ce front. . . . .

Il devoit dire : *qu'il regarde*, car toutes ces vues se peuvent faire d'un même voyage.

> Le mien (*mon écu*) s'y reconnoît le plus haut de la bande,
> *Et pense* avoir acquis une gloire bien grande.

Qui pense ?

> Mais ce m'est grand honneur pour vainqueur reconnoître
> Un Dieu, etc.

Ce m'est honneur de reconnoître.

> Mais lorsqu'il me fallut de *sa* cour séparer.

La.

> Où j'étois attendu d'une puissante armée.

Du, du.

> Et demourai chétif *à par (sic) moi* languissant.

Nota.

> *M'accompagnoit partout*, me livroit *mille alarmes*.

Superflu.

> Et ne doutoit (*redoutait*) l'effort de dix mille gendarmes,
> Ni de tant de guerriers que j'avois à l'entour.

Il devoit dire : *à l'entour de moi. — Il ne craignoit dix mille gensdarmes, ni de tant de guerriers*. Les gendarmes à Paris sont guerriers; je ne sais pas si à Chartres[1] ils s'appellent autrement.

> Mais quand j'étois charmé *d'objet* si desirable.

D'un objet.

> L'aise enivroit mon âme, et *m'estimois* heureux.

Nota.

> Souhaitant pour tout bien l'heure tant attendue.

Tan, ta, ten.

> *J'entr'oy* ces doux propos. . . . .

Pourquoi *entr'oy;* il faut dire : *j'oy* ou *j'entends.*

> *Je jouis ici-bas* de la gloire des cieux,
> Et d'un *homme mortel je* suis égal aux Dieux, etc.

Nota. — Il n'en est point d'autres[2]. — Et puis, il ne devoit point répéter *je*. C'est mal parlé de dire : *je jouis et je suis;* il faut dire : *je jouis et suis*. Il pouvoit dire : *Et d'un homme mortel suis fait égal aux Dieux*; mais toujours ce *mortel* est pour faire mourir un homme. — Considère d'ailleurs sa conception : tu verras qu'il ne dit pas ce qu'il

---

1. Des Portes était né à Chartres.
2. Cette critique se rapporte à *homme mortel.*

doit dire. Il parle à sa maîtresse comme la revoyant, et dit que l'aise qu'il en a le rend égal aux Dieux, sinon que leur joie est durable, et lui, quand il perd sa maîtresse de vue, il est désespéré. Or il devoit dire : *et moi je suis toujours en crainte d'une nouvelle absence*, et non pas dire l'ennui que l'absence lui fait sentir.

Joint que *tant plus qu*'un prince est grand et *remerquable* (sic),
Plus il se doit montrer entier et véritable.

Nota. — *Plus un prince est grand*, bon ; mais *plus un prince est remarquable* ne peut être dit que pour rimer. Cet épithète ne peut ici convenir au prince ; et ailleurs il ne peut avoir guère bonne grâce.

ÉLÉGIE VIII.

Ont par sa cruauté le martyre enduré.
Rime à demi-vers.

Ni ma ferme amitié l'ayent pu démouvoir.
De quoi démouvoir[1] ?

Ni fléchir son courage *ennemi de ma vie*.
Mal.

. . . . Votre unique beauté
Riche d'attraits *subtils*, de regards et de flamme....
Combien pour vous aimer j'endurois de souffrance.

Qu'est-ce à dire : *une beauté riche de regards ?* La plus laide femme du monde est aussi riche de regards que la plus belle. *Une beauté riche de flamme* ne vaut guère mieux, ni *endurer de la souffrance* non plus.

Me voyant *favori* de si belle princesse.

Il faut dire *favorisé*, car autrement il faut dire *le favori*, et lui bailler un article comme à un substantif.

Mais ce qui m'assaillit d'un regret plus extrême.

Quel langage! On dit bien : *je fus assailli d'un regret extrême*, mais non : *cela m'a assailli d'un regret extrême*.

Or' durant les assauts de ma *dure infortune*.
Nota.

L'ennui qui me pressoit *autant que chose aucune*.
Foible et plébée.

ÉLÉGIE IX.

Il décrit la naïveté de l'amour des premiers siècles, blâme celle d'aujourd'hui, et surtout des grands, dont il dit que sa maîtresse a fait la preuve.

Ayant mis fin partout au trouble et à la guerre.
Tout au trou.

---

1. La copie A a omis cette question, ou plutôt y a substitué le mot *mal*, qui, dans l'original, s'applique au vers suivant. Le reste de cette *élégie* et celles qui viennent après, jusque vers la fin de la iiie du livre II (voyez plus loin, p. 381), ne sont point annotés dans cette copie.

.... Carcans, perles, rubis, n'eussent mû les esprits.

Vers rimé par le milieu. Au reste, j'eusse mieux aimé *ému* que *mû*.

.... Ains l'amitié prisée
Sur toute autre richesse étoit autorisée.

Vous ne savez si elle étoit *prisée* sur toute autre richesse, ou *autorisée* sur toute autre richesse.

Et que cette saison en un autre passa.

Nen, nu, no.

.... Et qu'on sut *finement*
Au poids de la richesse estimer un amant.

Sot.

Qu'on peut de cent façons couvrir sa fantaisie.

Est sot aussi.

Amour tout étonné de voir sitôt changé.

Tou té ton.

Un peuple qui naguère étoit si bien *rangé*.

Ce *rangé* est très-mal. Un qui a été fou et est devenu sage, s'appelle *rangé*.

Et regrettant trop tard le bien dont tu te *prive*.

Prives.

Car comme ous ensemble *avez* fait le péché.

Vous.

Pour les simples bontés qu'*avez* tant méprisées.

Vous.

Et toujours aux glaçons la flamme entremêlant,
L'absinthe *avec* le miel, la joie à la tristesse.

Il devoit dire *au miel*, et non *avec*, tout ainsi qu'il a dit : *la flamme aux glaçons, la joie à la tristesse*.

.... Et ferai mille brèches
Diverses en vos cœurs. ....

Mal exprimé.

Bien qu'il soit jouissant, ne sera pas content.

Rime au milieu du vers.

Afin que vous souffriez ce qu'*avez* mérité.

Que vous avez.

C'est à *vous* que j'en veux, pour vous faire sentir.....
C'est à *vous* que j'en veux, qui avez préférée, etc.

Note.

Et n'avez *estimée* être chose vilaine.

Estimé.

Et les grands comme vous sauront mille finesses
Pour vous amadouer. . . . .

Suspendu.

De constance et de foi vous *parleront* toujours.

Ils oublié.

Changeront de pensée et vous délaisseront,
Et par mêmes appas autres pourchasseront.

Quel langage : *ils vous laisseront et autres pourchasseront!* On ne peut pas dire : *pourchasser autres;* il devoit dire : *en pourchasseront d'autres.*

Ainsi feront les grands en l'amoureuse chasse,
Qui n'épargneront rien. . . . .

Ils étoient mieux que *qui.*

Et que de vraie amour au dedans n'ayez point.

Transposition insupportable.

Que vous vous efforciez *l'une à l'autre de nuire.*

Guère meilleure.

Vous alors qui verrez leur foi dissimulée
Et leur amitié feinte au vent s'en être allée....
Vous aurez de dépit l'âme toute embrasée,
Voyant votre beauté si soudain méprisée.

Voyez cette imagination : *vous qui verrez leur foi s'en être allée au vent, vous aurez l'âme embrasée de dépit.* La cause du dépit est déjà exprimée; cependant il ajoute : *voyant votre beauté méprisée;* si bien que tout ce vers : *Voyant votre beauté,* etc., est superflu.

Que des Grâces *ayez* la poitrine et le sein.

Vous oublié.

Mais vous devez cesser de vous en tourmenter,
Encor que vous voyez *un* autre s'en vanter.

Rime au milieu du vers. — *Une.*

Car *un tout tel destin que* le vôtre s'apprête.

Mauvais repos.

ÉLÉGIE X.

Je ne veux point blâmer la Nature et les Cieux,
L'Amour, la Providence, ou quelque autre des Dieux.

Chevilles; et davantage, puisqu'il vouloit dire : *ou quelque autre des Dieux,* il falloit que ceux qu'il avoit nommés auparavant fussent tous dieux.

Il faut que de mon mal seule *ayez* connoissance.

Vous oublié.

Car, hélas! . . . .
. . . . *car* de vous offenser.

Car bien près d'un autre.

ÉLÉGIES, LIVRE I.

Ah ! que j'ai de regret quand je mets en mémoire.

Sot et lourd. *Mettre quelque chose en mémoire*, c'est l'écrire en des tablettes ou en quelque papier pour s'en ressouvenir. Il devoit dire : *quand je me remets en mémoire.*

Depuis l'heure qu'Amour *devers vous* m'adressa.

Je dirois *à vous*, et non *devers vous*.

Au moins si de mon lieu (sic) quelqu'un eût hérité,
Qui par extrême amour eût ce bien mérité....
Qu'il pût dissimuler ses faveurs sagement....
Qu'il pleurât ses douleurs, vous nommât inhumaine,
Ou *qu'il* dît seulement . . . .

Qui, qui, qui. Il ne parle ici de personne en particulier, mais simplement il dit qu'il seroit moins fâché si quelqu'un eût hérité de son bien (sic), qui en fût digne; ainsi faut-il toujours dire *qui*, et non *qu'il*.

Il se rit de *ses* vers dont j'étois si jaloux.

Ces.

Il fait voir des faveurs qu'il jure avoir de vous
Pour mémoire et pour gage ; il a votre peinture,
Il dit qu'*avez* la sienne ; il sait votre *nature*,
Et juge que pour lui vous souffrez passion.

Vous oublié. — *Nature* mal à propos en ce lieu. — A quel propos *il sait votre nature?* Si ce n'est une cheville, je ne sais que c'est, et puis il dit trop peu, quand il dit : *il juge que pour lui vous souffrez passion.* S'il disoit : *il publie;* mais *juger* est d'un homme qui doute.

Maîtresse, quand je vois qu'*avez* si mal choisi.

Vous oublié.

Cres que *son* relâche à mon malheur je pense.

Sans[1].

Et par quelle injustice *à coup* j'en suis privé.

Quel langage : *j'en suis privé à coup*, pour dire : « en un instant, » ou : « tout à un coup ! »

Et n'a non plus d'arrêt en son *troublé courage*
Qu'il plaît aux mouvements de la mer où il nage.

Remarque ici comme les participes ont mauvaise grâce étant transposés, comme : *troublé courage, détruites murailles, refusée grâce,* etc. *Priam voyant détruites ses murailles,* est mieux que *Priam voyant ses détruites murailles.*

Mon esprit *sans relâche....*

En cette même page, ligne 28, répété.

---

1. Malherbe, comme l'on voit, corrige jusqu'aux fautes d'impression.

> Avec tant de trésors que l'âme *en vous contemple*.

Vois ici une mauvaise transposition.

> S'il m'en prend fantaisie, aussi *soudainement*,
> Confus et *repentant*, mon vouloir se *dément*.

Garde-toi bien de croire que *soudainement* et *soudain* soient indifférents. *Soudain* eût été ici en sa place ; *soudainement* n'y est pas. — Rime au milieu du vers.

> Mes sens sont en débat, mon esprit agité.

Ce n'est pas entre les sens que se fait cette dispute.

> *Et suis* si possédé de ma fureur extrême.

Nota.

> Tout bien considéré, mon plus grand avantage
> C'est que je m'abandonne aux vents et à l'orage,
> Et calant aux destins, que je ne puis forcer,
> *Je* consente à regret tout bas en mon penser
> Qu'*infidèle et parjure*, et pis cent fois encore,
> Il faut bon gré mal gré que mon cœur vous adore.

Ceci n'est pas assez clair ; car qui empêche qu'*infidèle et parjure* ne se puisse rapporter à son cœur ? — Il ne falloit point de *je*. — Mais voici qui est étrange : *mon plus grand avantage, c'est que je consente qu'infidèle et parjure, il faut que mon cœur vous adore.*

ÉLÉGIE XI.

> C'est en vain qu'on *essaye à forcer* la puissance
> *Du ciel*, qui nous contraint depuis notre naissance.

Nota. — Suspendu.

> . . . . Tant de luisantes *armes*,
> . . . . tant d'assauts, tant d'*alarmes*.

Alarmes et *armes*, simple et composé.

> Voyant mes compagnons mourir devant mes yeux,
> Émaillants de leur sang un tombeau glorieux.

Que veut-il dire : *voir s'émailler un tombeau de son sang ?* S'il avoit dit : *émailler son tombeau de son sang*, je lui eusse pardonné.

> *J'attendois* d'heure en heure une mort assurée,
> Et *voir* de mille coups ma poitrine honorée.

Il faut dire : *j'attends de voir*, et non : *j'attends voir*.

> Il me retira *sauf* de la civile flamme.

Sauf ne se dit guère de cette façon ; on dit : *j'en échappai sain et sauf*.

> J'eusse avec ce trépas tant de peine évitée,
> Et quelqu'un le *sachant* eût ma mort regrettée.

Nota, nota.

> Qui vous réjouissez de m'avoir mis en peine :
> *Vous* riez de mes pleurs, de ma mort *vous* vivez.

Ces *vous* sont superflus. Celui de *riez* se pouvoit excuser comme

ÉLÉGIES, LIVRE I.

accusatif; car on dit : *je me ris, vous vous riez*, aussi bien que *je ris, vous riez;* mais celui qui précède *vivez* est une faute lourde, sinon qu'il voulût dire que ce fût un sens séparé qui commençât à *vous riez de*, etc.

> Et pour voir si vos yeux *pourront brûler une âme,*
> Vous me faites *mourir en l'amoureuse flamme.*

Niaiserie.

> Las! vous deviez ailleurs votre force essayer,
> Et sur vos serviteurs vos regards n'employer.

Froid. Que veut-il dire, qu'elle ne devoit pas employer ses regards sur ses serviteurs? Il pense quelque chose de bon, mais il s'exprime comme il peut.

> Tous les flambeaux d'Amour qui *consomment* les Dieux.

Consument.

> . . . . . Quand vous, belle guerrière,...
> *Vous* choisites mon cœur. . . . .

Superflu.

> Las! cette vive ardeur, qui point ne diminue
> Me tient impatient en fièvre continue,
> Qui m'émeut, qui me trouble, et qui me fait rêver,
> Et ne puis à mon mal aucun secours trouver.

Sans pouvoir. — *Cette ardeur qui point ne diminue me tient en fièvre continue qui m'émeut*, etc., c'est pure bourre.

> Et je crains vous prier. . . . .

Je crains faire mal, est mal parlé; il faut dire : *je crains de faire mal, de choir*, etc.

> Quand je *sçauroy (sic)* pour vrai, etc.

Sçauray.

> De voir qu'en me tuant, vous ne le croyez pas;
> Ou si vous le croyez, *montrez* de n'en rien croire.

Nota. — *Vous.*

> . . . . Ne se rende adouci.

Ne s'adoucisse.

> Si vous *voyez* mon cœur ainsi que mon visage,
> Meurdri, couvert de sang, etc.

Voyiez. — Il semble qu'il veuille dire : « si vous voyiez mon cœur meurtri, etc., ainsi que mon visage, » et il veut dire simplement : « si vous voyiez mon cœur comme vous voyez mon visage, vous le verriez meurtri, etc., et en auriez pitié. » Il s'est mal exprimé.

> Vous seriez, j'en suis sûr, de soupirer contrainte....
> (Et) *Vous* me rendriez, Madame, heureux parfaitement.

Superflu.

ÉLÉGIE XII.

> Que doit faire un amant comme moi misérable?

Me, moi, mi.

> Sinon toujours se plaindre et soupirer toujours,
> *Ainsi comme* je fais. . . . .

Nota. — Excellente ratiocination : « que puis-je faire, sinon me plaindre et soupirer? car je perds mes soupirs où j'ai perdu mon âme. »

> Je me plaigne de vous qui faites *que je vive.*

Il devoit dire : *qui faites que je vis.* Si *faites* étoit impératif, il eût bien dit. Il faut dire : *vous faites que tout le monde vous chérit,* en indicatif; en impératif : *faites que tout le monde vous chérisse.*

> Et d'une passion qui me plaît tellement....
> Car j'ai tant de plaisir . . . .

Une passion qui me plaît tellement, etc.; *car j'ai tant de plaisir!*

> Et que *j'aime plus fort, plus je suis tourmenté.*

Nota.

> Blâmez plutôt le ciel qui vous a *fait* si belle.

Nota.

> Car au plus fort du mal ce penser me conforte,
> Que c'est pour vous aimer qu'à tort je le supporte.

Déjà dit en la page précédente.

> Qu'il y a *jà* longtemps. . . . .

Mauvais mot.

> Et vos yeux si cruels aux *amoureux* alarmes.

Qu'est-ce à dire : *vos yeux cruels aux amoureux alarmes?* et puis *alarme* est féminin.

> Car j'ai vu mille fois *écoutant mes douleurs*
> Jusqu'aux plus durs rochers être bagnés (*sic*) de pleurs.

Écoutant est placé en un lieu où il semble se rapporter à *j'ai vu.*

> Je m'ébahis comment vous m'avez pu penser
> Avoir si lâche cœur que de vous offenser.

Cette phrase est un peu rude; elle est congrue pourtant.

> N'avoit *en vous servant* ce loyer mérité.

Cheville.

> J'accusois de vos yeux, etc.

Hors du propos ces trois vers.

> Quand votre cruauté plus fort le contraignoit.

Contraignoit à quoi?

> Car bien qu'en vous servant, etc.

Dit ci-devant par deux fois.

> Au milieu des tourments je veux qu'il vous *bénisse.*

Nota.

ÉLÉGIES, LIVRE I.

Qu'à votre honneur sacré je me sois adressé.

Rime au milieu du vers.

Mais *ce dernier effort* s'est montré si terrible,
Et m'a *du premier coup* tellement combattu (*sic*).

Ce dernier effort m'a abattu (*sic*) *du premier coup*[1].

ÉLÉGIE XIII.

Il se plaint des rigueurs et de l'inconstance de sa maîtresse, et proteste que pour cela il ne cessera jamais de la servir.

De vos divins regards j'ai tenté la *valeur*.

Valeur, pour *pouvoir*, ne me plaît pas ici.

Votre main de mes pleurs a tant été lavée.

Tan, té, té.

. . . . Car que me peut chaloir,
M'étant perdu moi-même en votre amitié vaine,
Si je perds ma *complainte* où j'ai perdu ma peine ?

Use du simple ; ce composé s'en va hors d'usage. — *Où j'ai perdu ma peine* est superflu ; il a assez dit, quand il a dit : *que me chault-il, m'étant perdu, de perdre ma plainte ?*

Hélas ! si mes douleurs vous touchoient la pensée.

Mal parlé : *mes douleurs vous touchent la pensée*.

Il vous faut seulement *à par* vous discourir.

Nota.

Combien depuis le jour que *je meurs sans mourir*.

Mal dit. *Vivre sans vivre*, bon ; mais qui meurt sans mourir n'a de quoi se plaindre.

Mais comme un ferme roc que les vents et la grêle,
La tempête et les flots combattent pêle-mêle,
Et pour tous leurs efforts n'est jamais abattu,
Ains s'affermit plus fort, etc.

Où est le nominatif de *n'est jamais abattu ?*

Et contre les beautés de *mille* damoiselles....
Immuable et constant j'ai toujours résisté.

Impertinent.

Sur tant de vains *muguets* dont l'âme est si volage.

Mot de satire ou de comédie.

O rigoureux Amour, *que* les feux que tu verses

---

1. On lit ici de plus dans la copie B de l'Arsenal :

Qu'un tel mal ne finisse, ou ne fasse finir
Avant qu'il soit longtemps, ma languissante vie,
Par un rapport menteur à tous maux asservie.

Froid, foible, suspendu.

Font dedans nos esprits *de brûlures diverses!*

Note que ce *que* veut dire *combien de brûlures, quot incendia;* s'il se rapportoit à *diverses,* et qu'il voulût dire *quam diversa,* il eût fallu dire *des brûlures. Que vous avez de maisons bien bâties!* veut dire *combien.* Si vous dites : *que vous avez des maisons bien bâties!* il signifie : *que vos maisons sont bien bâties!*

Lui des traits de Myrtis se sent vivement *poind.*

Point.

D'être demeuré ferme aux plus *cruels* alarmes.

Alarme est féminin, et qui en use autrement est un pauvre homme.

Imprenable aux dédains, aux feux, à la rigueur.

Ce mot d'*imprenable* n'est pas bien en ce lieu-là. Les dédains ni la rigueur ne prennent personne, et les feux encore moins.

Que *les tiens* soient punis qui, etc.

J'eusse dit : *ceux-là.*

Et tandis qu'aux moutons les loups feront la guerre,
Que l'hiver sera froid et l'été *chaloureux (sic).*

Froid et ridicule. En quelque églogue ou pastorale cela seroit supportable.

ÉLÉGIE XIV.

Il lui rend compte de la triste vie qu'il fait depuis qu'il est parti d'auprès d'elle.

Sans que par le récit de mes *fâcheux* alarmes.

Alarme est féminin.

J'adjoigne à tes douleurs. . . . .

Ja, join.

Vraiment *ce fut bien lors* que ma nuit commença.

Foible.

Que je me lâche au deuil, et tout désespéré
Je maudis le destin....

Ce *je* est superflu.

Las! c'est bien un départ que cette rage extrême.

Cette rage est bien un départ. La rage n'est pas ce qui les sépare, mais un effet de leur séparation.

Comme *un hydre fertil* renouvelant sa vie.

Hydre est féminin, mais pour la césure il l'a fait masculin. — Dis *fertile, inutile,* non *fertil, inutil,* etc.

Bref, une mer d'ennuis qui n'a rive *ni fond.*

Nota.

Le lit m'est une *geinne.* . . . .

Géne.

. . . . Ma langueur *soucieuse*.
Superflu et mauvais.
   Le marinier sans crainte en sa *nave* est couché.
Mauvais mot.
   L'univers se repose, et l'horreur solitaire
   Des travaux journaliers est la trêve ordinaire.
Ce *des travaux journaliers* est en un lieu où vous ne savez s'il se rapporte à *l'horreur* ou à *la trêve*. Il pouvoit dire : *Est des travaux du jour la relâche ordinaire*.
   Je fais mille autres *plaints*. . . . .
Pire[1].
   Fiché, je la contemple, et lui *narre* ma peine.
Et pire encore.
   Une fois je *te vois que* ma douleur te touche....
   Et d'un habit de deuil ombrageant ta beauté
   Blasphémer le devoir qui si loin m'a jeté.
Construction différente. — *Blasphémer le devoir* ne me plaît pas.
   Car je reste longtemps si vaincu *de ce doute*.
Note.
   Qu'amour longtemps ne dure en l'esprit d'une femme,
   Si l'œil ou le discours n'en conservent la flamme.
Que peu dure l'amour en l'esprit, etc. Au reste il devoit dire : *si l'œil et le discours*. On ne parle guère que l'on ne voie ; on voit bien sans parler, mais on ne parle pas sans voir. Et puis, le discours fait-il pas son effet en écrivant aussi bien qu'en parlant ?
   Je recommence encore à me déconforter
   Et du tout aux frayeurs je me laisse emporter.
Je recommence et je me laisse est mal dit ; il devoit dire : *je recommence et me laisse*.
   Et comme tes beaux yeux n'étoient jamais *sechés*.
Secs.
. . . . Par un coup *violant*.
Violent.

ÉLÉGIE XV.

Il excuse sa jalousie sur la beauté de sa dame, et raconte ce qu'il souffre en son absence.

   Lâche le poignant trait du souci qui m'entame, etc.
Drôlerie.
. . . . Ai-je pas quelque *droit*.
Mal, très-mal, pour *occasion, cause*, ou *raison*.

1. *Pire* est à la marge, au-dessous de *mauvais mot*.

> L'œil volage d'un prince ou quelqu'un de ces dieux
> Qui pour *moindre* que vous descendirent des cieux.

Moindres. — Ceci blâme au lieu de louer; car celui ou celle à qui l'on dit : *il y en a de moindres que vous qui ont ce privilége*, sont estimés être petits.

> . . . . Mais je crois que *n'êtes* variable.

Vous oublié au logis.

> Graver dessus mon cœur vos pensers tout ainsi
> Comme il y sut former *le céleste visage*.

Il devoit dire *votre visage*, comme *vos pensers*.

> . . . . Que vous daignez m'*aimer*.

Aimer en cet endroit est trop peu.

> Que l'*espérance* en moi la maîtresse sera.

Espérance n'est pas ce qu'il veut dire.

> De mesme, ô mon soleil. . . . .

Mes, mo, mon.

> Mes jours *recouvreront* leur splendeur coutumière.

Nota.

> Et toutes ces frayeurs mes esprits martelants.

Ces frayeurs martelants est incongru; toutefois il le dit.

> Quand Phébus se recule et qu'il laisse les jours,
> S'éloignant de l'Archer, froids, *ennuyeux* et *courts*
> Les vents *déprisonnés*. . . . .

Mal ensemble.

> Tout ainsi, ma Diane, alors que tu me *prive*, etc.

Dis : *prives*.

> Qui me font un hiver qui m'est toujours durant.

Mal : *est durant*, pour *dure*.

> Reviens donc, mon soleil, et d'un trait de tes yeux,
> Fais refleurir encor mon printemps gracieux,
> Romps la glace endurcie, et l'orage, et la grêle, etc.

Quelle imagination : *Romps la glace et l'orage*, etc., *Bien que tant de grands vents renforcent mon amour!*

ÉLÉGIE XVI. — Inégalité de qualités.

> L'inévitable loi du destin tout-puissant.

Tin, tou.

> J'appréhendai pourtant notre *inéqualité*.

On dit *égal* et *inégal*; et pour ce, il faut dire *inégalité*.

> J'étouffai ma douleur et couvris mon *ulcère*.

Sale.

Moi qui ne suis plus moi, que perdrois-je en mourant
   Qui puisse être dit mien *par discours apparent?*

Ce n'est pas ce qu'il veut dire. Il devoit dire : *moi qui n'ai plus rien à moi*. — (*Par discours apparent*) moellon excellent.

   Mais la peur seulement de n'oser aspirer.

Qu'est-ce que veut dire la peur de n'oser faire une chose ? Il veut dire : *la peur de faillir ou choir en aspirant ou montant trop haut*; ou bien : *la peur de ne pouvoir arriver en si haut lieu*, mais il le faut entendre par discrétion [1].

   Aime mieux consentir au décret ordonné,
   Et mourir par vos mains d'une plaie honorable
   Qu'éprouver *l'appareil d'autre amour favorable.*

Étrange langage.

   Et quand je le voudrois, *je n'aurois* le pouvoir.

Je n'en aurois.

   Si par votre rigueur je meurs avant le temps.

J'eusse dit : *Que si par vos rigueurs*, etc.

   ÉLÉGIE XVII. — Pour le roi Henri III, lors Monsieur.

   Comme le pèlerin qui sent en son courage, etc.

Voici une fort mauvaise petite comparaison et mal exprimée.

   Tout chemin lui est clos ; ne sait qu'il doive faire.

On ne dit pas: *je ne sais que je doive faire,* mais: *que je dois faire*. Je sais bien que le latin dit *debeam;* mais il est question de parler françois.

   Et les autres flambeaux par le ciel *reluisants.*

Je trouve quelque différence entre *luire* et *reluire*. Les astres ne reluisent point, le feu, ni la chandelle. Il faut dire *luire*, en ces lieux-là. L'or, l'argent, et autres telles choses, luisent et reluisent : l'un et l'autre se disent là indifféremment.

   Hâte le beau soleil à la tresse dorée.

Leil, la, la.

   Et me mit au chemin de l'amoureux voyage.

Quand on veut faire un voyage, il faut bien se mettre en chemin ; mais pourtant je ne dirois pas : *se mettre en chemin de quelque voyage.*

   Mais je perds cet *avis,* perdant ma liberté.

Avis et *opinion* sont bien différents en ce lieu. *Opinion* y est bon, et *avis* n'y vaut rien. Il devoit dire : *je perds cette opinion.*

   Ne m'accordez plus rien de chose que je prie !

Malaisément dirois-je : *je prie une chose;* mais *je vous prie d'une chose*. Il pouvoit dire : *Ne m'accordez jamais chose dont je vous prie.*

---

1. *Par discrétion,* en devinant. Voyez ci-dessus, p. 255, note 1.

Mais si par mon malheur trop cruelle et trop fière,
Vous ne vous fléchissez au son de ma prière....
Je veux blâmer le ciel............

Si vous ne vous fléchissez à ma prière, je veux blâmer, etc., c'est ne rien dire. — Le dernier vocatif est : *ô Dieux (quatre vers plus haut),* et à cette heure il parle à sa dame.

D'avoir *des ennemis* les campagnes semées.

Il eût mieux dit *d'ennemis;* il semble qu'il veuille dire : *les campagnes des ennemis.*

D'être *échappé vainqueur* de cent mille dangers.

J'eusse dit : *d'être sorti vainqueur; car échappé* et *vainqueur* ne s'accordent guère bien.

Jusqu'au plus haut du ciel planté ma renommée.

Planter sa renommée jusqu'au ciel, me semble bien étrange. Il pouvoit dire *envoyé* ou *porté.*

Que le temps ni la mort ne rendront *consommée.*
Consumée.

La grandeur sans amour est chose misérable.

Il ne dit rien moins que ce qu'il veut dire, car il devoit expliquer cet amour passivement.

Plus chaud est le *brandon* qui le rend consumé.
Mauvais mot en ce lieu.

Il a *tout* dedans moi son carquois renversé.
Hors de sa place.

De vous voir bien souvent ne faisant pas semblant.
Rime au milieu.

Ceux qui savent *comment* à part je me retire.
Mauvais vers.

Jamais homme discret *ne sut être volage.*

Ne fut volage. J'eusse mieux aimé dire : *jamais homme volage ne fut discret,* et cela est sans doute.

ÉLÉGIE XVIII.

Il loue sa discrétion, et prie sa dame que si, pour tromper les médisants, il feint d'aimer ailleurs, elle n'en prenne point d'ombrage.

Car pour rendre une amour et durable et secrète,
Trompant les *aiguillons* de la tourbe indiscrète,
Il faut avoir des yeux, etc.

Que veut-il dire ?

Ceux le savent assez qui craignants les dangers
Qu'apporte un haut desir par leurs yeux messagers
Font entendre à leur dame, etc.

Ce *par les yeux messagers* est en lieu où il semble se rapporter à

ÉLÉGIES, LIVRE I.

qu'apporte un haut desir, et cependant il se rapporte à *font entendre à leur dame*, etc. Or jugez quelle grâce de commencer un sens au milieu d'un vers et le continuer à l'autre.

 Qui veut donc receler une amoureuse flamme.
Receler est ici mal pour son simple *celer*.

 Qu'une Vénus nouvelle à soi le peut *attraire*.
Attrayant et *attraits* me plaisent, mais non *attraire*.

 Celui qui sagement se peut ainsi former,
 Déguisant sa pensée, est seul digne d'aimer.
J'eusse dit : *et déguiser sa pensée*.

 Je sais de mes deux yeux deux fontaines tirer,
 Pour fléchir la rigueur d'une feinte maîtresse.
Ceci est sans jugement ; car s'il sait pleurer pour une feinte maîtresse, comme est-ce qu'une vraie maîtresse connoîtra la fausseté ou vérité de ses larmes? Il achève de tout gâter quand il dit (*cinq vers plus loin*) : *Que quand j'ai feint d'aimer, je l'ai pu faire accroire.*

 Et montrer que *ses mots* dans mon cœur sont gravés.
Sottise.

 Si le peuple me juge ardemment agité.
Je ne trouve pas grand goût à dire : *je juge qu'il est agité;* car l'agitation est chose qui se voit, et qui fait juger que l'on est véritablement touché.

 Si j'osois me douloir des maux que vous me *faites*,
 Pouvois parler à vous, voir vos beautés *parfaites*.
Nota.

 Quel amant plus que moi se diroit bien-heureux ?
Où a-t-il appris à dire: *il est plus bien heureux que moi?* Bien heureux ne se joint point à *plus* ; oui bien *malheureux*. On dit : *qui est le plus malheureux de vous deux?* et non : *qui est le plus bien heureux?* mais simplement : *qui est le plus heureux?*

 M'éloigner de vos yeux, *n'oser m'en approcher*.
Quel langage! il faut : *n'oser m'approcher de vous*.

 Vous n'auriez pas raison, car *cil* qui vous a vue, etc.
Mauvais mot ; et quand il n'eût point dit *car*, il n'en eût pas été pis; il pouvoit dire *celui*, etc.

 Et mon œil *est* aveugle....
Fut étoit meilleur.

ÉLÉGIE XIX.

Il déteste l'infidélité des femmes.

 Vous qui *même sur vous* n'avez plus de pouvoir.
Mal, pour *sur vous-même*.

> Et qui *tout possédés* de charme et de poison.

Nota.

> Un des jours de l'été que *la flamme éthérée*
> Brûloit de toutes parts d'ardeur démesurée.

Mal pour *le soleil.* — *Par, dar, leur, dé.*

> Au regret éternel qui nous charge et nous presse.

Le regret me charge, mal parlé.

> Qui lui saisit le bras, qui le fait *tressaillir,*
> Qui lui fait le couteau de la dextre *saillir.*

Simple rimé au composé.

> . . . . Quel brasier véhément
> Te dévore *l'esprit, l'âme* et *l'entendement?*

En voilà trop.

> Venge-toi pour le moins, puis d'*un grand coup* d'épée, etc.

Tout beau!

> *Cent mille* tourbillons l'un sur l'autre amassés,
> *Cent* pensers différents . . . .

Pourquoi *cent mille tourbillons* et *cent pensers?* J'ai déjà dit que ces phrases numérales ne valent rien.

> Un brouillement confus tout bruyant de tempête.

Sottise. Que veut dire *un brouillement bruyant de tempête?*

> Et ne voit tant de flots et tant de vagues *perses.*

Cet épithète de *perses* ne vaut rien.

> Il ne faut point penser qu'il puisse reposer.

Rime au milieu du vers, vicieuse.

> *Il rêve, il se dépite et se sent embraser*
> Le cœur tout *à l'entour* d'une nouvelle flamme.

Bourre.

> De ses yeux tant de fois feintement arrosés,
> Et voyant (ô regret!) sa feintise notoire.

Fois, fein. — *Feintise* trop près de *feintement.*

> Hélas! c'est fait de lui, il crie, il se tourmente.

I, i, cri, i, se, etc.

> Il soupire, il sanglote, il est plus qu'au trépas,
> *Et* dépite sa vie, il chemine à grands pas,
> Et cherche en ravassant les lieux plus solitaires.

Cette copulative n'est pas bien là; la suivante est bien.

> *Contraire objet de foi,* parjure et variable.

Mal.

> Tant enflammés d'amour, tant chauds d'affection.

L'un ou l'autre est superflu.

Ces larmes, ces propos, et ces *longues promesses*.
A quel propos ? une promesse n'est ni longue ni courte.

On dit que Cupidon n'est jamais soûl de larmes....
De rivières la mer, et les prés de ruisseaux.
Toute cette ligne est hors de propos, et même ce qu'il dit des ruisseaux ; si les prés ne sont jamais soûls de ruisseaux, à quel propos :
Claudite jam rivos, pueri, sat prata biberunt[1]?

De *cent mille* amoureux ne seroit pas contente.
Il ne devoit point donner de nombre aux amoureux, comme il n'en a point donné aux larmes, meurtres, fleurs, arbrisseaux, rivières et ruisseaux ; mais dire simplement : *aussi n'est la femme d'amoureux.*

Des chardons *inutils* et des herbes méchantes.
Inutiles.

Hé ! pourquoi la nature et les cieux n'ont permis....
Que les hommes par eux, et d'eux-mêmes amis,
Sans toi, sexe imparfait, pussent avoir naissance,
Pour ne te devoir plus cette reconnoissance ?
Note cette façon d'interroger, qui ne me plaît pas. — Cette imagination ne me plaît point, quoiqu'elle soit de l'Arioste, comme tout le reste de cette plainte.

De ses jeunes *rainseaux* (sic) peupler tout un bocage.
Rameaux étoit meilleur.

Mais en vain je m'arrête aux effets de Nature....
Puisqu'on sait que Nature est même une femelle.
En vain je me plains de Nature ; que faut-il espérer d'elle, puisque Nature est même une femelle ? Ce dernier *Nature* ne devoit pas être réitéré.

. . . . . . Cessez, femmes, de vous vanter
De ce que vous pouvez les hommes enfanter,
Et qu'ils naissent de vous n'en soyez arrogantes.
Et qu'ils naissent de vous est superflu après ce qui précède.

DISCOURS.

Il se plaint de la jalousie d'un mari, puis de sa maîtresse, qui devint amoureuse d'un prince qui ne faisoit point de cas d'elle.

Reconnoissant le moins ceux qui lui font service.
Il devoit dire : *reconnoissant le moins ceux qui lui font le plus de service ;* car on ne reconnoît pas ceux qui n'ont point fait de service. On leur fait du bien, on les oblige, mais on ne les reconnoît pas. La reconnoissance suppose service fait ou quelque autre chose semblable.

Au jouet du hasard ses faveurs départant.
Il départ ses faveurs au jouet du hasard : où a-t-il pris ce jouet ?

---

1. Virgile, *Églogue* III, vers 111.

Il faut dire : *au gré* ou *au plaisir du hasard*, ou : *comme il plaît au hasard*, etc. *Je dépars mes heures au jouet de la mort*, seroit-ce pas un beau langage ? Nous sommes le jouet du sort, du hasard, de la fortune, mais pour cela nous ne vivons pas *au jouet* du sort, etc.

Mais pour premier malheur de ma triste aventure.
Le malheur de ma triste aventure.

Qui sous un joug si dur *foiblement languissoit.*
Languir foiblement est mal dit.

Et *l'amour par contrainte* est plus chaude rendue.
Mal exprimé.

Celle pêche le moins qui a *plus* de licence.
J'eusse dit *le plus*, pource qu'il y a *le moins*. Toutefois il peut passer.

. . . . Je veux que *l'étincelle*
Qui luit en mon esprit . . . .
Encore pis [1].

Ainsi *durant longtemps* je languis misérable.
J'eusse dit : *longtemps*, simplement.

. . . . Mon cerveau se *consomme.*
Consume.

Non pour mille vertus *honorants* (*sic*) ta jeunesse.
Mal ; car il faut un participe féminin à *vertus*. Or le participe féminin ne vaudroit rien ici ; il devoit donc user d'une autre façon de parler. On dit bien : *la Reine allant ce matin à la messe;* mais *allant* n'est pas participe; il est gérondif et représente le latin *eundo.*

Mais pour être adoré de ma seule déesse.
Ce n'est pas ce qu'il doit dire. Aussi vouloit-il dire : *mais pour être seul adoré de ma déesse.*

.... Qui si *douce à autrui* m'étoit toujours cruelle.
De son nouveau desir mon malheur j'*accusé* (*sic*),
Et toujours sans fléchir constant je m'*opposé* (*sic*).
Nota, nota.

Quand ce prince, à la fin, de ses yeux s'absenta,
Emportant quand et soi son âme et sa puissance.
Quel langage : *ce prince emporta en s'en allant la puissance de sa maîtresse !*

Une effroyable horreur couvre l'herbe *fleurie.*
A quel propos *fleurie ?*

Leur flamme aussi soudain est partout épandue.
S'il veut dire que la flamme des grands est épandue partout, c'est-à-dire que tout le monde en parle, ceci est hors de propos ; s'il veut dire qu'elle suit plusieurs objets, il s'est mal exprimé.

---

1. Écrit en marge, au-dessous de *mal exprimé*.

ÉLÉGIES, LIVRE I.

De ce dernier malheur à Madame advenu.
A ma da ma.

Car outre le *tourment coutumier* que j'endure.
Mauvais vers : le substantif finit le premier hémistiche, et l'adjectif commence l'autre.

Que je suis malgré moi la trace *encommencée.*
Je n'aime ni *encommencer*, ni *encependant*. *Commencer* et *cependant* sont bons.

LIVRE SECOND.

ÉLÉGIE I.

Il se plaint de la froideur de sa maîtresse, qui ne se peut résoudre à le contenter, et dit que ceux qui aiment à bon escient doivent fermer les yeux à tous dangers. — Depuis ce lieu, en la page suivante, où il y a : *La princesse d'Eryce*, etc., tout est, de mot à mot, pris de la segonde élégie du premier livre de Tibulle, qui se commence :

Adde merum, vinoque novos, etc.
Que *serviroit nier* chose si reconnue?
Nota.

Qui toujours se *complaigne*, ou qui m'écoute plaindre.
Ce mot ne vaut rien ; et puis le mot de *plaindre* qui suit vouloit qu'il dît *plaigne*. J'eusse dit : *qui se plaigne toujours*, etc., ou : *qui se plaigne à toute heure*.

Aveuglons les jaloux, trompons les plus rusés.
Ce vers est contre le sens ; car il lui veut persuader de n'être plus si considérée, et de commettre quelque chose au hasard.

Et l'esprit que la peur devant fut tenaillant.
Quelle phrase : *la peur est tenaillant mon esprit !*

Ce n'est pas pour tous ceux qui *l'amour ont en bouche*.
Transposition rude.

Si tard en ton logis. . . . .
Tar, ten, ton.

Ou si sans y penser. . . . .
Si san si.

Il s'en faudroit moquer, car. . . . .
Quer car.

J'y ai mis trop bon ordre. . . . .
Lâche et populaire.

Mais sachez que ce charme est pour moi seulement,
Et ne vous serviroit pour aucun autre amant;

Car si vous présumiez tant soit peu *lui* complaire, etc.

Ce relatif n'est pas bien. Il devoit dire : *mais sachez que ce charme n'est que pour moi, et que si vous présumiez de plaire à un autre*, etc. Au demeurant, il parle ici comme un homme qui n'a jamais été obligé, ce qui ne se rapporte pas au langage précédent.

La vieille me l'a dit, pour vous en aviser, etc.

Mauvaise imagination.

Moi-même en ai fait preuve, il le faut confesser, etc.

Nota. — Cette sorcière donne de l'amour à qui n'en a point, l'ôte à qui l'a. S'il en a fait preuve comme il dit, il est délivré d'amour, ou bien sa maîtresse est amoureuse de lui.

Tandis que de parfums mon corps elle purgeoit,
Et de noires liqueurs son bras nu m'aspergeoit.

Je ne sais s'il veut dire qu'elle lui aspergeât son bras, (le bras) d'elle, ce qui est impertinent. Il veut peut-être dire qu'elle avoit le bras nu en l'aspergeant, mais il n'est pas moins mal que le reste.

ÉLÉGIE II.

Il se plaint de l'infidélité de sa maîtresse, desire de l'oublier, et prie les Dieux de lui faire la grâce que cela soit.

Je veux avec le *fer* son portrait *effacer*
Du rocher de mon cœur. . . . .

Rime à demi-vers. — Suspendu.

. . . . Car si fidèle place
Ne doit tenir en soi rien tant plein de *fallace*.

Peu courtisan.

Dans une terre ingrate a toute été semée.

Ta, tou, té, té.

Et presque *ignoreras* que tu l'ayes aimée.

Tu.

Et des plus *affligés* les ennuis *apaisés*.

Il rime au milieu du vers.

Que *chassiez* loin de moi cet assoupissement.

« Vous » deest [1].

Et ce morne regret *qui trop ferme s'y fonde*.

Que voulez-vous dire : *mon regret se fonde trop ferme en elle?*

ÉLÉGIE III.

Il permet à sa maîtresse de faire l'amour, pourvu que ce soit secrètement et sans scandale.

---

1. *Deest*, « manque. »

> Mais je crève de rage et supporte au dedans
> Des glaçons trop serrés et des feux trop ardents.

Mal.

> Ou bien, las! que plutôt le commun bruit qui court
> Ne vient-il à moi seul, sans que la renommée
> L'éventant çà et là vous rende diffamée....
> Le mal qu'on dit de vous ne m'iroit dépitant, etc.

Comme se feroit cela, que le bruit commun qui court ne vînt qu'à lui seul? Il devoit dire : *qu'il n'y eût que moi seul qui en sût la nouvelle.* Le bruit commun ne dit rien à un homme seul. Il continue en sa faute quand il dit : *le mal qu'on dit de vous.* Il devoit dire : *le mal que vous feriez ne m'iroit*, etc.

> Car j'aime fort un bien dont plusieurs ont envie;
> *Mais* le bruit que de vous le commun va semant
> Fait qu'un homme de cœur se hait en vous aimant....
> Et ce qui rend plus fort un esprit embrasé,
> C'est de voir que son choix de chacun est prisé.

Examine cette grande faute : *mais* signifie une contrariété, et cependant c'est une même chose que *Car j'aime fort un bien dont plusieurs ont envie*, qui est devant *mais le bruit*, etc., et ce qui est après : *C'est de voir que son choix de chacun est prisé*.

> Et donnez, *non ingrate*, à tous la récompense.

Nota.

> Mais *qu'est-il de besoin* qu'on en ait connoissance?

Je dirois : *quel besoin est-il?*

ÉLÉGIE IV.

Il se plaint de l'infidélité de sa maîtresse.

> De ceux qui *chacun* jour les éprouvent volages.

Nota.

> Et que j'eusse *juré ne me fier* qu'en celle, etc.

Juré de ne me fier.

> Et rendu ma raison tellement étrangée.

Rendre étrangée, mal.

> Et qui tournoient mon âme *ainsi comme* ils vouloient.

Lâche et plébée.

> Vous en juriez vos yeux, seigneurs de ma victoire.

Qu'est-ce à dire : *seigneurs de ma victoire?*

> Mes jours les plus luisants sont changés en ténèbres,
> Et mes chants de liesse en complaintes funèbres.

Ces deux vers sont mot à mot répétés ci-après en la page 336[1].

---

[1]. Dans la *Complainte* qui termine le volume et commence au f° 336 de l'édition de 1600.

> . . . . Vous étiez ma *fiance*.

Mal.

> . . . . Mon cœur infortuné
> Se voit *pour tout jamais* à souffrir condamné.

Nota.

ÉLÉGIE V. — Regrets d'un partement.

> Me força de résoudre à quitter furieux
> Pour jamais Cléonice, *ainçois*, etc.

Mauvais mot. — Il devoit dire : *de me résoudre*. C'est parlé allemand de dire : « J'ai été forcé de résoudre à faire cela. »

> Et qu'il falloit partir sans jamais revenir.

Rime au milieu du vers.

> Et de mes jours passés les plus désespérés.

Rime au milieu du vers.

> Étoient à chauds soupirs de mon cœur desirés.

Je dirois : *desiré de moi*, et non : *desiré de mon cœur;* encor que l'on die : *tout ce que mon cœur desire*, il n'en faut pas tirer cette conséquence.

> Me cachoit ce bel œil dont le jour est dompté.

Dompté n'est pas bien ici. Il veut dire : « ce bel œil qui efface la clairté ou la beauté du jour; » mais *dompter* ne le signifie pas. Il vaut aussi peu comme ce qu'il dit incontinent après : *au regret qui m'entame*.

> Ne me *sois* d'un grand cœur à la mort avancé.

Je oublié.

> N'eût empêché Madame à courir sur la place.

Il faut dire : *n'eût empêché Madame de courir*, et non : *à courir*.

> Mêler de pleurs mon sang, mes paupières *serrer*.

Fermer est mieux que *serrer;* car il veut dire *clore* et *fermer*. Or *serrer* n'a pas cette signification en France, mais en Provence et autres tels lieux, où l'on dit : *serrer les yeux*, *serrer la porte*, *serrer la fenêtre*, pour *clore*, etc.

> De mille autres pensers une troupe infinie.

Une infinité de mille hommes : que vous en semble?

> O Temps, qui du haut ciel la vitesse *mesures*,
> Las! retourne, disois-je, à mesurer les *heures*.

Rime provençale ou gasconne, d'une diphthongue avec une voyelle.

> Me fournissent encor de sanglots et de pleurs.

Nota. Il a bien dit : *de sanglots et de pleurs*, et eût bien dit aussi : *des sanglots et des pleurs*. On dit : *il fournit du bois à ma maison*, et *fournit ma maison de bois*.

> De mille autres regrets j'eusse plaint ma fortune.

Tre, re, grets.

ÉLÉGIES, LIVRE II.

> .... Et la tourbe importune
> Des bateliers criants, m'empêchoit le loisir
> D'honorer de mes pleurs ce mortel déplaisir.

Ils ne l'empêchoient pas de pleurer ; c'est chose qui n'eût pas gardé les bateliers de ramer.

> Je sors donc de ma *chambre hâté* de cette escorte,
> Et d'un pied défaillant *je* passe outre la porte.

Hâté se doit aspirer. Et d'ailleurs, il dit : *je sors de ma chambre et je passe*, etc. Il ne falloit point répéter *je*. Et puis, à quoi est bon : *je sors de ma chambre et passe outre la porte*, si ce n'est la porte de la rue ? mais il le faut dire.

> Chambre à mon deuil secret autrefois si *propice*.

Il abuse ici de *propice*, au lieu de *propre*.

> Des lieux plus égarés où perdu *je m'en vois*.

Nota.

> Mais, ô cher monument de mon mal déplorable,
> *Tu ne suffisois pas :* je suis si misérable.

Suspendu.

> .... Me mettre *à la cadence*
> Du troupeau d'*Éleuthère*. ....

A la ca. — Suspendu.

> Or comme en ces discours mon esprit se *distille*,
> Le jour trop clair me force à sortir de la *ville*.

Mal rimé.

> .... Et mes yeux obstinés
> Sans *ciller* vers le Louvre étoient toujours tournés.

Ciller est ici en sa vraie signification, qui est de *mouvoir*.

> Que *plutôt que partir* je ne m'étois tué.

Note.

> Et victime *propice* au feu qui me dévore.

Que veut-il dire ? si c'est qu'il le veuille prendre en la signification du latin *propitius*, les victimes ne sont pas propices, mais on les offre pour rendre propices ceux à qui elles sont offertes ; s'il le prend pour *sortable* ou *convenable*, il se trompe.

> *Telle elle est* aux mortels quand leur jour est venu.

Elle est telle.

> A cet horrible *aspect* mon âme épouvantée.

Spectacle.

> Mon visage et mes yeux ternirent leur couleur.

La couleur des yeux ternie, mal.

> Ce qui m'advint depuis est aux autres *notoire*.

Notoire n'est guère bon.

De l'eau qu'on me jeta, de l'effroi, des *clameurs*.
Je vous conseille de ne parler point de *clameurs*.

LA PYROMANCE.

Ni ses yeux ruisselants d'une source éternelle,
Ni le feu trop couvert, qui le fait dessécher,
Avoient pu de sa nymphe entamer le rocher.
Mal; *n'avoient*.

Un soir du mois de juin, que *la flamme éthérée*.
Flamme éthérée, mal, pour *le soleil*.

Et que le doux Zéphyre endormi s'apaisoit.
Quel langage : *Zéphyre s'apaise endormi!* Il seroit bien malaisé de faire le mauvais quand on est endormi.

Amour, cruel pirate, incessamment le poind.
Un pirate me point! Phrase excellentissime.

Avoient *de tièdes pleurs ses cris accompagnés*.
Note.

Les pieds et les bras nus, *nud tête*, et sans ceinture.
Quand nous oyons prononcer *nu tête*, ce n'est pas de *nud tête*; car quelle construction seroit-ce de dire *nud tête?* Quoiqu'on le pût dire en latin, il ne se peut dire en françois; mais on dit *nue tête*, et par une élision, *nu tête; nues jambes*, et par élision, *nu jambes*, et *nus pieds*, non *nud pieds*.

Qui méprise leur force et mon mal *soucieux*.
Un mal soucieux, ridicule.

Par neuf fois en la mer *j'ai ma tête plongée*.
Note.

Je t'invoque, ô *Proté!* cet autel je te dresse.
Jamais ne dis ni *Proté*, ni *Prométhé*, mais *Protée* et *Prométhée*.

Et *rechange* mes sens, qu'Amour rend furieux.
Rechange, mal; simple pour composé.

J'ai mis du côté droit maint branchage assemblé
    D'olivier et de myrte. . . . .
Suspendu.

Si je veux de tout point mes charmes *consumer*.
Cheville. — Il ne sait quand il faut dire *consumer* ou *consommer*. Il les met ordinairement en la place l'un de l'autre, comme ici *consumer* tient la place de *consommer* : *consommer les charmes*, c'est-à-dire *les parfaire*.

Cette huile est de la lampe incessamment *ardant*.
Ardant ne peut être ici gérondif. Il faut donc qu'il soit participe,

et par conséquent qu'il convienne en genre avec le substantif *lampe;* et faut dire : *lampe ardante, chandelle éclairante,* etc.

   Dans le *temple à Neptune.* . . . . . .
Note.

   Et cette mèche neuve a toute été filée.
Tou, té, té.

   Et pour tout de mon mal tu ne fais point de compte.
Mal parlé, pour la rudesse de la transposition.

   De grâce, hé ! montre-moi l'une ou l'autre fortune,
   Et s'il faut que j'attende *ou douceur ou pitié.*

Douceur ou pitié ne sont pas l'une ou l'autre fortune; il s'est mécompté; il vouloit dire : *la mort ou la vie,* ou quelque chose semblable, comme *rigueur ou pitié.*

   Ma nymphe n'aime rien, elle est toute cruelle....
   Ne le savois-je pas? Tant de ruisseaux de larmes,
   Tant de flots, de soupirs, tant de mal enduré,
   Assez auparavant m'en avoient assuré.

A quel propos dit-il que ses ruisseaux de larmes et tant de soupirs l'en avoient assuré? Il devoit dire : « l'ayant vue mépriser tant de soupirs et de larmes qu'elle m'avoit vu jeter, en devois-je pas être assuré? » et puis que veut dire : *tant de flots m'avoient assuré qu'elle étoit sans pitié?*

   J'avois la couleur vive, et *tout plein de franchise,*
   Content entre les miens je vivois de ma prise.

Franchise en la signification qu'il le met ici ne s'accommode pas bien avec *plein.*

   Ores d'un rude poil j'ai la face couverte.
Ce n'est pas l'amour qui a fait ce changement, mais le temps.

   . . . . Mais je vois la lumière
   Qui chancelle incertaine et *flamboye en arrière.*
Et devant et derrière.

   Ma nymphe en même temps m'aime et me hait aussi.
Mai, mé, me.

   . . . . Et la plus ferme d'elles
   Aimeroit beaucoup mieux pour son contentement
   Vivre avec un seul œil qu'avec un seul amant.

Vois ci-après, p. 276 (le sonnet XXVIII des *Diverses amours*).

   Son rayon tant aimé sur l'amour s'est jeté.
Rime à demi-vers.

   Le pouvoir *du destin ou du sort* inconstant.
Il fait ici deux morceaux d'une cerise. Quelle subtile distinction peut-il alléguer entre le sort et le destin? Les poëtes n'y en font point, s'ils ne veulent cheviller, comme il fait ici.

Cède au char d'Apollon *de rayons allumé*.
Allumé de rayons n'est guère à propos.

AVENTURE PREMIÈRE.

CLÉOPHON[1].

Lance un rayon de flamme en ma *chaude* poitrine.
Puisque sa poitrine est chaude, à quel propos un rayon de flamme ?
Il devoit dire : *en ma poitrine*, simplement; encore serois-je bien aise
que l'on n'usât point de ce mot de *poitrine*, que rarement.

Car contre ses beautés ne se *trouve* défanse (*sic*).
Il[2].

La jeune Fleurdelis, chère part de son âme,...
De sa dure rigueur souvent la reprenoit.
Fleurdelis parle à Olympe et lui persuade de faire l'amour[3].

Mais qu'est-il rien plus doux que de se voir servie...?
Qu'est-il de plus doux[4] ?

Déjà le haut renom et les faits glorieux
Du vaillant Eurylas s'épandoient en tous lieux,

1. Malherbe a effacé CLÉOPHON et mis à la place EURYLAS.
2. La copie B de l'Arsenal corrige *défance* en *défence* (*sic*), et contient de plus une remarque sur les vers 15 et 16 de la pièce :
   Combien de durs regrets étoient lors entendus !
   Combien de chauds soupirs et de pleurs épandus!
Ces *pleurs épandus* sont assez mal là où ils sont; il semble qu'il veuille dire :
« Combien de pleurs épandus furent entendus ! »
3. On lit de plus dans la copie B de l'Arsenal :
   Amour rend de nos jours le malheur adouci.
Pour *adoucit le malheur de nos jours;* mal.
   Et au lieu de servir nous fait être maîtresses.
Entre-bâillement. — *Té, tre*.
   On ne doit *sans amour* une dame estimer.
Équivoque : *on ne doit point estimer sans amour une dame*. Il semble qu'il veuille dire qu'il faut avoir de l'amour pour estimer une dame.
4. Les critiques suivantes ne sont que dans la copie B de l'Arsenal :
   Les courroux *gracieux*, l'espérance et la crainte.
Pourquoi donner un épithète à *courroux*, puisque les autres substantifs qui lui sont conjoints n'en ont point?
   De semblables propos *mille fois récités*.
Mille fois récités, pour *redits*, me déplaît.
   Il faut qu'un jeune amant en fasse la vengeance,
   Et qu'en la surmontant il perde sa puissance.
Que veut dire : *perdre sa puissance en la surmontant?* Il eût mieux dit : *perdre sa liberté*. Cela est impertinent et fort ténébreux, et ne sait-on s'il entend de parler de la puissance de l'amant ou de celle de l'amante.

Qui n'atteignant encore à la vingtième année, etc.
Qui est loin d'*Eurylas*.

Avoit victorieux en *cent* lieux combattu,
Soutenu *mille* assauts, d'un cœur non abattu,
Et par ses faits guerriers suivis de *mille* peines.

« Il avoit combattu en cent lieux et soutenu mille assauts : » il y avoit dix assauts en chaque lieu [1].

Il *eut* la taille belle et le visage beau.
Avoit.

Son teint étoit de lis et de roses *pourprettes*.

Pourprettes. Je ne sais comme il entend de faire d'un substantif, *pourpre*, un adjectif diminutif, *pourprette*. J'ai bien lu *rougette*, pour *un peu rouge*, mais il vient d'un adjectif [2].

Perd son *premier* repos. . . . .
Inutile.

Ains fuit libre d'amour d'un cœur léger et pront,
Plus soudain qu'un torrent ne s'écoule d'un mont.

Mauvaise comparaison, d'un amant qui fuit l'amour, avec un torrent [3].

Et des plus poignants traits dont les Dieux tu *surmonte*.
Surmontes.

Amour, qui ces propos tout colère entendit,
Soudain pour y pourvoir du *tiers* ciel descendit.

Ce *tiers* est cheville, encore qu'il le fasse venir du troisième ciel, qui est le ciel de Vénus, mère d'Amour [4].

---

1. Dans la copie B de l'Arsenal on lit de plus : « Voici bien de l'arithmétique; cent, mille, cent*. » — A la suite, cette copie a encore cette autre remarque :

Il sembloit à le voir *d'un fleuri renouveau*.

Que veut dire : *d'un fleuri renouveau* ? *A un fleuri renouveau*, passe encore ; me semble-t-il que *fleuri* devoit venir après *renouveau*.

2. La copie B de l'Arsenal donne de plus : « Ces diminutifs n'ont guère bonne grâce en françois. »

3. La copie B de l'Arsenal ajoute : « *Ains* pour *mais*, c'est parler à l'antique. »

Vois-tu pas ce hautain qui méprise ta gloire,
Remportant de nos cœurs une *pauvre* victoire.
Foible.

4. Ose quelqu'un encor mes forces dépiter?
Pour : *quelqu'un ose-t-il encore provoquer ma puissance?* Ceci est mal : *dépiter mes forces*.

Mon empire se doit par douceur maintenir,
Puis je m'en veux servir pour une autre entreprise.

Il semble que *puis je m'en veux servir* se rapporte à *empire*, et non pas à *Eurylas*.   (Copie B de l'Arsenal.)

* Lisez : *mille*.

Lors comme un qui choisit *lieu propre* à sa vengeance.
Un lieu propre.

Des nouvelles amours sont piteux messagers.
J'eusse dit : *de leur nouvelle amour* ou *de leurs nouveaux desirs.*

Ils sentent un plaisir tout mêlé de rigueur,
Et de secrets soupirs *ils* éventent leur cœur.
Superflu.

Craint d'avoir trop rendu cette amitié connue.
Il eût mieux dit : *rendu trop connue.*

Grande étoit l'assemblée. . . . .
Grande, etc. : cette transposition a mauvaise grâce [1].

. . . . Pauvre, que *fera-telle* (sic)?
Nota.

Qui va, *nouvel Argus,* de cent yeux l'épiant.
Nota [2].

Il la tient au logis tant qu'il peut enfermée.
Au logis devoit être devant *enfermée* [3].

Pour découvrir le mal dont son âme est atteinte.
Ta, tein, te.

Ardent amour la pousse, et la peur la retire.
Puisqu'il y avoit un article à *la peur,* il en falloit un à *amour*; et ne

---

1. La copie B de l'Arsenal corrige ainsi la construction : *L'assemblée étoit grande.*

2. Au lieu du mot *Nota,* la copie B de l'Arsenal porte : « Il falloit dire : qui, nouvel Argus qu'il est, l'épie avec cent yeux. »

3. Dans la copie B de l'Arsenal : « après *enfermée.* » — Ce qui suit ne se lit que dans cette copie :

Dont son âme égarée est tellement saisie.
Égarée et *saisie,* contraires.

Qu'il cherche les devins, aux sorciers a *recours,*
Tous les Dieux infernaux il appelle au *secours.*
Simple et composé.

Que les enchantements contre Amour n'ont puissance.
N'ont puissance, pour *n'ont point de puissance.*

Il étoit nuit fermée, et les hommes lassés, etc.
Bien.

Est seule qui ne sent repos en sa pensée.
Est seule, etc., pour *est la seule qui ne sent point de repos en sa pensée.*

De l'un de ses pensers cent autres renouvellent.
Ce *cent* est bien là, parce qu'il est opposé à *un.*

ÉLÉGIES, LIVRE II.

falloit point d'épithète à *amour*, puisqu'il n'y en avoit point à
la peur ¹.

  S'elle osoit d'un soupir. . . . .
Si elle.

  Qui la fait contenir sans mouvoir ni gémir.
Rime au milieu du vers.

  Car elle a toujours peur qu'il feigne de dormir.
Note ².

  Retenant ses soupirs, son recours est aux larmes.
A qui se rapporte le participe *retenant* ? Il est hors d'œuvre.

  Tant que la nuit dura, de pleurer n'a cessé.
Ne cessa ³.

  Chassant du firmament la *grand'* troupe étoilée.
Cheville.

  Séchoit ses *larges pleurs*. . . . .
En latin, bon ; en françois, non.

  Et jamais un grand heur n'est acquis sans tristesse,
   Comme vous connoîtrez ; car je veux commencer, etc.
Suspendu ⁴.

  Sitôt que le soleil commençant sa carrière
   Sera sur le midi. . . . .
Sitôt que le soleil levant sera sur le midi.

1. On lit ici de plus dans la copie B de l'Arsenal :
  L'un lui donne plaisir, et l'autre la martyre.
Il eût fallu dire : *De l'un elle a plaisir, et de l'autre martyre.*
  Qu'elle flotte incertaine en cette extrémité.
Flotte incertaine, pour *incertainement.*
2. Il y a de plus dans la copie B de l'Arsenal :
  Ainsi durant l'effort de tant de *durs* alarmes.
Pour *dures.*
3.   Enfin le foible esprit *du travail oppressé.*
Oppressé du travail.
  Et *la femme à Tithon.* . . . .
La femme de Tithon.   (*Copie B de l'Arsenal.*)
4.   Montrant par vrais effets que votre amour n'est feinte.
Par des vrais effets que votre amour n'est point feinte.
  . . . . La voûte est toute peinte.
Té, tou, te.
  De leurs longues douleurs à la fin *guerdonnés.*
Vieux mot.   (*Ibidem.*)

> Et que chacun s'attend à prendre son repas.

Je n'approuve pas ce langage : *il s'attend à prendre son repas,* car *attendere* des Latins ne signifie pas *attendre;* et *attendre* en françois ne signifie autre chose qu'*expectare*. Cette phrase est provençale, gasconne, et d'autres telles dialectes éloignées, ou italienne : *Attende a far i fatti suoi.*

> Camille atteinte au vif de l'ardente étincelle
> Des yeux de Floridant. . . . .

Étincelle seroit bien hors d'ici [1].

> . . . . La vue elle a tournée.

Note.

> Puis se vint, sans mouvoir, comme toute étonnée.

Tou, té, ton [2].

> *M'as daigné* consoler. . . . .

Nota [3].

> Et ma *belle* jeunesse en tes mains je remets.

Je n'eusse point usé de cet épithète, parce qu'il faut toujours parler modestement de soi.

> Et toi, mari jaloux d'un œil trop curieux
> Invoque tes esprits, veille après moi sans cesse.

A qui se rapporte *d'un œil trop curieux?* A *jaloux?* il ne se peut; car que veut dire : *être jaloux d'un œil trop curieux?* Il ne se peut non plus rapporter à *invoque tes esprits;* qu'est-ce à dire : *invoquer d'un œil trop curieux?* Il se pourroit fort bien rapporter à *veille après moi sans cesse;* mais il en est trop loin.

> Pour sa belle *entreprise hardiment* s'exposer.

Hardiment se doit aspirer, et cette faute est inexcusable.

---

1. Puis disparut *légère*. . . . .

Légère, pour *legèrement.*

> Les vents *à son regard* tenoient leurs bouches closes.

Voilà qui est dur, soit qu'il veuille dire *à son regard,* pour *à son avis,* ou *devant ses yeux,* ou *pour sa considération.*

> Quand avec un penser plaisant et *soucieux.*

Mauvais mot.

> Doucement tout autour la vue elle a tournée.

Tournée tout autour, mal. — *Tou, to, tou.* (*Copie B de l'Arsenal.*)

2. Enfin, pleine d'amour, son *chef* elle haussa.

Mauvais mot.   (*Ibidem.*)

3. Dans la copie B de l'Arsenal : « Nota : *daignée.* » — Ce qui suit ne se lit que dans cette copie :

> *Débile* est un mortel contre la déité.

Débile, pour *foible,* mal : « J'ai trouvé mon ennemi bien débile. »

ÉLÉGIES, LIVRE II.

Qu'au sang de Fleurdelis Amour ses traits lavoit.

Cette phrase ne vaut du tout rien pour dire que Fleurdelis avoit de l'amour; et n'y a guère plus de grâce en ce qui suit, qu'*Amour avoit enferré la poitrine de Fleurdelis par les attraits de Nirée*[1].

Sitôt qu'au vieux palais sans bruit *furent entrées*,
Des trois jeunes amants elles sont rencontrées.

Il falloit dire : *elles furent entrées*, et outre cela ces deux vers se trouvent en tous les vaudevilles.

Fleurdelis, qui les voit, reste toute ébahie.

Te, tou, té.

Les amants *tout confus* ne savent que lui dire.

Nota[2].

. . . . Et *lui parle* en courroux.

Nota[3].

Quel charme ou quel démon maintenant vous travaille?

Mal à propos.

Comme un soldat craintif, qui bien loin du danger
Ne bruit que de combats, de forcer, d'assiéger.

Je ne trouve pas cette phrase bonne : *un soldat ne bruit que de combats. Bruire de* quelque chose ne me plaît point[4].

Ne se peut condescendre à lui donner merci.

Je dirois : *ne peut condescendre;* c'est mal parlé : *je me condescends à cela.*

Pendant qu'il parle *à elle.* . . . .

Nota.

Toi seul pourrois conter leurs mignardes caresses.

Nota.

Les autres voletants tout autour s'amassoient.

Tan, tou, tau, tou.

---

1. Mais l'Amour aussitôt te contraint avancer.
Te contraint de t'avancer. (*Copie B de l'Arsenal.*)
2. . . . . L'autre éperdu soupire.
Éperdu soupire, pour *éperdument.* (*Ibidem.*)
3. La copie B de l'Arsenal explique ce *nota* : « Pour dire : *parle à elle.* » Puis elle corrige ainsi un des vers suivants :
Avant que deux beaux yeux m'eussent *forcé* d'aimer.
Forcée.
4. La copie B de l'Arsenal omet cette dernière phrase, et ajoute cette remarque :
Mais pourtant Fleurdelis *ne change* de pensée.
Un *point* y défaut.

Dont *couvroient* ces amants comme d'un grand nuage.
Ils.
    Chacun, à qui mieux mieux, se montrant desireux.
Rime à demi-vers[1].

AVENTURE SECONDE.

EURYLAS[2].

Et blessoient tous les cœurs par une douce guerre.
Blesser par une guerre ne me plaît pas ; j'eusse dit · *tourmentoient,* ou: *travailloient*[3].

Mars logeoit en leur âme, et l'Amour en leurs yeux.
Je ne blâme pas *logeoit en leur âme,* mais il me semble que puisqu'il y a *en leurs yeux,* il devoit dire *en leurs âmes.*

De tenter le péril d'un combat *rigoureux.*
Foible.

---

1. Ce qui suit ne se lit que dans la copie B de l'Arsenal :
    Remplissant leurs esprits d'*angoisseuse* amertume.
Étrange mot.

2. Malherbe a effacé EURYLAS, pour y substituer CLÉOPHON. Puis il a ainsi indiqué à la marge les noms des personnages : « *Cléophon,* le roi Henri III; Queslus, Maugiron, Livarrot, Antraguet; Schomberg, *Damon;* Riberac, *Lycidas**. Queslus et Antraguet, Schomberg et Livarrot, Maugiron et Riberac se battoient. » Dans la copie B de l'Arsenal cette explication est placée en tête de l'*Aventure première,* et en tête de la *seconde* se trouve cette note : « Lisez ce que j'ai noté au commencement de l'*Aventure* précédente, que j'avois prise pour celle-ci. » — Les critiques suivantes ne sont que dans la copie B de l'Arsenal :
    Et rendit notre race *en vivant* misérable.
Cet *en vivant* semble être là pour remplir le vers ; autrement il est hors d'œuvre, et ne sait-on où il se rapporte.
    Pour contre tes efforts résister *seuremant* (sic).
Seurement.
    Mais las! si ta rigueur rendit *oncques* défaits.
Vieux mot.
    Damon et Lycidas, deux astres de ce *tans,*
    Deux Achilles nouveaux, deux aimables *printans.*
Tens. — *Printens* et *temps* (sic), mal rimé, le simple avec le composé. — *Voilà deux hommes qui sont deux aimables printemps :* jugez si cela est bien dit.

3. C'étoit toute vertu, douceur, grâce et *prouesse.*
Prouesse, vieux mot.

---

* Dans l'original *Damon* est écrit à côté de *Queslus,* et *Lycidas* à côté de *Maugiron;* mais il y a deux signes de renvoi qui font rapporter le premier de ces noms (*Damon*) à *Schomberg,* le second (*Lycidas*) à *Riberac.* Dans les copies A et B de l'Arsenal on a négligé ces signes, et écrit : « Queslus Damon, Maugiron Lycidas. »

A qui plus désormais pourrai-je *avoir de foi?*
J'eusse dit : *avoir' foi;* négativement je dirois : *je ne puis plus avoir de foi à ses paroles.*

Si ce qui m'est *plus cher* se sépare de moi.
J'aimerois mieux dire : *ce qui m'est le plus cher*, et cela est sans doute [1].

Rendent là de mes jours la carrière achevée.
Rendre achevée, mal [2].

Ne lui verse d'un coup *ses* deux flots de douleur.
Ces [3].

Puisque, hélas! *sans te voir* je mourrois de tristesse.
Mal exprimé; il veut dire : *si je te survivois* [4].

1. . . . . L'Amour qui nous *assemble*
Veut qu'au bien *et au mal* nous ayons part *ensemble.*
Simple et composé. — Il eût mieux dit : *veut qu'au bien et qu'au mal;* par ce moyen, il eût évité l'entre-bâillement qui rend ce vers malaisé à prononcer, en cette rencontre : *et au mal.*

Lycidas, ô Damon, jamais ne te *lairra.*
Pour *laissera*. Il faut user modestement de ce mot *lairra.*

Ce n'est *pour cet égard* que je t'avois laissé.
Pour cet égard : cette façon de parler n'est pas guère (*sic*) délicate.
(*Copie B de l'Arsenal.*)

2. Je ne croirai mourir si tu restes vivant.
Un *pas* ou un *point* défaillent ici ; il eût fallu dire : *je ne croirai point mourir.*

Joint que de Cléophon la mémoire éternelle.
Joint, vieille liaison et qui sent sa chicane ; il n'en faut point user pour tout.
(*Ibidem.*)

3. C'est s'opposer au ciel que *d'aller au contraire.*
Façon de parler sans grâce et rude extrêmement.

Nos destins amassés dans un même fuseau
Doivent être *tranches* d'un seul coup de ciseau:
Ne m'offense donc plus par ta *vaine rudesse.*
Trancher du ciseau, il faut dire *couper.* — *Vaine rudesse* n'est pas bon : premièrement *rudesse* n'est pas un mot propre pour exprimer la modestie et l'affection qui portent Damon à épargner la vie de son ami ; et puis cette (*sic*) épithète *vaine* est équivoque ; vous ne savez s'il veut dire ou *rudesse inutile* ou *rudesse pleine de vanité.*
(*Ibidem.*)

4. La mère du *Sommeil coye* se retiroit.
Sommeil, pour *somme*, mal. — *Coye*, pour dire *coyement.*

L'Aurore aussi soudain commença ses travaux,
Et ne voulut parer son char ni ses chevaux,
Ne couronna son sein ni ses *tresses de roses.*
Tresses de roses, mal ; il falloit dire : *ne couronna point de roses ni son sein ni ses tresses*, autrement on croira que l'Aurore a les *tresses de roses*, comme les mains.

Mais d'un manteau de deuil ses beautés furent *closes.*
Closes, pour *couvertes*, dur.
(*Ibidem.*)

Courrière du Soleil, tu devois de tout point
Devers notre horizon ce jour n'arriver point.

Je ne dirois point : *l'Aurore est arrivée devers l'horizon*, mais : *sur l'horizon*[1]

Où le plus libre esprit se *trouvoit attaché*,
Mêlé confusément, tout rouge et *tout taché*.

Ta, ta. — Tou, ta.

Mais il eut pour le moins ce *confort* en mourant.

Ce mot est hors d'usage. Son composé *réconfort* est bon, et *déconfort* aussi.

Du sang de *ses* haineux et du sien dégouttant.

Son[2].

Victoire cadméane, et trop *chère* achetée.

Cher.

Quand il voit que la Parque a sa trame coupée.

La par qua sa tra[3].

Immobile longtemps *tient* l'œil fiché sur lui.

Il[4].

1. Afin que ta lumière aux mortels si *plaisante*.
Plaisante, pour *agréable*, mal.

Hélas! tu n'eusses vu sur *le champ renversé*.
Renversé sur le champ.

Tu n'eusses vu les *doigts* de la Parque cruelle.
Doigts, pour *mains*, mal.

D'un seul coup *la jeunesse et l'amour surmonter.*
Transposition; il falloit dire : *surmonter la jeunesse et l'amour.*

Tu n'eusses vu l'honneur de sa tresse *dorée*
De la blonde couleur du poil de Cythérée.
Dorer de couleur, mal.   (*Copie B de l'Arsenal.*)

2. *Haineux*, pour *ennemi*; il en faut user discrètement.

Et durant que son cœur est plus grand et plus chaud.
Son cœur est plus grand, cela n'est pas fort bien. La colère ne rend pas un cœur plus grand; un homme courageux n'a jamais le cœur une fois petit, une fois grand.

Comme un bouton de rose *en avril languissant.*
Languissant en avril.

Tous deux en longs soupirs détestent ta rigueur.
Té, te, ta.

D'un long *sommeil* ferré durement endormi.
Somme.   (*Ibidem.*)

3. La copie B de l'Arsenal ajoute : « Transposition et équivoque. »

4. Enfin l'amas *pressé* du deuil qui continue.
Pour le participe il a mis l'adjectif.   (*Copie B de l'Arsenal.*)

ÉLÉGIES, LIVRE II.

Si que pâle et tout froid *chet* à dent sur le mort.

Si que, vieil langage, dont on n'use plus, et qui étoit déjà hors d'usage du temps de des Portes. — *Il* [1].

Ne *départs* point encore, ô seul jour de mes yeux,
Et parmi tant de *rage* et d'assauts furieux, etc.

Mal parlé : le composé pour le simple. Il pouvoit dire : *ne t'en va point encore* [2].

Au nom de son ami (miracle!) il s'évertue.

Mi, mi.

Qui semble une fleurette où toute humeur défaut.

Tou, tou, tu.

Damon plus que *devant* au deuil *s'abandonnant*.

Rime à demi-vers [3].

Et toujours la fureur lui fait nouveaux alarmes.

Nouvelles alarmes, est féminin. On dit : *une fausse alarme*, et non : *un faux alarme* [4].

Partout cette merveille aussitôt a semée.

Ce vers est plein de transpositions [5].

En ce torrent de deuil qui *sur toi déborda*.

Nota [6].

1.   Se lâche au *désespoir sanglotant* sans cesser.

Désespoir sanglotant : voilà qui est mal rangé.

Puis, comme les sanglots, *l'angoisse* et la furie
Font passage à sa voix. . . . .

Mauvais mot.   (*Copie* B *de l'Arsenal.*)

2. La copie B de l'Arsenal contient de plus cette remarque : « Il faudroit que *rage* eût une épithète, puisqu'il en a donné une à *assauts*, et faudroit aussi dire *rages*, au pluriel, puisque *assauts* est au pluriel. »

3.   Rend d'éclatants regrets l'air voisin résonnant.

Rend resonnant, pour *fait resonner*, mal.   (*Copie* B *de l'Arsenal.*)

4.   . . . . Un *spasme* appesanti.

Vieux mot.   (*Ibidem.*)

5.   Tandis des faits nouveaux la courrière emplumée
Partout cette merveille aussitôt a semée.

Il faut démêler ainsi cette transposition : « tandis la courrière emplumée des faits nouveaux a aussitôt semé partout cette merveille. »

Qu'un long trait de pitié son esprit *va touchant*.

Pour *touche*.

Portent en soupirant de façon lamentable
Le blessé dans un lit, le mort sur une table.

Équivoque.   (*Ibidem.*)

6.   Quel rempart assez fort la raison te garda

D'un tel bruit vint frapper *ton âme et ton oreille.*

Il devoit dire : *ton oreille et ton âme.* Quelque pédant trouvera ici d'une figure ὕστερον πρότερον [1]; pour moi, j'y trouve une sottise.

. . . . Par la vague effrénée.

Je n'aime pas cet épithète à *vague. Licence effrénée,* bon.

Court au lieu pitoyable, où d'une force *extrême*
Resserrant et pressant son angoisse en *soi-même,*
S'approche du blessé, qui mourant languissoit,
Et plus à son ami qu'à son mal *il* pensoit.

Il superflu : *Et plus à son ami qu'à soi-même pensoit* [2].

Du preux fils de Thétis, sûr rempart de la Grèce.

Achille n'étoit pas le rempart de Grèce; Hector l'étoit de Troie; car Grèce n'étoit pas assaillie; et ceux qui assaillent n'ont que faire de rempart.

Des yeux ni de l'esprit le somme il ne reçoit,
Tant cet ennui le poingt, donne, promet, et prie.

Il ne peut dormir, tant il est ennuyé, donne, promet, et prie : nul ne peut dire que ce soit bien parlé; car cet *il,* qui est avec *ne peut dormir,* ne se peut rapporter ἀπὸ κοινοῦ [3] à *donne, promet* et *prie.* Il faut donc faire cette règle que quand la première clause est négative et la seconde affirmative, il faut répéter *il* ou l'autre pronom; car on ne dit pas : *il ne sait que c'est que de vertu, jure, renie,* etc.; mais : *il jure, renie,* etc.

(*Le Roi*) N'estime rien trop cher pour racheter *sa* vie (*la vie de*
[*Lycidas*).

Sa vie : ce *sa* est extrêmement loin, tellement qu'il semble parler de la vie du Roi.

D'autour de son chevet il *ne se peut bouger,*
Et de sa *blanche* main le fait boire et manger.

Nota [4].

En ce torrent de deuil qui sur toi déborda,
Valeureux Cléophon?

Équivoque. Il semble qu'il veuille dire : « Quel rempart est-ce, ô Cléophon, que te garda la raison? » au lieu de dire : « De quel rempart fortifias-tu ta raison contre les efforts du deuil? »   (*Copie* B *de l'Arsenal.*)

1. Figure qui consiste à renverser l'ordre naturel, à mettre devant ce qui doit être après.

2. La copie B de l'Arsenal a de plus sur ces vers les remarques suivantes : « *Extrême* et *soi-même,* mal rimé; *même* est long, et *extrême* bref. — Transposition : *et pensoit plus à son ami qu'à son mal.* »

3. « C'est-à-dire par communication. »   (*Copie* B *de l'Arsenal.*)

4.   Damon le regardant son esprit renforça,
Et ces derniers propos avec l'âme *il* poussa.

Il superflu.

. . . . Car malgré *son* effort,

ÉLÉGIES, LIVRE II.

Tous ceux qu'aiment les Dieux ne vivent pas longtemps.

Cette proposition devoit être affirmative ; car étant dite négativement, il s'ensuit qu'il y a quelques-uns de ceux que les Dieux aiment qui vivent longtemps, qui est le contraire de ce qu'il veut dire, car il entend que tous ceux que les Dieux aiment vivent peu.

Fors du mal qui t'afflige *et l'ennui* de n'avoir, etc.

Puisqu'il avoit dit : *fors du mal*, il devoit dire : *et de l'ennui* ; mais cela fût mal allé. Il devoit donc dire : *fors le mal qui t'afflige*, ou *que le mal*, etc. [1].

J'ai resté jusqu'ici pour ne te point laisser.

Il devoit dire : *je suis resté. J'ai demeuré* a autre signification que *je suis demeuré*.

Afin que, comme en terre, aux plaines élysées,
Ou ne voie un seul jour nos âmes *divisés* (sic).

Divisées.

Dis-lui que d'autre ennui je n'ai l'âme *oppressée*,
Mais fais-le promptement, car ton heure est *pressée.*

Mauvaise rime du simple sur le composé[2].

Ni du triste *Léthé* l'oubliance endormie.

Pédanterie.

Qui de tout autre objet emportant *la semblance*,
En nous tant seulement *lairra* ta souvenance.

Que veut-il dire : *emporter la semblance d'un objet ?*

Obéis sans murmure au vouloir du haut Dieu,
Et de ma foible voix oy ce dernier adieu :

L'amitié cette fois surmontera la mort.

Ce *son* est bien éloigné de *mort* à qui il se rapporte.

Ayant jusqu'au tombeau *ton amour éprouvée.*

Pour *éprouvé ton amour.*

Ayant d'un si grand roi *la faveur méritée.*

Mérité la faveur.

Je n'ai qu'assez vécu. . . . .

Mal, pour dire : *j'estime que ma carrière est heureusement achevée.*

(*Copie B de l'Arsenal.*)

1.   Alors que *tous mes gens*....

Toutes mes gens.

Sanglant, la couleur pâle, et la façon *peu gaie.*

Peu gaie n'est pas *triste* tout à fait.

Quand sa jeune beauté tant d'appas receloit.

Ce mot me déplaît. (*Ibidem.*)

2.   Et crois que ta vertu ne fut *onc* mieux écrite.

Vieux mot. (*Ibidem.*)

« Adieu, chers compagnons. . . . . »

Il semble préparer le Roi à ouïr quelque dernier adieu ; cependant il ne lui dit rien et s'adresse à ses compagnons[1]. Il n'y a pas d'apparence, quand on a tout dit, de demander d'être ouï.

De Lycidas *et moi* l'éternel souvenir.

Le *de* répété eût eu meilleure grâce.

La mort m'ôte à ce coup la parole et le jour.

Mor, mo.

IMITATIONS DE L'ARIOSTE.

ROLAND FURIEUX.

Je veux chanter d'amour la tempête et l'orage....
Charles, roi magnanime, issu du sang des Dieux,
Je chante, en m'essayant, ces regrets furieux, etc.

Vois comme il imagine : *Je veux chanter l'orage et la tempête d'amour,* etc. *Charles, roi magnanime, je chante ces regrets furieux.*

Sitôt qu'il *eust* d'un trait sa poitrine entamée,
Et que de deux beaux yeux le rayon s'épandit.

Eut. — Que veut-il dire ?

. . . . Et vaincu, se rendit.

Vaincu, je me rends; impertinent.

. . . . Et *cil* qui peut dompter, etc.

Cil ne vaut rien.

Restant tout étonné. . . . .

Tan, tou, té, ton.

Là de mille combats *remporta* la victoire.

Il a oublié l'article *il.*

Fuit au devant du loup le mouton *porte-laine.*

Bourre.

Puis tombant tout à coup, *en mille étranges sortes,* etc.

Cheville.

Éclater et *partir* les roches les plus fortes.

Nota.

---

1. La fin de la remarque est omise dans la copie B, qui en revanche a de plus, ainsi que la copie A, la note suivante, écrite sur le feuillet 222, lequel manque dans l'original : « *Dieu* et *adieu* sont rimés comme *lui* et *à lui, moi* et *à moi,* etc.; car *adieu* n'est autre chose qu'une recommandation que nous faisons à Dieu de la personne de qui nous nous séparons, ou qui se sépare de nous. »

IMITATIONS DE L'ARIOSTE.

> Briser les marbres *durs,* *crouler* les fondements.

Mal, car *crouler* n'est pas actif. — Quand il eût dit simplement : *les marbres*, il n'eût que mieux fait.

> Il a vu ce guerrier qui porte en tous alarmes
> La foudre en sa main droite, et la mort dans ses armes.

Qu'est-ce à dire : *il porte la mort dans ses armes ?* après avoir dit : *il porte la foudre en sa main droite.*

> Chacun fuit devant lui, qui son armet délace,
> Qui laisse choir sa lance, et qui *souventes fois*
> Quitte là son épée, et fuit dedans le bois,
> *Qui deçà, qui delà*. . . . .

Cheville. — Mal à propos, cette seconde distribution après la première.

> Qui massacre sa mère, et *convoiteux de sang*
> En deux coups la déchire, etc.

Cheville.

> Craintif il prend la fuite, et d'une course *isnelle*, etc.

Mauvais mot.

> *Jà* déjà le renom. . . . .

Jà ne vaut guère d'argent.

> Le rendoit en tous lieux *terrible* et redoutable.

Terrible ne se prend pas en françois comme en latin.

> Ayant depuis deux jours vainement pourchassé
> *Le vaillant Mandricard*, il descend tout lassé
> *De chaud et de travail*. . . . .

Vers qui enjambent sur le suivant.

> *Des baisers* du Soleil n'étoit point *violé.*

Usant de ce mot de *violé*, il devoit dire quelque chose de violent, et non pas *des baisers*.

> Et la fleur du mignon qui mourut languissant
> Par trop aimer son ombre *et la figure vaine*
> Qu'il vit en se mirant ès eaux d'une fontaine.

Il avoit assez dit de dire *son ombre;* le reste est une cheville.

> Le nom de sa déesse engravé sur l'écorce,
> Témoignage évident d'une amoureuse force.

Que voulez-vous dire?

> Par quoi tout étonné pensivement regarde.

Il. — *Tou, té, ton.*

> A tout *cela* qu'il voit. . . . .

Cela ne se dit point devant *que;* mais : *ce.*

. . . . Sa poitrine est atteinte.
Ta, tein, te.

. . . . Autant de clous ardents
Amour fiche en son cœur, qui le percent dedans :
Encore il ne sait pas que tout ceci veut dire.

Ni vous aussi.

Puis il se réconforte, et de tout ce qu'il voit,
Il s'efforce de croire autrement qu'il ne croit.

Il superflu.

Lui fait presque aussitôt ce propos *délaisser.*

Il faut dire : *laisser un propos*, et non : *délaisser.* Un pédant dira que c'est le simple pour le composé : je lui accorderai ; mais il m'accordera que c'est une sottise. *Un homme délaissé* absolument se peut dire, comme *un homme abandonné.*

Où de mille plaisirs ils enivroient leur peine.

Voilà une belle conception : *ils enivroient leur peine de plaisirs !*

Qui l'avoit *bienheuré*. . . . .

Bienheuré n'est plus du monde. Il faut dire : « qui l'avoit rendu bienheureux. »

Roland regarde tout, qui a l'âme saisie, etc.

Il eût mieux dit : *Roland, qui regarde tout, a l'âme saisie*, etc., que : *Roland regarde tout, qui a l'âme saisie*, etc. Juge, lecteur.

Voit ces vers de Médor engravés fraîchement.

Il voit.

. . . . O doux-courants ruisseaux,
Épaissement bordés d'amoureux arbrisseaux.

Cet *épaissement bordés* est mal. On ne décrit pas avec bonne grâce en ces occasions. Il devoit parler aux arbrisseaux à part.

Avons donné relâche à nos bouillants desirs.

Nous avons.

Pour ces douces faveurs entre vos bras reçues,
Tertres, ombrages, bois, et cavernes moussues,
Herbes, rives et fleurs, *je ne puis avancer*,
Si je veux présumer de vous récompenser.

Que veut dire : *je ne puis avancer ?*

Par quoi, ne pouvant mieux, je bénis à toute heure
De cœur, d'âme et de voix cette heureuse demeure,
Priant tous paladins qui passeront ici....
. . . . qu'aux fidèles ombrages....

Ils souhaitent ainsi, etc.

Excellente conception : *priant tous paladins qu'ils souhaitent*, etc. A quel propos prier quelqu'un de faire un souhait ? et puis encore de cette façon, *verbis conceptis*[1]. Après avoir fait son souhait, il pouvoit dire : *tous paladins le souhaitent comme moi.*

  Et le cœur si *gonflé.* . . . .
Mot provençal.

  Veut sortir tout à coup. . . . .
Ti, tou, ta.

  Mais au lieu de passer, *étoupe* le conduit.
Il falloit dire : *elle étoupe.*

  Puis il retourne à soi, et ne sauroit penser
  Que sa dame en ce point ait pu le délaisser,
  Mais que d'un ennemi la main injurieuse
  A gravé tout ceci pour la rendre odieuse.
Il falloit mettre ici *croit,* ou quelque autre verbe.

  Las ! dit-il, *quel qu'il soit.* . . . .
Qui qu'il soit, plutôt.

  Et remonte à cheval sur l'heure de la nuit,
  Lorsque déjà la lune au ciel claire reluit, etc.
Mauvaise description.

  Oit abayer les chiens, et sortants de la plaine
  Il entendit bêler les innocents troupeaux,
  Et les mugissements des bœufs et des taureaux.
Oit eût bien fourni ἀπὸ κοινοῦ à *aboyer* et à *bêler.* Aussi est-ce mal dit : *il entendit bêler les brebis et les mugissements des taureaux.* Il devoit dire : *et mugir les taureaux,* etc.[2]

  Quelquefois il vouloit la cause en demander,
  Mais une froide peur *ne lui fait hasarder ;*
  Car il frémit toujours, et ce qui *est doutable,*
  Il craint qu'en le cherchant le trouve véritable.
Mal parlé et mal exprimé.

  Cessez, grand chevalier, dit-il, *de vous contraindre,*
  Et chassez le regret qui *dedans* vous fait plaindre.
A quel propos ?

  Mais quel autre nuage, en si grande jeunesse,
  Peut troubler votre esprit, sinon quelque maîtresse ?...
  Leur cœur est variable, etc.
De qui ? Il devoit dire : *le cœur des femmes est variable.*

  Que je trouve à mes pieds *un jouvenceau* blessé.
Un jeune homme.

1. « En termes tout rédigés. » Les mots : *ils souhaitent ainsi,* sont suivis dans des Portes de la formule même du souhait.
2. On lit ici de plus dans la copie B de l'Arsenal :
  Plus *cherche* de repos, plus *trouve* de langueur.
Il oublié, *il* oublié.

> Il éprouva des Dieux la faveur *opportune,*
> Car presque au même instant *une vierge y survint.*

Mal.

> Que porte en ce pays la jeune *pastorelle.*

Il faut dire *patourelle.*

> Pour demander merci, tout à l'heure *octroyé.*

Merci est féminin ; et pour ce il a failli lourdement de dire *ottroyé,* au lieu de *ottroyée.* On dit : *sa merci,* et non : *son merci.*

> . . . . Leurs amours fait entendre.

Ten, ten.

> . . . . Et sans trêve il *répand*
> Un grand fleuve de pleurs qui des yeux lui *desçand (sic).*

Brave rime.

> Deçà delà *se vire, ores,* sur ce côté,
> *Ores* dessus cet autre . . . .

Il. — *Vire* ne vaut rien, et *ores* guère mieux.

> Roland plein de dédain s'habille en diligence,
> Il *vêtit* son harnois. . . . .

Mal ; il faut dire : *il vêt; vêtit* est prétérit. On dit de *bâtir : bâtit,* au présent de l'indicatif; mais on dit de *sentir : sent,* et non *sentit.*

> Son trop ferme souci plus durement le *grève.*

Mauvais mot.

> Qui renflamment le ciel, l'air, la terre et les champs.

Hyperbole ridicule.

> Et Neptune en hiver n'écume en tant de flots
> Comme il a dans le cœur de tourbillons enclos.

Dis : *comme il a de tourbillons enclos dans le cœur,* ou : *comme il a de tourbillons dans le cœur.*

> . . . . Et ne sauroit penser
> Comme il *puisse* des yeux tant de larmes verser.

Je ne saurois dire : *comme cela se fasse;* mal parlé; il faut dire : *comme il peut,* etc.

> Amour qui *m'ard* le cœur. . . . .

Mauvais mot.

> Toute la nuit Roland en ces regrets passa.

Dure transposition.

> Puis, comme le soleil ses rayons élança
> Pour *éclairer le jour.* . . . .

Je ne sais que c'est qu'*éclairer le jour.*

> Il saisit son épée, et de taille et d'estoc
> *Il* part en mille éclats l'écriture et le roc.

Superflu.

IMITATIONS DE L'ARIOSTE.

> Ainsi resta la roche, et au troupeau sauvage
> Jamais à l'avenir ne servira d'ombrage.

Trop hyperbolique.

> Et la belle fontaine *heureusement* coulant,
> Qui d'un repli tortu fait un tour ruisselant,
> Avec son mol ombrage et son eau froide et claire,
> N'a pouvoir d'amortir sa brûlante colère.

Sans propos.

> Il y jette des troncs, des pierres, des rameaux,
> *Et n'a jamais cessé* qu'il n'ait troublé ses eaux.

Ce seroit peu s'il n'eût eu autre dessein que de troubler son eau, car c'est chose qu'avec une pierre ou deux il pouvoit faire sans peine. — (*N'a jamais cessé*) au dernier vers de la page précédente (*Et n'a jamais cessé qu'en morceaux çà et là*, etc.).

> *Si qu*'enfin tout gagné de si noire poison,
> Après le sens troublé s'égara la raison.

Si que ne vaut rien, et outre cela il n'y a point de construction.

> Les *brassats*, les *cuissots* et le corps de cuirasse.

Brassarts. — *Cuissots* est mal dit; il faut dire *tassètes*.

> . . . . Et *tout par tout* le bois.
> *En mille lieux divers* il sème son harnois.

Je voudrois dire : *tout partout, absolute*, et non lui faire gouverner *le bois*; et puis après avoir dit : *tout partout*, il dit : *en mille lieux divers*.

> . . . . Ses lèvres *tronçonnant*.

Tronçonnant.

> Il montre à nu le ventre et le dos *et l'échine*.

Cheville. Comme montreroit-on le dos sans montrer l'échine?

> Et les bergers des champs tous *effrayés s'étonnent*.

Effrayés est plus que *s'étonnent*.

> Bientôt *gagnent au pied*. . . . .

Bas et populaire.

> . . . . Et *plus* il voit de presse,
> En fronçant les sourcils sa perruque lui dresse.

Il falloit ici un autre *plus*.

> Il écarte bien loin cette *foible embuscade*.

Mal.

> Et *rend* en un instant tout le peuple *fuyant*.

Rend fuyant est mal dit, au lieu de *fait fuir*.

> . . . . Les prés *herbeux*.

A quel propos cet épithète?

> . . . . Il se tourne, il se vire.

Il se tourne, il se vire : quelle différence entre ces deux?

Des pieds, des poings, des dents, il *rpōt*[1], froisse et déchire.
Rompt.

Que le flot courroucé qui bouillonnant se suit.
Bourre.

Et en les *contournant* n'en *montrent* que le blanc.
Mauvais mot. — Montre; il oublié.

Il met à mort les daims. . . . .
Les dérompt pièce à pièce, et à tête penchée
Il en hume le sang. . . . .
Il superflu.

LA MORT DE RODOMONT.

Qui ne m'échauffe point d'ardeur accoutumée.

J'eusse plutôt dit: *qui m'échauffe d'une ardeur non accoutumée;* car il semble qu'il ne soit pas échauffé d'une ardeur si grande que de coutume.

Caron tout étonné le *voyant s'effroya,*
L'enfer trembla de peur, Pluton pâlit de crainte,
Et Proserpine aussi de frayeur fut atteinte.

Tout étonné s'effroya, soye sur soye. L'enfer eut peur, Pluton crainte, et Proserpine frayeur.

Mégère en tressaillit, et ses crins enlacés
De serpents furieux *se tindrent tous pressés.*
Mal exprimé.

Tant cette âme *enragée, inhumaine et terrible.*
Chevilles.

Faisoit de *tintamarre.* . . . .
Mot de comédie ou satire.

Voyant Charles à table, et Roger *plus avant.*
Je voudrois qu'il me dît où étoit Roger et comme il étoit avant.

C'est moi, dit-il, Roger; je suis le roi de Sarse.
Pourquoi *c'est moi?*

Et que le ciel vengeur par mes mains le châtie,
Ainsi que je ferai promptement devant tous,
Si plein de lâcheté, etc.
Foible.

Et de tes *trahisons* la vengeance prendrai.
Nota.

Mais Roger point au vif d'une juste colère,

---

1. Le mot est imprimé ainsi dans l'édition que Malherbe annote.

Crie après son harnois, *au combat animé*.
Moellon.

Lors des deux bouts du camp *s'avancent* de roideur.
Ils oublié.

Quand l'émeute des vents, la grêle et la tempête
Les *étonne* et surprend voulants faire leur quête.
Superflu et mal.

Comme le flot grondant d'un superbe torrent.
Rimé au milieu.

Jusque dans la poignée éclatèrent froissées.
Et cettui-ci aussi.

Bien qu'il fût bon et fort, et que la couverture
Fût d'un acier luisant, bien trempée et bien dure.
Que veut-il dire de la couverture d'un écu? on peut bien hors du combat tenir l'écu couvert de peur de la poussière; mais au combat cela ne se fait point, et puis la couverture d'acier est chose qui ne peut tomber en l'imagination. — De quoi étoit la doublure, puisque le dessus est d'acier?

Puis d'extrême fureur viennent se retrouver,
Le coutelas au poing. . . . .
Suspendu.

Ils tournent leurs chevaux ainsi comme ils vouloient.
Niaiserie.

Et tâtent les *endroits pour* se faire dommage.
Il falloit dire *propres*, ou quelque autre chose.

Entamer la salade. . . . .
La, sa, la.

De la mer courroucée au temps qu'elle s'augmente.
Je ne sais si cela se peut dire [1].

Son écu qui pendoit par lambeaux détranché.
Mal propre [2] en ce lieu.

Le jette contre terre et plein de violence,
Comme un fort tourbillon, en bruyant *il* s'avance.
Il superflu.

Qui foudroie en tombant *les trésors d'un bocage*.
Il foudroie quelque buisson.

---

1. La copie B de l'Arsenal porte ici de plus ce vers de Properce (livre III, élégie v, vers 37) :
   Quodque suos fines altum non exeat æquor.
Dans Properce le vers commence par *curve*.
2. Dans la copie B : « mal à propos. »

Roger tout étourdi.

Tou, té, tou.

Mais en continuant *trop furieux et prompt,*
Son épée à la fin jusqu'aux gardes se rompt.

Comme s'il falloit frapper doucement de peur de rompre son épée.

Que ce chétif m'échappe *et demeure assuré.*

Superflu.

Ce disant il s'approche. . . . .

Langage de Palais.

Et ne se connoît point privé de sentiment.

Il ne se connoît point privé de sentiment. Il veut dire qu'il est tellement privé de sentiment qu'il ne se connoît point, et cependant il le dit d'une façon qu'il semble dire qu'il ne connoît pas qu'il soit privé de sentiment.

Tant il est offusqué de cet *étourdiment.*

Mal; il faut dire *étourdissement; étourdiment* est adverbe.

Mais ainsi comme on dit que le libyque Antée
Sentoit en combattant sa puissance augmentée
Lorsqu'il touchoit la terre : *et tel qu'il se levoit,
Roger hâtif se lève,* etc.

Mauvaise reddition de similitude.

. . . . Et Roger *plus adestre,*
La bride du cheval prend en la main senestre, etc.

Il n'y avoit pas grande adresse.

Et ne lui donne point un seul moment de terme.

Superflu.

Le payen s'en étonne et ne sait où tourner.

Tou, tou.

. . . . Et lui saisit le bras,
Le démenant si fort qu'il le fait choir à bas.

Le démenant : qu'est-ce qu'il démena? fut-ce le bras ou l'homme? Si le bras, comme le fit-il choir en lui démenant le bras? Si l'homme, comme le fit-il choir d'une main? car il lui en falloit une à lui tenir le bras qu'il avoit saisi?

Roger toujours le suit ne cessant de trancher,
Et à coups de taillant l'engarde d'approcher.

Voilà qui est étrange : Roger suit Rodomont, et garde que Rodomont n'approche de lui.

Et le fier Rodomont, qui tout partout distille.

Tout partout distille est superflu. S'il entend *de sueur,* il le devoit dire.

Tellement qu'à la fin après mainte secousse,

IMITATIONS DE L'ARIOSTE.

    Maint tour et maint retour, Roger si fort le pousse.

Rodomont s'affoiblit tellement qu'à la fin Roger le pousse si fort qu'il le fait choir : voilà un excellent *tellement*.

    . . . . Roger si fort le pousse,
    Mettant le pied devant, qu'il le fait trébucher.

Ils se tenoient embrassés, et par conséquent il ne pouvoit pas mettre le pied devant lui, mais derrière, pour le faire tomber à la renverse.

    Puis qu'avec un grand bruit ils *retombent* en terre.

Tombent et non *retombent*.

    Lui fait crier le ventre. . . . .

Mal.

    Que tout à l'impourvue une *ruine* survient.

Ruine est de trois syllabes.

    Le payen est ainsi, qui ne peut respirer,
    Ni des poumons pressés son haleine tirer.

Qu'est-ce que *respirer*, sinon *tirer son haleine ?*

    Roger lui tient *vainqueur* le poignard à la face.

Vainqueur est là hors d'œuvre.

    Et d'une mort prochaine en parlant le menace,
    S'il ne se vouloit rendre afin de se sauver.

« Il le menace en parlant que s'il ne se veut rendre, etc. : » voilà pas qui est triomphant, etc.? Puis à quel propos : *afin de se sauver ?*

    Qui voudroit, s'il pouvoit, la fortune combattre.

Il n'est pas question de combattre la fortune ; il a affaire à Roger.

    Roger voyant *l'erreur où il peut encourir*.

Foible, et langage de prose.

    S'il tarde plus longtemps de le faire mourir.

Nota.

    Le cerveau tombe à bas. . . . .

Ba, ba.

    Tout ravi de liesse, il le baise, il l'embrasse,
    Et d'un pleur agréable, *il* lui baigne la face.

Superflu.

    Marphise en fait autant, Sobrin, Renaud, Roland.

Vers rimé au milieu.

    Rassérène sa face et *rallume ses yeux*.

Je ne trouve pas que *rallume* soit ici à propos.

    Le peuple *en ce pendant*. . . . .

Je dirai plutôt *cependant* que *en ce pendant*.

    L'un admire, étonné, son visage effroyable....

L'autre admire, effroyé, la grandeur de son corps.

Il n'y a pas d'apparence, après avoir dit : *l'un admire étonné,* de répéter : *l'autre admire effroyé.*

De Paris la *peuplée*....

On dit : *Paris est fort peuplé,* et non *peuplée.*

Conduisant les esprits que la Parque meurtrière
A *dépouillé* des corps. . . . .

Dis : *dépouillés.*

L'enfer de ses hauts cris est tout retentissant,
Et se débat si fort que la barque froissée
Laisse au milieu de l'eau sa charge renversée.

« L'enfer retentit et se débat si fort que la barque se renverse dans l'eau. » Je ne sais pas comme il l'entend ; mais comme il le dit, il ne se peut entendre, sinon que l'enfer étoit dans la barque, et qu'en se débattant il la fit renverser.

Les Mânes font *un bruit,* et Caron par ses cris, etc.

Quel bruit? Cela est foible.

Ne sait qu'il doive faire afin de résister.

Cette phrase est latine ; il faut dire, pour parler françois : *ne sait ce qu'il doit faire.* On ne dit point : *je ne sais que je fasse,* ni : *je ne sais que je doive faire;* mais : *je ne sais que je ferai,* et : *je ne sais ce que je dois faire.*

. . . . O malheureuses âmes,
Qui brûlez dans la glace et gelez dans les flammes,
Vous qui ne sentez point en ces lieux malheureux
De tourment si cruel que le mal amoureux.

Mal imaginé.

Résistez par pitié contre *cil* qui pourchasse.

Hors d'usage.

Opposez votre force à la sienne *cruelle.*

Vent.

Par *le fleuve Styx.* . . . .

De Styx.

Je jure et vous promets de si bien m'employer.

Il devoit dire : *je vous promets et vous jure,* et ne faut point ici alléguer ὕστερον πρότερον[1], car c'est une sottise et non pas une figure.

On ne voit rien qu'éclairs sifflants en tournoyant.

Qui a jamais vu *tournoyer un éclair?*

. . . . Flèches *pendentes,*
. . . . flammes *ardentes.*

Pendantes. — Ardantes.

---

1. Voyez plus haut, p. 396 et note 1.

IMITATIONS DE L'ARIOSTE.

L'ombre de Rodomont de son corps séparée.

A quel propos cette séparation, après avoir parlé si souvent de lui comme d'un esprit, et avoir dit que le corps étoit demeuré en pâture aux corbeaux, et que l'âme étoit descendue aux enfers? Cette impertinence est claire comme le jour.

S'*elle* trouvoit la mort comme elle *a bien envie.*

Si elle. — Il devoit dire : *comme elle en a bien envie.*

Elle la contraindroit de lui rendre *sa* vie.

La.

Chacun fuit au-devant. . . . .

Je ne dirai pas : *on fuit au-devant*, mais : *on fuit devant lui.*

S'étoient au fond *d'Averne honteusement* cachées.

Honte et *honteux* s'aspirent.

. . . . Et de fureur atteint,
Maudissant sa fortune, il sanglote et se plaint.

Mauvaise contenance à Pluton : il est en fureur et sanglote.

Et si *n'avez* pitié. . . . .

Vous.

Prenez au moins pitié de vos cruels tourments.

Il eût mieux dit : *ayez-la pour le moins.*

Du *gel,* du feu, du fer. . . . .

Mauvais mot.

Et sera le premier auprès de ma personne,
Comme tenant de lui mon sceptre et ma couronne.

Il sera le premier, etc., *comme tenant de lui.* Il n'y a que les ignorants qui puissent ne connoître cette faute. Il devoit dire : *je le ferai le premier et comme tenant,* etc.

Chacun *à qui mieux mieux* veut montrer son courage.

Cette construction est fausse, et au mieux aller[1] est suspecte de l'être.

Cesse, dit-il, Pluton, de *te mettre en souci.*

Je ne dirois pas : *se mettre en souci,* mais : *se mettre en peine.*

J'ai *rendu* par mon bras l'Espagne *surmontée.*

Rendu surmontée n'est pas bien recevable.

J'ai fait trembler de peur la France épouvantée.

« Faire trembler de peur un homme épouvanté, » n'est pas grande louange.

Fuyant les voluptés et la *molle* richesse.

Cheville. Il devoit rimer *mollesse* et lui donner quelque épithète.

---

1. Malherbe avait d'abord écrit : « au pis aller; » puis il a substitué *mieux* à *pis.* La copie B a substitué *moins* à *mieux*; la copie A a omis cette fin.

L'*œilladant* de travers. . . . .

Ce mot ne me plaît point.

Échauffé d'un beau sang et d'un cœur si bouillant.

Il devoit dire : *d'un si beau sang*, puisqu'il dit : *d'un cœur si bouillant*; et puis, huit lignes auparavant, il vient de dire : *cœur bouillant*.

D'une lance dorée inutile à la guerre.

La, la.

Lui fit perdre la selle étendu contre terre.

Cette construction est latine.

Et encore il se vante, et pour mieux s'avancer
Il menace les cieux et nous veut devancer.

Vois ce langage : *Et encore il se vante, et pour mieux s'avancer Il menace les cieux*; et puis je ne sais pas quel moyen ce peut être de s'avancer que de menacer les cieux. Aussi peu sais-je ce qu'il veut dire : *pour mieux s'avancer il nous veut devancer*.

Immortelle et durable. . . . .

A quel propos *durable* après *immortelle?*

J'ai eu plus de *soldats* à mon commandement.

Nota.

J'ai fait *planer* les monts, j'ai tari les rivières.

Il faut dire *aplanir*, et non *planer*. *Planer* est autre chose; il se dit des oiseaux qui volent sans branler les ailes.

Pluton, tu le sais bien, *la mémoire est récente*
Combien par ma valeur d'esprits ont fait descente, etc.

Nota.

. . . . On connoîtra comment
J'ai plus accru ton règne en deux jours seulement
Qu'eux en toute leur vie, et que ma dextre armée
A peuplé de sujets ta grand'salle enfumée.

Après avoir dit qu'il a accru son règne en deux jours plus que les autres en toute leur vie, il dit qu'il a rempli une salle. Je veux qu'on l'imagine tant grande que l'on voudra, un roi qui aura rempli une salle de vaincus n'aura pas fait grand miracle, et encore moins de sujets.

L'âme du roi d'Arger, qui toujours cependant
Étoit dessus le pont hardiment attendant.

Je ne sais où il a pris ce pont. S'il y avoit un pont, à quel propos se fâchoit Rodomont que Charon ne l'étoit venu prendre? Il a dit que d'impatience il se jeta dans l'eau pour passer; à cette heure, il le met sur un pont. S'il y a un pont, il ne faut point de Charon ni de nacelle. Voilà un pont bâti le plus promptement qui fut jamais! Je voudrois qu'un aussi habile homme en eût entrepris un du quai des Célestins à celui de la Tournelle.

Or' qu'en êtes privés d'un courage invaincu

IMITATIONS DE L'ARIOSTE.

>   Faites encore mieux. . . . .

Ce *d'un courage invaincu* est si mal placé qu'on ne sait où il se rapporte, si c'est à *privés* ou à *faites*.

>   Quand le preux Mandricard, qui de gloire *est épris*.

Épris de gloire ne me plait pas ; oui bien : *épris de desir de gloire*.

>   S'écrie : O roi des morts, laisse-moi l'entreprise
>   De punir ce vanteur. . . . .
>   Mais devant, s'il te plait, apaise un peu l'ardeur
>   De la rage d'amour qui me tient tout en flamme, etc.

Cette imagination est ridicule et ridiculement traitée.

>   Tous ces autres tourments punisseurs des méfaits,
>   *Les cris*, l'horreur, l'effroi, les serpents *contrefaits*,
>   La faim du Phrygien, le travail des Bélides....
>   Ne me blessent point tant que l'amoureuse rage,
>   Qui d'ongles et de dents cruellement m'outrage.

Les cris ne sont pas tourments. — Pourquoi *contrefaits*? s'ils sont peints, ils ne sauroient faire mal. Et puis quand il dit : *la faim du Phrygien ne me blesse point tant que l'amour qui m'outrage*, qui est-ce qui ne riroit d'ouïr : *le mal de mon voisin ne me fait pas tant de mal que le mien*, ou : *la goutte de mon voisin ne me fait pas tant de mal que ma pierre ?*

>   Le *fouet* ensanglanté des fières Euménides.

Note.

>   Faisant voler au vent mille étendards *divers*.

A quel propos *divers ?*

>   Je pourrai mieux après *te sortir* de danger.

Nota.

>   Et si ses poignants traits *acérés de rigueur*.

Drôlerie.

>   Je n'ai pu malheureux trouver un seul remède
>   Qui m'en puisse exempter. . . . .

Suspendu.

>   Plus je vois ce tyran contre moi s'élevant.

Qui a ouï parler qu'un tyran s'élève contre ses sujets? Les sujets se peuvent élever contre un tyran; mais *non econtra*.

>   Et va lâchant du cœur des soupirs enflammés,
>   Dont maints tas de cyprès soudain sont allumés.

Hyperbole lourde.

>   L'ombre de Rodomont sur le pont se *promaine* (sic).

Promène et non *promeine* (sic).

>   Après que le payen eut longtemps *tournoyé*.

Tourné.

> Il l'élance en bruyant comme un trait de tempête
> Droit contre Mandricard............

Suspendu.

> Rodomont l'aperçoit, qui *tout soudainement*
> S'approche, et se courbant *le saisit hardiment.*

Foible.

> Que les plus redoutés de la région noire
> Osent lui faire tête............

Suspendu.

> .... Il commence à frapper
> Pour renverser le pont, et garder d'échapper
> Ceux qui voudront fuir............

Suspendu. — Il veut rompre le pont pour empêcher de fuir ceux qui le voudront faire. Ils venoient à lui; s'il rompoit le pont, c'étoit pour les empêcher d'approcher. Si rien fut jamais ridicule, c'est cette Descente (*aux enfers*).

> .... Tenoit la vue en bas, toute rouge et souillée
> De honte et de dépit............

Suspendu.

> Un gros nœud de serpents *enflammés par devant.*

Drôlerie.

> Qui jetoient par les yeux et par la bouche *ouverte.*

Si cet *ouverte* eût pu demeurer au logis, il y eût aussi bien été qu'ici.

> Lui qui les recueillit d'une allégresse prompte
> Les jette à Rodomont, pensant venger sa honte.

On ne sait à qui se rapporte *sa honte*, de Rodomont, ou Mandricard. Il devoit dire : *pensant venger sa honte, les jette à Rodomont.*

> Et commence à nager pour gagner le rivage,
> Brûlant au fond de l'eau de fureur et de rage.

Comme nageoit-il et étoit au fond de l'eau?

> L'étreint étroitement et le *rend* tout *froissé,*
> *Lui fait tirer la langue.* ....

Rendre un homme tout froissé, per quam regulam? — Je ne puis comprendre comme ces esprits sont froissés, ni comme on leur fait tirer la langue.

> .... Et du mal qui *raffolle*
> Les amoureux jaloux. ....

Simple pour composé [1], mal.

> De ces fous abusés, éperdus, insensés.

Rimé au milieu.

> Vers le fleuve d'oubli tout noir et tout troublé.

Tou, trou, cacophonie.

---

[1]. Il faut sans doute lire : *composé pour simple* (raffolle, *pour* affolle).

IMITATIONS DE L'ARIOSTE.

Se remet au chemin *dont* il étoit venu.

Dont et *d'où* sont bien différents, et jamais ne prennent la place l'un de l'autre. *Dont* se met pour le génitif *de qui* ou *duquel; d'où* ne se dit jamais que pour *de quel lieu :* aussi est-ce *de où,* comme *d'où vient,* etc.

Court après les corbeaux qui prenoient leur pâture
Des restes du *cadavre*............

Cadavre ne vaut du tout rien.

COMPLAINTE DE BRADAMANT (au XXXIIe chant de *l'Arioste*).

Celle dont l'œil divin de mon âme est vainqueur,
Reconnoît les mortels si peu pour son mérite,
Qu'il ne faut moins qu'un Dieu pour vaincre un si beau cœur.

Mal exprimé.

Encor si quelque Dieu, *point* d'amour et de gloire,
A si digne combat hasardoit son pouvoir.

Mauvais.

Je suis aussi certain qu'elle auroit la victoire,
Comme je suis douteux qu'il la pût émouvoir.

Bourre.

Du seul titre de *serf* ne me daigne honorer.

Il y a bien de la discrétion à user de ce mot de *serf.* C'est bien dit : *je suis serf de mes passions;* mais je ne dirois pas volontiers : *je suis serf de Madame;* ni *Madame me méprise, elle ne me veut pas appeler son serf.*

J'accuse mon désir; mais *de meilleure sorte*
En me plaignant de moi je me dois accuser.

Mal, pour *plus justement.*

Et fais voir que l'amour m'a mal récompensé.

Mour, ma, ma.

IMITATION DE L'ARIOSTE AU XXXIIIe CHANT.

Sous quel astre, ô mes yeux! le ciel vous fit-il être?

C'est mal parlé : *le ciel m'a fait être sous un mauvais astre.* Il faut dire *naître;* c'est le point de la naissance qui s'observe pour la considération de nos fortunes.

Que clos d'un doux sommeil vous voyez tout mon bien,
Et qu'ouverts, mon plaisir s'évanouisse en rien.

Fausse construction, et puis *s'évanouir en rien* n'est guère bon.

Si du faux naît ma paix, si le vrai me fait guerre,
Et si jamais au vrai je n'ai pu m'éjouir, etc.

Superflu[1].

---

1. .... Tant que *serai* sur terre.
Je oublié. (*Copie* B *de l'Arsenal.*)

ANGÉLIQUE. CONTINUATION DU SUJET DE L'ARIOSTE.

> Je chante une beauté des beautés la première,
> Le paradis des yeux, *et la vive lumière.*

Foible.

> Qui comme un clair soleil ici-bas s'épandoit,
> Du temps que Charlemagne aux François commandoit.

Qu'est-ce à dire : *Je chante une beauté qui fut le paradis des yeux et la vive lumière qui luisoit du règne de Charlemagne?*

> Celle *qui receloit des attraits pour surprendre*
> Les braves, etc.

Il dit trop peu [1].

> Race des dieux de France[2], l'honneur de l'univers,
> Mon prince, mon seigneur, le support de mes vers,
> Laissez un peu la charge où votre esprit s'applique,
> *Pour ouïr les regrets de la belle Angélique.*

Proposition étrange et de laquelle il ne dit pas un mot. Si rien fut jamais sans jugement, c'est ceci.

> Médor qui tenoit *seul sa pensée asservie.*

Sigmatismus [3].

> (*Amour*) Lui tira droit au cœur une flèche *divine.*

Mauvais épithète.

> Lui fit aimer Médor, un jeune homme inconnu,
> Un mignon qui fut seul pour amant retenu.

Beau trait : *elle aima un jeune homme, qui fut seul retenu pour amant.*

> Recueillant la moisson par tant d'autres semée.

Je ne sais si c'est bien dit : *une moisson semée;* pour moi, je ne le dirois pas.

> Trop rare et digne prix de ce nouvel amant,
> *Qui des travaux d'autrui reçut le payement.*

Cheville.

> O paladin Roland, ô roi de Circassie,
> O valeureux Renaud, que vous sert, je vous prie,
> De vous être *aux hasards si librement trouvés?*

Nota.

> Et d'avoir tant de fois *les dangers éprouvés.*

Nota.

---

1. Dans la copie A : « il dit trop. » — La copie B a de plus cette remarque :
> Ni de tant de combats qu'ils avoient eus pour elle.

J'aimerois mieux dire : *combats qu'ils avoient faits*, et non pas *eus*.

2. Des Portes s'adresse à Henri III, alors duc d'Anjou.
3. Trop grande abondance d's.

Rendants en mille endroits votre vertu *notoire*.

Mot qui sort d'usage.

Puisqu'un *beau* Ganymède en rapporte la gloire.

Cet épithète, encore qu'il soit dit par mépris, n'est pas bien là.

Une toison subtile au menton lui naissoit,
Qui comme un blond duvet mollement paroissoit,
Prime, douce, et frissée, et nouvellement *creuë* (sic),
Comme petits floccons de soye bien menue.

Cruë. — *Son poil est une toison qui lui sort comme un duvet, prime et douce comme floccons de soie :* les comparaisons l'une sur l'autre ne valent rien.

De coral fut sa bouche, et son œil grossissant
  Tressailloit de clairté . . . .

Qu'est-ce à dire : *l'œil lui tressaut de clairté?*

Bref, il semble à le voir d'un pré bien émaillé.

« Un homme ressemble à un pré : » cette comparaison est extravagante.

Amour n'est point si beau, Angélique n'eût *sceu*
Se garder *d'enflammer* aux rais d'un si beau *feu*.

Feu et *sceu* : mauvaise rime d'une voyelle sur une diphthongue; car on dit *feu* par diphthongue, et on dit *sçu* par une voyelle simple. — *Se garder d'enflammer;* on ne dit pas : *j'enflamme*, mais : *je m'enflamme*, car *enflamme* est actif; il devoit donc dire : *se garde de s'enflammer*, et cela est sans réplique [1].

Ou soit quand il descend de ses chevaux lassés.

Un homme descend de son cheval, et non de ses chevaux. Il pouvoit dire : « Ou qu'il donne repos à ses chevaux lassés, » ou quelque chose de semblable.

Ores dans son giron *Angélique est couchée*,
Ores dedans sa main *tient* la tête penchée.

Quest, cou. — *Elle* oublié.

Et se mire en ses yeux et or' en se haussant.

En se haussant est une cheville. Puisqu'elle avoit la tête dans sa main, il falloit qu'ils fussent assis ou couchés. Quelle posture eût-ce

---

1. La copie B contient de plus cette remarque : « On ne dit pas : *j'enflamme aux rais d'un si beau feu,* mais : *je m'enflamme,* car de dire qu'il * se rapporte à *enflammer*, il n'y a point d'apparence, car il est à *garder* comme à *enflammer* **. »

* *Qu'il,* c'est-à-dire le pronom réfléchi *se*, qui est en tête du vers.

** Il faut sans doute lire : « car il est nécessaire à *garder*, comme à *enflammer*, » ou quelque chose de semblable. Le copiste a laissé du blanc entre *est* et *à*.

été que Médor eût été debout et qu'Angélique eût eu la tête dans sa main[1] ?

Or il *advint* un jour qu'Angélique eut envie, etc.

Avoir envie de s'en retourner en son pays pour y faire couronner son amant, n'est pas un accident, ni une aventure, mais un dessein, ou autre telle chose.

Tandis la *Renommée*, *hâtive* messagère.

Faute en la césure, car *hâtive* s'aspire, et par conséquent est tenu comme consonnante.

Si jamais amoureux ont été travaillés.

Tété tra. — « On a vu des amants travaillés. »

L'œil jamais ne leur sèche, et de propos *cuisants*
Blasphèment la fortune et les astres *nuisants*.

Cuisants est trop foible en ce lieu ; *nuisants* avec *astres* est ridicule.

L'égara dans un pré tout *fleuri de verdure*.

Fleuri de verdure ne me plaît pas.

Là fut-il assailli. . . . . . .

Il a dit : *là fut-il*, pour éviter la rudesse de *là il fut;* mais *fut-il* n'est pas bien en ce lieu-là.

Ses cris furent de rage et de fureur guidés.

Guidés de fureur et de rage, mal ; il devoit dire : *transportés*, ou quelque autre mot de même signification.

Et de ses tristes yeux la source étant tarie.

Tant ta ri.

Pieds nuds, estomach *nud*, *ignorant* qu'il étoit.

Il faut dire *nu* ; et disant *nu*, il y a de la cacophonie, sinon que vous prononciez en gascon *nut ignorant*, comme quand ils disent : *mettre pié ta terre*.

Il se plaignit pourtant, mais ce fut tellement,
Qu'on n'apercevoit point son ennui véhément....
Soupirant sans mouvoir, comme tout éperdu,
Et parlant dans le cœur sans qu'il fût entendu.

« Il soupiroit comme tout éperdu, et cependant on ne s'apercevoit point de son ennui. » Il devoit décrire ici une longue passion, et il décrit un mouvement d'une minute d'heure.

Pour suivre un étranger inconnu *par le monde*.

Par le monde est en un lieu où vous ne savez s'il veut dire *inconnu par le monde* ou *suivre par le monde*.

Il juge, etc.

Et ne sauroit souffrir que personne la loue ;

---

1. On lit de plus ici dans la copie B ces mots, qui dans l'original ont été biffés par Malherbe : « Mais je crois que *dans sa main* veut dire *la main d'elle*. »

Mais en s'appelant sot *il* nomme malheureux, etc.

Il superflu.

L'an, le mois et le jour qu'il *devint* amoureux.

En devint.

Chétif qui meurt d'amour et qui n'est point aimé !
Toutefois il le pense. . . . .

Pour bien faire, il falloit dire : *toutefois il le pense être.*

Un bois que la nature avoit fait pour *complaire.*

Complaire est une action qui ne convient qu'aux personnes ; il devoit user de *plaire.*

D'arbrisseaux et de fleurs ombragée à l'entour.

Ombragée de fleurs, mal ; car quel ombrage peuvent faire des fleurs ?

. . . . Que l'herbe y soit fleurie,
Le feuillage agréable, et le vent *adouci.*

Mal.

Si ne dois-tu pourtant y demeurer *ainsi.*

Cheville, chevillissime.

Pleure et *plaint de pitié* ta prochaine aventure.

Quel langage est-ce : *je plains de pitié son aventure ?* C'est bien la pitié qui nous fait plaindre, mais cette excuse ne sert de rien. On ne dit point : *je plains de pitié ce pauvre homme,* ni : *je plains de pitié votre malheur.*

. . . . L'Archer malicieux
L'a privé de l'ouïe aussi bien que des yeux.

J'eusse dit : *de l'ouïe aussi bien que de la vue.*

Mais comme il est ainsi songeant et ravassant,
De l'un de ses pensers un autre renaissant,
Survient un messager, etc.

Cette ligne est sans construction. Au lieu de *renaissant,* il falloit un verbe actif.

Las! on ne peut fuir ce qui doit advenir.

Rime à demi-vers.

Une que le ciel même admire, *honore et prise.*

Cheville.

. . . . Et dont l'œil gracieux,
Recèle tous *les traits qui surmontent les Dieux.*

Froid.

C'est elle qui m'envoie en *divers lieux étranges.*

Divers étranges est étrange.

Et pour faire savoir qu'un Cupidon nouveau, etc.

Cun, cu.

Un petit dieu d'amour *tout céleste et tout beau.*
Il devoit dire le plus après le moins.

Mais voyez, ce dit-il, son portrait *figuré.*
Ce *figuré* est une cheville excellente.

Ainsi, dit le courrier, dépliant *de la main*
Un parchemin couvert, etc.
Superflu.

. . . . L'esprit tout étonné.
Tou , té , ton.

Son cœur enflé de rage *au dedans* se mutine.
Superflu.

Sa joue est toute teinte en mortelle couleur.
Tou, te, tein , t'en.

Son âme est languissante en extrême douleur,
D'amertume et de fiel sa bouche est toute pleine,
Et tombe dessus l'herbe, ayant perdu l'haleine.

Quelle marque d'un homme touché d'extrême douleur, d'avoir la bouche pleine d'amertume! et puis, à qui se rapporte *tombe?* car le dernier nominatif le plus proche, c'est la *bouche?*

Qui a vu quelquefois un qui n'y pense pas
Par un prompt accident conduit près du trépas,
Qui perd les mouvements, la parole et l'ouïe
Et *ne montre* d'une heure aucun signe de vie.

Il eût mieux dit *perdre*, etc., et *ne montrer*, etc.

Lors il ouvre la bonde à ses larmes brûlantes,
Il fait de ses deux yeux deux rivières coulantes.
Tout cela est mal.

De grands flots de soupirs coup sur coup *vont sortant.*
Va sortant, mal, pour *sort.*

Tient l'œil fiché dessus, *qui coule sans repos.*
Il le vient de dire.

Et demeure longtemps sans dire un seul propos;
Mais voyant le courrier, il tâche à se contraindre,
Et retient au dedans l'ennui qui le fait plaindre.

Il n'avoit que faire de dire : *mais voyant le courrier;* car il semble qu'il commence seulement alors à l'apercevoir, ce qui est ridicule. — Je n'entends point comme il se plaint et retient son ennui au dedans; d'ailleurs, puisqu'il a dit qu'il demeure longtemps sans dire un seul propos, pourquoi dit-il : *Mais voyant le courrier, il tâche à se contraindre?* car *mais* implique contrariété, et il n'y en a point.

En *mille* lieux *divers.* . . . .
Mille lieux divers: comme seroit-ce en *mille mêmes lieux?*

IMITATIONS DE L'ARIOSTE.

    Le suit tant *comme il peut* de l'œil et de l'oreille.
Qu'il peut étoit meilleur.

    Ainsi comme un vieux chêne. . . . . . .
Ainsi que est mieux dit; ou bien il devoit dire simplement : *comme*.

    Sur l'herbe où sans parler *demeure* longuement.
Il.

    M'abreuver de son sang, me *nourrir* de sa chair.
Paître; car il faut ici représenter une action d'un moment, et non une longue; car manger le cœur à un homme quand on l'a tué, ce n'est pas s'en nourrir.

    Mais quoi? Le ciel cruel contre moi l'a forcée,
    Et *lui a fait* choisir ce *nouvel amoureux.*
Nota.

    Il se faisoit *jà* tard. . . . .
Déjà.

    Mais en se retirant peu à peu *s'abaissoit.*
Il.

    L'amant de plus en plus ses sanglots renouvelle,
    Il fait sortir du chef une source *éternelle.*
Mal, très-mal. *Éternelle* n'est pas propre en une chose d'une heure ou demi-heure.

    Oyez à cette fois ce qui doit m'advenir.
Il lui dit *oyez*, et puis ne dit rien.

    . . . . Car je veux en peu d'*heure*
    Voir la fin de ma vie et du mal que j'*endure.*
Rime de Chartres.

    Comme un fier ennemi, sois au moins assouvi.
Rime au milieu du vers.

    Ce dit, en se levant de fureur transporté,
    Se saisit du poignard qu'il portoit au côté.
Latin. — *Il se saisit.*

    Au creux de l'estomac jusqu'aux gardes le plante.
Il faut dire : *se le plante*, car il n'a pas dit *son estomac*, mais *de l'estomac*, sans dire de qui.

    Le messager y court, qui voit comme il sanglote,
    Qu'il a les yeux mourants, et que son âme flotte
    Sur une mer de sang qui ne veut s'étancher;
    Alors *en haletant tâche* à le dessécher.
A quel propos *haletant* ici? — *Il tâche.* — Mais que veut-il dire? « un homme s'est donné un coup de poignard; il en arrive un autre, qui tâche à le dessécher; » et encore pis : « une mer de sang qui ne veut

s'étancher, et alors il tâche à le dessécher; » et puis, qu'est-ce que *dessécher un homme?*

Et voulant achever, un sanglot il tira.
Ti, ti.

Par quoi le messager qui sent son âme *atteinte*,
Ne voulant demeurer toute la nuit en crainte.
De quoi *atteinte?*

Auprès de ce corps mort *en pleurant* le laissa.
Peu vraisemblable.

Son cœur est tout serré d'un fait si pitoyable.
Son cœur est serré d'un fait: qu'est-ce qu'il veut dire? On dit : *serré de douleur, de pitié*, etc.

Pour, *faisant ce récit*, son esprit alléger.
Transposition dure.

Pleurèrent Sacripant, et firent deuil sur lui,
Honorants à l'envi son *obsèque* dernière.
Obsèque est même chose que *funérailles*, et pour ce il est mal en ce lieu, car qui faisoit les funérailles de Sacripant?

L'une arrosoit sa plaie avec eau de rivière.
A quel propos arroser la plaie d'un mort? le laver et l'essuyer, bon. Et puis pourquoi de rivière, là où il y avoit tant de fontaines, et même n'ayant fait mention d'aucune rivière?

L'autre en plaignant sa mort la rigueur maudissoit.
Et de qui la rigueur?

. . . . Père de toutes choses,
Qui as fait, qui maintiens, qui conduis, qui disposes,
Qui juges droitement. . . . .
Qui as fait, qu'a-t-il fait? qu'est-ce qu'il maintient? qu'est-ce qu'il conduit? etc.

Regardes les ingrats d'un œil *tout* dépité.
Cheville.

Que tu n'as point de soin de ce monde *où nous sommes.*
Cheville.

DIVERSES AMOURS
ET AUTRES OEUVRES MÊLÉES.

PLAINTE I.

Notre amour *a faussée*.

Nota.

Si les Dieux étoient vrais qu'elle a tant invoqués.
La propriété du langage vouloit qu'il dît : *si les Dieux qu'elle a tant invoqués étoient véritables.*

. . . . Tous mes sens enchantant.
En, en, an, an[1].

Celui qui maintenant *s'en pense être adoré*.

Nota.

Son infidélité l'ellébore sera
Qui d'un cerveau troublé ma fureur chassera.

Il y a faute ici ; car je ne sais ce qu'il veut dire : *son infidélité sera l'ellébore qui chassera ma fureur d'un cerveau troublé.*

Et comme un autre *Achil'* guarira salutaire, etc.
Achile (*sic*).

Contre tous ses attraits et sa force magique
J'ai l'anneau d'Angélique.

Ces fables nouvelles n'ont point de grâce.

SONNET I.

Les marteaux de Vulcain forgent-ils tant d'orages ?
Ti, tan.

SONNET II.

Ce sonnet est des bons de ce livre.

Mille fois *ces* trésors à souhait m'a permis.
Ses.

SONNET III.

Où chacun puisse aller pour se désaltérer.
Rime au milieu.

---

1. La copie B a de plus cette remarque, qui est aussi dans l'original, mais que Malherbe y a biffée :

Ne suffisoit que trop pour me *forcer à croire.*
Je dirois : *forcer de croire.*

Comment donc souffrirois-je une *personne humaine?*
Et quoi? une *personne divine?*

POUR LE PREMIER JOUR DE L'AN.

Car tout ce que l'amour peut allumer de flamme....
Tout autant j'en recèle et conserve en mon âme.

Cette phrase ne me plaît pas : *tout ce que l'amour a de flamme, tout autant j'en ai dans l'âme.* Il devoit dire simplement : *je l'ai dans l'âme.*

J'ai fait mille desseins *de plus ne vous aimer.*
De ne vous plus aimer étoit plus doux.

Être sage en aimant, Dieu ne le sauroit *faire.*

Je doute si ce *faire* est bien, car il a dit *être*. S'il avoit usé d'un verbe actif, il n'y auroit point de doute, comme : *Aimer sans être aimé, Dieu ne le sauroit faire.*

Rendons-la si parfaite, et si claire, et si belle.

Ridicule de dire : *rendons-la belle*, après avoir dit : *rendons-la parfaite.*

STANCE I.

C'est d'avoir quelque pomme *et sa soif étancher.*
Il devoit dire : *ou quelque goutte d'eau.*

Je n'ai *sang* ni poumon qui n'en soit *consommé.*

Consumé. — Ce n'est pas bien dit : *je n'ai poumon;* car on n'a pas deux poumons, encore qu'il y ait plusieurs lobes au poumon [1]. Aussi est-ce mal dit : *je n'ai sang,* car on n'a pas plusieurs sangs. On dit : *je n'ai nerf, je n'ai veine, je n'ai désir, pensée,* etc.

Non, je n'aurai jamais en vos yeux de fiance.

Fuis l'équivoque *de fiance* en deux mots, et *défiance* en un. Je sais bien qu'on dit : *avoir fiance en quelqu'un,* et : *défiance de quelqu'un;* mais n'importe.

Il faut faire autrement, puisque *rien je n'avance.*
Transposition mauvaise.

Un chaos amoureux dans mon âme s'assemble :
Joie et deuil, mal et bien; *j'ose et brûlant je tremble.*

A quel propos *brûlant*, puisque *tremble* est opposé à *j'ose?* Ou bien disons que *j'ose* est une cheville.

Que dira-t-on de moi si l'on sait ma *simplesse?*
Nota.

SONNET IV.

Quand du doux fruit d'amour *je me rends poursuivant,*
Le seul digne loyer, etc.

Mal, pour *je poursuis.* — Construisez : *Quand je me rends poursuivant du doux fruit d'amour, le seul digne loyer,* etc. Que veut-il dire?

---

1. Voyez ci-dessus, p. 359.

Sentez-vous de l'honneur quelque *perfection*
Qui plaise *au goût, au cœur, à l'esprit ou à l'âme.*
Mal. — Chevilles.

C'est une *vieille erreur* qui aux femmes se treuve ;
Car tout ce *bel honneur* gît en l'opinion.
Nota, nota.

SONNET V.

O soupirs bien-aimés. . . . .
Dites-moi, s'il vous plaît, nouvelles de mon cœur....
Est-il vrai, chers soupirs ? — Rien n'est plus asseuré. —
Mais sera-t-il longtemps en ce lieu bien-heuré ?
Cependant que je parle, etc.

Pourquoi ne fait-il répondre ses soupirs sur cette question comme sur les autres ?

SONNET VI.

Il le faut dire, amour, tu n'es rien que misère,
Travail, perte de temps, fureur, trouble et souci.
Chevilles.

D'une dame cruelle, *esclave et tributaire.*
Autre cheville.

Les grâces que tu fais. . . . .
C'est *sous un peu de miel cent tonneaux* d'amertume.
Nota.

Ah ! maudit soit le jour qui premier me vit naître
Sous un si noir destin, qu'hélas ! il me faut être
D'un enfant sans pitié le triste ébattement !
Frigidius glacie[1].

SONNET VII.

Ils ont *en même temps* même contentement.
Moellon.

Même ennui d'un seul coup leurs poitrines entame.
Quel langage : *l'ennui entame leurs poitrines !*

Et comme *un simple corps* ils n'ont qu'un mouvement.
Ce simple n'exprime pas ce qu'il veut dire ; et puis les simples corps n'ont-ils qu'un mouvement ?

SONNET VIII.

Quel cœur *aux traits d'amour ne se lairroit ouvert ?*
A quel propos ?

---

1. « Plus froid que glace. » — Au lieu de *frigidius glacie*, la copie B porte : « La glace n'est pas plus glace que cette conclusion. »

Quel Dieu du plus haut ciel sur moi n'auroit envie?
Mais, ah! c'est trop, mon cœur, tu seras découvert.

Cette conclusion est excellente à mon gré.

SONNET IX.

C'étoit un jour d'été. . . . .
Quand le ciel nous lia. . . . .

C'étoit un jour d'été quand le ciel nous lia : cette façon de parler ne vaut rien. On dit : *ce fut le jour de saint Jean que le Roi arriva, ce fut le lundi qu'il partit*, etc.; et non : *ce fut le jour de saint Jean quand le Roi arriva;* ou bien : *il étoit lundi quand le Roi arriva*.

Que la mort ne sauroit nous *séparer d'ainsi*.

Bas.

Nous faisions l'un à l'autre une aimable *complainte*.

J'aimerois mieux le simple que le composé, *plainte* que *complainte*.

SONNET X.

Qu'Amour de la main *droite* y *sut* si bien planter.

Je sais bien qu'il cherche de la finesse à dire : *de sa main droite*; mais il y eût bien eu plus de grâce à dire : *de sa main propre;* et d'ailleurs il eût mieux dit *voulut* que *sut*.

Et que les Florentins cesseront de vanter
La dédaigneuse nymphe en laurier transformée.

Il veut dire *Laure*, mais je n'ai point lu cette métamorphose. Il n'y a point de doute que quand on parle de la nymphe transformée en laurier, c'est de Daphné que l'on parle.

Puissé-je en ses rameaux mes bras entrelacer,
Et sur l'arbre étendu mon travail délasser!

Il fait ici un souhait qu'il n'ose exprimer ; mais mal à propos ; car qui jamais a vu s'étendre sur un arbre pour se délasser?

SONNET XI.

Je ne veux *plus* penser que la fureur de Mars....
Ait pouvoir *désormais* de me faire nuisance.

Ce *plus* précédent rend ce *désormais* inutile. — *La fureur de Mars ne me sauroit faire nuisance :* jolie conception.

Les balles que vos yeux ont *tiré* dans mon âme.

Tirées.

SONNET XII.

Non, non, n'estimez point, pour m'être ainsi *rebelle*,
D'ébranler par ces flots le rocher de ma foi.

Je serois bien d'avis d'user de ce mot de *rebelle* plus religieusement. Une personne est rebelle à une autre, quand elle oublie ce qu'elle lui doit; mais quand elle ne lui doit rien, de quelle rébellion la peut-on accuser? — Considérez cette façon de parler : *n'estimez pas d'ébranler.* Je n'userois nullement de ce mot *estimer* en ce lieu. J'eusse dit : *ne pensez pas, n'espérez pas,* ou : *ne croyez pas.* Et puis j'eusse dit : *ne pensez pas ebranler,* et non : *d'ebranler.*

    Car je demeurerai toujours ferme et fidèle.
Mauvais vers.

CONTRE UNE NUIT TROP CLAIRE.

    Pauvre moi, je pensois qu'à ta brune rencontre, etc.
Phrase provençale, *paure iou.*

    Et toi, sœur d'Apollon. . . . .
    Allumes-tu la nuit d'aussi grande lumière,
    Quand sans bruit tu descends pour baiser ton amant?
    Hélas! s'il t'en souvient, amoureuse déesse,
    Et si quelque douceur *se cueille* en le baisant, etc.
Il devoit dire : *si tu cueilles.*

    Si tu avois aimé, comme on nous fait entendre.
Ten, ten.

    Les beaux yeux d'un berger de long *sommeil* touché.
Il prend ici *sommeil* pour *somme,* et mal. Comme j'ai dit ailleurs, *sommeil* est desir de dormir, et *somme* est le dormir même. Or Endymion, de qui il parle ici, n'avoit pas envie de dormir, mais dormoit à bon escient.

    Tu as beau *découvrir,* ta lumière empruntée
    Mes amoureux secrets ne pourra déceler.
Il devoit mettre ici un accusatif. On dit bien : *aller découvrir,* sans accusatif; mais non pas . *j'ai découvert,* ni : *j'ai beau découvrir.*

    Otez-vous du serein; craignez-vous point le *rheume?*
Plébée. — *Rhume.*

    Tournant toujours *mes* yeux vers le lieu desiré.
Je tourne les yeux, et non *je tourne mes yeux.*

    Je voudrois être roi pour faire une ordonnance
    Que chacun dût la nuit au logis se tenir :
    Sans plus les amoureux auroient toute licence ;
    Si quelque autre failloit, je le ferois punir.
Puisque les amoureux auroient toute licence, ils ne failliroient pas de sortir du logis; cela étant, c'est mal dit : *si quelque autre failloit,* et faut dire : *si quelqu'un sortoit du logis.*

    Le somme est assommé d'un dormir *ocieux.*
A quel propos *ocieux?*

    Et l'Aurore déjà veut *defermer* les cieux.
Guère bien, pour *ouvrir.*

    . . . . Heureux *cil* qui n'espère.
Ce mot ne vaut du tout rien.

DIALOGUE I.

> Ah, Dieu! que c'est un étrange martyre.

Mauvaise césure.

> .... Que d'endurer un ennui sans le dire,
> Et quand il faut tellement se contraindre
> Qu'il n'est permis en mourant de se plaindre.

Il se faut tellement contraindre qu'il n'est permis, etc. Il est si malade qu'il n'a su venir : il est clair que la maladie est cause qu'il n'a su venir. *Il est si beau qu'il est impossible de le voir sans l'aimer* : il est clair aussi que la beauté est cause de l'amour. Juge du reste.

> Vous qui savez la fureur qui me dompte.

Qu'est-ce à dire : *la fureur qui me dompte,* au lieu de dire : *le mal que je souffre? Une fureur qui me transporte* est bien dit; mais ce n'est pas sa coutume de dompter ; tant s'en faut, elle a besoin d'être domptée.

> Cette rigueur nous peut bien interdire
> Les doux propos que nous nous soulions dire,
> Et de nos sens déguiser l'apparence.

Bien mal exprimé, au lieu de dire : *on nous peut bien défendre de parler ensemble;* car qu'est-ce à dire : *on nous interdit les propos que nous nous soulions dire?* On ne leur défend pas ce propos ici, ni cettuy-là, mais toute sorte de propos. Mais ce qui suit n'est pas moins plaisant : *on nous peut bien interdire les propos,* etc., *et déguiser l'apparence de nos sens. Interdire déguiser :* voilà une construction étrange! Que si l'on prend *et* pour une copulative de *interdire* et *déguiser,* qu'est-ce à dire : *on peut bien déguiser l'apparence de nos sens?* et qu'est-ce encore que *l'apparence de nos sens?*

CHANSON I.

> Doncques ce tyran sans merci
> Qui pour moi n'eut jamais des ailes.

N'a jamais eu d'ailes.

> Doncques *ceux* qui plus vivement
> Ont de son feu l'âme saisie,
> Il laisse outrager rudement.

Ceux semble nominatif ; cette transposition est insupportable. C'est bien un idiotisme du langage françois de dire : *ceux qui sont plus amoureux d'elle, elle les estime le moins ;* mais il y faut mettre ce relatif *les.*

> Ma main tremble et n'ose tracer
> L'image qu'au ciel j'ai choisie,
> Et vois tous mes vers effacer
> Par l'envie et la jalousie.

Mal expliqué.

> Ma bouche un mot n'ose tirer.

Je ne dirois point : *ma bouche n'ose tirer un mot*. Les mots se tirent de la bouche; la bouche ne les tire pas. On dira que la bouche les tire du cœur : ridicule sophisme!

> Craignant de nommer ma maistresse.

Mer, ma, maist.

> Et pour *rendre* moins *découverts.*

Découvrir.

> Les feux qui saccagent ma vie.

Impropre : *saccager la vie*. Je dirois : *saccager une place*, ou quelque chose qui peut être pris pour une place, comme *cœur*, *âme*, etc.

> *Car* si votre chaste froideur.

A quel propos ce *car* ?

> Et vos rigueurs pleines de glace
> N'ont rien pu contre mon ardeur....
> *Plus d'ennuis s'iront élevants,*
> Mieux de moi vous serez servie.

Plus d'ennuis s'iront élevants, n'est pas bien dit simplement; il devoit dire : *contre moi*[1].

DIALOGUE II[2].

> Donc pour loyer d'amitié.

Il falloit dire : *de mon amitié*.

> Tu te plais quand *tu m'abuses?*
> Et couvrant ta fausseté,
> *Tu* penses que ma bonté, etc.

Froid. — Superflu.

> Contre un qui ne veut rien que vous rendre servie.

Mal, pour *servir*.

> A bon droit les siècles vieux
> Nous ont peint Amour sans yeux,
> Montrants *comme il se doit croire.*

Mal exprimé.

> Trop d'ardeur le plus souvent

---

1. Malherbe avoit d'abord terminé sa critique par ces mots, qu'il a ensuite effacés : « .... N'est pas bien dit. On ne dit pas : *il s'elève des ennuis*, sans dire [contre qui]. » Nous complétons la phrase par conjecture.

2. Au sujet du septième vers de ce *dialogue* :

> Dieux, que la femme est prompte a changer de courage!

Malherbe avoit écrit au bas de la page une remarque de près de trois lignes, qu'il a rendue entièrement indéchiffrable en la surchargeant et l'entremêlant de fausses lettres. Il paraît que cette remarque a été illisible pour les deux copistes, comme pour nous : ni l'un ni l'autre ne l'a reproduite.

> Nos sentiments décevant
> *En rapporte la victoire.*

Encore mal exprimé.

> Je trouve chaude la flamme,
> Le jour me semble luisant.

Foible.

> Ah! trompeur, *tu vas pensant.*

Mal parlé.

> Qui peut donc apaiser votre *juste* courroux?

Injuste [1].

> Comment croirai-je, hélas! que *votre ire est passée?*

Rude.

SONNET XIII.

> Adieu donc, Liberté, tu m'as assez *suivie.*

Pensez comme un homme diroit à propos : *je n'aime point cette femme, car elle m'a offensée.* Cette ignorance est des grosses.

> Je ne redoute plus le travail enduré.

Pourquoi redouter le travail enduré? On ne redoute pas le passé, mais l'avenir.

CHANSON II [2].

> Qui sûrement ma douleur *receloit.*

Composé pour le simple, pas trop bien.

> Et quand l'amour *plus ardant* me brûloit.

Il eût mieux dit : *plus ardemment* [3].

> Que m'a servi la peine que j'ai prise
> A gouverner un mari mal plaisant,
> Et tant de jours avec lui m'amusant

---

1. On lit de plus dans la copie B :

   « *Grand*'amour en *grand*'haine est souvent convertie.

   Grande, grande haine. L'*h* est aspirée. » — Dans l'original, les mots *grand'-haine* sont simplement soulignés.

2. La copie B contient cette remarque sur le deuxième vers de la chanson :

   > Que m'a servi de vous avoir servie
   > Sept ans entiers à mon mal *conjuré?*

   Conjuré est mis en un lieu où il semble être l'adjectif de *mal*; il eût mieux dit : *conjuré à mon mal,* que : *à mon mal conjuré,* et sa pensée en eût été plus claire.

3. On lit ici de plus dans la copie B :

   > Que m'a servi cette libre *apparence?*

   Apparence.

   > Dont j'abusai vos *valets* curieux,
   > Et pour chasser toute leur *défiance.*

   Bas et vulgaire.

Perdre à l'ouïr le peu de ma franchise?

Que m'a servi la peine et perdre? mal parlé. — Que veut-il dire par *franchise?* Très-mal; car si *franchise* se prend pour *naïveté*, *ingénuité*, à quel propos? Si pour *liberté*, l'avoit-il pas toute perdue[1].

Tant de dangers que je *vais* évitant.

Vois[2].

Un fort désir tout conseil *va domptant*.

Mal parlé.

De tels propos tyrans de mon courage.

A quel propos : *tyrans de mon courage?*

Répondez-moi, ma mortelle déesse.

Moi, ma, mor[3].

Quelle fureur peut estre tant extrême?

Tes, tre, tan, tex, tré, me.

Aux ennemis laisser libre la porte.

Pris du Bembo, où il vaut aussi peu qu'ici.

Mais plus encore insensé je m'outrage.

Mal exprimé.

Car en pouvant mon ardeur modérer
Par mes soupirs............

Mal.

.... Je ne veux soupirer
Ni me douloir pour brûler davantage.

Considérez ici l'ambiguïté du sens. Je ne sais s'il veut dire : *L'envie que j'ai de brûler davantage fait que je ne veux ni soupirer ni me douloir*. Si c'est cela, pour se douloir, brûleroit-il moins qu'il ne fait? Il se peut aussi prendre d'autre façon : *Je ne veux pas me douloir pour*

---

1. La copie B a de plus ces critiques :

Qui l'empêchoient de devenir jaloux.

De, de.

Tant de sanglots et de larmes *versées.*

J'aimerois mieux dire : *que j'ai versées.*

...... Tout me porte *nuisance.*

Vieux mot, hors d'usage.

.... En telle *patiance.*

Patience.

2. *Vois, voys,* pour *vais.* Voyez ci-dessus, p. 334, note 1. — A cette remarque la copie B ajoute ceci : « Pour dire : *que j'évite,* mal; » et à la suivante : « *Va domptant :* la métaphore est un peu dure. Il veut dire que la force de la passion surmonte tout conseil. »

3. Vous qui m'avez *en rocher transmué.*

Transmué semble être adjectif, et non pas verbe. Il faudroit dire : *transmué en rocher.* (*Copie* B.)

brûler davantage; comme si se douloir faisoit brûler davantage. Je ne veux pas aller au Palais pour me faire prendre prisonnier : cela veut dire que si vous alliez au Palais, vous auriez peur d'être pris prisonnier.

>C'est peu de cas qu'un mal qui se peut dire.

Nota [1].

>L'air refrappé ne bruira que mes plaintes [2].

Vent.

>Valets fâcheux, qui par votre présence
>De *voir* mon bien m'avez tant su garder.

Voir est ici pour *regarder*, mais mal [3].

>Bien peu me chault qu'*en ayez* connoissance.

Vous en ayez [4].

>Au moins ma mort pourra vous assurer.

La mort ne doit pas assurer les valets, et cependant *vous* ne peut se rapporter ailleurs.

>Que non la peur, mais l'amour me commande.

La peur et l'amour ne commandent pas choses semblables. Si je fais quelque insolence, je ne dirai pas : *ce n'est pas la peur qui me le fait faire;* car à quel propos? mais bien : *c'est l'amour,* pource que cette passion produit des violences.

SONNET XIV.

>Je voyois foudroyer d'un effort incroyable
>Les murs d'une *cité* que l'ennemi tenoit, etc.

Il s'explique mal, car il semble qu'il devint amoureux au siége : ce qui ne fut pas. Il devoit dire : *j'avois été en un siége, et en étois*

---

1.   Auprès du mal *dans l'esprit retenu.*

Pour dire : *un mal retenu dans l'esprit,* il a dit * : *un mal dans l'esprit retenu,* mal.

>Quand en son deuil on est contraint de rire,
>Le conservant pour le rendre inconnu.

Le conservant pour le rendre inconnu, galimatias. (*Copie* B.)

2.   N'espèrent plus les propos envieux
          Me séparer du bien qui me fait vivre!

Pour dire : « que les propos envieux n'espèrent plus. » Cela, c'est une transposition contrainte et défectueuse. (*Ibidem.*)

3. La copie B ajoute : « *M'avez tant su garder,* pour *empêcher,* mal. »

4. La copie B porte : « *Vous* manque; » et elle contient de plus cette remarque :

>Mes chauds soupirs *plus* je ne retiendrai.

Il est là mal, pour : *je ne retiendrai plus.*

* Le copiste a écrit : « il a *dire.* »

DIVERSES AMOURS, ETC.

revenu sans blessure ; comme je pensois être en sûreté, votre beauté me blessa, etc. — *Cité*, pour *ville*, très-mal.

SONNET XV.

Et du sang de ma plaie encor tout *chaloureux (sic)*.
Mal, pour *chaud* [1].

Pourroit en le pressant *refraichir (sic)* mon ardeur.
Rafreschir (sic).

Mais puisqu'un si grand *prix* à ma foi n'est *promis*,
Au moins baisons son gant : il est toujours permis
De baiser le dessus d'un sacré reliquaire.

Si froid qu'il fait pitié ; et d'ailleurs, *prix* au milieu du vers, et *promis* à la fin, n'ont guère bonne grâce [2].

SONNET XVI.

Se peut-il trouver peine en amour *si diverse ?*
Si étrange, si cruelle, bon ; mais *si diverse* ne vaut rien.

En mon cœur *chacun jour* sa rigueur il exerce.
Je dirois : *chaque jour, chaque fois*, et non : *chacun jour*, ni : *chacune fois*. *Chacun* se dit absolument, et non avec un substantif.

SONNET XVII.

Mais qui pourroit fuir *le désastre ordonné ?*
Qu'est-ce que *le désastre ordonné* [3] ?

L'un meurt dedans son lit, l'autre *prédestiné*
Pour mourir au combat............

Il faut lire : *est prédestiné*, ou autrement il y aura faute. Et puis est-ce bien parlé : *l'un meurt dans son lit ; l'autre est prédestiné pour mourir au combat ?*

SONNET XVIII.

Six jours ? ah Dieu ! c'est trop ; six jours sans l'avoir *vue*....
Car mes yeux aveuglés n'ont jour que de sa *vue*.
Ridicule rime.

1. La copie B donne ici de plus :

Toutefois je l'adore et la peine *infinie*
N'en sauroit retirer mon œil trop desireux.

Mal ; il veut dire : *et la peine, quelque infinie qu'elle fût*.

Pour venger mon outrage et *la rendre punie*.

Mal parlé, pour *la punir*.

2. La fin de cette remarque est ainsi rédigée dans la copie B : « Césure rimée avec la rime, mal. »

3. La copie B ajoute ici cette explication : « Il veut dire le désastre *qui est ordonné à chacun de nous* ; » et elle allonge ainsi la remarque suivante : « Il eût fallu dire : *l'un est prédestiné de mourir en son lit ; l'autre est prédestiné de mourir*, etc. »

Saignée, herbes, *onguents* ne font pour ma santé.
Sale en ce lieu.

COMPLAINTE I. — Plaintes en absence.

Las! plus je *vais* avant. . . . .
Vois.

Plaisants flambeaux d'amour. . . . .
Lâche.

Ni pour pitié qu'il eût *de ma peine soufferte.*
Mal, pour : *de la peine que je souffrois.*

Las! je serois heureux si la force du vent
Me noyoit à ce bord sans passer plus avant.

Il seroit bien heureux s'il se noyoit au bord de la mer, sans passer plus avant : c'est mal parlé à un homme qui abandonne la mer; car il n'est pas pour passer plus avant. Et d'ailleurs, s'il l'abandonne, comme fait-il croître ses eaux en pleurant, sinon qu'il lui renvoie ses larmes par lettres de change?

Apelle cette absence une aigre départie;
Mais de moi je *l'appelle* un rigoureux tourment,
Une angoisse, une rage, et *un gémissement.*

Belle imagination : *J'appelle cette absence un gémissement.*

Las! je crois que le ciel m'avoit prédestiné, etc.
Cette stance ne conclut point.

Et pour n'avoir *jamais de repos* sur la terre.
Mauvaise césure.

Jamais je ne me vis le cœur lâche et failli.
Rime au milieu.

Quand celui qui voyage est surpris de la nuit, etc.
Cette stance ne vaut rien.

Puisque je ne vois plus de lumière *opportune.*
Ce mot n'est guère bon.

Quand le nautonier sage est au milieu de l'eau, etc.
Ces deux stances, la précédente (*Quand celui qui voyage,* etc.) et celle-ci, ont leur quatrième ligne commencée par : *Mais las!*

J'ai le cœur tout serré de glace et de froidure.
Qu'est-ce à dire : *j'ai le cœur serré de glace?*

. . . . Car faut-il espérer
Qu'avec tant de tourments je puisse assez durer
Pour attendre un retour *vainement favorable?*

Qu'est-ce à dire? Il dit qu'il a tant de mal, qu'il ne pense pas assez vivre pour attendre un retour. Cette imagination est bonne; mais à quel propos *vainement favorable?*

DIVERSES AMOURS, ETC.

COMPLAINTE II. — Allant en Pouloigne (*sic*).

Et finir par ma mort mon angoisse immortelle.
Ma, mor, mon.

. . . . . En ce dernier *ouvrage*.
Outrage.

. . . . Grande est la tyrannie
Que si superbement tu exerces *en moi*.
J'eusse dit : *sur moi*.

Et le cruel devoir qui me *rend maîtrisé*.
Mal, *rendre maîtrisé*, pour *maîtriser*.

. . . . Et la flamme *ard* plus fort.
Vieil mot, hors d'usage.

Qu'être toujours *auprès de beauté* si parfaite.
J'eusse dit : *auprès d'une beauté*.

Serviteur infidèle, ingrat et *malheureux*.
Il est pris ici pour *méchant*. Le peuple dit : *vous êtes un malheureux homme*, pour : *vous êtes un méchant homme*. Cependant, en écrivant, je ne le voudrois prendre qu'en sa vraie signification d'*infortuné*.

. . . . Pour complaire à Madame.
Et puis mon jeune roi n'a pas l'âme sauvage.
A, ma, da. — *Na, pa, la.*

D'un et d'autre côté par *les temps plus divers*.
Divers temps, langage plébée.

Sous l'Ourse en la Scythie, entre *cent mille* hivers.
Il ne falloit point nombrer les hivers, mais exprimer leur froidure et leur rigueur.

ODE.

Cependant que l'honnêteté
Retenoit ta jeune beauté
Empreinte au plus vif de mon âme.

Vous ne savez à qui se rapporte *l'honnêteté*, à lui ou à elle. Il devoit dire simplement . *tant que vous m'avez été fidèle*, ou : *tant que vous avez fait cas de l'honneur*, etc. [1].

Contraignant tout ce qui vivoit
Sous l'amoureuse obéissance.

Vous ne savez à qui se rapporte *sous l'amoureuse obéissance*. Il se doit rapporter à *contraignant*, et cependant il semble se rapporter à

[1]. Malherbe avoit d'abord ainsi rédigé cette critique : « Vous ne savez à qui se rapporte *empreinte*, à *beauté* ou à *honnêteté*. La raison veut qu'il se rapporte à *l'honnêteté*, mais il est ici placé en telle sorte, qu'il semble se rapporter à *la beauté*. » C'est là le texte de la copie B, qui ajoute ceci au sujet du vers suivant :
Quand je sentois brûler mon cœur.
Tout ce vers est une cheville.

tout ce qui vivoit; et puis à quel propos *vivoit*, en temps imparfait? Il devoit dire : *tout ce qu'il voyoit,* etc.

> Bref, ingrate, j'étois tant tien, etc.

Toi, tan, tien.

> Que je mettois mon plus grand bien
> A te peindre en ma fantaisie
> Pleine de tant de raretés (*sic*),
> Que même les divinités, etc.

Il y a ici deux comparatifs en même période : *tant tien que*, etc. *tant de rarités que même.*

> Toutefois *or' en un moment.*

Quel langage!

> Mais en la fleur de son printemps
> Se vendre à beaux deniers comptants.

Il y a bien plus de raison de se vendre, étant jeune; car qui voudroit donner de l'argent pour une vieille?

SONNET XIX.

> Liberté précieuse en mes vœux adorée,
> . . . . eussé-je peu penser
> Que si loin, en Poloigne, il fallût m'adresser,
> Pour voir sous ta faveur ma franchise assurée?

Qu'est-ce à dire : *voir ma franchise assurée sous la faveur de la liberté?*

SONNET XX.

> Au plus fort de mon mal ma guarison j'éprouve.

Mon mal ma; puis : *mal, ma, gua.*

> Mais pourtant *quelquefois* vous me confesserez
> Qu'un tel amant que moi tous les jours ne se treuve.

Foible. — Il y a différence de *quelquefois* et *quelque jour*. Il falloit ici dire : *quelque jour*. On dit : *je l'ai vu quelquefois;* mais on dit : *je le verrai quelque jour;* et quand on dit : *je le verrai quelquefois,* c'est en autre signification.

SONNET XXI.

> Pour tant d'attraits dont je n'ose approcher.

Vent. — Il ne dépeint pas ici une femme dont l'on n'ose approcher, mais une qui est trop approchée.

> Il n'y a point aux enfers tant de peines,
> Ni sur la mer tant de flots *dépités*.

Superflu.

> Qu'elle *refait et fait* d'amours soudaines.

Hysteron proteron[1] : *refait et fait,* pour *fait et refait.*

---

1. Ὕστερον πρότερον. Malherbe a écrit ici ces deux mots grecs en lettres françaises. Voyez ci-dessus, p. 396, note 1.

SONNET XXII.

Ce sonnet est d'un Italien, et du Séraphin, à mon avis [1].

Comme un chien que son maître a longtemps caressé,
S'il advient qu'à la longue il change de nature,
S'enfuit, puis s'en revient, espérant qu'il ne dure, etc.

Que veut dire : *espérant qu'il ne dure?* Je ne sais à qui se rapporte *il*; car au *maître*, il n'y a point d'apparence. Je crois bien qu'il entend le mauvais traitement, mais il le falloit dire. — *Qu'il ne dure : il*, pour *cela*, mal.

Et *pour six coups de fouet* ne peut être chassé.

Bas et plus que plébée.

Enfin *d'ardente soif* et de faim trop pressé....
Est contraint autre part chercher son aventure.

Il est plaisant de dire qu'un chien pressé de la soif est contraint de chercher un nouveau maître, comme s'il étoit question de lui bailler du vin d'Aï, de Grave, ou de Bar-sur-Aube.

VILLANELLE [2].

Tu fais le mal et *je le vais sentant.*

Mal, pour *je le sens.*

Ce n'est raison que tu l'ayes *à toi.*

A toi est une cheville : *qu'il demeure chez toi.*

Assez tu as sa franchise asservie.

Tu l'as assez asservie : ce n'est pas ce qu'il veut dire. On ne dit pas proprement : *je l'ai beaucoup* ou *peu asservi.* Il veut dire : *tu l'as assez longtemps tenu en servitude.* Or *asservir* ne signifie pas *tenir en servitude*, mais *réduire en servitude.*

Serments, soupirs, faveurs en abondance
De son amour ne te *rende* assuré.

Rendent.

SONNET XXIII.

Ah! maudite espérance à mon mal conjurée,
Tu m'as bien cette fois traîtrement abusé,
Quand après tant de peine en l'aimant endurée,
Un nouveau sans mérite est plus favorisé.

Mal : *l'espérance m'a bien trompé, quand un autre est mieux aimé que moi.*

---

1. La copie A donne par erreur : « à son ami, » pour : « à mon avis. » — Séraphino d'Aquila, mort en 1500. Nous n'avons pas trouvé ce sonnet dans ses OEuvres.

2. Dans la copie B, on lit cette remarque sur le quatrième vers :

Mais *si grand druil* que je ne puis cacher
Fend ma poitrine. . . . .

Un oublié.

J'ai cultivé la plante, un autre a le *fruitage*.
Fruitage, mal, pour *fruit*.

Destin malencontreux des amants *misérables*.

Il suffisoit de dire : *destin malencontreux des amants*; car les amants ne sont misérables qu'en ce que leurs destins sont malencontreux.

CHANSON III.

Ne vous défiez point *qu'autre part je me range*.
Note.

Mais tandis qu'en m'aimant ou feignant de m'aimer,
Je vous verrai voler pour tant d'amours nouvelles, etc.

Il devoit dire simplement : *feignant de m'aimer*, car celle n'aime pas qui vole après de nouvelles amours[1].

Je ne suis point de ceux qu'en doute il faut tenir.
Rude.

A ce que l'un contraint, l'autre nous en dispense.

Contraindre et *dispenser* n'ont pas même construction. Si on dit : contraindre à quelque chose, on ne dit pas : *dispenser à quelque chose*. C'est bien dit : *de ce dont votre courtoisie me sollicite, mes nécessités me dispensent;* et encore mieux, sans transposition : *ma nécessité me dispense de ce dont votre courtoisie me sollicite.* Il pouvoit dire. *Si l'un nous y contraint, l'autre nous en dispense.*

SONNET XXIV. — A l'Inconstance.

Devant à ta faveur l'âme et la liberté.
Ta, ta, fa.

Un songe *imaginé*, que l'on dit *fermeté*,
M'avoit si bien *pipé*. . . . .

Trois demi-vers rimés l'un à l'autre.

SONNET XXV.

Tant de jours *consommés* en angoisseuse peine.
Consumés.

Pour le poignant regret de vous voir si *soudaine*.
Soudaine ne signifie pas *légère*, ni *volage*.

SONNET XXVI.

Ces yeux prompts en regards, trompeurs et déguisés,
N'ont pas tant de clairté, d'attraits *ni de rudesse*.
Mal exprimé.

---

1. Dans la copie B : « à de nouvelles amours. »

.... Et ces cheveux frisés
Ne sont pas ses cheveux, *c'est une fausse tresse.*

Bas et populaire [1].

CHANSON IV.

Bref, tout ce qu'on lit de Protée
Ne s'égale à ses changements.

Tout ce qu'on lit de Protée ne s'égale. Si cette proposition universelle n'est vraie, la particulière le peut être. Cette proposition : *toute femme est chaste*, peut bien être fausse ; mais sa particulière : *quelque femme est chaste*, est véritable. Il pouvoit et devoit dire : *Bref, on ne lit rien de Protée Qui s'égale à ses changements.*

Ce nouveau fier de mon dommage,
Qui se forge un *destin* constant,
Aussitôt *se trouve en naufrage.*

Destin est mal en ce lieu. — Mal parlé : *se trouver en naufrage.*

J'ai fait par art et *par nature*
Tout ce qu'un amant peut penser.

Mal.

SONNET XXVII.

Il est votre Adonis, vous êtes sa Cypris.

Rime au milieu.

Et se mire en vos yeux, *qui serf le tiennent pris.*

Quel langage : *il me tient pris serf!*

Expert j'en puis parler, qui lâche et tout trempé,
Du péril fraîchement par miracle échappé,
Paye au port tout joyeux mon offrande à Neptune.

Froid.

SONNET XXVIII.

Qui jour et nuit ne discourt que cautelle.

Court que cau, cacophonie.

La font superbe, erratique, inconstante.

Quin, con.

La plus fidèle aimeroit beaucoup mieux
N'avoir qu'un œil que d'un être contente.

Vois ci-devant (p. 385).

SONNET XXIX.

Forcé je m'abandonne à cette frénésie,
N'espérant *jamais plus d'y trouver* guarison.

Note.

---

1. Dans la copie B : « Bas et plébée. »

Mais enfin de bonheur je sus que ma maîtresse
Favorisoit un sot. . . . .
Lors un noble dédain vient gagner mon courage....
Dois-je pas bien aimer le sot qui m'a fait sage?

Bon.

SONNET XXXI.

En lieu que le profit *n'avançât le dommage.*

Mal parlé, pour dire . *ne fût plus grand que le dommage.*

Son cœur naguère mien fut ailleurs diverti :
Un revint, et soudain lui voilà ralliée.

Guère bon. — Et puis il falloit dire : *la lui voilà ralliée.*

SONNET XXXII.

Je cueillois des chardons et de *sèches épines.*

Note. *Épines* ne devoit point avoir d'épithète, non plus que *chardons.*

CHANSON V.

Et ne pensois voir oncq arriver l'heure
Que nos esprits fussent moins embrasés.

Cette phrase est ambiguë; car il semble qu'elle signifie une impatience de voir ce que l'on desire fort. Il le prend toutefois d'autre façon, et veut dire qu'il ne croyoit jamais voir de la diminution en l'embrasement de leurs esprits.

SONNET XXXVI.

Mais six lustres sitôt n'ont mon âge borné,
Que du chemin passé je me suis détourné,
Tout honteux *que si tard j'aie été variable.*

Il veut dire : *que si tard je me sois reconnu, que si tard j'aie changé de façon de vivre.* Vous pouvez voir comme il s'exprime.

STANCES II. — Pour le roi Charles IX, à Callirée.

Un Dieu doit pardonner *quand il est offensé.*
Quand on s'humilie.

.... Mais qui ne sait que c'est de service et de crainte.

Mais est mal; car *mais* implique contradiction, et il n'y en a point.

Se faut-il étonner si m'étant vu dompter....
Je me *sois* efforcé. . . . .

Il faut dire : *si je me suis efforcé.*

Le repos ocieux en travail j'ai mué,
J'ai comblé mon esprit de soucis et d'affaires,
Et forcé pour un temps mes regards volontaires,
Les privant à regret des yeux qui m'ont tué.

Ce discours ne devoit commencer qu'au quatrième vers. Il devoit dire : *les privant à regret des yeux qui me sembloient si beaux*, ou quelque chose de semblable.

  Ce n'est pas sans raison qu'on te donne des ailes,
  Un carquois plein de traits, et *de flammes cruelles*.

Note ceci ; car s'il veut dire : *un carquois plein de traits et de flammes*, la construction est bonne ; mais c'est chose ridicule de dire : *un carquois plein de flammes*; car le carquois n'est pas un lieu à mettre du feu[1]. S'il veut dire : *un carquois et de flammes*, il faut ; car il doit dire : *un carquois et des flammes*, comme il a dit *des ailes*.

  . . . . Et par ma contenance,
  Mes pleurs et mes soupirs, elle auroit connoissance
  Que je sens bien ma faute, et qu'en suis repentant.

En lisant ceci, il semble que *mes pleurs et mes soupirs* soit nominatif, et cependant il dépend de : *par ma contenance*, et veut dire : *par ma contenance, par mes pleurs et par mes soupirs*.

  De ces diversités l'amour est agitée.

Il ne dit pas ce qu'il pense dire : il dit que l'amour est agitée par ces diversités, et il veut dire que l'amour étant agitée par ces diversités, en est plus grande, comme *fax agitata magis accenditur*[2].

  Et par le déplaisir sa joie est augmentée,
  S'enrichist (sic) *de sa perte*, et renaît en mourant.

S'enrichit. — *S'enrichit de sa perte* ne veut rien dire ; ce n'est que pour remplir le vers.

  STANCES III. — Pour Monsieur le duc d'Anjou, allant assiéger
      la Rochelle, 1572.

  Je mourrai, j'en suis sûr, et mon âme *égarée*, etc.
Superflu et mal.

  Je vais pour assaillir et ne me puis défendre
  Seulement d'un enfant *dont je suis surmonté*.
Superflu.

  Qu'elle soit par le ciel comme une astre allumée.

Qu'est-ce à dire : *que ma renommée soit allumée dans le ciel ?* S'il disoit : *qu'elle éclaire en terre comme un astre aux cieux*[3], il seroit passable.

  Que sur mon jeune front cent lauriers soient plantés,
  Que j'élève un trophée *à jamais perdurable*.

Je dirois : *durable à jamais*, et non : *perdurable à jamais*; et d'ailleurs, il devoit dire : *que j'élève une infinité de trophées*, et non : *que j'érige un trophée éternel*, comme il avoit dit auparavant : *cent lauriers*.

---

1. « A mettre des flammes. » (*Copie* B.)
2. « Une torche agitée s'allume davantage. »
3. Malherbe avait d'abord écrit : « qu'elle éclaire cy bas, comme un astre dans les cieux. »

COMPLAINTE III. — Pour Monsieur le duc d'Anjou, élu roi de Polongne (*sic*), lorsqu'il partit de France, 1573[1].

Que *s'en* soit seulement l'éternel souvenir.
C'en.

O France, où j'ai reçu *tant d'honneurs mérités:*
Note. — Ce *mérités* ne sied point bien en la bouche de celui à qui il le fait dire. Il devoit dire, ou : *tant d'honneurs,* simplement, ou : *tant de grands honneurs,* ou quelque autre épithète semblable.

Je te vois, me perdant, toute en pleurs te bagner,
Je veux donc de mes pleurs les tiens accompagner.
France, je te vois pleurer en me perdant, il faut donc que je pleure. Cela va bien s'il pleure de déplaisir de quitter la France; mais ce n'est pas ce dont il est question.

Bien qu'il soit ébranlé, n'est pourtant renversé.
Rime au milieu.

Mais quand le fer cruel *vient* son pied *détrancher.*
Quel langage : *quand le fer vient détrancher!* et puis il faut dire le simple *trancher,* et non le composé *détrancher.* Ce dernier signifie couper en morceaux.

Malgré sa résistance *est* contraint de broncher.
Il.

Votre soleil s'en va. . . . .
Mal : c'est lui qui part, et non sa maîtresse.

Puisque je ne pouvois longtemps la *regarder.*
Il faut dire *voir,* et non *regarder.*

Comme un nouveau printemps sa jeunesse *florist* (*sic*).
Fleurit[2].

Sa grâce au même point nous blesse et nous *guarist* (*sic*).
Guarit.

Que pour plus n'en partir son plumage *a brûle.*
Il.

A toutes les beautés son œil sert de flambeau.
Cette imagination ne vaut rien.

Ceux qu'un si cher trésor *a rendus*[3] *desireux.*
Cela m'a rendu desireux est mal dit simplement; bien pourrait-on dire : *cela m'a rendu desireux de la servir.*

---

1. Malherbe a écrit à la marge : « Pour la princesse de Condé, Marie de Clèves. »
2. Dans la copie A : *florit.*
3. Malherbe a en outre effacé l's de *rendus.*

Comment donc malheureux *endurai-je* (sic) *en vivant*, etc.
Nota. — *En vivant :* que veut-il dire? *Comme puis-je demeurer en vie?* étoit ce qu'il devoit dire.

Misérable grandeur, source de tous malheurs,
La butte *des soucis, du soin* et des douleurs.

Des soucis et du soin, riez.

Hélas! pourquoi si fort *t'allons-nous adorant?*
Nota.

Le chemin qu'il tenoit ne sauroit plus choisir.

Quand on tient un chemin on ne le choisit pas; on le choisit devant que de s'y mettre.

Et ce qui lui plaisoit lui cause déplaisir.

Cheville.

. . . . Dont je suis *consommé*.

Consumé.

COMPLAINTE IV[1]. — Pour lui-même étant en Polongne, 1574.

Sans m'alléger d'un seul de ces ennuis
Dont loin de vous ma vie est si contrainte.

Ma vie est contrainte d'ennuis, sottise.

Que mon destin, *las!* trop soudainement, etc.

Cheville.

Comme la rose à l'épine est prochaine.

Il est prochain à un tel n'est guère à mon goût.

Comme l'espoir de la peur est suivi.

Mal.

L'humain repos est voisin de la peine.

Niaiserie.

. . . . . . Le deuil qui me commande
De jugement trop *fort* me va privant.

Fort est cheville.

Le souvenir de cent pointes m'entame.

Drôlerie.

Pour mon repos veuillez un peu cesser.

Qu'est-ce à dire que prier sa mémoire de cesser?

De *cent* plaisirs ma vie *entretenant*.

Note.

O douces nuits! ô gracieuses veilles!...
O chauds regards! ô beautés *nompareilles!*

Sottise, pour rimer à *veilles*.

---

1. Ici encore Malherbe a écrit en marge : « Pour la princesse de Condé, Marie de Clèves. »

> Si pour jamais une terre inconnue
> Me doit cacher *ses* trésors précieux, etc.

Si une terre me cache ses trésors: il semble que *ses* se rapporte a *terre*, et de fait, il y a une heure qu'il n'a parlé de sa maîtresse. Je crois qu'il faut *ces*, demonstratif.

> *Quiconque sois*, mets fin à ta poursuite.

Tu oublié; il pouvoit dire : *qui que tu sois*[1].

> Ne permettez d'*un autre estre* servie.

Tres tre.

STANCES IV.

Toute cette pièce est si niaise et si écolière qu'elle ne vaut pas la peine de la censurer.

> Pour vivement *portraire* une jeune déesse.

Pourtraire.

> Angélique beauté, je sacre à la mémoire.

Sa, cra, la.

> Celui qui délibère et qui ferme s'obstine
> De ne loger jamais l'amour en sa poitrine,
> Qu'il s'épreuve à vos yeux seulement une fois,
> Puis qu'il *restive* après s'il en a la puissance.

Ce mot n'est guère bien ici, et si il ne signifie pas ce qu'il veut qu'il signifie, car *restiver*[2], tout le monde le peut, mais non échapper, ou conserver sa liberté.

> Et pourvoit que l'amour ne vous fait soupirer.

Guère bon.

> En ces temps si troublés. . . . .

A quel propos?

> Tant de roses, d'œillets et de lis *blanchissants*.

Il ne falloit non plus d'épithète à lis, qu'aux roses et aux œillets.

> Quand aux cerfs *plus légers* elle donne la fuite.

Superflu.

---

1. La copie B omet plusieurs des critiques précédentes, et ajoute les deux suivantes, qui ne sont point dans l'original, où les mots *grand'beauté* sont simplement soulignés :

> S'il est ainsi que votre *grand'beauté*.

Transposition.

> Ne permettez *d'un autre être servie.*

Être servie d'un autre.

2. *Restiver*, de *restif*, *rétif*, signifiait proprement : « s'arrêter, refuser d'avancer, » et par extension : « résister. » Nicot le traduit en latin par *restitare, intersistere.*

DIVERSES AMOURS, ETC.

    Ayant l'arc *dans le poing*. . . . .

On ne dit pas : *il avoit l'arc dans le poing*, mais : *au poing*; ni : *dans la main*, mais : *en la main*. Il pouvoit donc dire : *ayant l'arc en la main*.

    Et leurs perfections font lustre à sa beauté.

Nota.

    Quand j'admire étonné tant de grâces parfaites
    Dont vous rendez *si bien* nos franchises sujettes.

Niais [1].

PLAINTE II. — Pour une dame [2].

    Ma foi me rend trop ferme aux assauts du malheur,
    Et ne me veut souffrir d'alléger ma douleur,
    Encor que justement je le pusse bien faire,
    Puisqu'à mon plus grand heur elle est toute contraire.

Que veut-il dire : *ma foi ne me veut permettre d'alléger ma douleur, encore que justement je le pourrois faire, puis qu'elle est contraire à mon plus grand heur?* Que dit-il de nouveau quand il dit que *la douleur est contraire à son plus grand heur?* De le rapporter à la foi, il ne se peut.

    Amour d'autre côté, *sans égard* à ma foi.

On ne dit point : *sans égard à cela*, mais : *sans avoir égard à cela*.

    Que la mort que j'attends m'ouvrira quelque jour
    Les prisons de la Foi, de Fortune et d'Amour.

Vent.

SONNET XLI.

    Ma foi c'est un rocher qui jamais ne chancelle.

Nota.

COMPLAINTE IV.

    Je me sens si pressé d'*angoisseuse douleur*.

Sottise.

    Qu'il faut qu'en soupirant mille *plaints* je commence.

Mal.

    Et les torrents de pleurs *que débordent mes yeux*.

Je n'ai jamais vu cette construction : *mes yeux débordent des pleurs*; je dirois : *débordent*, simplement.

    Le ciel, l'air et la terre,
    La chaleur et le froid, la lumière et la nuit
    A l'envi me font guerre.

Chevilles. On peut dire : *le ciel et la terre sont bandés contre moi*,

---

1.   Et *d'amour les dédains et les yeux gracieux.*
Transposition dure. (*Copie* B.)
2.   Au mot *dame*, Malherbe a ajouté les mots : *mal mariee*. Ils ne sont pas dans la copie B.

et cela veut dire que Dieu et les hommes sont contre vous; mais de mettre l'air de la partie, la lumière, la nuit, il faut que cela se dise en quelque sujet particulier, et non universellement comme ici.

> Mais j'ai beau raconter ce qui me fait douloir
> A cette inexorable :
> Car, hélas! je ne puis, je ne puis l'émouvoir, etc.

Ce *car* est superflu; on ne dit pas : *j'ai beau le prier, car je n'avance rien;* mais : *j'ai beau le prier, je n'avance rien.*

> Secours en mon dommage.

Sottise.

> Pour tourmenter une âme et la *rendre troublée.*

Mal, pour *troubler.*

> Car l'éternelle nuit ne couve point d'*horreur,*
> De tourments et de *flamme,*
> De pleurs, de peurs, de morts, de remords, de *fureur,*
> Qui ne *loge* en mon âme.

Quel langage est-ce là : *l'éternelle nuit ne loge* (sic [1]) *point de peurs, de morts,* etc., *qui ne loge en mon âme?* Il faut dire : *qui ne logent;* et répondre à cela, c'est faire le sot. — Il falloit qu'*horreur, flamme* et *fureur* fussent du même nombre que le reste.

> Sinon que pour un homme *où tout malheur abonde.*

Note.

> Que me fâchant *de moi* je fâche tout le monde.

De moi est superflu; il devoit dire : *je me fâche et fâche tout le monde.*

> C'est que je ne saurois seulement exprimer.

Il ne s'exprime pas bien; il veut dire qu'il n'ose faire paroître son mal.

> Dont je viens à sentir mille charbons ardents,
> Que larmes et soupirs n'ont puissance d'éteindre.

Les soupirs ne peuvent pas éteindre les charbons.

> Je ne puis *avoir pire.*

Note.

> M'outre-perçant le cœur d'une lame pointue.

Mal.

> Et d'arrêter le cours de ton deuil *larmoyable.*

Mauvais mot.

CHANSON VI.

> Les pensers des hommes ressemblent
> A l'air, aux vents et *aux saisons.*

A quel propos *aux saisons?* Elles sont réglées en leur changement;

---

1. Dans la copie A, le mot *loge* a été effacé et corrigé en *couve.*

et puis les saisons ne changent pas à bien parler, mais elles succèdent l'une à l'autre.

> Ces soupirs qu'ils sortent sans peine, etc.

J'eusse mis ce couplet (*le cinquième*) devant le précédent.

> Qui se fie en chose si *vaine*....
> Il veut bâtir dessus l'*arène*.

Vaine et *arène* riment comme un four et un moulin.

> Ceux qui peuvent mieux faire *accroire*.

C'est mal parlé : *il sait mieux faire accroire*, absolument, sans accusatif ; il faut dire : *il sait faire accroire ce que bon lui semble*, non pas : *il sait faire accroire*, simplement. — Tous ceux qui ont écrit en vers ont rimé *croire* et *accroire*, sur *gloire*, *victoire*, et autres semblables, mais on dit *croirre* et *accroirre* par deux *erres*, et prononce-t-on *accroirre* ou *accrerre*.

> Et rend leur esprit *consommé*.

Consumé.

> Aussitôt éteint qu'allumé.

To, té, teint.

STANCES DU MARIAGE.

> De tout ce que les cieux ardemment courroucés
> Peuvent darder sur nous de tonnerre et d'orage.

Je ne trouve pas grand goût à darder un orage. *Darder la foudre*, bon ; et pour le tonnerre, passe, pource que l'usage a fait recevoir cet abus, que l'on prend *tonnerre* pour *foudre*, et dit-on *le tonnerre est tombé*, combien qu'à parler proprement le tonnerre est seulement le bruit.

> D'angoisseuses langueurs, de *meurtre ensanglanté*.

Drôlerie : *tout ce que les cieux peuvent darder sur nous de meurtre ensanglanté.*

> Dure et sauvage loi, etc.

Toute cette stance n'est qu'un vocatif, et ne veut rien dire. Cela s'appelle appeler un homme, et puis ne lui dire mot. S'il le rapporte au vers précédent, il ne vaut pas mieux.

> On dit que Jupiter . . . .
> N'eut le cœur assouvi de tant de cruauté,
> Mais voulut pour montrer qu'il étoit *dépité*, etc.

Peu, car il avoit déjà montré qu'il étoit dépité ; il falloit dire quelque chose de plus.

> Et portant en la main une boîte féconde
> *Des semences du mal*, les procès, le discord, etc.

Suspendu.

> Bref, pour *douaire* elle avoit tout le malheur du monde.

Douaire est de trois syllabes.

> Vénus dessus son front mille beautés sema, etc.

Ceci devoit être après le segond vers de la précédente stance.

> Mais qui sous beau semblant, traître nous va liant.

Rime au milieu du vers.

> De cordage et de *fers* son corps est revêtu ;
> Le Soin est *à côté*. . . . .

Être revêtu de cordage et de fers n'est pas bien parlé ; on se peut bien vêtir *de fer*, mais non pas *de fers*. — Il devoit dire : *à son côté*.

> Le Deuil et les Courroux *après le vont suivant*.

Après est superflu. S'il avoit dit : *après suivent le Courroux et le Deuil*, bon ; mais *les Courroux après le suivent* ne vaut rien, et encore moins *le vont suivant*.

> Hélas ! grand Jupiter, si l'homme *avoit erré*,
> Tu le devois punir d'un mal plus *modéré*.

Mal parlé et mal rimé.

> *Que le faire languir* . . . .

Nota.

> On parle des Enfers où les maux sont punis,
> *Un* cruel magazin.

D'un.

> Mais je ne puis penser que ce soit rien *au prix*.

Au prix de quoi ?

> Languir toute sa vie en obscure *prison*.

Prison est rimé en la deuxième stance.

> Craindre tout, l'épier, *se gêner de courroux*.

Sottise.

> En ce qu'il entreprend elle est toujours contraire.

Il devoit dire : *elle lui est toujours contraire* ; ou bien, au lieu d'*en ce qu'il entreprend*, il devoit dire : *à ce qu'il entreprend*.

> La charge des enfants, *la peine et l'infortune*.

Vent.

> Le soin rend *vos esprits chagrins et soucieux*.

J'eusse dit : *vous rend l'esprit chagrin*, etc.

> Si vous l'épousez belle, etc. . . . .
> Si vous la prenez laide, etc. . . . .

Il avoit déjà fait ce dilemme en la stance xi°.

> Celui n'avoit jamais les noces *éprouvé*, etc.

Éprouvées.

ADIEU A LA POLONGNE.

Cette pièce est très-bonne.

> Adieu, *Polongne* ; adieu, plaines désertes.

Poulongne.

DIVERSES AMOURS, ETC.

> Mille animaux pêle-mêle entassés,
> Filles, garçons, *veaux et bœufs, tout ensemble*.

J'eusse dit : *bœufs et vaches ensemble*.

> Sarmates fiers, je n'en voulois rien croire,
> Ni ne pensois que vous pussiez tant boire.

Triste rime.

> Vos bras charnus, ni vos traits *redoutables*,
> Lourds *Polonnois*, qui vous font indomptables.

Il falloit un autre épithète ; car les choses *redoutables* sont propres à rendre un homme *indomptable*. — *Poulonnois*.

> Que quelque jour à l'empire il parvienne.

S'il parvient à l'empire, qu'irez-vous faire en Poulongne (*sic*) ?

> Et que jamais ici je ne revienne,
> Bien que mon cœur soit brûlant de le voir.

Ce dernier vers gâte tout. Comme le verriez-vous, en retournant en Poulogne (*sic*), s'il étoit empereur de quelque autre province ?

A MA DAMOISELLE DE CHASTEAUNEUF.

> Où *tu vas reposer*, las d'outrager les Dieux.

On ne dit point : *je vois reposer*, mais : *je me vois reposer* ; et n'y a point de réplique.

> Mais pource que sans crainte il t'avoit résisté.

Ti, ta.

SUR SON POURTRAIT. — A J. de Cour, peintre du Roi.

> Le ciel, peintre savant, l'a *pourtraitte* si belle,

Note.

> Laisse au grand dieu d'amour ce labeur téméraire,
> Qui d'un trait pour pinceau la saura mieux pourtraire
> Non dessus de la toile, ains dans le cœur des Dieux.

Froid.

POUR UN MIROIR.

> Pour le bien d'être à vous qui lui doit advenir.

Qui lui doit advenir d'être à vous eût été mieux ; car le lecteur pense se devoir arrêter à : *pour le bien d'être à vous*, pource qu'il y trouve un bon sens.

> *Et* croyez que le temps, la fortune et l'envie, etc.

Mal commencé par une copulative.

> Voyant en ce miroir vos yeux que j'aime tant.

Il devoit dire : *quand vous verrez*, car *voyant* est ambigu[1].

---

[1]. Malherbe avait fait sur ce vers une remarque plus longue qu'il a effacée de manière à la rendre tout à fait indéchiffrable.

> Mais à tort toutefois je me plaindrai des cieux ;
> Car bien que mon destin m'égare en divers lieux,
> Tout partout dans le cœur je porte votre image.

Froid.

POUR DES PENDANTS D'OREILLE DE TÊTE DE MORT.

> Un qui fuit tout espoir d'état plus favorable, etc.

Ce segond quatrain n'est qu'un nominatif, qui n'est lié à aucun verbe et par ainsi ne veut rien dire.

> Donc, ô beauté du ciel, ne vous offensez pas
> Si souffrant loin de vous tant de vivants trépas,
> A sa mort véritable il offre une mort feinte.

Conclusion impertinente.

POUR METTRE DEVANT UN PÉTRARQUE.

> Mais Laure avec *ses vers* un trophée a planté.

Vous diriez que ce sont les vers de Laure.

SUR LES VERS D'UNE DAME.

> Qui veut savoir de quels traits Amour blesse....
> Lise ces vers qu'*habile* il sut tirer
> De votre esprit digne d'une déesse.

Cet habile blâme sa maîtresse ; puisqu'il y eut de l'habileté à tirer ces vers de son esprit, imaginez-vous quel il pouvoit être, car d'un bel esprit on les eût tirés sans peine.

POUR UNE FAVEUR SEMÉE DE DIVERSES BRANCHES.

Cette faveur fut envoyée par la damoiselle de Chasteauneuf à feu Monsieur, qui fut depuis Henri III.

> . . . . D'un *renom* si durable
> Que la force du temps ne le puisse *briser*.

Briser un renom, mal dit.

> Plantant sur votre front maint trophée honorable.

Ce n'est pas sur le front que se plantent les trophées.

Les huit premiers vers ne sont pas bons ; les six derniers ne valent rien en récompense.

A MA DAMOISELLE DE SURGÈRES.

> Comme on voit au printemps le bouton rougissant, etc.

Que le lecteur juge de cette similitude : *comme la rose languit en l'absence du soleil, puis à son retour se réjouit ; ainsi mon esprit, triste durant les malheurs de la France, se réjouit en vous voyant.*

> Or si la sainte ardeur *qui vient de vous l'enflamme.*

Ce demi-vers ne vaut rien.

A MA DAMOISELLE JEANNE DE BRISSAC.

Car toujours le chemin s'éloigne de ses yeux.

Le chemin ne s'éloigne pas ; mais le but, ou le lieu où l'on veut aller.

Et ne voit point de fin à l'œuvre commencée.

Bon.

A MA DAMOISELLE DE LA CHASTAIGNERAYE, HÉLIETTE DE VIVONNE.

O beaux cheveux châtains, d'une *qui ce nom porte*.

Rude transposition.

O bel œil qui d'amour rends la majesté *forte*.

Ce *forte* est mal placé ; car il peut sembler que ce soit un simple épithète à *majesté*.

BERGERIES ET MASCARADES.

CHANSON.

Parmi les champs, *les forêts et les bois*.

Cette différence de forêts et de bois est bonne aux maîtres des eaux et forêts ou aux veneurs ; mais je ne suis pas d'avis qu'un poëte soit si pointilleux : un bois n'est pas une forêt, mais une forêt est un bois.

De *cent fureurs il n'a l'âme embrasée*.

Il n'a l'âme embrasée de cent fureurs est mal dit, s'il n'y a quelque chose après ; comme l'on dira : *le célibat n'a point cent incommodités qu'a le mariage* ; mais non simplement : *le célibat n'a point cent incommodités*.

Et quand la nuit à son aise il *sommeille*.

On ne *sommeille* point à son aise, mais on peut *dormir* à son aise.

L'ambition son courage n'*attise*.

Attiser, pour *brûler*, mal à propos.

Je vous rends *grâce*, ô Déités sacrées !

Il faut dire : *je vous rends grâces*. *Grâce*, en singulier, ne signifie pas *grates* ; je ne m'enquiers pas si le latin dit *gratiam*.

Et qui rendez ma volonté contente,
Chassant *bien loin* la misérable attente.

Il devoit dire : *de moi* ; non pas : *bien loin*, simplement.

Mon œil se paît des trésors de la plaine,
Riche d'œillets, de lis, de marjolaine,

Et du beau teint *des printanières fleurs.*

Que sont les œillets, les lis et la marjolaine, que fleurs du printemps ? Au reste, je n'aime point *printanier.*

Bec contre bec *en trémoussant* des ailes.

Nota.

Et sous leurs pas tout l'*herbage* trembler.

Je n'aime point *herbage* pour *herbe. Herbages*, proprement, sont *pâturages.*

Le bal fini, je dresse en haut la vue,
Pour voir le teint de la lune cornue, etc.

Ceci n'est point un plaisir des champs ; il se peut prendre aussi bien en la ville.

Puis quand Phébus de ses rais nous *enflamme.*

Qui jamais a vu *enflammer*, pour *éclairer*, ailleurs qu'ici ?

Que cependant que durera ma vie,
Je ne connoisse *un autre changement.*

Mal dit : *que je connoisse un autre changement;* c'est présupposer qu'il y en a eu un précédent.

SONNET I.

Roi de tous mes desirs, *content de mon parti.*

Cela ne veut rien dire.

Je ne m'appâte point d'une vaine espérance ;
Fortune ne peut rien contre mon assurance,
Et mon repos d'esprit n'est jamais diverti.

Froid plus que la fontaine dont il va parler.

SONNET II. — D'une fontaine.

Cette fontaine est froide, et son eau doux-coulante
A la couleur d'argent semble parler d'amour.

A la couleur d'argent est une sorte d'épithète, mais il est mal après *doux-coulante*, sinon qu'il eût voulu mettre un troisième épithète ; car il semble qu'il veuille dire : *doux-coulante à la couleur d'argent,* ou bien : *semble parler d'amour à la couleur d'argent.*

Un herbage mollet reverdit tout autour.

Tou, tau, tou.

Le soleil clair de flamme est au milieu du jour,
Et la terre se fend de l'ardeur violente.

Cette sottise est nompareille. Aux vers précédents, il dit les commodités de cette fontaine ; en ces deux, il dit qu'il est midi, et qu'il fait extrêmement chaud. Je voudrois qu'il me dît à quel propos.

Arrête en cette place où ton bonheur te *maine.*

On dit *mène*, et non *maine.*

BERGERIES ET MASCARADES. 451

SONNET III.

. . . . Je te promets
Qu'Apollon et Cypris je suivrai désormais....
Prenant congé de vous, espérance et fortune.

Où est-ce que l'espérance et la fortune règnent plus souverainement qu'en amour ?

SONNET IV. — Sur la bergerie de Remi Belleau.

Ce sonnet est, à mon gré, un des bons qui soient dans des Portes.

A derechef contraint Phébus d'être pasteur.

Mauvaise césure.

O Phébus, ô grand Dieu des *poëtes* invoqué.

Nota.

Quelque herbe ou quelque fleur qui les cœurs *peut* contraindre.

Peut, pour *puisse*. Il faut dire : « si vous savez quelqu'un *qui soit* bon serviteur du Roi, et non *qui est*. »

Change *cil* d'Hippolyte, et le rends enflammé.

Cil ne vaut rien ; dis : *celui*.

DISCOURS.

Est-il possible au moins qu'*ayez* souci de moi?

Vous oublié.

Je ne puis toutefois, *quelque ébat qui me tienne.*

Un ébat me tient me semble rude. Le *tenir* des François ne se met pas partout où se met le *tenere* des Latins.

Pour échauffer les cœurs des fuitives Naïades
Et des nymphes des bois. . . . .

Suspendu.

Le forgeron des Dieux, hâtif fait avancer,
Haletant et suant, et tout couvert de poudre
Le tonnerre grondant, etc.

Chevilles.

Et m'y traçant chemin, tout pensif, je *ramaine*.

Ramène.

Et tout ce qui vous vient d'amertume et de doux,
Fidèle compagnon, je porte comme vous.

Tout ce qui vous vient d'amer ou de doux je porte comme vous ; c'est allemand. Les François disent : *tout ce que vous voulez, je le veux* ; *tout ce que vous me commanderez, je le ferai* ; *tout ce que le Roi voudra, je le ferai*, etc.; et non : *tout ce que vous voulez je veux* ; etc.

. . . . Je m'en *vais* à la chasse.

Je dirois : *vois*.

Or' avec un autour je fais tomber de crainte
L'innocente perdrix............

Vers suspendu.

Je prends la simple caille *entr'imitant* son chant.

Imitant, non *entr'imitant*.

Puis las de ce métier, j'en *choisis un* nouveau,
Et garni de filets *je* vais chasser sur l'eau.

Note. — *Je* superflu.

A la truite et à l'umbre, où *si bien je m'épreuve*.

Mal.

. . . . Où si bien je m'épreuve
Qu'un saumon quelquefois dans mes filets se treuve.

Étrange drôlerie! il va chasser à la truite, où il s'exerce si bien qu'il prend un saumon.

Bondir *en* petits sauts..........

A.

Là *le plus amoureux à qui mieux mieux* s'efforce.

Puisqu'il dit : *à qui mieux mieux*, il devoit dire : *les plus amoureux*; car quelle émulation, s'il n'y en a qu'un?

Car amour tout partout fait connoître sa force....
Adon en sert de preuve, et le pasteur d'Amphryse, etc.
Et le sac d'Ilion, pastoureaux amoureux.

Le sac d'Ilion passe ici pour un pastoureau.

Mais il (*l'Amour*) retient aux champs ses façons naturelles :
Il y demeure enfant plein de simplicité,
Il va nu...............

Mal, car l'Amour est peint nu à la ville comme aux champs.

O gens bien fortunés, qui les champs habitez.

Rimé au milieu.

MÉTAMORPHOSES.

Mon prompt et peu sage penser....
En rose me voulut changer.

Bourrue imagination, s'il en fut jamais.

Croyant que la jeune beauté
Qui *rend mes jours sans liberté*.

Mal exprimé.

Des que ses plus *tendres* cheveux.

Tendres, épithète qui ne vaut rien.

.... Et que ma fraîcheur la toucha,
Toute en ses habits *se cacha*.

Elle[1].

---

1. Dans la copie B : « *Elle* y défaut. »

> En rosée il me change après,
> En ombre et en brouillas épais....
> Ombre pour la suivre en tous lieux,
> Brouillas pour couvrir ses beaux yeux,
> *Humeur* pour arroser sa grève.

Il pervertit l'ordre : il a répété *ombre* et *brouillas*; il devoit aussi répéter *rosée*, et dire : « Et *rosée à mouiller sa grève*. — Toute cette chanson est impertinente et pleine d'imaginations qui ne veulent rien dire.

SONNET V.

> *Rendant* par sa blancheur les beaux lis *effacés*.

Rendre effacés, mal.

> Ainsi qu'un seul *filet* ces fleurettes assemble.

Filet, pour *fil*, mal. *Filet* ne signifie qu'un engin fait de fil pour prendre des poissons ou oiseaux, et non du fil simplement. Quelques dialectes en usent, mais non les vrais François.

DIALOGUE I.

> *Dont* tant de bien m'est arrivé.

D'où.

> — Quel succès assez favorable
> Pouvoit t'exempter de souci?
> — Aimer d'amour ferme et durable
> *En lieu qu'on m'aimât* tout ainsi.

Et que l'on m'aimât. Ce n'est pas bien dit : j'aime en lieu qu'on m'aime. On dit : *au lieu qu'il me hait, je l'aime; au lieu qu'il me fait du mal, je lui desire du bien*, etc., car *en lieu* présuppose quelque contrariété.

> La gloire *où ton esprit se fonde.*

Vent.

BAISER.

Tout ceci est sans jugement jusques à : *Ne me défends* (vers 19).

> . . . . Et change ma tristesse
> En plaisir *gracieux*.

Superflu et ridicule; il n'est point de plaisirs qui ne soient gracieux.

> Fais que je vive et fais qu'à la même heure
> Baissant les yeux, entre tes bras je meure, etc.

Drôlerie.

> Vis dedans moi, *comme en la même sorte*
> *Je vivrai dedans toi.*

Mal et superflu.

> Embrasse-moi d'une longue embrassée,
> Ma bouche soit de la tienne pressée,

> *Suçants également.*

Sans construction.

> Et qu'en ces jeux nos langues frétillardes
> *S'étreignent* mollement.

Mal : les langues ne s'étreignent point.

> Bref, je me fonds *en ces liesses douces.*

Dis : *en ces douces liesses, en ces belles maisons, en ces grandes compagnies,* etc.

> Ce ne sont point des baisers, ma mignonne.

Mauvaise césure.

> Ce ne sont point des baisers que tu *donne,*
> *Ce sont de doux appas.*

Donnes. — Note.

> Afin de rendre une amour mutuelle
> Vive après le trépas.

Mauvaise imagination.

SONNET VI.

> Ah, mon Dieu! je me meurs! il ne faut plus attendre
> De remède à ma mort, si tout soudainement,
> Phyllis, je ne te vole un baiser seulement,
> Un baiser qui pourra de la mort me défendre.

Belle imagination : *je suis mort, si je ne te vole un baiser qui me gardera de mourir.*

> Quoi! me faudra-t-il donc mourir cruellement?

Mauvaise césure.

STANCES I.

> . . . . Les plus belles âmes
> Meuvent les plus beaux corps *et leur donnent pouvoir.*

Veut.

> Faut-il que si souvent vos rais ne soient celés?
> Ceux du commun soleil ne sont *tant reculés.*

Tant reculé se doit entendre de la distance des lieux, et non de a longueur de l'absence.

> Ainsi parloit Philon, baisant et rebaisant,
> Dévot, les yeux divins de Lycaste la belle.

Dévot, pour *dévotement,* mal.

ÉPIGRAMME I.

Du latin de Pontanus.

> Je voulus baiser ma rebelle, etc.

Bon.

ÉPIGRAMME II.

Si dessus vos lèvres de roses
Je vois mes liesses décloses.

Mal imaginé : *je vois mes liesses sur vos lèvres.*

ÉPIGRAMME III.

Pris du grec, et ne vaut rien.

ÉPIGRAMME IV.

Très-bon, hormis ce *notre ire*, qui est un peu rude :
Tant de rapports fâcheux, indignes de *notre ire.*

ÉPIGRAMME V.

Vous rendez vos beautés et mes flammes passées.
Rendre passées, sottise.

ÉPIGRAMME VI.

Hier Parthénie entre cent damoiselles.

Note ici *hier* monosyllabe.

ÉPIGRAMME VII.

Qui d'un *pouce retors* et d'une dent mouillée
Sa quenouille chargée a quasi dépouillée.

Je ne sais pourquoi il dit : *un pouce retors.*

Afin qu'à mon plaisir j'embrasse ma rebelle,
L'amoureuse Isabeau qui soupire auprès d'elle.

Froid.

ÉPIGRAMME VIII.

Quand par les rochers montagneux,
Pasiphæ de fureur contrainte
Suivoit son amant dédaigneux, etc.

Mal.

STANCES II.

Jupiter, s'il est vrai que tu *fusse'* amoureux.

Fusses.

Quand ton poil de taureau déçut une pucelle.

Il s'exprime mal, car il veut dire : *quand tu déçus une pucelle sous la forme d'un taureau.* Ne se peut-il pas faire qu'un homme, sans se transformer, aura un poil de taureau ?

Et rendre en vous trompant ma *grand'*flamme amortie.

Cheville.

Or ne vous fâchez donc si j'ose vous baiser,
Et si troublé d'amour je perds la modestie.

Je ne sais d'où est tirée cette conclusion.

ODE.

>Quand tu aurois le cœur d'une froide colonne.

Les colonnes n'ont point de cœur.

>N'ois-tu les aquilons soufflants horriblement?

N'ois-tu pas est meilleur.

>Qui font par leur effort mouvoir ce tremblement.

Mouvoir ce tremblement est mal parlé.

>N'entends-tu point *Caurus* qui donne à la traverse?

Il devoit nommer ce vent d'un autre nom. Je ne dirois *Caurus*, non plus qu'*Eurus* ou *Zephirus*.

>Et *sans* (sic) *dessus dessous* toute chose renverse.

Nota.

>Mes nerfs sont tous *retraits*....

Dis : *retirés*.

>. . . . . . . Et toute ma chaleur
>Au cœur est dévalée,
>Et commence déjà, comme aussi fait mon cœur,
>A se faire gelée.

Qu'est-ce à dire : *ma chaleur se fait gelée?* On dit bien : *être gelée, devenir gelée,* ou : *se geler;* mais *se faire gelée* est une sottise, vu même que *gelée* est une espèce de viande.

IMITATION D'HORACE. (*Audivere, Lyce, Di mea vota*; livre IV, ode 13.)

>Tu fais la jeune et *la doucette*.

Bas.

>Tu *pense'* éveiller nos esprits.

Il faut dire : *tu penses;* et n'y a point de réponse.

>Et fuyant les vieilles forêts,
>Fait son *nid* aux jeunes bocages.

Il faut dire *ny*, car autrement il faudroit prononcer *ni taux jeunes bocages*.

>Las! hélas que sont devenus
>Tant d'amours et tant de Vénus
>Qui troubloient mon âme charmée?
>Chauds regards, propos ravisseurs,
>Feints soupirs, poignantes douceurs.

Que sont devenus chauds regards, propos ravisseurs, feints soupirs, etc.? Il devoit dire : *que sont devenus tant de chauds regards,* comme il a dit : *tant d'amours et tant de Vénus.* Que si l'on me dit que ἀπὸ κοινοῦ il se rapporte à *tant d'amours*, cela ne se peut; ce vers : *Qui troubloient mon âme charmée,* l'en a trop séparé; et puis toujours eût-il fallu dire : *de chauds regards,* et non : *chauds regards.* Et puis, pour être vieille, les feints soupirs ne s'en sont pas allés, tant s'en faut ; en cet âge on soupire davantage et avec plus d'art [1].

DIALOGUE II.

Sans yeux, sans *pouls*, sans mouvement.

Je ne dirois jamais : *être sans pouls*, à cause de l'equivoque de ce nom de vermine.

De tant d'ennuis qui vous font guerre,
Lequel vous donne plus de peur?

Mal.

Quel est le mal qui vous offense,
Attendant ce département (*le depart de l'amant*)?

Mauvaise demande et qui ne tend qu'à faire venir à propos la réponse suivante : « Tel que d'un qui a eu sentence Et attend la mort seulement. »

Si tel accident vous arrive,
Votre amour ne durera pas.

Quel accident? Si c'est de mourir quand il s'en ira, c'est chose ridicule de dire : *si vous mourez, votre amour ne durera pas*.

COMPLAINTE I [2].

Accusant quelquefois sa trop longue *demeure*....
Et *plaignez de pitié la douleur* que j'endure.

Demeure et *endure* riment comme *four* et *moulin*. — *Je plains votre douleur de pitié* ne me plaît pas.

Qui perça le rocher que j'avois à *l'entour*.

A l'entour ne me plaît pas ici, absolument. Il falloit dire : à *l'entour de moi*.

Je soulois demeurer sur l'*herbage* étendue.

Mal, pour *herbe*.

De mon fidèle amant bien souvent attendue.

Ceci est mal imaginé : *voilà le lieu où j'étois couchée, étant attendue de mon amant*. Il faut dire : *attendant mon amant*.

Mais les voyant, sans voir le soleil de mes yeux.

La cesure de ce vers ne vaut rien.

Car sa foi trop louable
Est constante et durable,
Et d'autre ardeur son âme n'est saisie;

---

1. La fin de cet alinéa, à partir de : « Et puis, pour être vieille, » paraît avoir été ajoutée après coup par Malherbe ; elle manque dans la copie B.
2. Dans la copie B, on lit à la marge, un peu plus bas que le titre : « Imitation de Montemayor (*poete espagnol mort en* 1562). »

> *Car* son cœur est à moi............

Car d'autre ardeur son âme n'est saisie, car son cœur est à moi : ces deux *car*[1] si près l'un de l'autre sont mal.

> ....Je n'y fais que penser....
> Demeurer sans mouvoir comme une souche morte.

Je ne fais que demeurer sans mouvoir est mal dit. J'eusse mieux aimé dire : *demeurant* ; mais je crois qu'il ne l'a pas fait à cause qu'au quatrième vers suivant il a commencé par *Demeurants*.

VILLANELLE.

> Rosette, pour un peu d'*absance*.

Absence.

> Le mien *autre part* j'ai rangé.

Nota.

> Jamais *plus* beauté si légère.

Nota.

> Au vent sitôt ne se *vira*.

Ce mot est au vieux loup[2].

> Celui qui a gagné ma place
> Ne vous peut aimer *tant que moi*.

Équivoque en ce *moi*, que l'on ne sait s'il est accusatif ou nominatif. Il faut, tant que l'on peut, éviter ces ambiguités. Je dirois : *ne vous peut aimer tant que je vous aime.*

> La mienne plus ne *varira* (*sic*).

Nota.

SONNET VII.

> Bienheureux le destin *qui de moi fut vainqueur*,
> Ordonnant que pour vous *bassement* je soupire :
> Bienheureux mes *yeux bruns*, dont vous tenez l'empire.

Mal.

> Elle écrivit ces mots *tous* dessus de la glace.

Cheville.

> Présents les vents *marins* qui servoient de témoins.

Autre.

COMPLAINTE II[3].

> Rien n'est dessous le ciel *qui soit* ferme et constant.

Superflu. — Quel langage est-ce : *rien n'est ici qui soit beau*, pour : *il n'y a ici rien de beau* ?

---

1. Dans la copie B : « ces deux *cars*. »
2. Tel est le texte de l'original et des deux copies. Cette locution, dont nous ignorons l'origine et le sens propre, signifie sans doute que « c'est un vieux mot, qu'il ne faut plus employer. »
3. De toutes les annotations de cette *Complainte*, la copie B n'a que l'avant-dernière, le mot *Cheville*.

BERGERIES ET MASCARADES.

>J'étois homme de chair, et or' par sa rigueur
>>Je suis homme de flamme.

Inepte.

>Et vous, chefs désolés de ma calamité,
>>Dites, mes tristes yeux, etc.

Qu'est-ce à dire : *chefs de ma calamité ?*

>Et les nymphes des bois en ont porté le deuil
>>*De tristesse contraintes.*

Cheville.

>Quoi ! mon cœur, *d'endurer n'es-tu donc pas lassé ?*

Transposition cruelle.

CARTELS ET MASCARADES.

POUR LES CHEVALIERS DU PHÉNIX.

>L'or, le pourpre et l'azur *s'éclate* en son pennage.

On ne dit point : *il s'éclate*, mais : *il éclate*.

>Car lorsqu'il (*le phénix*) a passé dix siècles de sa vie,
>Et que le cours du temps, *dont la force est ravie,*
>L'a rendu plus débile, etc.

Superflu et mal.

>*S'offre* heureuse victime à la flamme céleste.

Il est ici oublié.

>Pour renaitre plus beau de sa cendre *qui reste.*

Cheville.

>.... De qui l'embrasement
>Et la vie et *la mort naît* du ciel seulement.

Mal à mon gré.

>*Consommés* dans un feu. . . . .

Consumés.

>A cet embrasement nous courrons *volontaires.*

Mal, pour *volontairement.*

>Qui nous doit *consommer.* . . . .

Consumer.

POUR UNE MASCARADE DE FAUNES.

>Trois *belles sœurs,* immortelles déesses.

Ce mot de *belle* ne se doit jamais mettre devant *sœur, mère,* ni *fille.*

>Leurs doux regards font *espanir* les roses.

Espanouir.

>Fors seulement le gracieux Zéphyre,

Qui de soupirs allége *sa* chaleur.

J'eusse dit : *la chaleur;* car si *sa* se rapporte au temps, il est trop loin ; si au zéphire, il n'est pas possible qu'il ait des soupirs rafraîchissants, étant chaud à l'intérieur.

>Les chauds desirs, la jeunesse agréable,
>L'espoir craintif, la constance immuable....
>Oiseaux légers volent à l'entour d'elles,
>Et doucement éventent de leurs ailes
>Les feux cuisants qu'allument leurs beautés.

Il ne pense nullement à ce qu'il dit : *les chauds desirs éventent les feux cuisants qu'allument les beautés.* Puis, *la constance immuable est un oiseau léger qui de ses ailes évente,* etc.

>Mon cœur *saisi de flammèches* nouvelles.

Saisi de flammèches, mal.

>Heureux qui souffre en leur obéissance,
>Puisque le mal est douce récompense.

Il devoit dire : *le mal qu'on souffre pour un si digne sujet,* et non : *le mal,* simplement.

POUR MONSEIGNEUR LE DUC D'ANJOU.

>Il cachoit au dedans un généreux courage :
>Dont il rendit depuis mille preuves certaines, etc.

Mal commencé par un relatif.

STANCES I. — A la Reine pour un ballet de douze de ses filles.

>C'est être *en liberté* que de servir les Dieux.

Liberté est trop peu. Ne l'avoient-elles pas?

>Tout espoir leur défaut et toute aide *céleste.*

Mal ; il falloit dire simplement : *toute aide.*

>. . . . . . . Courent à leur support.

Support, mal, pour *secours.*

CARTEL I.

>Après avoir passé les plus *cruels* alarmes.

Alarme est féminin.

>*Ont reçu* pour tout bien des espérances vaines.

Ils est oublié.

>Et blasphémer ses traits, son pouvoir et sa flamme.

Je ne dirois point : *blasphemer quelqu'un,* mais : *contre quelqu'un.*

>Au hazard de sa vie il la peut éprouver *(leur adresse)....*
>Soit pour courre une bague et *pour donner carrière,* etc.

Ayant parlé du hazard de sa vie, il ne devoit point mettre la course de bague en jeu ; mais que veut-il dire : *pour donner carrière ?*

CARTELS ET MASCARADES.

Qu'ils espèrent l'honneur *d'entreprise si belle.*
De si belle entreprise ou *d'une entreprise si belle.*

CARTEL II. — Sur la mort d'Amour.

A la fin peu à peu dans lui (*l'Amour*) se sont glissées
Les infidélités, les légères pensées,
La feinte et le mépris qui l'ont mis au tombeau.
Nous trois fûmes présents a ce piteux office.....
Nous l'eussions bien voulu racheter de nous-mêmes;
Mais nos cris furent vains. . . . .

Cette imagination ne vaut rien.

Tout remède en ce temps ne l'eût pu secourir.

Il veut dire qu'il n'y avoit aucun remède qui l'eût pu secourir; mais il dit que tout remède ne l'eût pu secourir. On sait bien que tout remède ne guérit pas une maladie.

Aussi pour tant de biens *comblants l'humaine vie.*
Rude.

Pour maintenir à tous ce *qu'avons* fait entendre.
Que nous avons.

Qu'il s'avance au combat *plein du dieu qui le dompte.*
Impertinence.

POUR LA MASCARADE DES CHEVALIERS FIDÈLES, AUX NOCES
DE MONSIEUR LE DUC DE JOYEUSE.

O foi, *grand*'déité jadis tant révérée
Des *innocentes mœurs* de la saison dorée.

J'eusse plutôt [dit] : *des esprits innocents* ou *des peuples innocents.*

Aide un si beau dessein, *fortune* leur prouesse.
Fortuner, mal, pour *rendre heureux*, *bénir*, etc.

L'HYDRE D'AMOUR. — Pour des chevaliers portant
des têtes d'Hydra (*sic*).

Qu'au serpent merveilleux dont Lerne étoit couverte.

Lerne étoit couverte d'un serpent; quelque grand qu'il fût, cela ne peut pas être.

Car pour un chef coupé sept autres lui naissoient,
Trouvant vie en sa plaie et profit en sa perte.

Qui trouvoit vie en sa plaie? ceci est sans construction.

Pour un chef qu'on lui tranche on en voit sept renaître;
Traitements rigoureux, travail, peine et langueur,
Au lieu de l'affoiblir, maintiennent sa vigueur.

Que veut-il dire? Les traitements rigoureux veulent-ils affoiblir l'hydre?

AUTRE MASCARADE. — Pour le roi Henri III.

Cette imagination est impertinente : *deux cavaliers en ayant pris six*, *les baillent à des dames, et les prient de leur faire bon traitement;* ils devoient parler pour eux-mêmes.

> Viennent payer ces vœux, non au dieu de la guerre,
> Mais à vos yeux vainqueurs, déesses des beautés.

Ce vocatif, en la fin du vers, ne vaut guère en la fin de la stance [1].

POUR LA MASCARADE DES CHASSEURS. STANCES AUX DAMES.

> Nous sommes six chasseurs de la belle Cypris,
> . . . .
> *Qui* par divers sentiers, etc.

Ce relatif est bien loin de son antécédent.

> Ils n'ont jamais appris comme l'on doit chasser,
> Faire enceinte *ès* devants. . . . .

Nota.

> Ce n'est pas peu de cas de chasser comme il faut,
> A la perfection *mainte chose* est requise.

Nota.

> Et chacune forêt n'est duisante à la chasse.

Chasse est rimé en la deuxième stance, ligne segonde.

> Les lieux d'autre côté raboteux et pierreux
> *Sont* fâcheux à piquer *et sont* fort dangereux.

Cette répétition est de mauvaise grâce.

> Quand il a fait un cours, sa force *diminue*,
> Et sans plus requêter, il va branlant la *queue*.

Rime qui ne vaut rien. Elle est de Chartres.

> Ils ne craignent l'hiver ni l'été *chaloureux*.

Il ne falloit point d'épithète à l'*été*, puisque l'*hiver* n'en avoit point.

> Poursuivant *finement* une bête rusée.

Mal.

POUR LA MASCARADE DES CHEVALIERS AGITÉS.
Plainte en forme d'écho.

> . . . . Consoler mon *émoi.* — Moi.

Hors d'usage.

> Quel remède est plus propre au travail que j'endure? — *Dure.*

Le *durer* ne signifie pas ce que fait le *durare* des Latins.

> Qu'ai-je enfin recueilli si longtemps poursuivant? — *Vent.*

Mal répondu par écho. Il ne falloit pas qu'elle répondît en ce lieu-là.

---

1. Dans la copie B : « à la fin du vers.... à la fin du couplet. »

De flots, de vents, d'*écueils*, et d'injures diverses.

Fuis tant que tu pourras les pluriers des mots en *euil: écueil, recueil, accueil, cercueil, orgueil. OEuil* est excepté; aussi son plurier *yeux* est anomal. Quant à moi, je ne donnerai jamais de plurier aux mots que j'ai allégués ci-dessus.

Puissent *rendre* un seul jour mon courage *failli*.
Rendre failli, mal.

ÉPITAPHES.

DE TIMOLÉON DE COSSÉ, COMTE DE BRISSAC.

O mort, contente-toi, ton char est honoré.
Ten, te, toi, ton.

Héros ne fut jamais si *justement* pleuré.
Il devoit dire: *abondamment* ou *largement;* car ce qui doit assouvir la mort n'est pas la justice des larmes, mais leur abondance.

Ains *redouter craintif* et fuir les alarmes.
A quel propos *craintif* avec *redouter?*

D'une riche dépouille et de trop belles armes....
Voyant devant ses yeux entre mille gens-d'armes.
Armes et *gens d'armes*, mal rimé [1].

Or' qu'il est immortel, il sera plus prisé.
Or pour *maintenant* ne se dit point. Ce mot est la cheville ordinaire des vieux poëtes françois; surtout du Bellay s'en est fort escrimé.

DE DIANE DE COSSÉ, COMTESSE DE MANSFELD.

Il *(le soleil)* va luire à son tour *parmi* l'autre hémisphère.
Dessus.

Mais que dis-je? Ah! je faux, tant l'ennui me transporte!
Ta vertu luit toujours, la mort n'est assez forte
Pour faire que son jour nous soit jamais ôté.
Froid.

DE MADAME LA MARÉCHALE DE BRISSAC.

.... Car le corps qu'il enserre
En vivant triompha des vices de la terre,

---

1. Au lieu de : « *Armes* et *gens d'armes*, mal rimé, » la copie B porte : « Simple, composé. » A la suite de ces mots, la même copie donne seule

Mais, las! que sais-je, moi, si Mars, ému d'envie,
A point forcé la mort à le priver de vie?
De.

Et l'orna de vertus, d'honneurs et de bonté.
Que veut dire : *ce corps orna la terre d'honneurs et de bonté?*

DE SÉBASTIEN DE LUXEMBOURG, DUC DE MARTIGUES.

Et qui chaud d'un beau sang et de gloire animée.
Chaud de gloire animée.

DU SIEUR DE SILLAC.

Elle a choisi Sillac entre mille *soldars,*
Sillac *choisi d'Amour,* d'Apollon et de Mars,
Et *d'un coup de trois dieux l'attente* elle a ravie.

Que veut dire : *choisi d'Amour,* etc.? *Le choisi de quelqu'un* ne se dit point; et puis *un coup de trois dieux* se peut aussi bien entendre comme *l'attente de trois dieux.*

DE CLAUDE DE BASTARNAY, SIEUR D'ANTON.

Les Dieux benins lui ont le corps mortel ôté.
Mauvaise césure [1].

DE GILLES BOURDIN, PROCUREUR GÉNÉRAL DU ROI.

Excellent.

DE BREVET, EUNUQUE ET CHANTRE EXCELLENT.

. . . . Une chanson
Pour Nicolas; mais la terre envieuse, etc.

Ce *pour Nicolas* pouvoit demeurer au logis, ou bien il devoit lui faire occuper tout le vers.

DE LA BARBICHE DE MADAME DE VILLEROY.

Car une savante déesse, etc.
J'eusse laissé ce *car.*

La sacre à l'immortalité.
La, sa, cra.

Or si le ciel, *qui tout embrasse,* etc.
Cheville.

DE JEAN DES JARDINS, MÉDECIN DU ROI.

Après avoir sauvé par mon art secourable
Tant de corps languissants que la mort menaçoit,
Et chassé la rigueur du mal qui les pressoit.
Superflu.

1. On lit de plus dans la copie B :
Tandis que dessus toi tu t'acharnes *cruelle.*
Cruellement.

Passant, moi qui pouvois les autres secourir,
Ne dis point qu'au besoin je ne me pus guarir.

Mal construit.

Me print *en trahison*, sain et sans défiance.

Note.

DE MADAME MARGUERITE, DUCHESSE DE SAVOIE.

Et ta rigueur couvre cette influence.

On couvre la lumière, mais non l'influence.

L'appui des bons, *le recours* et la paix
Revole au ciel, sa première origine.

A quel propos : *le recours revole au ciel?* Il devoit donc dire : *leur recours*, pour le rapporter aux *bons*.

Ton cœur, ô Dieu! devoit être assouvi
Du sang gaulois, du Roi sitôt ravi.

Mal exprimé.

SUR LES CŒURS DE MESSIEURS LES CARDINAUX DE LORRAINE ET DE GUISE.

Leur sœur, pour tout trésor, *se les est* retenus.

Nota.

. . . . Quel *recoing* de la terre.

Recoin.

En *quel lieu* leurs travaux ne sont-ils parvenus,
Leur constance, leur zèle, et *leur fidèle guerre?*

Mal. — *La guerre d'un homme* ne se dit pas en France; je ne sais si en Allemagne ou en Angleterre cela se dit.

SUR LA MORT DE LOYS DU GAST, MAISTRE DE CAMP DE LA GARDE DU ROI.

On dit : m^e de camp des gardes, ou : du régiment des gardes; et non : m^e de camp de la garde du Roi.

Ne semez point *des fleurs* sur la tombe sacrée
Du valeureux le Gast, *vive flamme de Mars*.

Le Gast étoit vive flamme de Mars : quel langage! — *Ne sème point de fleurs*, mieux dit; je ne blâme pas : *des fleurs*.

. . . . Les accents misérables
De nymphes, des pasteurs, des amours lamentants.

Des.

Jamais le ciel ne mit plus d'adresse et de grâce.

Mauvaise césure.

Cent fois les plus vaillants *sont (sic)* effort ont senti,
Et l'estimoient des siens le rempart et *l'Achille*.

Son. — *Achille* superflu. — *Vaillants* nécessairement est nominatif de *l'estimoient*, mais il est malaisé que les plus vaillants estimassent le Gast le rempart de la France.

> Un soir on le massacre, et *tombe* en répandant
> Plus d'honneur que *sang* (sic) de vingt *playes* mortelles.

Tombe n'a point de nominatif. — *De*.

> Eut le cœur grand et beau, l'esprit *aventureux*.

Je n'aime pas cet épithète à *l'esprit*. Il me semble qu'il eût mieux dit : *l'esprit grand et beau, le cœur aventureux;* car *il eut le cœur beau* est encor pire que *l'esprit aventureux*.

DE REMY BELLEAU.

> Avec un seul Belleau tu peux voir enterré
> Phébus, Amour, Mercure, et la plus chère Grâce.

Enterré devoit être plurier.

> Mais je vois par sa fin le contraire *avéré*.

Palais.

SUR LA MORT DE JACQUES DE LEVY, SIEUR QUÉLUS [1].

> Ayant l'âme invincible, aux vertus toute encline [2].

Tu, tou, ten.

> . . . . L'œil, le geste et le port
> *L'accusoient pour un dieu*. . . . . . .

Phrase latine, qui ne vaut rien en françois.

> Phébus sur Hyacinthe épandit moins de pleurs,
> Et l'ennui de son fils lui sembla plus facile.

L'ennui de son fils se devoit mieux expliquer; car proprement, *l'ennui de son fils* est *l'ennui que son fils ressent*, et non *l'ennui qu'elle ressent pour son fils*; et puis qu'est-ce à dire : *l'ennui de son fils lui sembla facile?*

> Brisa son arc d'angoisse, estimant *de* revoir
> Le beau corps tout sanglant, etc.

Voici une notable faute; j'estime *de revoir* ne se peut dire en sorte quelconque. Il faut dire : *je pensois* ou *j'estimois revoir*, et non : *de revoir*.

> . . . . Son tombeau, qui *de lis blanchissoit*.

Ce tombeau qui blanchit de lis ne me plaît pas.

> L'Honneur, la Courtoisie, et mille autres déesses.

Il devoit dire : *et cætera*.

---

1. Malherbe ajoute *de* : « sieur de Quélus. »
2. Comme une œuvre *accomplie, admirable et divine*. Chevilles.

ÉPITAPHES.

LA MORT DU JEUNE MAUGIRON.

Amour ayant là-haut *quelque malice faite.*
Note.

Courrouça Jupiter. . . . .
Je n'aime guère *courroucer quelqu'un*, mais *faire courroucer*.

Et des traits acérés d'un plus aigre souci.
Qu'est-ce à dire : *des traits acérés de souci ?*

.... Et veut forcer les Dieux à lui crier merci.
Ceci est sale, que l'Amour, par la beauté d'un garçon, force les Dieux à lui crier merci. Tout ce qui suit est une sottise, jusques à : *Cette fatale sœur*, etc. (stance x).

Qu'il n'a pas moins d'attraits, *ni* de force *et* de grâce.
De force ni de grâce.

Enjoint à Lachésis de lui trancher la vie.
Il oublié. — *Lachésis*, mot pédant.

Comme pour son ami *courageux* il s'expose.
Courageux n'est pas là bien placé, car il se peut rapporter à *l'ami*.

« Quel nouveau Diomède, altéré de mon sang,
T'a meurtri, cher enfant? disoit Vénus la belle.
O céleste impuissance! ô cruauté nouvelle,
Qu'un dieu même en ce temps *des mortels ne soit franc!* »
Lavant de pleurs son corps, d'où sortoit un étang
De couleur Tyrienne, à sa tresse *est* cruelle, etc.
« Ce n'est pas Cupidon, c'est Maugiron, Déesse, »
Lui dit quelqu'un tout bas. . . . .

Qu'est-ce qu'*être franc des mortels ?* Pourquoi n'a-t-il dit : *de la mort ne soit franc ?* — Il est ridicule de dire qu'elle eût lavé le corps de Maugiron et qu'elle le prît pour un autre. On dira que par là le poëte veut montrer la ressemblance extrême; mais puisque les autres le reconnoissoient bien, pourquoi Vénus, qui étoit sa mère, ne le reconnoissoit-elle pas? — (*A sa tresse est cruelle*) Elle est oublié.

Et les derniers enfants sont toujours *mieux aimés.*
Pour parler purement, il devoit dire : *sont toujours les mieux aimés.*

SUR CLAUDE DE L'AUBESPINE, SECRÉTAIRE DES COMMANDEMENTS.

Tuant les rossignols, il laisse les corbeaux;
Epargnant *les buissons*, il moissonne la rose.
J'eusse dit : *les chardons;* car il a comparé les rossignols et les corbeaux.

Ce qu'est l'herbe à la terre, à l'herbage les fleurs,
L'or aux autres métaux, la blancheur aux couleurs, etc.
Voici une sottise incomparable. L'herbe est-elle à la terre ce que

l'or aux autres métaux ? L'or est un métal, qui étant comparé aux autres métaux, emporte le prix sur eux ; mais peut-on dire le semblable de l'herbe et de la terre ? Ceci est si sot, que c'est la sottise même. Et puis *ce qu'est l'herbe à la terre, et l'herbage aux fleurs :* si quelqu'un me démêle ceci, *erit mihi magnus Apollo*[1].

DU LATIN DE MONSIEUR DE PIMPONT.

Au moins donne-toi garde, ô seul bien de ma vie,
Que des eaux de Léthés (sic) *ne prennes quelque envie.*

Je prends envie de cela est mal parlé. Il faut dire : *il me prend envie de cela.*

Que la course des ans, la mort, *l'onde et la flamme*
N'effaceront jamais ton portrait de mon âme.

Mal. A quel propos l'onde ni la flamme effaceroient-ils un pourtrait de mon âme ? Pour les ans et la mort, cela va bien.

Sans revoler *au ciel, où gît* tout son confort.
Mal : *gît au ciel.*

Et *ne m'abandonnez* sans guide en ces bas lieux.
Ne m'abandonnez point.

Voyez-moi tout en pleurs sur votre sépulture,
Qui plains, non votre mal, mais ma triste aventure.

Qui, mal placé.

La soigneuse pucelle à qui le cœur soupire
Du plaisant mal d'amour, cueille au mois de Zéphyre, etc.

Suspendu.

La rose après l'œillet, puis le lis blanchissant.
Mauvais vers.

Comme un rais du soleil, qui la nuit *se déteint.*

Je dirois : *éteint,* et non : *déteint.* Les Normands disent : *la chandelle est déteinte ;* mais mal, car il faut dire *éteinte. Déteint* se dit d'un drap ou autre chose qui a perdu sa couleur. — Les rayons du soleil ne se déteignent point la nuit ; et puis, à bien parler, une clairté ne *se déteint* pas, elle *s'éteint ;* une couleur *se déteint,* c'est-à-dire perd son lustre, perd son teint[2].

---

1. Voyez Virgile, églogue III, vers 104 :
. . . . . *Et eris mihi magnus Apollo.*

2. La seconde partie de cette remarque n'ajoute pour ainsi dire rien à la première. Dans les deux copies, elles se suivent et forment une seule note ; mais dans l'original, elles se trouvent l'une au haut, l'autre au bas de la page, et l'on voit à la différence de l'écriture que Malherbe ne les a pas faites dans le même temps.

ÉPITAPHES.

DE L'ANNÉE M.D.LXX.

Je fus remis captif sous l'amoureux pouvoir,
 Où j'eus mille douleurs *pour cacher mon vouloir*.
Qu'est-ce à dire?
 Et *receler* ma plaie au cœur enracinée.
Mal, *receler* pour *celer*.

AUX OMBRES DE C. DE L'AUBESPINE.

Tandis la fièvre envenimoit sa rage
Au suc mortel de mon deuil ennuyeux.
Que veut-il dire : *la fièvre envenimoit sa rage au suc de mon deuil?*

REGRETS FUNÈBRES SUR LA MORT DE DIANE.

II.

Un soleil clair de flamme apparut à nos yeux,
Par *qui* des vrais amours la force étoit connue.
Qui relatif trop loin de son antécédent.

Ne peut laisser son *nid*, *y* fait maint et maint tour.
Garde-toi bien de croire que l'on prononce *nid*; on ne dit que *ny*, et pour ce il y a ici cacophonie : *ny y*. Quelques provinces disent *nic*, d'où vient *nicher*, et Ronsard l'a dit, selon le langage du Vendomois. C'est une matière qui veut un plus long discours.

III.

Le ciel, *comme l'on dit*, la voulut retirer,
Pour apprendre aux mortels trop promps à s'égarer
Que la beauté parfaite est ailleurs qu'en la terre.

Il devoit dire : *à ce qu'on dit;* car *comme l'on dit* sent le proverbe. Et puis à quel propos ni l'un ni l'autre? Qui est-ce qui lui pouvoit donner des nouvelles du ciel et savoir son intention?

IV.

Ce cœur qui t'aima tant, et qui fut tant aimé
De toi, chère Phyllis, sera ta sépulture.

Ce *de toi* est une suspension de sens admirable. Un sens imparfait au premier vers, et qui s'arrête à la seconde syllabe du vers suivant : jugez avec quelle grâce ce peut être.

V.

. . . . Pour *s'envoller* aux cieux.
S'envoler.

Et voit qu'en tant de gloire *où* elle est retenue.
Nota.

Elle a deuil que je sois encore en ces bas lieux.
Phrase normande.

Mais tu n'y seras *guère*, ô Déesse, à m'attendre.
Note *guère*.

VI.

On ne sait plus que c'est *de vertu ni d'adresse*.
Foin et paille.

Ce sonnet est de Pétrarque, mal fait par lui, et mal imité par des Portes.

VII.

Avec un si beau nœud l'amour m'avoit *contraint*.
Mal, pour *attaché*.

La mort, *et non l'amour*, a fait pâlir mon teint.
Hors-d'œuvre.

VIII.

En si piteux état je dépense mon *temps*....
Des saisons de ma vie arracha le *printemps*.
Temps et *printemps*, mauvaise rime de simple et composé.

M'étonnant que mon cœur *du fardeau n'est dompté*.
Dompté du fardeau n'est pas si bien comme *accablé sous le fardeau* ou *du fardeau*.

IX.

J'ai vu sécher mes fleurs en leur *prime* saison.
Prime ne vaut rien.

Las! si je suis mortel et sujet à ta loi.
Ta, ta.

La mort *contrerépond* : « J'en ai fait mon devoir. »
Ce mot ne vaut rien ; il devoit user du simple.

COMPLAINTE I.

Pour le feu roi Henri IIIe, en la mort de Marie de Clèves, princesse de Condé.

De sang, de mort, d'ombres noires et *feintes*.
Ce mot de *feintes* n'est ici que pour la rime, car pour le sens il ne vaut rien.

Retiendras-tu mon âme emprisonnée
En tant de fers?...

Il devoit parler de la pesanteur ou rudesse des fers ; car le nombre n'est pas ici à propos.

Je me *consomme* en langueur infinie.
Consume.

Mais c'est l'erreur des œuvres de Nature.
C'est l'erreur de l'ouvrier, et non de l'œuvre ; il pouvoit dire : *c'est le défaut des œuvres de Nature*.

ÉPITAPHES.

> . . . . Au feuillage *d'automne*.

D'automne.

> Rompu tes traits *dont* ma plaie est sortie.

Mal dit : *ma plaie est sortie des traits*; et d'ailleurs il falloit dire : *d'où*, et non : *dont*. *Dont* signifie ou *cujus* ou *de quo*, mais jamais *unde* ni *a quo*. Qui plus est, je ne dirois pas : *ma plaie est sortie de son épée*, ni *de sa flèche*[1].

> *Donc* que l'an change en saisons différentes,
> Je serai ferme et mes plaintes constantes;
> Et quand le ciel sera plus clair de flamme,
> Toujours le deuil obscurcira mon âme.

Conclusion impertinente.

COMPLAINTE II.

> Je ne suis plus celui dont la grâce et la *vue*
> Rendoit cette contrée en tout temps si *pourvue*.

Vue et *pourvue*, rime de simple et composé.

> Mes jours les plus luisants sont changés en ténèbres,
> Et mes chants de victoire[2] en complaintes funèbres.

Ces deux vers sont mot à mot répétés en la page 203.

> . . . . O *grands* masses pierreuses!

Grandes.

> Hélas! je le suis bien (*changé en rocher*); car se pourroit-il faire,
> Si j'avois d'un mortel la nature ordinaire,
>   Que je pusse porter
> Si longtemps les efforts des ennuis et des peines?

Le repos devoit être au troisième vers, et il n'est qu'au quatrième, tellement qu'il faut lire quatre vers tout d'une haleine.

> J'ai le cœur si *comblé* d'amertume et *d'oppresse*.

Oppresse ne vaut rien, et *comblé d'oppresse* encore moins.

> Et qui pense adoucir *le regret qui m'entame*.

Le regret m'entame est mal dit.

> Ce qui sonne *plus doux* à mes tristes oreilles,
> Ce sont cris de hiboux, d'importunes corneilles.

Nota. Il faut dire : *le plus doux*.

> La mort est seule propre au deuil qui me possède :
> Mon mal est venu d'elle, en elle est mon remède.
>   O vous pleins d'amitié,
> Qui plaignez mes douleurs, etc.

Le sens doit finir au troisième vers, et ici il y commence.

1. Cette dernière phrase, qui, dans l'original, est d'une autre encre, ne se trouve pas dans la copie B.
2. Voyez plus haut, p. 381. Dans le passage auquel Malherbe renvoie, il y a au second vers *liesse*, au lieu de *victoire*.

. . . . Meurtrir un misérable,
C'est acte de pitié.
Tuer étoit meilleur que *meurtrir*.

Car l'heure de ma fin sera l'heure première
De mon *plus doux* repos.
Il ne falloit point comparer; il devoit dire : *Que j'aurai du repos.*

Nymphes de ces forêts, mes fidèles nourrices,
Tout ainsi qu'en naissant vous me fûtes propices,
Ne m'abandonnez pas
Quand j'achève le cours de ma triste aventure.
Derechef le sens commence ici au troisième vers.

Sur la dernière page du volume, où est imprimé, en tête, un *errata* de trois lignes, et au-dessous un *Extrait du privilége*, Malherbe a écrit les observations suivantes, qui se trouvent dans la copie A de l'Arsenal, mais manquent dans la copie B[1] :

Hait, monosyllabe, p. 127 *b*, ligne 12[2].
Vois 92, pour : *Je me trouve confus en un point seulement*[3].
La, ca, cha, ma, p. 137, ligne antépénultième[4].
Sa faveur j'ai sentie, p. 199, ligne 19[5].
Oui, dissyllabe, p. 46, ligne 19; monosyllabe, p. 33[6].
Médor dépeint, p. 248 *a* et *b*[7].

1. Nous ne savons pourquoi Malherbe a renvoyé ces notes à la fin du volume. Il y a assez de blanc à la marge des folios auxquels elles se rapportent, pour qu'il eût pu les écrire auprès des passages mêmes qu'il critique. La plupart de ces passages ont été soulignés par lui dans le texte de des Portes, et plusieurs marqués de l'observation *note* ou *nota*.

2. Voyez ci-dessus, p. 337 :
On sait que comme femme elle *hait* qui l'adore.

3. Cette correction se rapporte probablement à ce vers de l'*Élégie* III des *Amours d'Hippolyte* :
Qu'en l'assaut des douleurs je me plains seulement.

4. Qui retient mon Aurore, et *la cache à ma* vue.
(*Cléonice*, sonnet LVI.)

5. Expert j'en puis parler, *sa faveur j'ai sentie.*
(*Élégie* I du livre II.)

6. Il ne faut qu'un *oui* mêlé d'un doux sourire.
(*Diane*, livre II, chanson I; voyez ci-dessus, p. 277.)
Oui, mais le grand péril suit la grande entreprise.
(*Diane*, livre I, plainte III; voyez ci-dessus, p. 269.)

7. Le folio 248 forme deux des premières pages du poëme intitulé : *Angélique*, livre I.

Ma flamme a nourrie, p. 48 *b*, sonnet XXIV, ligne 8 [1].
Ma jeunesse ont défaite, p. 89, ligne 22 [2].
Par hasard par, p. 194 *a*, ligne 5 [3].
Jamais d'objet, p. 23 *a*, ligne 10 [4].

A la marge de l'*errata*, qu'il a effacé, Malherbe a écrit : « Tout est corrigé au texte. » A la dernière page de la table, il a fait la double correction, de *Cléophon* en *Eurylas*, et d'*Eurylas* en *Cléophon*, que nous avons mentionnée p. 386, note 1, et p. 392, note 2. Tout au haut de la page de titre, il a écrit le verset 4 du psaume XXVI, *Delectare in Domino, et dabit tibi petitiones cordis tui;* et plus bas, il a signé trois fois son nom; à la marge et au bas de la page, il a signé avec une *h* et sans *de* : « Fr. Malherbe ; » la troisième signature, qui est entre les deux autres, est sans *h*, avec *de*, et avec une date : « Fr. de Malerbe, 1606. »

1. Qui *ma flamme a nourrie* et l'a faite ainsi croître.
(*Diane*, livre II, voyez ci-dessus, p. 278.)

2. Que vos yeux dont les traits *ma jeunesse ont defaite*.
(*Amours d'Hippolyte*, Élegie II.)

3. *Par hasard, par* fortune, et par légèreté.
(*Élegie* XIX du livre I.)

4. De voir *jamais d'objet* qui me contente.
(*Diane*, livre I, plainte II ; voyez ci-dessus, p. 263.)

FIN DU COMMENTAIRE SUR DES PORTES.

TABLE

ALPHABÉTIQUE ET ANALYTIQUE

DES OEUVRES DE MALHERBE

TABLE

ALPHABETIQUE ET ANALYTIQUE

DES OEUVRES DE MALHERBE.

A

AARSENS (François d'), ambassadeur des États de Hollande en France, III, 24.

ACHILLE, I, 41, 113, 119, 304; IV, 93, 239.

ADRIEN (médaille de l'empereur), III, 560.

AGUT (Honoré d'), conseiller au parlement de Provence, III, 483, 535, 577, 588.

Aï (vin d'), IV, 435.

AIGREMONT, enseigne des gardes de Marie de Médicis. Sa mort, III, 347.

AIGUILLON (Henri de Lorraine, duc d'), puis duc de Mayenne, III, 134, 154, 164, 201, 208, 215, 240. — Voyez MAYENNE (Henri duc de).

AIX (la ville d'), I, 337, 339, 340, 341, 342, 343, 344, 348, 352, 359; III, 25, 30, 71, 73, 98, 171, 199, 255, 266, 267, 316, 343, 373, 381, 383, 472, 491, 492, 528, 568, 570, 571, 574, 587, 588; IV, 5, 113, 132, 133, 211, 242. — Vers pour l'entrée de Louis XIII dans cette ville, I, 252 et 253.

ALBERSTADT (la ville d'), IV, 63.

ALBERT, archiduc d'Autriche, gouverneur des Pays-Bas, III, 136, 140, 148, 151, 173, 193, 218, 220, 403. — Il protége le prince et la princesse de Condé après leur fuite en Flandre, III, 119, 125, 162.

ALCANDRE. Voyez HENRI IV.

ALCIDE. Voyez HERCULE.

ALCIPPE. Voyez BELLEGARDE.

ALCMÈNE, I, 21.

ALCYONS, I, 32.

ALEAUME, beau-frère de Guillaume du Vair, III, 305, 333, 336, 339, 353.

ALEAUME (Mme), femme du précédent, III, 534 et 535.

ALEAUME (Guillaume), évêque de Riez, neveu de Guillaume du Vair, III, 419, 535, 552. — Lettre que lui écrit Malherbe, IV, 88 et 89.

ALEAUME (Mlle), III, 112 et 113.

ALENÇON (la ville d'), III, 356, 555, 556.

ALENÇON (François duc d'), frère de Henri III, III, 62.

ALGER (la ville d'), I, 315; IV, 202.

ALIGRE (Etienne d'), garde des sceaux, IV, 64.

ALINCOURT (Charles de Neufville, marquis d'), III, 500.

ALINCOURT (Jacqueline de Harlay Sancy, marquise d'), femme du

précédent, III, 352, 364, 366, 382, 389.
ALINCOURT (Nicolas de Neufville, marquis d'), fils des précédents, III, 500.
ALPES (les), I, 66, 92, 110, 120.
AMARILLE, I, 215.
AMBOISE (la ville d'), III, 417, 418, 427, 436, 444, 445, 446, 465, 522. — La Loire y est arrêtée par les glaces dans l'hiver de 1608, III, 56.
AMBOISE (la maison d'), III, 466.
AMIENS (la ville d'), III, 217, 244, 249, 317, 319, 323, 391, 436, 457-459, 461, 465, 490 et 491, 511, 524, 537; IV, 228, 232.
AMOUR (le dieu), I, 35, 45, 129, 130, 132, 147, 149, 158, 176, 227, 282, 297; III, 103.
AMPHION, I, 283.
AMY (l'), précepteur de Malherbe, I, 336.
ANAURE (l'), fleuve de Thessalie, I, 212.
ANCENIS, maison de la duchesse de Vendôme, III, 309, 405, 451.
ANCRE (le maréchal d'). Voyez CONCINI.
ANDAINE (la forêt d'), III, 556.
ANDELOT (Charles de Coligny, seigneur d'), III, 376.
ANDILLY (d'). Sa mort, III, 561.
ANDRAS, III, 415.
ANDRÉ, III, 587.
ANET. Voyez ENNET.
ANFERNEL (d'), huguenot, III, 565.
ANPREVILLE (Jacques Poëtier, sieur d'), président au parlement de Rouen, III, 316.
ANGELIER (Mme l'), libraire, III, 202, 496 et 497.
ANGERS (la ville d'), III, 183, 200, 405, 446, 447, 450, 451.
ANGOULÊME (la ville d'), III, 165.
ANGOULÊME (Henri duc d'), fils naturel de Henri II, grand prieur de France et gouverneur de Provence, protecteur de Malherbe, I, 3, 357. — Il est parrain du premier fils de Malherbe, I, 359 et 360.
ANGOULÊME (Diane de France, duchesse d'), fille légitimée[1] de Henri II, veuve de François de Montmorency, III, 88, 124, 145, 148, 151, 180.
ANGOULÊME (Charles de Valois, comte d'Auvergne, duc d'). Voyez AUVERGNE (le comte d'). — III, 553.
ANHALT (Jean-Georges prince d'), III, 155.
ANNE, I, 243.
ANNE d'Autriche, I, 231, 234 et 235, 353; III, 478, 570, 575, 581; IV, 9, 24, 27, 28, 50, 55, 56 et 57, 60, 62, 65, 68, 70, 77, 111, 130, 221, 244. — Vers pour son mariage, I, 236 et 237. — Chansons pour le duc de Bellegarde, amoureux d'elle, I, 293-296. — Elle est désignée sous le nom de Chrysanthe, I, 296, 297 et 298. — Préliminaires de son mariage, III, 131, 300 et 301, 335, 347, 352, 363, 364, 388, 413, 423, 479, 490, 495 et 496, 497, 498, 510, 520 et 521; IV, 39. — Bracelet que Marie de Médicis fait faire pour elle, III, 359-361, 489 et 490.
ANNE de Danemark, femme de Jacques Ier, roi d'Angleterre, III, 398. — Mort de son fils aîné, III, 295 et 296; IV, 216.
ANTIBES (la ville d'), III, 108, 582.
ANVERS (la ville d'), III, 348.
APELLE, I, 187, 257.
APOLLON, I, 104, 106, 188, 236, 279.

---

1. Au tome III, dans la note 3 de la p. 88, on a imprimé par erreur *légitime*, au lieu de *légitimée*.

Aqs (la ville d') ou de Dax, III, 574.
Arbre-Sec (la rue de l'), III, 376.
Arc (Jeanne d'). Épigrammes sur elle, I, 205 et 206.
Arc (l'), maison des jésuites en Franche-Comté, III, 484 et 485.
Archémore, I, 40.
Arcs (Arnauld de Villeneuve, marquis des), I, 357; III, 351. — Sa mort, III, 481.
Arcs (Isabelle d'Halluyn, marquise des), femme du précédent, III, 87.
Ardres (la ville d'), III, 436.
Aréthuse, I, 120.
Argentan (la ville d'), III, 556, 560, 564.
Arioste (l'), IV, 377.
Arlequin, comédien de Mantoue, vient à Paris avec sa troupe, III, 311, 329. — Marie de Médicis loue pour lui l'hôtel de Bourgogne, III, 336. — Représentation à laquelle assiste Malherbe, III, 337. — Il commence à être importun, III, 341, 358. — Louis XIII et Madame tiennent son enfant sur les fonts, III, 380.
Arles (la ville d'), I, 357; III, 186; IV, 210 et 211.
Armagnac (d'), premier valet de chambre de Louis XIII, III, 473 et 474.
Armoiries de la famille de Malherbe, I, 332; III, 6, 597.
Arno (l'), I, 112, 124, 198.
Arnoux, jésuite, confesseur de Louis XIII. Sa disgrâce, III, 540, 543.
Arques (la bataille d'), I, 167.
Arquien (Antoine de la Grange, seigneur d'), commandant de la citadelle de Metz, III, 254. — Le duc d'Espernon lui ôte son lieutenant; suites de cette affaire, III, 120, 146, 147, 187 et 192.

Arquy (le baron d'), tué en duel sur le Pont-Neuf, III, 240.
Arras (la ville d'), III, 106.
Arsan (d'), Voyez Aarsens (d').
Arsenal (l'), à Paris, III, 56, 58, 106, 121, 131, 146, 167, 170, 217, 294, 378, 379; IV, 68.
Artémise, I, 32, 59.
Artenice. Voyez Rambouillet (la marquise de).
Astérie, IV, 236 et 237.
Astrée, I, 229.
Astruc (d'), avocat au parlement d'Aix, III, 581; IV, 114. — Lettre que lui écrit Malherbe, IV, 241 et 242.
Athènes (la ville d'), IV, 74.
Atrée, I, 78.
Atropos, I, 288.
Atticky (Octavien Doni, seigneur d'), surintendant des finances. Sa mort, III, 370.
Aubépine (Gabriel de l'), évêque d'Orléans, III, 514.
Aubert, tabellion à Caen, I, 337.
Aubigné (Agrippa d'), IV, 52, 53.
Aubigny (le P. d'), jésuite, un des confesseurs de Ravaillac, III, 171.
Aubry-le-Boucher (la rue), III, 569.
Auchy (le vicomte d'), IV, 188 et note 3.
Auchy (la vicomtesse d'), femme du précédent, I, 192, 318. — Vers sur elle ou adressés à elle, I, 126-144; IV, 176 et note 3, 179, 180. — Elle est désignée sous le nom de Caliste, I, 126-144, 192, 318; IV, 150-189, 234-236. — Lettres que lui écrit Malherbe, IV, 150-189.
Auguste (l'empereur), IV, 98.
Augustins (le couvent des), à Paris. Le clergé et la noblesse des états s'y assemblent, III, 467, 468.

AUGUSTINS (le quai des), III, 468.
AUMALE (Marie de Lorraine, duchesse d'), III, 244, 361, 365, 382, 468, 478.
AUMALE (Anne de Lorraine, demoiselle d'), fille de la précédente, III, 85; III, 365, 382.
— On parle de son mariage avec le duc de Mayenne, III, 362, 406.
AUMALE (Marguerite de Lorraine, demoiselle d'), sœur de la précédente. Sa mort, III, 362 et 363, 366.
AURORE (l'), I, 46.
AUTRICHE (la maison d'), IV, 103.
AUVERGNE (Charles de Valois, comte d'), duc d'Angoulême, fils naturel de Charles IX[1], enfermé à la Bastille, III, 90, 508 et 509, 512. — Voyez ANGOULÊME (Charles duc d').
AUVERGNE (Charlotte de Montmorency, comtesse d'), femme du précédent, III, 90, 478. — Elle ramène la princesse de Condé de Bruxelles, III, 194.
AUXERRE (la ville d'), III, 70, 77.
AVIGNON (la ville d'), I, 350; IV, 111, 132.
AVON. La peste y règne, III, 52.
AYMAR DE PERTUYS, créancier de Malherbe, I, 343, 344.
AYMAR (Jean-Antoine), fils du précédent, garde-sceau à Aix, I, 344.

B

BADIER, I, 338.
BAGARRIS (Pierre-Antoine Rascas, sieur de), III, 8.
BAGOT, officier d'artillerie, III, 328.

BAILLY (Henri le), surintendant de la musique de Louis XIII, III, 290.
BALAGNY (Damian de Montluc, seigneur de), prévôt des maréchaux, envoyé à la poursuite du prince et de la princesse de Condé, III, 118, 120. — Querelle entre lui et le baron de Benac, III, 137.
BALART, imprimeur et libraire, III, 259.
BALZAC (de). Lettre que lui écrit Malherbe, IV, 89-97.
BANDOLE (Antoine de), avocat au parlement de Provence, auteur présumé d'une requête contre le chancelier, III, 110.
— Son livre *des Parjures et faux Serments*; son emprisonnement, sa condamnation, III, 147, 158 et 159, 160, 165 et 166.
BAR-SUR-AUBE (vin de), IV, 435.
BARBERINI (le cardinal Maffeo), depuis Urbain VIII, reçoit le bonnet des mains de Henri IV, III, 11.
BARBERINI (le cardinal E.), légat en France, IV, 18.
BARBESIEUX (de), III, 213.
BARBIN, intendant de Marie de Médicis, puis contrôleur général des finances, III, 497.
BARCLAY (Jean), III, 247 et 248. Ses vers sur le couronnement de Jacques Ier, III, 5, 53. — Son roman d'*Argenis*, III, 543, 544 et 545. — Sa mort, III, 553.
BARDIN, IV, 26.
BARONVILLE. Son duel sur le Pont-Neuf, III, 240, 250.
BARRADAS (François de), premier écuyer de la petite écurie, III, 573.
BARRÉ (Antoine), sieur de Coustau. Tentative d'enlèvement dirigée contre sa fille, III, 442.

---

1. Au tome III, dans la note 4 de la p. 90, on a imprimé par erreur Henri II, au lieu de Charles IX.

BARRÉ (Mme), femme du précédent, III, 442.
BARRÉ (Marie), fille des précédents. Le comte de Montsoreau veut l'enlever, III, 442.
BAS (Gilles le), voiturier de Caen à Paris, I, 345.
BAS (Jean le), fils du précédent, I, 345.
BASSOMPIERRE (François de), maréchal de France, III, 157, 221, 265, 279, 371, 430, 461, 530, 575. — Il est mandé à Monceaux, pour distraire Henri IV, III, 44, 45. — Place que Henri IV lui donne dans Paris, III, 58. — Il est nommé mestre de camp de la cavalerie légère de l'armée de Piémont, III, 146. — Ses amours et son procès avec Marie de Balzac d'Entraigues, III, 224 et 225, 315, 316, 319. — Sa défaveur, III, 348, 351, 358, 361. — Il achète la charge de colonel des Suisses, III, 393, 412. — Lettre que lui écrit Malherbe, IV, 86 et 87.
BASTILLE (la), III, 137, 170, 230, 231, 368 et 369, 394, 400, 423 et 424, 429; IV, 68. — Marie de Médicis y prend un million et demi de livres, III, 401, 425 et 426, 430. — On y prend douze cent mille livres, III, 508.
BAUDIN fait une effigie de Henri IV, III, 179.
BAUDOIN, membre de l'Académie française. Son avis *Au lecteur* pour la traduction des *Épîtres* de Sénèque par Malherbe, II, 263 et 264.
BAUX (château des), près d'Arles, I, 357.
BAYARD (l'étable de), à Château-Regnaud, III, 494.
BAYONNE (la ville de), III, 124,

155, 388, 489, 492, 493, 495, 499, 506, 520, 530.
BAY-SUR-BAY, IV, 63.
BEAUCAIRE Translation dans cette ville du siège présidial de Nîmes, III, 354.
BEAUFORT, mestre de camp du duc de Rohan, III, 567 et 568.
BEAULIEU (Martin Ruzé, seigneur de), secrétaire d'État, III, 172. — Sa mort, III, 363.
BEAUMARCHAIS (de), financier, IV, 11.
BEAUMONT (Christophe de Harlay, comte de), IV, 81. — Sa disgrâce; il brouille Henri IV et Mlle des Essarts, III, 35. — Démarche faite auprès de lui par le corps de ville d'Orléans, III, 398.
BEAUMONT D'OUVILLE (de), huguenot, III, 565, 566.
BEAUVAIS (la ville de), III, 456.
BELESBAT (Pierre Hurault de l'Hospital, seigneur de), maître des requêtes, III, 373.
BELESBAT (Claire de Gessei, dame de), femme du précédent, III, 327.
BELLAY (du), IV, 463.
BELLEFONTAINE (de) accompagnait le baron de Lux lors de son duel avec le chevalier de Guise, III, 277.
BELLEGARDE (Roger de Saint-Lary, seigneur de), grand écuyer de France, III, 24, 37, 69, 91, 129, 148, 163, 178, 209, 213, 219, 220, 221 et 222, 331, 349, 352, 397, 445, 482, 495 et 496, 497, 584; IV, 17, 83, 222. — Ode que lui adresse Malherbe, I, 107-125. — Il est désigné sous le nom d'Alcippe, I, 181. — Chansons faites pour lui lorsqu'il était amoureux d'Anne d'Autriche, I, 293-296. — Il demande des vers à Malherbe,

III, 2. — Il assiste aux carrousels de 1606, et reçoit le comte de Candale et ses frères à souper, III, 2. — Il fait entrer Malherbe dans le cabinet de Henri IV, III, 5. — Henri IV lui défend de recevoir des pages de la chambre qui ne soient les aînés de leurs maisons, III, 58. — Place que le Roi lui accorde dans Paris, III, 58. — Henri IV lui donne le logement de Jean de Médicis à l'hôtel de Châlons, III, 64. — Il assiste au mariage du duc de Vendôme et de Mlle de Mercœur, III, 93. — Il lit à Henri IV une inscription faite par du Vair, III, 99 et 100. — Il va chercher à Compiègne le corps de Henri III, III, 182. — Il va au-devant du prince de Condé, rentrant en France, III, 190. — Il est présent aux funérailles de Henri IV, III, 199. — Il va faire un compliment à l'ambassadeur d'Espagne, III, 205. — Brouillerie entre lui et Concini, III, 214-216. — Différend qui s'élève à Bourg entre lui et Boesse, III, 223, 253 et 254. — Sa disgrâce, III, 271, 279, 283. — Il a un commandement dans la guerre de Mantoue, III, 310. — Il rentre en grâce, III, 358. — Manière dont Concini et lui s'abordent à Fontainebleau, III, 363. — Mort du baron de Termes, son frère ; Malherbe lui écrit une lettre de consolation, III, 542, 546, 549 ; IV, 224-232.

BELLEGARDE (Anne de Bueil, dame de), femme du précédent, III, 49, 352, 478 ; IV, 113. — Elle donne de l'eau bénite au corps du comte de Montpensier, III, 63.

BELLEGARDE (Octave de), évêque de Conserans, III, 434.

BELLONE, I, 197, 213.

BEMBO, IV, 270, 429.

BENAC (Philippe de Montaut, baron, puis marquis de), duc de Navailles et pair de France. Querelle entre lui et Balagny, III, 137. — Querelle entre lui et le duc de la Force, III, 421 et 422.

BENOÎT (le capitaine), de Languedoc, créancier de Malherbe, I, 335, 343.

BERGERAC (la ville de), III, 564.

BERJON (Jean), imprimeur calviniste, III, 317.

BERNE (la ville de), III, 218.

BERTAUT (J.), évêque de Séez, fait une oraison funèbre de Henri IV, III, 202.

BERTHIER (Jean de), évêque de Rieux, est atteint de la peste à la gorge, III, 9.

BERTINIÈRES (François de la), avocat, puis procureur syndic des états de Normandie, est nommé procureur général du Roi au parlement de Rouen, III, 335.

BERTIN-PORÉE (la rue de), III, 259.

BERTIUS (Pierre), auteur d'une pièce de poésie sur la mort de Guillaume du Vair, III, 545 et 546.

BÉTHUNE (Philippe de), gouverneur du frère de Louis XIII, III, 178.

BÉTHUNE (Léonidas de), seigneur de Congis, mestre de camp, III, 130.

BÉTHUNE (Cyrus de), frère du précédent, colonel en Hollande, est tué en duel, III, 284.

BÉTHUNE (Marie de), sœur du précédent, doit épouser le comte de Césy, III, 130.

BEUVRON (Jacques d'Harcourt,

marquis de), recherche Mme de la Châteigneraye ; duel qui s'ensuit, III, 298 et 299.
Beys (Adrien), libraire, III, 14, 17, 27, 56, 59, 60, 61, 62, 91, 98 et 99, 187, 196, 203.
Bezut, III, 207.
Biais. Sa mort, III, 573.
Bigot, assigné à Montargis par le duc de Guise, III, 116.
Billaut, docteur de Sorbonne, III, 210.
Biron (Jean de Gontaut, baron de), maître de la garde-robe, III, 193, 209.
Biron (le maréchal de), IV, 228.
Bizerte, port d'Afrique, I, 315; IV, 202.
Bizet, auteur d'un Traité du domaine du Roi, III, 34, 280 et 281.
Blanc, homme d'affaires de la comtesse de Sault, III, 114.
Blancménil (René Potier de), évêque-comte de Beauvais, soutient la priorité de rang des pairs sur les cardinaux, III, 456.
Blavet, ancien nom de Port-Louis. Maison que le duc de Vendôme y fait fortifier, III, 406, 411, 427, 448.
Blaye, place de Guienne, III, 124.
Blaze (J.), évêque de Saint-Omer, III, 210.
Bléville (la terre de), I, 331.
Blois (la ville de), III, 275, 276, 445.
Bocton-Malherbe (la seigneurie de), IV, 42.
Boderie (Antoine Lefèvre, sieur de la), ambassadeur en Angleterre, III, 128, 129 et 130, 132.
Boesse (Pierre d'Escodeca, seigneur de), III, 116. — Différend qui s'élève à Bourg entre lui et M. de Bellegarde, III, 223, 253 et 254.

Boinville (Oudart Hennequin, seigneur de), présente à Marie de Médicis un livre fait par lui, III, 302 et 303, 325 et 326. — Il demande à la Reine de coucher, à Fontainebleau, dans la salle de ses gardes, III, 304 et 305. — Il offre ses services au roi d'Espagne, qui les accepte, III, 314, 317, 319. — Il quitte mystérieusement Paris, III, 337 et 338. — Lettre qu'il écrit à Louis XIII, III, 412 et 413.
Boinville (Renée Potier de Blancmesnil, dame de), femme du précédent, III, 337.
Boisbelle, principauté du duc de Sully, III, 111.
Bois-Dauphin (Urbain de Laval, seigneur de), marquis de Sablé, maréchal de France, III, 178, 448, 470 et 471. — Armée dont il a le commandement, III, 514, 518, 529 et 530, 531.
Boisgensier, lieu de naissance de Peiresc, III, 31, 48.
Bois-Robert (François le Métel de), IV, 9.
Boisroger (Mlle de), I, 345.
Boissière (Charlotte de Villiers Saint-Pol, dame de la), III, 285, 468, 510. — Elle prend le nom de comtesse de Launoy, III, 512.
Boissise (Jean de Thumery de), conseiller d'État, ambassadeur, III, 233. — Il est député à Soissons près des princes mécontents, III, 407, 411.
Boissony (le capitaine), créancier de Malherbe, I, 343.
Bongars (Jacques), négociateur dans la guerre de Clèves, III, 119.
Boniface (le régiment de), III, 530.
Bonneraut, capitaine des Ponts-de-Cé. Mauvais accueil que lui fait Louis XIII, III, 452.

BONNIVET (Henri-Marc-Alphonse-Vincent de Gouffier, seigneur de), III, 324, 451 et 452.
BONS-HOMMES (l'église des), à Aix. Inscription qui s'y trouve et dont Malherbe prie Peiresc de lui envoyer une copie, III, 381, 407.
BONSI (Jean-Baptiste cardinal de), III, 470 et 471. — Il baptise le duc d'Orléans et Madame Henriette, III, 435.
BOOR (de), III, 530.
BORDEAUX (la ville de), III, 134, 301, 520, 528, 549; IV, 66.
BORDERIE (la), exempt, laisse évader le duc de Vendôme, III, 396 et 397.
BORGHÈSE (Scipion Caffarelli, cardinal), I, 395.
BORMES, meurtrier de Marc-Antoine de Malherbe, I, 349, 350, 351; IV, 132.
BOUC, près d'Aix, III, 74.
BOUC (de), de la maison de Seguiran, III, 569.
BOUCHAGE (Henri comte du), puis duc de Joyeuse, III, 63.
BOUCHAGE (l'hôtel du), III, 63, 397.
BOUCHEREAU, écuyer du duc d'Espernon, est tué en duel, III, 30.
BOUCHET, III, 172 et 173.
BOUDOT, chirurgien, III, 461.
BOUILLON (Godefroi de), I, 25.
BOUILLON (Henri de la Tour, vicomte de Turenne, duc de), maréchal de France, premier gentilhomme de la chambre, III, 14, 29, 58, 91, 231, 304, 307, 309, 381, 398, 411, 413, 414, 415, 420, 430, 438, 461, 469, 470 et 471, 476, 505, 511, 516 et 517, 522, 544; IV, 75. — Il se range du parti du prince de Condé, III, 192. — Ses relations avec Sully, III, 194. — Il résigne, en faveur de Concini, sa charge de premier gentilhomme de la chambre, III, 207. — Il fait battre monnaie, III, 306, 311, 326. — Accueil que lui fait Louis XIII, III, 473 et 474.
BOUILLON (Isabelle de Nassau, duchesse de), femme du précédent, III, 516 et 517.
BOUILLON (Marie de), fille des précédents. Projet de mariage entre elle et M. de Canaples, III, 194.
BOUILLON (Antoinette de la Tour, dame de), mère du comte de Braisne, III, 245.
BOUILLON MALHERBE (du), procureur du Roi au bailliage de Caen, cousin de Malherbe, I, 363; III, 570; IV, 77 et 78. — Lettres qu'il écrit à Peiresc, III, 589-595. — Lettres que lui écrit Malherbe, IV, 35-72, 242-244 et note 1. — Mort de sa première femme, IV, 50 et 51.
BOUILLON MALHERBE (Judith le Vallois, dame du), première femme du précédent. Son épitaphe, I, 363. — Sa mort, IV, 50 et 51.
BOULAYE (de la), lieutenant des chevau-légers du chevalier de Vendôme, accompagne le chevalier de Guise lors de son duel avec le baron de Lux, III, 269, 277, 278.
BOULIERS (de), III, 295.
BOULOGNE (la ville de), III, 505.
BOUQ-PUGET (de), III, 462.
BOUQUEVILLE (Mme de). Sa mort, III, 366.
BOURBON (la maison de), IV, 103.
BOURBON (Catherine de), sœur de Henri IV. Vers faits pour elle par Malherbe, I, 20-22.
BOURBON (Éléonore de). Voyez ORANGE (la princesse d').
BOURBON (Charlotte-Anne de),

fille du comte de Soissons. Sa naissance, III, 68.

BOURBON (Marie de), fille du comte de Soissons. Voyez CARIGNAN (la princesse de).

BOURBON (Jeanne-Baptiste de), coadjutrice de Fontevrault, fille naturelle de Henri IV, III, 64.

BOURBON (la salle de), où s'assemblèrent les états généraux de 1614, III, 467, 470 et 471.

BOURBON (la place), à Paris, III, 58.

BOURBON (la ville), l'une des trois villes qui composent Montauban, III, 563 et 564.

BOURDON (Jean-Honorat), sieur de Bouq, fils d'un premier lit de la femme de Malherbe, I, 344.

BOURDON (la bastide de), I, 344.

BOURG (le régiment de), III, 530.

BOURG (la ville de). Différend qui s'y élève entre MM. de Bellegarde et Boesse, III, 223, 253 et 254.

BOURGES (la ville de), III, 434.

BOURGET (le), III, 189 et 190, 397.

BOURG-LA-REINE, III, 284.

BOURGOGNE (l'hôtel de) est loué par Marie de Médicis pour Arlequin et sa troupe, III, 336, 358.

BOURGTHEROUDE (Nicolas le Roux, baron de), président au parlement de Rouen, III, 316.

BOURRELON, pris par les huguenots, III, 550.

BOURRILLY (François), notaire à Aix, I, 342.

BOUTONVILLIERS (de), cousin de Malherbe, IV, 39 note 6, 40.

BOUTTEVILLE (Louis de Montmorency, seigneur de), III, 284. — Il est envoyé à Bruxelles auprès de la princesse de Condé, III, 124.

BOUTTEVILLE (le baron de), fils du précédent, est guéri d'une blessure par le médecin Lyon, III, 372.

BOYER (Jean-Baptiste de), conseiller au parlement de Provence, neveu de Mme de Malherbe, III, 59, 325. — Il dédie au cardinal de Richelieu la traduction des *Épîtres* de Sénèque par Malherbe, II, 261 et 262.

BRADAMANTE, tragédie de Garnier, jouée à Saint-Germain, III, 247, 248.

BRADE (de), gantier de la cour du Palais, III, 234.

BRAISNE (Henri-Robert de la Marck, comte de). Sa querelle avec le marquis de Nesle, III, 244-246, 250, 284, 290, 291.

BRANDEBOURG (Albert-Frédéric de), duc de Prusse, gendre du duc de Clèves. Affaire de la succession de ce dernier, III, 98, 107.

BRANDEBOURG (Marie-Éléonore de), femme du précédent, fille du duc de Clèves, III, 98.

BRAS (le sieur de), I, 342.

BRAS (Marc-Antoine d'Escalis, président de), fils du précédent, I, 342.

BRAY (T. du), libraire, III, 158 et 159.

BREDA (la ville de), III, 119.

BRÉMOND (de), conseiller au grand conseil, I, 346.

BRENGIS (de), III, 36.

BRESSIEU (Louis de Grolée de Meuillon, marquis de), III, 52, 250, 371.

BRESSIEU (Marguerite de Morges, marquise de), femme du précédent, III, 28, 394.

BRÉTEUILLE LA PAVÉE, bien roturier de Catherine le Joly, grand'mère maternelle de Malherbe, I, 332, 333.

BRETON, III, 413.

BRETONNIÈRE (la), serviteur du duc de Nemours, III, 157.

BRÈVES (F. Savary de), III, 20,

424, 468, 497. — La Reine partage l'abbaye de Charronne entre M. de Frontenac et lui, III, 456 et 457.
BREYER, médecin de la comtesse de Soissons, va la soigner à Dreux, III, 343, 352.
BRIARE (le géant), I, 220, 280.
BRIARE (la ville de). Voyage qu'y doit faire Henri IV, III, 11.
BRIGNOLE (la communauté de), I, 336, 337, 338 et 339, 343.
BRIQUEVILLE (de), huguenot, III, 565, 566.
BRISON, gentilhomme réformé, IV, 69.
BRISSAC (de). Voyez COSSÉ (de).
BROSSE (la) avait prédit la mort de Henri IV, III, 167.— Rectification de cette nouvelle, III, 181.
BRÛLART (Matthieu), seigneur de Berny, résident de France près de l'archiduc Albert, III, 126.
BRÛLART (Nicolas), marquis de Sillery, seigneur de Puisieux, chancelier de France, I, 393; III, 40, 192, 250, 270, 292, 335, 370, 421, 492, 508, 520, 585. — Le Roi a envie de lui retirer les sceaux, III, 109 et 110. — Il va recevoir le serment du prince de Conty, gouverneur d'Auvergne, III, 287 et 288. — Mort de sa belle-fille, III, 358, 364. — Discussion entre lui et le duc d'Espernon, III, 387 et 388. — Il parle à la séance d'ouverture des états généraux de 1614, III, 470 et 471, 473. — Sa disgrâce, IV, 63 et note 5.
BRÛLART (Pierre), marquis de Sillery, vicomte de Puisieux, fils du précédent, secrétaire d'État, III, 109, 482, 534. — Mort de sa femme; on parle de le remarier à Mlle de Sancy, III, 358, 364, 366. — Sa disgrâce, IV, 63.
BRÛLART (Madeleine de Neufville, dame), femme du précédent, III, 258. — Sa mort, III, 358, 364, 366.
BRÛLART (Jeanne), fille du chancelier, III, 492.
BRÛLART (Noël), dit *le commandeur de Sillery*, frère du chancelier, ambassadeur de l'ordre de Malte en France, III, 221, 421, 476. — Tentative d'assassinat commise chez lui, III, 342. — Voyage qu'il fait en Espagne, III, 490, 492, 494.
BRUNSWICK (Christian de), évêque administrateur d'Alberstadt, IV, 63 et 64 et note 7.
BRUXELLES (la ville de), III, 119, 124, 129, 130, 132, 135, 141, 145, 148, 151, 157, 173, 183, 189, 194, 331, 364, 407; IV, 63.
BRUYS, notaire à Aix, I, 337, 343.
BUCKINGHAM (le duc de). On se dispose à le chasser de l'île de Ré, III, 576, 577. — Il se réfugie en Écosse pour fuir la haine du peuple anglais, III, 580. — Il est attendu à Paris, IV, 12, 14.
BUEIL (Annibal Grimaldi, comte de), est jeté en prison par le duc de Savoie, III, 424.
BUEIL (Antoine chevalier de), cousin de Racan, IV, 22.
BUEIL (Jacqueline de). Voyez MORET (la comtesse de).
BULLION (Claude de), marquis de Gallardon, seigneur de Bonelles, conseiller au parlement de Paris, surintendant des finances et ministre d'État, III, 161, 229, 233, 415, 416, 490; IV, 68.
BURGAW (Sibylle marquise de), fille du duc de Clèves, III, 98.
BURGAW (le marquis de), fils de

la précédente. Affaire de la succession du duc de Clèves, III, 98.
BUSIRES (les), I, 183.
BUSSY-D'AMBOISE (de), III, 529.
BUYSSON, auditeur, III, 273, 280, 295.
BUZENVAL (Paul Choart de), ambassadeur de France en Angleterre. Son retour à Paris, III, 20, 23.

C

CACHAN, III, 320.
CADENET (Honoré d'Albert, seigneur de), duc de Chaulnes, pair et maréchal de France, frère du connétable de Luynes, I, 392; IV, 57.
CADENET (Marc-Antoine de), seigneur de Lamanon, procureur général à la cour des comptes de Provence, III, 273, 283.
CADILLAC (la ville de), près de Bordeaux, III, 249.
CADIX (la ville de), I, 182, 311.
CAEN (la ville de), I, 331, 332, 334, 336, 337, 343, 345, 346; III, 356, 361, 364, 481, 535, 536, 537, 539, 542, 544, 547, 551, 553, 554, 559, 561, 562, 565, 566, 567, 568, 570, 582, 589, 591, 592, 593, 594; IV, 37, 39, 48, 49 note 11, 59, 67, 77, 82.
CAGNY (de), IV, 43, 46.
CAILLET, tabellion à Caen, I, 337.
CAIRE (la ville du), IV, 72.
CAIRSSONNIER, nom probablement mal cité par Malherbe, III, 370. — Voyez GALISSONNIÈRE (de la).
CAISTRE (le), fleuve de Lydie, I, 209.
CALAIS (la ville de), III, 254, 561, 582; IV, 73.
CALAS (Claude Fabri, sieur de), conseiller à la cour des comptes de Provence, oncle de Peiresc. Sa mort, III, 60.
CALAS (de), conseiller à la cour des comptes de Provence, père de Peiresc, III, 80, 82, 236, 323, 344, 353, 402, 587. — Lettres que lui écrit Malherbe, III, 256 et 257, 260 et 261.
CALDAGNE (de), III, 50, 355, 367.
CALIS. Voyez CADIX.
CALISTE. Voyez AUCHY (la vicomtesse d').
CALLIOPE, I, 356.
CAMBRAI (la ville de), III, 152.
CAMBRAI (le collége de), III, 143.
CAMDEN (Guillaume), érudit anglais, III, 543. — Malherbe le consulte sur sa généalogie, III, 5 et 6; IV, 42, 44, 46.
CAMILLE, écuyer de la Reine, III, 334. — Sa mort, III, 347.
CANOBRE (le baron de) fortifie le Blavet, III, 411 et 412.
CANAPLES (Charles de Créquy, sire de). Projet de mariage entre lui et Mlle de Bouillon, III, 194.
CANDALE (Henri de Nogaret de la Valette, comte de), duc d'Halluin, fils aîné du duc d'Espernon, III, 2, 335, 349, 366, 456.
CANDALE (Suzanne duchesse d'Halluin, comtesse de), femme du précédent, III, 335, 382.
CANTORBÉRY (la ville de), III, 540.
CAPUCINS (l'église des), à Paris, III, 381.
CARCES (Gaspard de Pontevez, comte de), III, 100, 144, 154. — Il est nommé lieutenant de Roi en Provence, III, 159 et 160. — Sa mort, III, 204.
CARCES (la comtesse de), femme du précédent, III, 204.
CARDENAS (don Inigo de). Voyez INIGO.
CARDINAL (Isaac le). Son arres-

tation au Louvre; il dit qu'il voulait tuer le Roi, III, 427-429.
CABHURTA (Thomas) épouse une fille de la famille Malherbe, III, 596.
CABHURTA (Roger), fils du précédent, III, 596.
CABHURTA (Sarra), fille du précédent, femme de Jean Cotel de Yonbrige, III, 596.
CARIGNAN (Thomas-François de Savoie, prince de), IV, 14.
CARIGNAN (Marie de Bourbon, princesse de), femme du précédent, IV, 14.
CARINICE, I, 59.
CARIOLIS. Voyez CORIOLIS.
CARITÉE. Voyez LÉVÈQUE (Mme).
CARLOS (don), fils de Philippe II roi d'Espagne, III, 493.
CARON, I, 358.
CAROUGES (la terre de), III, 538.
CAROUGES. Son combat judiciaire contre Legris, au quatorzième siècle, III, 538.
CARPENTRAS (la ville de), I, 350.
CASAUX, gouverneur de Marseille, est tué à la prise de cette ville, I, 24 et 27.
CASSAGNE (de), III, 74 et 75, 407, 450.
CASSANDRE, maîtresse de Ronsard. Vers sur son portrait, I, 251.
CASSANDRE, fille de Priam, IV, 267.
CASSINE (la), maison du duc de Nevers, III, 392.
CASTELLANE (Mme de), I, 345.
CASTILLE (de), gendre du président Jeannin, IV, 16.
CASTILLE (Mlle de), I, 240 et 241.
CATHERINE (sainte) d'Alexandrie. Épigramme sur une image d'elle, I, 242.
CATHERINE (Mlle), une des femmes de Marie de Médicis, III, 390.
CATHERINE de Médicis, III, 182.

CATIN (Balthasar), lieutenant de Marseille, premier mari de la femme de Malherbe, I, 341.
CATREBARS, notaire à Aix, I, 341, 343.
CAUVET, conseiller à Aix, père et beau-père des meurtriers de Marc-Antoine de Malherbe, I, 349-351; IV, 114, 130 et 131, 132.
CAYÉ (Françoise de), tapissière, I, 345.
CAYÉ (Jean de), peintre, fils de la précédente, fait le portrait de Marc-Antoine de Malherbe, I, 345.
CAZAN (de), III, 585.
CAZE (Jacques de Pons, marquis de la), député près de Marie de Médicis par l'assemblée protestante de Saumur, III, 236 et 237.
CÉLESTINS (l'église des), à Paris, III, 333.
CÉLESTINS (le quai des), III, 281; IV, 410.
CENNAMI, III, 96, 336.
CÉPHALE, I, 46.
CEPPÈDE (Jean de la), premier président de la cour des comptes de Provence, I, 357; III, 86, 88, 96, 97, 99, 102, 105, 108, 128, 129, 160, 165, 188, 196, 207, 211, 232, 235, 256, 259 et 260, 265, 274, 286, 305, 326, 333, 381, 392, 472, 481; IV, 210. — Sonnet sur son livre de *la Passion de Notre-Seigneur*, I, 204. — Malherbe lui envoie de ses vers, III, 23. — Explication que Malherbe lui fait donner par Peiresc, III, 70-73, 77 et 78.
CÉRÈS, I, 230.
CÉRISOLES. Allusion à la bataille livrée en ce lieu, I, 110.
CERISY (de), lieutenant des gardes, III, 169. — Il est envoyé

à Laon pour reconnaître des troupes, III, 410.
CERISY-PATRON, huguenot, III, 565.
CÉSAR d'Este, duc de Modène, III, 336.
CÉSY (Philippe de Harlay, comte de), III, 138, 326. — Rupture de son mariage avec la comtesse de Moret, III, 40 et 41. — Il doit épouser Mlle de Béthune, III, 130.
CHABAUD (Antoine), notaire à Aix, I, 342.
CHAILLOT, IV, 18, 98.
CHAIS, III, 320.
CHALONS (l'hôtel de), III, 64.
CHALONS-SUR-MARNE (la ville de), III, 369, 396, 404.
CHAMBÉRY (la ville de), III, 267.
CHAMBONNEZ (Mlle de), III, 245.
CHAMBRET (Louis de Pierre-Buffière, seigneur de), III, 308.
CHAMPAGNE (le régiment de), III, 530.
CHAMPIGNY (Jean Bochart de), premier président au parlement de Paris, surintendant des finances, III, 490, 551; IV, 64.
CHANTAL (le baron de), père de Mme de Sévigné, est tué au combat de l'île de Ré, III, 576.
CHANTILLY, III, 84, 194. — Voyages et séjours qu'y fait Henri IV, III, 29 et 30, 61, 62, 64, 83.
CHANVALON (François de Harlay de), abbé de Saint-Victor, puis archevêque de Rouen, III, 521.
CHANVALLON (Catherine de la Marck de Bréval, dame de Harlay de), III, 478.
CHAPELLE-AUX-URSINS (Jabel Jouvenel, comtesse de la), III, 270. — Son mariage avec le marquis de Mauny, III, 336. — Voyez MAUNY (la marquise de).

CHAPPES (Jacques d'Aumont, baron de), III, 310. — Sa mort, III, 446.
CHAPPES (d'Aumont, baron de), fils du précédent, III, 446.
CHAPPES (le régiment de), III, 530.
CHARENTE (la), I, 279.
CHARENTON, III, 114, 336.
CHARICLE, I, 192, note.
CHARIGÈNE. Voyez HENRIETTE-MARIE (Madame).
CHARLES IX, roi de France, III, 200.
CHARLES, prince de Galles, depuis Charles Ier, IV, 233. — Préliminaires de son mariage avec Madame Henriette, IV, 13, 60 et 61, 64.
CHARLES-EMMANUEL, duc de Savoie, III, 137, 139, 142, 146, 152, 157 et 158, 160 et 161, 218, 220, 228, 267, 308, 314, 318, 363 et 364, 365, 492, 497, 502 et 503, 571; III, 193, 363, 424; IV, 70, 229.
CHARLOT (cire plate de), III, 57.
CHARMOY (le vicomte de), nommé premier maître d'hôtel de Marie de Médicis, III, 347.
CHARNY (Charles Chabot, comte de). Vers faits pour lui par Malherbe, I, 240 et 241.
CHARRONNE, III, 127.
CHARRONNE (l'abbaye de), partagée entre MM. de Frontenac et de Brèves, III, 456 et 457.
CHARTRES (la ville de), III, 83, 359, 445, 575; IV, 361, 419, 462.
CHARTRES (le vidame de). Voyez FIN (Prégent de la).
CHASTEIGNIER (Henri-Louis de), évêque de Poitiers, III, 439 note 3, 445.
CHATEAUNEUF (Arnoul Joannis, sieur de), beau-frère de Mme de Malherbe, conseiller au parlement de Provence, III, 288 et 289, 312, 331, 332, 344, 348, 381, 407 et 408, 585.

CHATEAUNEUF (Mme de), femme du précédent, I, 339, 341, 347.
CHATEAUNEUF (Jean Joannis, sieur de), fils des précédents et neveu de Mme de Malherbe, III, 306.
CHATEAUNEUF (Charles de Pierre-Buffière, baron de), huguenot, III, 238 et 239.
CHATEAUNEUF (de l'Aubépine), III, 438.
CHATEAUNEUF (Mlle de), IV, 448.
CHATEAU-REGNAUD, principauté de la princesse de Conty, III, 476, 494, 504.
CHATEAUROUX (la ville de), III, 392, 500, 558.
CHATEAUROUX (Jean de Maillé de la Tour-Landry, comte de), III, 507.
CHATEAU-TROMPETTE (le), citadelle de Bordeaux, III, 124, 134; IV, 50.
CHATEAUVERT (Mlle de), accompagne la princesse de Condé dans sa fuite en Flandre, III, 118.
CHATEAUVIEUX (Joachim de), comte de Confolans, chevalier d'honneur de Marie de Médicis, gouverneur de la Bastille, III, 230, 334, 421.
CHATEIGNERAYE (Charles de Vivonne, baron de la). Duel que lui attire la recherche de sa belle-sœur par le marquis de Beuvron, III, 298 et 299.
CHATEIGNERAYE (Louis de Vivonne, baron de la), capitaine des gardes de Marie de Médicis, frère du précédent, III, 138, 196, 298.
CHATEIGNERAYE (Léonor de Chabot-Jarnac, baronne de la), veuve du précédent, III, 274, 382. — Elle est recherchée par le marquis de Beuvron; duel qui s'ensuit, III, 298 et 299.
CHATELLERAUT (la ville de), III, 223, 237, 281.

CHATILLON-SUR-LOING (Gaspard de Coligny, seigneur de), III, 233, 239, 371. — Il est nommé général des troupes de Hollande, III, 438.
CHATRE (Claude de la), baron de la Maisonfort, maréchal de France, part pour l'armée de Clèves, III, 182, 529. — Sa mort, III, 482.
CHATRE (Jeanne Chabot, dame de la), femme du précédent, III, 167.
CHAUSSÉE (la), exempt des gardes envoyé à la poursuite du prince et de la princesse de Condé, III, 118 et 119.
CHEMILLÉ (Jeanne de Scépeaux, comtesse de), III, 50. — Rupture de son mariage avec Henri de Montmorency, III, 133 et 134, 137, 140. — Elle est fiancée, puis mariée au duc de Retz, III, 164, 511 et note 15.
CHENONCEAU, III, 314, 522.
CHERBOURG (la ville de), III, 590.
CHESNAYE (Jean de Vasselot, sieur de la), premier valet de chambre de Louis XIII, III, 404. — Marie de Médicis l'envoie à la Rochelle, III, 445.
CHESNE (André du), III, 550; IV, 41, 46, 85.
CHEVALIER, président à Rouen, III, 56, 490.
CHEVRY (Charles Duret, sieur de), président à la chambre des comptes, IV, 242.
CHIFFRE (mots ou passages de lettres écrits en), III, 328, 331, 344, 348, 351, 357, 358, 361, 368, 375, 377, 389, 398, 400, 407, 422, 446, 448 note 2, 490, 491, 509, 510, 511, 519, 520, 521, 552.
CHIRON (le centaure), I, 113.
CHOISY (Francienne de), III, 149, 328, 511.
CHOUCART (Mme), chargée de

faire des rabats pour Peiresc, III, 43, 47.
CHRÉTIENNE (Madame). Voyez CHRISTINE.
CHRISTIAN IV, roi de Danemark, IV, 24.
CHRISTIAN II, duc de Saxe, III, 133.
CHRISTINE (Madame), la seconde des filles de Henri IV, I, 172 et 173; III, 113, 136, 144, 304, 330, 351 et 352, 431, 437, 468, 493, 511, 515. — Projet de mariage entre elle et Victor-Amédée, prince de Savoie, III, 128, 129, 133, 137. — Elle joue à Saint-Germain dans la tragédie de *Bradamante*, III, 247. — Elle a la fièvre, III, 345, 346. — Projet de mariage entre elle et le prince d'Angleterre, III, 388. — Elle assiste à la séance d'ouverture des états généraux de 1614, III, 470 et 471, 472 et 473. — Elle doit danser un ballet, III, 479.
CHRYSANTHE. Voyez ANNE d'Autriche.
CHYPRE (l'île de), I, 356; III, 302.
CICÉRON, imité par Malherbe, IV, 223 et note 11.
CLAMART, IV, 100.
CLAUDE (le grand), III, 44.
CLAUDON, messager, III, 15, 17.
CLAYE, près de Meaux, III, 469.
CLÉOPHON. Voyez PÉRIER (du).
CLÉRAC (le siège de), où fut tué le baron de Termes, III, 542 et 543.
CLERMONT (la ville de) en Picardie, III, 505. — Concini l'assiége, III, 527.
CLÈVES (la guerre de), III, 95 et 96, 97 et 98, 101, 103, 106, 128, 129 et 130, 132 et 133, 135 et 136, 149, 151, 152, 176, 182.
CLÈVES (Jean-Guillaume duc de Juliers et de). Affaires de sa succession, III, 95 et 96, 97 et 98.
CLÈVES (Guillaume duc de Juliers et de), fils du précédent. Sa mort, III, 85, 97 et 98.
CLÈVES (Élisabeth de), sœur du précédent, III, 98.
CLÈVES (la maison de), IV, 214.
COCYTE (le), I, 210.
COEFFETEAU (Nicolas), dominicain, puis évêque de Marseille. Sa *Réponse* à un livre de du Plessis, III, 336. — *Consolation* qu'il adresse à la princesse de Conty après la mort du chevalier de Guise, III, 434, 450. — Lettre que lui écrit Malherbe, IV, 87 et 88. — Son *Histoire romaine*, IV, 97 et 98.
COEUVRES (François-Annibal d'Estrées, marquis de), III, 120, 265, 352, 358, 367, 409, 427, 437, 441, 444. — Il est envoyé à Bruxelles, auprès du prince de Condé fugitif, III, 124, 129, 132, 135, 141, 145 et 146.
COIGNEUX (Jacques le), président au mortier, IV, 28, 244.
COLIN, I, 308.
COLLETET (Guillaume), membre de l'Académie française. Épigramme sur la mort de sa sœur, I, 299. — Il fait des vers en l'honneur de Malherbe, II, 260 et note 3.
COLOMBY (F. Cauvigny, sieur de), membre de l'Académie française, cousin de Malherbe, IV, 112. — Lettres que lui écrit Malherbe, IV, 72-78.
COLOMIES, libraire de Toulouse, III, 567.
COMANT (Jaqueline le Voyer, dite de) ou d'Escouman, femme d'Isaac de Varenne. Accusasations qu'elle porte après la mort de Henri IV, III, 240.

COMÉDIENS ESPAGNOLS qui viennent jouer à Paris. Représentation à laquelle Malherbe assiste, III, 350. — Ils déplaisent, III, 358.

COMTERS (de), beau-père de Jean le Vallois, sieur d'Ifs, oncle de Malherbe, I, 333.

COMPIÈGNE (la ville de), III, 182; IV, 61.

CONCINI, I, 231; III, 209, 213, 217, 244, 265, 270, 272, 285, 287, 301, 309, 317, 319, 323, 347, 348, 351, 368, 372, 391, 436, 446, 462, 481, 487 et 488, 490, 491, 520, 524, 584. — Allusion à sa fermeté, I, 200. — Vers faits après sa mort, I, 239. — Succès qu'il obtient à une course, III, 29. — Ses inimitiés avec Jean de Médicis, oncle de Marie de Médicis, III, 49, 64. — Baptême de sa fille, III, 63. — Il est fait marquis d'Ancre, III, 207. — Brouillerie entre lui et le duc de Bellegarde, III, 214-216. — Marie de Médicis et lui sont attaqués dans des affiches, III, 231, 233 et 234. — Il fait un voyage à Amiens, à Ancre et à Péronne, III, 249. — Il souffre d'un mal de gorge, III, 331. — Il est nommé maréchal de France, III, 357 et 358, 359, 362. — Manière dont M. de Bellegarde et lui s'abordent à Fontainebleau, III, 363. — Son arrogance, III, 373 et 374. — Il souffre d'une sciatique, III, 427, 437 et 438. — Querelle entre le duc de Longueville et lui, III, 457-459, 461. — Il assiége Clermont, qui tenait pour le prince de Condé, III, 527.

CONCINI (Léonore Galigaï, femme de), III, 214, 264, 270, 285, 336 et 337, 362, 413, 427, 446, 452, 490, 514 et 515, 524, 534, 535.

CONCINI (Marie), fille des précédents, III, 487 et 488. — Son baptême, III, 63. — On parle de la marier avec le duc d'Elbeuf, III, 292 et 293. — Projet de mariage entre elle et le marquis de Villeroy, III, 362. — Elle a la petite vérole, III, 380.

CONCINI, frère aîné du maréchal d'Ancre, III, 436.

CONDAMINE, tué en duel, III, 459.

CONDÉ (Louis Ier de Bourbon, prince de), III, 335.

CONDÉ (Éléonore de Roye, princesse de), femme du précédent, III, 335.

CONDÉ (Henri Ier de Bourbon, prince de), fils des précédents, III, 85.

CONDÉ (Charlotte-Catherine de la Trémoille, princesse de), veuve du précédent, III, 85, 95, 124, 151, 194, 249, 359, 361, 375, 478, 498, 500, 508, 581; IV, 5 et 6. — Sonnet que lui adresse Malherbe, I, 68. — Elle est envoyée par Marie de Médicis pour donner de l'eau bénite au corps du comte de Montpensier, III, 63. — Elle est marraine d'une fille de Concini, III, 63. — Mariage de son fils, III, 84, 88. — Elle assiste au mariage du duc de Vendôme et de Mlle de Mercœur, III, 93. — Elle est priée par son fils, réfugié en Flandre, de ménager son accommodement avec Henri IV, III, 120.

CONDÉ (Henri II de Bourbon, prince de), fils des précédents, I, 394; III, 90 et 91, 95, 202 et 203, 208, 228, 251, 257, 270, 279, 284, 287, 295, 304, 307, 309, 330, 333, 359, 361, 370, 393, 395, 414, 415, 416,

418, 422, 446, 452, 462, 478, 482, 486, 498, 500, 505 et 506, 507 et 508, 558; IV, 61. — Ballet de sa façon, III, 27. — Sa querelle avec le duc de Nevers, III, 27. — Son mariage, III, 84, 88. — Sa fuite en Flandre avec sa femme, III, 117-120, 124-126, 132, 135, 142, 148, 151, 162, 183 et 184. — Il demande à l'archiduc Léopold le commandement de mille chevaux, III, 140. — On parle de casser son mariage, III, 162 et 163, 193. — Son retour en France après la mort de Henri IV, III, 186, 189 195. — Il soutient la cause de l'Université contre le clergé, III, 266, 285. — Il veut faire prendre au prince de Conty le nom et les armes de la maison de Roye, III, 335. — Son absence de la cour, III, 369, 375, 384, 385 et 386, 388, 392, 398, 399, 405 et 406, 407, 503. — Lettres qu'il écrit à Marie de Médicis, III, 401, 403. — Le marquis de la Varenne est envoyé vers lui, III, 410 et 411. — Il fait sa paix avec la cour, III, 420 et 421, 430, 444, 445. — On attend son retour, III, 423, 427, 440, 454. — La ville de Poitiers refuse de lui ouvrir ses portes, III, 439, 441. — Son retour; Louis XIII le fait entrer dans son carrosse, III, 459 et 460, 465 et 466. — Querelle entre ses pages et ceux du duc d'Esperuon, III, 463 et 464. — M. de Monchy se plaint de lui à Louis XIII, III, 464. — Sa femme a la petite vérole, III, 465. — Il assiste à la procession et à la séance d'ouverture des états généraux de 1614, III, 468, 470 et 471, 473. — Mot que lui adresse Sully, III,

487. — Accord d'intérêts entre lui et le prince de Joinville, III, 504 et 505. — Son manifeste du 9 août 1615, III, 513, 514, 516. — Ses dispositions hostiles; il lève des troupes, III, 522, 523 et 524, 527, 528, 531. — Il assiége Soyons pour Louis XIII, IV, 69. — Sa femme accouche de deux enfants morts, IV, 125.

CONDÉ (Charlotte-Marguerite de Montmorency, princesse de), femme du précédent, III, 90 et 91, 95, 104, 249, 295, 359, 361, 371, 375, 498, 500, 558. — Malherbe chante l'amour de Henri IV pour elle, I, 151-169. — Elle est désignée sous le nom d'Oranthe, I, 155, 169. — Son mariage, III, 84, 88. — Elle assiste au mariage du duc de Vendôme et de Mlle de Mercœur, III, 93. — Son mari fuit en Flandre avec elle, III, 117-120, 124-126, 142, 145, 148, 151, 162, 183 et 184, 193. — Son retour en France, III, 194. — Elle a la petite vérole, III, 465. — Elle accouche de deux enfants morts, IV, 125.

CONFLANS, III, 482.

CONSTANTIN (médailles de l'empereur), III, 560.

CONSTANTINOPLE (la ville de), IV, 202.

CONTY (François de Bourbon, prince de), I, 364; III, 178, 185, 296, 319, 352, 357, 443, 464, 480; IV, 205. — Il est malade de la gravelle, III, 44. — Naissance et mort de sa fille, III, 144 et 145, 154. — Il cherche à empêcher la nomination du comte de Soissons comme gouverneur de Normandie, III, 186. — Il est présent aux funérailles de Henri IV, III, 200, 201. — Marie de Médicis le fait gouverneur d'Auvergne, III, 264. — Il prête serment en cette qualité, III, 287 et 288. — On parle de la grossesse de sa femme, III, 310 et 311. — Il a une attaque d'apoplexie, III, 317. — Le prince de Condé veut lui faire prendre le nom et les armes de la maison de Roye, III, 335. — Sa mort, III, 449 et 450, 452.

CONTY (Louise-Marguerite de Lorraine, princesse de), femme du précédent, I, 355, 364; III, 99, 213, 218, 219, 226, 263, 264, 269, 270, 272, 274, 276, 278, 279, 286, 288, 295, 296, 347, 352, 358, 361, 365, 375, 376, 389, 390, 393, 396, 400, 419, 440, 443, 460, 461, 462, 466, 468, 478, 479 et 480, 498, 505, 506, 507, 508, 515, 526, 573, 581; IV, 16 et 17, 27, 57, 65, 149 et note 1 et 150, 243. — Sonnet que lui adresse Malherbe, I, 244. — Voyage qu'elle fait à Monceaux, III, 44. — Elle donne de l'eau bénite au corps du comte de Montpensier, III, 63. — Elle assiste au mariage du duc de Vendôme et de Mlle de Mercœur, III, 93. — Sa grossesse, III, 102, 104. — Elle fait une chute, III, 120. — Naissance et mort de sa fille, III, 145, 154, 155. — Son influence sur Marie de Médicis, III, 184. — On parle de sa grossesse, III, 310 et 311. — Elle cherche à faire désister le duc de Mayenne de la recherche de Mlle de Vendôme, III, 357. — Dessin d'un festin offert par elle à Marie de Médicis, III, 381-383. — Lecture qu'elle fait d'une lettre de Boinville à Louis XIII,

III, 412. — Mort du chevalier de Guise, son frère; consolations qu'on lui adresse, lettre de Malherbe, III, 433 et 434, 450, 453; IV, 195-218. — Mort de son mari, III, 449 et 450, 452. — Elle donne à Malherbe une pièce de monnaie, III, 476, 480. — Sa principauté de Château-Regnaud, III, 476, 494, 504. — Conversation qu'elle a avec Malherbe sur du Vair, III, 519 et 520.

CONTY (Marie de Bourbon, princesse de), fille des précédents. Vers faits sur elle par Malherbe, I, 170. — Son épitaphe en vers, I, 171. — Son épitaphe en prose, I, 364. — Sa naissance et sa mort, III, 144 et 145, 154, 155.

CORBIE (la ville de), III, 436, 524, 531.

CORDELIERS (le couvent des), à Paris, III, 421.

COREILLES (le fort de), à la Rochelle, IV, 66.

CORIOLIS (Madeleine de). Voyez MALHERBE (Mme de).

CORIOLIS (Louis de), président au parlement de Provence, beau-père de Malherbe, I, 336, 339, 341, 342, 344, 360, 361.

CORIOLIS (Marthe-Faure de Vercors, dame de), belle-mère de Malherbe, marraine de son premier fils, I, 360.

CORIOLIS (Laurent de), président à mortier au parlement d'Aix, beau-frère de Malherbe, I, 339, 340, 341, 342; III, 45 et 46, 128. — Il est parrain de Marc-Antoine de Malherbe, I, 345. — Règlement d'affaires d'intérêt entre lui et Malherbe, I, 346 et 347.

CORIOLIS (Anne de). Voyez MARGAILLET (Mme de).

CORIOLIS (Marie de), belle-sœur de Malherbe, I, 342.
CORNIÈRES (la maison de), I, 363.
COSSÉ (Charles de), duc de Brissac, maréchal de France, III, 130, 134, 178, 269, 275, 406, 412, 445, 448, 470 et 471.
COSSÉ (François de), duc de Brissac, fils du précédent, III, 412. — Projet de mariage entre lui et Mlle de Rohan, III, 134, 137.
COSTANZO (Angelo), IV, 321.
COSTE (de la), III, 72.
COSTE (Mlle de la), III, 72.
COSTES, procureur de Provence, condamné aux galères, III, 186 et note 2.
COTEL (Jean) de Yonbrige, allié de la famille Malherbe, III, 596.
COTENTIN (le bailliage de), III, 356.
COTON, jésuite, confesseur de Henri IV et de Louis XIII, III, 40, 195, 205, 210, 211, 515. — Le ministre Ferrier abjure entre ses mains, III, 334.
COULOMBIERS-GUERVILLE (de), beau-frère de Malherbe, I, 334.
COULOMBIERS-GUERVILLE (Louise de Malherbe, dame de), femme du précédent, sœur de Malherbe, I, 19, 333 et 334; IV, 45, 78-80.
COULOMMIERS (la ville de), où la duchesse de Longueville avait une maison, III, 437, 469, 482.
COULON (l'abbaye de), III, 505.
COURBOUZON - MONTGOMMERY (Louis de), III, 210 et 211. — Il empêche le peuple de tuer l'ambassadeur d'Espagne après la mort de Henri IV, III, 170.
COURTENAY (Edme de), seigneur de Blesneau, se venge de l'infidélité de sa femme, III, 101, 103 et 104.
COURTENAY (Catherine du Sart, dame de), femme du précédent, III, 101, 103.
COURTENVAUX (Jean de Souvré, marquis de), premier gentilhomme de la chambre, III, 349, 392, 459, 466.
COURTENVAUX (Mme de), III, 382.
COURTOMER (Jean-Antoine de Saint Simon, baron, puis marquis de), III, 284, 438. — Il est député près de Marie de Médicis par l'assemblée protestante de Saumur, III, 237.
COUTANCES (la ville de), III, 566.
COUTENANT (de), III, 529.
COUTRAS (bataille de), I, 26 et 27.
CRAMAIL (Adrien de Montluc, comte de), prince de Chabanais, III, 138; IV, 28 et 29 et note 3.
CRAMOISY (Claude), libraire, III, 355, 366, 477, 494, 504, 513, 523, 526.
CREIL (la ville de), III, 505.
CRÉQUY (Charles de), pair et maréchal de France, III, 105, 161, 168, 192, 209, 265, 371; IV, 18. — Il marie sa fille au marquis de Rosny, III, 4, 86 et 87.
CRÉQUY (Françoise de), fille du précédent, épouse le marquis de Rosny, III, 4, 86 et 87, 106, 111, 114.
CRÉQUY (Mme de), III, 579.
CRILLON (de). Voyez GRILLON (de).
CRISSEY (le comte de) apporte à Louis XIII une lettre du prince de Condé, III, 420 et 421.
CRITTON (Georges), Malherbe envoie de ses vers à Peiresc et à Guillaume du Vair, III, 4.
CROIX-DU-TIROIR (la), carrefour de Paris, III, 19, 168; IV, 63.
CROSILLES (l'abbé Jean-Baptiste de), intendant du duc d'Angoulême, III, 553. — Discussion entre Balzac et lui, où il

est soutenu par Malherbe, IV, 91-94.
CUGES (de), de la maison de Glandevez, écuyer du chevalier de Guise, l'accompagne lors de son duel avec le baron de Lux, III, 268 et 269, 275.
CURÉE (de la), III, 461.
CURSON (Frédéric de Foix, comte de) et de Fleix, grand sénéchal de Guienne, III, 169, 178, 201 et 202, 374 et 375.
CYANÉES (les), I, 212, 279.

D

DALIBRAY fait des vers en l'honneur de Malherbe, II, 260 et note 3.
DAMON (vers aux ombres de), I, 58-61.
DANUBE (le), I, 200.
DARDANIE (l'évêque de). Voyez PUGET (Étienne du).
DAUPHIN (le), depuis Louis XIII, I, 49 et 50, 74, 83; III, 9, 21, 44, 48, 94, 97, 110, 136, 137, 143, 144, 162. — Sonnets faits pour lui, I, 105, 172 et 173. — Il danse un ballet à Saint-Germain, III, 61. — Son caractère emporté, III, 130, 131. — Voyez LOUIS XIII.
DAX (la ville de) ou d'AQS, III, 574.
DEGAN (le capitaine Benoît), créancier de Malherbe, I, 335, 343.
DESMARAIS. Voyez MARETS (des).
DESPORTES. Voyez PORTES (des).
DEUX-PONTS (Madeleine duchesse de), fille du duc de Clèves, III, 98.
DIANE, I, 124, 148.
DIÉGO (don), III, 69.
DIEPPE (la ville de), III, 298, 544.
DIGOINE (Théophile Damas, baron de), III, 503.

DIJON (la ville de), III, 76, 77, 78, 287, 293.
DINOTH (Richard), professeur de Malherbe, I, 336.
DÔLE (la ville de), III, 116, 484 et 485.
DOLLÉ (Louis), avocat, est nommé intendant des finances, III, 370.
DOMFRONT (la ville de), III, 556.
DONCHERY (la ville de), III, 377.
DORDOGNE (la), I, 26.
DORIA (C.) commandait sept galères espagnoles à Marseille au temps de la prise de cette ville, I, 27.
DORMY (Claude), évêque de Boulogne, III, 505.
DOURDAN, III, 580.
DOUVRES (la ville de), IV, 73.
DREUX (la ville de), I, 122; III, 330, 346.
DUMONSTIER (Daniel), III, 21, 27, 67, 91, 424, 425, 549. — Ce que Malherbe dit de son humeur, III, 32. — Il s'occupe d'une demande de coquilles d'or moulu faite par Peiresc, III, 43, 45, 47. — Son intention d'envoyer à Peiresc le portrait de du Vair, III, 53, 54, 57, 60. — Il fait au crayon un portrait du feu roi Henri IV et en promet une copie à Peiresc, III, 184 et 185, 341, 351, 356, 380 et 381, 416, 431. — Il fait pour Peiresc la copie d'une peinture trouvée à la Vieille-Monnaie, III, 322, 323.
DUNCASSE (Malherbe de la), probablement le même que Malherbe de la Meauffe, III, 597, 598.
DURANCE (la), I, 42.

E

ECLUSE (l'), place du Brabant, IV, 18.

Édits somptuaires (les) de 1609, III, 104, 115, 116.

Edmonds (le chevalier), ambassadeur d'Angleterre, III, 286. — Mort de sa femme, III, 480.

Edmonds (Mme), femme du précédent, III, 382. — Sa mort, III, 480.

Effiat (Antoine Coiffier, marquis d'), maréchal de France, surintendant des finances, IV, 26, 99, 240.

Égée (la mer), I, 32.

Elbène (Alexandre d'), conseiller d'État, premier maître d'hôtel de Marie de Médicis. III, 347. — Il poursuit le prince et la princesse de Condé s'enfuyant en Flandre, III, 118. — Sa dernière maladie, III, 334.

Elbène (Marguerite d'), veuve du précédent, III, 347.

Elbeuf (d'), nom de l'aïeule paternelle de Malherbe, I, 332.

Elbeuf (Charles de Lorraine, duc d'), III, 164, 459, 470 et 471. — Il est présent aux funérailles de Henri IV, III, 200. — On parle de le marier avec la fille de Concini, III, 292 et 293.

Elbeuf (Henriette de Lorraine, demoiselle d'), III, 85, 460. — Son procès contre Mme de la Trémoille, III, 316 et 317, 319. — Il est question d'un mariage entre elle et le duc de Mayenne, III, 265, 498 et 499.

Élide (l'), I, 114.

Élisabeth (Madame), fille du roi Henri II, femme de Philippe II, roi d'Espagne, III, 493.

Élisabeth d'Autriche, femme du roi Charles IX, III, 113; IV, 46.

Élisabeth (Madame), l'aînée des filles de Henri IV, I, 172 et 173; III, 136, 144, 270, 295, 361, 382, 383, 392, 403, 431, 437, 460, 493, 515; IV, 219. — Ses différents ballets; vers faits à leur occasion, I, 149 et 150, 228-235; III, 83, 285, 291, 479, 486, 488 et 489, 490. — Elle danse un ballet à Saint-Germain, III, 61. — Rang qu'elle doit tenir à la cérémonie du couronnement de Marie de Médicis, III, 163. — Elle joue à Saint-Germain le rôle de Bradamante dans la tragédie de ce nom, III, 247. — Double alliance projetée entre les maisons royales de France et d'Espagne; préliminaires de son mariage, III, 299, 300 et 301, 304, 307, 334 et 335, 360, 364, 448 et 449, 479, 489, 493, 495 et 496, 501, 510, 517, 518, 525, 532; IV, 39. — Elle tient sur les fonts un enfant d'Arlequin, III, 380. — Elle tient sa sœur Henriette sur les fonts de baptême, III, 430, 435. — Elle assiste à la séance d'ouverture des états généraux de 1614, III, 470 et 471, 472 et 473.

Élisabeth d'Angleterre, mariée à Frédéric, électeur palatin, III, 296.

Embrun (la ville d'), III, 199.

Emmanuel (don), banni espagnol, III, 299 et 300.

Encelade, I, 122.

Endymion, IV, 21.

Enghien (Mlle d'), III, 330.

Ennet, III, 314, 465. — Voyages qu'y doit faire Henri IV, III, 16, 23, 83.

Entraigues (Mme de Balzac d'), mère de la marquise de Verneuil, III, 149, 153, 224.

Entraigues (Charles de Balzac, seigneur d'), fils de la précédente, III, 398.

Entraigues (Marie de Balzac d'), sœur du précédent. Ses amour

et son procès avec le maréchal de Bassompierre, III, 224 et 225, 315, 316, 319.
ÉPARGNE (l'), IV, 240.
ÉPERNAY (la ville d'), III, 404.
ÉPERNON (d'). Voyez ESPERNON (d').
ÉPINAY (Marguerite de Rohan-Guéméné, marquise d'). Sa mort, III, 358.
ÉRASME, III, 343, 355.
ÉRÈBE (l'), I, 288.
ESCAGEUL (d'), IV, 64.
ESCALIS (Honorée ou Honorade d'), belle-mère de Malherbe, I, 336, 339. — Son mariage, ses enfants, I, 342.
ESCALIS (le président de Bras, Marc-Ant. d'), I, 342.
ESCARDE (de l'), I, 335. — Il est tué par les huguenots, III, 556 et 557.
ESCOUMAN (d'). Voyez COMANT (de).
ESCULAPE, IV, 104.
ESCURES (d'), gouverneur d'Amboise, puis maréchal général des logis de l'armée royale, III, 417, 418, 529.
ESCURIAL (l'), I, 83.
ÉSON, I, 212, 261, 282.
ESPARRE (d'), lieutenant à Brignole, I, 338, 339.
ESPERNON (J. L. de Nogaret de la Valette, duc d'), III, 129, 137, 178, 189, 213, 215, 216, 218, 249, 286, 301, 310, 313, 318, 349, 366, 394, 406, 413, 422, 438, 456, 461, 470 et 471, 480; IV, 54. — Défaillance qu'il éprouve dans la chambre de Henri IV, III, 10. — Son duel avec le prince de Joinville, III, 30. — Il est mandé à Monceaux pour distraire Henri IV, III, 44, 45. — Place que le Roi lui donne dans Paris, III, 58. — Il refuse de céder le pas au Parlement à l'oraison funèbre du comte de Montpensier, III, 63. — Il ôte son lieutenant à M. d'Arquien, commandant de la citadelle de Metz; suites de cette affaire, III, 120, 146 et 147, 187, 192. — Il accompagnait Henri IV le jour où celui-ci fut tué, III, 168, 169. — Il va chercher à Compiègne le corps de Henri III, III, 182. — Il va au-devant du prince de Condé rentrant en France, III, 190. — Il est présent aux funérailles de Henri IV, III, 200. — Il demande le privilége d'entrer le soir en carrosse dans le Louvre, III, 212. — Discussion entre lui et le chancelier, III, 387 et 388. — Querelle entre ses pages et ceux du prince de Condé, III, 463 et 464.
ESPLANS (Esprit Alard, sieur d'), marquis de Grimaud, I, 355.
ESSARTS (Charlotte des), comtesse de Romorantin, maîtresse de Henri IV, III, 37, 583. — Elle va chasser à Chantilly avec le Roi, III, 29 et 30. — Elle est malade à Paris, III, 35. — Sa brouillerie avec le Roi, III, 35. — Sa fille Jeanne est légitimée, III, 64. — Séjours qu'elle fait au Pressoir, III, 35, 68. — Elle se retire à Romorantin, III, 148, 149. — Elle revient à la cour, III, 153.
ESTE (César d'), duc de Modène, III, 336.
ESTRÉES (Gabrielle d'), duchesse de Beaufort, maîtresse de Henri IV, III, 334.
ESTRICY (d'), IV, 81, 82.
ÉTAMPES (la ville d'), III, 440, 515; IV, 57.
ÉTATS (les) de Hollande. Voyez HOLLANDE.
ÉTATS GÉNÉRAUX (les) de 1614,

III, 465, 467 et 468, 469, 470, et 471, 472 et 473, 474, 476, 477, 480, 481, 485; IV, 37, 123 et 124.
Étienne, III, 156, 244, 273, 280, 326, 343.
Euménides (les), I, 214.
Euphrate (l'), I, 25, 107, 117, 200.
Eurydice, I, 270.
Euryte, I, 280.
Évreux (le bailliage d'), III, 364.
Exideuil (Charles de Talleyrand, marquis d'), IV, 90.

F

Faideau, conseiller au parlement de Paris, III, 275, 279.
Falaise (la ville de), I, 334, 346; III, 556, 557.
Faret, auteur d'un recueil de lettres, IV, 23. — Lettre que lui écrit Malherbe, IV, 97 et 98.
Fauconnier, trésorier de France, beau-frère et créancier de Malherbe, I, 333, 334, 335.
Fauconnier (Jeanne de Malherbe, dame), femme du précédent, sœur de Malherbe, I, 19, 333; IV, 45, 78-80.
Fay (le), terre appartenant à la famille de Hurault de l'Hospital, archevêque d'Aix, III, 384.
Fécamp (l'abbaye de) est donnée au duc de Luynes, III, 525.
Fenoillet (Pierre de), évêque de Montpellier, prononce l'oraison funèbre du comte de Montpensier, III, 63.
Fer a cheval (l'hôtellerie du), à Paris, III, 559, 569.
Ferdinand II, empereur d'Allemagne, IV, 63.
Fère (la ville de la), I, 333; IV, 70.
Feria (Laurent Suarez de Figueroa de Cordoue, duc de), ambassadeur d'Espagne en France, puis gouverneur du Milanais, III, 208. — Son arrivée à Paris, III, 203-205, 206. — Il assiége la ville de Vérua, IV, 18.
Ferraud (Antoine), lieutenant civil. Sa défense de vendre des armes, III, 415.
Ferrier (Jérémie), ministre calviniste, député près de Marie de Médicis par l'assemblée protestante de Saumur, III, 237 et 238. — Son abjuration, III, 334, 354.
Ferronnerie (la rue de la). Henri IV y est assassiné, III, 168.
Ferté-Imbaut (Jacques d'Estampes, marquis de la), III, 138, 371.
Ferté-Silly (de la). Brouillerie entre lui et Livarrot, III, 389, 393 et 394.
Fervaques (Guillaume de Hautemer, comte de Grancei), maréchal de France, III, 138, 261, 315. — Il est chargé de garder l'effigie du comte de Montpensier, III, 62 et 63. — Colère de la comtesse de Soissons contre lui, III, 346 et 347. — Sa mort, III, 362, 364.
Fervaques (Anne d'Alègre, comtesse de Grancei), veuve du précédent. On parle d'un mariage entre elle et le prince de Joinville, III, 525.
Feuillade (Georges d'Aubusson, comte de la), III, 458, 461.
Feuillants (l'église des), à Paris, III, 167, 264, 278, 302, 381.
Fèvre (Nicolas le), précepteur de Louis XIII; sa présentation à son élève, III, 249 et 250. — Sa mort; son épitaphe faite par lui-même, III, 262 et 263.
Fiesque (François de), comte de Lavagne et de Bressuire, III, 442.

Fin (Prégent de la), vidame de Chartres, III, 239.
Financiers (les) poursuivis par Henri IV, III, 33, 39, 43, 46, 50.
Flandre (la trêve de), III, 85, 105.
Flèche (la ville de la), III, 366, 484 et 485; IV, 7.
Fleury, corsaire huguenot, IV, 14.
Flore, I, 258.
Florence (la ville de), III, 372.
Floride (la), maison de campagne de Guillaume du Vair, III, 328.
Flurance (David de Rivault, sieur de), précepteur de Louis XIII, III, 57, 58, 250, 262, 267, 280, 291, 472. — Sonnet sur son *Art d'embellir*, I, 126 et 127. — Il fait une devise pour un bracelet destiné à Anne d'Autriche, III, 360. — Arrogance de Concini à son égard, III, 373 et 374.
Foix (Paul de), archevêque de Toulouse, conseiller d'honneur au parlement de Paris, IV, 103.
Foix (la maison de), IV, 103.
Fontaine (Jacques), médecin ordinaire de Louis XIII, III, 242 et 243.
Fontainebleau (la ville de), I, 156, 187; III, 3, 5, 6, 11, 31, 35 et 36, 37, 38, 41, 51, 65, 66, 68, 69, 70, 78, 83, 85, 88, 89, 90, 91, 101, 107, 223, 224, 225, 229, 231, 234, 253, 257, 301, 304, 305, 306, 307, 308, 309, 320, 329, 336, 337, 339, 342, 344, 345, 347, 352, 353, 359, 363, 493, 501, 505, 535, 583; IV, 21, 141, 180, 197. — Sonnets où Malherbe en célèbre les beautés, I, 138, 139.
Fontaines-Estoupefour (Mlle de), épouse de Maizet, cousin de Malherbe, I, 333.
Fontenay, III, 318.

Fontenay (Charles-Olivier, abbé de), III, 108.
Fontenay-Mareuil (François du Val, marquis de), III, 366.
Fontevrault (l'abbaye de), III, 64; IV, 14.
Force (Jacques Nompar de Caumont, duc de la), pair et maréchal de France, III, 168, 239; IV, 55. — Querelle entre lui et le baron de Benac, III, 421 et 422.
Force (Henri Nompar de Caumont, marquis, puis duc de la), fils du précédent, III, 305, 421.
Forest (de la), de la maison de Requistons, III, 522.
Forestier (Horace le), tabellion à Caen, I, 336.
Forges (les), maître des comptes, fait prisonnier, puis relâché par les mécontents, III, 527.
Forges-les-Eaux, IV, 20.
Forget (Jean), président à mortier au parlement de Paris. Attentat commis sur sa personne, III, 48.
Fortan, Espagnol, reçoit l'ordre de quitter la France, III, 49.
Fortia, IV, 133.
Fossenque, notaire à Brignole, I, 338.
Foucher, III, 225.
Fouiou (de), maréchal des logis de l'armée royale, III, 529.
Fouquerolles (de), enseigne des gardes du corps, III, 393, 411. — Il interroge Isaac le Cardinal, III, 429. — Lettre de lui copiée par Malherbe pour Peiresc, III, 444 et 445.
Fouquet. Voyez Sainte-Suzanne et Varenne.
Fourcy (Henri de), président en la chambre des comptes de Paris, surintendant des bâtiments du Roi, III, 347 et 348.
Four-l'Évêque (le), III, 397, 428, 429.

FRANCFORT (la ville de), III, 203, 338. 344, 348.
FRANÇOIS Ier, roi de France, III, 251.
FRANÇOIS, fils aîné de François Ier, I, 42.
FRANCS (des). Son duel avec la Châteigneraye et Beuvron, III, 298 et 299.
FRANQUEVILLE (de), III, 213 et 214.
FRÉDÉRIC V, électeur palatin, marié à la princesse Élisabeth d'Angleterre, III, 296. — Baptême de son fils, III, 398.
FREMYOT (André), archevêque de Bourges. Consolation qu'il adresse à la princesse de Conty après la mort du chevalier de Guise, III, 434, 450.
FRESNES, III, 337.
FRESNES (Pierre Forget, sieur de), secrétaire d'État, III, 81, 146. — Sa mort, III, 159; IV, 230.
FRESNES (Anne de Beauvillier, dame de), femme du précédent, III, 159; IV, 230.
FRESQUE, homme attaché à Concini, III, 524.
FRETTE (Pierre Gruel, sieur de la), III, 374 et 375.
FREZELIÈRE (Isaac Frezeau, marquis de la), maréchal de camp, III, 440 et 441.
FRONSAC (le duc de), fils du comte de Saint-Paul, III, 470 et 471.
FRONTENAC (Antoine de Buade, comte de), III, 213. — Il succède au baron de Montglas comme premier maître d'hôtel de Henri IV, III, 40. — Il demande et obtient en partie l'abbaye de Charronne, III, 456 et 457.
FRONTIN, banni espagnol, III, 299, 301.
FRONTON DU DUC, jésuite, III, 522.
FUENTES (le comte de), gouverneur de Milan, prête de l'argent au prince de Condé, III, 193 et 194.
FURIES (les), I, 183.

G

GAIGNEUR (le), III, 498.
GAILLART, III, 528, 532.
GAILLON, III, 213.
GALATIS (le colonel), III, 530.
GALIFET (Alexandre de), président aux enquêtes du parlement d'Aix, III, 483, 588.
GALISSONNIÈRE (Jacques Barin, sieur de la), maître des requêtes, III, 370.
GALLES (le prince de). Voyez HENRI-FRÉDÉRIC et CHARLES.
GANGE (le), I, 78, 210, 253.
GARASSE (le P.). Epigrammes sur sa *Somme théologique*, I, 266 et 267.
GARDE (de la). Ode au sujet de son *Histoire sainte*, I, 285-290. — Lettre que lui écrit Malherbe, I, 355-358.
GARDE DU FREYNET (la), I, 356.
GARNIER (Robert), auteur de *Bradamante*. Représentation de cette tragédie à Saint-Germain, III, 247, 248.
GARONNE (la), I, 229.
GARRAUT, financier, pendu en effigie, III, 46.
GASCON (le), domestique de la famille de Peiresc. Vol qu'il commet au préjudice de ce dernier; poursuites dirigées contre lui, III, 13 et 14, 16, 19 et 20, 23, 25, 27, 31, 32.
GASQUI, III, 36. — Il meurt de la petite vérole, III, 52.
GAST (Michel de), seigneur de Montgaugier, III, 417.
GAUFRIDI (Louis), prêtre de Marseille. Ses sorcelleries, III, 226, 230, 235, 241, 243, 256.

GAUTIER, musicien, fait une sarabande sur la danse des Topinamboux, III, 327, 340.
GAZEL, notaire à Aix, I, 344.
GÊNES (la ville de), III, 338.
GENÈVE (la ville de), III, 217, 219, 228, 318.
GENTILLOT, corsaire huguenot, IV, 14.
GÉRYON, I, 230.
GESVRES (Louis Potier, marquis de), est tenu sur les fonts par le Dauphin et Mme de Vendôme, III, 136.
GESVRES (Charlotte Baillet, dame de), III, 385 et 386.
GIÉ (César de Balzac d'Entraigues, sieur de), frère de la marquise de Verneuil, III, 529. — Il reçoit une pension de Henri IV, III, 52. — Le Roi lui donne le commandement de cinq cents carabins, III, 162.
GIEN-SUR-LOIRE (la ville de), III, 102.
GILLES, notaire à Aix, I, 340, 347.
GILLOT, domestique de la comtesse de Moret, enlevé à sa maîtresse, III, 49.
GIOVAN (don). Voyez MÉDICIS (Jean de).
GIVRY (Marguerite Hurault, baronne de), III, 437.
GLYCÈRE, I, 100 et 101.
GONDY (Henri cardinal de), évêque de Paris. Rang qu'il occupe aux funérailles de Henri IV, III, 189, 200.
GONDY (Philippe-Emmanuel de), comte de Joigny, marquis de Belle-Isle, général des galères, III, 115, 138, 295, 371, 510.
GONNEVILLE (de), huguenot, III, 566.
GONTHIER (Jean), jésuite, III, 107, 130.
GORDES (Guillaume de Simianes, marquis de), I, 355; III, 155

et 156, 453, 485, 486, 487, 578, 588. — Il achète la charge de capitaine des gardes du corps, III, 218.
GOUSRIÈRE (le), armurier, III, 566.
GRACES (les), I, 47.
GRAMONT (Antoine comte de), vice-roi de Navarre, III, 49, 305, 501. — Il tue son écuyer, qu'il surprend avec sa femme, III, 155.
GRAMONT (Louise de Roquelaure, comtesse de), femme du précédent, est surprise avec l'écuyer de son mari, III, 155.
GRAND (Monsieur le). Voyez BELLEGARDE (de).
GRANDBOIS, gentilhomme breton, reçoit l'ordre de cesser de voir la comtesse de Moret, III, 49.
GRANGE (la), écuyer du prince de Condé, III, 427.
GRANIER, notaire à Aix, I, 343.
GRAS (le), de Toulon, III, 112.
GRAVE (vin de), IV, 435.
GRENELLE (la rue de), III, 267.
GRENOBLE (la ville de), III, 316; IV, 131.
GRENOBLE (Matthieu), sculpteur, fait une effigie de Henri IV, III, 178 et 179.
GRÈVE (la place de), III, 368; IV, 130.
GRIEU (Gaston de), sieur de Saint-Aubin, prévôt des marchands, III, 415, 452 et 453.
GRIGNAN (Jean-Louis de), chevalier de Malte, accompagne le chevalier de Guise lors de son duel avec le baron de Lux, III, 268 et 269, 275, 277.
GRILLON (L. de Balbe de Berton de), compagnon d'armes de Henri IV, I, 357. — Lettre que lui adresse Malherbe, IV, 84.
GRIPHON, homme de chambre du marquis de Gordes, III, 588.
GRIS. Voyez LEGRIS.

Grol ou Groenloo, ville de la Gueldre hollandaise, secourue par Spinola, III, 15.
Grosbois, III, 573.
Grotius. Vers de lui critiqués par Malherbe, III, 545.
Guénégaud, trésorier de l'Épargne, fait saisir le buffet du duc de Mayenne; vengeance qu'en tire celui-ci, III, 294.
Guercheville (la marquise de), III, 226, 227, 270, 370, 382, 468, 583.
Guérin, III, 371.
Guérin (les crocheteurs de), IV, 55.
Guernesey (l'île de), III, 566.
Guerre (Jean-Paul), soupçonné d'avoir voulu tuer Concini, III, 49.
Guesdron (Pierre), compositeur de musique, III, 350 et 351. — Henri IV lui fait faire un air pour une chanson de Malherbe, III, 142 et 143, 150.
Guesle (Alexandre de la), marquis d'O, mestre de camp du régiment de Champagne, III, 192, 310.
Guespeau (de), président au grand conseil, I, 346.
Guillaume (de la), III, 535.
Guillaume le Conquérant, duc de Normandie, fondateur de l'abbaye de Saint-Étienne de Caen, I, 332, 350; III, 6, 540-542, 544; IV, 42, 43, 44.
Guillot (Jean), condamné à mort pour calomnie, et exécuté, IV, 62 et 63.
Guiran, conseiller aux comptes, I, 337 et 338, 339.
Guise (Henri de Lorraine, duc de), dit *le Balafré*, III, 269, 275, 276; IV, 213.
Guise (Catherine de Clèves, duchesse de), veuve du précédent, III, 93 et 94, 100, 104, 167, 226, 238, 270, 272, 274,

278, 304, 361, 375, 382, 383, 390, 393, 406, 423, 428, 454, 460, 466, 469, 475, 505, 506; IV, 17, 27, 65, 77, 217, 230, 243. — Lettre que lui écrit Malherbe, IV, 85 et 86.
Guise (Charles de Lorraine, duc de), fils des précédents, I, 338, III, 29, 37, 39, 65, 116, 178, 185, 200, 201, 215, 216, 246, 265, 275, 278, 295, 348, 357, 397, 399, 406, 460, 465, 468, 469, 470 et 471, 479, 505, 517, 530, 558, 594; IV, 70, 77, 130, 205, 213. — Il prend Marseille, I, 24. — Il va voir Malherbe après l'assassinat de son fils, I, 351. — Il est mandé à Monceaux pour distraire Henri IV, III, 44, 45. — Il accompagne le Dauphin dans un voyage à Saint-Germain, III, 45. — Son expédition contre les Barbaresques, III, 100, 104. — Il déclare qu'il ne cédera plus le pas au duc de Vendôme, III, 174. — Il se range du parti du prince de Condé, III, 191 et 192. — Il plaisante avec Concini sur le marquisat d'Ancre, III, 207. — Son mariage avec la comtesse de Montpensier, III, 193, 208, 209, 212 et 213, 214. — Il a un commandement dans la guerre de Mantoue, III, 310. — Bon accueil qu'il fait au comte de Saint-Paul, III, 386. — Cartel que lui adresse Boinville, III, 412 et 413. — Mort du chevalier de Guise, son frère, III, 433 et 434; IV, 199. — Ses griefs contre le duc de Longueville, III, 461. — Querelle entre son carrossier et celui du duc de Nevers, III, 463 et 464. — Naissance de sa fille Marie, III, 518 et 519.
Guise (la duchesse de), femme

du précédent. Voyez Montpensier (la comtesse de). — III, 226, 270, 274, 382, 390. — Elle accouche d'une fille, III, 518 et 519.

Guise (Marie de Lorraine, duchesse de) et de Joyeuse, fille des précédents. Sa naissance, III, 518 et 519.

Guise (François-Alexandre Paris, chevalier de), frère du duc Charles, I, 357; III, 177, 185, 191, 201, 216, 265, 295, 313, 371, 399. — Il est atteint de la petite vérole, III, 129. — Il tue en duel le baron de Lux et son fils, III, 267-272, 275-278, 279, 282, 283, 286 et 287, 288, 289 et 290. — Il a un commandement dans la guerre de Mantoue, III, 310. — Sa mort, III, 433 et 434, 450, 461; IV, 230. — Lettre de consolation de Malherbe à sa sœur la princesse de Conty, IV, 195-218.

Guise (Louis de Lorraine, cardinal de), archevêque de Reims, frère du précédent, III, 361, 463, 465, 470 et 471; IV, 54, 213. — Ses relations avec Mlle des Essarts, III, 149, 153. — Ses relations avec Mlle de Choisy, III, 149, 328. — Mort du chevalier de Guise, son frère, III, 433 et 434.

Guise (l'hôtel de), III, 245, 278, 380; IV, 143, 211.

H

Hacqueville. Voyez Ons-en-Bray.

Halliers. Chasse qu'y doit faire Henri IV, III, 9.

Harcourt, créancier de Malherbe, I, 334.

Hardy (Claude) traduit à neuf ans un ouvrage d'Érasme, III, 343.

Harlay (Achille de), premier président du parlement de Paris, III, 454, 531. — Harangue qu'il fait à Marie de Médicis déclarée régente, III, 174. — Il reçoit la visite du prince de Condé, III, 192.

Harlay de Chanvallon (de). Voyez Chanvallon.

Harpe (la rue de la), III, 468.

Hauterive (François de l'Aubépine Châteauneuf, marquis de), III, 438.

Havre (la ville du), I, 342; III, 102, 544; IV, 108 et 109, 236.

Hay (lord James), vicomte de Doncaster, IV, 61.

Haye (la ville de la), III, 296.

Haye (de la), III, 529.

Haye (Mlle de la). Voyez Essarts (Charlotte des).

Haye Malherbe (le baron de la), premier auteur de la famille du poëte, I, 332.

Haye du Puys (le baron de la), huguenot, III, 566.

Heaumerie (la rue de la), III, 97.

Hector, IV, 93.

Heilly (Léonor de Pisseleu, seigneur de), III, 510.

Heilly (Marie de Gondy, dame de), femme du précédent, III, 510.

Heilly (Mlle de), fille des précédents, doit accompagner en Espagne Madame Élisabeth, III, 510.

Hélène, femme de Ménélas, I, 264; IV, 23, 31, 93.

Hélin (de). Voyez Heilly (de).

Hélincourt chasse de Corbie le sieur de Riberpré, gouverneur de cette ville, III, 531.

Hennebon (la ville de), III, 411.

Hennequin (Jérôme), évêque de Soissons, III, 404.

Henri II, roi de France, III, 200.

Henri III, roi de France, I, 73, 350, 357; III, 62, 349; IV,

448. — Vers contre ses mignons, I, 311 et 312. — Jugement sur son règne comparé à celui de Henri IV, III, 30. — On l'enterre après la mort de Henri IV, III, 174, 182.

HENRI IV, roi de France, I, 66 et 67, 84, 115, 123, 138, 176, 183, 216 et 217, 350, 357, 391, 394; III, 37, 48, 56, 57, 58, 61, 63, 66, 68, 69, 75, 78, 81, 82, 83, 84, 85, 86, 90, 99, 101 et 102, 107 et 108, 115, 116, 120, 121, 129, 130, 132, 133, 135, 137, 139, 140, 142, 144, 145, 146, 154, 155 et 156, 160, 163, 164, 186, 210, 212, 222, 228, 233, 237, 238, 239, 243, 253, 256, 265, 281, 287, 299, 326, 334, 363, 386, 390, 416, 419, 421, 427, 431, 432, 484, 486, 494, 502, 508, 549, 582 et 583; IV, 3, 53, 76, 178, 179, 180 et 181, 197, 228 et 229, 230, 232, 247 et 248. — Vers faits pour lui par Malherbe, I, 22-27, 69-74, 75-83, 87-95, 102 et 103, 104, 105 et 106, 145, 146-148, 149 et 150, 151-169, 178-181, 317; III, 5, 11 et 12, 67, 142 et 143, 150. — Il est désigné sous le nom d'Alcandre, I, 151, 156, 158, 160, 161, 168. — Chasses qu'il doit faire à Montargis, puis à Halliers, III, 9, 10. — Il mène le prince d'Orange à Vallery, voir Éléonore de Bourbon, III, 10. — Il donne la barrette à Maffeo Barberini, nonce du pape, III, 11. — Il s'engage à faire jouir le prince d'Orange de ses biens d'Espagne, à l'occasion de son mariage avec Éléonore de Bourbon, III, 15. — Projet qu'il forme d'aller à Ennet, III, 16 et 17. — Sa brouillerie avec la Reine au sujet de la marquise de Verneuil, III, 18, 21. — Voyage qu'il fait à Saint-Germain, III, 21. — Son intention de donner un régiment au baron de Sainte-Suzanne, III, 23. — Ses voyages de Vigny et d'Ennet sont rompus, III, 23. — Chasse qu'il fait à Marcoussy, III, 24. — Il fait un voyage à Chantilly avec Mlle des Essarts, III, 29 et 30. — Naissance de son second fils, III, 32 et 33. — Il fait poursuivre les financiers, III, 33, 39, 43, 46, 50. — Visite qu'il rend à la comtesse de Moret, pendant la grossesse de celle-ci, III, 34. — Il fait soigner Mlle des Essarts malade, III, 35. — Sa brouillerie avec elle, III, 35, 68. — Ses projets de voyage à Monceaux, à Villers-Cotterets, à Fontainebleau, III, 41. — Il promet une pension à Malherbe, III, 41. — Caresses qu'il fait à du Périer, III, 42, 51. — Il prend les eaux à Monceaux, III, 44, 46. — Il va voir la marquise de Verneuil à Verneuil, III, 49. — Il renvoie de France l'Espagnol Fortan, III, 49. — Ses bonnes relations avec la comtesse de Moret, III, 49. — Séjour de la cour à Fontainebleau, III, 51. — Marques de faveur qu'il donne à la marquise de Verneuil, III, 52. — Son intention de courre la bague, III, 55. — Il passe la Seine sur la glace dans l'hiver de 1608, III, 56. — Il prête de l'argent pour faire des travaux dans Paris, III, 58. — Il assiste à un ballet dansé par le Dauphin, III, 61. — Il porte le deuil du comte de Montpensier, III, 61. — Il renouvelle à Malherbe sa promesse d'une pension, III,

61. — Bonnes nouvelles de sa santé, III, 62. — Ordres qu'il donne pour la garde de l'effigie du comte de Montpensier, III, 62. — Il est parrain d'une fille de Concini, III, 63. — Jean de Médicis, oncle de la Reine, le quitte brusquement ; il donne son logement à M. de Bellegarde, III, 64. — Légitimation du comte de Moret et de Jeanne de Bourbon, ses enfants naturels, III, 64. — Ses hésitations au sujet du nom à donner à son troisième fils, III, 66 et 67. — Affaire du remplacement du président de Reauville, III, 70-73. — Il fait construire un canal à Fontainebleau, III, 70. — Il assiste au mariage du duc de Vendôme et de Mlle de Mercœur, III, 93 et 94. — Son adresse à courre la bague, III, 95. — Sa conduite dans l'affaire de la succession du duc de Clèves, III, 98, 100 et 101, 106, 133, 136, 149, 152. — Fâcherie entre lui et la comtesse de Moret, III, 104. — Il signe au contrat de mariage du marquis de Rosny et de Françoise de Créquy, III, 106. — Il a envie de donner les sceaux au président Jeannin, III, 109 et 110. — Sully lui lit son Inscription pour la ville de Henrichemont, III, 110-112. — Il fait poursuivre le prince et la princesse de Condé s'enfuyant en Flandre, III, 118 et 119, 124. — La faveur de Sully près de lui baisse, puis remonte, III, 126 et 127. — Abandon où il laisse la marquise de Verneuil, III, 127. — Il projette de faire couronner la Reine, III, 136, 152, 163. — Il rétablit à Metz un lieutenant que le duc d'Espernon en avait ôté, III, 146 et 147. — Il quitte Mlle des Essarts, III, 148, 149, 150, 151. — Il se rapproche de la marquise de Verneuil, III, 153. — Il reçoit des ambassadeurs des États de Hollande, III, 156. — Ses préparatifs de guerre, III, 156-158, 161, 162. — Sa mort; ses funérailles; cérémonies de l'effigie, III, 165, 167-183, 185, 186, 188 et 189, 197-202. — Dumonstier fait de lui un portrait au crayon, III, 184 et 185. — Les jésuites proposent de le canoniser comme martyr, III, 222 et 223. — Quand et comment il attira Malherbe près de lui, IV, 16 et 17.

Henri-Frédéric, prince de Galles, fils aîné de Jacques Ier, frappé par son père à une chasse, III, 243 et 244. — Sa mort, III, 261 et 262, 296 ; IV, 216.

Henrichemont, ville bâtie par Sully, III, 86, 110-112.

Henriette-Marie (Madame), la troisième des filles de Henri IV, future reine d'Angleterre, I, 172 et 173, 254-256; III, 136, 144, 304, 330, 411, 414, 431, 437, 468, 493. — Elle est désignée sous le nom de Charigène, I, 256. — Sa naissance, III, 116. — Son baptême, III, 430, 434, 436. — Elle a la rougeole, III, 510 et 511, 515. — Préliminaires de son mariage avec le prince de Galles, IV, 10, 11, 12, 13, 14, 60 et 61, 64.

Herbaut (Raymond Phelypeaux, seigneur d'), secrétaire d'État, III, 574.

Hercule, I, 21, 42, 67, 80, 90, 183, 205, 260; IV, 95, 101, 118.

Hésiode cité par Malherbe, III, 351, 432.

HEUDREVILLE (de), III, 560, 562, 564, 567.
HIÈRES (l'île d'). Peiresc y avait des amis, III, 31.
HIPPOLYTE, fils de Thésée, I, 270.
HOCQUINCOURT (Georges de Mouchy, seigneur d'), III, 436.
HOLLANDE (la), III, 398, 438, 443. — Les députés des États sont attendus à Paris, III, 16, 20, 22 et 23. — Trêves entre la France et la Hollande, III, 33, 85. — Les États doivent envoyer un contingent à l'armée de Clèves, III, 152, 162, 182. — Réception d'ambassadeurs des États, III, 156.
HONORIUS, pape, III, 551.
HOSPITAL (Paul Hurault de l'), archevêque d'Aix, III, 383 et 384. — Sa querelle avec le parlement d'Aix, III, 39 et 40. — Il interroge Ravaillac, III, 171. — Il est présent aux funérailles de Henri IV, III, 199. — Sa conduite dans une querelle du clergé contre l'Université, III, 266.
HOUSSAYE (Mme de la), IV, 81.
HYMEN, HYMÉNÉE, 1, 45, 112, 124, 223.

I

IBÈRE (l'), I, 210.
IF (le château d'), I, 350.
IFS ou IS, seigneurie appartenant aux le Vallois. Voyez VALLOIS (le).
IGNACE de Loyola (saint), III, 210.
INDES (les), IV, 73.
INDUS (l'), I, 25.
INFRAINVILLE (Charles de Piard, sieur d'), père du poëte Touvant. Sa mort, III, 342.
INIGO DE CARDENAS (don), ambassadeur d'Espagne, III, 307,
443, 489, 490, 517. — Présents qu'il apporte au Roi et à Madame, III, 334 et 335. — Il réclame pour Anne d'Autriche l'appartement du Louvre destiné aux reines, III, 363.
IS. Voyez IFS.
ISABELLE-CLAIRE-EUGÉNIE (l'infante), fille du roi Philippe II, femme de l'archiduc Albert, III, 126, 142, 151, 183, 193, 194. — Visites que lui rend la princesse de Condé, III, 125.
ISNARD fait des vers en l'honneur de Malherbe, II, 260 et note 3.
ISRAEL, IV, 131.
IVRY (la bataille d'), I, 167, 309.
IXION, I, 295.

J

JACOBINS (la place des), à Aix, III, 569.
JACOMO, tailleur de Marie de Médicis, III, 413.
JACQUES Ier, roi d'Angleterre, III, 233; IV, 13, 64. — Il est sollicité de se joindre à la France dans la guerre de Clèves, III, 128, 152. — Il frappe son fils à une chasse, III, 243 et 244. — Mort de son fils aîné, III, 295 et 296; IV, 216. — Lettre écrite par Malherbe à l'occasion de sa mort, IV, 232-234.
JACQUES, messager, III, 141, 425.
JAFFE (la ville de), I, 50, note.
JAMBEVILLE (le président le Camus de), III, 56.
JANESTON, valet de pied de Louis XIII, III, 455 et 456.
JARNAC (la bataille de), I, 213; III, 335.
JARNE (la), près de la Rochelle, IV, 120.
JASON, I, 112, 124, 167.
JAUT (du), III, 377.
JEAN (saint), III, 317.

JEANNE, I, 243.
JEANNIN (Pierre), président au parlement de Bourgogne, I, 394; III, 209 et 210, 221, 250, 292, 508, 509; IV, 16. — Il est un des négociateurs de la trêve de Flandre, III, 85. — Henri IV a envie de lui donner les sceaux, III, 109. — Il est député à Soissons près des princes mécontents, III, 407, 411, 418.
JEAN-SAINT DENIS (la rue), III, 269.
JÉRÔME, III, 62.
JERSEY (l'île de), III, 566.
JÉRUSALEM (la ville de), IV, 131.
JÉSUS-CHRIST, I, 6-8, 14-17.
JOAN (don). Voyez MÉDICIS (Jean de).
JOIGNY (la ville de), III, 335.
JOINVILLE (le château de), III, 39.
JOINVILLE (Claude de Lorraine, prince de), puis duc de Chevreuse, cinquième fils du Balafré, III, 39, 45, 177, 185, 191, 208, 216, 240, 246, 264, 265, 361, 371, 397, 460, 463, 468, 470 et 471, 482, 529, 583; IV, 213. — Son duel avec le duc d'Espernon, III, 30. — Séjours qu'il fait à Nancy, III, 34, 129. — Il mange, en Angleterre, à la chambre du lit, III, 42. — Projet de mariage entre lui et Mlle de Mayenne, III, 134, 145, 153, 187. — Il est présent aux funérailles de Henri IV, III, 200, 201. — Il aspire à la main de Mlle de Vendôme, III, 357, 366. — Accord d'intérêts entre le prince de Condé et lui, III, 504 et 505. — On parle d'un mariage entre la maréchale de Fervaques et lui, III, 525.
JOINVILLE (François de Lorraine, prince de), fils du duc Charles de Guise. Son baptême, III, 365.

JOLY (Catherine le), grand'mère maternelle de Malherbe, I, 332, 333.
JOSAPHAT (l'abbaye de), donnée à M. de Loménie, III, 9.
JOUAN (Mme), III, 572; IV, 76.
JOURDAIN (le), IV, 131.
JOUY, terre de la famille de Malherbe, portée par mariage dans la maison de Pellevé, I, 332.
JOUY (de), III, 138, 284.
JOYEUSE (Anne duc de), vaincu et tué à la bataille de Coutras, I, 26 et 27; III, 258.
JOYEUSE (François cardinal duc de), archevêque de Narbonne, puis de Rouen, III, 361, 365, 382, 383, 397, 407, 525; IV, 236 et 237. — Il accompagne Louis XIII allant donner de l'eau bénite au corps de son père, III, 177. — Il célèbre un service pour Henri IV, III, 182. — Il est présent aux funérailles du feu Roi, III, 199. — Il marie le duc de Guise et la comtesse de Montpensier, III, 214. — Il tient le duc d'Orléans sur les fonts de baptême, III, 430, 435. — Il n'assiste point à la cérémonie de la majorité de Louis XIII, III, 456.
JOYEUSE (Henri de Lorraine, duc de), III, 449.
JUIFS (la rue des), III, 184.
JULIERS (la ville de), I, 184 et note; III, 98, 124, 152, 205, 206.
JUMEAU, officier d'artillerie, III, 328.
JUPITER, I, 33, 122, 147, 269, 280; IV, 93.
JUVISY, III, 320, 356.

L

LAGNY, IV, 18.

LAGUES (le baron des) est tué en duel, III, 30.
LAMBALLE (la ville de), III, 451.
LAMBERT (Marie), femme d'un frère de Malherbe, I, 334.
LAMBERVILLE (de). Sa sœur épouse Jean le Vallois, sieur d'Ifs, oncle de Malherbe, I, 333.
LAMON, Écossais, III, 580.
LANDRECIES (la ville de). Le prince de Condé s'y arrête dans sa fuite en Flandre, III, 118 et 119.
LANFRANC, archevêque de Cantorbéry, III, 540.
LANNOY (Charles de), seigneur de Sanzelles, III, 512.
LANNOY (la comtesse de). Voyez BOISSIÈRE (Mme de la).
LAON (la ville de), III, 409, 410.
LAURENS, avocat, III, 70 et 71.
LAURENS (Honoré du), archevêque d'Embrun, est présent aux funérailles de Henri IV, III, 199.
LAURENS (André du), premier médecin du Roi, III, 35, 432. — Sa mort, III, 102, 104.
LAVERDIN (Jean de Beaumanoir, marquis de), maréchal de France, III, 157, 168, 178, 406. — Il rapporte d'Angleterre des bas pour Marie de Médicis, III, 220 et 221.
LAVERDIN (Henri de Beaumanoir, marquis de), fils du précédent, III, 406.
LÉANDRE, I, 199.
LEGRAND, conseiller au parlement de Paris, III, 275, 279.
LEGRIS. Son combat judiciaire contre Carouges, au quatorzième siècle, III, 538.
LEJAY (Nicolas), baron de Tilly, président aux enquêtes, partisan du prince de Condé, III, 518.
LENDET (Guillaume), III, 566.
LENHAM, ville d'Angleterre, IV, 42.

LÉOPOLD, archiduc d'Autriche. Le prince de Condé lui demande un commandement de mille chevaux, III, 140.
LESDIGUIÈRES (François de Bonne, duc de), III, 4, 105, 128, 129, 133, 139, 146, 152, 157, 521; IV, 229. — Il commande le gros de l'armée dans la guerre de Mantoue, III, 310, 311.
LESTERAC, pendu pour avoir voulu tuer le président Forget, III, 48.
LEUVILLE (Madeleine de l'Aubespine de Chasteauneuf, dame de), est malade de la petite vérole, III, 108.
LÉVÊQUE, seigneur de Saint-Étienne. Vers de Malherbe sur sa mort, I, 32-35.
LÉVÊQUE (Mme), dame de Saint-Étienne, femme du précédent, désignée sous le nom de Caritée. Vers que lui adresse Malherbe, I, 32-35.
LÉZIGNY (de), III, 442.
LÉZIGNY-EN-BRIE. Voyage qu'y fait Marie de Médicis chez la marquise d'Ancre, III, 336 et 337.
LIANCOURT (Charles du Plessis, seigneur de), premier écuyer de la petite écurie, III, 220, 455, 527. — Il accompagnait Henri IV le jour où celui-ci fut tué, III, 168. — Il est présent aux funérailles du Roi, III, 199.
LIANCOURT (Roger du Plessis, seigneur de), fils du précédent, III, 455.
LIANCOURT (Gabrielle du Plessis, demoiselle de). Projet de mariage entre elle et le comte de la Rochefoucauld, III, 134. — Voyez ROCHEFOUCAULD (la comtesse de la).
LIBERTAT (Pierre et Barthélemy de), I, 24 et note.

Liége (la ville de), III, 124.
Liègue (de la). Son fils est tue en duel, III, 30.
Limours (le château de), IV, 20, 108 et 109.
Lingendes (J. de), poëte, III, 273, 274, 279.
Linverville (les rades de), III, 566.
Lipse (Juste), III, 343.
Lisieux (la ville de), I, 333; III, 568, 592.
Lisores (Nicolas le Jumel, sieur de), procureur général du Roi au parlement de Rouen. Sa mort, III, 335.
Lisores (Mme de), veuve du précédent, III, 335.
Livarrot (André d'Oraison, baron de Boulbon et de). Brouillerie entre lui et la Ferté-Silly, III, 389, 393 et 394.
Loges (Marie Bruneau, dame des), I, cxxi et cxxii; IV, 22, 90.
Loire (la), I, 115, 229; III, 405. — Son débordement dans l'hiver de 1608, III, 56.
Lombard (André de), conseiller en la cour des comptes d'Aix, III, 13, 14, 16.
Loménie (Henri de). On lui donne l'abbaye de Josaphat, III, 9, 514. — Nouvelles qu'il apporte de Soissons, III, 405, et 406.
Londe (Mlle de la), IV, 39 note 6.
Londres (la ville de), III, 317, 348, 580, 590, 597.
Long (le), nom présumé d'un correspondant de Malherbe, IV, 119 note 1.
Long-Boyau (le chemin de), près de Villejuif, III, 515.
Longueville (Catherine de Gonzague, duchesse de), III, 292, 309, 310, 343, 359, 361, 369, 370, 377, 437, 469, 477 et 478, 481 et 482, 505, 521; IV, 37, 81, 82. — Sa brouillerie et sa réconciliation avec Henri IV, III, 18. — Elle est conviée aux noces du duc de Vendôme, III, 89. — Son rang au couronnement de Louis XIII, III, 170.
Longueville (Henri d'Orléans, duc de), fils de la précédente, III, 215, 294, 323, 324, 342, 368, 369, 386, 392, 404, 437, 465, 469, 492, 505, 516, 555, 590, 594; IV, 37 et 38. — Le comte de Saint-Paul, son oncle, lui remet le gouvernement de Picardie, III, 308, 309, 336. — Il part pour la guerre de Mantoue, III, 308, 309 et 310. — Conversation qu'il a avec Malherbe, III, 375 et 376. — Il part pour son gouvernement, III, 389, 390. — Il fait sa paix avec la cour; sa réception par Louis XIII et Marie de Médicis, III, 420, 426 et 427, 430. — Querelle entre lui et Concini, III, 457-459, 461. — On parle de lui changer son gouvernement de Picardie contre celui de Normandie, III, 478, 481 et 482. — Réjouissances auxquelles il se livre à Amiens, III, 490 et 491. — Ses dispositions hostiles; il lève des troupes, III, 524.
Longueville (Catherine et Marguerite de), belles-sœurs de la duchesse de Longueville, III, 477 et 478.
Lorraine (Charles III, duc de). Son amour pour Mlle de la Patrière, III, 34.
Lorraine (Henri II, duc de), fils du précédent, III, 129, 420, 529; IV, 204.
Lorraine (Marguerite de Gonzague, duchesse de), seconde femme du précédent, III, 251, 361.

LORRAINE (Charles IV, duc de), III, 580; IV, 70.
LORRAINE (Charles cardinal de), évêque de Metz et de Strasbourg. Sa mauvaise santé et sa mort, IV, 204 et 205.
LORRAINE (la maison de), IV, 214.
LORSAC (de) propose de faire venir du bois et du charbon de Norvége, pour laisser reposer les forêts du Roi, III, 281.
LORTIGUES (de). Vers pour mettre au devant de ses poésies, I, 238.
LOUGAN (de), III, 123.
LOUIS, de Montagnac, III, 141.
LOUIS (le grand), III, 150.
LOUIS (le sergent), III, 20, 22, 31, 51, 185 et 186.
LOUIS (le fort), à la Rochelle, IV, 66.
LOUIS VIII, roi de France, IV, 42.
LOUIS (saint), roi de France, III, 328.
LOUIS XIII, roi de France. Voyez DAUPHIN (le). — I, 229, 230, 235, 271, 391, 393, 394 et 395; III, 183, 197, 205, 221, 232, 233, 237, 240, 256, 258, 264, 270, 271, 280, 281, 285, 286, 290, 291, 292, 302, 303, 308, 326, 330, 336, 352, 354, 356, 357, 358, 359, 363, 366, 368, 375, 377, 383, 385, 388, 390, 393, 395, 398, 403, 404, 405, 410, 411, 414, 416, 419, 420 et 421, 422, 424, 437, 438, 444, 445, 446, 447 et 448, 449, 451, 458, 461, 462, 475, 479, 482, 489, 493, 497, 498, 501 et 502, 505, 508, 509, 512, 514, 516, 517, 518, 522, 524, 525, 527, 529, 530, 539, 544, 549 et 550, 555, 558, 562, 563, 564, 571, 573, 574, 576, 584, 585, 590, 591, 594; IV, 9, 12, 14, 16, 19, 20, 24, 25, 27, 28, 33, 35, 37, 38, 39, 40, 45, 46, 47 et 48, 49 et 50, 52, 54, 55, 56 et 57, 59, 61, 62, 63, 64, 65, 66, 68, 69, 70, 71, 72, 73, 76, 77, 78, 85, 86, 87, 88, 89, 99, 104, 105, 106, 107, 108, 109, 110, 111, 118, 130, 146, 199, 210, 211, 212, 213, 222 et 223, 228, 243, 244. — Vers faits pour lui par Malherbe, I, 236 et 237, 252 et 253, 260-262, 277-283, 284. — Son avénement, III, 170, 174, 175. — Il va donner de l'eau bénite au corps de son père, III, 177 et 178, 185, 201 et 202. — Le prince de Condé rentre en France à son avénement, III, 189-191. — Son caractère, III, 194 et 195. — Il doit être sacré le 10 octobre 1610, III, 204, 206, 207 et 208, 209. — Il touche des malades, III, 230 et 231. — On lui présente le Fèvre, son précepteur, III, 249 et 250. — Mort de le Fèvre, qui est remplacé par Flurance, III, 262. — Il souffre des dents, III, 287. — Il pose la première pierre de l'aqueduc de Rungis, III, 320 et 321, 325. — Feux d'artifice tirés les jours de sa fête et de sa naissance, III, 328 et 329. — Présent que lui apporte l'ambassadeur d'Espagne, III, 335. — État de sa santé, III, 371 et 372. — Arrogance de Concini en sa présence, III, 373 et 374. — Ballet auquel il assiste, III, 378 et 379. — Il tient sur les fonts un enfant d'Arlequin, III, 380. — Départ des Topinamboux; adieux qu'ils lui font, III, 386 et 387. — Il veut se coucher et dormir avec un casque en tête, III, 399. — Lettre que lui écrit Boinville, III, 412 et 413. — Réception qu'il fait au duc de Longueville, III, 426 et 427,

430.—Arrestation d'un homme qui avoue qu'il veut le tuer, III, 427-429. — Mauvais accueil qu'il fait à Bonneraut, III, 452. — Sa majorité, III, 455 et 456. — Il donne à M. de Frontenac l'abbaye de Charronne, III, 456 et 457. — Il fait monter le prince de Condé dans son carrosse, III, 459 et 460, 465 et 466. — M. de Monchy se plaint à lui du prince de Condé, III, 464. — Espérances que l'on conçoit à son sujet, III, 464 et 465, 490. — Bon accueil qu'il fait à Sully, III, 466 et 467. — Il suit la procession d'ouverture des états généraux de 1614, et en préside la première séance, III, 468, 470 et 471, 472 et 473. — Accueil qu'il fait au maréchal de Bouillon, III, 473 et 474. — Il promet à Malherbe de lui faire rendre justice du meurtre de son fils, III, 578. — Son départ pour la Rochelle, III, 579-581. — Lettres que lui écrit Malherbe, I, 349-354; IV, 116 et 117.

Louise de Lorraine, femme du roi Henri III, III, 258.

Loup (Sébastien), procureur, I, 337, 338, 340, 343.

Louvigny, I, 332.

Louvre (le), I, 188; III, 59, 71, 121, 124, 144, 145, 148, 154, 169, 173, 174, 176, 177, 178, 184, 195, 212, 214, 215, 228, 230, 251, 268, 270, 274, 276, 277, 283, 294, 301, 319, 322, 324, 326, 329, 336, 338, 347, 362, 370, 379, 384, 389, 397, 413, 416, 417, 420, 427, 430, 433, 434, 439, 462, 463, 464, 466, 473, 477, 480, 486 et 487, 489, 497, 498, 507, 514, 515, 580; IV, 68, 219, 221.

Louvres en Parisis, III, 189.

Lucas (Jacques), I, 346.

Lucine, I, 237.

Lucques (la république de), III, 336.

Lude (François de Daillon, comte du), gouverneur du duc d'Orléans, III, 437.

Lux (Edme de Malain, baron de), tué par le chevalier de Guise, III, 267-272, 274, 275-278, 282, 286, 287, 289, 293. — A qui sont données ses charges, III, 358.

Lux (Claude de Malain, baron de), fils du précédent, tué, après son père, par le chevalier de Guise, III, 286, 288, 289 et 290.

Luxembourg (la ville de), III, 151, 522.

Luxembourg (Léon d'Albert, seigneur de Brantes, duc de) et de Pinei, pair de France, frère du duc de Luynes, I, 392.

Luxembourg (François duc de) et de Pinei, pair de France. Sa mort, III, 365.

Luxembourg (Marguerite de Lorraine, duchesse de) et de Pinei, femme du précédent, assiste au mariage du duc de Vendôme et de Mlle de Mercœur, III, 93.

Luxembourg (Henri de), duc de Pinei, fils des précédents, III, 365, 420, 430. — Acte violent auquel il se livre contre un maître des requêtes, III, 370.

Luxembourg (le palais du), III, 262, 413.

Luynes (Charles d'Albert, duc de), connétable de France, IV, 59. — Épigramme sur lui, I, 250. — Malherbe lui dédie sa traduction du XXXIIIe livre de Tite Live, I, 391-396. — On lui donne l'abbaye de Fécamp, III, 525.

Luzerne (Henri de Briqueville, marquis de la). Colère du Dauphin contre lui, III, 130.

Lyncée, I, 279.
Lyon (la ville de), III, 219, 473, 500, 594; IV, 3.
Lyon, médecin, guérit le baron de Boutteville d'une blessure, III, 372.
Lyotaud (Michel), messager de Toulon, III, 8.

M

Madeleine (le savetier de la), III, 108.
Madrid (la ville de), I, 236.
Magnac, espion de la cour de Savoie, roué vif à Paris, III, 308.
Maheut, messager, I, 345.
Maillane (Jean des Porcelets de), évêque de Toul, III, 184, 187.
Maillé (Marguerite Hurault, comtesse de). Sa mort, III, 437.
Mailloc (du Boulay), gentilhomme servant de Marie de Medicis, III, 389 et 390.
Mainbeville (Jeanne de). Voyez Vallois (Jeanne le).
Maine (Louis de Chabans, sieur du). Sonnet sur ses OEuvres spirituelles, I, 192 et 193.
Maine (du). Voyez Mayenne (de).
Maistre (Rodolphe le), premier médecin du duc d'Orléans, III, 431 et 432, 435.
Maizet (de) épouse une tante de Malherbe, I, 333.
Maizet (Marie le Vallois, dame de), femme du précédent et tante de Malherbe, I, 333.
Maizet (de), fils des précédents, I, 333.
Maizet (Mme de), femme du précédent, I, 333.
Malamy, III, 521.
Malée (le cap), I, 211.
Malherbe (François de), III, 312, 463, 587, 588, 589, 591, 592,
593, 594 et 595. — Sa *Vie* par Racan, I, LXIII-LXXXVIII. — Ses affaires d'intérêt, I, 334-344, 346 et 347. — Ses armoiries, I, 332; III, 6, 597. — Sa généalogie, sa famille, I, 332-334; III, 596-598. — Son éducation; I, 336.—Naissance et baptême de son fils Marc-Antoine, I, 344 et 345. — Ses vers *Aux dames*, III, 2. — Il envoie des vers de Critton à Peiresc et à du Vair, III, 4. — Henri IV lui demande des vers, III, 4 et 5. — Il prie Peiresc de lui envoyer deux camisoles, III, 7, 11, 14, 18, 20. — Odes qu'il fait pour Henri IV, III, 11 et 12, 14, 17, 23 et 24. — Il s'occupe de la poursuite d'un domestique gascon qui avait volé Peiresc, III, 13 et 14, 16, 19 et 20, 23, 25, 27, 31, 32. — Il recommande Thomas Morant à Peiresc, III, 25 et 26, 131 et 132, 214. — Il demande à ce dernier de l'huile de fleur d'orange, III, 31, 37, 38 et 39, 42. — Il lui achète des aiguillettes, III, 38, 51, 53. — Il le félicite de sa réception comme conseiller au parlement de Provence, III, 41, 43. — Il lui envoie des sonnets, III, 42, 67. — Il lui fait faire des rabats, III, 43, 45, 47. — Il lui envoie des coquilles d'or moulu, III, 43, 45, 46 et 47. — Il défend les intérêts de la Ceppède, III, 70-73, 77 et 78. — Il recommande à Peiresc Mme de Pipelles, III, 80, 82. — Ses vers pour un ballet de Madame Élisabeth, III, 83. — Il envoie à Peiresc une inscription faite par Sully pour la ville de Henrichemont, III, 110, 112. — Vers qu'il fait pour Henri IV, III,

111, 122. — Chanson et stances qu'il fait pour Henri IV, III, 140 et 141, 142 et 143, 144, 150, 154. — Marie de Médicis lui donne des terrains à Toulon, III, 184, 187. — Ses vers sur la mort de Henri IV, III, 202. — Il tarde à rembourser de l'argent qu'il doit à Peiresc, III, 208, 211, 219, 222, 224. — Vers qu'il donne à Marie de Médicis, III, 212. — Il envoie des médailles à Peiresc, III, 223 et 224, 225. — Lettre que lui écrit ce dernier sur le sorcier Gaufridi, III, 226-228, 230, 243. — Il encourage Peiresc à publier ses observations sur les satellites de Jupiter, III, 241 et 242. — On lui demande des lettres pour un recueil, III, 256. — Marie de Médicis augmente sa pension de cent écus, III, 258. — Il charge Peiresc de lui acheter un ballet, III, 258 et 259. — Il rencontre le chevalier de Guise, qui venait de tuer le baron de Lux, III, 269. — Dessin de lui, destiné à faire comprendre l'histoire de la mort du baron de Lux, III, 282. — Il doit faire des vers pour un ballet de Madame Élisabeth, III, 285. — Il va visiter le chevalier de Guise après les duels de celui-ci contre le baron de Lux et son fils, III, 286. — Marie de Médicis lui demande des vers, III, 290. — Il envoie à Peiresc une pièce de monnaie gauloise, III, 330 et 331, 332, 340 et 341, 350, 355, 371, 407, 476. — Il assiste à une représentation donnée par Arlequin et sa troupe, III, 337. — Il va voir jouer des comédiens espagnols, III, 350. — Conversation qu'il a avec le duc de Longueville, III, 375 et 376. — Il envoie à son fils des livres et de l'argent, III, 355 et 356, 366, 391, 400, 402, 422. — Il recommande M. de Pibrac à Peiresc, III, 255, 403. — Inscription dont il prie Peiresc de lui envoyer la copie, III, 381, 407, 422, 424 et 425, 432. — Il donne à Marie de Médicis sa traduction du psaume CXXVIII, III, 419. — Dessin fait par lui de la salle de Bourbon, où s'assemblèrent les états généraux de 1614, III, 470 et 471. — Il envoie à Peiresc une pièce de monnaie de la princesse de Conty, III, 476, 480. — Vers de Sirmond qu'il envoie à Peiresc, III, 484. — Il est inquiet de la santé de sa femme, III, 494, 495, 496, 498, 499. — Il prête un livre à la princesse de Conty, III, 506. — Conversation qu'il a avec la princesse de Conty sur Guillaume du Vair, III, 519 et 520. — Peiresc lui confie une caisse; cette caisse est ouverte par des voleurs, III, 263, 522 et 523. — Il espère une pension sur l'archevêché de Rouen, III, 521, 526, 530, 531. — Son affaire de Toulon, III, 533 et 534; IV, 127 et 128. — Visite qu'il fait à l'abbaye de Saint-Étienne de Caen; il en communique les manuscrits à Peiresc, III, 538 et 539, 539-542, 543, 546, 549, 550, 551, 554. — Son jugement sur l'*Argenis* de Barclay, III, 543, 544 et 545. — Il critique des vers de Grotius et de Bertius, III, 545 et 546. — M. de Saint-Clair lui donne des médailles pour Peiresc, III, 558 et 559, 559 et 560. — Premier duel de son fils, III, 569. — Le cardinal de Richelieu lui promet sa faveur, III, 572 et 573. — Mort de son fils ; sa lettre à Louis XIII; ses poursuites contre les meurtriers, I, 349-354; III, 577 et 578; IV, 114-116, 119 et 120, 130 et 131, 132 et 133, 244-246.—Conversation qu'il a avec Louis XIII, III, 581. — Mort de sa fille Jourdaine, IV, 1-3. — Bienveillance que lui témoigne le cardinal du Perron, IV, 3-5. — Quand et comment il fut attiré à la cour, IV, 16 et 17. — Sonnet qu'il donne à Louis XIII en 1624, IV, 64. — Il promet son portrait à du Bouillon, IV, 67. — Vers pour Louis XIII qu'il envoie à du Bouillon, IV, 68. — Il soutient Crosilles, qui était en discussion avec Balzac, IV, 91-94. — Sa bonne constitution physique ; son goût pour les femmes, IV, 95 et 96. — Louis XIII lui donne un office de trésorier de France, IV, 99. — Il s'occupe de faire avoir à son fils un office de conseiller au parlement de Provence, IV, 102-104.

MALHERBE (Madeleine de Coriolis, dame de), femme du précédent, I, 336-343, 347, 360, 361, 362; III, 46, 47, 72, 184, 187, 203, 206, 222, 224, 236, 242, 306, 311, 323, 353, 355, 356, 366 et 367, 391, 400, 402, 415, 454 et 455, 469, 476, 477, 483, 488, 491, 494, 495, 496, 498, 499, 504, 513, 523, 525 et 526, 528, 532, 554, 585, 595. — Naissance et baptême de son fils Marc-Antoine, I, 344 et 345. — Lettres qu'elle écrit à Peiresc, III, 587 et 588. — Lettre que lui écrit son mari sur la mort de leur fille Jourdaine, IV, 1-3.

MALHERBE (Henri de), premier fils du poëte. Son épitaphe, I, 359, 360.

MALHERBE (Marc-Antoine de), frère du précédent, I, 286, 336, 346; III, 5 et 6, 60, 83, 85, 95, 105, 111, 165, 176, 274, 282, 288, 289, 323, 327, 340, 353, 378, 383 et 384, 495, 496, 499, 595; IV, 10, 47, 241 et 242. — Sonnet sur sa mort, I, 276. — Sa naissance et son baptême, I, 344 et 345. — Lettre adressée après sa mort par son père au roi Louis XIII, I, 349-354. — Son père lui envoie des livres et de l'argent, III, 355 et 356, 366, 391, 400, 402, 422. — Son premier duel, III, 569. — Sa mort ; poursuites de son père contre les meurtriers, III, 577 et 578; IV, 67, 114-116, 119 et 120, 130 et 131, 132 et 133, 244-246. — Difficulté entre lui et un juif, IV, 73 et 74. — Son père s'occupe de lui faire avoir un office de conseiller au parlement de Provence, IV, 102-104.

MALHERBE (Jourdaine de), sœur du précédent, I, 336, 345. — Sa mort ; son épitaphe, I, 361 et 362; IV, 1-3.

MALHERBE (Éléazar de), frère du poëte, conseiller au siége présidial de Caen, I, 19, 333, 346.

MALHERBE (Pierre de), frère du poëte, I, 333.

MALHERBE (Josias de), frère du poëte, mort enfant, I, 333.

MALHERBE (Étienne de), frère du poëte, mort enfant, I, 333.

MALHERBE (Jeanne de), sœur du poëte, morte enfant, I, 19, 333.

MALHERBE (Marie de). Voyez RÉVEILLON PUTECOSTE (Mme de).

MALHERBE (Jeanne de). Voyez FAUCONNIER (Mme).

516 TABLE ALPHABÉTIQUE ET ANALYTIQUE

Malherbe (Louise de). Voyez Coulombiers Guerville (Mme de).

Malherbe (François de), sieur du Bouillon et d'Éscorchebeuf, I, 333. Voyez Bouillon Malherbe (du).

Malherbe (Fouques), ancêtre du poëte, donne la terre de Bléville à l'abbaye de Caen, I, 331.

Malherbe (Payan), ancêtre du poëte, IV, 42.

Malherbe (Geffroy), ancêtre du poëte, III, 596.

Malherbe (Henry), fils du précédent, III, 596.

Malherbe (Roger), fils du précédent, III, 596.

Malherbe (Richart), fils du précédent, III, 596.

Malherbe (Marguery), fille du précédent, femme de Thomas Carhurta, III, 596.

Malherbe de la Pigacière (Pierre de), cousin de Malherbe, cautionne celui-ci, I, 334.

Malherbe de la Meauffe, branche de la famille Malherbe, I, 332; III, 597 et 598.

Malherbe de la Duncasse, probablement le même que Malherbe de la Meauffe, III, 597 et 598.

Malherbe de Saint-Agnan, branche de la famille Malherbe, I, 331; III, 543 et 544, 597; IV, 44.

Malte (l'île de), III, 248; IV, 202.

Mangot (Claude), conseiller au parlement, maître des requêtes, III, 369.

Manosque (la ville de), I, 357; III, 423; IV, 208 et note 63.

Mans (le vidame du). Voyez Rambouillet (le marquis de).

Mansfeld (Wolfgang comte de), lieutenant général des troupes de Christian II duc de Saxe, III, 133, 590; IV, 63 et 64, 75.

Mantoue (la ville de), III, 200, 311 — La guerre de Mantoue ou de Montferrat, III, 304, 307, 308, 309, 314, 318, 359, 363 et 364, 365.

Maque (de la), orfévre, III, 91, 98.

Maragnan ou Maragnon (l'île de), au Brésil. On en ramène des Topinamboux, III, 297, 315, 499.

Marais (Philippe Hurault, seigneur du) se bat en duel à la place Royale, III, 379 et 380.

Marais, homme d'armes de la compagnie de M. de Bellegarde, danse au Louvre dans un ballet, III, 295.

Marchais, maison du duc de Guise, près de Notre-Dame de Liesse, III, 39.

Marck (MM. de la), III, 516 et 517.

Marcoussy. Chasse qu'y fait Henri IV, III, 24. — La marquise de Verneuil s'y retire, III, 41.

Marec (Françoise de). Son enlèvement, III, 442 et 443, 445-447.

Marests (Gaspard Dauvet, seigneur des), gendre du chancelier Brûlart, III, 492.

Marests (Jeanne Brûlart, dame des), femme du précédent, III, 492.

Marfizian, écuyer du comte de Gramont, est tué par ce dernier, III, 155.

Margaillet (Anne de Coriolis, dame de), sœur de Mme de Malherbe et marraine de son fils Marc-Antoine, I, 340, 341, 342, 344, 345.

Margaillet (Claude de), fils de la précédente, I, 340, 344; III, 36.

Marguerite (la reine), III, 18, 204, 262, 276, 330, 334, 341, 359, 361, 389, 489. — Changements dans sa maison, III, 35. — Séjour qu'elle fait à Monceaux, III, 104. — Langage hautain que lui tient Sully, III, 110. — Rang qu'elle doit tenir a la cérémonie du couronnement de la Reine, III, 163. — Visite qu'elle rend a Marie de Médicis; accueil affectueux que lui fait celle-ci, III, 346. — Elle tient le duc d'Orléans sur les fonts de baptême, III, 430, 435, 436. — Elle assiste à la séance d'ouverture des états généraux de 1614, III, 470, 473. — Sa mort; Marie de Médicis paye ses dettes, III, 492 et 493.

MARIANA (Jean), jésuite espagnol. On brûle son livre *De rege et regis institutione*, III, 181 et 182.

MARIE de Médicis, reine de France, I, 55, 123 et 124, 204, 220, 229, 230, 235, 237, 345, 353, 356, 394; III, 21 et 22, 59, 68, 84, 86, 90, 92, 93, 94, 99 et 100, 107 et 108, 109, 110, 111, 115, 121, 127, 131, 144, 162, 174, 181, 182, 184, 186, 187, 195, 196, 197, 205, 206, 208, 209, 210, 212, 214, 217, 218, 219, 220 et 221, 223, 224, 226, 228, 231, 243, 244, 245, 246, 247, 250, 254, 262, 264, 265, 269, 270, 271, 272, 274, 278, 279, 281, 283, 285, 286, 287, 288, 295, 296, 300, 301, 304, 307, 309, 310, 311, 314, 315, 316, 319, 326, 330, 334, 335, 336, 338, 356, 357, 358, 359, 362, 364, 368, 370, 371, 372, 374, 375, 376, 381, 384, 385, 392, 395, 398, 399, 404, 406, 407, 412, 413, 414, 415, 416, 418, 421, 423, 424, 426, 427, 428, 429, 432, 434, 436, 437, 438, 439 et 440, 443, 444 et 445, 446, 447 et 448, 449, 450, 451, 452, 453, 454, 458, 463, 476, 477 et 478, 479, 480, 482, 486, 489, 492, 496, 497, 498, 501, 505, 506, 507, 510, 511, 514, 515, 516, 517, 520, 522, 524, 525, 526, 529, 562 et 563, 570, 573, 575, 578, 580, 581, 583, 584; IV, 7, 9, 14, 16, 19, 24, 27, 38, 52, 55, 63, 65, 67, 68, 70, 72, 77, 111, 122, 130, 146, 199, 209, 211 et 212, 213, 214, 217, 230, 243 et 244. — Vers faits pour elle par Malherbe, I, 44, 82 et 83, 146-148, 182-188, 191, 194-196, 197-203, 209-217. — Elle est grosse, III, 9. — Sa brouille avec le Roi au sujet de la marquise de Verneuil, III, 18, 21. — Elle intercède pour les financiers poursuivis par Henri IV, III, 39. — Elle est malade d'un flux de ventre, III, 50. — Elle porte le deuil du comte de Montpensier, III, 61. — On attend son accouchement, III, 62. — Elle envoie la princesse de Condé donner, de sa part, de l'eau bénite au corps du comte de Montpensier, III, 63. — Elle assiste au baptême d'une fille de Concini, III, 63 et 64. — Son ballet du 31 janvier 1609, III, 81. — Elle part pour Notre-Dame de Chartres, III, 83. — On croit qu'elle est grosse, III, 88. — Elle signe au contrat de mariage du marquis de Rosny et de Françoise de Créquy, III, 106. — Préparatifs pour ses couches, III, 113 et 114. — Elle accouche de Madame Henriette, III, 116, 120. — Ses relevailles, III, 128. — Projet et préparatifs de son couronnement, III, 136, 142, 143, 146, 148, 150, 152, 155, 158, 163. — Assassinat du Roi; elle est déclarée régente, III, 167-170. — Elle reçoit le prince de Condé rentrant en France, III, 189-193. — Affiches et livre où elle est attaquée ainsi que

Concini, III, 231 et 232, 233 et 234. — Elle reçoit les députés de l'assemblée protestante de Saumur, III, 236-239. — Mort de son second fils, III, 253. — Elle augmente la pension de Malherbe, III, 258. — Elle prend pour elle le gouvernement de Normandie, III, 261. — Elle commande des vers à Malherbe, III, 290. — Elle fait faire un théâtre au Louvre, III, 292. — On lui vole sa garde-robe, III, 293. — Le parlement lui demande des additions à l'édit des duels, III, 294. — On lui fait voir des Topinamboux, III, 297 et 298. — M. de Boiuville lui présente un livre fait par lui, III, 302 et 303, 325 et 326. — Elle assiste à la pose de la première pierre de l'aqueduc de Rungis, III, 320 et 321. — Feux d'artifice tirés les jours de la fête et de la naissance du Roi son fils, III, 329. — Voyage qu'elle fait à Lézigny, chez la marquise d'Ancre, III, 336 et 337. — Elle fait un voyage de Fontainebleau à Paris, pour voir ses enfants malades, III, 344-347. — Appartement qu'on lui prépare au Louvre, III, 347 et 348, 363, 423. — Défaveur du maréchal de Bassompierre, III, 348, 351, 354. — Bracelet qu'elle fait faire pour Anne d'Autriche, III, 359-361, 489 et 490. — Ballet auquel elle assiste, III, 378 et 379. — Dessin d'un festin que lui offre la princesse de Conty, III, 381-383. — Accueil qu'elle fait au comte de Saint-Paul, III, 386. — Discussion à laquelle elle met fin entre le chancelier et le duc d'Espernon, III, 387 et 388. — Elle fait arrêter le duc de Vendôme, III, 389 et 390. — Elle accorde la grâce de Livarrot, III, 393 et 394. — Évasion du duc de Vendôme, III, 396 et 397, 400. — Lettres qu'elle reçoit du prince de Condé et du duc de Nevers, III, 401, 403. — Elle demande et obtient de prendre un million de livres à la Bastille, III, 401, 425 et 426, 430. — Augure qu'elle tire d'une chasse au vol, III, 405. — Elle envoie Montigny à Laon et la Varenne auprès du prince de Condé, III, 409-411. — Malherbe lui donne la traduction d'un psaume, faite par lui, III, 419. — Accueil qu'elle fait au duc de Longueville, III, 430 et 431. — Elle partage l'abbaye de Charronne entre MM. de Frontenac et de Brèves, III, 456 et 457. — Retour du prince de Condé; accueil qu'elle lui fait, III, 459 et 460. — On essaye en vain de la saigner, III, 459, 461 et 462. — Remontrance qu'elle adresse au prince de Condé, III, 464. — Mauvaise réception qu'elle fait au marquis de Resnel, III, 466. — Bon accueil que Sully reçoit d'elle, III, 466 et 467. — Elle assiste à la procession et à la séance d'ouverture des états généraux de 1614, III, 468, 470 et 471, 472 et 473. — Accueil qu'elle fait au maréchal de Bouillon, puis à la duchesse de Nevers, III, 474 et 475. — Elle paye les dettes de la reine Marguerite, après la mort de celle-ci, III, 493. — Ses griefs contre Montigny, III, 502 et 503. — Elle prend douze cent mille livres à la Bastille, III, 508. — Elle voit à la Bastille le comte d'Auvergne, III, 508 et 509, 512. — Elle est marraine d'une fille du duc de Guise, III, 518 et 519. — Sa patience dans l'adversité, IV, 197 et 198.

MARIE-ANNE d'Autriche. Projet de mariage entre elle et Charles prince de Galles, IV, 60 et 61 et note 2, 64 et note 9.

MARIÉ (le), IV, 82.

MARILLAC (Michel de), surintendant des finances, puis garde des sceaux, I, 351, 352; III, 460; IV, 15 et 16, 66, 240.

MARIMONT, dans le Hainaut, III, 183, 193.

MARNE (la), I, 200.

MARQUEMONT (Denis-Simon de), cardinal, archevêque de Lyon, parle à la séance d'ouverture des états généraux de 1614, III, 473.

MARS (le dieu), I, 89, 113, 119, 150, 189, 197, 236, 238, 260, 282; III, 103; IV, 33, 34.

MARSEILLE (la ville de), I, 196, 315; III, 252, 373, 451, 561; IV, 48, 87, 88, 97, 213. — Vers sur la prise de cette ville, I, 23-25. — Comparaison de la bataille de Coutras et de la prise de Marseille, I, 26 et 27.

MARTIGUES (Marie de Beaucaire, vicomtesse de). Sa mort, III, 334.

MARTIN (Jean), premier médecin de la reine Marguerite, soigne Mlle des Essarts malade, III, 35.

MAS (du), III, 216, 224, 582.

MASSONNEAU, I, 337.

MATIGNON (Charles sire de) et de Lesparre, comte de Thorigny, lieutenant général de Normandie, III, 356, 361, 364, 555.

MAUBERT (la place), III, 281.

MAUCHRÉTIEN. Voyez MONTCHRESTIEN.

MAUGIS (la tour de), à Château-Regnaud, III, 494.

MAUNY (Louis de la Marck, marquis de), III, 245, 442, 516 et 517. — Son mariage avec la comtesse de la Chapelle, III, 336. — Il est gouverneur de Caen, III, 536, 537, 539, 544, 551, 554 et 555.

MAUNY (la marquise de), femme du précédent. Voyez CHAPELLE (la comtesse de la). — III, 336, 382, 516 et 517.

MAUREGARD. Voyez MORGARD.

MAUREL (Antoine), notaire à Aix, I, 339.

MAUREVEL ou MONTREVEL (le comte de), III, 229.

MAUREVEL (Jeanne d'Agoult de Montauban de Vesc de Montlaur, comtesse de), femme du précédent, III, 226, 229. — Difficultés entre sa mère et elle au sujet de la succession de son frère, III, 86 et 87.

MAURICE (le comte). Voy. NASSAU.

MAUSOLE, I, 32.

MAXIENNE (François), serviteur de Malherbe, I, 345.

MAYENNE (Charles de Lorraine, duc de), III, 134, 164, 397. — Il est convié aux noces du duc de Vendôme, III, 89.

MAYENNE (Henri de Lorraine, duc d'Aiguillon, puis duc de), fils du précédent. Voyez AIGUILLON (le duc d'). — III, 263, 270, 275, 276, 286, 287, 293, 304, 305, 307, 309, 319, 342, 348, 393, 404, 415, 440, 444, 459, 461, 463, 468, 470 et 471, 482, 517; IV, 54. — Guénégaud ayant fait saisir son buffet, il le fait bâtonner, III, 294. — Il aspire à la main de Mlle de Vendôme, III, 357. — On parle de son mariage avec Mlle d'Aumale, III, 362, 406. — Démarche faite auprès de lui par le corps de la ville de Soissons, III, 397 et 398. — Il force à s'arrêter chez lui M. de Montigny, envoyé à Laon par Marie de Médicis, III, 410. — Il fait sa paix avec la cour, III, 420, 430. — Son retour, III, 427, 429. — On parle d'un mariage entre lui et Mme d'Elbeuf, III, 265, 498 et 499. — Sa mort, III, 553. — Difficulté entre le maréchal de Roquelaure et lui, IV, 50.

MAYENNE (Renée de Lorraine, demoiselle de), sœur du précédent, III, 85, 108, 163. — Projet de mariage entre elle et le prince de Joinville, III, 134, 145, 153, 187. — Elle va à Rome trouver le duc d'Ognano, son mari, III, 293.

MAYENNE (Louis de), calviniste, attaque Marie de Médicis dans un livre, III, 231 et 232 et note 8, 233.

MEAUFFE (Malherbe de la), branche de la famille Malherbe, I, 332; III, 597 et 598.

MEAUX (la ville de), III, 184; IV, 48.

MÉDAVI (Pierre Rouxel, baron de), lieutenant général en Normandie, III, 364 et 365.

MÉDICIS (la maison de), IV, 103.

MÉDICIS (Jean de), oncle de la Reine, III, 50. — Ses inimitiés avec Concini, III, 49. — Son brusque départ de la cour, III, 63 et 64.

MÉDICIS (François de), prince de Capistran. Sa mort, III, 437.

MÉDITERRANÉE (la mer), IV, 109.

MÉGÈRE, I, 281.

MEILLERAYE (Louis de Moy, seigneur de la). Son mariage avec Mlle de Sancy, III, 366, 389.

MEIRARGUES (Honoré d'Alagonia, seigneur de), III, 324, 326.

MELUN (la ville de), IV, 68.

MEMPHIS (la ville de), I, 25, 92, 196.

MENDE (la ville de), IV, 98.

MÉNÉLAS, I, 113, 217; IV, 93.

MENTIN (de). Lettre que lui écrit Malherbe, IV, 101-111.

MERCOEUR (Philippe-Emmanuel de Lorraine, duc de), IV, 81 et 82.

MERCOEUR (Marie de Luxembourg, duchesse de), femme du précédent, III, 126 et 127, 226, 334, 359, 361, 390, 449, 465, 583. — Elle obtient la place de la duchesse de Nemours dans la maison de Marie de Médicis, III, 68. — Mariage de sa fille avec le duc de Vendôme, III, 68, 84 et 85, 88, 89, 92-95.

MERCOEUR (Françoise de Lorraine, duchesse de), fille des précédents, III, 583. — Son mariage avec le duc de Vendôme, III, 68, 84 et 85, 88, 89, 92-95; IV, 141. — Voyez VENDÔME (la duchesse de).

MERCOEUR (l'hôtel de), III, 334.

MERVILLE, terre dont le grandoncle de Malherbe était seigneur, I, 332.

MERVILLE (François d'Escars, baron de), grand sénéchal de Guienne. Sa mort, III, 482.

MESLAY (Louis d'Angennes, baron de). Sa mort, III, 50.

MESPLEZ (Anchot de), III, 139.

METZ (la ville de), III, 95, 120, 146, 187, 349, 366, 428, 503, 582.

MEUDON, III, 278.

MEURS. Siége de cette ville par Spinola, III, 9, 11.

MEUSE (la), I, 65, 184, 219.

MÉZIÈRES (la ville de), III, 377, 392, 494, 503, 522. — Siége de la citadelle de cette ville par le duc de Nevers, III, 395, 398 et 399, 400.

MIETTE, écuyer de la princesse douairière de Condé, III, 124.

MILAN (la ville de), I, 94; III,

133, 135, 136, 139, 142, 148, 150, 157.

MILLEMONT, en Beauce, IV, 55.

MILON (Pierre), premier médecin de Henri IV, III, 102, 104.

MIMAS, MINAS, I, 280.

MINIMES (l'église des), à Aix, où fut inhumé Marc-Antoine de Malherbe, I, 352.

MIRAUMONT (le chevalier de), commandeur de Coulommiers. Discussion à son sujet entre le chancelier et le duc d'Espernon, III, 387 et 388.

MIREBEAU (Jacques Chabot, marquis de), comte de Charny, III, 358. — Il accompagnait Henri IV le jour où celui-ci fut tué, III, 168. — On parle du mariage de sa fille, III, 361.

MIREBEAU (Catherine Chabot, demoiselle de), fille du précédent. On parle de son mariage avec le baron de Termes, III, 361.

MIRON (Charles), évêque d'Angers, doit prononcer à Saint-Denis l'oraison funèbre de Henri IV, III, 183. — Il est présent aux funérailles du Roi, III, 200.

MIRON (Robert), président aux requêtes, est nommé prévôt des marchands, III, 452 et 453. — Il parle à la séance d'ouverture des états généraux de 1614, III, 473 et note 9.

MIRON (François), III, 22 et note 9.

MIRON (Mme), femme du précédent, mise en prison pour avoir voulu empoisonner son mari, III, 22.

MODÈNE (la ville de), III, 336.

MODÈNE (François de Raimond de Mormoiron, baron de), III, 534.

MOIGNEVILLE (de), huguenot, III, 565.

MOINE BOURRÉ (le), III, 272.

MOISSET (de). Voyez MONTAUBAN DE MOISSET.

MOLE (de la), III, 69, 77, 235, 236, 244, 246, 296; IV, 146.

MOLÉ (Édouard), président au parlement de Paris, reçoit la visite du prince de Condé, III, 192.

MOLINIER (Ét.), auteur d'un discours funèbre sur la mort de Guillaume du Vair, III, 546.

MONCAVREL (de Monchy, seigneur de), III, 436.

MONCEAUX, III, 206, 319, 324, 578; IV, 24, 143. — Henri IV y va prendre les eaux, III, 41, 44, 45. — Séjour qu'y fait la reine Marguerite, III, 104.

MONCHY (de) se plaint du prince de Condé à Henri IV, III, 464.

MONCONTOUR (la bataille de), I, 213.

MONDREVILLE, terre dont le grand-oncle de Malherbe était seigneur, I, 332.

MONDREVILLE (Mme de), cousine de Malherbe, le loge ainsi que sa famille, I, 335.

MONDREVILLE (de), cousin de Malherbe et son condisciple à Paris, I, 336.

MONIER (Jean-Louis de), avocat général au parlement de Provence, III, 373, 382.

MONSTIER (du). Voyez DUMONSTIER.

MONTALENE, III, 459.

MONTAGNAC, III, 141.

MONTAIGU (lord), agent secret de l'Angleterre, enfermé à la Bastille, IV, 68.

MONTALAN (de), III, 529.

MONTALTO, juif portugais, médecin à Florence, puis à Paris, III, 372.

MONTABET est menacé de la disgrâce de Marie de Médicis, III, 492.

MONTARGIS (la ville de), III, 116, 193. — Chasses qu'y doit faire Henri IV, III, 9, 10 et 11.
MONTAUBAN (la ville de) assiégée par les troupes royales, III, 555, 558, 562, 563 et 564, 591, 594.
MONTAUBAN DE MOISSET, financier, avec qui, disait-on, Henri IV voulait marier Mlle des Essarts, III, 30; IV, 8.
MONTBAROT (René de), gouverneur de Rennes. Enlèvement de sa fille, III, 442 et 443, 445-447.
MONTBAROT (Mlle de), fille du précédent. Son enlèvement, III, 442 et 443, 445-447.
MONTBAZON (Hercule de Rohan, duc de), pair et grand veneur de France, III, 178, 399, 404, 405, 470 et 471, 529; IV, 81 et 82. — Il accompagnait Henri IV le jour où celui-ci fut tué, III, 168, 169. — Il est présent aux funérailles de Henri IV, III, 200. — Il va au-devant du duc de Feria, ambassadeur d'Espagne, III, 204. — Il est nommé lieutenant de Roi en Normandie, III, 356, 362, 364.
MONTCHRESTIEN, apothicaire à Falaise, III, 557.
MONTCHRESTIEN (le poëte Antoine), sieur de Vasteville, huguenot, fils du précédent, IV, 44. — Sa mort, III, 556-558, 559, 565,
MONTCORNET, près de Laon, III, 523.
MONT-DE-MARSAN, ville de sûreté des protestants, III, 238,
MONTDIDIER (la ville de), III, 207.
MONTEMAYOR, IV, 457, note 2.
MONTEREUIL ou MONTEREAU lève un régiment pour le mener en Piémont, III, 503.
MONTESCOT (Claude), officier de la maison de Louis XIII, III, 240, 250.
MONTESPAN (Antoine-Arnaud de Pardaillan et de Gondrin, seigneur de) et d'Antin, capitaine des gardes du corps, III, 48, 91. — Il vend sa charge au marquis de Gordes, III, 218.
MONTESSUY (de) apprend à Marie de Médicis la mort du baron de Lux, III, 282.
MONTFERRAT, en Dauphiné, III, 520.
MONTFERRAT (la guerre de Mantoue ou de), III, 304, 307, 308, 309, 314, 318, 359, 363 et 364, 365.
MONTGLAS (Robert de Harlay, baron de), premier maître d'hôtel de Henri IV. Sa mort, III, 40.
MONTGLAS (Françoise de Longuejoue, baronne de), veuve du précédent, gouvernante des enfants de France, III, 304, 436. — Accueil que fait Marie de Médicis au marquis de Resnel, amené par elle, III, 466.
MONTGLAS (Robert de Harlay, baron de), fils des précédents, III, 376, 529.
MONTGOMMERY (de), huguenot, III, 565, 566.
MONTIGNY (François de la Grange, seigneur de), envoyé à Laon par Marie de Médicis, III, 410. — Griefs de la Reine contre lui, III, 502 et 503.
MONTIGNY (Henri-Antoine de la Grange, seigneur de), fils du précédent, III, 503 et note 10.
MONTIGNY (Jacqueline de la Grange, demoiselle de), sœur du précédent, III, 502 et 503.
MONTIGNY (de), gentilhomme du duc de Longueville, envoyé par celui-ci à Marie de Médicis et à Concini, III, 458 et 459.
MONTIGNY MELLAY (le baron de), capitaine aux gardes, tué en

duel Cyrus de Béthune, III, 284.

MONTLAUR (le marquis de). Sa mort, III, 57. — Lettre de consolation que Malherbe écrit à sa femme, IV, 191-195.

MONTLAUR (Marie marquise de), femme du précédent, III, 7, 48, 75. — Lettre de consolation que Malherbe lui écrit après la mort de son mari, IV, 191-195.

MONTLAUR (le comte de), beau-frère de la précédente, III, 57.

MONTMEYAN (Roland de Castellane, seigneur de), député de la noblesse de Provence aux états généraux, III, 493 et 494.

MONTMORENCY (Henri Ier duc de), connétable de France, père de la princesse de Condé, III, 52, 88, 90, 120, 124, 137, 145, 148, 151, 162, 183 et 184, 192, 228, 583. — Second mariage de son fils, III, 319. — Sa mort, III, 414.

MONTMORENCY (Henri II duc de), amiral de France, fils du précédent, III, 509, 511, 583. — Rupture de son mariage avec la comtesse de Chemillé, III, 133, 137, 164. — Son second mariage, III, 318, 319, 321 et 322, 324.

MONTMORENCY (la duchesse de), première femme du précédent. Voy. CHEMILLÉ (la comtesse de).

MONTMORENCY (Marie-Félicie des Ursins, duchesse de), seconde femme de l'amiral, III, 382, 383, 460, 468. — Son mariage, III, 318, 319, 321 et 322, 324. — Elle est grosse, III, 371.

MONTMORENCY (Charlotte de). Voyez CONDÉ (la princesse de).

MONTMORENCY (l'hôtel de), III, 319, 322.

MONTPELLIER (la ville de), III, 97, 160, 173; IV, 61.

MONTPENSIER (Henri de Bourbon, comte de), gouverneur de Normandie. Vers que lui fait Malherbe pour Catherine de Bourbon, I, 20-22. — Craintes que l'on a pour sa vie, III, 57. — Sa mort, III, 61, 62 et 63.

MONTPENSIER (la comtesse de), veuve du précédent, III, 108. — Elle se retire à l'hôtel du Bouchage après la mort de son mari, III, 63. — On parle de rompre le mariage du prince de Condé et de le remarier avec elle, III, 162 et 163, 193. — Son mariage avec le duc de Guise, III, 193, 208, 209, 212 et 213, 214. — Voyez GUISE (la duchesse de).

MONTPENSIER (Marie de Bourbon, duchesse de), fille des précédents, fiancée au second, puis au troisième fils de Henri IV, III, 57, 253; IV, 27, 28, 65. — Son mariage, IV, 243 et 244.

MONTPOUILLAN (Jacques de Caumont, seigneur de), gouverneur de Béarn, IV, 45.

MONTRÉCU (la porte de), à Amiens, III, 457.

MONTREVEL. Voyez MAUREVEL.

MONTS (de), conseiller au parlement de Provence. Le bruit court qu'il est nommé garde des sceaux, III, 551 et 552.

MONTSOREAU (René de Chambes, comte de) essaye d'enlever Marie Barré, III, 442.

MOPSE, I, 232, 236.

MORANT (Thomas), baron du Mesnil-Garnier, conseiller au grand conseil, trésorier de l'Épargne, etc., IV, 58 et note 4. — Malherbe le recommande à Peiresc, III, 25 et 26, 131 et 132, 214.

MORBIHAN (le), III, 578.

MOREL, officier d'artillerie, III, 328 et 329, 371, 376.

MORELLE (de la). Sonnet sur sa pastorale de *l'Amour contraire*, I, 291.
MORES (les), I, 25, 315.
MORET (la ville de), III, 34, 104, 359.
MORET (Jacqueline de Bueil, comtesse de), maîtresse de Henri IV, III, 24, 130, 359. — Elle reçoit une visite du Roi à Moret pendant sa grossesse, III, 34. — Rupture de son mariage, III, 40 et 41. — Ses bonnes relations avec le Roi, III, 49. — Fâcherie entre elle et le Roi, III, 104. — Sa dévotion, III, 153. — Elle est menacée de perdre un œil, III, 480.
MORET (Antoine comte de), fils naturel de Henri IV, III, 130. — Sa légitimation, III, 64.
MORGARD (Noël-Léon), auteur d'almanachs prophétiques, IV, 55. — Sa condamnation, III, 368 et 369, 385.
MORNAY (de). Voyez PLESSIS-MORNAY (du).
MOTTE (la), propriété de M. de la Garde, I, 356.
MOTTE (la), écuyer de Marie de Médicis, III, 347.
MURET, maison du prince de Condé, près de Soissons, III, 386.
MUSES (les), I, 94, 187, 204, 238; IV, 33, 99 et 100, 113, 240.
MUSES RALLIÉES (les), recueil de poésies, III, 8, 15, 19, 28, 53.
MYCÈNES (la ville de), I, 33.

N

NANCY (la ville de), III, 34, 129, 428, 429.
NANGY (de), III, 529.
NANTES (la ville de), III, 448, 451, 472.

NASSAU (Maurice comte de), depuis prince d'Orange, III, 557; IV, 229. — Il assiége la ville de Grol, III, 15.
NASSAU (Henri-Frédéric de) est attendu à Paris, III, 16.
NAUT LONDEL (de), de Caen, I, 345.
NAVAILLES (de). Voyez BENAC (de).
NAVARRE (le régiment de), III, 530.
NAVARRE, héraut d'armes, IV, 41.
NEMOURS. Voyage qu'y doit faire Henri IV, III, 11.
NEMOURS (Jacques de Savoie, duc de), III, 157, 158.
NEMOURS (Anne d'Este, duchesse de), femme du précédent. Sa mort, III, 37. — Mme de Mercœur obtient sa place dans la maison de Marie de Médicis, III, 68.
NEMOURS (Henri de Savoie, duc de), III, 311.
NEMOURS (l'hôtel de), III, 244.
NEPTUNE, I, 47, 84, 85, 176, 185, 196, 240, 269, 281.
NÉRÉE, I, 60, 229.
NÉRÉIDES (les), I, 85.
NÉRESTANG (Philibert de Lignerac, marquis de), conseiller d'État, maréchal de camp, III, 424.
NÉRY, fille de la cour, maîtresse présumée de Henri IV, III, 582 et 583.
NESLES (René aux Épaules, marquis de), gouverneur de la Fère, IV, 70. — Sa querelle avec le comte de Braisne, III, 244-246, 250, 284, 290, 291.
NEUBOURG (Philippe-Louis de Bavière, duc de), gendre du duc de Clèves. Affaire de la succession de ce dernier, III, 98.
NEUBOURG (Anne duchesse de), femme du précédent, fille du duc de Clèves, III, 98.
NEUILLY-LE-MALHERBE, terre qui

appartenait anciennement à la famille Malherbe, I, 331.
NEVERS (la ville de), III, 89, 105, 293, 517, 520.
NEVERS (le duc de), III, 208, 209, 215, 238, 265, 293, 309, 336, 342, 381, 465, 466, 469, 475, 476, 505, 509, 517, 520, 529, 555; IV, 230. — Il a une querelle avec le prince de Condé, III, 27. — Affaire de la succession du duc de Clèves, son grand-père, III, 95 et 96, 103, 176. — La princesse de Conty le prie de faire désister le duc de Mayenne de la recherche de Mlle de Vendôme, III, 357. — Traitement qu'il fait subir au trésorier Vertaut, III, 369 et 370, 377. — Il assiége la citadelle de Mézières, III, 395, 398 et 399, 400. — Lettres qu'il écrit à Marie de Médicis, III, 401. — Il fait sa paix avec la cour, III, 420, 430. — Son retour, III, 461, 462 et 463. — Querelle entre son carrossier et celui du duc de Guise, III, 463 et 464.
NEVERS (la duchesse de), femme du précédent, III, 89, 359, 361, 377, 381, 469, 477 et 478, 509, 510, 520 et 521; IV, 230. — La princesse de Conty la prie de faire desister le duc de Mayenne, son frère, de la recherche de Mlle de Vendôme, III, 357. — Accueil que lui fait Marie de Médicis, III, 474, 475.
NICOLAÏ (Jean de), premier président de la chambre des comptes, III, 347.
NICOLO, joaillier, III, 360 et 361.
NIENBOURG, ville du Hanovre, IV, 24.
NIL (le), I, 283; III, 348.
NIMES (la ville de), III, 334. — Le siége présidial est transféré de Nimes à Beaucaire, III, 354.

NOBLE (Nicolas le), III, 566.
NOCY (de), nom d'une famille alliée à celle de Malherbe, I, 332.
NOIRESTAN. Voyez NÉRESTANG.
NOIRMOUTIER (l'île de), IV, 11.
NOIRMOUTIER (Louis de la Trémoille, marquis de), III, 284. — Sa mort, III, 329 et 330, 333.
NOIRMOUTIER (Lucrèce Bouhier, marquise de), veuve du précédent, III, 329.
NOIRMOUTIER (Louis de la Trémoille, marquis, puis duc de), fils des précédents, III, 329.
NOISY. On y conduit le Dauphin et le duc d'Orléans, III, 48. — On y emmène le comte de Soissons, III, 330.
NOSTRADAMUS (les Centuries de), III, 121, 531 et 532.
NOTRE-DAME de Paris, III, 134, 183, 186, 198, 201, 468; IV, 68.
NOTRE-DAME (le cloître de), III, 140.
NOTRE-DAME (le pont), III, 468.
NOTRE-DAME l'image, enseigne, III, 14.
NOTRE-DAME de Chartres, III, 83, 359.
NOTRE-DAME de Liesse, III, 39.
NOTRE-DAME de Montaigu, en Flandre, III, 223.
NOTRE-DAME-DES-LASSEZ. Inscription qui s'y trouve, et dont Malherbe prie Peiresc de lui envoyer une copie, III, 381, 407, 422, 424 et 425.
NOTRE-DAME-DE-VICTOIRE, près de Senlis. Voyage qu'y fait la reine Marguerite, III, 341.
NOYERS (François Sublet, seigneur de), baron de Dangu, intendant des finances, puis secrétaire d'État, IV, 64.

O

O (d'). Voyez GUESLE (de la).
OCHY (d'). Voyez AUCHY (d').
OGNANO (Marie Sforce, duc d'), mari de Mlle de Mayenne, III, 293.
OISE (Mme d'), créancière de Malherbe, I, 335, 343.
OLIVIER, conseiller au parlement d'Aix, correspondant de Peiresc, III, 143.
OLLAINVILLE (le château d'), III, 440.
OLYMPE (le mont), I, 89.
ONS-EN-BRAY (Jérôme de Hacqueville, seigneur d'), IV, 112.
OPPÈDE (Vincent-Anne de Fourbin Meynier, baron d'), premier président du parlement d'Aix, III, 569, 576, 577, 578.
OPPÈDE (Marguerite d'Oraison, baronne d'), femme du précédent, III, 150.
OR (l') de Poitiers, abbaye, III, 506.
ORAISON (François d'), vicomte de Cadenet, donne à Malherbe un air pour une chanson, III, 140.
ORAISON (d'). Voyez LIVARROT (de).
ORANGE (Philippe-Guillaume de Nassau, prince d'), III, 91, 279, 295. — Son mariage avec Éléonore de Bourbon, III, 10, 15.
ORANGE (Éléonore de Bourbon, princesse d'), femme du précédent, III, 88, 90 et 91, 249, 279, 295, 296. — Son mariage, III, 10, 15.
ORANTHE. Voyez CONDÉ (Ch.-M. de Montmorency, princesse de).
ORATOIRE (les prêtres de l'), III, 322.
ORLÉANS (la ville d'), III, 170, 179, 233, 385, 392, 439, 440, 443, 444, 445, 461, 514, 515. — Démarche du corps de ville auprès du comte de Beaumont, III, 398.
ORLÉANS (N. duc d'), second fils de Henri IV, III, 48, 144. — Sa naissance, III, 32 et 33; IV, 197 et 198. — Il est fiancé à Mlle de Montpensier, III, 57. — Il va donner de l'eau bénite au corps de son père, III, 178, 201 et 202. — Il joue à Saint-Germain dans la tragédie de *Bradamante*, III, 247, 248. — Sa mort, son enterrement, son épitaphe, I, 189 et 190; III, 253, 256, 262; IV, 197, 230.
ORLÉANS (Gaston-Jean-Baptiste duc d'), troisième fils de Henri IV, III, 304, 330, 351, 424, 431, 460, 468, 490, 493, 497, 511, 513, 514, 515, 527, 529; IV, 9, 77, 111. — Sonnet que lui adresse Malherbe, I, 259. — Hésitations de Henri IV au sujet d'un nom à lui donner, III, 66 et 67. — Il va donner de l'eau bénite au corps de son père, III, 178, 202. — Il joue à Saint-Germain dans la tragédie de *Bradamante*, III, 247. — Il est fiancé à Mlle de Montpensier après la mort de son frère, III, 253. — Marie de Médicis vient de Fontainebleau à Paris pour le voir; remède qu'il refuse de prendre, III, 344-346. — Son baptême, III, 430, 434-436. — Il assiste à la séance d'ouverture des états généraux de 1614, III, 470 et 471, 472. — Il préside l'assemblée des notables de 1626-1627, III, 574. — Ses adieux à Louis XIII partant pour la Rochelle, III, 579 et 580. — Son mariage avec Mlle de Montpensier est arrêté, IV, 27, 28, 65. — Accomplissement de ce mariage, IV, 243 et 244.
ORNANO (Alphonse d'), maréchal de France, III, 130. — Sa mort, III, 134.

Ornano (Jean-Baptiste d'), fils du précédent, III, 134, 209.
Orphée, I, 187, 299.
Osambray. Voyez Ons-en-Bray.
Ossat (Arnaud d'), cardinal. Bassesse de son extraction, IV, 103.
Ostende (la ville d'), III, 364; IV, 18. — *Prosopopée d'Ostende*, I, 56 et 57.
Ouville, terre appartenant à la belle-sœur de Malherbe, I, 334.
Ovide. Henri IV ordonne la réimpression de ses *Métamorphoses*, III, 363.

P

Pactole (le), I, 200.
Palestine (la), I, 311.
Pallas, I, 216, 231, 252.
Palu (de la), III, 423.
Palud (Madeleine de la), séduite par le sorcier Gaufridi, III, 226, 227, 241, 256.
Pan, I, 231.
Pan (le grand), nom sous lequel Malherbe désigne le cardinal de Richelieu, IV, 19 et 20.
Panjas (Louis de Pardaillan, comte de) meurt de la petite vérole, III, 52.
Paolo (fra). Voyez Sarpi.
Pabarère (Henri de Baudéan, comte de), III, 314.
Parent, I, 346.
Paris (la ville de), III, 3, 7, 9, 11, 12, 15, etc. — Voyez Notre-Dame, Pont-Neuf (le), etc.
Paris, I, 33, 264; IV, 93.
Parlement (le), III, 255, 266, 294, 515, 576. — Ses remontrances de 1615, III, 497 et 498, 500, 504; IV, 39.
Parnasse (le), I, 283; IV, 34, 113.
Parques (les), I, 40, 58, 94, 113, 119, 189, 256, 297, 299, 357.
Pasquier (Étienne). Quatrain de Malherbe sur un portrait où il était représenté sans mains, I, 1.
Pasté (Mme), III, 429.
Pastrana (le duc de), ambassadeur extraordinaire d'Espagne en France, III, 258, 263.
Patrière (Mlle de la). Amour du duc de Lorraine pour elle, III, 34. — Elle meurt de la petite vérole, III, 52.
Patrix (Pierre), poëte normand, IV, 62, 64, 77. — Lettre que lui écrit Malherbe, IV, 111.
Pau (la ville de), III, 421 et 422.
Paul V, pape, III, 199.
Paulet (Charles), inventeur et fermier du droit établi sur le prix des offices de judicature et de finance, III, 307, 327.
Paulet (Angélique), fille du précédent, III, 307, 328, 342.
Paulet (Jean), seigneur de Saint-Ouen à Jersey, entremetteur des huguenots pour l'Angleterre, III, 566.
Pedro (don de Tolède), ambassadeur d'Espagne. Son entrée ridicule à Paris, III, 69.
Peiresc (Nicolas-Claude de Fabri de), III, 520, 585; IV, 87, 89, 129. — Malherbe lui demande une devise pour un carrousel, III, 1. — Il est volé par un domestique gascon; poursuites dirigées contre ce dernier, III, 13 et 14, 16, 19 et 20, 23, 25, 27, 31, 32. — Malherbe le prie de lui envoyer deux camisoles, III, 7, 11, 14, 18, 20. — Malherbe lui recommande Thomas Morant, III, 25 et 26, 131 et 132, 214. — Il achète la baronnie de Rians, III, 28. — Malherbe lui demande de l'huile de fleur d'orange, III, 31, 37, 38 et 39, 42. — Malherbe lui envoie des aiguillettes, III, 38, 51, 53. — Il est reçu conseiller au parle-

ment de Provence, III, 41, 43.
— Malherbe lui fait faire des rabats, III, 43, 45, 47. — Malherbe lui envoie des coquilles d'or moulu, III, 43, 45, 46 et 47. — Dumonstier doit lui envoyer le portrait de Guillaume du Vair, III, 53, 54, 57, 60.
— Mort de M. de Calas, son oncle, III, 60. — Malherbe lui recommande Mme de Pipelles, III, 80, 82. — Malherbe tarde à lui rembourser de l'argent qu'il lui doit, III, 208, 211, 219, 222, 224. — Malherbe lui envoie des médailles, III, 223 et 224, 225. — Sa lettre à Malherbe sur le sorcier Gaufridi, III, 226-228, 230, 243. — Il manifeste l'intention de publier ses observations sur les satellites de Jupiter, III, 241 et 242. — Malherbe lui demande des lettres pour un recueil, III, 256. — Malherbe le prie de lui acheter un ballet dansé aux noces du duc de Joyeuse, III, 258 et 259. — Il fait un voyage à Paris en 1612, III, 260. — Dumonstier doit copier pour lui un portrait de Henri IV, III, 184 et 185, 341, 351, 356, 380 et 381, 416, 431. — Dumonstier fait pour lui la copie d'une peinture trouvée à la Vieille-Monnaie, III, 322 et 323. — Malherbe lui envoie une pièce de monnaie gauloise, III, 330 et 331, 332, 340 et 341, 350, 355, 371, 407, 476. — On lui expédie des livres, III, 355 et 356, 366 et 367. — Malherbe lui recommande M. de Pibrac, III, 255, 403. — Inscription antique dont Malherbe le prie de lui envoyer la copie, III, 381, 407, 422, 424 et 425, 432. — Malherbe lui envoie une pièce de monnaie de la princesse de Conty, III, 476, 480. — Vers de Sirmond que lui envoie Malherbe, III, 484. — Il confie une caisse à Malherbe; cette caisse est ouverte par des voleurs, III, 263, 522 et 523. — Malherbe lui communique des manuscrits de l'abbaye de Saint-Étienne de Caen, III, 538 et 539, 539-542, 543, 546, 549, 550, 551, 554.
— M. de Saint-Clair lui envoie des médailles par Malherbe, III, 558 et 559, 559 et 560. — Lettres que lui écrit Mme de Malherbe, III, 587 et 588. — Lettres que lui écrit François du Bouillon, III, 589-595.

PÉLÉE, I, 199.

PÉLION (le mont), I, 89.

PELLEVÉ (de), nom d'une famille alliée à celle de Malherbe, I, 332.

PÉNÉE (le fleuve), I, 226.

PÉNÉLOPE, I, 36.

PÉRICARD (la bastide du plan), appartenant à Laurent de Coriolis, I, 339.

PÉRIER (François du), ami de Malherbe, III, 8, 12, 15, 19, 22, 28, 31, 43, 51, 53, 54, 55, 65, 99, 484, 583; IV, 124 et 125 et note 1. — Stances sur la mort de sa fille, I, 38-43. — Il est désigné sous le nom de Cléophon, I, 39 et 40 notes. — Malherbe lui envoie de ses vers, III, 23. — Caresses que lui fait Henri IV, III, 42, 51.

PÉRIER (Scipion du), fils du précédent, avocat à Aix, III, 19; IV, 124 et 125 et note 1.

PÉRIER (Marguerite du), sœur du précédent. Stances sur sa mort, I, 38-43.

PERMESSE (le), rivière, I, 210.

PÉRONNE (la ville de), III, 207, 249.

PERRON (le cardinal Jacques Davy du), III, 53, 470 et 471. — Impression d'un livre de lui,

III, 371. — Lettre que lui écrit Malherbe, IV, 3-5.

PESCHÉ (Mercure de Saint-Chamant, seigneur du), III, 336.

PESCHÉ (Mme du), femme en premières noces du précédent, III, 336. — Voyez CHAPELLE (la comtesse de la).

PETIT, premier médecin de Henri IV, III, 102, 104, 432.

PETITES-MAISONS (les), IV, 29.

PETITS-CHAMPS (la rue des), III, 14.

PÉTRARQUE, IV, 260, 308, 470.

PETROLIN, comédien de la troupe d'Arlequin, III, 337.

PEYROLLES, serviteur du duc d'Espernon, III, 394 et 395 et note 8.

PHAÉTHON, I, 93; IV, 328.

PHELYPEAUX (Paul), seigneur de Pontchartrain, secrétaire des commandements de Marie de Médicis, puis secrétaire d'État, III, 146, 460.

PHÉNIX, I, 113.

PHILIPPE II, roi d'Espagne, III, 493.

PHILIPPE III, roi d'Espagne, fils du précédent, III, 314, 317, 319. — Double alliance projetée entre les maisons royales de France et d'Espagne, III, 299, 300 et 301, 303, 304, 307, 334 et 335, 360, 364, 448 et 449, 479, 489 et 490, 493, 501. — Sa mort, IV, 221, 230.

PHILIPPE, prince des Asturies, fils du précédent. Préliminaires de son mariage avec Madame Élisabeth, fille de Henri IV, III, 299, 300 et 301, 303, 304, 307, 334 et 335, 360, 364, 448 et 449, 479, 489, 493, 495 et 496, 498, 501, 510, 517, 518, 525, 532; IV, 39.

PHILIPPES (les). Malherbe est en pension chez eux à Caen, I, 336.

PHILIPPE-AUGUSTE, roi de France, IV, 42.

PHILIS, I, 99 et 100.

PHINÉE (les oiseaux de), I, 159.

PHLÉGRE, ville de Macédoine, I, 281.

PIBRAC (Michel du Faur, seigneur de) est recommandé à Peiresc par Malherbe, III, 255, 403.

PICARDIE (le régiment de), III, 530.

PICPUS, près de Limours, III, 527.

PIÉMONT (le régiment de), III, 530.

PIERIUS VALERIANUS (Joannes), III, 1.

PIERRE (les *Larmes de saint*), I, 4-18.

PIERRE, savetier, III, 325, 424, 431.

PIGACIÈRE (de la). Voyez MALHERBE (Pierre de).

PILES, meurtrier de Marc-Antoine de Malherbe, I, 349, 350, 351; IV, 132.

PIPELLES (Mme de) est recommandée à Peiresc par Malherbe, III, 80, 82.

PISE, ville d'Élide, I, 124, 187.

PITHIVIERS (la ville de), III, 175, 181.

PIZIEUX (de). Voyez BRÛLART (Pierre).

PLACIN (Nicolas), III, 39.

PLAINVILLE (de), capitaine des gardes, III, 378. — Il arrête le duc de Vendôme, III, 390.

PLAUTE. Arlequin et sa troupe jouent ses *Ménechmes*, III, 337.

PLÉIADES (les), I, 212.

PLESSIS (le), en Normandie, I, 345.

PLESSIS (l'abbaye du), près de Caen, III, 544.

PLESSIS (du). *Réponse* de Coeffeteau à son *Mystère d'iniquité*, III, 336.

PLESSIS (du), sergent de bataille de l'armée royale, III, 529.

PLESSIS-HOUDANCOURT (Daniel de

la Mothe du), évêque de Mende. Lettre que lui écrit Malherbe, IV, 98-101.
PLESSIS-MORNAY (du), III, 445, 448 et 449.
PLINE, III, 1.
PLUMIE (les comtes de la), de qui Concini prétendait descendre, III, 207.
PLUTON, I, 40, 269.
PLUVIERS (la ville de), III, 175, 181.
PLUVINEL (Antoine de), sous-gouverneur de Louis XIII, premier écuyer de la grande écurie. Arrogance de Concini à son égard, III, 373 et 374.
PLYMOUTH (la ville de), III, 580.
Pô (le), I, 93, 110, 120, 198.
POIGNY (Jacques d'Angennes, marquis de), III, 502.
POITIERS (la ville de), III, 102, 446, 456, 506, 524. — Les habitants de Poitiers refusent d'ouvrir leurs portes au prince de Condé, et chassent leur gouverneur, III, 439, 441, 445.
POMMEUSE (de). Voyez PUGET (du).
POMPADOUR (Marguerite de Rohan-Guémené, vicomtesse de). Sa mort, III, 358.
PONTAC (Geoffroy de), conseiller au grand conseil, maître des requêtes au parlement de Bordeaux, reçoit une bastonnade, III, 327 et 328, 342.
PONT-ANTONIN (le), près de Villefranche, III, 280.
PONTANUS, IV, 454.
PONT-DE-L'ARCHE (la ville de), III, 481.
PONT-NEUF (le), III, 240, 250, 486; IV, 77, 93.
PONT-SAINT-ESPRIT (le), I, 343.
PONT-SAINT-PIERRE (Pierre de Roncherolles, baron de) parle à la séance d'ouverture des états généraux de 1614, III, 473.

PONTS-DE-CÉ (les), III, 452.
PORCHÈRE (Arbaut de), cousin de Mme de Malherbe, III, 578.
PORCHÈRES (Honorat Laugier, sieur de), poëte provençal, III, 339, 348. — Il est attaqué et blessé un soir en rentrant chez lui, III, 376.
PORTES (Antoine-Hercule de Budos, marquis de), III, 509, 527.
PORTES (Philippe des), abbé de Tiron. Sa mort, III, 9 et 11. — Commentaire de Malherbe sur ses poésies, IV, 249-473.
PORT-LOUIS. Voyez BLAVET.
POULAIN, III, 18.
PRAGUE (la ville de), III, 148, 151.
PRASLIN (Charles de Choiseul, marquis de), capitaine des gardes, puis maréchal de camp, III, 169, 395, 399, 404, 418, 429, 514, 518, 529. — Il poursuit le prince et la princesse de Condé s'enfuyant en Flandre, III, 118 et 119. — Il voulait accompagner Henri IV le jour où celui-ci fut tué, III, 168.
PRASLIN (Claude de Cazillac, marquise de), femme du précédent, III, 382, 418.
PRAT (du) amène en France deux femmes de l'île Maragnan, III, 499.
PRÉ (J. du). Vers de Malherbe sur son *Portrait de l'éloquence françoise*, I, 249.
PRÉ (Guillaume du), graveur, fait une effigie de Henri IV, III, 178 et 179.
PRÉAUX (Charles de l'Aubépine, abbé de), marquis de Châteauneuf, III, 157. — Son retour des Pays-Bas après la conclusion d'une trêve, III, 85. — Il est envoyé à Bruxelles près du prince de Condé fugitif, III, 146.
PRÉCART, III, 348.
PRÉDESEGLE (de), III, 96, 97.

PREMIER Monsieur le, Voyez LIANCOURT (de).
PRESLES (Louis de Nicolaï, seigneur de) est nommé enseigne des gardes de Marie de Médicis, III, 347.
PRESSOIR (le). Séjours qu'y fait Mlle des Essarts, III, 35, 68.
PRETY, tué en duel, III, 459.
PRIAM, I, 41.
PRIVAS (la ville de), IV, 69.
PRON (de), gantier de la cour du Palais, III, 234.
PROVENCE, relieur, III, 115.
PUGET (Étienne du), seigneur de Pommeuse, trésorier de l'Épargne, III, 333 et 334. — Il est poursuivi avec d'autres financiers, III, 39.
PUGET (Étienne du), fils du précédent, perd sa femme en couches, devient évêque de Dardanie, puis de Marseille, III, 333 et 334, 547.
PUGET (Mme du), femme du précédent, meurt en couches, III, 333 et 334.
PUISIEUX (de). Voyez BRÛLART (Pierre).
PUITS D'AMOUR (le), enseigne, III, 429.
PUY (la bastide du), appartenant à Laurent de Coriolis, I, 339.
PUZANDRE (de la), IV, 48 note 11.
PYRÉNÉES (les), I, 66; IV, 109.

Q

QUENCHE (Mlle), une des femmes de Marie de Médicis, III, 400.
QUILLEBEUF (la ville de), III, 265.
QUINZE-VINGTS (les), IV, 28.

R

RABEL (Daniel), peintre. Sonnet que lui adresse Malherbe sur un livre de fleurs, I, 257 et 258.
RACAN (Honorat de Bueil, marquis de), ami de Malherbe, III, 535; IV, 90, 94 et 95, 113. — Sa *Vie de Malherbe*, I, LXIII-LXXXVIII. — Lettres que lui écrit Malherbe, IV, 6-34, 239 et note 1 et 240.
RACINIÈRE (la), marchand à Caen, I, 345.
RAGNY (Léonor de la Madeleine, marquis de), III, 287, 358.
RAGNY (Hippolyte de Gondy, marquise de), femme du précédent, III, 382, 406, 505.
RAIZ. Voyez RETZ.
RAMBOUILLET (Charles d'Angennes, marquis de), vidame du Mans, III, 250, 265, 354, 387, 444, 524. — Il est envoyé près du duc de Savoie pour négocier la paix entre celui-ci et l'Espagne, III, 502.
RAMBOUILLET (Catherine de Vivonne, marquise de), III, 330, 332, 407, 524. — Vers faits pour elle par Malherbe, I, 247, 264 et 265. — Elle est désignée sous le nom de Rodanthe et sous celui d'Artenice, I, 248; IV, 13, 25, 190. — Nouvelles qu'elle apprend à Malherbe, III, 444. — Lettre que lui écrit Malherbe, IV, 190 et 191.
RAMBURES (Jean de), mestre de camp du régiment des gardes, III, 404, 413 et 414.
RAMBURES (le régiment de), III, 530.
RANVILLE (Baillehache, sieur de), IV, 82.
RAVAILLAC (François de), assassin de Henri IV, III, 165, 168-173, 181.
RAVARDIÈRE (de la), huguenot, III, 565.
RAZILLY (de), gentilhomme de

Poitou, auteur d'une invention merveilleuse, III, 195 et 196. — Il ramène des Topinamboux de l'île de Maragnan, III, 297 et 298, 301, 306, 314 et 315, 316, 327, 340, 386.

Ré (l'île de). Ode à Louis XIII partant pour en chasser les Anglais, I, 277-283. — Les Anglais y débarquent en 1627, III, 576; IV, 71, 77.

Réauville (Jean des Rolands de), premier président de la chambre des comptes du parlement de Provence. Sa mort, III, 70-73.

Reffuge (de), attaché à l'armée royale pour le conseil et pour les finances, III, 529.

Reims (la ville de), III, 149, 153, 206, 209, 361, 471.

Remiremont (Élisabeth de Salm, abbesse de) est enlevée de son abbaye sur la demande de sa famille, III, 441 et 442.

Renieville (le château de), III, 566.

Rennes (la ville de), III, 451.

Réolle (la), place commandée par le maréchal de Roquelaure, IV, 50.

Resnel (Louis de Clermont d'Amboise, marquis de). Mauvais accueil que lui fait Marie de Médicis, III, 466. — Sa mort, III, 528 et 529.

Resnel (Anne Lallemant de Marmaignes, marquise de), femme du précédent, III, 528 et 529.

Restanclières (Rolin de Saint-Bonnet, seigneur de), capitaine au régiment des gardes, est tué au combat de l'île de Ré, III, 576.

Réthel (la ville de), III, 377.

Réthelois (François de Paule, duc de), fils du duc de Nevers, III, 475.

Retz (Henri de Gondy, duc de), III, 420, 460, 511. — Henri IV veut lui faire épouser la comtesse de Chemillé, III, 140. — Il est fiancé avec elle, III, 164.

Retz (Henri de Gondy, cardinal de), dernier évêque de Paris, I, 394; III, 226 et 227, 563. — Il officie à l'ouverture des états généraux de 1614, III, 468.

Réveillon Putecoste (de), beau-frère de Malherbe, I, 334.

Réveillon Putecoste (Marie de Malherbe, dame de), femme du précédent, sœur de Malherbe, I, 19, 333 et 334, 336; IV, 45, 78-80.

Réveillon Putecoste (Madeleine de), fille des précédents, I, 336.

Revest (Andrieu-Mathieu du), mère du sieur de Bras, I, 342.

Rheinberg. Prise de cette ville, III, 4, 8, 11.

Rhin (le), I, 65; IV, 109.

Rhodes (Guillaume Pot, seigneur de), grand maître des cérémonies, est consulté pour fixer le jour du couronnement de Marie de Médicis, III, 163. — Ses fonctions aux funérailles de Henri IV, III, 198.

Rhône (le), I, 115; IV, 69.

Riberpré (de), commandant de la citadelle d'Amiens sous Concini, III, 390 et 391, 537. — Il est nommé gouverneur de Corbie, III, 436. — Il est chassé de son gouvernement, III, 531.

Ribier (Jacques), conseiller au parlement de Paris, III, 112, 333, 339, 353, 373, 455, 477, 534 et 535; IV, 89.

Ribier (Mlle), III, 112 et 113.

Rich (Robert-Henri), IV, 64.

Richardet, secrétaire de l'évêque de Toul, III, 184, 187.

Richardot (J. Grusset), président

du conseil privé des Pays-Bas. Son ambassade en France, III, 100 et 101. — Sa mort, III, 106.

RICHELIEU (Armand du Plessis, cardinal de), I, 353; III, 581; IV, 26, 33, 68, 98, 99, 100 et 101, 132 et 133, 230, 240. — Sonnets que lui adresse Malherbe, I, 261, 272. — Son éloge dans une ode de Malherbe à Louis XIII, I, 279. — Fragments de vers à lui adressés, I, 313 et 314. — J. B. de Boyer lui dédie la traduction des *Épîtres* de Sénèque par Malherbe, II, 261 et 262. — Il promet sa faveur à Malherbe, III, 572 et 573, 573 et 574. — Inquiétudes qu'inspire sa santé, IV, 19 et 20. — Son éloge, IV, 20 et 21, 104-111. — Lettre que lui écrit Malherbe, IV, 117-119.

RICHELIEU (Alphonse-Louis du Plessis de), frère du précédent, archevêque d'Aix, III, 574; IV, 132 et 133. — Contestation entre lui et le parlement d'Aix, III, 575 et 576. — Lettre que lui écrit Malherbe, IV, 113-116.

RICHER (Edmond), docteur de Sorbonne, persécuté pour son livre *de la Puissance ecclesiastique et politique*, III, 255, 266.

RICHER, imprimeur, III, 159.

RIEZ (la ville de), III, 419, 535, 552; IV, 88.

RIOLET apporte au chevalier de Guise un cartel du baron de Lux, III, 289.

Ris, près de Juvisy, III, 356.

RIS (Alexandre Faucon de), premier président du parlement de Rouen, III, 56.

RIVIÈRE (le baron de la) est tué par de Courtenay Blesneau, III, 101, 103.

ROANNÈS (Louis Gouffier, duc de), gouverneur de Poitiers, est chassé de cette ville par les habitants, III, 439, 441.

ROBIN (Thomas), de Tours, partisan, fermier général des gabelles de France, III, 254. — Il se plaint de dépenses faites sur les fonds de l'argenterie, III, 148.

ROBIN, fils du précédent, III, 254.

ROCHE (Balthasar Flotte, comte de la), III, 223. — Il est mis à la Bastille, III, 394.

ROCHE (Marthe de Clermont d'Amboise, comtesse de la), femme du précédent. Vers que lui adresse Malherbe, I, 134-136. — Sa mort, III, 223.

ROCHE-AU-MAINE (la), lieu de résidence de Racan, IV, 25.

ROCHEBARITAUD (de la) est tué au combat de l'île de Ré, III, 576.

ROCHEFONTAINE, huguenot, III, 557.

ROCHEFORT (L. d'Aloigny, marquis de), chambellan du prince de Condé, l'accompagne dans sa fuite en Flandre, III, 118. — Il succède au marquis de Noirmoutier comme lieutenant de Roi en Poitou, III, 333, 349, 448. — Son affaire contre Marsillac, III, 486 et note 7.

ROCHEFOUCAULD (François comte, puis duc de la), III, 272, 330, 371, 374 et 375, 392, 525, 550. — Projet de mariage entre lui et Mlle de Liancourt, III, 134.

ROCHEFOUCAULD (la comtesse de la), femme du précédent. Voyez LIANCOURT (Mlle de). — III, 274, 282.

ROCHEFOUCAULD (le cardinal de la), III, 456, 470 et 471. — Il tient Madame Henriette sur les fonts de baptême, III, 430, 435.

ROCHE-GIFFARD (Mme de la), III, 443.

ROCHE-GIFFARD (Samuel de la

Chapelle, seigneur de la), fils de la précédente, enlève Mlle de Montbarot, III, 442 et 443, 445-447.
Roche-Guyon (François de Silly, comte de la), damoiseau de Commercy, marquis de Guercheville, III, 138, 371, 459, 466, 468, 583.
Rochelle (la), III, 270, 280, 393, 404, 445, 448, 566, 578, 579, 580, 581, 591, 594; IV, 57. — Ode à Louis XIII, partant pour combattre la rébellion de cette ville, I, 277-283. — Vers sur la prise de cette ville, I, 284, 354. — Siége de la Rochelle par les troupes de Louis XIII, IV, 66 et 67, 70 et 71.
Rodanthe. Voyez Rambouillet (la marquise de).
Rodelle (de) poursuit le prince et la princesse de Condé s'enfuyant en Flandre, III, 118. — Il arrête le baron de Saugeon, III, 280.
Rodolphe II, empereur d'Allemagne, III, 98, 133, 139, 162.
Rohan (Henri duc de), III, 99, 265, 404, 443, 506, 591; IV, 61. — Son retour de Flandre, III, 15. — Place que Henri IV lui donne dans Paris, III, 58. — Il vend à Bassompierre sa charge de colonel des Suisses, III, 393, 412.
Rohan (Marguerite de Béthune, duchesse de), femme du précédent, III, 99, 107, 163, 229, 243, 246, 549. — Elle assiste au mariage du duc de Vendôme et de Mlle de Mercœur, III, 93 et 94.
Rohan (Anne de), III, 34, 99, 243, 377, 382.
Rohan (Henriette de), sœur de la précédente, III, 382 et 383.
Rohan (Mlle de), III, 163, 164, 243, 246, 324. — Projet de mariage entre une demoiselle de Rohan et François de Cossé, duc de Brissac, III, 134, 137.
Rohan (Hercule de). Voyez Montbazon.
Rome (la ville de), III, 222, 293, 424; IV, 130.
Romefort (MM. de) perdent un procès contre M. de Montespan, III, 48.
Romorantin, III, 148, 149.
Romorantin (la comtesse de). Voyez Essarts (Charlotte des).
Roncherolles (de). Voyez Pont-Saint-Pierre (de).
Ronsard, IV, 266, 330, 469. — Vers de Malherbe sur un portrait de Cassandre, maîtresse de Ronsard, I, 251.
Roque (Nicolas), tabellion à Caen, I, 336.
Roquebrune, village près de Fréjus, III, 491.
Roquelaure (Antoine de), III, 134 et 135. — Il donne un festin à la cour, III, 155. — Il est nommé maréchal de France et sénéchal de Guienne, III, 482. — Difficulté entre le duc de Mayenne et lui, IV, 50.
Rosel (du), conseiller d'Église au parlement de Rouen, III, 565.
Rosny (Maximilien de Béthune, marquis de), fils de Sully, III, 371, 387, 487, 506. — Il épouse Françoise de Créquy, III, 4, 86 et 87, 106, 111, 114. — Il doit accompagner Henri IV à l'armée, III, 158.
Rosset (François de), auteur d'un recueil de lettres et du *Roman des chevaliers de la gloire*, III, 256, 259, 263, 265, 273, 274, 279, 280, 295.
Rostincler. Voyez Restanclières.
Rothelin (Henri d'Orléans, marquis de), IV, 68.
Rouane (la ville de), III, 105.
Rouen (la ville de), I, 332; III, 79, 170, 251, 297, 315, 316,

319, 335, 346, 347, 406, 544, 550, 559, 560, 564, 565, 592, 594; IV, 126 et 127, 228, 234.
ROUILLAC (Louis de Goth, marquis de) se bat en duel à la place Royale, III, 379 et 380.
ROULE (le), III, 277.
ROUX, III, 528, 532.
ROYALE (la place), III, 379, 380.
ROYE (la ville de), III, 207.
ROYE (la maison de), III, 335.
ROYER, IV, 10, 26.
RUAUX (des), lieutenant des gardes du corps, III, 395.
RUCCELLAÏ (l'abbé Louis ou Jean de), III, 555, 563.
RUNGIS (les sources de), amenées à Paris par un aqueduc dont Louis XIII pose la première pierre, III, 320 et 321, 325.
RYON (de), III, 216 et 217, 233.

S

SABLÉ (Philippe-Emmanuel de Laval, marquis de), seigneur de Bois-Dauphin, III, 393, 529. — Il est fiancé à Madeleine de Souvré, III, 366. — Son mariage, III, 371.
SABLÉ (Madeleine de Souvré, marquise de), femme du précédent. Voyez SOUVRÉ (Madeleine de).
SAGE (le), avocat au grand conseil, I, 346.
SAGONNE, nièce de Mme de Fresnes, III, 159.
SAINT-AGNAN-LE-MALHERBE, terre qui appartenait anciennement à la famille Malherbe, I, 331; III, 543 et 544, 597; IV, 59 note 6.
SAINT-AIGNAN (Honorat de Beauvillier, comte de), III, 502 et 503.
SAINT-AIGNAN (Jacqueline de la Grange de Montigny, comtesse

de), femme du précédent, III, 502 et 503.
SAINT-ANDRÉ (de), III, 4.
SAINT-ANTOINE (la rue), III, 275, 276.
SAINT-AUBIN (Gaston de Grieu, sieur de), prévôt des marchands, III, 321.
SAINT-BONNET (Jacques de), frère du maréchal de Toiras, IV, 76 et 77.
SAINT-BRISSON (Louis Seguier de), prévôt de Paris, III, 352.
SAINT-BRISSON (Anne de Balzac, veuve de François de l'Isle, seigneur de Trigny, dame de), femme en secondes noces du précédent, III, 352.
SAINT-CANNAT (Gaspard de Forbin, seigneur de), III, 217. — Malherbe lui envoie de ses vers, III, 23.
SAINT-CHAMANT. Voyez PESCHÉ.
SAINT-CLAIR (de), maître des requêtes à Rouen, III, 558; IV, 61. — Il donne des médailles à Malherbe pour Peiresc, III, 558 et 559, 559 et 560.
SAINT-CLOUD (la ville de), III, 45.
SAINT-DENIS (la ville de), I, 180; III, 136, 182, 183, 186, 189, 201, 222, 278, 310.
SAINT-DENIS (la rue), III, 168.
SAINTE-CHAPELLE (la), III, 198.
SAINTE-GENEVIÈVE, III, 215.
SAINTE-MARTHE (Gaucher Scévole de), président et trésorier de France dans la généralité de Poitiers, III, 441.
SAINTE-MAURE (François de), seigneur de Sales, est tué en duel à la place Royale, III, 379 et 380.
SAINTE-MENEHOULD (la ville de). La paix y est signée entre la Reine et les Princes, III, 420, 440.
SAINTE-SUZANNE (René Fouquet, seigneur de la Varenne, baron

de), III, 138, 139. — Intention de Henri IV de lui donner un régiment, III, 23.

Saint-Étienne de Caen (l'abbaye de). On y voit les armoiries de la famille Malherbe, I, 332, 350; III, 6; IV, 44 et 45. — Visite qu'y fait Malherbe; il en communique les manuscrits à Peiresc, III, 538 et 539, 539-542, 543, 549, 550, 551, 554.

Saint-Eustache (l'église), III, 214.

Saint-Georges (de). Afin de l'épouser, Mme Miron veut empoisonner son mari, III, 22.

Saint-Georges (Mme de), femme du précédent. Son mari et Mme Miron veulent l'empoisonner, III, 22.

Saint-Géran (Jean-François de la Guiche, seigneur de), maréchal de France, III, 45, 195, 375; IV, 148.

Saint-Germain (la foire), III, 391.

Saint-Germain (la porte), III, 350, 358.

Saint-Germain (le faubourg), III, 415.

Saint-Germain des Prés (l'église), III, 128, 435.

Saint-Germain des Prés (l'abbaye de), III, 144, 154, 264, 287, 480, 511, 515.

Saint-Germain-en-Laye (la ville de), III, 45, 49, 79, 87, 135, 221, 231, 240, 243, 247, 248, 251, 337, 433, 505, 511, 515; IV, 9, 24, 50, 111, 195, 196. — Le Dauphin y danse un ballet, III, 61. — On y doit danser un ballet de Madame Élisabeth, III, 83.

Saint-Germain-sur-Ay (le prieuré de), III, 566.

Saint-Honoré (la porte), III, 268, 276, 397.

Saint-Honoré (la rue), III, 168. — Le chevalier de Guise y tue le baron de Lux, III, 268 et 269; 276.

Saint-Honoré (le faubourg), III, 277.

Saint-Innocent (l'église), III, 168.

Saint-Jacques (le faubourg), III, 320.

Saint-Jacques de la Boucherie (l'église), III, 183.

Saint-Jean (le cimetière), III, 465.

Saint-Jean-d'Angely (la ville de), III, 280, 443, 445.

Saint-Jean-de-Losne (la ville de), III, 161, 393, 403.

Saint-Ladre. Voyez Saint-Lazare.

Saint-Lary (N. de), fils aîné du baron de Termes. Sa mort; lettre de consolation que Malherbe écrit à son père, IV, 219-224.

Saint-Lary (Marie-Anne de), sœur du précédent, IV, 225 et 226 et note 8.

Saint-Lazare (l'église). On y porte le corps de Henri IV, III, 185, 201.

Saint-Louis (la chapelle de), III, 334.

Saint-Luc (Timoléon d'Espinay, seigneur de), III, 279, 448.

Saint-Luc (Henriette de Bassompierre, dame d'Espinay), femme du précédent. Ses couches, III, 113.

Saint-Maixent (la ville de), III, 506.

Saint-Malo (la ville de), III, 594.

Saint-Martin (l'abbaye de), III, 143, 505.

Saint-Maur, III, 195, 309, 459, 486, 505.

Saint-Michel (de), gentilhomme ordinaire de la chambre du Roi, IV, 77.

Saint-Michel, abbaye de la basse Normandie où se trouvaient les armoiries de la famille Malherbe, I, 332.

Saint-Michel (l'abbé de). Pièce d'or gauloise qu'il fait voir à Malherbe et que celui-ci envoie à Peiresc, III, 330 et 331, 332, 340 et 341, 350, 355, 371, 407, 476.

Saint-Michel (le pont), III, 468.

Saint-Nectaire (Madeleine de) est la cause d'une querelle entre le marquis de Nesle et le comte de Braisne, III, 244 et 245.

Saint-Nicolas (le cloître), III, 293.

Saint-Nicolas des Champs (l'église), III, 152 et 153.

Saint-Omer (la ville de), III, 210.

Saint-Ouen, a Jersey, IV, 566.

Saint-Ouen (l'abbaye de), à Rouen, III, 346.

Saint-Paul (François de Longueville, comte de), duc de Fronsac, III, 244, 426, 471. — Il est présent aux funérailles de Henri IV, III, 201. — Il remet le gouvernement de Picardie au duc de Longueville, son neveu, III, 308, 309. — Accueil que lui fait Marie de Médicis, III, 386.

Saint-Paul (Anne de Caumont, comtesse de), femme en secondes noces du précédent, III, 359, 361, 477 et 478, 501 et 502.

Saint-Quentin (la bataille de), III, 561.

Saint-Séverin (la rue), III, 468.

Saint-Simon (Charles, marquis de), IV, 68.

Saint-Simon (Claude, premier duc de), frère du précédent, premier écuyer de la petite écurie, père de l'auteur des *Mémoires*, III, 573; IV, 68, 77.

Saint-Subin (le baron de), IV, 90.

Saint-Thomas du Louvre (la rue de), III, 397.

Saint-Vincent (de) se bat en duel à la place Royale, III, 380.

Salamandre (l'enseigne de la), près de laquelle fut tué Henri IV, III, 168.

Salle (le capitaine de la), III, 515.

Sallière, précepteur en l'université de Caen, I, 346.

Salm (le rhingrave Philippe-Othon, comte, puis prince de) fait enlever l'abbesse de Remiremont, sa sœur, III, 441 et 442.

Salomon (M.), III, 325, 534.

Saluces (le marquisat de), III, 267.

Samaritaine (la pompe de la) établie au Pont-Neuf, III, 21.

Sancy (Achille de Harlay, baron de), ambassadeur à Constantinople, IV, 48.

Sancy (Mlle de Harlay). On parle de son mariage avec M. de Puisieux, III, 364, 366. — Son mariage avec M. de la Meilleraye, III, 366, 389.

Sardini (Scipion, comte de), III, 284.

Sarpédon, I, 33.

Sarpi (fra Paolo), auteur d'un livret pour les Vénitiens contre le pape, III, 17.

Sarteau (Mlle de) accompagne la princesse de Condé dans sa fuite en Flandre, III, 118.

Saturne, I, 200.

Saugeon (le baron de). Son arrestation, III, 272, 280.

Saugrain, libraire, III, 567. — Il édite une *Relation* de la mort de Guillaume du Vair, III, 548.

Sault (François d'Agoult, seigneur de). Substitution opérée par son testament, III, 106 et 107, 114.

Sault (Chrétienne d'Aguerre, comtesse de), belle-fille du précédent, III, 7, 47 et 48, 72, 104, 114, 146, 217, 229. — Mort du comte de Sault, son fils, III, 81. — Difficultés, au sujet de la succession de son fils, entre elle et sa fille, III, 86

et 87. — Sa dévotion, III, 223.
— Mort du marquis de Montlaur, son fils, IV, 194.
SAULT (Louis d'Agoult, comte de), fils de la précédente, III, 28, 36. — Malherbe dîne chez lui, III, 72. — Sa mort, I, 357; III, 81, 106, 114. — Difficultés entre sa mère et sa sœur au sujet de sa succession, III, 86 et 87.
SAUMUR (la ville de), III, 452, 578. — Il s'y tient une assemblée des députés des églises protestantes, III, 229, 231, 233, 236 et 237, 243, 250. — Satire sur cette assemblée, III, 241, 242.
SAUVAL (Mme), sous-gouvernante des enfants de France, III, 436.
SAUVECANNE, de la Tour d'Aygues, a des affaires d'argent avec Malherbe, I, 343 et 344.
SAVEUSE (Charles Tiercelin, seigneur de), III, 250.
SAVIGNY. On y porte le corps du comte de Sault, III, 81.
SAVOIE. Voyez NEMOURS.
SCALIGER (Joseph-Juste), III, 196.
SCAPULA (Jean), auteur d'un *Lexicon græco-latinum*, III, 355.
SCHOMBERG (Henri de), comte de Nanteuil et de Duretal, maréchal de France, surintendant des finances, I, 393; III, 192, 221, 551; IV, 77.
SCYTHES (les), I, 152.
SEDAN (la ville de), III, 91, 97, 325, 326, 398, 494, 503, 516 et 517, 522. — Vers sur la prise de cette ville, I, 87-95.
SÉEZ (la ville de), III, 202.
SEGAR, roi de la Jarretière, III, 597.
SEINE (la), I, 79, 112, 115, 161, 179, 200, 233, 283, 317; III, 174; IV, 131. — Vers intitulés *Prophétie du dieu de Seine*, I, 239. — La Seine est gelée dans l'hiver de 1608, III, 56.

SEINE (le dieu de), I, 79, 239.
SEINE (la rue de), III, 204.
SENAS (de), III, 250.
SÉNÈQUE, IV, 40. — Traduction par Malherbe du commencement de ses *Questions naturelles*, I, 467-478. — Traduction de son *Traité des bienfaits*, II, 1-258. — Traduction de ses XCI premières *Épîtres*, II, 261-733.
SENETAIRE. Voyez SAINT-NECTAIRE.
SENLIS (la ville de), III, 341.
SENS (la ville de), III, 69, 437, 563.
SÉRAPHINO d'Aquila, IV, 435.
SERGENTS (la barrière des), III, 276.
SÉRIPHE (l'île de), IV, 74.
SERRE (le trésorier), III, 234.
SERVIN (Louis), conseiller du Roi en son conseil d'État, avocat général au parlement de Paris, III, 159, 485, 534. — Il écrit en faveur des Vénitiens, III, 17.
SESY. Voyez CÉSY.
SIBYLLES (Pièces de vers intitulées : *Les*), I, 197-203.
SICILE (la), I, 114, 120.
SILLERY (de). Voyez BRULART.
SIMON, soldat, est pendu pour meurtre, III, 511.
SIPYLE (la montagne de), I, 180.
SIRMOND (Jacques), jésuite, confesseur de Louis XIII, III, 484, 514.
SIRMOND (Jean), neveu du précédent, historiographe de Louis XIII, III, 513 et 514. — Malherbe envoie à Peiresc des vers latins faits par lui, III, 484, 486.
SOISSONS (la ville de), III, 154, 164, 293, 319. — Les princes et seigneurs mécontents s'y retirent à deux reprises, III, 386, 404, 406, 407, 409, 410, 411, 414, 415, 418, 461, 517, 527, 531. — Démarche faite par le corps de ville près du

duc de Mayenne, III, 397 et 398.

Soissons (Charles de Bourbon, comte de), III, 57, 71, 163 et 164, 167, 174, 177, 185, 189, 190, 191, 207, 212, 250, 257, 346, 450. — Il se refuse à garder l'effigie du comte de Montpensier, III, 62. — Il est nommé gouverneur de Normandie, III, 186. — Il est présent aux funérailles de Henri IV, III, 200, 201. — Il fait cesser une brouillerie du duc de Bellegarde avec Concini, III, 215. — Il va tenir les états à Rouen, III, 251. — Sa mort, III, 261, 262; IV, 230.

Soissons (Anne de Montafié, comtesse de), femme du précédent, III, 163 et 164, 264, 330, 362, 399, 460, 468, 508, 509, 520 et 521, 581; IV, 230. — Elle donne de l'eau bénite au corps du comte de Montpensier, III, 63. — Elle accouche d'une fille, III, 68. — Elle assiste au mariage du duc de Vendôme et de Mlle de Mercœur, III, 93. — Elle est malade à Dreux, III, 343 et 344, 346 et 347, 352.

Soissons (Louis de Bourbon, comte de), fils des précédents, grand maître de France, III, 330, 347, 470 et 471. — Vers composés pour lui par Malherbe, I, 254-256. — Son baptême, III, 264. — Son premier repas à la table de grand maître, III, 301 et 302. — Ses instincts belliqueux, III, 399.

Soissons (l'hôtel de), III, 343.

Soliers (la communauté de), I, 337, 343.

Sorbonne (la), III, 210, 255. — Sa reconstruction, IV, 107 et 108.

Soubise (Benjamin de Rohan, seigneur de), III, 140, 590; IV, 13 et 14, 61.

Sourdéac (René de Rieux, marquis de), gouverneur de Brest, est chargé de garder l'effigie du comte de Montpensier, III, 62 et 63.

Sourdis (François d'Escoubleau, cardinal de), III, 191, 195. — Il accompagne Louis XIII allant donner de l'eau bénite au corps de Henri IV, III, 177. — Il est présent aux funérailles du feu Roi, III, 199. — Il prêche à l'ouverture des états généraux de 1614, III, 468.

Sourdis (Charlotte de Barbesières, dame d'Escoubleau de), III, 238.

Souvré (Gilles de), gouverneur de Louis XIII, maréchal de France, III, 29, 130, 131, 250, 362, 393 et 394, 414, 420 et 421, 452, 455, 456 et 457, 459, 474, 584, 585; IV, 77.

Souvré (Françoise de Bailleul, dame de), femme du précédent, III, 352, 382.

Souvré (Madeleine de), fille des précédents, est fiancée au marquis de Sablé, III, 366. — Son mariage, III, 371.

Souvré (Jacques de), grand prieur de France, frère de Gilles de Souvré, IV, 77.

Soyons, assiégé par le prince de Condé, IV, 69.

Sperancilla (la signora), III, 75.

Spinola (le marquis), III, 516 et 517, 522. — Il fait le siège de Meurs, III, 9, 11. — Il secourt la ville de Grol, III, 15. — Il commande une armée dans la guerre de Clèves, III, 98, 157, 162. — Il offre un festin au prince de Condé, à Bruxelles, III, 135. — Présent

que lui fait le prince de Condé, III, 193. — Port et canal qu'il fait construire, III, 364.
SPINOLA (Bastien), III, 151.
SPONDE (Henri), évêque de Pamiers. On fait cesser la vente de son *Epitome*, III, 302.
SUAREZ (Jacques), cordelier portugais, III, 152 et 153. — Il prononce l'oraison funèbre de Henri IV à Saint-Jacques de la Boucherie, III, 183.
SULLY, III, 11, 164.
SULLY (Maximilien de Béthune, duc de), III, 23, 90, 109, 130, 133, 158, 164, 170, 195, 202 et 203, 212, 217, 229, 231, 448, 470 et 471, 506, 525, 583. — Sa grande faveur, III, 52. — Il va à Rouen pour y faire faire un pont neuf, III, 79. — Il fait bâtir la ville de Henrichemont, III, 85 et 86. — Inscription qu'il compose pour sa ville de Henrichemont, III, 110-112. — Mariage de son fils; cadeau qu'il fait à sa belle-fille, III, 114. — Il écrit au prince de Condé fugitif en Flandre, III, 126. — Sa faveur baisse, puis remonte, III, 126 et 127. — Il reçoit le Dauphin à l'Arsenal, III, 131. — On lui conseille de remettre ses charges, après la mort de Henri IV, III, 174. — Il se range du parti du prince de Condé, III, 192. — Ses relations avec le duc de Bouillon, III, 194. — Bon accueil que lui font le Roi et la Reine mère, III, 466 et 467. — Mot de lui au prince de Condé, III, 487.
SULLY (Rachel de Cochefilet, duchesse de), seconde femme du précédent, III, 99, 229, 379. — Elle asssiste au mariage du duc de Vendôme et de Mlle de Mercœur, III, 93 et 94.

SURÈNES. Projet d'y faire un pont de bois, III, 79.
SUZE (Louis de Champagne, comte de la), marquis de Normanville, calviniste, III, 564.
SYPHAX, IV, 330.
SYRACUSE (la ville de), I, 114.
SYRTES (les), I, 116, 125, 279.

T

TACITE, III, 303.
TAGE (le), I, 104, 107, 117, 211, 231, 236.
TAMISE (la), I, 211.
TANSILLO (Luigi). Imitation par Malherbe de ses *Larmes de saint Pierre*, I, 4-18.
TARABEL (Henri seigneur de), III, 255.
TARASCON (la ville de), I, 336, 339, 340, 343, 346.
TARGON (Pompée), ingénieur italien, IV, 66.
TARTAS, ville de sûreté des protestants, III, 238.
TASSI (le capitaine), III, 59.
TASSIN, messager, IV, 82.
TASTEUR (le), III, 273.
TAVANNES (Claude de Saulx, vicomte, puis comte de), III, 287, 293, 358.
TERMES (César-Auguste de Saint-Lary, baron de), frère de M. de Bellegarde, I, 116, 125; III, 29, 138, 254, 301, 328, 331, 371, 389, 392, 445, 583. — Il doit aller en Flandre avec un régiment de cavalerie, III, 21, 23. — Il est présent aux funérailles de Henri IV, III, 201. — Il accompagne le chevalier de Guise après le duel de celui-ci contre le baron de Lux, III, 269, 271, 278. — Il obtient la survivance de la charge de grand écuyer,

III, 358. — On parle de son mariage avec Mlle de Mirebeau, III, 361. — Sa mort; Malherbe écrit à son frère une lettre de consolation, III, 542, 543, 546, 549; IV, 88 et 89, 224-232. — Lettres que lui écrit Malherbe, IV, 83, 219-224.

TERMES (Catherine Chabot, baronne de), femme du précédent, IV, 6 et 7. — Malherbe cherche à éloigner d'elle Racan, IV, 22 et 23, 28-33. — Lettres que lui écrit Malherbe, IV, 112 et 113, 148 et note 1 et 149. — Mort de son fils aîné, IV, 222. — Mort de son mari, IV, 225 et 226.

TESSIN (le), I, 93.

TESSON (de), nom d'une famille alliée à celle de Malherbe, I, 332.

TESTU, chevalier du guet, poursuit le prince et la princesse de Condé s'enfuyant en Flandre, III, 118.

TÉTHYS, I, 112, 124, 229.

THÉMIS, I, 200, 214, 268.

THÉOPHILE. Voyez VIAUD.

THÉRÈSE (sainte), III, 176.

THERMODON (le), rivière du Pont, aujourd'hui le Termeh, I, 195.

THERSITE, IV, 239.

THÉSÉE, I, 4.

THESPIUS, roi des Thespiens, IV, 95 et note 20.

THÉTIS, I, 199.

THIANGES (Charles de Damas, comte de), III, 287, 293, 358.

THIONVILLE (la ville de), III, 561.

THOMPSON (G.), auteur de *la Chasse de la bête romaine*, III, 147.

THORIGNY (Jacques de Matignon, comte de), III, 584.

THOU (Jacques-Auguste de), président au parlement de Paris, III, 120, 403. — Il reçoit la visite du prince de Condé, III,

192. — Il achète un livre intitulé *Hortus Eystettensis*, III, 348. — Il est député à Soissons près des princes mécontents, III, 411; IV, 35.

TIBÈRE (l'empereur), IV, 98.

TIBULLE, IV, 379.

TILLIÈRES (Tanneguy le Veneur, comte de) et de Carouges, ambassadeur en Angleterre, III, 538.

TILLY (le comte de), IV, 24.

TIMON le misanthrope, IV, 131.

TIPHYS, pilote du navire Argo, I, 279.

TIRON (Monsieur de). Voyez PORTES (des).

TITANS (les), I, 123, 260, 270, 284, 354.

TITE LIVE. Traduction de son XXXIII° livre par Malherbe, I, 391-465.

TITHON, I, 40.

TITYRE, I, 215.

TOIRAS (Jean de Saint-Bonnet, seigneur de), III, 576.

TOMASSIN (Jean-Étienne), premier avocat général au parlement d'Aix, III, 569.

TONNERRE (Charles-Henri de Clermont, comte de), III, 225.

TOPINAMBOUX amenés de l'île de Maragnan en France par Razilly, III, 297 et 298, 301, 306, 327, 340. — Leur baptême et leur mariage, III, 314 et 315, 316. — Leur départ, III, 386 et 387. — Deux femmes de Maragnan sont amenées en France par du Prat, III, 499.

TOUL (la ville de), III, 184, 187.

TOULON (la ville de), III, 8, 18, 83, 533; IV, 128.

TOULOUSE (la ville de), III, 220, 354, 366, 567; IV, 120.

TOUR D'AYGUES (la), I, 343, 344.

TOURAILLES (les), près de Condé-sur-Noireau, III, 556.

TOURAILLES (Turgot, seigneur des), III, 557 et 558.
TOURNEBE (le baron de), huguenot, III, 565.
TOURNELLE (le quai de la), III, 281; IV, 410.
TOURS (la ville de), III, 173, 309, 437, 442, 444.
TOURY, III, 440.
TOUVANT (Charles de Piard, sieur d'Infrainville et de), poëte, élève de Malherbe, III, 259.
TRAYNEL (François Jouvenel des Ursins, marquis de) est chargé de garder l'effigie du comte de Montpensier, III, 62 et 63.
TREMBLAY (Leclerc du), gouverneur de la Bastille, IV, 68.
TRÉMOILLE (Charlotte Brabantine de Nassau, veuve de Claude de la), III, 296, 478. — Son procès contre Mme d'Elbeuf, III, 316 et 317, 319.
TRÉMOILLE (Charlotte de la). Voyez CONDÉ (la princesse de).
TRÉMOILLE (Louis de la). Voyez NOIRMOUTIER.
TRESMES (René Potier, comte, puis duc de) et de Gesvres, III, 136, 195.
TRÈVES (la ville de), III, 182.
TRIE-CHATEAU, maison du duc de Longueville, III, 309, 375, 386, 431.
TRIGNY (François de l'Isle, seigneur de) et de Marivaux, gouverneur d'Amiens, III, 217.
TRINITÉ (l'abbaye de la), à Caen, III, 565.
TROIE (la ville de), I, 88, 104, 113, 217, 252; IV, 36.
TROYES (la ville de), III, 437.
TRUANDERIE (la), III, 429.
TUILERIES (les), I, 188; III, 58, 59, 68, 79, 156, 167, 173, 196, 426, 429, 430, 466, 511, 584.
TULLE (la ville de), III, 308.
TUNIS (la ville de), I, 315; IV, 202.
TURGOT. Voyez TOURAILLES (des).

TURIN (la ville de), III, 267; IV, 70.
TYPHON, I, 220, 280.
TYR (la ville de), I, 50 note, 196, 312.

U

UNIVERSITÉ (l'). Querelle entre elle et le clergé, III, 266, 284 et 285.
URFÉ (Jacques marquis d'), III, 375.

V

VAIR (Guillaume du), premier président du parlement de Provence, puis garde des sceaux, évêque de Lisieux, I, 393; III, 18, 24, 27, 33, 37, 43, 45, 47, 54, 65, 67, 70, 75, 78, 87, 91, 96, 97, 99, 102, 108, 117, 122, 128, 141, 143, 145, 147, 156, 160, 165, 166, 196 et 197, 204, 205, 208, 211, 216, 217, 224, 229, 230, 232, 234, 236, 246, 255, 265, 274, 285 et 286, 289, 297, 300, 305, 307, 311 et 312, 313, 315, 318 et 319, 326, 327, 328, 331, 333, 338, 339, 344, 349, 352 et 353, 354, 365, 373, 382, 392, 402, 403, 408 et 409, 416, 420, 422, 433, 446, 450, 453, 454, 467, 472, 480 et 481, 483, 485, 486, 495, 496, 500, 504, 507, 521, 528, 532, 533, 534 et 535, 557; IV, 24, 49, 56, 129, 210. — Il reçoit de Malherbe des vers de Georges Critton, III, 4. — Malherbe lui envoie deux sonnets, III, 42. — Portrait de lui que Dumonstier veut envoyer à Peiresc, III, 53. — Inscription faite par lui pour être mise au frontispice du collége de Bourbon, a Aix, III, 99 et 100, 107. — Sentiments d'affection de Malherbe pour lui, III, 112. — Il est malade d'une fièvre tierce, III, 186, 188, 251 et 252. — Conversation que tiennent sur lui la princesse de Conty et Malherbe, III, 519 et 520. — Sa mort; vers et discours funèbres faits sur lui, I, 357; III, 545 et 546, 547, 548 et 549.

VALANÇAY (Léonor d'Estampes de), cardinal, évêque de Chartres, III, 575.

VALANÇAY (Achille d'Estampes de), grand-croix de Malte, cardinal, IV, 61.

VALAVEZ (Palamède de Fabri, sieur de), frère puiné de Peiresc, III, 65, 66, 83, 87, 89, 96, 100, 108 et 109, 114, 115, 123, 139, 141, 143, 148, 156, 160, 163, 166, 176, 184, 185, 187, 188, 197, 202, 203, 204, 205, 206, 208, 214, 216, 217, 222, 224, 225 230, 232, 236, 242, 247, 253, 255, 256, 257, 259, 263, 264, 271, 279, 283, 286, 287, 289, 294, 312, 313, 316, 323, 325, 329, 331, 332, 339, 341, 349, 353, 354, 355, 367, 368, 373, 378, 384, 389, 391, 400, 401, 402, 413, 416, 418, 423, 427, 431, 433, 436, 440, 454, 455, 459, 467, 468, 471, 476, 477, 481, 483, 489, 492, 493, 499, 504, 506, 518, 521, 522, 523, 526, 530, 570, 571, 575, 585, 597.

VALENTIN, III, 45, 46, 252.

VALES (de). Voyez VALLES (de).

VALETOT BAILLEUL (de), maître des requêtes, IV, 46.

VALETTE (Bernard de Foix, duc d'Espernon, de la) et de Candale, deuxième fils du duc d'Espernon, III, 2, 310, 488.

VALETTE (Louis cardinal de la), archevêque de Toulouse, frère du précédent, III, 2, 366.

VALLERY (le château de), lieu de sépulture des princes de Condé, III, 10, 90 et 91, 251, 427, 500. — On y célèbre le mariage de Philippe-Guillaume de Nassau, prince d'Orange, avec Éléonore de Bourbon, III, 15.

VALLES (de), receveur général à Caen, III, 552; IV, 46 et 47, 59 note 6.

VALLOIS (Henri le), seigneur d'Ifs, grand-père maternel de Malherbe, I, 332, 333.

VALLOIS (Catherine le Joly, dame le), femme du précédent, I, 332.

VALLOIS (Louise le), fille des précédents, mère de Malherbe, I, 332, 333.

VALLOIS (Jean le), sieur d'Ifs, frère de la précédente, I, 333, 363. — Son épitaphe, I, 19.

VALLOIS (Mme le), première femme du précédent, I, 333.

VALLOIS (Marie le), fille des précédents, I, 333.

VALLOIS (Jeanne de Mainbeville, dame le), seconde femme de Jean le Vallois, I, 19, 333, 363.

VALLOIS (Judith le), fille de la précédente et de Jean le Vallois, I, 333. — Voyez BOUILLON MALHERBE (Mme du).

VALLOIS (Charlotte le), tante de Malherbe, I, 19, 333.

VALLOIS (Marie le), sœur de la précédente, I, 19, 333.

VALTELINE (la), IV, 23.

VANEL (Claude), financier, accepte une lettre de change de Peiresc, III, 59 et 60.

VANNES (la ville de), III, 437, 447.

VANVES. Voyage qu'y fait la marquise de Verneuil, III, 41.

VAQUETOT (Fonteney de), III, 597.
VAQUETTE achète à un domestique gascon des objets volés par celui-ci à Peiresc, III, 32.
VAR (le), I, 229.
VARENNE (Jaqueline le Voyer, dame de). Voyez COMANT (de).
VARENNE (Guillaume Fouquet, marquis de la), III, 213, 223, 309, 349. — Il est envoyé par Marie de Médicis vers le prince de Condé, III, 410 et 411.
VARIN, maître de pension de Malherbe à Caen, I, 336.
VASSAN (de), lieutenant du marquis de Cœuvres à Laon, III, 409.
VASTAN (Florimond), seigneur du Puy. Sa révolte et son supplice, III, 254.
VATEN. Voyez VASTAN.
VAUBECOURT (Jean de Nettancourt, baron de), gouverneur de Châlons, III, 404.
VAUBECOURT (le régiment de), III, 530.
VAUCELAS (Élisabeth de l'Aubépine de Châteauneuf, comtesse de), femme de l'ambassadeur de France en Espagne, III, 352.
VAUCLAUSE (le chevalier de), III, 25.
VAUDEMONT (François de Lorraine, comte de), III, 221, 529.
VAUGELAS (Claude Favre de), grammairien, IV, 90, 98.
VAUGIRARD, IV, 100.
VAUMÈNE (de), III, 266.
VAUX (de), IV, 28 et 29.
VELASQUE (don Louis de), III, 219, 220.
VENDÔME (la ville de), III, 445.
VENDÔME (César duc de), fils naturel de Henri IV, III, 130, 138, 156, 167, 170, 174, 180, 191, 215, 256, 285, 309, 314, 318, 357, 406, 411, 443, 446, 522, 583. — On attend un ballet de sa façon, III, 55 et 56. — Son mariage avec Mlle de Mercœur est décidé, III, 68, 84 et 85, 88, 89. — Récit de ses noces, III, 92-95; IV, 141. — Il va tenir les états en Bretagne, III, 99, 203. — Il cède à Sully un office que Henri IV lui avait donné, III, 126 et 127. — Marie de Médicis le fait arrêter, III, 389 et 390, 393. — Son évasion, III, 395-397, 400, 405. — Il fait sa paix avec la cour, III, 420, 427, 429, 437, 440, 441, 444, 445, 446, 448, 451, 460, 461. — Naissance de sa fille Élisabeth, III, 449. — Il a la petite vérole, III, 460, 461, 465. — Il est prisonnier à Vincennes, III, 580.
VENDÔME (Françoise de Mercœur, duchesse de), femme du précédent. Voyez MERCŒUR (Françoise de). — III, 136, 163, 270, 382, 451. — Son rang au couronnement de Louis XIII, III, 170. — Elle est grosse, III, 371. — Arrestation et évasion de son mari, III, 390, 397. — Elle accouche d'une fille, III, 449.
VENDÔME (Élisabeth de), fille des précédents. Sa naissance, III, 449.
VENDÔME (le chevalier de), fils naturel de Henri IV, III, 195, 248, 269, 277, 488. — Il danse un ballet à Saint-Germain, III, 61.
VENDÔME (Catherine-Henriette de), fille naturelle de Henri IV, III, 163, 270, 361, 382, 583. — Elle danse un ballet à Saint-Germain, III, 61. — Elle assiste au mariage du duc de Vendôme et de Mlle de Mercœur, III, 93. — On parle de son mariage, III, 357, 366.

VENEUR (le), surnom du comte de Tillières, III, 538.
VENISE (la ville de), III, 17, 199.
VENTADOUR (Anne de Lévis, duc de). Missions dont il est chargé près du prince de Condé, III, 385 et 386, 388, 392, 411, 436 et 437, 459, 470 et 471.
VENTADOUR (la duchesse de), III, 382, 468, 478.
VENTADOUR (Mlle de). Sa mort, III, 421.
VENTES (les), huguenot, III, 559.
VÉNUS, 1, 46, 187.
VERCEIL (la ville de), IV, 126 et 127.
VERDIÈRE (Jean de Castellane, sieur de la), III, 431, 439.
VERDUN (Nicolas de), premier président au parlement de Toulouse, puis au parlement de Paris, III, 220, 246, 270. — Vers sur la mort de sa première femme, I, 268-271.
VERGONS (Louis-François de Rabasse, sieur de), III, 14, 17, 19, 20, 22.
VERNEUIL (le château de), III, 21, 49, 127.
VERNEUIL (Catherine-Henriette de Balzac d'Entraigues, marquise de), maîtresse de Henri IV, III, 21, 24, 37, 45, 49, 104, 149, 162, 209 et 210, 224, 226, 582, 583. — Voyage qu'elle fait à Vanves, puis à Marcoussy, III, 41. — Marques de faveur qu'elle reçoit de Henri IV, III, 52. — Abandon où la laisse le Roi, III, 127. — Le Roi se rapproche d'elle, III, 153.
VERNEUIL (Henri de), fils naturel de Henri IV, III, 45, 127, 153, 277, 459. — On lui donne les abbayes de Philippe des Portes, III, 9. — Il danse un ballet à Saint-Germain, III, 61. — On lui donne des gardes le soir de la mort de Henri IV, III, 210.
VERNEUIL (Gabrielle-Angélique de), fille naturelle de Henri IV, III, 45, 583. — Elle danse un ballet à Saint-Germain, III, 61.
VERNEY (Charles du), neveu de Malherbe par alliance, IV, 58 note 6.
VERSAILLES (la ville de), III, 580.
VERTAUT, trésorier à Châlons. Traitement que lui fait subir le duc de Nevers, III, 369 et 370, 377.
VERUA, ville du Piémont assiégée par les Espagnols, IV, 18.
VERUNE (de la), gouverneur du château de Caen, I, 343.
VERUNE (Jourdaine de Montmorency, dame de la), marraine d'une fille de Malherbe, I, 345.
VIAS (Baltazard de), député du tiers état de Marseille aux états généraux, III, 480.
VIAUD (le poëte Théophile), IV, 8 et 9, 11.
VICQ (Méri de), seigneur d'Ermenonville, chancelier de France, III, 590.
VICTOR-AMÉDÉE, prince de Savoie, fils du duc Charles-Emmanuel, III, 314; IV, 129. — Projet de mariage entre lui et Madame Christine, III, 128, 133, 137. — Pension que lui fait Henri IV, III, 129, 133.
VIDELOU (de), huguenot, III, 566.
VIEILLE-MONNAIE (la). Peinture qu'on y découvre, III, 322 et 323.
VIEUVILLE (le marquis de la), surintendant des finances. Sonnet que lui adresse Malherbe, I, 263.

Vieuxpont (J. de), évêque de Meaux, III, 184.
Vignacourt (de). Voyez Wignacourt (de).
Vignier (Claude), président au parlement de Metz, III, 370.
Vignier (de), III, 445, 507.
Vigny. Voyage qu'y devait faire Henri IV, III, 23.
Villarnoul (Jean de Jeaucourt, seigneur de la) va se plaindre de Bandole à M. Servin, III, 159.
Villars (G. de Brancas, duc de), gouverneur du Havre, III, 101.
— Il prête six cents écus à Mme de Malherbe, I, 335, 342, 343.
Villars (Julienne - Hippolyte d'Estrées, duchesse de), femme du précédent, III, 101 et 102, 382. — Elle est dangereusement malade, III, 306 et 307.
Villars (de), musicien, amant de la reine Marguerite, III, 341, 430.
Villars-Houdan (la sœur de), religieuse en Picardie, annonce le meurtre de Henri IV au moment où il était commis, III, 175 et 176.
Ville-aux-Clercs (Henri - Auguste de Loménie, seigneur de la), comte de Brienne, IV, 11, 13.
Ville-Bourbon, l'une des trois villes qui composent Montauban, III, 563 et 564.
Villefranche, III, 280.
Villejuif, III, 320.
Villemontée (François de), maître des requêtes, puis évêque de Saint-Malo, IV, 111.
Villeroy, III, 356.
Villeroy (Nicolas de Neufville, seigneur de), secrétaire d'État, III, 109, 250, 310, 351, 411, 424, 482, 500, 507, 548.

Villeroy (le marquis de), lieutenant du Roi en Picardie. Projet de mariage entre lui et la fille de Concini, III, 362.
Villers-Cotterets, III, 41; IV, 48.
Villette (de), III, 445.
Vimays, gentilhomme du duc de Vendôme, III, 437.
Vincennes, III, 195, 223.
Vincy (Antoine-Hennequin, sieur du Fay et de), III, 273, 404.
Vins (François de). Substitution faite en sa faveur par le testament de son grand-père, François de Sault, III, 106 et 107, 114.
Vinsy danse dans un ballet, III, 138.
Vitry (Louis de l'Hospital, marquis de), III, 9, 171, 529. — On lui amène un homme pris dans la cour du Louvre et qui disait vouloir tuer Louis XIII, III, 427-429.
Voratius (C.), nom qui se trouve sur une inscription antique, III, 432.
Vouzay (de), lieutenant du gouverneur de la Bastille, III, 230 et 231.
Voyer (Jaqueline le). Voyez Comant (de).
Vreju, chaou du sultan en France, IV, 48 et note 8.

W

Wignacourt (Aloph de), grand maître de l'ordre de Malte, IV, 45.
Wignacourt (Adrien de), frère du précédent, IV, 45.

X

Xanthiens (les), IV, 330.

Y

YCART, homme d'affaires de Malherbe et de Peiresc, III, 7, 8, 20, 23, 27, 31, 36, 38, 42, 96, 100, 492, 570, 571, 572.
YONBRIDGE, dans le comté de Devon, en Angleterre, III, 596.
YVETEAUX (Nicolas Vauquelin, sieur des), IV, 16.

Z

ZAMET (Sébastien), financier, III, 274, 511, 529.

FIN DE LA TABLE ALPHABÉTIQUE ET ANALYTIQUE
DES OEUVRES DE MALHERBE.

TABLE ALPHABÉTIQUE

DES LETTRES [1].

1° LETTRES ÉCRITES PAR MALHERBE A :

Aix (l'archevêque d')	IV.	113
Astruc (M. d')	IV.	241
Balzac	IV.	89
Bassompierre (le maréchal de)	IV.	86
Bellegarde (M. de)	IV.	224
Bouillon Malherbe (du)	IV.	35 et suiv.
Calas (M. de)	III.	260
Caliste	IV.	150 et suiv.
Coeffeteau	IV.	87
Colomby (M. de)	IV.	72 et suiv.
Condé (la princesse douairière de)	IV.	5
Conty (la princesse de)	IV.	195
Cousine (une)	IV.	80, 82
Évreux (l'évêque d')	IV.	3
Faret	IV.	97
Grillon (de)	IV.	84
Guise (la duchesse de)	IV.	85
Joyeuse (le cardinal de), au nom d'Astérie.	IV.	236
La Garde (M. de)	I.	355
Louis XIII	I, 349	IV, 116
Malherbe (Mme de)	IV.	1

1. Nous ne faisons figurer dans cette liste que les lettres portant le nom du destinataire.

TABLE ALPHABÉTIQUE DES LETTRES.

Mende (l'évêque de)	IV.	98
Mentin (M. de)	IV.	101
Montlaur (la marquise de)	IV.	191
Patris (M. de)	IV.	111
Peiresc	III,	1-260, 261-585
Président (un), au nom de Caliste	IV.	234
Racan	IV.	6 et suiv.
Richelieu (le cardinal de)	IV.	117
Riez (l'évêque de)	IV.	88
Rodanthe	IV.	190
Sœurs (une de ses)	IV.	78
Termes (M. de)	IV.	219
Termes (Mme de)	IV.	112

2° LETTRES ÉCRITES A MALHERBE PAR :

Richelieu (le cardinal de)	I.	L
Peiresc	I.	LIV

3° LETTRES DE DIVERS A DIVERS :

Mme de Malherbe à Peiresc	III.	588
Du Bouillon Malherbe à Peiresc	III.	589 et suiv.

FIN DE LA TABLE ALPHABÉTIQUE DES LETTRES.

TABLE DES MATIÈRES

CONTENUS DANS LE QUATRIÈME VOLUME.

Préface................................		i
Additions et corrections................		v
Épigramme imprimée en tête du *Floriste françois*. .		v
Artalucio et le revenant.................		vi

LETTRES A DIVERS.

1	A Madame de Malherbe.............	1
2	A Monsieur l'évêque d'Évreux.........	3
3	A Madame la Princesse douairière.......	5
4-12	A Monsieur de Racan..............	6
13-31	A Monsieur du Bouillon Malherbe......	35
32-33	A Monsieur de Colomby............	72
34	A sa sœur.....................	78
35-36	A une cousine..................	80
37	A Monsieur de Termes.............	83
38	A Monsieur de Grillon.............	84
39	A Madame de Guise	85
40	A Monsieur le maréchal de Bassompierre	86
41	A Monsieur Coeffeteau, évêque de Marseille. . .	87
42	A Monsieur l'évêque de Riez.........	88
43	A Monsieur de Balzac	89
44	A Monsieur Faret................	97

45 A Monsieur l'évêque de Mende............	98
46 A Monsieur de Mentin...................	101
47 A Monsieur de Patris...................	111
48 A Madame de Termes....................	112
49 A l'archevêque d'Aix...................	113
50 Au Roi.................................	116
51 A Monseigneur le cardinal de Richelieu....	117
52 A Monsieur ***.........................	119
53 A Monsieur ***.........................	121
54 A Monsieur ***.........................	123
55 A Monsieur ***.........................	124
56 A Monsieur ***.........................	125
57 A Monsieur ***.........................	126
58 A Monsieur ***.........................	127
59 A Monsieur ***.........................	128
60 A Monsieur ***.........................	130
61 A Monsieur ***.........................	132
62 A Monseigneur ***......................	134
63 A Monsieur ***.........................	134
64 A Monsieur ***.........................	136
65 A Monsieur ***.........................	137
66 A Monsieur ***.........................	137
67 A Monsieur ***.........................	139
68 A Monsieur ***.........................	139
69 A la comtesse de ***...................	140
70 A Madame ***...........................	141
71 A Madame ***...........................	143
72 A Madame ***...........................	144
73 A Madame ***...........................	145
74 A Madame ***...........................	146
75 A Madame ***...........................	148
76 A Madame ***...........................	149

77-104	A Caliste.............................	150
105	A Rodanthe...........................	190
106	A Madame la marquise de Montlaur.....	191
107	A Madame la princesse de Conty.......	195
108	A Monsieur ***.......................	218
109	A Monsieur de Termes.................	219
110	A Monsieur de Bellegarde.............	224
111	A Monsieur ***.......................	232
112	Pour Caliste, à un président.........	234
113	Pour Caliste, à un qui lui avoit écrit.	235
114	Pour Astérie, à Monsieur le cardinal de Joyeuse.	236
115	A Monsieur ***, au nom d'une dame....	237
116	A Monsieur ***.......................	239
117	A Madame ***.........................	240
118	A Monsieur d'Astruc..................	241
119	A Monsieur ***.......................	242
120	A Monseigneur ***....................	244

FRAGMENTS.. 247
COMMENTAIRE SUR DES PORTES 249
TABLE ALPHABÉTIQUE ET ANALYTIQUE DES OEUVRES DE MALHERBE... 475
TABLE ALPHABÉTIQUE DES LETTRES.................. 548

FIN DES TABLES DU QUATRIÈME VOLUME.

Paris. — Imprimerie générale de Ch. Lahure, rue de Fleurus, 9.

www.ingramcontent.com/pod-product-compliance
Lightning Source LLC
Chambersburg PA
CBHW060752230426
43667CB00010B/1540